碳达峰与碳中和丛书　　何建坤　主编

Hydrogen Energy Engineering
A Japanese Perspective

氢能工程：日本视角

Kazunari Sasaki　Hai-Wen Li
Akari Hayashi　Junichiro Yamabe
Teppei Ogura　Stephen M. Lyth

[日] 佐佐木一成 李海文 林灯 山边纯一郎 小仓铁平 [英] 史蒂芬·M. 莱思 编著

王海林 周 胜 译
王 诚 唐亚平 校

东北财经大学出版社　大连
Dongbei University of Finance & Economics Press

辽宁省版权局著作权合同登记号：06-2020 年第 247 号

First published in English under the title Hydrogen Energy Engineering：A Japanese Perspective
Edited by Kazunari Sasaki, Hai-Wen Li, Akari Hayashi, Junichiro Yamabe, Teppei Ogura and
Stephen M. Lyth, edition：1
Copyright© Springer Japan, 2016

This edition has been translated and published under licence from
Springer Japan KK, part of Springer Nature.
Springer Japan KK, part of Springer Nature takes no responsibility and shall not be made liable for
the accuracy of the translation.

图书在版编目（CIP）数据

氢能工程：日本视角／［日］佐佐木一成等编著；王海林，周胜译；王诚，唐亚平校．
—大连：东北财经大学出版社，2021.9
（碳达峰与碳中和丛书）
书名原文：Hydrogen Energy Engineering：A Japanese Perspective
ISBN 978-7-5654-4322-0

Ⅰ．氢… Ⅱ.①佐… ②王… ③周… ④王… ⑤唐… Ⅲ.氢能—能源发展—产业发展—研究—日本
Ⅳ.F431.362

中国版本图书馆 CIP 数据核字（2021）第 193725 号

东北财经大学出版社出版发行

大连市黑石礁尖山街 217 号　邮政编码　116025
网　　址：http：//www.dufep.cn
读者信箱：dufep @ dufe.edu.cn

大连图腾彩色印刷有限公司印刷

幅面尺寸：185mm× 260mm　字数：627 千字　印张：35
2021 年 9 月第 1 版　　　　2021 年 9 月第 1 次印刷
责任编辑：李　季　吉　扬　责任校对：贺　荔
　　　　　刘东威　王芃南
封面设计：张智波　　　　　版式设计：钟福建
定价：156.00 元

教学支持　售后服务　联系电话：（0411）84710309
版权所有　侵权必究　举报电话：（0411）84710523
如有印装质量问题，请联系营销部：（0411）84710711

总序

全球正在兴起加速低碳转型的热潮。

新冠肺炎疫情给人类社会造成的影响仍在持续，这场突发的疫情更深层次地触发了人们对生存与发展的思考。疫情下，各国一方面都积极地投入到稳就业、保生产的抗击疫情工作当中，尽量将疫情对生产和生活的冲击与破坏程度降到最低；另一方面也都努力在可持续发展视角下部署经济的绿色复苏，以更加积极的行动和雄心应对气候变化带来的严峻挑战。

2015 年年底巴黎气候大会达成的《巴黎协定》确立了全球控制温升不超过工业革命前 2℃并努力低于 1.5℃的长期减排目标，并形成了"自下而上"的国家自主贡献（NDC）目标和每 5 年一次的全球集体盘点，以构建全球气候治理体系框架，引领全球向低碳转型。《巴黎协定》要求各缔约方要在前一版 NDC 目标基础上提交力度更大的 NDC 更新目标，发挥 NDC 目标的"棘轮"机制以加速全球温室气体减排的进程；同时也要求各缔约方向联合国气候变化框架公约（UNFCCC）提交各自面向 21 世纪中叶的长期低排放发展战略，凝聚各缔约方长期低碳转型的共识，释放全球应对气候变化的长期信号和坚定信心。

越来越多的国家积极提出各自的"净零排放"目标，积极参与到全球"Race to Zero"的浪潮当中。欧盟在 2018 年年底提出了其建立繁荣、现代、具有竞争力和气候中性的经济长期发展战略，并努力在 2050 年实现"净零排放"。英国于 2019 年在气候变化委员会（CCC）的建议下，也将其 2050 年实现净零排放更新到其《气候变化法案》当中，以法律的形式明确了英国的长期减排目标。在 2020 年 9 月 22 日第七十五届联合国大会一般性辩论中，习近平主席提出了中国积极的新气候目标，力争在 2030 年前实现二氧化碳排放达峰，在 2060 年前实现碳中和，彰显了中国在全球气候治理中负责任大国的形象。其后日本和韩国也陆续提出了各自2050年"净零排放"的目标，越来越多的国家也纷纷提出符合各自国情和发展阶段特征的减排目标。

碳中和目标下先进低碳技术创新与竞争将重塑世界格局。人们越来越意识到，实现深度脱碳并不会制约经济社会的发展，先进低碳技术的创新与突破将是未来经济社会发展的重要驱动力，也将是未来国际经济、技术竞争的前沿和热点。欧盟提出2035年前要完成深度脱碳关键技术的产业化研发；美国"拜登政府"也计划在氢能、储能和先进核能领域加大研发投入，其目标是氢能制造成本降到与页岩气相当，电网级化学储能成本降低到当前锂电池的1/10，小型模块化核反应堆建造成本比当前核电站成本降低1/2。日本在可再生能源制氢、储存和运输、氢能发电和氢燃料电池汽车等领域都具有优势，其目标是氢能利用的综合系统成本降低到进口液化天然气的水平。世界各国都争相积极投入并部署先进低碳技术的研发和产业化，这也将对全球加速应对气候变化进程发挥重要的作用。

我国正在积极探索落实2030年更新NDC目标的行动计划。习近平主席在2020年12月12日的气候雄心峰会上阐述了我国2030年更新的NDC目标，即单位国内生产总值的二氧化碳排放2030年比2005年下降65%以上，太阳能发电总装机容量超过12亿千瓦，非化石能源在一次能源消费中的占比要努力达到25%左右。为进一步落实这一目标，2020年年底的中央经济工作会议也将做好碳达峰、碳中和工作列为2021年的重点任务，并在"十四五"规划和2035年远景目标纲要中提出，要"落实2030年应对气候变化国家自主贡献目标，制定2030年前碳排放达峰行动方案""锚定努力争取2060年前实现碳中和，采取更加有力的政策和措施"，全面推动绿色发展，促进人与自然和谐共生。以"碳达峰、碳中和"为目标导向，国内正在掀起低碳发展的热潮。

发达国家已经实现了碳达峰，正在努力向"碳中和"目标转型。尽管发达国家碳达峰的发展历程并没有过多地受到全球气候变暖严峻形势的制约，但其发展历程中所产生的宝贵经验和教训值得广大发展中国家借鉴和参考。与此同时，发达国家已经全面建立起温室气体减排的管理能力，其提出的"净零排放"目标和实施路径也具有较高的参考价值，值得发展中国家参考和借鉴。

　　本套"碳达峰与碳中和丛书"将从多个视角向读者分享低碳知识，既有发达国家"净零排放"的战略、路径和政策，也有其国内低碳发展的优秀案例和宝贵经验，还有各领域、各行业的积极做法。希望本丛书能促进我们在低碳实践方面的思考和行动，为早日实现"碳达峰、碳中和"目标贡献力量。

何建坤

2021 年 4 月 18 日 于清华园

序言1

　　全球气候变暖已经成为地球生态系统的最大威胁。政府间气候变化专门委员会先后发布了5次评估报告，指出人类活动排放的温室气体已经导致全球地表温度显著升高，越来越多可观测数据也表明，全球变暖正比我们预想来得更快、所造成的破坏更大、潜在的威胁和影响也更深远。2015年年底在法国巴黎召开的联合国气候变化框架公约第21次缔约方大会（COP 21）达成了《巴黎协定》的共识，依据《公约》提出的公平、共同但有区别的责任，以及各自能力原则，确定了把全球温升控制在不超过2℃并努力控制在1.5℃以内的目标，并以各国"自下而上"的国家自主贡献和每5年一次的"全球集体盘点"机制，不断缩小与长期减排目标间的排放差距。以化石能源为支撑的能源体系正在朝着清洁、低碳和可持续的能源体系转型，氢能在这一次的能源革命中也备受关注。

　　氢是一种非常清洁、高效的二次能源载体，具备非常高的能量密度，氢燃烧后的产物只有水，不会对环境造成破坏；氢元素在地球上十分丰富，可采用电解水的方式得到；氢的化学性质也相对稳定，可长时间存储和远距离运输，进而实现能源的跨时间和跨空间的再利用。越来越多的科学家和工程师正在描绘着一幅以氢能为支撑的未来生产和生活画面，人们加速向着可持续的未来前进。但在前进的道路上也充满着挑战和艰辛，一系列的科学问题和工程问题亟待解决和突破，如高压氢产生的氢脆问题、氢的运输效率问题、氢使用的安全问题、氢产业链的经济性问题、民众对氢的接受度问题等。

　　日本在氢能方面的研发和实践世界领先。早在1973年，日本就成立了氢能系统学会（HESS），并于20世纪70年代末和90年代初先后启动了"月光计划"（Japan's Moonlight Program）和"新日光计划"（New Sunshine Program），持续推进氢能的研究和实践。日本丰田公司的 MIRAI 燃料电池汽车于 2015 年面世，开启了氢能在交通领域商业化应用的新篇章，2015 年也被称为"氢能元年"。制氢、储氢、运氢、用氢中的各项技术在氢能发展的浪潮中如雨后春笋般快速发展，正加速推进人们梦寐以求的氢能时代的到来。

由于受到新冠肺炎疫情的影响，原计划 2020 年在日本东京召开的夏季奥运会也不得不推迟举办。日本计划以"氢能社会"为奥运主题，向全世界展示氢能社会的一个缩影。随着氢能工程技术的日益突破，以可再生能源发电后电解水制氢的"绿氢"生产供给、以燃料电池技术为应用的可持续的"氢能时代"正在来临。本书是日本九州大学的氢能学者基于日本氢能工程视角形成的一本专著，既有科学理论分析，又有日本的工程实践，氢能领域的工程问题跃然纸上。当前国内的氢能研发也如火如荼，清华大学能源环境经济研究所的研究团队将本书翻译成中文，以期更多专家和学者能全面系统地了解氢能发展近况，更多年轻人投身于氢能技术的研发和产业化，早日实现我们绿色、低碳、可持续发展。

何建坤
2021 年 4 月 于清华园

序言 2

能源、粮食、空气和水是人类赖以生存的最基本需求，其中能源是人类发展的基石。从柴薪到煤炭再到石油、天然气，乃至今天刚刚起步的可再生能源——氢能，人类走过了蒸汽机时代、电气时代、燃气轮机时代，开始迈进氢能与燃料电池时代。数以万计的氢燃料电池轿车、物流车、大巴以及氢燃料电池轻轨、船舶和无人机在日本、韩国、中国、美国和欧洲等国家和地区运行。氢提供了安全而清洁的无碳能源，向大众展示了清洁、便利的氢能交通。

2020 年初，一场突如其来的新冠肺炎疫情席卷全球，截至 2021 年 7 月中旬，全球已有近 1.9 亿人感染病毒，400 多万人因此失去了宝贵的生命。在全世界范围内，几乎所有的活动都被按下了暂停键。紧接着，经济崩塌、社会混乱、人心惶惶、骚乱四起……为了避免因地球进一步温升而带来更可怕的未知病毒、极端天气、极端气候灾难，为了拯救人类自己、重建美好世界，人类应坚定地选择氢能、开发氢能。疫情期间，欧盟于 2020 年 7 月 8 日发布《欧盟能源战略》，指出到 2050 年，氢能将承担全欧盟 24% 的能源需求。日本、韩国、美国、澳大利亚等国都曾提出类似的国家氢能战略。中国近 40 个省、市和地区已公布地方氢能规划，中国的国家氢能规划呼之欲出。

氢能不再是抽象的概念，不再是纸上谈兵，我们需要实实在在的氢能示范、氢能工程和氢能产业去服务社会、服务大众，为我们的子孙留下"氢山绿水"的美丽地球。

在此迫切需要氢能实践之时，由世界著名出版社斯普林格组织，日本氢能专家、九州大学佐佐木一成教授领衔主编的《氢能工程：日本视角》（英文版）出版，实在是氢能界的幸事。现在又由清华大学的学者将其翻译成中文，更方便中文读者学习、研究，对于促进中国氢能产业的成长，功莫大焉。

本书译者们是清华大学核研院的青年能源工作者，他们对氢能有理解、有情怀、有热情、有干劲，我为氢能界有他们这样的年轻人感到欣慰。应译者要求，我欣然写序。

佐佐木一成教授是日本著名氢能专家，九州大学是日本政府投资的国家级氢能研究重点大学，位于日本福冈。该大学拥有多座氢能研究实验室，还有加氢站，拥有世界上最大的燃料电池设施，有麻省理工学院（MIT）、苏黎世联邦理工学院（ETH）等顶尖大学的研究人员常驻，也有中国留学生。本人多次访问九州大学，为其有如此精良的实验室、一流的测试设备和研究人才而感到羡慕。

我与佐佐木一成教授相识近 20 年，初次相识时，佐佐木还是年轻的助教授，如今则已是九州大学副校长、下一代燃料电池产学协作中心主任、氢能源国际研究中心主任、工学研究院教授。因此，看到佐佐木一成教授等编著的《氢能工程：日本视角》，我感到既熟悉，又高兴。

《氢能工程：日本视角》全书分成六部分 44 章。该书全面地介绍了氢能产业的方方面面，包括氢的基本性质、氢能技术发展历史、制氢、氢气储运与利用、氢安全等。这对从事氢能相关工作的工程人员全面了解、掌握氢工程知识非常有帮助。

本书的显著特点有三个：

一、内容全面。不仅包括氢能产业的制氢、储氢、运氢和氢能应用的全链条，而且分析了氢能商业模式、氢能教育和氢能社会。开拓了读者的视野，加深了读者的思考，激发了读者对氢能的激情。使氢能工程学生、学者了解氢能发展的商业模式，也许将来还可以由此催生出氢能商业大咖。

二、图文并茂。本书附有大量珍贵的照片，有的照片记录了氢能发展历史，给读者直观的视觉享受；有的照片与上下文关系紧密，有助于更深入地理解文章内涵。这些精美的照片为原本紧张、严谨的氛围增添了几分轻松。

三、作者来自不同的部门和领域，包括大学、企业和研究所等单位。不同的作者看待氢能的视角不同，使读者感受到氢能工程的多彩多姿。特别值得指出的是，来自丰田公司的田中先生详细描述了"MIRAI"氢燃料电池轿车的开发历程：从核心的燃料电池系统、整车布置、车辆性能，到全生命周期分析。这些思想与体会，对中国大力推进氢燃料电池车的商业化有极高的参考价值，值得中国的研究人员和工程师认真借鉴。丰田的"MIRAI"是世界上第一款商业化批量生产的氢燃料电池轿车，它兼有环保性能和驾驶乐趣。"MIRAI"轿车的批量出现，让世界看到了氢能社会的真实性、可行性。笔者相信，"MIRAI"轿车一定会在人类能源发展史上留下永不磨灭的印记！

依我愚见，本书也有不足之处。因参加编写的专家比较多，写作风格迥异，使得本书结构不够连贯、不够协调。如第 7 章"介绍"，只有 2 页，似乎不足以成章；第 33 章对氢的"未来展望"仅 4 页，正文和文献索引各 2 页，给人以作者还未写完的感觉。当然，这些瑕疵不足以影响《氢能工程：日本视角》的成功，不影响中文读者从书中汲取有用的氢能工程知识。

最后，我郑重地向中文读者推荐这本值得一读的好书——《氢能工程：日本视角》。相信开卷有益，若勤学多思，必将收获良多。

毛宗强

清华大学教授、国际氢能协会副主席

2021 年 7 月 于清华大学荷清苑

译者序

新冠肺炎疫情对全球经济和社会产生了严重的影响，与此同时也触发了人们对应对全球气候变暖的关注和全球可持续发展的深层次的思考。随着全球努力向控制温升不超过2℃并努力达到1.5℃目标加速转型，探寻以新能源和可再生能源为主体的新型能源系统越来越成为各国能源发展的新战略。在这个新战略下，氢能也因其独有的卓越能量特性和清洁特点而备受关注。氢能在使用的过程中不产生任何的废弃物和污染气体，自身也具备优异的储能特性，可配合电网实现能源跨时空优化调度，并且未来在大比例可再生能源为主体的新型能源系统下可通过可再生能源电力电解水而生产得到，氢能具备促使整个能源系统深度清洁化和低碳化的技术优势。

日本是最早重视氢能技术发展的国家之一。早在20世纪70年代，日本就在国家战略中积极部署对氢能技术的投入，经过近半个世纪的研究和积累，氢能技术得到了巨大的突破，氢能从生产到储运，再到以燃料电池技术提供动力等各个环节都实现了从实验室向产业化的突破，氢燃料电池汽车也因其卓越的性能而备受青睐。本书从工程的视角较为系统全面地介绍了日本氢能的发展，涵盖了包括制、储、输、用等各环节在内的技术特征和发展特点，既有科学理论的支撑，又有工程试验的探索，是全面认识和了解氢能技术的一本著作。

随着全球加速向零碳社会转型，氢能将在这个进程中发挥不可替代的作用。在交通领域，氢燃料电池技术被看作长途交通运输脱碳的一项重要技术，工业领域中氢能也可作为炼钢的还原剂来替代焦炭的使用，是减少工业过程排放的一项重要应用。未来氢燃料也有可能在航空和航海领域实现技术突破，或走进千家万户来替代天然气的使用，或者在合成氨、合成甲醇和石油炼化过程中采用低碳氢/零碳氢替代化石燃料氢作为工业原料，氢能也有更多的应用场景，可进一步减少难减排部门的温室气体排放，为全面实现"净零排放"发挥重要的支撑。

全书从工程领域的视角对日本氢能的发展做了较为系统的梳理。在本书的翻译工作中，荣亚杰、马德发、彭宇星、杨星原、杨松瑜、朱泽鹏、朱贺等同学投入了大量的时间和精力，克服了众多跨学科、跨专业的困难，形成了本书中文版的雏形；又得到清华大学-张家港氢能与先进锂电技术联合研究中心的大力支持，王诚研究员和唐亚平教授对全书进行校核。本书在王海林博士和周胜副研究员的组织和筹备下，终于即将出版，也对支持本书翻译和出版的各位朋友和各界人士表示衷心的感谢，希望我们对知识的"搬运"工作，能帮助氢能领域的关心者、科研者和从业者，能够对我国氢能技术的发展发挥力所能及的微薄之力。

本书在翻译和出版过程中，也得到了国家重点研发项目（2018YFE0202000）和国家自然科学基金项目（71874096）的支持，在这里一并感谢。

译者

2021 年 4 月 25 日 于清华园

前言

本书的初衷是全面介绍氢能工程的整体概览，特别是从日本的视角。经历了几十年的研究、开发和示范，燃料电池和相应的氢能技术的时代已经来临。这些技术的商业产品已经出现在我们的日常生活当中，包括为住宅和小型企业供电的固定燃料电池、燃料电池汽车等。更广泛地应用这些技术的研究活动正在稳步加速。

除了这些技术上的努力，学者们还有责任在工程领域建立起这个科学学科。氢气是一种二次能源载体（如电力），因此全面了解与氢有关的技术至关重要。这应该包括氢的生产、储存以及利用的整个过程。电化学、材料科学等相关学科是重要的基础研究领域，应特别重视材料与氢的相互作用。正如我们从日本福岛核事故中学到的那样，安全性是日本氢能技术的一个重要方面，就像其他能源工程领域一样。当然，我们也有必要对高压氢气做好管理工作。因此，对这一问题的基本认识应该进行研究、发表和编译，以建立安全的设计原则。

全球在这些领域已经做出了相当大的努力。当然，日本可以通过分享近期在氢相关技术方面的经验来发挥领导作用。这样的技术共享可以提高全世界氢利用的可行性。我们特别高兴能与年轻的学生和研究人员分享我们的经验，许多新的挑战都得到了整个社会的全力支持，在这样一个环境中工作是令人兴奋的。

将非常广泛的氢能知识汇集成一卷是一项非常困难的任务。十年前，九州大学伊藤校区成立了国际氢能研究中心，将氢能工程确立为日本的核心学科。这些努力促使九州大学成立了一个高度合作和跨学科的团队，专注于氢能研究。

我们要感谢许多支持我们努力的组织和个人。特别感谢日本教育部、文化部、体育部、科技部对国际氢能研究中心的持续支持。下一代燃料电池研究中心（NEXT-FC）是由日本经济产业省（METI）资助建立的。感谢日本财政部内阁秘书处和内阁办公室对伊藤园区内的各项技术和示范项目提供的大力支持，特别是福冈国际战略园区的"智能燃料电池示范项目"。在新能源和工业技术发展组织（NEDO）、日本科学技术组织（JST）和日本学术振兴会（JSPS）、世界顶级研究基地项目（WPI）和创新中心（COI）等支持的各项研究中取得了第一手的研究成果。与福冈地方政府的密切合作是九州大学氢能项目的独特之处，得到了现任知事

Hiroshi Ogawa 和前任知事 Wataru Aso 的大力支持。感谢九州大学校长 Chiharu Kubo 博士、原校长 Setsuo Arikawa 博士和 Chisato Kajiyama 博士的不断支持和鼓励。我们也感谢我们的行业伙伴通过 NEXT-FC 和其他研究中心的持续合作。最后，我们要感谢许多资深合作者：荣休教授 Yukitaka Murakami 博士，是他发起了这个氢项目；机械工程系多名教授；以及许多客座教授，包括麻省理工学院的 Harry L. Tuller 教授、苏黎世联邦理工学院的 Ludwig J. Gauckler 教授、伦敦帝国理工学院的 John Kilner 教授、横滨国立大学的 Kenichiro Ota 教授和 Yamanashi 大学的 Masahiro Watanabe 教授，他们的鼓励使本书得以最终出版。我们也要感谢同事 Ayumi Zaitsu 女士、Haruumi Hasuo 博士、Miki Fujita 女士的编辑支持和项目管理，以及 Nicola H. Perry 博士、George F. Harrington 博士和 Benjamin V. Cunning 博士对书稿的编辑工作。

Kazunari Sasaki

Hai-Wen Li

Akari Hayashi

Junichiro Yamabe

Teppei Ogura

Stephen M. Lyth

Fukuoka, Japan

December 2015

目录

第一部分　概述

Kazunari Sasaki[1-3] **and Stephen M. Lyth**[4-6]

[1] International Research Center for Hydrogen Energy, Kyushu University, Fukuoka, Japan

[2] Next-Generation Fuel Cell Research Center (NEXT-FC), Kyushu University, Fukuoka, Japan

[3] International Institute for Carbon-Neutral Energy Research, Kyushu University, Fukuoka, Japan

[4] CREST Japan Science and Technology Corporation, Kawaguchi, Japan

[5] Department of Mechanical Engineering, Sheffield University, Sheffield, UK

[6] School of Chemical and Process Engineering, Leeds University, Leeds, UK

本书的概述部分介绍了燃料电池和氢能技术的历史、发展以及基本观点，包括全球氢能活动，日本氢能技术发展和燃料电池的实际示范和商业化进展详述，以及过去几十年对氢能强烈关注和有明确政府承诺的国家介绍。

第 1 章　为何是氢能？为何是燃料电池

Kazunari Sasaki

摘要：本章介绍了实现燃料电池供能的氢社会背后的原因和动机。在描述了燃料电池和氢能技术的最新进展之后，探讨了可能的技术、工业和社会范式的转变，并制定了可能的路线图。

关键词：燃料电池·氢能技术·电化学能量转化·氢循环·范式转变

最近，"氢能社会"一词开始流行。2015 年是氢作为汽车燃料全面投入使用之年，也被称为氢能元年。在日本，氢能和燃料电池的技术已经开始全面普及了。燃料电池汽车（FCV）的商业销售已经开始（如图 1-1 所示），在政府路线图的指导下加氢站（又称氢燃料供应站）得以不断的建设，氢气的购买变得更为容易。日本家用燃料电池热电联供系统 ENE-FARM 于 2009 年投入市场，到 2015 年 12 月累计销售数量已经超过了 150 000 套。政府已经制定了更大目标，即在 2030 年之前给 10% 的家庭应用这项技术，在发电的同时供应热水。从 2017 年开始，日本计划更大规模地开展燃料电池发电系统的商业销售（如图 1-2 所示），目前正在加速此类技术的商业化进程。[1-4]

在美国的一些二氧化碳排放法规严格的地区，比如加州，零排放汽车的销售数量被强制要求要达到一定的占比之上，燃料电池汽车（FCV）和电动汽车（EV）

K. Sasaki（✉）
International Research Center for Hydrogen Energy, Kyushu University,
Fukuoka 819-0395，Japan
e-mail：sasaki@ mech. kyushu-u. ac. jp

© Springer Japan
K. Sasaki et al.（eds），*Hydrogen Energy Engineering*,
Green Energy and Technology, DOI 1007/978-4-431-56042-5_1

图 1-1　2015 年 3 月 25 日，在 Kyushu University（九州大学）
加氢站前举行的 MIRAI 燃料电池汽车落成典礼

图 1-2　2015 年 3 月 13 日在 Kyushu University（九州大学）举行的 250 kW 级固体
氧化物燃料电池发电系统与微型燃气轮机联用的启动仪式

将成为实现此类二氧化碳减排目标的关键。在美国，布鲁姆能源公司（Bloom Energy）通过利用工业燃料电池提供能源供应服务已经取得了积极的成果。在欧洲，氢气运输管道已经建成，加氢站正在建设，一些示范性的燃料电池公交车正行驶在欧洲多个城市周围。高压储氢系统新技术开发也得到了积极的推动。此外，欧洲还在积极研发"power-to-gas"技术，该技术可将波动很大的可再生能源电力转化为氢气或甲烷。未来，随着可再生能源在整个能源系统中的占比不断增加，

"power-to-gas" 技术制取的燃料可以通过输气管道进行输配，也可以贮存起来供日后使用。

为什么现在选择氢能？为什么选择燃料电池？氢能社会是怎么样的？实现氢能社会的优点和挑战是什么？

对于像日本这类能源资源有限的国家来说，稳定的能源供给以生产电力、热以及汽车燃料等对国民经济影响很大，必须以尽可能低的价格生产或获取这些能源资源。日本财政部公布的《日本贸易统计报告》显示，近年来日本贸易逆差有所增加，造成这一趋势的主要原因据说是能源进口的增加。2013 年至 2014 年间，日本为诸如天然气、石油和煤炭等化石燃料进口支付了约 27 万亿日元（由于原油价格较低，这一数字最近有所下降）。当前，日本的住宅和工业部门所需的电力约有90% 来自火力发电厂，而这种情况在短期内是无法避免的。《能源白皮书》基于设施容量统计，在 2013 财政年度，运营超过 40 年的火电厂占所有电厂的 20%。因此，以更高效率、最新的电力生产技术来取代传统发电技术已在所难免。

如图 1-3[6-13] 所述，燃料电池技术从含有氢的燃料中生产电能。它是电解水反应的逆过程，在燃料不燃烧的情况下直接生产电能。这个反应中用到的氢是地球上最丰富的元素，并且我们可以通过各种不同的方法制取氢气。例如，炼油、炼钢和制碱等工艺过程的副产品就可以提供氢气，或者也可以从富含氢原子的碳氢燃料中提取氢气，这些碳氢燃料可以通过利用现有的城市燃气和石油管道（液化石油气）能源供应网络来获得。如果氢气能广泛用作汽车燃料，汽车工业和日常交通将不再依赖原油，将有利于日本的能源安全。当然，氢气的大规模使用也将使每个国家更容易实施废气排放管控。

虽然燃料电池汽车的燃料通常是纯氢气，但是除了纯氢之外，其他富氢燃料如化合物（如城市燃气）也可用于燃料电池发电。既然燃料电池能以更高的能量转化效率来生产电力，那么在生产相同数量电力的时候就有可能减少传统化石能源的消费量，最终会发挥节约能源和减少二氧化碳排放的双重效果。换句话说，氢能社会（如图 1-4 所示）可以通过利用氢燃料电化学反应发电的燃料电池的普及来实现。这种高效发电技术不仅可以应用到居民住宅和车辆当中，而且还可以作为几kW 到几百 kW 甚至更大功率的发电站在工业中应用。当然，氢燃料电池的小型便携应用也正在同步开展。面向航空航天和以海洋应用为目标的新技术也在研发当中（如图 1-4 所示）。

2015 年，全球平均二氧化碳浓度已经超过了 400ppm。过去排放了大量二氧化碳的发达国家面临着减少二氧化碳排放的巨大压力。未来，在全球将大幅减少二氧化碳排放的背景下，日本可能会逐渐转变为一个利用氢能的社会，并最终成为一个

无燃烧的能源系统

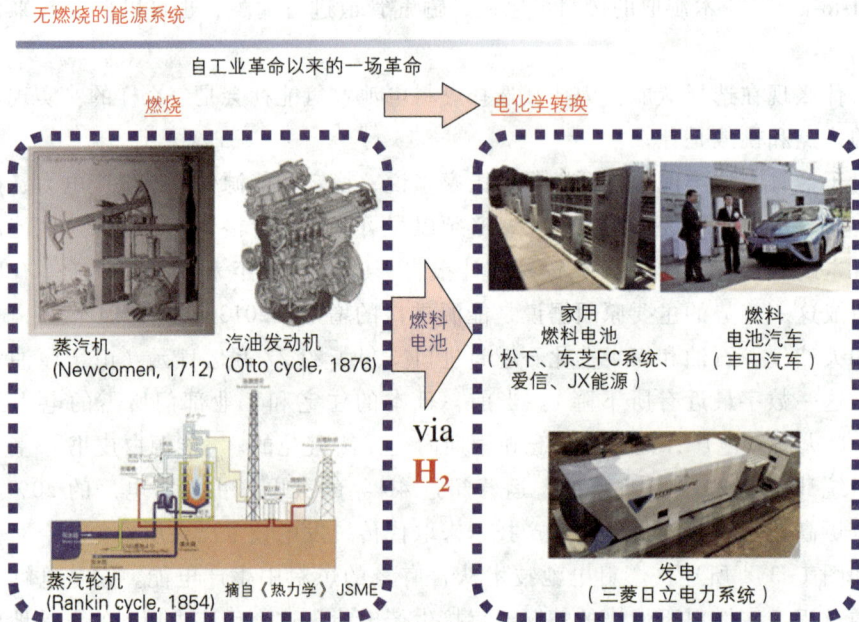

图 1-3 从燃烧[5]到电化学能量转换："从火到水"

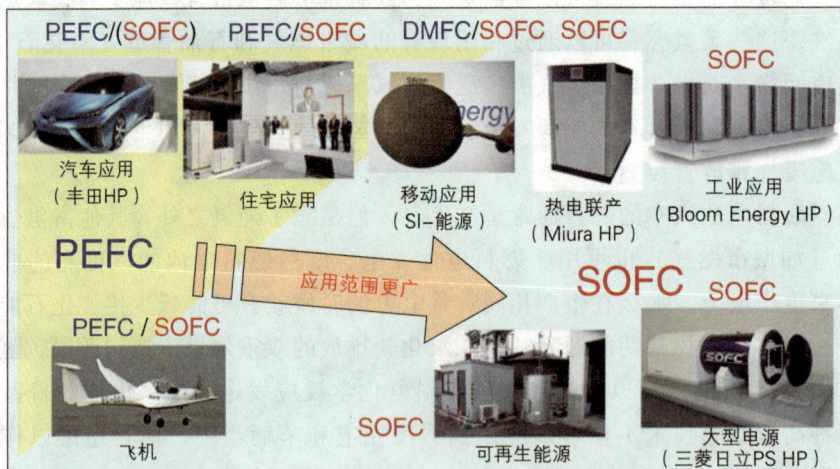

图 1-4 聚合物电解质燃料电池（PEFC）和固体氧化物燃料电池（SOFC）的广泛应用

氢循环社会（如图 1-5 所示）。2015 年 11 月至 12 月在巴黎举行的联合国气候变化大会（COP 21）要求其成员国要以 21 世纪下半叶实现碳中和为目标[14]。

　　氢的生产还可以通过利用垃圾处理产生的甲烷，利用没有上网的过剩可再生电力等多种方式来获得，这样，日本建立一个无碳化社会就不再仅仅是一个梦想了。

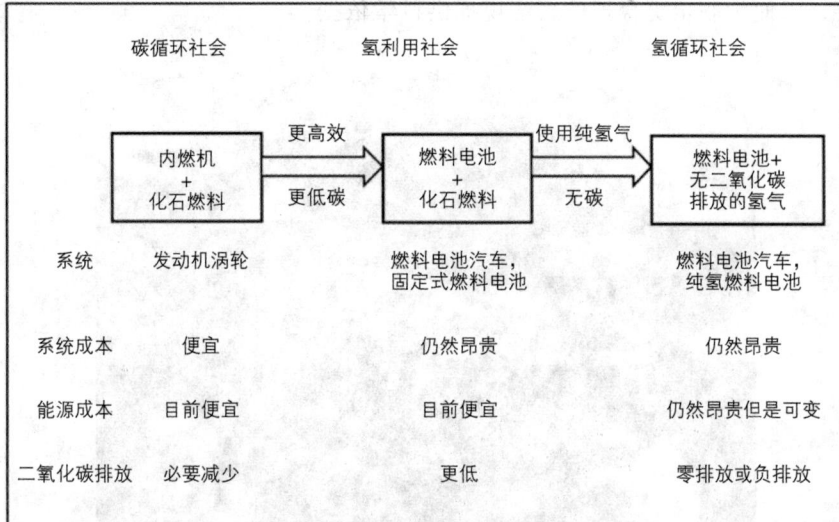

图 1-5 向氢动力社会过渡

可再生能源发电量受天气等因素影响较大，供电的波动性也较大。因此，将这些能源转变成氢能进行存储是一种很好的利用方式，制氢储能系统也正在研发中。氢可以通过使用过剩的可再生能源电力进行电解水来制取。如果我们能更好地掌握储氢技术，该技术就将成为除了传统的储能电池和抽水蓄能电站之外的又一中等规模能量储存的技术选择。如果这样，可再生能源电力装机容量将会更大。由于每一地区利用能源来生产电力或制氢都不再有技术障碍，那么本地能源生产完全可以支撑当地的能源消费。此外，与当前能源生产中的获利通常会从该地区流出的情况不同，这种分散式的能源生产方式可获得一定的经济收益，这些收益可用于刺激当地经济活动和促进区域发展。当然，在当地社区利用可再生能源时，还必须要综合考虑总成本、效率以及二氧化碳排放等因素。

从上述信息可以明显看出，以燃料电池为核心技术的氢能部署极具潜力，但建立这样的一个氢能社会仍需一定的时间和若干的社会变革。这个过程中存在若干挑战：首先，政府和私营部门能够促进氢能基础设施的发展，尤其是建立加氢站网络对于普及 FCV 来说十分重要。来自政府等方面的支持在一定时期内必不可少，这样加氢站可以加入到"能源便利店"当中成为正式成员，在化石燃料、电力和热力的供应之外供给氢能。利用过剩的可再生能源电力制氢，利用垃圾处理厂和厨余垃圾处理厂的沼气制氢，以及氢气的存储和销售等环节都将成为可行（如图1-6所示）。减少加氢站的安装和维护成本也十分关键。虽然需要通过标准和修订极其严格的安全法规来实现生产效益，但了解高压氢气引发材料的氢脆现象等氢气特性非常重要，以便为制定更合理的新法规提供科学依据。

图 1-6　Fukuoka City（福冈市）一个可再生的加氢站，氢气由
CH_4 和 CO_2 组成的消化气制备而来

　　其次，在电力和天然气市场化趋势下，能够高效发电的氢燃料电池有望成为下一代发电系统的关键装置。通过提高发电效率和减少全国能源部门的浪费，将有可能减少二氧化碳排放。以燃料电池作为核心技术，配以燃气轮机和蒸汽轮机，采用天然气作为燃料（所谓的三联合循环发电），理论上可以构建能量转换效率超过70%的燃料电池发电系统。还可以利用燃料电池将一定约束条件下的煤转化为煤气，从而高效地发电。虽然该技术在全面普及之前还需要进一步的技术创新以及降低成本，但一个国家若开始全面部署该技术不仅能有效减少其能源进口依赖，而且还可以大大减少二氧化碳排放。在日本，有发展氢燃料电池技术的公共补贴计划，也有升级老旧火电厂与开发氢能相关技术对今后降低燃料成本和二氧化碳排放方面的比较计划，结合二者来看发展氢燃料电池是可行的。如果能够大幅减少化石燃料，其带来的收益可高达1万亿日元。另外，为了达到这样的氢能水平，政府、城市、能源企业、用户和投资者也将开展更为广泛的投资，这也必将进一步降低整个系统的成本，提高发电的效率。

　　最后，要实现如图1-7所示的氢能社会，就必须向公民展示氢能社会的概貌，以及确保它的安全性。在对安全使用燃料电池和氢技术产生担忧之前，应当努力去提高公众的认识。由于所有的公民都将使用氢气，每天都会有爆炸的危险，因此必须在硬件和软件方面都采取措施，以减少风险并确保安全使用设备。这将需要安装氢气泄漏传感器和相应的组件。此外，还需要制订教育方案，培训用户安全使用氢气，通过提高人们认识来提高公众接受度。日本东京奥运会和残奥会将是日本向世界传达有关氢技术发展信息的绝佳机会。届时全国范围的氢能技术示范工程、大规模燃料电池在智能社区的应用以及国内可再生能源基础设施网络等都将充分展示出其经济效益和环境优势。实际上，世界许多地方也都已经开展氢能应用和燃料电池方面的示范。

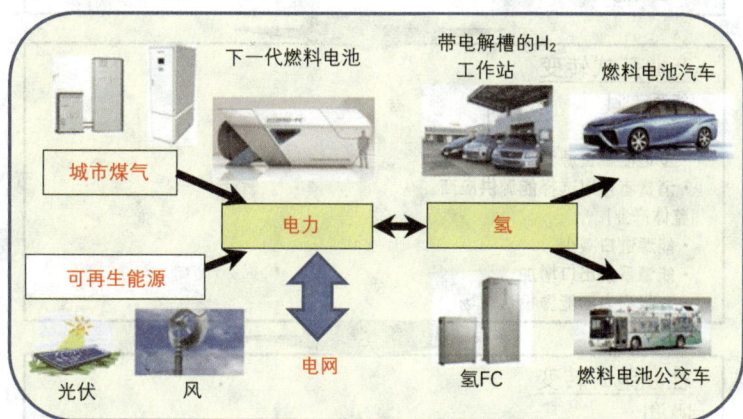

图 1-7 利用氢能的社会

能源领域的技术发展往往需要几十年才能全面实施。与此同时，各种各样的相关业务，如维护和诊断等，将在这一领域继续发展几十年。一个好的战略是在产品开发过程中开发此类技术，并在技术仍在开发和完善期间开始培训人力资源。因此，作为战略延续的一部分，必须向年轻的人力资源提供参加培训的机会。鉴于未来全球发展的前景，预计一些人力资源将需要博士级的培训，以便他们能够在全球范围内发挥引领和推广的作用。

氢能的全面普及有可能推翻传统的能源假设，给工业和社会带来巨大的变化。如果这些变化显著，它们应该被恰当地称为"氢能革命"。下面列出了技术、工业和社会可能发生的潜在范式转变（如图 1-8 所示）。

技术范式转变

［燃料电池］（化学能直接转化为电能）

• 燃料电池超过热机的效率限制，大大减少能量转换的损失。

• 燃料电池可构建分散的能源系统，使得当地能源生产满足当地能源消费。

［氢］（可通过燃料电池技术转化为电力，不产生二氧化碳排放）

• 从基于碳循环的能源系统过渡到基于氢循环的能源系统。

• 系统开发，将不容易储存的电力以氢能源形式储存，充分利用可再生能源。

产业范式转变

技术范式转变

[燃料电池]
- 大大减少了能量转换的损失
- 当地生产能源以供当地消费

[氢]
- 过渡到氢循环
- 氢储能

产业范式转变

[能源产业]
- 分布式供电
- 多边能源资源管理
- 消费者可以选择能源供应商

[整体产业]
- 能源进口减少
- 能源系统出口增加
- 有吸引力的能源投资市场

社会范式转变

[政治]
- 独立于原油和相关的国际冲突

[环境]
- 没有废气排放的社会
- 大量减少二氧化碳排放

[经济]
- 抑制国民财富外流
- 节省能源成本
- 引入更多可再生能源
- 资源多元化,能源最佳组合

[总体]
- 国家、地区、个人的能源独立/安全

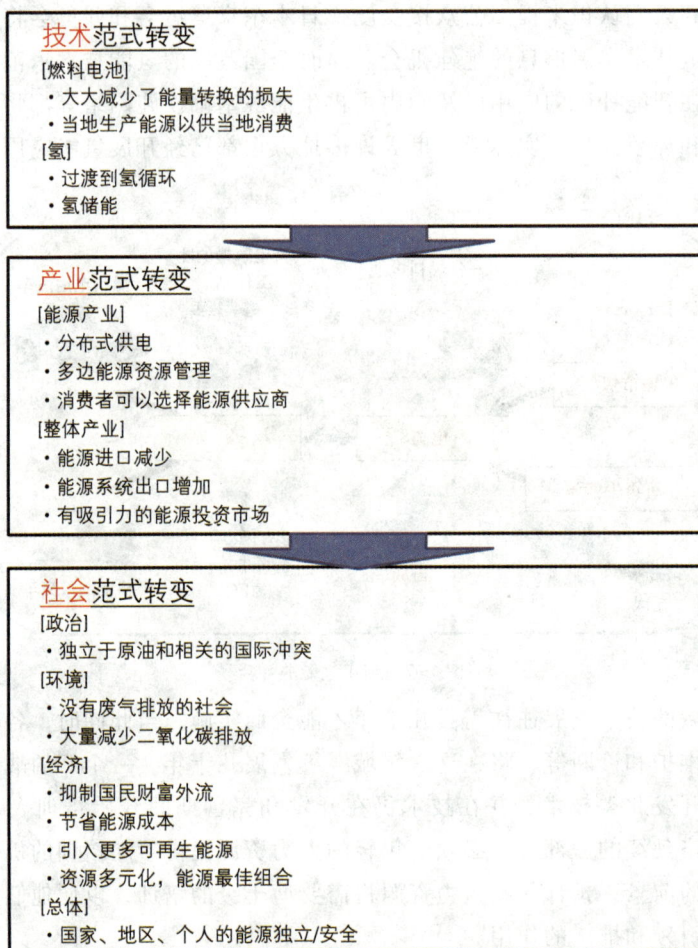

图 1-8　燃料电池和氢技术使工业技术和社会范式转变成为可能

[能源产业]（面向自由化）

- 能源供应从集中式到分布式转变（例如,在计算机中的先例）。

- 从单一能源供应公司过渡到提供多边能源管理的服务行业（例如,能源便利店）。

- 为利用各区域现有能源而定制的能源生产设施。

- 为电力商品提供增值服务的产业群。

- 消费者可以选择如何获得能源以及从哪个行业获得能源。

- 为了满足消费者的需要,不断地出现新工业和新商业模式。

[整体产业]（增长战略的支柱之一）

- 从减少能源进口以及增加能源系统和技术出口中获益的产业结构。
- 创造一个把电力以氢的形式像货币一样可以储存和交易的社会。
- 能源将成为一个更具吸引力的增长领域/投资领域。

社会范式转变

[政治]（能源安全对国家的存亡至关重要）

- 向一个不依赖特定能源（如原油）的社会过渡。
- 向一个没有能源竞争的社会过渡，减少对国际政治的依赖，减少国际冲突的机会。

[环境]（全球环境问题迫在眉睫）

- 向移动社会过渡，通过部署 FCV 和 EV 不产生废气排放。
- 向环境友好型社会过渡，通过利用氢能和提高效率，大幅减少二氧化碳排放，保护地球。

[经济]（能源是推动经济活动的根本动力）

- 向财富外流受到抑制的社会过渡，将资源用于国内，节省能源成本（日本每年约 27 万亿日元）。
- 向通过投资可再生能源确保未来能源的社会过渡。
- 向这样一个社会过渡——根据其能源资源的多样化，部署其最佳的能源结构类型。

[总体]（能源作为一种社会利益）

- 通过增加可再生能源和使用尽可能最佳的能源组合（国家层面的能源安全），在能源供应方面实现国家独立。
- 向个人和区域在能源方面独立的社会过渡（区域/个人层面的能源安全）。

为了实现氢和燃料电池的所有潜力，可能需要持续几十年至一个世纪的长期努力。然而，可以肯定的是，这将解决当前人类使用能源过程中所产生的一些问题。对人类来说，一个巨大的挑战即将开始。人类是最早使用火的动物，自从工业革命以来，人类通过燃烧大量的能源来获得并维持自己的文明。面临的挑战将是以非燃烧的方式高效利用能源，减少污染排放。

图 1-9 描述了各种一次和二次能源之间的关系。电可以直接传输，而氢气可以很容易地储存。使用氢作为二次能源（除电力和热能外）相比于二次电池能够实现更大规模和更长周期的储能。这使得在多种可再生电力和核能作为基础负荷的情形下，更容易实现各种一次能源的"最佳"组合。例如，可利用过剩的可再生（光伏和风能）电力电解水制氢。储存的氢气将用于利用固定式氢燃料电池和/或用于燃料电池公交车和叉车。燃料电池和电解槽可以有效地转换和帮助管理二次能

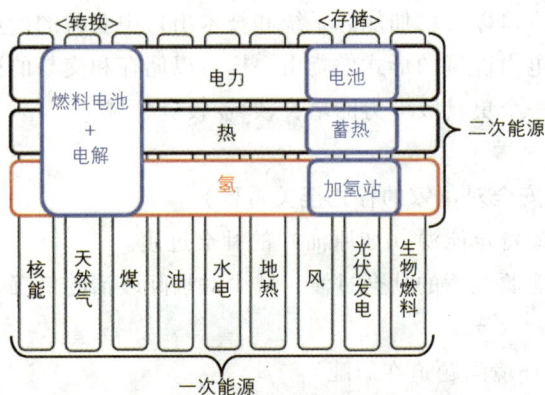

图1-9 与氢、燃料电池和电解槽耦合的各种一次和二次能源类型

源类型（即电力、热和氢），利用各种燃料的热电联产甚至冷热电三联供。天然气（城市燃气）、液化石油气（LPG）、煤气和生物燃料都可用于生产氢气，或含氢的燃料气体，用于燃料电池发电或制热。

本书的结构如下。第一部分概述了氢能和燃料电池的历史、现状、潜力和未来方向，第二部分是对氢的生产过程中的基本工程概念的描述和氢能系统的介绍。第三部分介绍了有关氢能储存。第四部分介绍了有关氢能利用。第五部分介绍了氢能安全。第六部分总结了氢能技术的现状、各应用领域的未来发展以及推广的社会考虑。在日本，氢能领域的全面普及即将开始，本书也试图从日本独特的视角介绍氢能工程系统。

参考文献

1. Strategic Energy Plan（2014）Agency for Natural Resources and Energy, Ministry of Economy, Trade and Industry, Japan. http://www. enecho. meti. go. jp/en/category/others/basic_plan/pdf/4th_strategic_energy_plan. pdf. Accessed 27 Sept 2015

2. Strategic Road Map for Hydrogen and Fuel Cells（2014）Agency for Natural Resources and Energy, Ministry of Economy, Trade and Industry, Japan. http://www. meti. go. jp/english/ press/2014/0624_04. html. Accessed 27 Sept 2015

3. Annual Report on Energy（Energy White Paper 2014）Agency for Natural Resources and Energy, Ministry of Economy, Trade and Industry, Japan. http://www. meti. go. jp/english/report/index_whitepaper. html. Accessed 27 Sept 2015

4. Hydrogen Energy White Paper（2015）New Energy and Industrial Technology Development Organization（NEDO）, Japan. http://www. nedo. go. jp/content/100567362. Accessed 27 Sept

2015（in Japanese）

5. The Japan Society of Mechanical Engineers（2002）Thermodynamics（JSME textbook series）. Maruzen, Tokyo Japan（in Japanese）

6. Steele BCH, Heinzel A（2001）Materials for fuel-cell technologies. Nature 414:345-352

7. Larminie J, Dicks A（2003）Fuel cell systems explained, 2nd edn. John Wiley & Sons, West Sussex UK

8. Sasaki K, Nojiri Y, Shiratori Y, Taniguchi S（2012）Fuel cells（SOFC）: alternative approaches（electrolytes, electrodes, fuels）, In: Meyers RA（ed）Encyclopedia of sustainability science and technology. Springer Science + Business Media, New York, pp 3886-3926

9. Stolten D（2010）Hydrogen and fuel cells. Wiley-VCH, Germany

10. Singhal SC, Kendall K（2003）High-temperature solid oxide fuel cells: fundamentals, design and application. Elsevier Science & Technology, Oxford UK

11. Minh NQ, Takahashi T（1995）Science and technology of ceramic fuel cells. Elsevier Science, Amsterdam

12. Kreuer KD（2013）Fuel cells. Springer Science+Business Media, New York

13. Sasaki K, Hayashi A, Taniguchi S, Nishihara M, Fujigaya T, Nakashima N（2014）Fuel cells, Part VI Chapter 24. 3 In: Kagaku Binran（Chemistry handbook）, Applied Chemistry, 7th edn. Maruzen, Tokyo Japan（in Japanese）

14. United Nations Conference on Climate Change COP21/CMP11（2015）. http://www. cop21. gouv. fr/en/. Accessed 27 Dec 2015

第 2 章 总体现状

Kazunari Sasaki

摘要：本章介绍了燃料电池和氢能技术的最新进展，特别是在日本，这些技术正在实现真正的商业化，包括燃料电池汽车（FCV）和燃料电池公交车、加氢站、住宅和工业用燃料电池系统，以及利用可再生能源制氢的电解槽。本章讨论了实现未来碳平衡和无碳社会的可能途径。

关键词：燃料电池汽车·加氢站·住宅和工业燃料电池·燃料电池类型·电解槽·向无碳社会转型

2.1 氢能元年：2015

2015 年氢作为能源载体在社会中开始全面使用将载入史册。燃料电池汽车于 2014 年 12 月 15 日投放市场，这标志着我们在实现汽车零排放方面迈出了一大步，汽车在过去产生了大量有害废气[1]。图 2-1 是丰田汽车公司生产的 MIRAI 燃料电池汽车（另见第 34 章）。其他类型的燃料电池正在开发中，如图 2-2 所示。

燃料电池汽车与不排放尾气的电动汽车（EV）相比，目前电动汽车在燃油（电）经济性和在家充电的便利性方面都更为优越。然而，燃料电池汽车比电动汽车行驶得更远并且无须再充电，并且燃料电池汽车只需要大约 3 分钟的时间来补充

K. Sasaki (✉)
International Research Center for Hydrogen Energy,
Kyushu University, Fukuoka 819-0395, Japan
e-mail: sasaki@ mech. kyushu-u. ac. jp

© Springer Japan 2016
K. Sasaki et al. （eds.）, *Hydrogen Energy Engineering*,
Green Energy and Technology, DOI 10. 1007/978-4-431-56042-5_2

图 2-1　汽车燃料电池：丰田 MIRAI 燃料电池汽车于 2015 年 3 月 25 日移交
九州大学校长，成为全球首款正式商用的燃料电池汽车

氢（相比之下，电动汽车需要充电很多个小时）。理想情况下，两者的结合将助力我们摆脱对汽油等化石能源的依赖。多年来，"鸡与蛋"的讨论一直围绕建立氢燃料电池汽车所需的基础设施展开（先建设氢气站还是先出售燃料电池汽车）。汽车公司的汽车销售量是由消费者决定的。因此，除非能源供应商清楚地知道燃料电池汽车的市场规模（见第 41 章），否则他们很难冒险投资于氢基础设施（如加氢站）。推出燃料电池汽车商业销售的影响确实很大，那些在出售产品之前等待销售数据的企业现在开始进入市场。在这个领域提前进入市场的优势也将很大，预计未来的发展将由率先采用新技术的公司主导。全国各地正在建设商用加氢站。图 2-3（a）展示了福冈县小仓加氢站的开幕式，这是日本第二个供应 70MPa 高压氢气的商用加氢站（见第 40 章）。为了降低建造成本和生产可再生的氢气，人们进行了各种各样的尝试来开发小型加氢站。例如，图 2-3（c）所示为一个小型加氢站，可在现场生产和供应 35MPa 氢气。虽然氢气压力不足以完全填满燃料电池汽车的燃料箱，但在燃料电池汽车商业化的初级阶段，这样一个小系统可以满足小城市和局部地区的需要。

多年来，有关氢能的研究和开发计划一直在全球范围内推进。在日本，工业界、学术界和政府互相合作，积极推动燃料电池核心技术和配套氢能相关技术的改进。这些合作促成了日本家用燃料电池热电联供系统（ENE-FARM）的商业化。这一成功很大程度上归功于具有商业前瞻和可持续发展的战略举措、对新技术大规模开发以及补贴支持。在 2014 年 4 月 11 日修订的基本能源计划中，氢作为仅次于电和热的第二能源载体，在日本的国家能源政策中获得了明确的地位。在这一新政

图 2-2　汽车燃料电池（在 2015 年东京车展展出）：
（a）本田 CLARITY 燃料电池汽车将于 2016 年 3 月商业化
（b）丰田雷克萨斯燃料电池汽车（c）日野燃料电池公交车

策的基础上，日本官方制定了"氢和燃料电池战略规划"[2]。该文件制定了从 2009 年 ENE-FARM 和 2015 年燃料电池汽车开始商业化的一个未来的规划。如规划所述，氢能的商业化和全面普及有望加速，但其他许多国家仍然缺乏这样的前景规划。尽管氢气的使用还不够普及，但是氢已经被大量地用于许多工业生产加工过程。如果燃料电池汽车的推广普及取得进展，预计即使是目前的制氢水平也不能满足要求，但日本的规划中清楚地描述了获得无二氧化碳排放的氢气（包括大量进

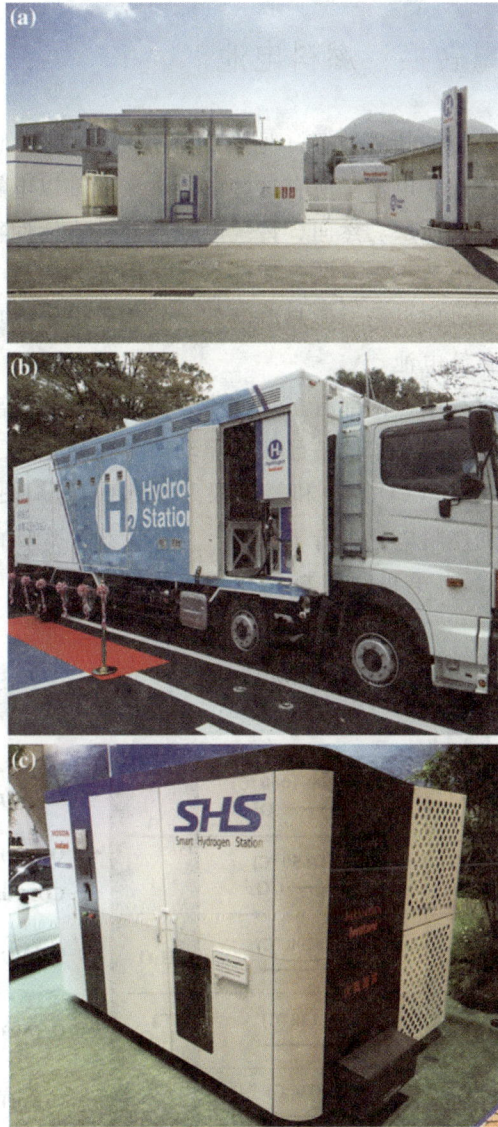

图 2-3　加氢站（在 2015 年东京车展上展出）：

（a）小仓加氢站（固定式，70MPa），这是 2014 年 10 月 22 日日本第二个向公众开放的加氢站

（b）福冈县加氢站（移动式，70MPa）

（c）本田和岩手开发的小型加氢站"智能加氢站"（35MPa）

口）的中长期战略。氢被用于燃料电池，可以直接将燃料的化学能转化为电能，不像热能引擎，它有潜力在社会能源驱动方式上带来创新和根本性的改变。

2.2 电化学能量转换：燃料电池

燃料电池是氢能系统的核心装置（见第四部分）。它们类似于传统电池和充电电池，如提供电力的锂离子电池。所有这些电化学装置都以电解质层为核心，只有特定的离子才能通过电解质层。然而，传统电池需要装入活性物质在电化学反应过程中释放能量，但燃料电池不需要装入活性物质。因此，燃料电池需要外部能源物质供给发电。只要不断供应燃料，燃料电池就会持续发电。就功能而言，它们实际上更像发电机而不是传统电池。

燃料电池在发电过程中，内部有多种物质，但只有特定的离子才能通过，工作温度升高会使这些离子更容易扩散。已知的流动离子包括氢离子或质子（H^+）、氧离子（O^{2-}）、碳酸盐离子（CO_3^{2-}）和氢氧根离子（OH^-）。图 2-4 基于移动离子的类型，对不同类型的燃料电池进行了分类[3-5]。这些不同类型的燃料电池相同之处在于：电解液的两侧都有电极，燃料氧化反应发生在阳极，氧还原反应发生在阴极。

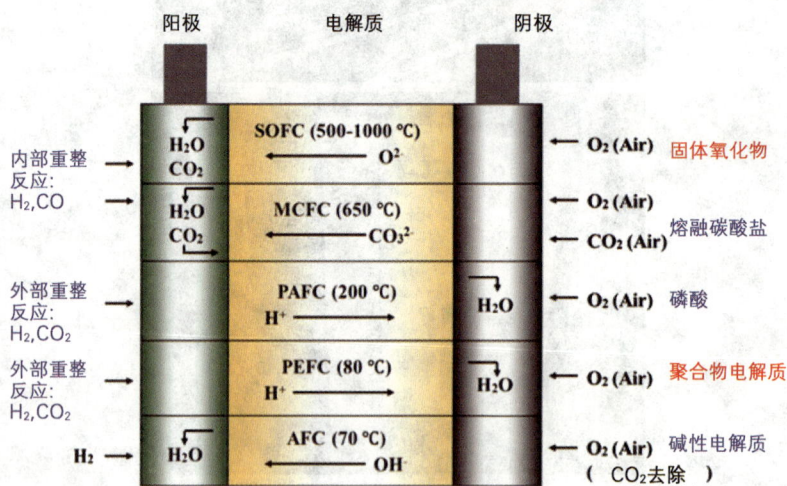

图 2-4 不同类型的燃料电池[3]

聚合物电解质燃料电池（PEFC）和固体氧化物燃料电池（SOFC）是具有代表性的燃料电池，在实际应用和普及推广方面都更为先进。1839 年，英国的威廉·格罗夫爵士（Sir William Grove）证明了燃料电池的原理[6]，1937 年鲍尔等人在苏黎世联邦理工学院（ETH）演示了使用固体电解质的燃料电池技术[7]。图 2-5 描述了这两种燃料电池的工作原理。在聚合物电解质燃料电池（广泛用于燃料电池汽车和家

用燃料电池装置）中，氢气作为燃料供应到阳极（燃料电极）侧（如图 2-5（a）
所示）。氢分子在电极表面分解成质子和电子，其中电极含有铂等催化剂。由于电
解质膜只允许质子通过，质子通过电解质膜扩散。然而，电子不能通过电解质膜，
因此只能通过导电电极流到外部电路。空气被供应到另一个电极，在那里氧分子、
穿过电解质膜的质子和通过外部电路到达的电子一起反应形成水（H_2O）。当氢气
和氧气混合并点燃时也会发生同样的反应，但燃料电池中形成的水只与流过燃料电
池外部电路的电量有关。也就是说，电流从空气电极（阴极）流向燃料电极（阳
极），因此，可以通过提供氢气来发电。

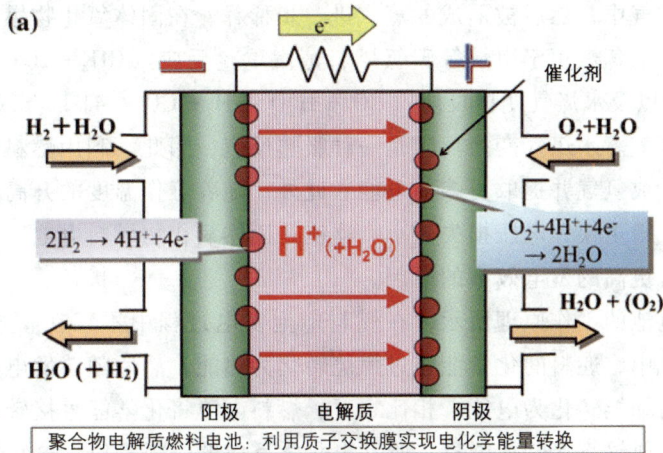

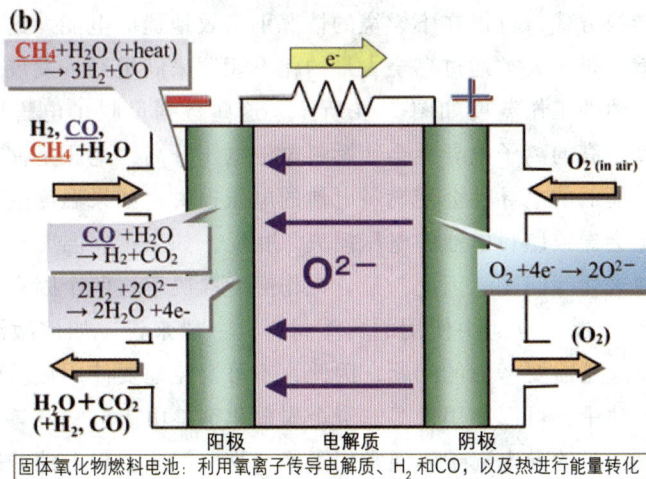

图 2-5　聚合物电解质燃料电池（PEFC）和固体氧化物燃料电（SOFC）的工作原理

使用的固体电解质材料不一定是质子导体，也可以是氧离子导体。在固体氧化

物燃料电池中，如图 2-5（b）所示，与聚合物电解质燃料电池相同，空气供给阴极。由于固体氧化物燃料电池使用氧离子导体，空气中的氧分子从阴极表面获得电子并分解成氧离子，在这里形成的氧离子通过电解质扩散到阳极。在阳极，这些氧离子和氢分子反应生成水（蒸汽），并产生电子。这些电子通过外部电路传导到阴极用于氧还原反应。因此，通过提供氢气产生电能的整个固体氧化物燃料电池反应与聚合物电解质燃料电池反应相同。

此外，水（蒸汽）在聚合物电解质燃料电池中形成于阴极，而在固体氧化物燃料电池中形成于阳极。在聚合物电解质燃料电池中，阴极的氧气最初以 20% 的浓度存在于空气中，然后被形成的蒸汽进一步稀释。在固体氧化物燃料电池中，燃料电极上形成的蒸汽用于甲烷等碳氢燃料蒸汽重整反应（$CH_4 + H_2O \rightarrow 3H_2 + CO - 206$ kJ/mol）以及水煤气变换反应（$CO + H_2O \rightarrow H_2 + CO_2 + 41$ kJ/mol），这些反应产生更多的氢气。水煤气变换反应是一种吸热反应，因此，利用燃料电池内部产生的热量可以生成氢气并提取更多的电能。此外，随着工作温度的升高，电极上的电化学反应发生得更快，电压损失较小。这就是固体氧化物燃料电池比聚合物电解质燃料电池具有更高的发电效率的原因。

如燃料电池的工作原理所示，在燃料电池发电过程中不存在"燃烧"燃料的过程。在热机中，燃料的化学能通过燃烧转化为热能，然后随着发电机的旋转，热能通过叶片的动能转化为电能。相比之下，燃料电池将化学能直接转化为电能，因此，燃料电池能够直接转换能量，驱动电化学反应的燃料是氢。这种技术代表了一种创新的能源转换方式，可以在不燃烧的情况下高效地提取电能。这对人类来说是一个巨大的成就，过去人类通过燃烧大量的化石能源来满足经济发展的需要。

各种燃料电池的工作温度如图 2-4 所示，这些数据反映了电解质具有足够离子电导性的温度。高的离子电导性会使燃料电池电压升高，电压是使离子对抗电阻移动的驱动力，而低的电导性会使燃料电池的电压损失。如果温度过低，电化学反应会变慢，这也会导致燃料电池的电压损失。相反，如果工作温度过高，则会出现性能下降和电池老化等问题，因此，最佳工作温度取决于这两个因素之间的平衡。

表 2-1 总结了燃料电池中使用的典型材料。一般来说，如何激活低温下的燃料电池电化学反应是需要考虑的问题，因此，不可避免地要使用铂基催化剂。在温度较高的燃料电池中，可以使用镍等非贵金属催化剂。由于电解液具有高的离子导电性，因此含有大量的导电离子。通常用于聚合物电解质燃料电池的质子导体是强酸性的，而碱性电解质燃料电池使用强碱性电解质材料，因此，耐腐蚀性是一个挑战，需要通过接触材料的改性来解决。钛基材料常用作聚合物电解质燃料电池的双极板。然而，可用于在高温下工作的燃料电池的材料在氧化和耐高温方面受到限

制，特别是在空气电极区域。

表 2-1   燃料电池用典型材料

	聚合物电解质燃料电池（PEFC）	碱性燃料电池（AFC）	磷酸燃料电池（PAFC）	熔融碳酸盐燃料电池（MCFC）	固体氧化物燃料电池（SOFC）
工作温度（℃）	20~80	20~90	160~210	600~700	600~1000
燃料	H_2、醇类	H_2	H_2	H_2、CO	H_2、CO、CxHy
氧化剂	空气、O_2	空气、O_2（不含二氧化碳）	空气、O_2	空气+CO_2	空气
电解质材料	阳离子交换膜	KOH 溶液	浓 H_3PO_4 溶液	$(Li，K)_2CO_3$	ZrO_2（Y_2O_3） ZrO_2（Sc_2O_3） CeO_2（Gd_2O_3） La（Sr）Ga（Mg）O_3
电极材料、电催化剂	Pt/C Pt-Ru/C Pt-Co/C	铂基催化剂、镍铝、过渡金属催化剂	铂基催化剂	镍基多孔板	La（Sr）MnO_3 La（Sr）Co（Fe）O_3 $Ni-ZrO_2$（Y_2O_3）
电堆组件材料	耐腐蚀合金、碳纸	Ni	碳板、特氟龙、碳化硅	镍合金、不锈钢、$LiAlO_2$	铬基合金、不锈钢、La（Sr）CrO_3

2.3 氢气利用技术

从工作原理上可以清楚地看出，燃料电池包含一种能够高效发电的技术，其反应涉及氢。氢本身是自然界中最丰富的元素，以化合物形式存在于各种燃料中。因此，如果一个利用氢的社会建立起来，就有可能会使用各种含氢能源。能源多样化对于像日本这样大部分能源资源依赖进口的国家将非常有益，而且在能源安全方面对许多国家都有价值[8,9]。

采用以燃料电池为核心的氢能技术的基本价值可概括如下：

• 燃料电池可以在不燃烧燃料的情况下高效发电（通过涉及氢的电化学反应）。

• 当使用氢气作为燃料时，仅生成水作为副产品（然而，当产生氢气时，通常会排放二氧化碳）。

• 如果车辆可以使用氢气，汽车工业和机动化社区将不再依赖原油，并将变得可持续发展（关键行业和我们的日常交通需求将不再依赖于政治敏感的特定自然资源）。

• 从波动的自然能源获得的电力可以以氢的形式储存（当可再生能源以氢的形式储存时，其储电能力会增加）。

如图 2-6 所示，该技术具有改变能量供应方式的潜力。从能源供应企业的角度来看，这意味着天然气公司和石油公司将间接供应和销售电力。例如，当使用家用燃料电池热电联供系统时，可以利用城市燃气或液化石油气供应电力。如果氢被用作汽车燃料，一些企业如制造和销售氢的石油公司、生产氢的城市燃气公司和从事氢交易的工业燃气公司可以出售汽车燃料。如果氢可以通过电解水生产，电力公司也可以将这种燃料出售给燃料电池汽车拥有者。从消费者的角度来看，未来一段时间，他们将有更多的选择来购买能源，满足他们的居住和交通需求。未来，当自由化有助于消除完全垄断或寡头垄断时，新形式的能源技术将可能通过促进消除行业和商业类别之间的壁垒而打开"潘多拉盒子"。由于氢可以由任何人制造，因此它是一种在任何行业中都有应用潜力的技术。

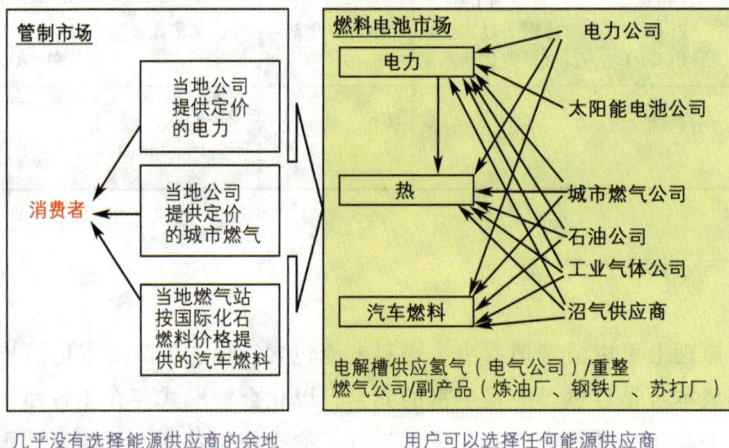

图 2-6 从消费者的角度看燃料电池和氢能

燃料电池有各种不同的应用。在日本已经商业化的应用包括住宅燃料电池（如图 2-7 所示，包括各种类型的家用燃料电池热电联供系统装置）和燃料电池汽车。前者于 2009 年发布，在政府补贴的支持下，2015 年 12 月累计销售套数超过 15 万套（见第 35 章）。相关企业的成本降低以及 2011 年日本东北地震灾难发生后，当地居民经历了计划中的停电，他们的担忧也随之增加，这两者促进了这种装置的采用。《日本国家振兴战略》明确了到 2030 年左右普及 530 万套家用燃料电池热电联供系统的举措。这一数字相当于日本所有家庭的 10%，预计这将使日本的二氧化碳排放量减少几个百分点[2]。这种技术正在被广泛推广，用"一种能发电的热水供应系统"代替现在广泛安装的热水供应系统。虽然暂时只在独立住宅区安装家用燃料电池热电联供系统，但在公寓楼等住宅区安装的方案正在启动，在这种情况下，它们需要安装在维护空间内或阳台上，所以，这种系统必须进一步小型化。聚合物电解质燃料电池-家用燃料电池热电联供系统型代表了更先进的技术，但考虑到出口热水温度较高，固体氧化物燃料电池系统的热水箱小型化是可能的。可简化系统的固体氧化物燃料电池-家用燃料电池热电联供系统具有很大的小型化潜力，这些领域的技术发展正在同步进行。

图 2-7　居民中使用的不同类型的 ENE-FARM 燃料电池单元
图片中显示的是安装在九州大学伊藤校区的电池

　　关于 2014 年 12 月商业发布的燃料电池汽车，日本国内三大汽车公司都有销售计划，并与海外主要汽车制造商启动了联合开发项目。这些燃料电池汽车是全球性的产品，在对零排放汽车有着强烈需求的美国加州和欧洲推广的市场都是可以预期的。除了开发小型燃料电池汽车外，燃料电池公交车（如图 2-8 所示）的开发也在进行中。燃料电池公交车的目标发布日期定为 2016 年。在欧洲，在公益很强的公交车上进行了社会示范等活动，日本正在加快产品开发，争取在举办东京奥运会和残奥会时实现。虽然燃料电池公交车被认为只能代表了一少部分燃料电池汽车，但由于公交车的运行模式很容易确定，且每辆车的充氢量很大，因此燃料电池公交车在加氢站业务方面也有望发挥积极作用。这类公交车也可能扮演"安全站"的重要角色，为当地居民提供基本生活保障，以及提供交通服务、电力、热力、水和通信接入的信息库。它们甚至可以为避难所提供电力并协助疏散。

　　重要的是，未来燃料电池的应用将不仅仅局限于家用燃料电池热电联供系统或

图 2-8   燃料电池公交车

燃料电池汽车。按照日本国家路线图的规定，计划于 2017 年发布商业版燃料电池产品，工业级的燃料电池有望在工业领域带来环保效益，工业领域占城市燃气需求的一半以上。然而，在这一领域，它们将同现有的热力发动机竞争，如燃气发动机、柴油发电机和微型燃气轮机。因此，对燃料电池系统的成本和耐久性的要求将很高。从几 kW 到几百 kW 范围内的商业化应用，有利于提高效率，也是值得期待的。如图 2-9（a）所示的 250kW 级工业燃料电池系统，其电效率接近 55%——由九州大学演示，将从 2017 年开始商业化（见第 36 章）。在经常停电的美国，工业燃料电池的商业化进展相对较快。数据中心和信息通信技术（ICT）相关设施普及后，即使是短暂的停电也是不可接受的。在日本，能源工业的自由化仍在继续，基于固体氧化物燃料电池系统的商业化正在加速，如果它们继续扩大规模，商业化发电机组将能够替代现有的火电机组。

将燃料电池与燃气轮机、蒸汽轮机相结合的"三重联合循环"有望成为目前最新的发电技术中唯一能够超过"（双重）联合循环"发电效率的技术，这项新技术的极端发电能力甚至可以达到 70% 以上（见第 37 章）。同样值得重视的是，地下煤的储量巨大，除了用作生产天然气外，还可以用作发电燃料。目前已经在努力开发这类发电系统，将煤气驱动的燃料电池与燃气轮机、蒸汽轮机系统结合起来，进一步努力提高燃料电池系统的能量转换效率[10]。

使用多种燃料可能是另一个重要挑战。特别是利用可再生沼气和生物燃料可以实现碳中和发电（见第 38 章）。

除了这些应用外，美国的叉车也开始使用燃料电池。与需要较长充电时间的蓄电池叉车相比，燃料电池叉车的充氢时间要短得多。虽然人们对氢聚合物电解质燃

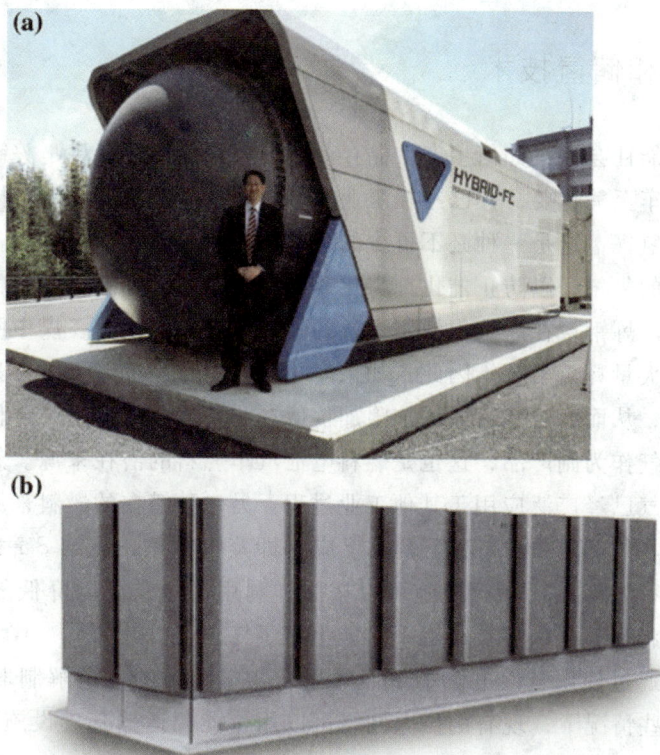

图 2-9　（a）日本三菱日立电力系统公司生产的工业规模燃料电池
　　　　（b）美国布鲁姆能源公司生产的工业规模燃料电池

料电池的期望值很高，但它们将需要加氢站。如果提高输出功率成为可能，将有机会部署燃料为醇类的直接醇类燃料电池，这更容易处理。移动设备电源和便携式发电机也具有很高的潜在应用价值。虽然直接醇类燃料电池可能比其他技术更快地进入商业市场，但研究人员也正在开发能够使用各种不同燃料的固体氧化物燃料电池设备（见第 39 章）。

　　对脱碳减排的要求不限于车辆，船舶也需要低碳化；因此，这种技术有可能很快应用于远洋船舶。此外，相关人员也开展了旨在在飞机上使用氢燃料电池的研究和开发活动。在航天应用中，在航天飞机和空间站中已经部署了这种技术，在不能使用光伏电池（例如，在地球的阴影下）期间获得能源供应是一项挑战。与容量成比例变重的蓄电池相比，利用光伏电池产生的电来电解水储氢的氢储能可以减少重量，这可能是一个选择，以满足航天应用对性能的高要求。即使是在普通公众中，如果能充分利用氢来储存可再生能源所产生的电力，氢能技术作为一种储能技术将变得更加重要（见第二部分）。

2.4 制氢和储氢技术

在一个氢能社会里，如何生产、储存和运输氢到使用地点将是关键环节。氢气对燃料电池汽车至关重要，它已经在工业领域得到了广泛的应用。具体来说，炼油厂需要大量的氢气，这是一种必不可少的物质，如在脱硫过程中使用。燃料电池汽车需要高纯度的氢气，以防止催化剂劣化，因此根据国际标准，燃料电池汽车必须采用高纯氢气。炼钢厂在高炉中使用大量的煤，当煤被气化时，煤中所含的氢元素以氢气的形式大量释放出来。因此，如果净化后的副产品氢气可以作为燃料出售给燃料电池汽车，从而为这些行业增加附加价值。此外，在烧碱生产过程中，纯碱电解产生大量氢气作为副产品，这也是燃料电池汽车燃料的潜在来源。然而，这些过程中产生的氢气已经广泛应用于其他工业过程。另一种潜在的燃料来源是通过使城市燃气和蒸汽在约 700℃ 的高温下发生反应（即蒸汽重整，见第 8 章）产生氢气。在这种情况下，城市燃气基础设施可以按原样利用，这样可以降低氢气的生产成本，但也需要将重整器保持在高温下才能生产氢气。

氢也可以通过使用碱性电解槽或固体聚合物电解质的水电解制取（见第 9 和 10 章）。在这些情况下，现有的供电网络可以用作能源运输基础设施（如图 2-10 所示，水电解型加氢站）。在碱性水电解过程中，电解水的效率约为 70%，聚合物电解质的电解水效率约为 80%（如图 2-11 所示，安装在加氢站内的聚合物电解质水电解系统）。虽然大规模电解水生产氢气的成本会很高，但在操作上却有一定的灵活性，可以在需要时生产所需的氢气量，而且生产的氢气不需要运输，这项技术适合当地小规模的制氢和供应。

从中长期来看，建立更高效、无二氧化碳、成本更低的制氢方法是非常必要的。预计固体氧化物燃料电池发电的反向操作（通过固体氧化物电解槽电池；SOEC）比聚合物电解质电解水的转换效率更高（见第 11 章）。此外，预计在无二氧化碳的氢气生产时，将会大量进口国外未利用资源生产氢气。例如，利用国外水力发电厂廉价的电力生产氢气，利用褐煤生产氢气，或者利用小型天然气气田生产氢气，因此，所有这些都有望允许无二氧化碳氢的进口（在某些情况下，可能需要通过地下碳捕获和储存技术进行碳补偿）。此外，如果在遥远的将来通过光催化和其他技术直接生产氢气成为可能，我们将能够创建一个可再生的氢循环社会，尽管目前在转化效率、耐用性和规模化方面仍然存在挑战（见第 12 章）。

储存和运输以这种方式获得氢气的技术将是成功实现氢能社会的关键（见第三部分）。在燃料电池汽车的开发过程中，研究人员尝试了各种汽车制氢和储氢技

图 2-10　水电解型加氢站（九州大学伊藤校区）

图 2-11　聚合物电解质燃料电池（PEFC）型水电解系统（九州大学加氢站内）

术。考虑了车用汽油重整、醇重整、液氢储氢、储氢材料以及储氢系统的集成应用，最终，燃料电池汽车储氢采用瓶装高压氢气。这种高压氢燃料通常储存在加氢站的高压罐中（图 2-12 中为加氢站的高压储氢罐）。然而，需要注意的是，当氢气大量储存或运输时，使用液态氢可能更为有利，火箭燃料中也有这种用途的例子。关于液体形式的氢运输，现有的燃料运输车辆和基础设施可用于运输液态氢以及储存富含氢原子的化学物质，如有机氢化物。采用合金型或复合型材料、具有高储氢能力的储氢技术有望取得进一步进展。具有超大表面积吸附氢的碳基材料也可能适用。在开发储氢材料的同时，进行适合于大规模储氢的氢载体的技术开发，对于含有许多氢原子且具有高能量密度的物质，如氨和甲基环己烷，应用的期望值很高。在这种情况下，若想将这些物质作为整个能源系统的一部分部署于社会中，确保安全措施并保证社会接受程度是十分必要的。

图 2-12　高压储氢罐（九州大学加氢站内）

2.5　氢能社会的前景

使用燃料电池和氢能相当于一种无须燃烧的高效能量转换。尤其是日本，2013 年化石燃料进口额高达 27 万亿日元[11]，部署能有效利用各种含氢原子能源的燃料电池有望带来显著的能源节约。如果我们能够减少日本在能源上花费的大量金融资本，其影响将不可估量。目前，大约 88% 的电力是由火力发电提供的，人们对燃料电池在替代民用和工业用火力发电厂的角色寄予厚望。

如果计划继续使用火力发电系统提供全国大部分电力，那么在发电领域使用氢气将是重要的。就发电效率而言，直接将燃料转化为电能的电化学能量转换过程（燃料电池）本质上优于燃烧燃料的热能转换过程。然而，开发更大的燃料电池系统仍然需要一些时间。同时，氢能源除了对发电质量（发电效率）有贡献外，还可以对发电量方面做出贡献。同时氢在减少二氧化碳排放方面的潜力也可以得到充分开发，例如，在火力发电厂，氢有时可以混合到燃料源中，这有利于减少二氧化碳的排放量。然而，氢气也具有很高的可燃性，燃烧温度过高会导致氮氧化物的排放增加，如果需要添加蒸汽来处理这些排放物，则会导致效率下降（见第 25 章）。从中长期来看，氢能社会将利用零碳排放的氢燃料发电。

此外，正如日本和许多其他国家的基本能源计划所描绘的那样，已经制定了扩大使用可再生能源的目标。然而，由于频率波动或其他原因，电力供需失衡可能导致大规模停电。因此，除非提供储能功能，否则即使电网再稳定也很难接受来自自然能源的高度波动的电力。在安装了很多可再生能源发电系统的地区，随着更多的光伏电池在电力需求较少的时期全面运行，发电水平可能超过电力使用水平。为了确保稳定的电力供应，除了更稳定的电网外，还需要在能源波动期间起缓冲作用的储能技术。尽管抽水储能发电厂可以大规模储存能源，但这类发电厂从规划阶段到安装和运行阶段需要很长时间，往往要超过 10 年。此外，锂离子电池和 NaS 电池可用于高效储能，但当长期大量储能时，这些技术成本很高。

如图 2-13 所示，用于燃料电池汽车的电解水型加氢站是一项很有前途的技术，可作为"储能站"。当可再生能源基础设施产生过多电能时，这些设施通过电解水反应将电转化为氢气来储存电能。也可以将多余电力产生的氢气作为燃料出售给燃料电池汽车，从而为产品创造附加价值。通过将储存的氢气转换成电能并将其释放到电网中，将会大量储存电能。在这种情况下，该储能系统的总效率将由电解水系统的效率和燃料电池系统效率的乘积决定，因此，进一步提高两个系统的效率的努力将是必要的。然而，如果氢气不是从上网的多余电力中产生的，那么成本将会增加。如果电能不仅可以转化为氢，还可以转化为甲烷进行大规模的能量存储，那么整个现有的城市燃气基础设施可以成为能量存储网络。作为综合能源储存网络的一部分，将氢能源与使用富氢能源载体的能源储存技术相结合，能使氢能为电力系统做出更大贡献。

如上所述，虽然技术革新正在稳步推进，以促进社会广泛使用氢气，但仍然存在的一个障碍是社会接受能力（见第 42 章）。随着燃料电池汽车和家用燃料电池热电联供系统的商业化和普及，人们对氢和燃料电池技术的认识有了很大的提高，但从公众的角度来看，70Mpa 以下的高压氢气仍然是一种难以处理的燃料。使用高压氢气的安全措施及其技术原则对于设计和运行氢能源系统（如燃料电池汽车和加氢站）至关重要（见第 43 章）。

公众对氢技术益处的了解将极大地影响氢和燃料电池在社会中的利用程度。理想的情况中，在宣传的努力下人们对使用氢能带来的环境友好和社会变革的认识不断提高，这样，我们就能更快地实现氢能社会，并加快相关实际应用。"智能燃料电池示范项目"是九州大学正在实施的国际战略区项目的一部分，目的是向公众展示氢技术，如图 2-14 所示。目前正在尝试模拟"氢社会"，到 2015 年，在九州大学的整个伊藤校区内使用氢和燃料电池，这种"氢社会"实际上将在 2030 年左右实现。这个"社会"用电量约占全国年用电量的 1/30 000。在燃料电池汽车、

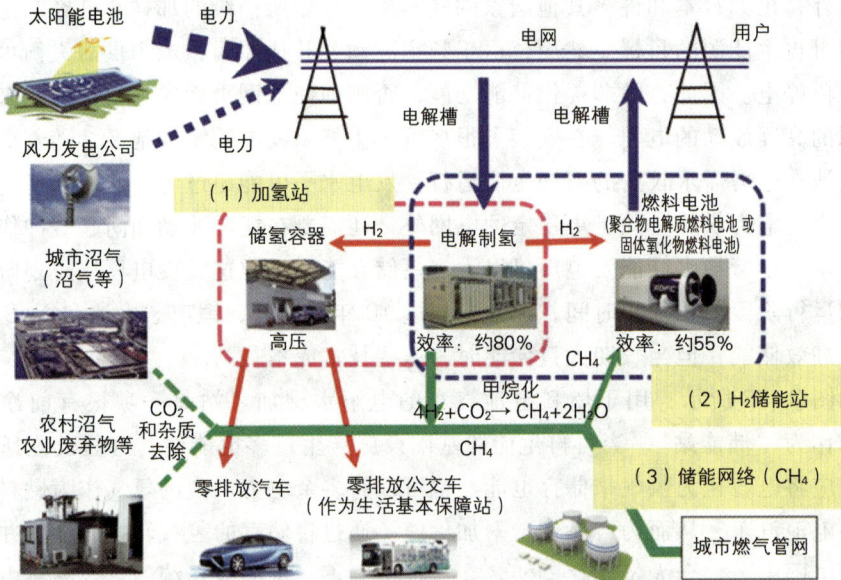

图 2-13　利用可再生能源储能的氢能技术

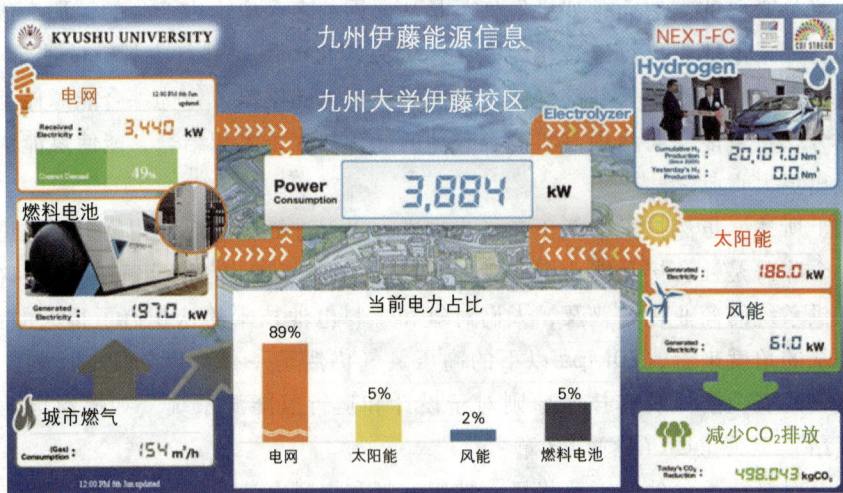

图 2-14　完全采用燃料电池和氢能技术的"氢校园"

加氢站、大型燃料电池电站、住宅燃料电池电源等的实际引进和运行过程中，我们计划研究建设氢社会所遇到的技术问题。此外，将为控制系统和社会制订最佳方案，同时将研究氢能源使用的前景。由于氢能源技术不是孤立的系统（如图 2-15 所示；与外围技术的协调；CCS：碳捕获和储存），因此与其他相关技术的协调是不可避免的，但我们希望该系统最终能够发展成以燃料电池技术为中心的总能量系统。

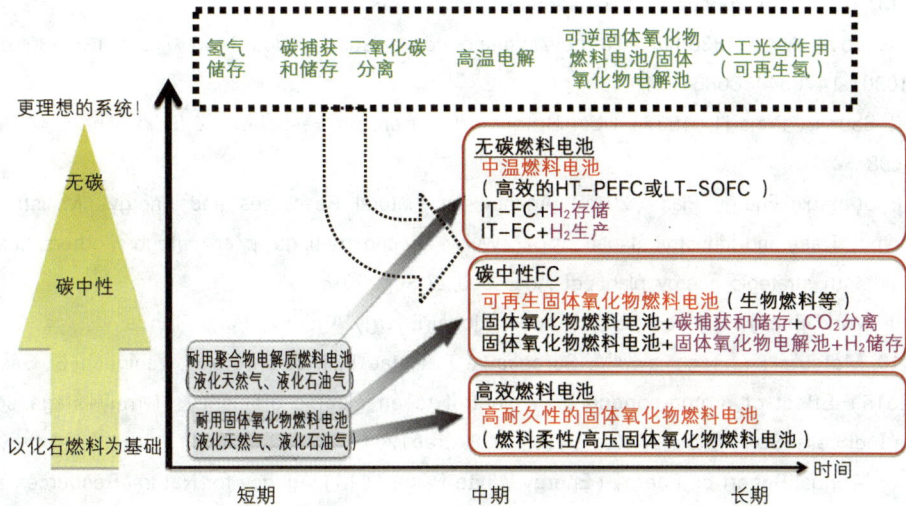

图 2-15　与燃料电池相关的能源技术

　　氢能技术有可能启动一场革命，它将影响当前能源社会的基础。随着煤炭和石油广泛使用的时代持续了一个多世纪，有必要考虑以 100 年为单位的氢能利用。随着 2015 年"氢元年"的到来，基于过去几十年的技术发展，下一代以及再下一代的进一步技术创新肯定会到来。由于能源技术的发展是长期的，因此培训下一代人才来支持它将具有重要的战略意义。今后，随着国际发展和标准化的继续，还必须培养能够领导世界并执行新能源政策的人才（见第 44 章）。

参考文献

　　1. Toyota Motor Corporation MIRAI Homepage（2015）. https://ssl. toyota. com/mirai/fcv. html. Accessed 27 Sept 2015

　　2. Strategic Road Map for Hydrogen and Fuel Cells（2014）Agency for Natural Resources and Energy, Ministry of Economy, Trade and Industry, Japan. http://www. meti. go. jp/english/ press/2014/0624_04. html. Accessed 27 Sept 2015

　　3. Steele BCH, Heinzel A（2001）Materials for fuel-cell technologies. Nature 414:345-352

　　4. Sasaki K, Nojiri Y, Shiratori Y, Taniguchi S（2012）Fuel cells（SOFC）: alternative approaches（electrolytes, electrodes, fuels）. In: Meyers RA（ed）Encyclopedia of sustainability science and technology. Springer Science + Business Media, New York, pp 3886-3926

　　5. Sasaki K, Hayashi A, Taniguchi S, Nishihara M, Fujigaya T, Nakashima N（2014）Fuel

cells, Part VI Chapter 24. 3. In: Kagaku Binran (Chemistry handbook), Applied Chemistry, 7th edn. Maruzen, Tokyo Japan (in Japanese)

6. Grove WR (1838) On a new voltaic combination. Philos Mag J Sci 13:430. doi: 10. 1080/ 14786443808649618

7. Baur E, Preis H (1937) Über Brennstoff-Ketten mit Festleitern. Z Elektrochem 44(9): 695-698

8. Strategic Energy Plan (2014) Agency for Natural Resources and Energy, Ministry of Economy, Trade and Industry, Japan. http://www. enecho. meti. go. jp/en/category/others/basic_plan/pdf/4th_strategic_energy_plan. pdf. Accessed 27 Sept 2015

9. World Energy Outlook (2014) International Energy Agency, Paris France

10. Matsuzaki Y, Tachikawa Y, Somekawa T, Hatae T, Matsumoto H, Taniguchi S, Sasaki K (2015) Effect of proton-conductionin electrolyte on electric efficiency of multi-stage solid oxide fuel cells. Sci Rep 5:12640. doi:10. 1038/srep12640

11. Annual Report on Energy (Energy White Paper 2014) Agency for Natural Resources and Energy, Ministry of Economy, Trade and Industry, Japan. http://www. meti. go. jp/english/report/index_whitepaper. html. Accessed 27 Sept 2015

第3章 现状：全球

Akiteru Maruta

摘要：本章讲述了包括美国、欧洲和亚洲国家在内的多个国家所开展的有关氢技术的开发、示范和商业化的全球性活动，重点介绍了由中央和地方政府以及私营公司支持的加氢站网络的准备工作。

关键词：加氢站·氢气基础设施·美国·欧洲·亚洲·政府支持

3.1　美利坚合众国（美国）

美国能源部（DOE）在支持燃料电池和氢能的研发项目方面起领导作用。在过去几年中，美国能源部能效和可再生能源办公室（EERE）在氢和燃料电池项目上拨款约 1 亿美元。能源部的重点是燃料电池研发和氢燃料的研发（见表 3-1）。

美国能源部的联邦氢与燃料电池计划（Federal Hydrogen and Fuel Cells Program）不包括任何对氢基础设施发展的研发或财政支持。相反，加州在建立氢基础设施方面处于领先地位。加州的旗舰组织是加州燃料电池合作伙伴（CaFCP），这是一个政府-私人合营的组织，其财政支持来自加州能源委员会（CEC）。空气资源委员会（ARB）也是致力于改善加州空气质量的一个重要组织，该委员会正在合作开发氢能基础设施。

A. Maruta (✉)
Technova Inc., The Imperial Hotel Tower, 13F, 1-1 Uchisaiwaicho 1-chome
Chiyoda-ku, Tokyo 100-0011, Japan
e-mail：maruta@ technova. co. jp

© Springer Japan 2016
K. Sasaki et al.（eds.），*Hydrogen Energy Engineering*，
Green Energy and Technology, DOI 10. 1007/978-4-431-56042-5_3

表 3-1   美国能源部氢与燃料电池计划的预算

关键活动	2015 财年	2015 财年	2016 财年
	（单位：千美元）		
	需求	批准	需求
燃料电池研发	33 000	33 000	36 000
氢燃料研发	36 283	35 200	41 200
制造研发	3 000	3 000	4 000
系统分析	3 000	3 000	3 000
技术验证	6 000	11 000	7 000
安全、规范和标准	7 000	7 000	7 000
市场转型	3 000	3 000	3 000
NREL 站点范围内的设施支持	1 700	1 800	1 800
总计	92 983	597 000	103 000

来源：Sunita[1]

CaFCP 在 2012 年的"加州路线图"中宣布，到 2016 年初，将在该州内建设 68 个加氢站（其中 45 个加氢站位于加州的 5 个区，另外 23 个加氢站位于这 5 个区交界处）。这份路线图根据燃料电池汽车的普及程度做出预估，到 2017 年或 2018 年加州将需要近 100 个加氢站。

布朗州长签署了《加州第 8 号法案》（the California Assembly Bill 8），该法案要求自 2013 年 9 月起进一步扩大清洁汽车的使用，并宣布每年将投入 2 000 万美元在加州建设多达 100 个加氢站，以支持该发展计划。此外，加氢站建设的补贴最多可占建设成本的 70%（在建设时间较短时可达 75%），当然，最终的金额也将取决于加氢站的规模。其他一些资金也被允许投入到加氢站的建设中来。

截至 2015 年 6 月，加州已经正式运行了 9 个加氢站，并计划在今年秋天之前再正式运行 19 个加氢站。所建造的这 28 个加氢站（其中一个为移动加气站）得到了来自加州能源委员会（CEC）的 4 660 万美元的补贴。目前，加州共有 230 辆燃料电池汽车（FCV）在运营，16 辆燃料电池公交车正式投运于固定的公交线路。

2013 年 10 月，美国 7 个州（康涅狄格州、马里兰州、马萨诸塞州、纽约州、俄勒冈州、罗得岛州、佛蒙特州）与加州签署了一份谅解备忘录："到 2025 年将总共推广 330 万零排放车辆（ZEV）。"这些零排放车辆包括燃料电池汽车（FCV）、纯电动汽车（BEV）和插电式混合动力汽车（PHEV）。包括纽约在内的东北部各州对推广燃料电池汽车的态度都非常积极，并计划在一些沿海大城市中启动基础设施建设。

尽管目的略有不同，夏威夷州正计划与通用汽车公司、能源部和国防部（DOD）合作将燃料电池汽车用于军事目的。此外，夏威夷州将利用其丰富的可再生能源（风能和地热能）为燃料电池公交车生产氢气。

2013 年 5 月，能源部启动了一个名为"H_2USA"的政府-私人合作项目，以支持将这些州层面的氢能发展推广到全国层面。日本许多汽车制造商、通用汽车公司、戴姆勒（美国梅赛德斯-奔驰）公司，以及现代汽车公司都参加了这一计划，在全国范围内建立所需的基础设施，并探索市场推广的最佳机制。

在燃料电池方面，质子交换膜燃料电池（PEMFC）的普及始于美国的叉车（物料搬运）和备用电源的应用。根据 2009 年美国回收与再投资法案的补贴计划法案（ARRA），美国引进了 700 台燃料电池叉车。此外，由于大型消费品公司和零售企业使用燃料电池叉车给客户带来的明显好处（如加油时间短和清洁排放），即使在没有能源部资金的情况下，这些企业也引进了 7 500 台叉车。由于美国电网的可靠性较低，燃料电池备用电源的应用也在不断扩大。电网在 ARRA 补贴下引进了 900 台燃料电池备用电源，甚至在没有补贴的情况下购买了另外 6 000 台。布鲁姆能源公司和其他公司一直在迅速发展其工业燃料电池业务，重点是信息技术（IT）领域的应用，如数据中心；这些公司正在收到一些政府或区域补贴的帮助。

美国能源部在 2014 年宣布了一项针对中温燃料电池的新计划，叫作基于电化学系统的可靠电力（REBELS）。这个项目旨在通过结合 PEFC 和 SOFC 的优势来开发一个前所未有、创新型燃料电池。该预算是由高级研究计划局-能源（ARPA-E）项目提供的。

能源部有明确的成本目标。到 2020 年，汽车燃料电池的价格定为 40 美元/kW（批量生产 500 000 台），最终目标是 30 美元/kW。然而，目前（截至 2013 年）的成本为 55 美元/kW。到 2020 年，对于固定的小型燃料电池（5kW），设定的成本目标为 1 500 美元/kW，发电效率为 45%，电池耐用性为 60 000h 或更长。对于固定式中型燃料电池（100 kW~3 MW），使用天然气时的成本目标为 1 500 美元/kW（使用沼气成本为 2 100 美元/kW），发电效率为 50%，耐用性为 80 000h 或更长时间。目前，DOE 集中精力减少铂负载，开发非铂催化剂，开发低成本膜电极组件（MEA），包括减少劣化。阿贡国家实验室和劳伦斯伯克利国家实验室已开发出用于降低铂含量的纳米框架催化剂，并通过在 MEA 中应用 3M 公司的纳米结构薄膜（NSTF）达到了 6.2 kW / g 铂族金属（PGM）的性能。

美国能源部支持用于大型固定发电系统的熔融碳酸盐燃料电池（MCFC）的开发。然而，尽管能源部支持燃料电池作为小型备用电源的推广应用，但没有推广小型家用固定燃料电池的项目。虽然叉车电源、应急电源和军事应用等细分市场正在发展，但汽车制造商计划的燃料电池汽车实际应用的发售时间设定在更长期规划中；燃料电池汽车大规模生产计划被安排在 2020 年或以后进行（通用汽车公司）。聚合物电解质燃料电池（PEFC）在包括备用电源和小型移动设备电源在内的广泛领域进行商业化。对于固态氧化物燃料电池（SOFC），布鲁姆能源公司已经发布了一系列 100 kW 级的发电模块，就商业化的固态氧化物燃料电池而言这些发电模块具有世界一流的品质。通用电气还宣布开发一种基于 1MW 级固态氧化物燃料电池的高效分布式发电系统，与燃气发动机相结合的发电效率为 65%。风险投资公司也在积极地开发便携式固态氧化物燃料电池。

3.2 欧盟

在欧洲，欧洲委员会研究与创新总局（DG-RTD）多年来一直负责欧洲框架计划（FP）中的燃料电池和氢计划。公私合营的"燃料电池与氢联合事业部（FCH JU）"于 2008 年作为一个推进氢/燃料电池项目的组织启动。它负责项目创建和实施以及了解公司需求。这项 FCH JU 计划一直实施到 2014 年，努力的成果是引进了 74 辆燃料电池公交车、260 辆氢动力汽车，并安装了 20 个新的加氢站。目前，FCH2 JU 计划正在作为 2014—2020 年期间 FCH JU 计划的第二阶段实施。

此外，从 2013 年 1 月起，氢运输基础设施（HIT）作为跨欧洲运输网络（TEN-T）的一部分启动。丹麦、法国、荷兰和瑞典正在参与这一计划，参照德国的 CEP 和 H_2 Mobility 以及英国的 UK H_2 Mobility 计划来进行氢基础设施建设。TEN-T 计划在丹麦（弗雷德里西亚和奥尔堡）建立两个加氢站，在荷兰（鹿特丹）建立一个加氢站。

2013 年 1 月，制定了"运输包装清洁能源（CPTP）"政策来促进运输领域的清洁能源。该政策规定，到 2020 年底，氢燃料基础设施在已经拥有加氢站的国家将扩大到全国范围。由于这项政策，预计到 2020 年底，欧洲的加氢站总数将达到 245 个。

在燃料电池方面，FCH JU 一直在实施持续和广泛的措施。这些措施包括对新开发的催化剂的性能/耐久性，以及电极或电解质材料的性能/耐久性进行实验和模拟分析。此外，在模拟操作条件下测试了由新材料制成的膜/电极组件的多孔结构，并评估了在低温或低湿度条件下启动的效果。此外，关于杂质对电池特性的影响的研究和许多其他类似的研究正在进行中。通过"Ene. Field"计划，在 12 个欧洲国家/地区进行了 1 000 个燃料电池的演示（包括高温 SOFC、中温 SOFC、高温 PEFC

和低温 PEFC)。继在澳大利亚成立的 CFCL 进行商业发布之后,包括瑞士 HEXIS 在内的多家公司目前都在致力于 SOFC 的商业发布以及具有商业发布前景的示范项目。奥地利 Plansee 公司的强项在于金属连接材料,致力于金属支撑型 SOFC 的量产开发。

3.3 德国

在德国,联邦运输、建筑和住房部(Bundesministerium für Verkehr und Wohnungswesen;BMVBS,于 2014 年 1 月更名为 Bundesministerium für Verkehr und digitale Infrastruktur;BMVI),领导氢/燃料电池技术创新计划(NIP)。NIP 规定在 2007 到 2016 年十年间总共投资 14 亿欧元(其中政府和私营部门各负责一半)来发展氢/燃料电池技术。在 7 亿欧元的政府份额中,5 亿欧元来自 BMVI,其余来自联邦经济事务和能源部(Bundesminerium für Wirtschaft Energie;BMWi)。NIP 预算的 54% 用于运输应用,36% 用于固定应用,还有 10% 用于特殊市场应用。成立国家氢和燃料电池技术组织(NOW)来作为 NIP 的实施组织机构。

德国建立加氢站的时间表可分为市场启动阶段(截至 2015 年)和成熟发展阶段(2016 年及以后)。在市场启动阶段(全国多达 50 个加氢站),加氢站的建设是在名为清洁能源伙伴关系(CEP)的示范项目的框架内实施的,BMVBS 提供了约一半的加氢站建设补贴。2014 年宣布了这些加氢站的位置,将在主要城市设立多个加氢站,并在各城市之间设置加氢站。

2016 年及以后的全面发展正在 "H₂ Mobility" 的框架内进行规划。 "H₂ Mobility" 是日本汽车制造商也参与在内的公私合营组织,它致力于制订加氢站扩建计划和商业计划。2013 年 9 月,六家主要参与 H₂ Mobility 的德国公司(Daimler,Air Liquide,Linde,OMV,Shell and Total)宣布了一项行动计划,其中打算在 2017 年前建立 100 个加氢站,在 2023 年前建立 400 个加氢站(每个市区至少有 10 个加氢站,高速公路上每 90km 有 1 个加氢站)。据估计,该基础设施建设的投资总额达 3.5 亿欧元,并已要求政府提供。当前德国加氢站的数量为 17 个,虽然加气站的部署略落后于计划,但预计到 2016 年初,所有的 50 个加氢站都将建成并开放。

关于燃料电池,政府主导的环境技术支持计划和各种示范项目正在积极实施,从而提高了相关产业的技术水平。质子交换膜燃料电池(PEMFC)正在多个领域实现商业化,包括已投入实际使用的潜艇燃料电池、备用电源、电池充电电源和小型移动设备。

在固定式燃料电池的应用中,总共有 500 个(目前约 350 个)固定燃料电池的演示正通过 Callux 程序实施。参与的公司有 Baxi Innotech（PEMFC）、Hexis（SOFC）和 Vaillant（SOFC）。德国打算在 2016 年解决固定式燃料电池的商业化问题，还将实施 FuelCell@Home 项目，该计划专门研究商用 SOFC。多年来，Juelich 研究中心和 Frauenhofer 研究所一直进行基础研究，并将成果技术转让给私营公司来实施。这项工作做得很好，但是它们在解决固定燃料电池的全面普及问题方面有困难。尤其是负责商业化高效固定式 SOFC 的关键公司 Ceramic Fuel Cell Limited（CFCL）被近期的一些管理问题困扰。重要的是，德国有着供暖必不可少的漫长冬季，因此热电联产技术很适合使用，包括马克斯-普朗克研究所和德国航空航天中心（DLR）在内的大学和研究机构一直在进行基础研究。

3.4　北欧国家

自 2006 年以来，挪威一直在推广氢公路计划"HyNor"。不过，一直在与 HyNor 进行合作的政府管理的挪威国家石油公司在收购了一直在开发电解站的 Hydro 公司后，退出了氢气业务，并宣布将恢复其主要业务重点，这些事态发展迫使 HyNor 计划发生变化。为了保持现有的加氢站的运营，挪威成立了 HYOP 管理公司，并决定暂时将氢高速公路的开发集中在奥斯陆。

目前，挪威共有 6 个加氢站（其中 1 个是燃料电池公交车专用站），约 10 辆燃料电池汽车，以及 5 辆燃料电池公交车正在运行中。尽管未指定目标年份，但挪威计划在第二阶段普及约 10 000 辆 FCV，并建立 10~20 个加氢站，在第三阶段普及约 100 000 辆 FCV，建立 70 个加氢站。挪威大部分电力来自水力发电，该计划的一个关键点是，加氢站内采用现场水电解供氢。

丹麦也在积极建立氢气加气站，目前有 3 个加氢站正在运作（一个在哥本哈根，两个在丹麦西部），计划在不久的将来把数量增加到 16 个。丹麦的氢能公路项目被称为"Hydrogen Link"，人们对它将作为连接北欧和德国的氢路抱有很高的期望。由于丹麦正在提倡风能替代化石燃料，因此加氢站也是基于电解槽制氢的。丹麦紧凑型加氢站集成商（H_2 Logic）正在引领市场。

瑞典目前有两个加氢站（马尔默和瑞典北部），该项目在瑞典被称为"Hydrogen Sweden"，但有关该项目的细节尚未公布，据说瑞典计划未来建立 10 个加氢站。

这些北欧国家已建立了北欧氢公路联盟（SHHP），以协调促进氢基础设施的建设。2012 年 10 月，这三个国家与冰岛一起和汽车制造商（丰田、日产、本田和现代）及基础设施公司签署了一份备忘录以尝试在 2014 年至 2017 年引入燃料电池汽车。此外，在燃料电池领域，随着丹麦 Topsoe 公司宣布将退出 SOFC 开发并将专注于高温蒸汽电解技术（SOEC），其他选择性技术也在不断进步。

3.5　英国

继德国之后，英国在 2012 年作为公私合营伙伴关系启动了"UK H₂ Mobility"，类似于德国的 H₂ Mobility 计划，企业之间也将彼此密切合作来绘制加氢站的发展路线图。

2012 年 1 月，"UK H₂ Mobility"计划启动时，英国政府的三个部门（运输部；能源与气候变化部；商业、创新和技能部）以及国内和国际汽车制造商和能源公司都同意参加。"UK H₂ Mobility"于 2013 年 2 月发布了第一阶段报告（路线图）。这份路线图估计，到 2030 年燃料电池汽车（FCV）销量将达到约 30 万辆，累计销量为 160 万辆。为此，英国打算在第一阶段（2015—2020 年）在全国建立 65 个加氢站，在 2020 年至 2025 年建立 330 个加氢站，在 2025 年至 2030 年建立 1 150 个加氢站。

关于燃料电池，英国 Intelligent Energy 公司一直致力于开发以纯氢为燃料的 PEFC，并尝试开发多用途产品。此外，Ceres Power 正试图以帝国理工学院的铈基薄膜电解质材料技术为基础来开发一种金属支持的固态氧化物燃料电池（SOFC）。

3.6　法国

法国也在 2013 年启动了公私合营的"H₂ Mobility France"来制订法国的氢基础设施部署计划。合作伙伴包括政府机构、能源公司、氢基础设施生产商、燃料电池汽车制造商和研究机构。2014 年，"H₂ Mobility France"公布了"燃料电池汽车国家部署计划研究"，该计划将基于 35 MPa 的加氢站网络计划描述为法国的现实基础设施解决方案。最初的氢气部署重点放在专属车队上，主要使用"HyKangoo"——一款具有 5 kW 燃料电池增程的用于邮政业务的电动车。由于这些车辆不需要高性能的加氢站，该计划预计在全国范围内建立基于 35 MPa 的加氢站网络。

3.7　瑞士

瑞士有着悠久的燃料电池历史。Christian Schoenbein 是第一个提出燃料电池概念的人，这促使英国的 William Grove 发明了燃料电池。第一台固体电解质燃料电池（使用氧化锆基电解质）由 Nernst 发明，并由 Bauer 等人于 1937 年进行了验证（见第 2 章）。瑞士在 20 世纪 80 年代末开始在国际能源署（IEA）协调与燃料电池相关的合作活动。自 1990 年以来，瑞士联邦能源局管理着国家研发计划，这个计划的重点是 SOFC 系统开发和 PEFC 基础研究，以及后来的储氢和相关研究。基于二十多年这样的研发活动，瑞士 HEXIS 公司计划开始进行住宅 SOFC 热电联产系统的商业化。

3.8 韩国

在韩国，由总统直接控制的组织——绿色增长委员会在 2010 年 12 月发布了《绿色汽车产业发展战略与挑战》报告，目标是在 2015 年普及约 10 000 辆燃料电池汽车（FCV）和 43 个加氢站，在 2020 年实现大约 100 000 辆燃料电池汽车和 168 个加氢站的普及。

然而，这些都是前任政府设定的目标，现任政府没有宣布任何有关下一代汽车包括燃料电池汽车和电动汽车的具体政策。目前，正在审查加氢站的发展计划，结果将于 2015 年 6 月公布。虽然韩国目前有 18 个加氢站，但并非所有的加氢站都向公众开放。然而，在加氢站的法规和标准方面，韩国实际上是与美国和欧洲一样，大多数与加氢站相关的设备和加氢机都完全由美国或欧洲的制造商供应。

在燃料电池方面，现代汽车（Hyundai Motor）开展了有限的燃料电池汽车商业销售。此外，浦项制铁公司（POSCO）还设定了使用熔融碳酸盐燃料电池（MCFC）达到 100 MW 的年生产规模的目标。韩国 LG 公司收购了英国劳斯莱斯的 SOFC 开发部门，该部门有着悠久的以强化全面实际应用导向的研究和开发历史。

3.9 中国

中国也在推动燃料电池汽车的研究和开发活动。在中国，聚合物电解质燃料电池（PEFC）公交车和汽车的发展目前正处于示范阶段。2011—2015 年的"新 863 计划"主要致力于聚合物电解质燃料电池、燃料电池汽车及相关技术，大型 SOFC 电池堆以及结合 PEFC 和 SOFC 技术的热电联产系统的开发。中国有几家质子交换膜燃料电池堆制造商，其中新源动力股份有限公司和神力科技有限公司在市场上处于领先地位。清华大学、同济大学以及中国科学院大连化学物理研究所也在致力于发展质子交换膜燃料电池技术。

中国在陶瓷材料方面有着悠久的传统，因此有几家机构致力于研究 SOFC 相关材料。在陶瓷型燃料电池领域，一些公司实际上已经取代了早期的制造商。

参考文献

1. Satyapal S（2015）2015 DOE annual merit review. In：Proceedings "overview of DOE hydrogen and fuel cells program". http://www. hydrogen. energy. gov/pdfs/review15/01 _ satyapal_plenary_2015_amr. pdf. Accessed 11 Dec 2015

2. California Fuel Cell Partnership. A California road map. http://cafcp. org/carsandbuses/ caroadmap. Accessed 11 Dec 2015

3. Butsch H（2014）HRS infrastructure in Germany and Europe-current activities. http:// www. hydrogen. energy. gov/pdfs/review14/h2in_butsch_2014_o. pdf. Accessed 11 Dec 2015

4. http://www. now – gmbh. de/fileadmin/user _ upload/RE _ Inhalte _ Mediathek _ NEU _ 2013/Praesentationen _ Verkehr _ und _ Infrastruktur/Bystry _ H2Mobility. pdf. Accessed 29 Jul 2015

5. Callux Program. http://www. callux. net/projektkarte. html. Accessed 11 Dec 2015

6. Scandinavia Hydrogen Highway. http://www. hydrogencarsnow. com/index. php/scandinavian hydrogen-highway/. Accessed 11 Dec 2015

7. UK H_2 Mobility（2013）https://www. gov. uk/government/uploads/system/uploads/ attachment_data/file/192440/13-799-uk-h2-mobility-phase-1-results. pdf. Accessed 11 Dec 2015

8. http://www. afhypac. org/images/documents/h2_mobilit_france_en_final_updated. pdf Accessed 29 Jul 2015

第4章　氢技术发展史

Kazukiyo Okano

摘要：本章主要介绍了16世纪以来氢及其相关技术发展的悠久历史。首先介绍了氢气在历史上的各种应用，例如飞艇、航天动力、电解、氢燃烧和分布全球的氢能运输船；随后介绍了氢能的后续发展成果，如加氢站、氢燃料电池汽车和固定式燃料电池。

关键词：氢历史·氢气飞艇·航天·电解·发电厂·加氢站

人类利用氢的历史始于16世纪，当时主要将氢气用于基础研究和氢气球。20世纪，氢的应用开始延伸到空中飞艇。在 Haber-Bosch 合成氨工艺发明之后，人类对氢气的需求量大增，并且发明了大容量的碱性水电解装置以大规模生产氢气。

氢气也大规模应用于很多的工业过程，例如石油精炼、金属加工、玻璃生产、食品和半导体的生产。但是，氢在能源领域的使用最初仅限于火箭燃料和锅炉燃料，因为当时还没有开发使用氢作为能源的设备。然而在1973年第一次石油危机之后，氢气突然成为一种可以替代石油的极具前景的清洁能源。此后，人类对氢能的使用随着时间的推移而产生波动，具体取决于其他能源的使用状态（比如其他可替代能源的开采量）和日益严峻的环境问题（比如防治 NOx 和 SOx 的空气污染治理措施，以及减少二氧化碳排放来阻止全球变暖的举措）。1996年，当联合国政府间气候变化专门委员会（IPCC）在第二次评估报告中宣布二氧化碳浓度的增加可能是全球变暖的主要原因时，氢气在所有能源中成为可用来减少二氧化碳排放量

K. Okano (✉)
Kyushu University, 6-8-5 Wakamiya, Ichihara-shi, Chiba 290-0006, Japan
e-mail: okano@icntv.ne.jp

© Springer Japan 2016
K. Sasaki et al. (eds.), *Hydrogen Energy Engineering*,
Green Energy and Technology, DOI 10.1007/978-4-431-56042-5_4

的强有力的竞争者。

1996 年之后，旨在寻找氢能源的实际应用的研究和开发活动加速进行，研究人员对 IPCC 和缔约方会议（COP）关于全球环境的国际活动保持着浓厚的兴趣。燃料电池汽车（FCV）的商业化发展是伴随着燃料电池的商业化出现的，并且 2015 年被认为是氢开始作为能源使用的元年。氢的发展历史如图 4-1 和图 4-2 所示。

4.1 氢的发现及其首次使用（1700—1970 年）

16 世纪初，来自瑞士的 Paracelsus 发现硫酸和铁反应中会产生一种气体。17 世纪同样来自瑞士的 Myelin 报道该气体可以燃烧。来自英国的 Boyle 在 1761 年发现，可以通过向废铁中添加酸来形成一种易燃气体。1766 年，来自英国的 Henry Cavendish 确认，在盐酸和锌之间的反应过程中形成了一种易燃气体，他被认为是氢气的发现者，因为他在伦敦皇家学会的一篇文章中描述了在有电火花的情况下氢和氧反应可生成水的实验，然而由于这些元素都没有名字，发生反应生成水的一种气体叫重要空气，另一种气体叫可燃空气。

1785 年，法国的 Antoine L. Lavoisier 成功地重复了 Cavendish 的实验，并将该重要空气命名为氧气，将可燃空气命名为氢气。氢气第一次在实际中使用是用作军事领域的侦察气球。第一个注入氢气的氢气球是 1783 年由法国物理学家 Jacques Alexander Cesar Charles 发明的。1800 年，威廉·尼克尔森（William Nicholson）和安东尼·卡莱尔爵士（Sir Anthony Carlisle）首次在英国通过电解水法制造氢气，当时他们发现，氢和氧可以通过电解水而形成，该方法后来被称为"电解"。

4.2 氢在航空航天领域的利用（1900 年至今）

1900 年，德国的 Ferdinand von Zeppelin 伯爵发明了第一个使用氢气来维持飞行浮力的气艇。在 20 世纪 20—30 年代的时候，可以横渡大西洋的飞艇开始投入使用，然而在 1937 年，即将在美国降落的兴登堡号飞艇发生火灾事故之后，世界各地的人们开始意识到氢气是一种随时可能爆炸的危险气体。事故后来由美国国家航空航天局（NASA）进行了调查，其主要原因是应用于船体的氧化铝型涂料，这种油漆产生的静电火花导致船体着火，因此内部的氢气也被点燃。但是氢气本身并不是事故的根本原因（如图 4-3 所示）。

1650	1750	1800	1850	1900

工业革命
1760　　1830　　1850

化石燃料消耗增加

▼1520年 瑞士炼金术师（Philippus Aureolus Paracelsus）描述了铁在硫酸中溶解可以产生气体
▼1650年 Turquet de Mayerne发现稀释的硫酸放在铁块上可以产生气体并形成一个独特的金属球
▼1766年 英国科学家Henry Cavendish发现一种新的气体，通过锌的酸蚀反应证明了其中产生了易燃气体
▼1788年 根据Cavendish的发现，法国化学家Antoine Lavoisier把易燃气体命名为"氢"
▼1783年 法国物理学家Jacques Alexander Cesar Charles发明了第一个氢气球
▼1800年 英国科学家William Nicholson和Anthony Carlisle爵士发现，对水施加电流可以产生氢气和氧气，这个过程后来被称为"电解"

1900	1950	1970	1990

▼1900年 Ferdinand von Zeppelin发明了第一个氢燃料飞艇
▼1937年 飞艇兴登堡灾难
▼1920年 德国工程师Rudolf Erren将氢气液化为液氢
▼1906年 德国科学家Fritz Haber发现了氢和氮合成氨的方法
▼1930—1980年 挪威Lurgi、De Nora、Norsk Hydro、BBC/DEMAG公司生产出了20 000~30 000Nm³/h大型电解槽设备来制氢，然后将制造的氢用哈伯法合成氨

▼1950—1960年 美国开始生产LH₂
▼1958年 为执行美国的太空项目，NASA成立
▼1961年 美国第一架液氢发动机升空
▼1967年 美国化学家Reilly发现了金属氢化物并证明了Mg₂Cu的催化能力

▼1973年 第一次石油危机爆发，氢能有望成为一种替代能源
▼1979年 第二次石油危机爆发，伊朗革命爆发
▼1966年 GM发明了第一辆使用液氢作为燃料的燃料电池汽车
▼1970年 电化学家John O'M提出了"氢能经济"概念
▼1973年 日本氢能系统学会（HESS）成立
▼1974年 国际氢能协会（IAHE）成立
▼1976年 第一届氢能源大会（IAHE）在迈阿密召开
▼1978—1993年 日本月光计划（Japan's Moonlight Program）启动

▼1988年 第一届政府间气候变化专门委员会（IPCC）成立
▼1993-2000年 日本新阳光计划(New Sunshine Program)启动
▼1988年 苏联Tupolev设计了第一架氢气发动机战机TU-154
▼1989年 国际标准组织成立了氢技术委员会ISO/TC197
▼1989年 美国国家氢能协会成立

▼1986年 利用可再生能源的大型氢能系统实验项目—欧洲魁北克氢能项目（EQHHPP）启动——1998
▼1986年 太阳能制氢研究项目（SWB）启动——1999 太阳能制氢和制氢氢能利用研究项目
▼1986年 德沙联合氢能项目启动——1995 太阳能制氢研究和示范项目

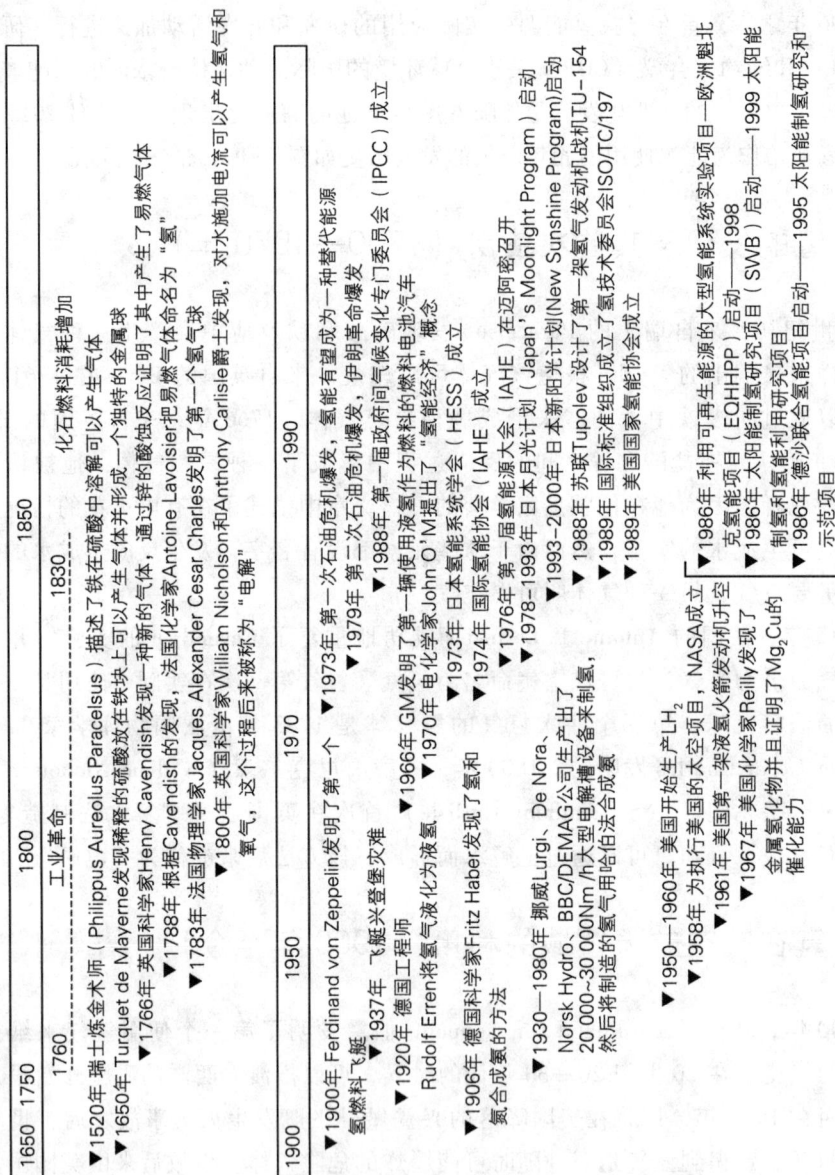

图4-1　氢能技术发展历史（1990年之前）

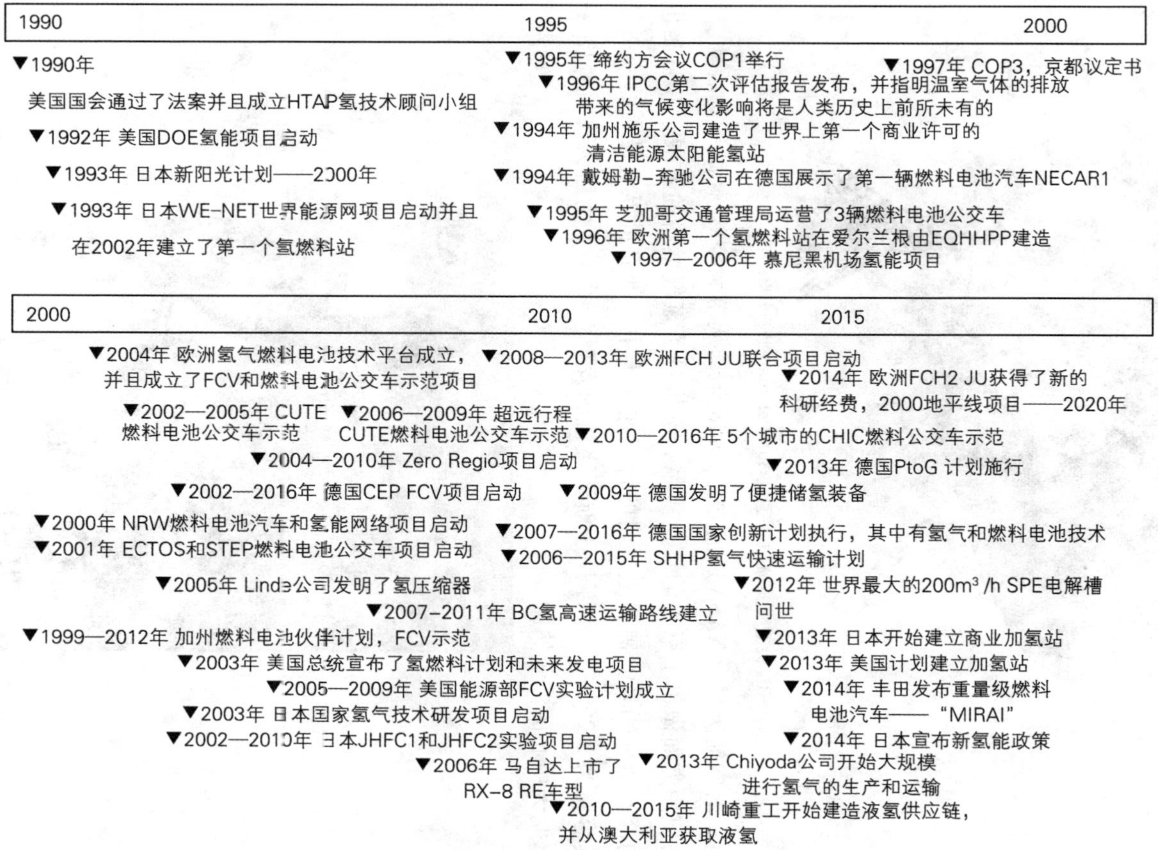

1990
1995
2000
▼1990年
美国国会通过了法案并且成立HTAP氢技术顾问小组
▼1992年 美国DOE氢能项目启动
▼1993年 日本新阳光计划——2000年
▼1993年 日本WE-NET世界能源网项目启动并且
在2002年建立了第一个氢燃料站
▼1995年 缔约方会议COP1举行
▼1996年 IPCC第二次评估报告发布，并指明温室气体的排放
带来的气候变化影响将是人类历史上前所未有的
▼1994年 加州施乐公司建造了世界上第一个商业许可的
清洁能源太阳能氢站
▼1994年 戴姆勒-奔驰公司在德国展示了第一辆燃料电池汽车NECAR1
▼1995年 芝加哥交通管理局运营了3辆燃料电池公交车
▼1996年 欧洲第一个氢燃料站在爱尔兰根由EQHHPP建造
▼1997—2006年 慕尼黑机场氢能项目
▼1997年 COP3，京都议定书
2000
2010
2015
▼2004年 欧洲氢气燃料电池技术平台成立，
并且成立了FCV和燃料电池公交车示范项目
▼2002—2005年 CUTE
燃料电池公交车示范
▼2006—2009年 超远行程
CUTE燃料电池公交车示范
▼2004—2010年 Zero Regio项目启动
▼2002—2016年 德国CEP FCV项目启动
▼2000年 NRW燃料电池汽车和氢能网络项目启动
▼2001年 ECTOS和STEP燃料电池公交车项目启动
▼2005年 Linde公司发明了氢压缩器
▼2007-2011年 BC氢高速运输路线建立
▼1999—2012年 加州燃料电池伙伴计划，FCV示范
▼2003年 美国总统宣布了氢燃料计划和未来发电项目
▼2005—2009年 美国能源部FCV实验计划成立
▼2003年 日本国家氢气技术研发项目启动
▼2002—2010年 日本JHFC1和JHFC2实验项目启动
▼2006年 马自达上市了
RX-8 RE车型
▼2008—2013年 欧洲FCH JU联合项目启动
▼2014年 欧洲FCH2 JU获得了新的
科研经费，2000地平线项目——2020年
▼2010—2016年 5个城市的CHIC燃料公交车示范
▼2013年 德国PtoG 计划施行
▼2009年 德国发明了便捷储氢装备
▼2007—2016年 德国国家创新计划执行，其中有氢气和燃料电池技术
▼2006—2015年 SHHP氢气快速运输计划
▼2012年 世界最大的200m³ /h SPE电解槽
问世
▼2013年 日本开始建立商业加氢站
▼2013年 美国计划建立加氢站
▼2014年 丰田发布重量级燃料
电池汽车——“MIRAI”
▼2014年 日本宣布新氢能政策
▼2013年 Chiyoda公司开始大规模
进行氢气的生产和运输
▼2010—2015年 川崎重工开始建造液氢供应链，
并从澳大利亚获取液氢

图4-2 氢能技术发展历史（1990年之后）

图 4-3　兴登堡灾难（来源：Gus Pasquerella，1937 年，公共领域）

美国国家航空航天局（NASA）成立于 1958 年，从事太空探索和开发活动。NASA
在氢的使用方面做出了巨大的历史贡献，它推进了氢气燃料的发展，并且是世界上
最大的液态氢使用者。佛罗里达州的肯尼迪航天中心拥有世界上最大的液态氢储存
罐，其容量为 3 200m³，主要用于航天飞机的发射。图 4-4 为航天飞机，图 4-5 为
肯尼迪航天中心的液氢储罐。

图 4-4　航天飞机（来源：NASA，公共领域）

1961 年，Aerojet Rocketdyne 推出了使用液态氢燃料的第一枚火箭。1981 年，
第一次航天飞机发射升空；1988 年，苏联成功完成了 TU-155 的飞行，TU-155 是
世界上第一台使用液态氢燃料的喷气式飞机。

目前，包括美国、欧洲一些国家、俄罗斯、日本和中国在内的国家已经成功通

图 4-5 肯尼迪航天中心的液氢储罐（来源：Kazukiyo Okano）

过液态氢燃料火箭发射了航天器或人造卫星。

4.3 工业用氢的生产（1920 年至今）

4.3.1 碱性水电解制氢

工业用氢的生产始于 20 世纪 20 年代的欧洲和北美地区。1920 年，加拿大 Stuart Oxygen 公司（后来更名为 Electrolyzer 公司）是第一家为旧金山的公司生产和出售商用水电解制氢系统的公司。1906 年，德国人 Fritz Haber 发明了用氮和氢合成氨（用作肥料的原料）的哈伯工艺，工业制氢的需求量也同时大大增加。随后，在 1930—1977 年，欧洲的 Lurgi、De Nora、Norsk Hydro 和 Brawn Boveri / DEMAG 等公司制造并安装了许多容量为 $20\ 000 \sim 30\ 000\ \mathrm{Nm^3/h}$ 的大容量碱性水电解制氢系统。

Brawn Boveri / DEMAG 于 1970 年制造的 $32\ 000\ \mathrm{Nm^3/h}$ 的槽式电解水系统是世界上最大的系统，其中一个安装在埃及的阿斯旺（如图 4-6 所示）。挪威的 Norsk Hydro 开发了专有的压滤式电解水系统，该系统在 20 世纪 90 年代非常流行。虽然碱性电解水系统传统上可分为槽式和压滤式，但目前的大型系统只限于压滤式，其安装面积较小，效率高且具有增压室。

在 20 世纪 80 年代，随着大容量制氢方法从电解水转变为成本较低的石油重整方法后，许多制造商被迫停止生产电解水设备，有几家被其他公司接管或合并。该技术目前主要由挪威 NEL 氢气公司、德国 ELT 公司和瑞士 IHT 公司开发。尽管实际上这种大容量的电解水系统几乎没有需求，并且如今只有小容量的电解水设备还

图 4-6　世界最大的阿斯旺电解槽（来源：Kazukiyo Okano）

在制造中，但是如果未来到了大规模使用可再生能源生产氢的时候，大容量的碱性电解水系统会有一个全新的市场。

　　成立于 1948 年的加拿大 Stuart Energy 和成立于 1987 年的比利时 Vandenborre 公司都开发了优良的小容量的碱性电解水系统设备（达到 100 Nm^3／h 级）；Stuart Energy 最终于 2003 年收购了 Vandenborre。之后，加拿大的一家成立于 1995 年的公司 Hydrogenics 收购了 Stuart Energy，进而成为最大的小型电解水系统设备制造商。其生产的 60 Nm^3／h 设备可适用于美国和欧洲大部分的加氢站和燃气电厂的电解水系统。图 4-7 展示了由 Stuart Energy 在 1995 年制造的位于温哥华的 80 Nm^3／h 槽式电解水系统，用于燃料电池公交车的加氢站（其内部电解池也在右图中显示）。

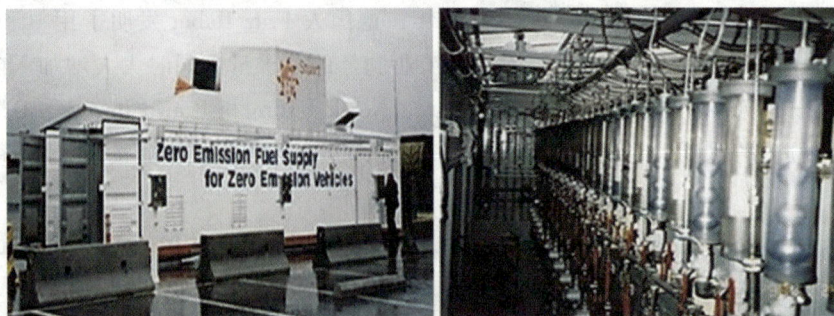

图 4-7　Stuart Energy 公司电解水设备（来源：Kazukiyo Okano，1995）

4.3.2　固体聚合物电解质电解水制氢

　　美国的 GE 公司开发了一种利用离子交换膜作为固体聚合物电解质的电解池，并将该技术应用于电解水。这促进了高效制氢方法的发展，并且该方法在 20 世纪 70 年代初用于潜艇的制氧系统中。

但是，当 20 世纪 80 年代初政府取消补贴后，GE 公司退出了新能源技术的开发，并将燃料电池和电解水部门出售给了联合技术公司（UT）。随后在 1996 年，UT 的一名前雇员创立了 Proton Onsite 公司，并将固体聚合物型电解质电解槽商业化，该电解槽目前被许多 10 Nm³/h 级加氢站采购使用。此外，加拿大的 Hydrogenics 还发布了史无前例的大型 200 Nm³/h 电解水系统，该系统采用了固态聚合物电解池，并将其交付给德国的天然气发电项目（如图 4-8 所示）。

图 4-8　200 Nm³/h 电池堆（来源：Hydrogenics）

在日本，大阪府政府工业研究所（现为关西国立先进工业科学技术研究所）于 1975 年通过"阳光计划"启动了固体聚合物水电解系统的基础研究，其目的是开发利用化学沉积技术制造水电解槽的方法。后来在世界能源网络（WE-NET）项目中也使用了该技术。当 WE-NET 项目正在开发大容量制氢系统时，Shinko Pantec Co., Ltd.（目前为 Kobelco Eco-Solutions Co., Ltd.）已经开始将较小的系统商业化应用于工业用途（如图 4-9 所示）。而日立造船公司（Hitachi Zosen Corporation）也在致力于该项目的研究开发。

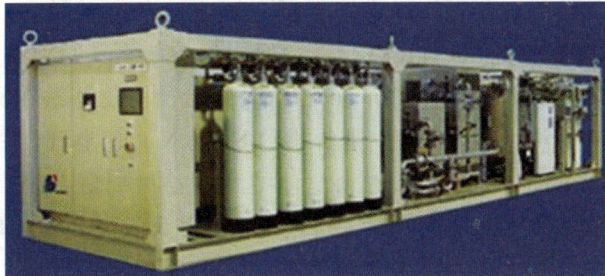

图 4-9　50 Nm³/h PEM 电解槽（来源：KOBELCO-Solutions）

4.3.3　用烃制氢

碳氢化合物的蒸汽重整在 20 世纪 30 年代在美国实现了工业化，自 20 世纪 60 年代以来，这项技术已被确定为最经济的大规模制氢方法。图 4-10 展示了酒井市 HydroEdge LH_2 工厂的 2 700 Nm^3/h 天然气重整炉，部分氧化法是 20 世纪 50 年代发展起来的技术。

图 4-10　LH_2 工厂的 2 700 Nm^3/h 天然气重整炉（来源：HydroEdge）

20 世纪 20 年代，日本石油工业开始加工进口原油，用于去除原油中杂质的提纯方法和重油、汽油等的加氢脱硫都需要大量的氢气。因此，精炼厂都会建造大型的制氢设备，其单台机组容量为 30 000～100 000 Nm^3/h。制氢部分通过碳氢化合物重整来完成，其催化重整过程产生氢气。在未来，氢气的对外出售量约为每年 47 亿 Nm^3，如汽车行业。另外，氨合成厂也具有制氢系统，据估计，它们的制氢储备能力将来能够为汽车等行业每年提供约 6 亿 Nm^3 的氢气。此外，盐水电解过程中产生氢氧化钠和氯气的过程、石化行业以及使用焦炉的钢铁行业都会有副产氢气，并且它们每年可以提供大约 28 亿 Nm^3 的氢气。结合所有这些潜在资源，仅通过现有的工业设施每年就可以为汽车等行业提供约 81 亿 Nm^3 的氢气。

与化工厂制氢不同，基于磷酸燃料电池技术的小型制氢系统目前来说很受欢迎，主要用作加氢站和工业用途。图 4-11 显示了由大阪煤气为加氢站开发的 300 Nm^3/h 重整型制氢系统，其主要用于液化石油气重整和天然气重整。

自 1992 年左右以来，东京燃气和三菱重工一直在致力于开发一种集成氢分离膜的膜反应器，该技术将用于下一代小型重整炉，能够在 550℃（比典型温度低 200℃）下重整天然气，并且具有紧凑的系统设计和出色的重整反应效率。东京燃

图 4-11　大阪煤气 HYSERVE-300P（来源：OsakaGas）

气公司正在运行一个 40 Nm³/ h 的实验系统。其他企业以及一些大学研究机构中也在进行此类设备的设计开发。如果氢分离膜的耐用性和系统效率可以得到提升，那么该技术则有望在未来得到普及。

4.3.4　液态氢的生产

20 世纪 50 年代末，美国开始以工业规模生产液态氢，20 世纪 60 年代初，产能达到了 160t/天，如今，氢气日产量可达 210t。在加拿大和欧洲，氢的生产始于 20 世纪 80 年代，现在加拿大的氢生产能力为 24t/天，欧洲的生产能力为 26t/天。目前，全球有 13 个海外工厂（不包括日本），生产能力为每天 4t 以上。由于欧洲和美国的航空航天发展计划，液态氢的需求开始增长，美国的液化工厂配备了两套世界上最大的日产 35t 的液化系统。在 20 世纪 70 年代以来，液态氢的需求主要从太空应用转移到工业应用。

在日本，大阪市的大阪氢工业株式会社（现为岩谷工业气体公司（Iwatani Industrial Gases Corp.））于 1978 年在阿马加崎安装了一套为火箭生产液氢的液化系统。目前，酒井、一原、顺安、油田等地都有氢气液化厂，总产能为 21.4t/天。位于酒井的 HydroEdge 工厂的 10t/天液化设施如图 4-12 所示。在火箭燃料液氢开始生产的同时，由于其易于运输和储存，工业用氢的数量也逐渐增加。预计液态氢的产量将随着加氢站需求的增加而增加。液态氢的温度通常约为 -253℃，且采用油罐车运输，也可以通过陆运或海运的小型方式进行运输，并存储在固定的储罐中。图 4-13 所示为川崎重工公司生产的 20 英尺容器和内置的 14.65Nm³ 储罐。还有 40 英尺容器也已生产。

图 4-12　HydroEdge 的液态氢工厂（来源：Iwatani Corp）

图 4-13　直径 20 英尺的液态储氢容器（Kawasaki Heavy Industries）

4.4　由石油危机引发的氢能技术研究和发展（1970—2000 年）

4.4.1　氢能相关组织的创立和活动（1973—1989 年）

　　1973 年的石油危机引发了人们对氢能作为石油的替代能源的广泛关注。因此，世界各地的数所大学和其他研究组织都启动了与氢相关的研究计划。在日本，氢能协会是日本氢能系统协会（HESS）的前身，成立于 1973 年。其成员声称，氢是一种清洁能源，必须使用它来减少化石燃料的使用，并减少与化石燃料燃烧相关的环境污染。然后，在 1974 年来自世界各地对氢能感兴趣的大学学者聚集在美国的迈阿密大学，与会者包括迈阿密大学的 T. Nejat Veziroglu 博士、John O'M 博士、澳大利亚弗林德斯大学的 Bockris 教授和创立了国际氢能协会（IAHE）的来自横滨国立大学的大田俊夫（Tokio Ota）教授。第一届世界氢能会议（WHEC）于 1976 年在迈阿密举行，此后，该会议每两年在世界范围内举行一次，已成为世界上最大的氢能国际会议。第三届 WHEC 于 1980 年在东京举行，而第十五届 WHEC 于 2004 年在横滨举行，共有来自 40 个不同国家的 1 500 名参与者参加（如图 4-14 所示）。

1989 年，美国国家氢能协会（NHA）成立，该组织为氢能发展做出了巨大贡献。例如，NHA 每年举行一次国际研讨会，它于 2010 年与美国燃料电池理事会合并，并更名为燃料电池和氢能协会（FCHEA）。目前，全世界各地已经成立了氢能协会，并且这些组织在欧洲、亚洲、美国等地积极开展工作。1989 年还成立了一个 ISO／TC／197 委员会，负责审查氢技术的国际标准。

图 4-14　在横滨举行的第十五届世界氢能会议（WHEC）（来源：K. Okano）

4.4.2　欧洲可再生能源氢利用项目（1986—1999 年）

20 世纪 80 年代，欧洲开始实施氢技术发展和示范项目，其中涉及通过光伏和水力发电电解水制氢。氢利用技术主要是由德国推进的，1986 年启动了以下三个大型项目，目的是在未来建立氢能社会：

• 欧洲-魁北克氢能试点项目（EQHHPP）

欧洲-魁北克氢能试点项目（EQHHPP）是由欧洲和加拿大实施的大型国际项目，该项目于 1986 年正式启动，德国为主要组织力量。EQHHPP 研究的氢能系统可以利用加拿大水力发电厂产生的电能电解水制氢，然后将氢以液态方式运到欧洲。EQHHPP 还对氢应用技术进行了研究，例如液态氢的运输和存储技术，包括氢燃料公交车、燃料电池发电厂、燃料电池船、喷气发动机飞机、氢与压缩天然气混合动力的公交车以及与氢安全措施有关的技术（如图 4-15 和图 4-16 所示）。尽管该项目由于缺乏资金在 1998 年结束，但这是一个开创性的项目，它向世界展示了液态氢的长距离海上运输是可行的，从而说明了一个事实，即大规模的国际氢供应网络将是可行的。该项目后续影响了许多其他国家在该领域的研究。

• Solar-Wasserstoff-Bayern（SWB）项目

Solar-Wasserstoff-Bayern（SWB）项目是由德国拜仁州政府发起，目的是通过由光伏电力电解水制氢，并用于诸如燃料电池、燃料电池叉车等。1986 年，该项目在德国东南部纽堡-沃姆-瓦尔德的大型建筑中建造了一个实验台架。除了比较选择各种光伏电池并研究制氢系统运行控制的最佳方案外，现场研究人员利用常压或加压碱性水电解技术生产和储存的氢气，建造了 30kW 磷酸燃料电池。此外，他们展示了燃料电池叉车的可行性，并开发出了可用于液态氢汽车加氢的系统。SWB项目于 1999 年结束，图 4-17 展示了 SWB 项目的太阳能系统，图 4-18 展示了所使用的实验台架。

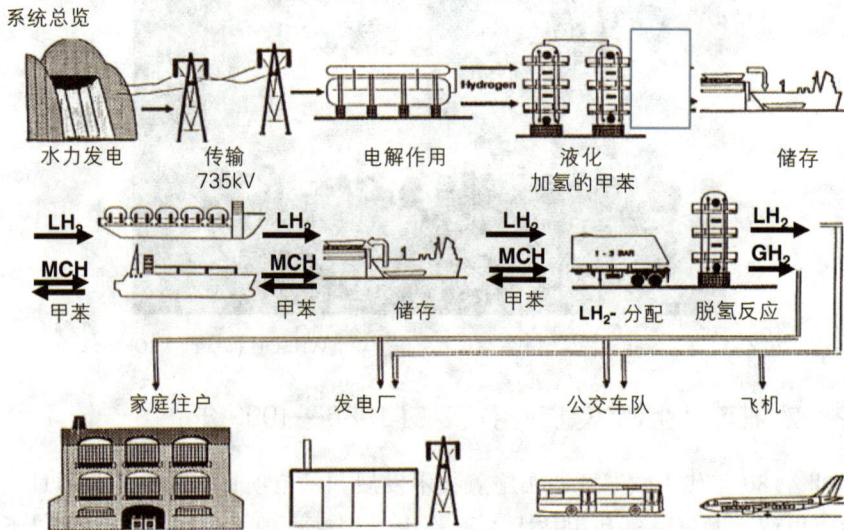

系统总览

水力发电　　传输　　电解作用　　液化　　储存
　　　　　　735kV　　　　　　　加氢的甲苯

家庭住户　　发电厂　　公交车队　　飞机

图 4-15　氢能源系统（来源：EQHHPP）

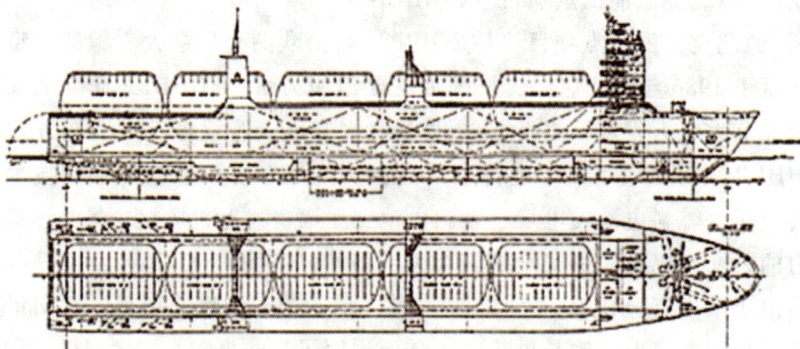

图 4-16　EQHHPP 的液态氢罐车（来源：EQHHPP）

• 德国-沙特阿拉伯联合项目（Hysolar）

Hysolar 项目是德国和沙特阿拉伯于 1986—1995 年实施的一个联合项目。在 Hysolar 项目中，研究人员在一个制氢系统上进行了实验，该制氢系统利用安装在

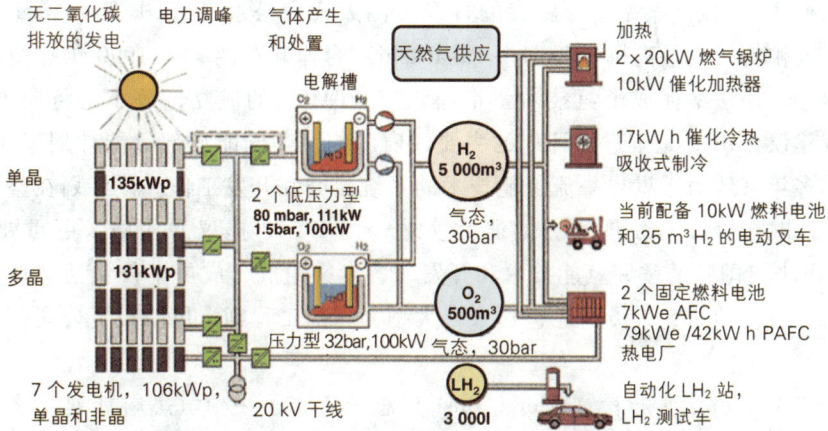

图 4-17　太阳氢能测试系统（来源：SWB）

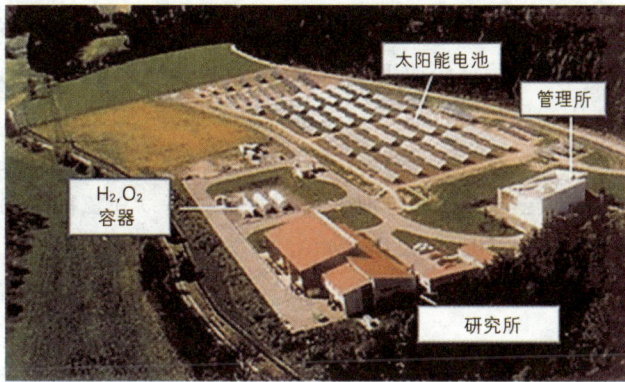

图 4-18　纽伦堡沃尔德的 Solar-Wasserstoff-Bayern（SWB）站点（来源：SWB）

沙特阿拉伯沙漠中的 350kW 光伏电池产生的电能，通过水电解反应产生氢气。德国研究机构还对利用光伏电力电解水系统的最佳设计方法进行了重点研究。

4.5　以国家划分的氢能技术开发项目（1990 年至今）

受上述在欧洲进行的项目的影响，美国和日本在 20 世纪 90 年代启动了两个大型氢技术开发项目，并将其作为国家政策的一部分。欧盟也在 2003 年宣布了其《氢能愿景》，并成立了一个组织来推进。

4.5.1　美国能源部氢能计划（1992 年至今）

氢能技术开发方面落后于欧洲的美国制定了一项法案，名为《氢的研究、开发和示范法》，该法案是由夏威夷的日裔美国人代表松永（Spark Matsunaga）与日裔美国人帕特里克·高桥（Patrick Takahashi）合作起草的，于 1990 年提交国会并获得通过。该法案促成了氢技术咨询小组（HTAP）的成立，该小组将向 DOE 提供政策建议，DOE 是推进氢计划的主要政府组织。美国能源部氢能计划于 1992 年启动，多年来致力于世界一流氢能技术的系统研究和开发工作。该计划在整个氢能领域中及时选择具有发展潜力的研究主题，由 HTAP 提议并实施。更重要的是，HTAP 由来自国际的掌握氢能技术和开发的各专家组成，成员不仅包括来自大学和国家研究机构的研究人员，还包括来自大型公司的工程师，风险投资公司的公司经理等。

2003 年，乔治·布什（George Bush）总统宣布了一项氢燃料计划，该计划将在 10 年内投资 12 亿美元，以开发可使用氢的燃料电池商业化的技术。此外，能源部部长还建立了"国际氢能经济和燃料电池伙伴计划（IPHE）"，从而通过国际合作促进氢技术的发展。尽管美国政府持续促进氢技术的研究和开发活动，但这些年来，这些活动的资金来源已经改变。自 2009 年美国《复苏与再投资法案》颁布以来，这些活动开始通过税收抵免得到支持。目前的一些工作是促进燃料电池和氢能相关设施的市场推广。在 2006 年，HTAP 改为氢气与燃料电池技术咨询委员会（HTAC），以反映其对氢气和燃料电池的重视。美国持续在氢能燃料电池研发方面保持世界领先地位，有 1 500 多人以观察员的身份参加了项目年度业绩评审会议（Annual Merit Review Meetings），这些会议每年展示能源部整体项目的成果。

4.5.2 日本的 WE-NET（世界能源网络）项目（1993—2003 年）

在 1993 年底，日本国际贸易和工业部（MITI）发起了一个长期的大型项目以进行氢能系统的研究以及所需的技术开发，该项目是基于欧洲 EQHHPP 类似的思路，WE-NET 的概念如图 4-19 所示，其目标如图 4-20 所示。在该项目中，各种研究和技术开发活动占据了大量预算，其中包括（1）大容量质子交换膜电解水系统，液氢运输罐车和液氢储罐的概念与设计，（2）隔热结构、低温材料和储氢材料的研究，以及（3）开发纯氢燃料电池、500 MW 氢气涡轮发电技术、氢气发动机和加氢站。除了整个系统的概念设计外，在 2003 年之前还对经济可行性和安全性进行了分析。电池效率的改进主要集中在 PEM 电解槽技术的研究和开发上，研究人员试图开发能够达到 90% 效率的技术。然而，由于膜强度等问题的存在，针对 1m×1m 的大面积电极开发并不容易。储罐隔热结构材料性能实验的结果以及船体的概念设计表明，液态氢运输罐车的建造是可行的（如图 4-21、图 4-22 和图 4-23 所示）。

图 4-19　世界能源网络（WE-NET）氢系统的概念（来源：NEDO）

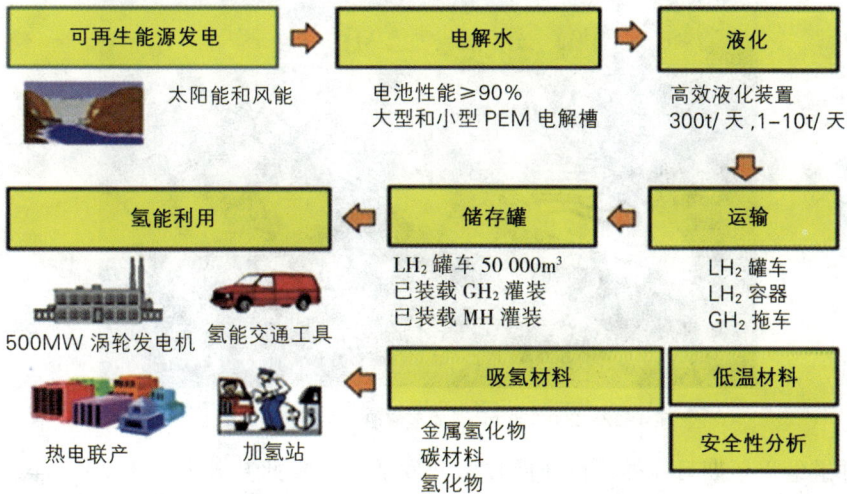

图 4-20　世界能源网络的研发目标（来源：WE-NET）

　　利用高效的氢气涡轮机来燃烧氢气和氧气，能够实现联合循环发电，效率可高达 61%。对系统的主要构件氢气/氧气燃烧器进行了实验，当气体入口温度达到约 1 700℃ 的超高温度时，会遇到耐热材料和冷却系统的问题，虽然通过长期开发工作可能解决该问题，但是由于缺乏资金，开发活动最终被终止。值得注意的是，氢和空气燃烧方法的开发相对容易，但是效率较低。图 4-24 显示了氢气/氧气涡轮机循环，图 4-25 显示了氢气/氧气燃烧器的测试系统。

　　在该项目的后半期，人们对安装和运行燃料电池加氢站的经济可行性进行了分

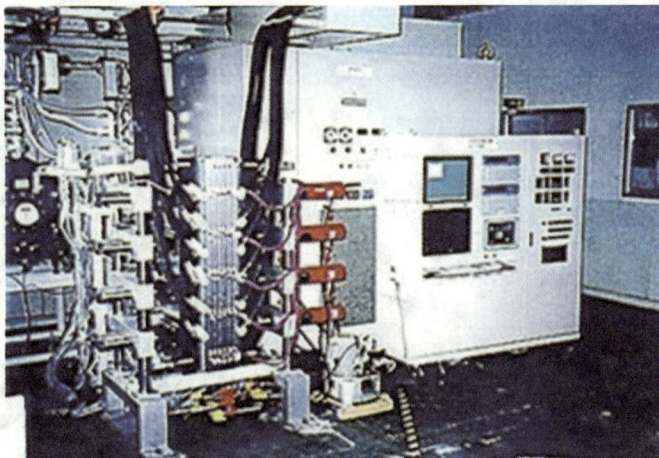

图 4-21　电解槽测试（来源：富士电机公司）

图 4-22　200 000 m³ 液态氢罐船（来源：川崎重工）

析，并继续以短期目标类项目开展技术开发活动。在此基础上，于 2002 年初在大阪建立了第一个天然气重整型加氢站，在高松建立了第一个 PEM 电解水型加氢站，在横滨市、鹤见市建立了第一个压缩氢运输型加氢站。WE-NET 项目在 2003 年的最终结果表明：建立一个大规模的氢气供应系统来从海外运输大量液态氢是一种可行的方案。此外，该项目整体氢技术研发成果对日本目前的研发尝试产生很大影响。

4.5.3　从欧洲氢愿景看欧盟的研发（2002 年至今）

欧盟在 2003 年发布了《欧洲氢能展望》，以支持氢能社会的发展。该计划是 2002 年至 2006 年执行的第六次研究与技术开发框架计划（FP6）的一部分。2004

图 4-23   50 000Nm³LH₂储罐（来源：ENAA）

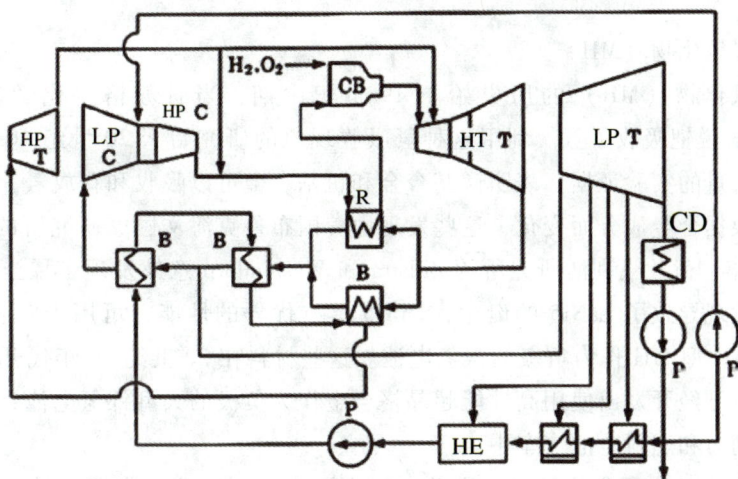

图 4-24   H₂-O₂涡轮机循环（T 涡轮，C 压缩机，B 蒸汽发生器，R 再生器，HE 加热器，CD 冷凝器，
CB 燃烧器，P 泵，HP 高压，LP 低压，HT 高温）（来源：NEDO / WE-NET）

年，欧洲氢能与燃料电池技术平台（HFP）建立燃料电池公交车和小型燃料电池
移动系统等示范项目。在 FP6 中，一共实施了 80 个氢/燃料电池开发项目。此外，
2007 年启动了一项联合技术计划（JTI），以促进第七次框架计划（FP7）的研究和
开发活动。JTI 负责实施许多涉及燃料电池公交车等的示范项目，这些项目被称为
灯塔项目（Lighthouse projects），FP7 于 2013 年结束。2014 年，新地平线研究计划
2020（New Research Program Horizon 2020）成立，以继续主持研发活动。

图 4-25 H_2-O_2 燃烧器测试（来源：NEDO / WE-NET）

4.5.4 储氢技术研究与开发（1960 年至今）

● 金属氢化物（MH）

金属氢化物（MH）的历史始于 19 世纪中期，当时苏格兰化学家 Thomas Graham 报告说钯吸收了氢。利用这种氢吸收现象的研究始于 20 世纪 60 年代，研究产生了大量的实验证据，表明镁基合金和钒基合金可以吸收和释放氢，并且反应动力学会根据合金成分而变化，这些发现由美国布鲁克海文国家研究所的 Reilly 发表。1968 年，荷兰飞利浦研究所的 Zijlstra 和 Westendorp 意外发现了稀土金属氢化物，这一发现导致了 LaNi5 的诞生，LaNi5 具有优异的性能，可用于实际应用中，例如使用 AB$_5$ 型 MH 作为负极的镍氢电池。这些材料在 20 世纪 90 年代开始广受欢迎。目前，已经开发出使用高性能超晶格合金作为负极的大型镍氢电池，并被广泛用于混合动力和燃料电池汽车中。

1974 年，日本国家化学工业实验室和大阪府政府工业研究所开始了 MH 的研究（今天，这两个研究机构已被纳入日本国家先进工业科学技术研究所），自那时以来该项研究一直在进行。后来，作为 WE-NET 项目的一部分，研究人员也进行了类似的开发活动，目的是使氢吸收能力达到 3 wt%（后来改为 5 wt%）。

MH 的开发已在全球范围内广泛开展，因为其有望实现氢能安全和理想的储存。丰田公司在 1996 年、马自达公司在 1997 年以及本田公司在 1999 年分别制造了装有 MH 的燃料电池汽车。2001 年，丰田对 FCHV-2 进行了样机制造，FCHV-2 是包含新开发的 MH 技术的燃料电池汽车，实现了 300 km 的行驶距离。图 4-26、图 4-27 和图 4-28 展示了这三个公司生产的固态储氢型汽车。WE-NET 项目促进了加氢站的设计，该设计可以将氢存储为低压 MH，以便可以将氢低压填充到装有

MH 的车辆中，但是，这些安装有 MH 的车辆很重，并且 MH 的吸氢能力仅为 3wt%，没有达到认为可行的 6wt% 目标。因此，汽车工业放弃了安装 MH 的车辆，并决定采用安装 35 MPa，后来改为 70 MPa 的高压氢气。

图 4-26　丰田 FCHV-2（来源：丰田汽车）

图 4-27　马自达 Demio FCEV（来源：马自达汽车）

图 4-28　本田 FCX-1（来源：本田汽车）

因此，日本紧急更改了在大阪和高松的新加氢站的计划，使其配备了 40 MPa 的压缩机、高压储氢容器、加氢机等。但是，已有一部分 MH 氢存储设施按计划建造并进行了有关加氢测试的实验以检查测试车辆的性能。结果表明，如果将 MH 型汽车投入实际应用，则该加氢方法是足够可行的。但是该方法遇到了其他问题，值得注意的是，具有 MH 的车辆需要加热才能释放氢，燃料电池的废热有可能被用作热源。燃料电池汽车产生的热量为 80℃ 或更低，因此很难开发出能够在低于 100℃

的温度下释放氢并具有氢吸收能力的 6wt% 效率的 MH，全世界目前也仅有 3wt% 效率的氢吸收能力技术。

- 高压碳纤维增强塑料氢瓶

当轻质碳纤维增强塑料（CFRP）气瓶被开发出来，能够在 35MPa 或 70MPa 的压力下储存 5kg 氢气时，FCV 的实际应用成为可能。自 1995 年以来，加拿大 Dynetek 已售出了几个 35 MPa 的气瓶，美国 Quantum Technologies、SCI、林肯公司等也发布了类似产品。70 MPa 容器的发展相对缓慢，但是林肯公司于 2001 年制造了第一批产品。

美国林肯公司还开发了用于加氢站的高压储氢容器、用于车辆运输的小型容器，以及用于氢气运输拖车的大型 CFRP 容器。这得益于它在制造军用和航空航天用的高压复合气体容器、汽车用天然气容器等方面的丰富经验，这可以追溯到 1963 年。林肯公司开发了具有 8t 重量的 CFRP 复合容器拖车，可在 25 MPa 下输送多达 600kg 的氢气。重量为 14t 的 20MPa 钢制容器可以安装在能够运输 200kg 氢气的常规拖车中。在日本，随着相关法规的放宽，大型 CFRP 船的使用有望在未来得到推广。川崎重工在 NEDO 项目中也开发了 45MPa CFRP 复合材料气瓶拖车（如图 4-29 所示）。

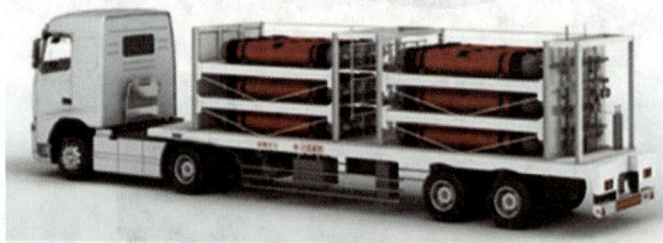

图 4-29　45 MPa 碳纤维增强塑料（CFRP）复合材料气瓶拖车（来源：川崎重工）

在汽车用氢容器的生产制造方面，丰田株式会社于 2004 年开发了 35 MPa 的储罐，目前正在为丰田的 FCV 提供 70 MPa 的储罐。此外，Samtech Co. Ltd. 正在开发用于汽车的容器以及用于压力蓄能的大型容器。

4.6　氢能汽车的发展和氢能商业化示范项目（1970—2009 年）

4.6.1　氢能汽车的发展

20 世纪 70 年代，宝马（BMW）首次启动了汽车用氢发动机的开发。在日本，武藏工业大学（现为东京城市大学）的古滨（Furuhama）教授在大约同一时间开始了他的研究。1974 年，他示范性地驾驶"武藏 1 号"，这是日本第一台 2 000cc 氢动力汽车，是通过改造日产的一辆 2t 级小卡车（如图 4-30 所示）制造的。后来对设计进行了改进，1997 年在京都举行的第三届世界杯（COP3）上展出了 10 号车，即"武藏 10 号"。

图 4-30　在东京武藏 1 号的示范（来源：东京城市大学）

宝马公司于 1999 年开始对 15 辆汽车进行公共道路测试，并于 2001 年开始使用新车进行世界清洁无污染之旅。随后，宝马对设计进行了进一步改进，并开发了一款量产的高端 Hydrogen 7 轿车，该车于 2006 年以商业方式出租。然而，宝马公司宣布将在 2009 年退出氢动力汽车业务（如图 4-31 所示）。

图 4-31　宝马 Hydrogen 7

美国福特汽车公司于 2006 年开发并发布了搭载 V10 氢发动机的通勤公交车，目前已在美国和加拿大使用。

马自达开发了氢转子发动机汽车，并在 1991 年东京车展上展出，转子发动机更适合氢燃烧。1995 年，马自达使用 MH 储氢的 Mazda Capera Cargo 进行了公共道路驾驶测试。2006 年，马自达开始租赁销售 RX-8 Hydrogen RE，并且自 2008 年 10 月起参与了挪威的 HyNor 项目（如图 4-32 所示）。此外，2009 年开始租赁和销售 Premacy Hydrogen RE 混合动力车。

总体而言，由于氢动力汽车具有成本低，实用性强，汽油氢气自动切换功能等

图 4-32　RX-8 Hydrogen RE（来源：马自达汽车）

优点，许多公司都开展了氢动力汽车的研发活动。但由于燃料电池汽车效率低和行驶距离短（约 100km）等原因，其普及率一直处于停滞状态。尽管宝马通过将液态氢安装到车辆上实现了 650km 的长途行驶里程，但由于液态氢容器的高昂成本以及与抑制气体蒸发有关技术的困难，该公司最终取消了该项业务。

4.6.2　慕尼黑机场氢能项目中氢能商业用途的示范

德国 TÜV SÜD 和 12 家与氢有关的公司于 1997 年在拜仁州的资助下启动了慕尼黑机场氢能项目。在该项目期间，它们建立了一个名为 ARGEMUC 的慕尼黑机场联合体，并在商业利用系统上进行了示范，该系统涵盖了氢能从生产到使用的所有方面。1999 年，该项目安装了液态氢储罐和一个使用机器人的自动液氢加氢设备。图 4-33 展示了加氢站，图 4-34 展示了自动加氢机。自动液氢加氢站能够为宝马制造的氢发动机汽车和曼彻斯特制造的氢发动机公交车（在机场使用）补充燃料。除了天然气重整系统和碱性水电解系统等制氢设备外，机场还安装了其他技术，这些技术包括 MH 储氢设备、储氢容器和氢压缩填充设备。由于几乎没有这样的综合氢气设施在运行，因此直到 2005 年项目结束为止，世界各地有多达 10 000 人参观了机场的氢能项目。

4.7　燃料电池汽车开发和加氢站（1990—2013 年）

4.7.1　第一代燃料电池汽车和燃料电池公交车的开发

自从 1966 年通用汽车推出第一款原型车以来，作为仅排放水的无污染 FCV 的开发一直在全球范围内进行。在 48 年后，丰田设计了世界上第一款名为 MIRAI 的商用车，并于 2015 年 12 月 15 日发布。在此期间，最重要的问题就是燃料电池和燃料的选择。汽车用燃料电池从碱性燃料电池（AFC）转变为磷酸燃料电池

图 4-33 慕尼黑机场的加氢站

图 4-34 LH$_2$ 加氢机器人分配器

(PAFC)，最终开发人员选择了 PEFC。在燃料方面，很难在没有基础设施的情况下提供纯氢，因此开发了使用甲醇或脱硫汽油的车用重整技术，但尚未投入实际应用。经过多年的反复实验，人们开发轻质碳纤维复合材料高压瓶后，就有可能充入足够的氢气来驱动车辆行驶 500km。为了改善 PEFC 的性能、耐久性、低温启动性能和功率输出密度，研究人员已经做出了相当大的努力，并且通过在美国、德国、日本等地的长期示范项目，已经验证了其可靠性，而且这种车辆的成本也大大降低了。到目前为止，FCV 的发展历史如下。

世界上第一辆 FCV 是一种被称为 "Electravan" 的 AFC-FCV，它使用液态氢-氧气运行，并于 1966 年由通用汽车公司原型设计和展示（如图 4-35 所示）。在日本，三洋电机于 1972 年开发出了一种安装有肼-空气燃料电池的敞篷车式 FCV。然后，1993 年，美国能源合作伙伴开发了一种装有 PEFC 的燃料电池跑车，随后在 1994 年戴姆勒展示了 NECAR1——一辆装有 Ballard 制造的 PEFC 使用纯氢燃料的 FCV（如图 4-36 所示）。

图 4-35　GM FCV Electravan（来源：通用汽车公司）

图 4-36　戴姆勒 FCV NECAR 1（来源：戴姆勒）

　　大约在 1996 年，出于对氢基础设施发展的担忧，全球大多数燃料电池汽车制造商都开发了使用甲醇或汽油的车载重整 FCV。1999—2001 年各地开展了示范项目。搭载甲醇重整功能的 FCV 能够在大约 300℃ 的相对较低温度下运行，并且戴姆勒、马自达、本田和日产在关东地区进行了示范性操作（如图 4-37、图 4-38、图 4-39 和图 4-40 所示）。丰田还开发了一款装有汽油自热重整的 FCV。在同一时期，马自达、丰田和本田开发了搭载 MH 的车辆。但是，由于一些原因（例如车辆无法立即启动，难以在冬季防止重整水箱结冰以及需要重整器的空间等），这些公司放弃了车载重整 FCV 的产品开发。总体而言，这些车辆不适合频繁启动和停机。作为替代方案，开发人员设计了一种在车辆上安装 35 MPa 高压氢气的方法，氢气被储存在 CFRP 容器中。目前，储氢压力已达到 70MPa。

　　燃料电池公交车的开发始于 1985 年的乔治敦大学燃料电池公交车项目，该项目由美国能源部资助。由于当时 PAFC 的开发更加先进，因此 BMI 制造了 30 英尺长的公交车，而富士电机则提供了一套混合系统，该系统依赖于利用甲醇重整的

图 4-37　日产 R'nessa

图 4-38　本田 FCX-2

图 4-39　马自达 Premacy FCEV

图 4-40　戴姆勒 NECAR-5

50 kW PAFC 和电池（如图 4-41 所示）。从 1994 年开始，这辆公交车在华盛顿特区和乔治敦之间穿梭，并作为大学校车运行了数年。DOE 公交车项目随后发展到安装有 100 kW PAFC 和 PEFC 的公交车。大约在同一时间（即 1994 年），比利时 Elenco 制造了装有 80 kW AFC 的公交车，加拿大巴拉德公司发布了装有 205 kW PEFC 的商用车。

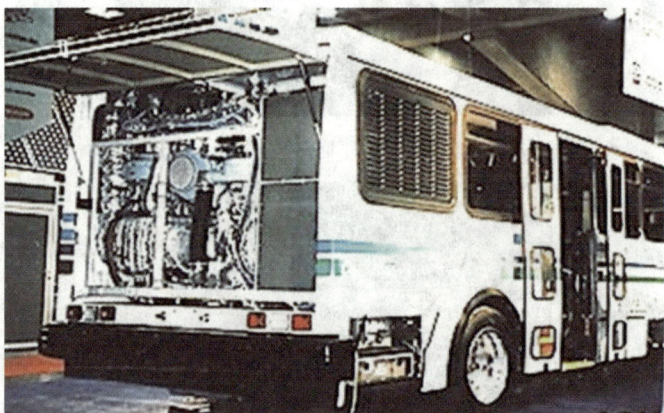

图 4-41　装有磷酸燃料电池（PAFC）的燃料电池公交车

4.7.2　全世界燃料电池汽车和燃料电池公交车的示范（1999—2013 年）

自 1999 年以后，全球范围内开展了一些示范项目，涉及在城市中行驶燃料电池汽车和燃料电池公交车。第一个启动的项目是 1999 年在加州举行的 CAFCP 项目，戴姆勒、通用、福特、现代、大众、丰田、日产和本田都参与了对燃料电池汽车的长期驾驶测试。图 4-42 展示了车辆基地和加氢站。然后在 2001 年，ECTOS 项目在冰岛正式启动，以示范燃料电池公交车的使用。此外，欧盟支持的大型燃料电池公交车项目 CUTE 和 HyFLEET CUTE 于 2002 年在欧洲启动，随后是几个示范项目，例如柏林燃料电池汽车的 CEP、日本的 JHFC 汽车示范项目、美国能源部 2005 年的燃料电池汽车示范项目以及 2006 年由包括挪威在内的三个北欧国家实施的 SHHP 项目。后来，在各国开展了许多其他示范项目。在 JHFC 项目实施的 9 年里，共有 135 辆汽车，行驶里程超过 107 万 km，而在 DOE 项目的 5 年中，共有 92 辆汽车，行驶里程超过 176 万 km。这些项目极大地改善了燃料电池汽车和燃料电池公交车，并促进了相关应用技术的发展。特别是对于汽车中的燃料电池，其耐用性、输出功率密度、低温启动性能、外部尺寸等技术问题几乎都得到了解决，成本也得到了降低。此外，随着燃料电池汽车开始更频繁地行驶，世界各地都建造了加氢站，并且在这些国家也培育了相关的技术。因此，这些示范项目在使燃料电池汽车和加氢站实用化以及使它们在市场上普及推广方面发挥了重要作用。

图 4-42　加州燃料电池（FC）合伙企业

4.7.3　加氢站发展的历史和现状（1999 年至今）

　　1994 年，美国第一个加氢站在洛杉矶南部的埃尔塞贡多市的施乐公司内建立。这是一个太阳能水电解站，为施乐公司在"现在清洁空气"项目下运营的三台氢发动机皮卡车提供氢气。Stuart Energy 的 12 Nm^3/h 碱性水电解系统如图 4-43 所示，而储氢容器和简单的加氢机如图 4-44 所示。在施乐站之后建立的加氢站属于液态储氢类型。其中一个站用于向 Ballard 制造的三辆燃料电池公交车供应氢气，这些公交车于 1995 年在芝加哥投入使用。1996 年在德国埃尔兰根的 EQHHPP 项目中安装了另一个用于氢气发动机公交车的液态加氢站，还有一个加氢站为宝马公司于 1999 年在慕尼黑机场安装的一个为氢发动机车辆供应液态氢。

图 4-43　施乐加氢站的电解槽

　　在日本，WE-NET 项目开发了第一个加氢站，其在大阪建造了天然气重整型站，在高松建造了 PEM 水电解型站，随后在横滨鹤见安装了压缩氢气运输式加氢

站。图 4-45 为大阪站，图 4-46 为高松站。在 2000 年后，在世界各国建立了采用
各种技术的加氢站，用于 FCV 和燃料电池公交车的示范性运营项目。

图 4-44   简单的加氢机

图 4-45   日本在大阪的第一个加氢站

图 4-46   高松加氢站

此类加氢站的长期运行验证了氢能使用的可靠性并发展了实际的应用技术。在

日本，JHFC 示范项目期间建立了 19 个加氢站，这些加氢站已经运行了很多年。这使得研究人员能够开发出更加实用的应用技术，如 70 MPa 高压填充技术。2014年，在尼崎（Amagasaki）和海老名（Ebina）建立了 300 Nm³/h 级商业加氢站，如图 4-47 和图 4-48 所示。尼崎站采用液态氢存储技术，而海老名中央（Ebina Chuo）站则采用压缩氢存储技术与加油站相结合。两者都是外供氢型的加氢站。

图 4-47　Iwatani Amagasaki 加氢站（来源：岩谷株式会社）

图 4-48　JX Ebina Chuo 加氢站（来源：JX Nippon Oil&Energy Corp.）

加氢站可以根据使用的氢气源的类型分为场内制氢类型和场外制氢类型。在建设的时候考察每个站点的实际情况得以最终选择最适合类型。但是，可以预料，由于成本相对较低，在 FCV 引入的初期阶段，人们将更倾向于建造场外制氢的加氢站。

a. 场外制氢类型。对于场外制氢加氢站，可以使用各种方法将压缩氢或液态氢输送到存储氢的站点。压缩氢运输型站通常具有较低的设备成本，而液态氢运输型站更适合服务于公交车等的大型站。

b. 场内制氢类型。对于场内制氢加氢站，例如通过使用城市煤气和 LPG 重整技术或通过水电解，使用多种方法在该站点产生氢气，这种类型最适合大型加氢站。电解水式场内制氢加氢站将不可避免地利用光伏能源和风能等可再生能源。

为了促进加氢站建设，许多国家已经建立了支持体系，并正在开展各种活动。三个北欧国家的 SHHP 项目很早就开始了加氢站的建设，自 2009 年左右开始在德国推广的 H_2-Mobility 也参与了加氢站的建设，并且通过各种政府和行业合作来进行加氢站基础设施的建设。著名的支持机构有包括日本的一个由 13 家公司组成的联盟、美国的 H_2USA 项目、英国的 UKH$_2$-Mobility 项目以及基于德国 H_2-Mobility 计划的法国项目。

在日本，丰田汽车、日产汽车和本田汽车公司将联合支付部分运营费用，以在政府和市政当局的公共支持下，以补贴等形式促进加氢站的建设。此外，丰田通商、岩谷产业和大阳日酸株式会社共同创立了日本移动加氢站服务公司，这是一家可以安装和运营低成本移动式加氢站的公司，该公司正在研究在便利店中安装加氢站的可能性，还开展了其他活动来促进加氢站的建立。氢燃料电池汽车的普及不可避免地需要建设加氢站，但是有必要大幅度降低建设成本。据估计，建设一个加氢站的成本为 4 亿~5 亿日元。此外，还需要修订法律法规以促进加氢站的建设。除了采用低成本的集成类型和移动类型外，还可以采取改进系统设计、放宽监管等措施来降低成本。

4.8 推进氢能社会的措施（2003 年至今）

4.8.1 放宽法律法规和检验氢安全

由于日本的常规法律和法规并未涉及城市中将氢用作能源的问题，因此这些法律法规已成为推进氢能社会建设的障碍。当小泉内阁于 2002 年首次宣布其促进燃料电池商业化的政策时，有人提出传统的法律法规将阻碍燃料电池和氢的普及。因此，从 2003 年以来日本政府开始对这些法律法规进行研究，并实施了新的举措。

内阁秘书处后续召开了"有关燃料电池实际应用的部委联络会议"，官员们审查了 6 部法律中的 28 个相关项目。在 2003 和 2004 年，进行了大规模的安全性实验与事故情况分析等，以获取进一步进行法规研究所需的安全性验证数据。这就促进了 HySEF 的建设，该设施可以对使用 FCV 和氢容器相关的火灾和爆炸危险进行持续的安全实验。HySEF 设施于 2004 年在茨城县的日本汽车研究所内建造。

HySEF 由混凝土制成，内径 18 m，高 16 m，壁厚 1.2 m（如图 4-49 所示）。在此过程中，通过审查的法律包括《高压气体安全法》《建筑标准法》《道路交通法》《电力商业法》，并于 2005 年颁布了主要的管制措施。同时建立了加氢站的技术标准，实现了市区加氢站建设以及加氢站和加油站的联合建设。2013 年，内阁做出决定对 36 项法规进行审查以促进 2015 年及以后的氢能普及。这些法规的例子包括扩大可使用钢材的范围、小型加氢站的标准以及建立联合的油氢站、简化安全检查程序、在 CFRP 容器中储氢的简化指南，以及增加市区氢气保留量的目标。

图 4-49 HySEF 测试装置圆形建筑

4.8.2 燃料电池汽车的发布和推广

2014 年 12 月 15 日，丰田汽车在全球首次发布了已实施了多年示范项目的燃料电池汽车，用于商业销售。销售的 MIRAI FCV 如图 4-50 所示。MIRAI 不仅是示范车辆，而且是由氢能驱动的实用商用车辆，这对于建立氢能社会是一个巨大的里程碑。丰田汽车还发布了历史性声明，将在 2015 年免费公开 5 680 项与 FCV 相关的专利，以促进 FCV 在全球的普及并通过邀请其他制造商进入市场以及为它们建立广阔的全球市场。本田计划在 2016 年 3 月发布其车型，日产计划在 2017 年发布其车型，并继续与戴姆勒和福特共同开发。日本政府和东京都等市政府表示有意通过补贴来支持这种推广。

4.8.3 通过日本基础能源计划建立氢能社会

日本政府在《国家基础能源计划》中指出，这项政策的目标包括从 2014 年开始，建立一个领先于其他国家的氢能社会。日本政府制定了路线图，详细说明了在家用和工业燃料电池的推广方面的工作，降低氢燃料和 FCV 的成本，并建立大规模的氢供应链，其中包括海上运氢。日本政府将氢能发电用于工业目的作为一个优先目标，并且正在制定政策以将氢能定位为其他相关应用的主要二次能源。

图 4-50　丰田 MIRAI FCV（来源：Toyota）

4.8.4　建立大型氢供应链（氢的海上大量运输）

通过使用大量的光伏、风能等可再生能源生产的电来进行电解水，可以大规模生产无二氧化碳排放的氢气。利用碳捕获和储存（CCS）技术，还可以从煤或天然气中制氢。但是，在日本国内很难实施这些技术，因此，需要建立一种氢气供应系统，从而可以在海外更合适的位置生产氢气，然后通过海上运输。在过去，WE-NET 项目曾研究过这种氢气供应系统，并且已经研究了有关经济效率、可行性等方面的问题。

日本川崎重工正在推进一个项目，该项目将澳大利亚褐煤气化/CCS 来产生氢气，并通过液氢运输船运到日本。因此，这将有助于建立日本氢社会发展所需的氢供应链。川崎重工计划在 2017 年使用 2 500 m³ 原型氢罐船启动试点系统运行（如图 4-51 所示），并计划在 2025 年使用 160 000 m³ 大型氢罐船开始商业服务供应氢气（如图 4-52 所示）。

此外，千代田公司（Chiyoda Corporation）还启动了一个项目，通过甲苯加氢获得甲基环己烷的方式将海外产生的氢气从海上运输到日本。然后可以通过脱氢反应从甲基环己烷中提取氢，通过在川崎的氢轮机发电。尽管甲基环己烷的优点在于可以在常温常压下运输和存储，但仍需要进行脱氢反应以提取氢。首先，脱氢反应中使用的催化剂存在问题，即催化剂的寿命太短，但是千代田公司开发了一种新的适合实际应用的催化剂，这使得氢可以以甲基环己烷的形式运输，千代田公司计划在 2020 年之前建设一座氢发电站。

20 世纪 90 年代，针对 EQHHPP 和 WE-NET 项目建设大规模氢供应链的计划被暂停，但随着全球变暖与化石燃料消耗量的增加，此类项目再次受到重视。因

图 4-51　原型氢罐船（来源：川崎重工）

图 4-52　大型氢罐船（来源：川崎重工）

此，我们需要再次解决与氢的大规模引进、分配和使用相关的挑战。在未来，整个国家必须致力于建立氢供应链，以使用氢替代化石燃料，这与过去的能源研究和开发项目有很大不同。

参考文献

1. History of Hydrogen-Great Lakes Fuel Cell Education Foundation Homepage（2005）p1

2. History of Hydrogen-Great Lakes Fuel Cell Education Foundation Homepage（2005）p2

3. History of Hydrogen-Great Lakes Fuel Cell Education Foundation Homepage（2005）p3

4. ELB Electrolysetechnik GmbH Homepage. Dec 15 2013

5. NEL Hydrogen. Homepage. http://nel-hydrogen. com. Accessed 4 Oct 2015

6. Guy Verkoeyen, Company History, Presentation at Het Waterst of Net Congress, P1 Helmond, 29 Nov 2013

7. Fuel Cell Today Homepage, News 2012 June. Hydrogenics wins order from E. ON for power-to-gas energy storage project in Germany

8. Takano K（2010）Hydrogen distribution from domestic refineries and factories：potential

capacity and issues. J Hydrog Energy Syst Soc Jpn (HESS) 35(3):29-33 (in Japanese)

9. Iseki T, Ikeda Y, Kume T, Yasuda H, Ito M, Takagi Y, Hirosaka H, Tanaka H (2012) Durability improvement of membrane-on-catalyst module for hydrogen production from natural gas. Fuel Cell Seminar 2012, Connecticut, Nov 5-8 2012

10. Iwatani Corp. Homepage, Liquid Hydrogen for FCV Commercialization South Africa Embassy Economic Office Workshop, 25 Nov 2014

11. IAHE Homepage, History of IAHE. http://www. iahe. org/history. asp. Accessed 4 Oct 2015

12. WE-NET Homepage. Hydrogen Technology Development Projects in Oversea's countries, P1. Hydrogen and WE-NET related data (in Japanese)

13. Lloyd AC (1999) USA hydrogen projects. In: Proceedings of WE-NET symposium, Tokyo, pp 271-278, 25 Feb 1999

14. Fukuda K (1999) WE-NET first stage: summary of research and development results. In: Proceedings of WE-NET hydrogen energy symposium, Tokyo, pp 1-26, Feb 24 1999 (in Japanese)

15. Koda E (1999) Optimisation of hydrogen combustion turbine systems. In: Proceedings of WE-NET hydrogen symposium, Tokyo, pp 223-228, 25 Feb 1999 (in Japanese)

16. FCH$_2$-JU-Multi Annual Work Plan-MAWP2014-2020, Fuel Cell and Hydrogen Joint Undertaking (FCH JU), Multi-Annual Work Plan 2014-2020. http://www. nerghy. eu/. Accessed 5 Oct 2015

17. Chart of Patent licensing Support (2004) High efficiency hydrogen storage alloy, National Center for Industrial Property Information and Training, Mar 2005 (in Japanese)

18. Japan Automobile Research Institute (JARI), Section 3-5 Developmental situation in Japanese automobile manufacturers, Investigated report on the fuel cell vehicle 2003, pp 99-121, Mar 2004 (in Japanese)

19. Knudsen J, DOE Hydrogen and Fuel Cells Program (2012) Annual progress report. Hydrogen delivery, 6. Development of high pressure hydrogen storage tank for storage and gaseous truck delivery

20. Tokyo City University, History of the hydrogen energy vehicle research, Apr 2009 (in Japanese)

21. Wurster R (2001) Overview of existing experience in hydrogen and fuel cells in Germany and Europe, Paris. Hydrogen demonstration activities, Munich airport hydrogen project, 13 Dec 2001

22. Japan Automobile Research Institute (JARI), Section 3-3 Developmental situation of stationary type and/or the other fuel cell, investigation report on the fuel cell vehicle 2003, Mar 2004 (in Japanese). 3-3 Development situation in overseas automobile manufacturer, pp 64-

73，3-5 3-5 Development situation in Japan automobile manufacturer，pp98-120

23. ENAA（2002）Development of hydrogen refueling station for fuel cell vehicles，FCDIC，Fuel Cell RD &D in Japan，pp206-207

24. Ikeda T（2014）Part 1-Chapter 3-Section 2，Demonstration of hydrogen station and FCV hydrogen infrastructure. In：Hydrogen utilization technology assembly. vol 4（NTS），pp 91-101，25 Apr 2014（in Japanese）

25. Butsch H（2014）NOW HRS infrastructure in Germany and Europe-current activities，Washingto D. C. ，19 June 2014. http：//www. hydrogen. energy. gov/pdfs/review14/h2in _ butsch_2014 _ o. pdf # search = NOW + H_2 + mobility + action + plan + through + 2023. Accessed 5 Oct 2015

26. Japan Automobile Research Institute（JARI）. Homepage，Hydrogen and Fuel Cell Vehicle Safety Evaluation Facility（2005）（in Japanese），http：//www. jari. or. jp/tabid/140/ Default. ASPX. Accessed 8 Nov 2015

27. TOYOTA Homepage， MIRAI. http：//toyota. jp/mirai/. Accessed 2 Oct 2015 （in Japanese）

28. Tobe C（2015）New era of a hydrogen energy society. In：Proceedings of FC EXPO 2015，keynote session pp 1-3，25 Feb 2015

29. Kawasaki Heavy Industries，Hydrogen energy supply chain utilizing brown coal，Plenary Session 9，52th Japan-Australia joint business conference，Australia，14 Oct 2014

30. Okada Y，Saito M，Onda N，Sakaguchi J（2008）Vision of global hydrogen supply chain and development of hydrogen storage and transportation system by the organic chemical hydride method. J Fuel Cell Technol（HESS）33(4)：8-12（in Japanese）

第5章 发展历程：燃料电池技术

Kazukiyo Okano

摘要：本章介绍了燃料电池的历史。燃料电池在航空航天、交通运输和固定应用等领域取得了许多进展，本章着重探讨了居民用燃料电池系统和车用燃料电池系统的最新商业化进展，尤其是日本在燃料电池商业化方面的进展。

关键词：燃料电池的历史·聚合物电解质燃料电池·固体氧化物燃料电池·航空航天应用·汽车应用·发电·住宅应用

5.1 燃料电池原理的发现及燃料电池实验实施（1801—1962 年）

燃料电池技术的发展历史如图 5-1 所示。1801 年，英国的 Humphry Davy 在科学期刊上发表了一篇关于使用固体碳为燃料的燃料电池的可能性报告。1838 年，德国/瑞士的 Christian Friedrich Schoenbein 发现了燃料电池的工作原理。随后，在 1839 年，英国的 William Grove 爵士首次成功地进行了燃料电池实验。在此实验中，他向浸入稀硫酸中的两个铂电极分别提供氢气和氧气，并产生了电流（如图 5-2 所示）。1889 年，英国的 Charles Langer 和 Ludwig Mond 在概念上进行了扩展，并分别用空气和煤气中的氢气来替代纯氧和纯氢。他们开发了一种可被视为磷酸燃料电池（PAFC）原型的燃料电池，并首次将此发明命名为"燃料电池"。该燃料电池通过制备吸收在多孔石膏中的稀硫酸的准固体电解质和多孔铂板电极来产生电流。

K. Okano (✉)
Kyushu University, 6-8-5 Wakamiya, Ichihara-Shi Chiba 290-0006, Japan
e-mail: okano@icntv.ne.jp

© Springer Japan 2016
K. Sasaki et al. (eds.), *Hydrogen Energy Engineering*,
Green Energy and Technology, DOI 10.1007/978-4-431-56042-5_5

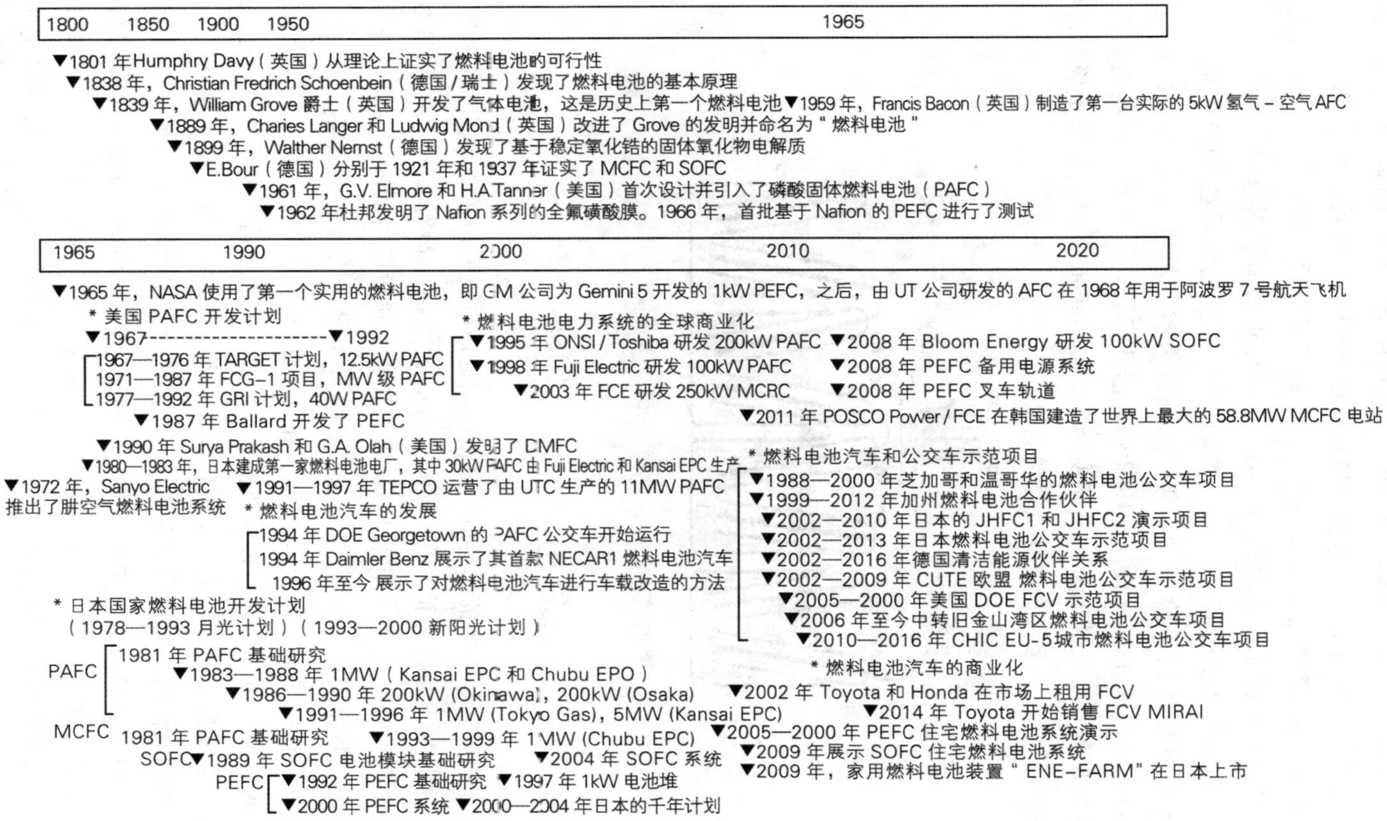

1800　1850　1900　1950　1965

- ▼1801年 Humphry Davy（英国）从理论上证实了燃料电池的可行性
- ▼1838年，Christian Fredrich Schoenbein（德国/瑞士）发现了燃料电池的基本原理
- ▼1839年，William Grove爵士（英国）开发了气味电池，这是历史上第一个燃料电池
- ▼1889年，Charles Langer和Ludwig Mond（英国）改进了Grove的发明并命名为"燃料电池"
- ▼1889年，Walther Nernst（德国）发现了基于稳定氧化锆的固体氧化物电解质
- ▼E.Bour（德国）分别于1921年和1937年证实了MCFC和SOFC
- ▼1961年，G.V. Elmore和H.A.Tanner（美国）首次设计并引入了磷酸固体燃料电池（PAFC）
- ▼1962年杜邦发明了Nafion系列的全氟磺酸膜。1966年，首批基于Nafion的PEFC进行了测试
- ▼1959年，Francis Bacon（英国）制造了第一台实际的5kW氢气－空气AFC

1965　2000　2010　2020

- ▼1965年，NASA使用了第一个实用的燃料电池，即GM公司为Gemini 5开发的1kW PEFC，之后，由UT公司研发的AFC在1968年用于阿波罗7号航天飞机
- ▼2008年 Bloom Energy 研发 100kW SOFC
- ▼2008年 PEFC 备用电源系统
- ▼2008年 PEFC 又车轨道
- ▼2011年 POSCO Power/FCE 在韩国建造了世界上最大的58.8MW MCFC 电站

* 燃料电池电力系统的全球商业化
- ▼1995年 ONSI/Toshiba 研发 200kW PAFC
- ▼1998年 Fuji Electric 研发 100kW PAFC
- ▼2003年 FCE 研发 250kW MCRC

* 美国 PAFC 开发计划
- ▼1967~1992
  - 1967~1976年 TARGET 计划，12.5kW PAFC
  - 1971~1987年 FCG-1 项目，MW级 PAFC
  - 1977~1992年 GRI 计划，40W PAFC
- ▼1987年 Ballard 开发了 PEFC

- ▼1990年 Surya Prakash 和 G.A. Olah（美国）发现了 DMFC
- ▼1980~1983年，日本建成第一家燃料电池电厂，其中30kW PAFC由Fuji Electric和Kansai EPC生产
- ▼1991~1997年 TEPCO 运营了由UTC生产的11MW PAFC
- ▼1972年，Sanyo Electric 推出了肼空气燃料电池系统

* 燃料电池汽车的发展
- 1994年 Daimler Benz 展示了其首款NECAR1 燃料电池汽车
- 1996年至今 展示了对燃料电池汽车进行车载改进的方法
- 1996年 DOE Georgetown 的 PAFC 公交车开始运行

燃料电池汽车和公交车示范项目
- ▼1988~2000年芝加哥和温哥华的燃料电池公交车项目
- ▼1999~2012年加州燃料电池合作伙伴
- ▼2002~2010年日本的 JHFC1 和 JHFC2 演示车项目
- ▼2002~2013年日本燃料电池公交车示范项目
- ▼2002~2016年德国清洁能源伙伴关系
- ▼2002~2009年 CUTE 欧盟燃料电池公交车示范项目
- ▼2005~2000年美国 DOE FCV 示范项目
- ▼2006年至今中转旧金山湾区燃料电池公交车示范项目
- ▼2010~2016年 CHIC EU-5城市燃料电池公交车项目

* 燃料电池汽车的商业化
- ▼2002年 Toyota 和 Honda 在市场上租用 FCV
- ▼2014年 Toyota 开始销售 FCV MIRAI

1965　1990　2000

* 日本国家燃料电池开发计划
（1978~1993 月光计划）（1993~2000 新阳光计划）

PAFC
- 1981年 PAFC 基础研究
- ▼1983~1988年 Kansai EPC 和 Chubu EPO
- ▼1986~1990年 200kW（Okinawa），200kW（Osaka）
- ▼1991~1996年 1MW（Tokyo Gas），5MW（Kansai EPC）

MCFC 1981年 PAFC 基础研究

SOFC
- ▼1989年 SOFC 电池基础研究
- ▼1993~1999年 SOFC 电池模块基础研究
- ▼2004年 SOFC 电池系统
- ▼1997年 1kW 电池堆

PEFC
- ▼1992年 PEFC 基础研究
- ▼2000年 PEFC 系统
- ▼2005~2000年 PEFC 1MW（Chubu EPC）
- ▼2000~2004年日本的千年计划

- ▼2005~2000年 PEFC 住宅燃料电池系统演示
- ▼2009年展示 SOFC 住宅燃料电池系统
- ▼2009年，家用燃料电池装置"ENE-FARM"在日本上市

图 5-1　燃料电池的发展历史

后来，德国人 Walter Nernst 在 1899 年发现稳定的氧化锆可以表现出对氧化物离子的导电性，这暗示了固体氧化物燃料电池（SOFC）的可能性。1921 年，德国人 E. Baur 对熔融碳酸盐燃料电池（MCFC）进行了实验。1937 年，Baur 等人在瑞士使用氧化锆基电解质，首次提出了第一个固体电解质燃料电池。1952 年，英国人 Francis Thomas Bacon 开发了一种 AFC（培根电池），之后在 1959 年他成功完成一个 5kW 燃料电池的实验。1961 年，第一批磷酸燃料电池（PAFC）由美国人 G. V. Elmore 和 H. A. Tanner 设计。1962 年美国杜邦公司（DuPont）利用全氟磺酸聚合物开发出具有质子导电性的质子交换膜，即 Nafion 系列，并基于该系列膜于 1966 年测试了第一个聚合物电解质燃料电池。

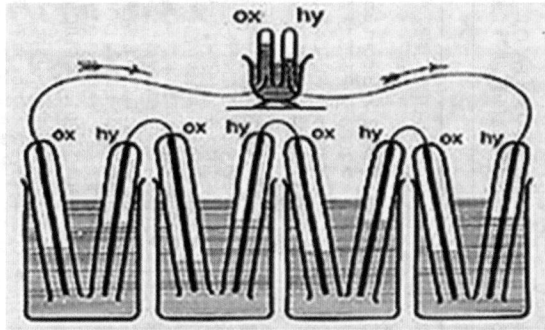

图 5-2　William Grove 燃料电池（来源：公共领域）

5.2　燃料电池在太空中的利用（1965 年至今）

第一个投入实际使用的燃料电池是由美国通用电气公司在 20 世纪 50 年代末开发的聚合物电解质燃料电池。L. Niedrach 通过改性催化剂对 GM 公司 W. T. Grubb 开发的燃料电池进行改进，开发设计出了聚合物电解质燃料电池。并通过与 NASA 的联合开发项目制造了由 32 片单电池组成的 1kW 聚合物电解质燃料电池。最终有两个这样的燃料电池单元于 1965 年安装在双子座 5 号航天器上。当时聚合物膜为聚苯乙烯型，质子电导率和耐久性都较低。后来，杜邦公司开发了一种具有改进耐久性并加入全氟型的聚合物电解质燃料电池，并于 1969 年将其安装在卫星上。然而，由于当时碱性燃料电池效率更高，因此被认为比聚合物电解质燃料电池更适合空间应用，因此 1968 年，由联合技术公司制造的 31 片单电池组成的 1.4 kW 碱性燃料电池被安装在阿波罗 7 号宇宙飞船上。后来，阿波罗计划（1968—1972 年）和随后的航天飞机计划（如图 5-3 所示）采用了具有更高效率的 32 片装的 12kW 碱性燃料电池。

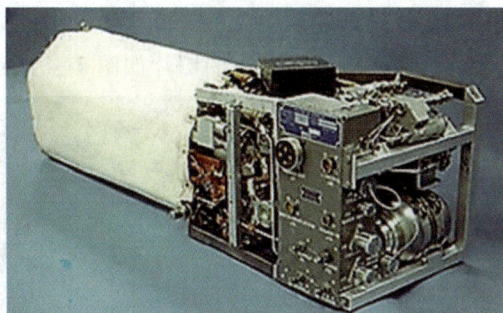

图 5-3　航天飞机的碱性燃料电池（来源：FCDIC）

5.3　各种燃料电池的商业原型样机开发（1958—2015 年）

5.3.1　碱性燃料电池（AFC）的开发（1958 年至今）

　　1952 年，弗朗西斯·托马斯·培根（Francis Thomas Bacon）发明了碱性燃料电池，Pratt & Whitney（UTC 的飞机引擎部门）对其进行了改进，将其用于空间应用。美国宇航局（NASA）于 1968 年采购了其中一种碱性燃料电池并将其安装在阿波罗 7 号上。这种燃料电池在随后的航天飞机计划中也被采用。从 20 世纪 50 年代后期到 20 世纪 60 年代，研究人员开始在碱性燃料电池的气体扩散电极的制造过程中使用具有高疏水性的聚四氟乙烯（PTFE）树脂悬浮液，这使得电极的性能得到了显著的提高。联合碳化物公司（Union Carbide）于 20 世纪 60 年代后期开发出高性能气体扩散电极之后，美国公司 Cyanamid 开发出一种使用贵金属催化剂的燃料电池。此外，Allis Chalmers 成功制造了一台 2kW 的碱性燃料电池，并利用石棉毛细管膜的脱水机制进行了长时间运行。这就是航天飞机的碱性燃料电池原型。

　　德国西门子公司于 1988 年制造了一台 100kW 级的碱性燃料电池，并将其安装在潜艇上。在 20 世纪 60 年代后期到 20 世纪 80 年代，美国和欧洲开发了装有碱性燃料电池的汽车，并在示范项目中投入使用。1966 年，联合碳化物公司和通用汽车公司在一辆厢式货车上安装一台 23kW 的碱性燃料电池并进行了驾驶测试。Kordesh 等人于 1969 年制造了一台 6kW 的碱性燃料电池，并应用在一个装有电池与混合动力装置的 FCV 示范项目上。成立于 1976 年的比利时公司 Elenco，开发了一款安装有 78 kW AFC 的燃料电池公交车。

　　成立于 1997 年的英国公司 ZEVCO，发展了碱性燃料电池，并将安装有 5 kW 碱性燃料电池出租车在伦敦市投入使用。ZEVCO 还制造了三辆用于公园维护的燃料电池卡车，于 1999 年 12 月投入运营。为了支持这些工作，伦敦在公园旁建立了一个简易加氢站。伦敦碱性燃料电池出租车的照片如图 5-4 所示。

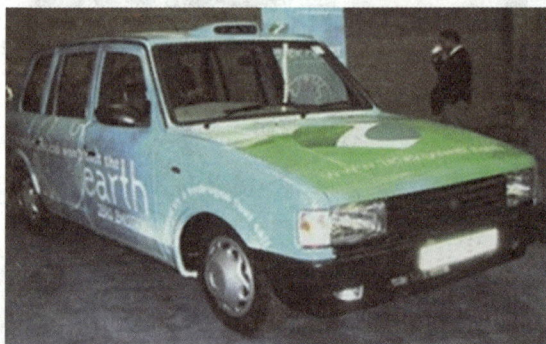

图 5-4　伦敦的碱性燃料电池（AFC）出租车

　　在日本，几家公司于 20 世纪 60 年代开始研究，开发了 10kW 的船用碱性燃料电池（富士电机 Fuji Electric，1972 年）和 9kW 的碱性燃料电池（日本蓄电池 Japan Storage Battery）。Yuasa Battery 还在 1970 年开发了一台 4.5kW 的碱性燃料电池。富士电机随后于 1985 年制造了 7.5kW 的备用电源，如图 5-5 所示，并在 1988 年制造了 3.5kW 便携式焊接电源。在此期间，三洋电机、松下电器、东芝等公司也开展了各项研发工作。此外，各公司和大学积极开展电池技术研究，以解决电池性能改良问题。然而，当 1980 年底停止碱性燃料电池开发时，燃料电池的商业化开发戛然而止，因为开发人员得出的结论是：使用氢和氧的 AFC 的商业化对于除特殊用途以外的大多数应用来说都是困难的。

图 5-5　7.5 kW 碱性燃料电池（AFC）（来源：富士电机公司）

5.3.2 磷酸燃料电池（PAFC）的开发（1967 年至今）

消费型燃料电池的开发时间始于 20 世纪 60 年代后半期。尽管通用电气公司（GE）在这时退出了，联合技术公司（UTC）依然做出了一个战略决定，即致力于磷酸燃料电池的开发，因为它们的使用在经济上是可行的。UTC 与美国天然气公司和电力公司合作，于 1967 年开始实施 TARGET 计划（计划将 12.5 kW PAFC 商业化并用于工业用途），之后它们与燃气公司合作，于 1977 年联合推广 GRI 计划（计划将 40 kW 磷酸燃料电池商业化用于工业使用）。

日本的东京燃气和大阪燃气公司参加了 TARGET 和 GRI 项目，它们使用 UTC 开发的燃料电池分别于 1972 年对 4 个 12.5kW 的机组以及 1984 年对 4 个 40kW 机组进行了现场测试（如图 5-6 和图 5-7 所示）。除了这些工业用燃料电池外，美国的电力公司于 1971 年推出了 FCG-1 项目，计划将 MW 级磷酸燃料电池商业化。

图 5-6　TARGET 项目中的 12.5 kW 机组（来源：大阪燃气公司）

图 5-7　GRI 计划中的 40 kW 磷酸燃料电池程序（来源：大阪燃气公司）

　　UTC 在纽约市为爱迪生联合电力公司（Consolidated Edison Electric Power）开发了一座 4.5MW 的电厂，但由于技术问题而无法正常投入运行。东京电力公司引进了一个经过改进的第二台机组，并在其 Goi 热电厂（Goi Thermal Power Plant）投入运行，但由于当时燃料电池技术尚未成熟，燃料电池本身以及重整器和其他设备都还存在着一些问题。该装置在运行 2 400h 后最终于 1983 年停止使用。接下来，东京电力启动了一个 11MW 的磷酸燃料电池的研究项目，该装置与热电厂相结合共同为区域城市供能，以应对城市重建点中能源需求快速增长的问题。因此，在与东芝合作的条件下，UTC 公司在 Goi 热电厂内制造了全球最大的 11MW PAFC 工厂，如图 5-8 所示。该系统在 1991 年至 1997 年的 7 年间运行了 23 000h。磷酸燃料电池被认为具有很高的未来使用潜力，其中原因是它们可以在 200℃ 的温度下运行而且不需要使用特殊材料。因此，在月光计划（Moonlight Program）下，日本大规模推广了磷酸燃料电池的开发。该计划始于 1981 年，目标是赶上美国的磷酸燃料电池的发展进程。

图 5-8　世界上最大的 11MW 磷酸燃料电池（来源：Toshiba FC Power Systems）

　　在 20 世纪 80 年代早期，日本只有基础技术：富士电机（Fuji Electric）和关西电力（Kansai Electric Power）当时正在开发 30kW 的磷酸燃料电池用于日本的第一个燃料电池发电系统，东芝（Toshiba）也很快开始在其厂房内运行 50kW 的磷酸燃料电池实验系统。此外，在月光计划的帮助下，1987 年，两座具有不同运行工况的 1MW 电厂建造出来，一座是低温低压型，另一座是高温高压型。

　　东芝和日立集团（Hitachi Group）对高温高压类型的电厂特别感兴趣，它们最终在中部电力公司（Chubu Electric Power）开发了一款该类型的发电厂。此外，三菱电机（Mitsubishi Electric）和富士电机集团开发了一个 3 600 平方米级的电池并制造了磷酸燃料电池堆，如图 5-9 所示。它们还在关西电力公司建造了一座 1MW 的电厂（如图 5-10 所示）。虽然该工厂成功实现了 1MW 的输出，但由于磷酸燃料电池技术尚未成熟，该电厂也只能运行比较短的时间。

图 5-9　磷酸燃料电池堆，4 组 250 kW（来源：富士电机公司）

图 5-10　关西电力的 1MW 磷酸燃料电池工厂（来源：AIST）

　　然而，这些公司的燃料电池技术（特别是电池堆生产技术）迅速发展，随后被用于偏远岛屿的电力供应项目以及工业级 200kW 磷酸燃料电池的电源项目。富士电机在冲绳的波嘉敷岛（Tokashiki Island）建造了基于甲醇重整的 200kW 的磷酸燃料电池，并于 1989 年开始运营，该设施总共运行了 8 449h，如图 5-11 所示。此外，三菱电机（Mitsubishi Electric）在大阪广场酒店（Osaka Plaza Hotel）建造了一个基于城市燃气重整的 200kW 的磷酸燃料电池，也于 1989 年开始运营，共运行了 13 038h，该设施如图 5-12 所示。尽管这些燃料电池能够运行更长时间，但是当政府的项目结束时，运行便不得不终止了。

　　大约在 1989 年的时候，新能源和工业技术开发组织（New Energy and Industrial Technology Development Organization，NEDO）项目启动，用以研究新的分布式发电系统连接到现有的电力系统时的技术问题。在此之后，随着磷酸燃料电池技术的进步，富士电机开始研发工业级 50kW 发电系统。它在关西电力的六甲实验中心（Rokko Experiment Center of Kansai Electric Power）安装了 14 台 50kW 的磷酸燃料电池机组，1 套 550kW 的光伏发电系统和 1 套 33kW 的风力发电装置。直至 1993

图 5-11　冲绳 200kW 的磷酸燃料电池（来源：富士电机公司）

图 5-12　大阪 200kW 磷酸燃料电池（来源：NEDO）

年这套系统的运行测试才最终完成（如图 5-13 所示）。

图 5-13　Rokko 的 14 台 50 kW 磷酸燃料电池（来源：NEDO）

　　如上所述，通过大量磷酸燃料电池的制造，50kW 磷酸燃料电池的设计和制造技术得到显著改善。此前，磷酸燃料电池装置一直处于开发过程中，并且辅机频繁出现故障。

在该时期，电力公司迫切希望对燃料电池进行研究，许多使用磷酸燃料电池的实验工厂在国家项目和电力公司项目资助下投入运行。1991 年，磷酸燃料电池发电技术研究协会成立，以推动新阳光计划（New Sunshine Program），同时开发了大容量工厂。与此计划相结合，富士电机制造了一个使用 1㎡ 大型电池的 5MW 的压缩式发电站，并于 1995 年安装在关西电力公司并运行 6 400h。此外，东芝制造了一台工业用 1MW 常压型发电站，于 1995 年安装在东京燃气公司（Tokyo Gas），并运行 16 000h。图 5-14 显示了 5MW 的电堆，图 5-15 显示了一个 1MW 的系统。由于开发这些类型的大型商业发电系统需要更大的投资，因此在完成这些设施的测试后，磷酸燃料电池电厂的研发工作也被迫终止。

图 5-14 富士电机公司的 5 MW 磷酸燃料电池电堆（来源：富士电机公司）

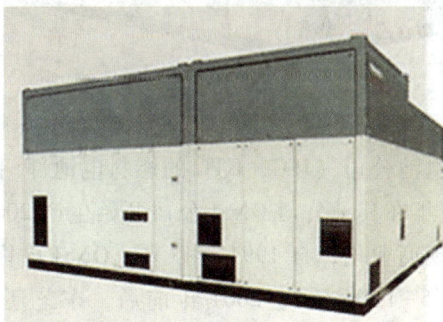

图 5-15 东芝的 1MW 磷酸燃料电池（来源：东芝公司）

与此同时，城市燃气行业正在积极致力于相关技术的发展，期望磷酸燃料电池成为未来的热电联产系统。从 20 世纪 80 年代末开始，它们支持 ONSI、东芝和三菱电机联合开发 200kW 机组，支持富士电机开发 50、100 和 500kW 机组，以及支持东芝开发 1MW 机组等项目。之后在 1991 年，三家城市燃气公司和富士电机开始商用磷酸燃料电池系统的开发，并致力于改进燃料电池系统的可靠性。由于磷酸燃料电池耐久性是技术发展中的瓶颈，尽管电池耐久性技术有所改善，但当时也只能达到 10 000h 的运行时间，仍然难以实现当时商业系统所要求的 40 000h 运行时间的目标。磷酸燃料电池耐久性劣化的主要原因是系统运行期间磷酸电解质的扩散和损耗。因此磷酸的管控也被证明是解决耐久性问题的关键所在。具体来说，当电池浸泡在大量磷酸中，通过向电池中注入磷酸，可以防止扩散损失。经过几年的反复尝试，日本建立了一种提供适量磷酸的管控方法，这使得燃料电池的耐久性达到 60 000h 或更长。在这个问题基本解决之后，100kW 磷酸燃料电池于 1998 年开始商业化进程。截至 2014 年底，共向国内外客户交付了 49 台，其中 1 台现已在污水处理厂运行超过 100 000h。最新的 100 kW 磷酸燃料电池如图 5-16 所示。在此期间，富士电机以外的日本国内制造商退出了磷酸燃料电池的生产业务。但是，在磷酸燃料电池开发阶段培育的紧凑且高度可靠的燃料重整器和系统技术后来被用于加氢站和家用燃料电池的氢气生产系统。此外，用于磷酸燃料电池电极的新催化剂技术（其中使用铂）也被用于具有类似电极结构的家用聚合物电解质燃料电池上。

图 5-16　富士商用 100kW 磷酸燃料电池（来源：富士电机公司）

在美国，国际燃料电池公司（IFC，UTC 的燃料电池部门）在积累了磷酸燃料电池技术之后，于 1991 年在其子公司 ONSI 公司开始生产 200kW 的磷酸燃料电池。最终，这项技术成功实现商业化，自 1991 年以来，ONSI 已售出超过 400 台 200kW 的磷酸燃料电池（如图 5-17 所示）。2001 年前后，东芝还与国际燃料电池公司（IFC）合作进行了短暂的磷酸燃料电池开发，对 IFC 的投资促成了东芝国际燃料电池公司（Toshiba IFC）的成立。在 2009 年末，UTC Power 开发并商业化了 400 kW 磷酸燃料电池。然而，生产小型磷酸燃料电池系统的创新企业 Clear Edge Power 于 2013 年收购了老牌燃料电池制造商 UTC Power。

图 5-17　ONSI 商用 200 kW 磷酸燃料电池（来源：东芝公司）

5.3.3　熔融碳酸盐燃料电池（MCFC）的开发（1976 年至今）

　　日本自 1981 年以来已经开始实施的国家月光计划和阳光计划，目标是在计划的第一阶段开发 10kW 级的电池堆，直到 1986 年，第二阶段完成了从 100kW 级电池堆到 1MW 发电厂的系统开发，该阶段于 1999 年结束；第三阶段完成了商业 300kW 级小型发电系统的开发，该阶段持续到 2004 年结束。所取得的这些成绩与前些年积累的经验是分不开的。值得注意的是，在许多公司的参与下，熔融碳酸盐燃料电池的发展经历了很长一段时间。Ishikawajima-Harima 重工公司（Ishikawajima-Harima Heavy Industries）和日立公司于 1993 年负责开发了 100kW 和 250kW 级的电池堆（如图5-18和图 5-19 所示），并且这些成为 1MW 电厂的重要组成部分。中部电力公司的 1MW 电厂在 1999 年之前一直用于试验运行，保持运行 4 916h。图 5-20 为该电厂的照片。

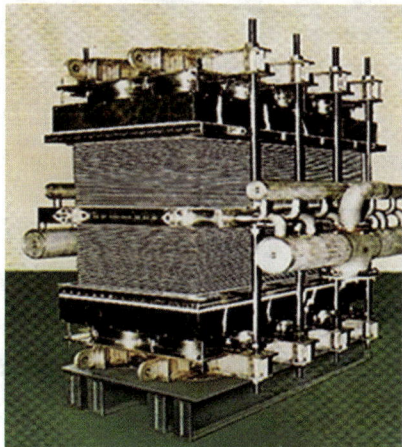

图 5-18　100 kW 电池堆（来源：FCDIC）

图 5-19 250 kW 电池堆（来源：FCDIC）

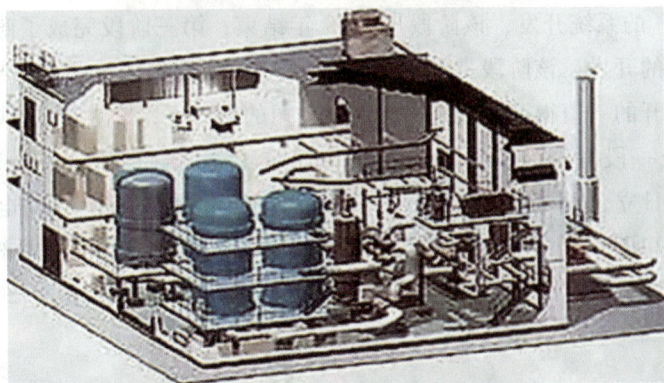

图 5-20 熔融碳酸盐燃料电池（MCFC）1MW 试验电厂（来源：FCDIC）

2003 年，Ishikawajima-Harima 重工公司在 NEDO 项目中建造了一个 300kW 增压熔融碳酸盐燃料电池系统，并在中部电力公司（Chubu Electric Power Co.）的废气处理系统中运行（如图 5-21 所示）。

尽管熔融碳酸盐燃料电池发电系统技术是通过日本国内开发项目开发的，但由于电池耐久性和高成本等问题，该技术在很大程度上未能实现商业化。然而，在 2002 年，由美国燃料电池能源公司（FCE）生产的 250kW 熔融碳酸盐燃料电池在日本麒麟啤酒厂的 Toride 工厂投入使用，到 2006 年底，日本国内的其他工厂又引进了 14 套 250kW 系统（如图 5-22 所示）。

在美国，能源研究与发展管理局（ERDA）于 1976 年启动了一项国家项目，以实施新的氢能开发，项目包括运行 2MW 的氢能发电厂。该项目于 1978 年被

图 5-21　300 kW 熔融碳酸盐燃料电池（MCFC）装置（来源：FCDIC）

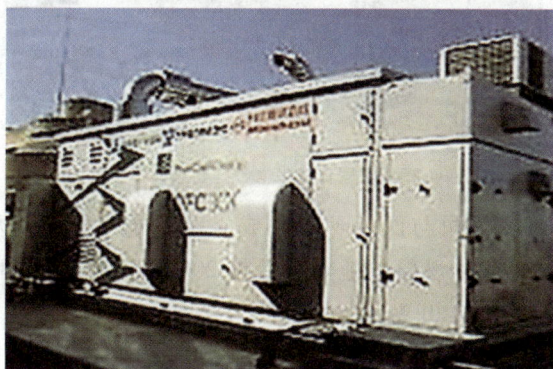

图 5-22　日本麒麟啤酒厂 Toride 工厂的 250 kW 商用熔融碳酸盐燃料电池（MCFC）

DOE 项目取代。2003 年，美国燃料电池能源公司成功开发 250kW 商业化系统。后来，该公司扩展了其商业模式，开发了包括用于船舶的 300kW 和 440 kW 级系统以及 1.4MW 和 2.8 MW 级熔融碳酸盐燃料电池。

在韩国，浦项制铁电力公司引用了美国燃料电池能源公司技术后建立了一条生产线，建造了一个熔融碳酸盐燃料电池工厂，并得到了政府的大力支持。2011 年韩国在 Hwasung 市建造了当时世界上最大的 58.8MW（21 台 2.8MW 机组）MCFC 燃料电池工厂，该装置以污水污泥处理生成的沼气为原料。目前，熔融碳酸盐燃料电池主要在美国和韩国推广。

5.3.4　固体氧化物燃料电池（SOFC）的开发（1960 年至今）

自 20 世纪 60 年代以来，固体氧化物燃料电池的研发活动主要由美国西屋公司（WH）、德国 Brawn Boveri 和西门子公司（Siemens）进行。大约在 1980 年，美国西屋公司开发了垂直管状电池。东京燃气公司和大阪燃气公司于 1987 年引入西屋公司的 3kW 管式固体氧化物燃料电池，并进行了 3 000h 的运行评估，自此日本启动了许多 SOFC 相关的研发项目。此外，自 1992 年以来，东京燃气公司和大阪燃气公司一直在使用西屋公司生产的 25kW 常压型固体氧化物燃料电池。该装置从 1995 年开始运行，创造了当时世界上最长运行时间（13 194h）的世界纪录，图 5-23 是调试燃料电池的照片。

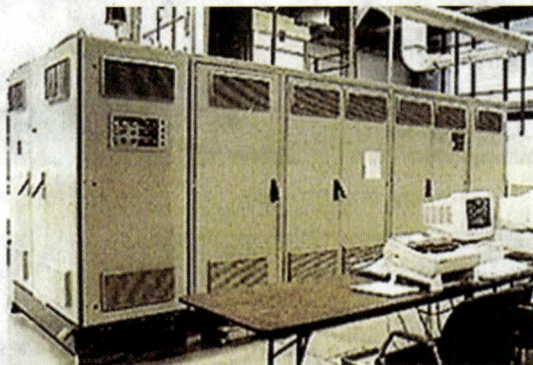

图 5-23　大阪燃气公司的 WH 25 kW 固体氧化物燃料电池（SOFC）（来源：大阪燃气公司）

1998 年，美国西屋公司与西门子合并成立西门子-西屋电力公司（SWPC），并继续开发管式固体氧化物燃料电池。然后在 2000 年，它在加州大学尔湾分校安装并运行了世界上第一个 220kW 的 SOFC / GT 系统。

在日本，名古屋大学和东京大学于 20 世纪 60 年代开始进行基础研究。1974 年，电工实验室开发出 100 W 的固体氧化物燃料电池。由于固体氧化物燃料电池的研究是 1981 年国家月光计划的一个部分，各个公司能够在 NEDO SOFC 项目的第一阶段（1989—1991 年）、第二阶段（1992—2000 年）和第三阶段（2001—2004 年）中成功开发平面型和管型固体氧化物燃料电池以及发电系统。三菱重工（Mitsubishi Heavy Industries）和中部电力公司（Chubu Electric Power）开发了一种称为 MOLB 型的集成层压平板燃料电池，并于 2000 年在 15kW 的电池堆上运行。后来，三菱重工（MHI）开发出管状分段串联电池，并于 2001 年制造了一种加压的内部重整型 10 kW 固体氧化物燃料电池，该系统在中部电力公司运行（如图 5-24所示）。三菱重工还在 2013 年开发了一个由 200kW 固体氧化物燃料电池和微型燃气轮机（MGT）组成的混合动力系统，该系统总共运行了 4 000h（如图 5-25所示）。

在美国，在固态能源转换联盟（SECA）项目下，利用煤气化制氢的固体氧化物燃料电池开始努力提高效率和降低成本。该项目从 2005 年持续到 2010 年。在工

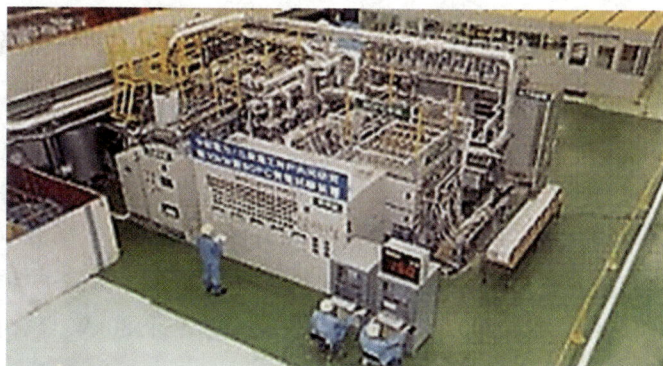

图 5-24　MHI-Chubu EPC 10 kW 固体氧化物燃料电池（SOFC）（来源：FCDIC）

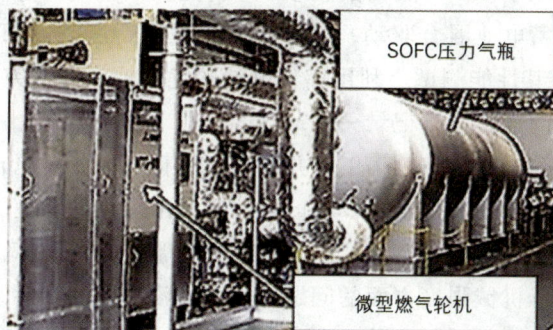

图 5-25　200 kW 固体氧化物燃料电池（SOFC）-MGT 演示系统（来源：FCDIC）

业应用方面，美国一家初创企业 Bloom Energy 在 2008 年推出了一款 100kW 的固体氧化物燃料电池，并且在短时间内并始上市销售。之后，它还推出了 200kW 的固体氧化物燃料电池。与此同时，它进行了氧化钪稳定的氧化锆、LaGaO$_3$ 型电解质、氧化铈基电解质等有助于实现低温运行的研究。特别是在 21 世纪初，由于技术的进步，到 2005 年左右工作温度成功从 1 000℃ 降低到 650~750℃。工作温度降低有助于提高装置的耐用性并降低运行成本。同时，这也促使固体氧化物燃料电池应用扩展到家用燃料电池领域并有助于其商业化。

在家用固体氧化物燃料电池方面，澳大利亚陶瓷燃料电池公司（Australian Ceramic Fuel Cells）开始涉足欧洲市场，包括德国和英国，在欧洲推行该系统。

2011 年，瑞士 Sulzer Hexis 公司还开发了 1 kW 固体氧化物燃料电池。此外，其他一些公司也为国内的发展做出了重要贡献。例如，京瓷/大阪燃气公司在 2005 年开发了家用 1kW 固体氧化物燃料电池，JX Nippon Oil 和 Energy Corporation 在 2011 年发布了家用 700kW 固体氧化物燃料电池，而爱信精机在 2012 年发布了一款类似的产品，均采用京瓷制造的扁管状固体氧化物燃料电池堆。

5.3.5　聚合物电解质燃料电池（PEFC）的开发（1987 年至今）

通用电气公司于 1970 年至 1976 年开发了用于航天飞机的 5kW 聚合物电解质燃料电池，并于 1974 年至 1976 年为美国海军开发了用于潜艇的 3kW 聚合物电解质燃料电池。这项技术使用了杜邦公司（Dupont）在双子座 5 号任务中开发的氟基离子交换膜。然而，它于 1983 年将该技术转让给西门子，并于 1984 年将 SPE（固体聚合物电解质）注册商标和技术转让给了 UTC 公司。西门子后来为潜艇开发了聚合物电解质燃料电池，2002 年德国海军 1 艘装有 9 个 30kW 聚合物电解质燃料电池单元的潜艇下水。

此外，三菱重工于 1998 年开始建造深海研究船"浦岛号"。这艘船由聚合物电解质燃料电池和蓄电池混合驱动，其中燃料电池运行所需的 H_2 储存在储氢合金中。2000 年完成了其性能测试。利用燃料电池的优势，深海研究船在 2005 年实现了当时世界上最长的连续运行记录——317km。

加拿大巴拉德公司成立于 1979 年并于 1983 年开始燃料电池开发。1987 年，它利用陶氏化学公司开发的陶氏（Dow）膜，研制出了一种高性能聚合物电解质燃料电池，大大提高了输出功率密度。虽然使用陶氏膜的输出功率是使用 Nafion 117 膜的 2.5 倍，但由于机械强度方面的问题，陶氏膜没有能够在后来的产品中应用。

巴拉德公司对聚合物电解质燃料电池堆进行了改进，在 1988 年达到了 85 W/L 的输出密度，到 1996 年性能显著提高到 1 200 W／L。1993 年，巴拉德公司不仅开发了燃料电池公交车，而且还与戴姆勒-克莱斯勒合作开发了汽车燃料电池。此外，该公司开发并发布了一种紧凑且通用的标准化电池组，该电池组可用于小型发电系统和汽车动力。

采用该电池组的燃料电池应用产品是由一家创新企业开发和推广的，巴拉德在建立聚合物电解质燃料电池市场方面取得了相当大的成就。

皇冠、耶鲁和雷蒙德（Crown，Yale and Raymond）等叉车制造商采用 PlugPower 公司提供的叉车燃料电池系统 GenDrive，进而实现了燃料电池叉车的商业化。该系统采用了巴拉德公司的燃料电池堆，并在 2008 年左右开始大规模推广。

此外，艾达科技公司（IdaTech）使用巴拉德公司的燃料电池堆开发了基于甲醇重整的燃料电池备用电源，这在当时也非常流行。巴拉德公司还通过收购拥有重整技术的艾达科技公司，自行制造并发布了基于纯氢和甲醇重整的备用电源。此外，巴拉德公司还将一个 1 000 kW 的大容量纯氢发电系统商业化，同时，由于美国政府对此类技术的支持，聚合物电解质燃料电池的耐久性得到改善，成本不断降低，其市场也迅速增长。此时，戴姆勒（Daimler）正在利用巴拉德的聚合物电解质燃料电池技术在加拿大开展汽车燃料电池的研发项目。此外，加拿大 Hydrogenics 公司为叉车配置燃料电池，这些燃料电池在 CAT 和 Hyster 等公司设计的燃料电池叉车中被采用。这些公司还制造了用于公交车或备用电源的纯氢燃料电池。

日本在 1992 年启动了国家聚合物电解质燃料电池开发项目。在第一阶段（从 1992 年开始）研发了电池堆，在第二阶段（从 1996 年开始）研发了工业、便携式和家用发电系统，并且在 2000 年，即该项目的最后一年，有几家公司解决了系统的技术问题。值得注意的是，东芝开发了城市燃气重整 30kW 系统，三菱电机开发了甲醇重整便携式 10kW 系统，三洋电机开发了城市燃气重整 2kW 发电系统。此外，旭化成和旭硝子透露，日本国内生产的离子交换膜可用于聚合物电解质燃料电池，其性能是世界一流的。从 20 世纪 90 年代末开始，日本很多公司开始了 1kW 级家用燃料电池系统的开发。

日本政府在 2000 年启动了所谓的"千年项目"以促进聚合物电解质燃料电池技术的标准化，这是一个用于高能效燃料电池系统的基础技术开发项目，也是一个旨在促进高效燃料电池技术实际应用开发的项目。

2002 年，日本启动了一个关于固定式燃料电池的示范项目，由 NEDO 对日本燃气设备检验协会（JIA）的六家公司开发的固定式住宅燃料电池实施了现场测试，这种住宅燃料电池技术的可靠性尚未确定（如图 5-26 所示）。

图 5-26　住宅燃料电池的现场试验（来源：NEDO）

在 2001 年至 2004 年的现场测试中，各种制造商的燃料电池的主要装置和辅机经常发生故障，但测试促进了技术的改进，并为制造商提供了各种产品的制造和运营方面的宝贵经验。2005 年大规模国家示范项目开始实施，燃料电池制造商们也从中收获了大量经验。

因此，制造商不仅能够提高零件和整个系统的可靠性，还能够大幅降低成本。虽然没有达到 50 万日元/台的最终目标，但到 2014 年，成本已降低到 200 万日元或更低。自 2009 年以来，在政府补贴的帮助下，产品已经实现商业化，到 2014 年

9 月已经实现了超过 100 000 台的市场推广。

这些燃料电池的示例如下所示。具体而言，松下制造的家用聚合物燃料电池热电联供系统 ENE-FARM 如图 5-27 所示，东芝燃料电池动力系统的聚合物电解质燃料电池如图 5-28 所示，爱信精机（Aisin Seiki）的固体氧化物燃料电池如图 5-29 所示。一般情况下，较小的单元由燃料电池堆和燃料处理单元组成，而较大的单元由热水箱和备用锅炉组成。在松下系统（如图 5-27 所示）中，燃料电池堆和热水箱集成在一个单元中，备用锅炉是一个独立的可选单元。

图 5-27　松下聚合物电解质燃料电池（PEFC）（来源：FCDIC）

图 5-28　东芝聚合物电解质燃料电池（PEFC）（来源：Toshiba FC P. S.）

在燃料电池汽车的发展过程中，汽车制造商们对于聚合物电解质燃料电池技术的期望值很高，纷纷进行了各自的开发研究。它们解决了一些与耐久性和低温启动相关的技术问题，并进一步研发了紧凑且可靠的电池堆。此外，它们还实现了成本的大幅降低。燃料电池制造的自动化可以进一步降低生产成本，日本国内和国际制

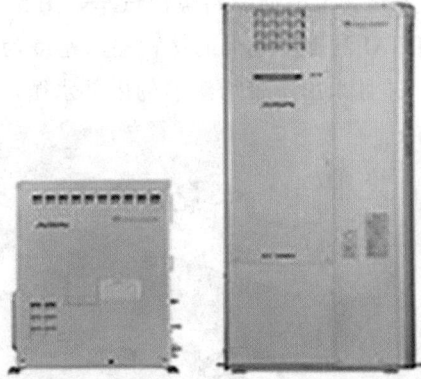

图 5-29　爱信精机固体氧化物燃料电池（SOFC）（来源：FCDIC）

造商也正在推进未来的大规模生产。

　　由于在制造商开始开发燃料电池时，纯氢基础设施的建设被认为是一项艰巨的任务，日本国内和国际制造商将重点放在开发车载重整甲醇或脱硫汽油技术，通过这些技术，燃料电池基础设施更易于建立和进行现场测试。尽管此时也开发了用于燃料重整的超小型自热重整器，但由于遇到许多问题，这些系统的研发最终被终止。例如，通过车载重整的燃料电池的瞬时启动几乎是不可能的，在冬季不能有效防止水箱冻结，这项技术还需要额外的空间，以及在运行成本之外还会产生额外的成本。后来，大家公认安装压缩氢将是一个更好的选择。另外，因为氢气可以安全地储存，所以金属氢化物（MH）储氢的车辆是一个可行的想法。然而，如前所述，在80℃下使用来自燃料电池的余热可以释放氢气的金属氢化物装置仅具有3wt%或更低的储氢能力，这样的装置非常重，而实际应用需要6wt%的储氢能力的金属氢化物。因此，它们的研发在原型研发阶段基本上停止了。

　　然而，丰田继续在燃料电池汽车的燃料储存方法方面投入研究，并于1996年研发出安装基于金属氢化物储氢的燃料电池且输出功率为20kW的燃料电池汽车，这款燃料电池汽车是RAV-4的改进款。丰田还在1999年开发了基于甲醇重整的燃料电池输出功率为40kW的FCEV-2型燃料电池汽车。2001年，丰田开发了一款基于金属氢化物储氢的FCHV-3型车，一款安装了高压氢（GH$_2$）且燃料电池输出功率为90 kW的FCHV-4型车，以及一款基于汽油重整且燃料电池输出功率为90 kW的FCHV-5型车。后来，丰田于2002年研发了燃料电池输出功率为90 kW且安装有高压氢（GH$_2$）的FCHV型车，并在2008年研发了基于70 MPa高压氢且燃料电池输出功率为90 kW的FCHV-adv型车。最终，丰田于2014年底发布了MIRAI，这是一款安装有70 MPa高压氢和自制114 kW聚合物电解质燃料电池汽车。1996

年制造的第一个 20 kW 聚合物电解质燃料电池汽车如图 5-30 所示，MIRAI 的燃料电池如图 5-31 所示。MIRAI 的燃料电池的体积输出密度为 3.1 kW／L，是之前型号 FCHV-adv 的 2.2 倍，并且采用不带增湿器的内部水循环系统。

图 5-30　丰田的第一个 20kW 燃料电池（来源：丰田）

图 5-31　丰田用于 MIRAI 的 114 kW 燃料电池（来源：丰田）

日产公司于 1999 年开发了一款基于甲醇重整的 10kW 聚合物电解质燃料电池汽车，于 2000 年开发了一款基于甲醇重整的 30 kW 聚合物电解质燃料电池汽车，其中 30 kW 聚合物电解质燃料电池由巴拉德公司制造，于 2005 年开发了一款基于奇骏车型（X-TRAIL）且安装有自己研发的聚合物电解质燃料电池和 70 MPa 高压氢的燃料电池汽车。2008 年，通过采用金属分离器技术和改进 MEA，日产还开发了一个 130kW 的电池堆。2011 年，日产开发出一款 85kW 的燃料电池，其输出密度是传统燃料电池的 2.5 倍；和传统燃料电池相比该燃料电池中铂的使用量减少到 1/4，成本降低到 1/6。此外，日产还在 2012 年发布了概念车 TeRRA。2013 年末日产宣布，计划在 2017 年推出一款与雷诺、戴姆勒和福特联合开发的车型。

本田在 1999 年开发了一款基于金属氢化物储氢的 FCX-1 型燃料电池汽车，该车使用巴拉德的 60kW 燃料电池堆，本田还开发了一款基于甲醇重整的 FCX-2 型燃料电池汽车，该车则使用本田自制的电池堆。2001 年，本田用基于自己开发的高压氢且输出功率为 70kW 的 FCX-V3 进行了 10 000km 的驾驶测试。2004 年，本田改进了 FCX-GH$_2$燃料电池汽车，达到了 86kW 的输出，并将体积功率密度提高了 2.2 倍。之后，本田研发出名为 V-flow FC 型车，其输出功率为 100kW，且可以在零下 30℃启动。该技术与 Clarity 的独特外形相结合，于 2008 年在日本和美国出售。在此期间，燃料电池堆的尺寸大大减小。本田随后宣布，将于 2016 年 3 月发布一款改进的燃料电池汽车。本田于 1999 年至 2008 年开发的燃料电池技术如图 5-32所示，准备将经过进一步改进的聚合物电解质燃料电池安装在 2016 年将要发布的车辆上。

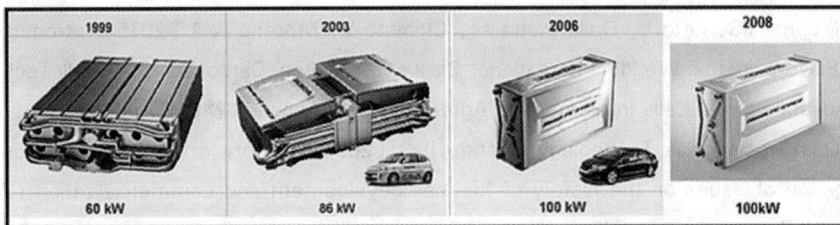

图 5-32　本田的聚合物电解质燃料电池（PEFC）发展历史（来源：本田）

得益于日本汽车制造商多年来的研发活动的成果，80~100kW 级的实用聚合物电解质燃料电池才得以成功研制。正如超过 13 年的运行测试所证明的那样，这种技术现在已改进了耐久性和低温启动性。随着它们性能的改进、尺寸的减小、制造方法的改善以及成本的降低，其商业化已成为可能。聚合物电解质燃料电池技术的最大弱点是其耐久性低，但通过政府项目以及工业界、政府和学术界的合作努力，电极性能衰减的机理将得以确定和应对。通过改进设计、材料以及制造方法提高了其耐用性，并使商业化成为可能。未来仍然面临的挑战将是通过改进和大规模生产活动进一步降低燃料电池和车辆的成本。

参考文献

1. Fuel Cell Today, History, p 1 Origins. http://www. fuelcelltoday. com/history. Accessed 30 Sept 2015

2. Fuel Cell Today, History, p 2 The Space Program. http://www. fuelcelltoday. com/history. Accessed 30 Sept 2015

3. Osaka Science & Technology Center, III. Alkaline Fuel Cell (AFC) (2003) History of fuel cell development, Mar 2003, pp 25-29 (in Japanese)

4. Osaka Science & Technology Center, II. 3. History of fuel cell developments, pp 14-16. 4,500 kW Large capacity fuel cell by Tokyo Electric Power Company, pp 74-77, 11 MW Large capacity fuel cell by Tokyo Electric Power Company, pp 77-80, Investigation of issues on

the history of fuel cell development and commercialization（Agency for Natural Resources and Energy commissioned projects investigation report in 2002）Mar 2003（in Japanese）

5. Osaka Science & Technology Center, IV（Mar 2003）Phosphoric Acid Fuel Cell（PAFC）, History of Fuel cell Development, pp 52-87（in Japanese）

6. Osaka Science & Technology Center, V（2003）Molten Carbonate Fuel Cell（MCFC）, Investigation of issues on the history of fuel cell development and commercialization（Agency for Natural Resources and Energy commissioned projects investigation report in 2002）Mar 2003, pp 99-104（in Japanese）

7. Mcphail JS, Leto L, Della Pietra M, Cigolotti V, Moreno A 2（2015）Introducing the MCFC Players in the World, International Status of Molten Carbonate Fuel cell Technology 2015. Advanced Fuel Cells Implementing Agreement IEA Annex23-MCFC, pp 7-11

8. Osaka Science & Technology Center, II.3（2003）History of Fuel cell Development, Investigation of issues on the history of fuel cell development and commercialization（Agency for Natural Resources and Energy commissioned projects investigation report in 2002）Mar 2003, p 16（in Japanese）

9. Osaka Science & Technology Center, II.3（2003）History of Fuel cell Development, p 16. VI. Solid Oxide Fuel Cell（SOFC）, pp 105-109, Investigation of issues on the history of fuel cell development and commercialization（Agency for Natural Resources and Energy commissioned projects investigation report in 2002）, Mar 2003（in Japanese）

10. Endo M（2012）The future perspective and Current status of SOFC, FC-DIC. J Fuel Cell Technol 12(1):60-66（in Japanese）

11. Okano K（2009）Diffusion of hydrogen and fuel cell application in the market, FCDIC. J Fuel Cell Technol 9(1):132-138

12. Japan Automobile Research Institute（JARI）, Section 3-6 Developmental situation of other fuel cells（such as for stationary type）, Investigated report on the fuel cell vehicle 2003（Mar 2004）, pp 122-125（in Japanese）

13. Japan Gas Association（2002）Fuel Cell Development by the Gas Industry, FCDIC Fuel Cell RD & D in Japan, 2002, pp 26-29

14. Kamiyama Y（2015）Japanese Government's Efforts towards a Hydrogen Energy Society, 2. Stationary Fuel Cells,（1）Residential Fuel cells. In: Proceedings of FC EXPO 2013, Keynote Session p 4, 27 Feb 2015

15. Ogiso S（2015）Toyota's Next Generation Vehicles Strategy & FCV Development. Toyota Fuel cell Stack. In: Proceedings of FC EXPO 2015, Keynote Session, p 35, 27Feb 2015

16. Iiyama A（2011）Development of fuel cell vehicle aiming the commercialization by NISSAN motor co. ltd. In: Proceedings of 5th Iwatani Hydrogen Forum in Tokyo, pp 1-28, 24

Feb 2011（in Japanese）

17. Japan Automobile Research Institute（JARI）, Section 3-5 Developmental situation in Japanese automobile manufacturers, Investigated report on the fuel cell vehicle 2003（Mar 2004）, pp 99-121

18. Moriya T（2015）Toward the fuel cell vehicle development and the hydrogen society of Honda—the evolution of the fuel cell stack—. In: Proceedings of 9th Iwatani Hydrogen Forum in Tokyo, p 28, 5 Mar 2015（in Japanese）

第6章　未来技术方向

Kazukiyo Okano, Akiteru Maruta and Kazunari Sasaki

摘要：本章简要描述了氢能技术在遏制全球变暖和减少化石燃料使用方面的未来方向，阐述了发展氢气生产、储存、运输及利用技术的重要性和前景。

关键词：全球变暖·CO_2减排·替代性能源·可再生能源·氢运输·全球氢网

全世界对氢能源抱有较高期望的原因有两方面：一是氢能源可以减缓全球变暖的速率，保护地球环境；二是它能帮助我们摆脱化石燃料依赖。

目前，气候变化正使世界面临着严重的问题。气候变化成因主要是化石燃料消耗的增加导致了大气中二氧化碳浓度的增加，进而导致地球平均温度的升高。2014年11月2日，联合国政府间气候变化专门委员会（IPCC）发布了题为《2014年气候变化：综合报告——第一、二、三工作组对IPCC第五次评估报告的工作贡献》的综合报告。这份报告包括对全球变暖的最新科学评估，以及缓解全球变暖的相应

K. Okano
Kyushu University, 6-8-5 Wakamiya, Ichihara-Shi, Chiba 290-0006, Japan
e-mail：okano@icntv. ne. jp

A. Maruta
Technova Inc., The Imperial Hotel Tower, 13F, 1-1 Uchisaiwaicho 1-Chome,
Chiyoda-Ku, Tokyo 100-0011, Japan
e-mail：aki. maruta@gmail. com

K. Sasaki (✉)
International Research Center for Hydrogen Energy, Kyushu University,
Fukuoka 819-0395, Japan
e-mail：sasaki@mech. kyushu-u. ac. jp

© Springer Japan 2016
K. Sasaki et al. （eds.）, *Hydrogen Energy Engineering*,
Green Energy and Technology, DOI 10. 1007/978-4-431-56042-5_6

措施。报告对未来的预测指出，若不采取严厉措施，全球平均气温极有可能在
2100 年前升高 2.6~4.8℃，而且重要的是平均气温的上升几乎与二氧化碳的累积
排放量成正比。相比于工业革命前的温升水平，控制降低温度上升速度不超过
2℃，是有很大的可能性的，并且为防止极度炎热、极端天气等恶劣情况发生，减
排方案还必须要求提高能源利用效率、扩大低碳能源使用量到 2010 年水平的 3 ~
4 倍。

此外，国际能源署（IEA）在抑制全球变暖方面中确定了几项措施，如果采取
这些措施，将可以使 2050 年二氧化碳预计排放量减少一半。这些措施包括：更广
泛地使用可再生能源、提高发电效率与能源利用效率、研发新的燃料转化技术以及
利用核能。

合适的化石燃料替代性能源通常要满足一些要求：理想的替代能源应当是一种
零 CO_2 排放，零有害物质排放，可高效利用，可作交通、工业过程和发电的燃料，
可大量供应并且可安全使用的能源，它还需要有多种获取途径。氢气能够通过可再
生能源和水来制取，因此，氢能作为替代性能源对于构建可持续社会具有巨大的潜
力和意义。

遏制全球变暖的措施需要充分利用满足上述条件的各类能源，包括可再生能
源、生物质能和氢能。虽然可再生能源是人们最希望使用的能源种类，但是它具有
一些固有的问题，如有较大的输出波动、在偏远地区分布不均等。所以，可再生能
源发电水平的控制是非常困难的。此外，可再生能源难以大量储存，当发电水平超
过实际需求时，往往造成电力浪费。然而，这些问题大都可以通过使用氢作为储能
介质来解决。

电解水可将可再生能源产生的电能转化为氢气，从而使偏远地区的能源输送和
大规模储存成为可能。通过这种储存技术，即通过利用氢能作为能量储存的媒介，
可再生能源产生的过剩电能可以被高效利用。储存的氢能还可以在需要时通过燃料
电池、发动机、涡轮机等发电设备转化为电能，也可以直接作为运输工具的燃料。
因此，在新的氢能技术的辅助下，可再生能源将会被转变成一种可控的、方便的能
源利用形式。

如上所述，氢能似乎是遏制全球变暖最有效的能源技术。由于氢能可以由世界
不同地区以不同资源来生产，因此人们对利用氢帮助各国实现能源安全的期望也很
高。如果未来氢能被用于替代化石燃料，那么持续大量地提供氢气就必须切实可
行。如果将日本预计的 2030 年化石燃料消费量（自然资源和能源局估计这一数字
为 327 万 kL 的原油量）的 10%转化为氢气，通过简单的热量转换计算，可知这将
需要每年生产大约 1 000 亿 Nm^3（标准状况下的单位 m^3）的氢气。

1 000 亿 Nm^3/年是巨大的氢产量。更直观地说，这个数值相当于全世界每年工业生产氢气量（大约 5 000 亿 Nm^3）的 20%。在可再生能源资源匮乏的日本，适合 CCS（CO_2捕获和储存）的地点有限，因此很难在其国内生产如此大量的脱 CO_2氢气。当然，如果我们能够构建区域性甚至全球化的氢供应链，那么就可能以每年 1 000亿 Nm^3或更大的产能获得大量脱 CO_2氢气。有足够的氢供应链，就可能通过利用海外未使用的资源，在适合煤气化/CCS，天然气重整/CCS，由风电、水电等可再生能源驱动的水电解厂等地方生产氢气。氢气可以转化为液态氢或甲基环己烷作为运输介质使用，并运输到海外。

日本在 20 世纪 90 年代的 WE-NET 国家项目中研究了通过海外远距离海上运输氢气来建立一个氢能系统的可行性和经济性问题，并且日本现在仍在不断努力实现该系统的商业化。

正如引言所述，氢能是能够帮助缓解全球变暖并为各国提供高能源安全保障的终极能源。因此，人们对未来通过全球合作加速引进氢能技术抱有很高的期望。

第二部分　氢能生产

Teppei Ogura[1,2] **and Stephen M. Lyth**[3-6]

[1]School of Science and Technology, Kwansei Gakuin University, Nishinomiya, Japan

[2]Kyushu University, Fukuoka, Japan

[3]International Institute for Carbon-Neutral Energy Research, Kyushu University, Fukuoka, Japan

[4]CREST, Japan Science and Technology Corporation, Kawaguchi, Japan

[5]Department of Mechanical Engineering, Sheffield University, Sheffield, UK

[6]School of Chemical and Process Engineering, Leeds University, Leeds, UK

本书第二部分总结了氢气生产的主要方法。首先解释了目前对碳氢化石燃料进行工业规模的重整制氢，其次讨论了利用沼气作为更加环保的替代燃料和制氢原料的可行性，再次讨论了电解水制氢的三种主要方法，即碱性水电解（AWE）、聚合物电解质膜水电解（PEMWE）和蒸汽电解的相对优点，最后讨论了可能作为下一代氢气生成的光催化水裂解方法。

第 7 章 　 介绍

Stephen M. Lyth and Aleksandar Staykov

　　摘要：本章介绍了制氢的基本知识，并提出了在接下来的章节中讨论的主题，包括蒸汽重整制氢、碱性水电解制氢、聚合物电解质膜水电解制氢、电解蒸汽制氢和光催化水裂解制氢。

　　关键词：制氢·水蒸气重整·水电解·蒸汽电解·光催化·水裂解

　　氢气生产是一个关键的工业过程，是使用可再生能源和实现"绿色经济"的重要里程碑。氢气是一种无色无味的气体，比空气轻，主要存在于大气上层。在标准条件下，它不是很活泼，所以允许相对安全的存储和使用。除此之外，H_2 会与 O_2 进行链式反应形成水。这种反应会放出很多热量，燃料电池对这一过程中电化学路径的精确控制可使大量化学能转化为电能。因此，氢气可以作为绿色燃料，因为其与氧燃烧反应或电化学反应的副产品是水。遗憾的是，地球上只有少量的氢是以气态的形式存在，而绝大多数的氢是以各种有机和无机化合物的形式存在。因此，能源产业需要工业合成氢气。地球上最大的氢元素储存库是水。水是一个非常稳定的分子，它的分解需要大量的能量。第二大的氢储存方式是碳氢化合物的形式，碳氢化合物是有机质的主要成分。这两个自然界富饶的氢储存库的性质决定了

S. M. Lyth (✉) · A. Staykov
International Institute for Carbon-Neutral Energy Research (WPI–I2CNER),
Kyushu University, Fukuoka 819–0395, Japan
e-mail: lyth@ i2cner. kyushu-u. ac. jp

A. Staykov
e-mail: alex@ i2cner. kyushu-u. ac. jp

© Springer Japan 2016
K. Sasaki et al. (eds.), *Hydrogen Energy Engineering*,
Green Energy and Technology, DOI 10. 1007/978-4-431-56042-5_7

不同的制氢方法，即水制氢或有机化合物制氢。

第二部分介绍了国内外主要制氢技术的基本原理和最新进展。首先，讨论了碳氢化合物原料（重整）制氢，包括天然气或沼气中的甲烷；其次，讨论了电化学制氢（电解）技术，包括碱性水电解、聚合物电解质膜电解和蒸汽电解技术；最后，讨论了利用太阳光制氢技术（光催化）。第4章详细介绍了工业制氢的历史。

如今生产的氢气绝大多数是通过甲烷和天然气重整和高温脱氢合成，产物是合成气，主要成分是 H_2、CO 和/或 CO_2 的混合物。该种制氢方法广泛应用于汽车工业、化学工业以及小型和大型燃料电池。氢气的品质取决于杂质的含量。氢气中高浓度的 CO 对其进一步利用存在潜在的危害，因为 CO 可以使金属催化剂中毒失活。由烃类原料制得的氢气的实际价格取决于杂质含量和 CO 浓度，并与进一步的氢气净化方式有关。在某些情况下，氢气杂质可能对氢脆有缓解作用（见第五部分）。近年来，为了满足政府的绿色能源要求，实现温室气体低排放，氢气生产设施将与 CO_2 捕获和储存技术相结合。

水电解是利用电力合成氢气的一种方法，该种方法是基于电化学反应，其中阳极上的水氧化使得氧气形成，阴极上的质子还原使得氢气形成。其原理基本上是燃料电池的逆过程。该电解工艺的效率取决于电极结构，离子和电子导电等性能。水电解的碳中性与电解过程的电源有关。理想情况下，应该使用可再生能源进行电解水，如太阳能、风能或水力发电。水电解的一个特殊类别是高温蒸汽电解，其特点是电化学反应的过电压低。蒸汽电解非常适用于核电站、火力发电厂或太阳能发电厂，这些地方的水被加热到高温，而且经常有多余的电力。目前，高效的蒸汽电解槽是基于钙钛矿材料制成的。蒸汽电解相当好理解并已经为实际生产做好准备。然而，为了降低外加过电压，提高总产能，大量的研究工作还在进行中。最终，电解产生的氢将成为一种储存可再生能源电力的方式，并通过在燃料电池中的利用进一步用于部署稳定的电力输出。

水中的氢转化为有机分子中的氢是自然界中的一个关键过程，被称为光合作用。在可见光照射下，CO_2 和 H_2O 转化为 O_2 和葡萄糖。研究人员最终的目标是在受控的实验室或工业条件下利用水分子和阳光合成氢气。这种氢气是碳中性的，不会产生任何对环境有害的副产品或废热，这一过程被称为人工光合作用，并于 1967 年由藤岛（Fujishima）发现，当时还发现了二氧化钛的光催化活性。从那时起，研究人员在提升效率和对这一作用的理解方面取得了长足的进步。人工光合作用仍然存在产量低和太阳光谱利用不充分的问题，尽管取得了重大的研究成果，但目前它仍然是只能在实验室生产少量氢气的方法。

第 8 章　蒸汽重整法

Yusuke Shiratori, Quang-Tuyen Tran, Teppei Ogura, Osamu Higashi, Stephen M. Lyth
and Masaki Tajima

摘要：本章介绍的仍是当前大规模氢气生产的主要方法——蒸汽重整法。首先介绍了天然气的蒸汽重整法及在工业过程中的实施，其次简要讨论了蒸汽重整与碳捕获相结合的技术，使工业过程实现碳中和，最后介绍生物质燃料的蒸汽重整法。

Y. Shiratori
Department of Mechanical Engineering, Kyushu University, Fukuoka 819-0395, Japan
e-mail: y-shira@mech.kyushu-u.ac.jp
Q.-T. Tran · M. Tajima
International Research Center for Hydrogen Energy, Kyushu University, Fukuoka 819-0395, Japan
e-mail: tran.tuyen.quang.314@m.kyushu-u.ac.jp
T. Ogura
School of Science and Technology, Kwansei Gakuin University, 2-1 Gakuencho, Sanda, Hyogo 669-1337, Japan
e-mail: t.ogura@kwansei.ac.jp
T. Ogura
Kyushu University, Fukuoka 819-0395, Japan
O. Higashi
Graduate School for International Development and Cooperation, Hiroshima University,
1-5-1 Kagamiyama, Higashi-Hiroshima 739-8529, Japan
e-mail: hi036@hiroshima-u.ac.jp
S. M. Lyth (⊠)
International Institute for Carbon-Neutral Energy Research (WPI-I2CNER), Kyushu University, Fukuoka 819-0395, Japan
e-mail: lyth@i2cner.kyushu-u.ac.jp
M. Tajima
Research Institute of Innovative Technology for the Earth, KDX Toranomon Bldg.,
1-4-3 Toranomon, Minato-Ku, Tokyo 105-0001, Japan
e-mail: tajima@rite.or.jp
© Springer Japan 2016
K. Sasaki et al. (eds.), *Hydrogen Energy Engineering*,
Green Energy and Technology, DOI 10.1007/978-4-431-56042-5_8

关键词：制氢·蒸汽重整·碳氢化合物·天然气·生物质燃料

8.1 引言

天然气蒸汽重整是目前工业规模制氢最常用的方法。虽然这种技术会产生大量的 CO_2 排放，但它可以与 CO_2 捕获、浓缩和储存技术（CCS）相结合，成为一种碳中性的过程。此外，甲烷可以通过生物质发酵而取代从天然气中获得的方法，使得制氢成为碳中性生产，同时利用 CCS 甚至可能实现碳的负排放。

8.2 催化蒸汽重整

蒸汽重整是一种从碳氢化合物燃料（如天然气）中生产氢、一氧化碳或其他有用的产品的方法，该方法是通过一种称为转化炉的处理装置，在高温下使碳氢化合物与蒸汽发生反应来实现的。碳氢化合物的工业蒸汽重整始于 20 世纪 30 年代，并在 20 世纪 60 年代成为最经济的制氢方法，详见 4.3 节。目前，蒸汽甲烷转化炉被广泛应用于工业制氢。而燃料电池的小型蒸汽重整则是研究的热点，它通常涉及甲烷重整器（如第 38 章所述）。其他燃料也在考虑中，如丙烷、汽油、液化石油气（LPG）、柴油和乙醇。当然，天然气蒸汽重整还是大量生产商业氢最常用的方法。

在高温（通常是 700~900 ℃）和镍存在的条件下，水蒸气与甲烷反应生成一氧化碳（CO）和氢气（H_2），这种蒸汽-甲烷重整过程的效率约为 70%。在整个重整过程中有两个关键的反应：一个是将甲烷和水蒸气转化为 CO 和 H_2 的混合物（式 8.1），该反应具有很强的吸热性（即消耗热量），焓变 $\triangle H_r$ = 206 kJ/mol。

$$CH_4 + H_2O \rightleftharpoons CO + H_2 \qquad (8.1)$$

另一个反应是，更多的氢可以通过 H_2O 与 CO 进一步的低温变换反应再生成，反应式如式 8.2 所示。

$$CO + H_2O \rightleftharpoons CO_2 + H_2 \qquad (8.2)$$

第二个反应是较温和的放热反应，焓变 $\triangle H_r$ = － 41 kJ/mol。

催化蒸汽重整制氢并非碳中性的，它同样也导致了全球范围内 CO_2 的大量产生。虽然这种方法是当今工业氢的主要来源，但在不久的将来，它将被新的制氢方法所取代，或者与 CCS 技术相结合。

8.3 生物发酵法甲烷生产

利用生物质发酵生产烃类是避免因蒸汽重整制氢过程而使用化石燃料的一种前景广阔的方法。甲烷发酵可以通过生物厌氧分解进行，在这个过程中，生物质（即废弃的有机物）通过各种微生物的作用转化为沼气（即甲烷和二氧化碳）。这种反应需要满足厌氧环境（即缺氧）、适宜的温度和压力（避免微生物失活）、合适的碳氮比范围和接近中性的 pH 值等各种条件[1]。

图 8-1 显示了甲烷的发酵过程，该过程分为四个阶段。第一阶段，复杂的有机物通过水解转化为溶解性的有机物（即单体或低聚物）。第二阶段，在酸化作用下产生有机酸和醇。在第三阶段的醋酸化反应中，产生醋酸和 H_2。最后，在第四阶段的沼气化反应中，生成甲烷和 CO_2。最后一步中大约 70% 的甲烷来源于醋酸盐[2-5]。

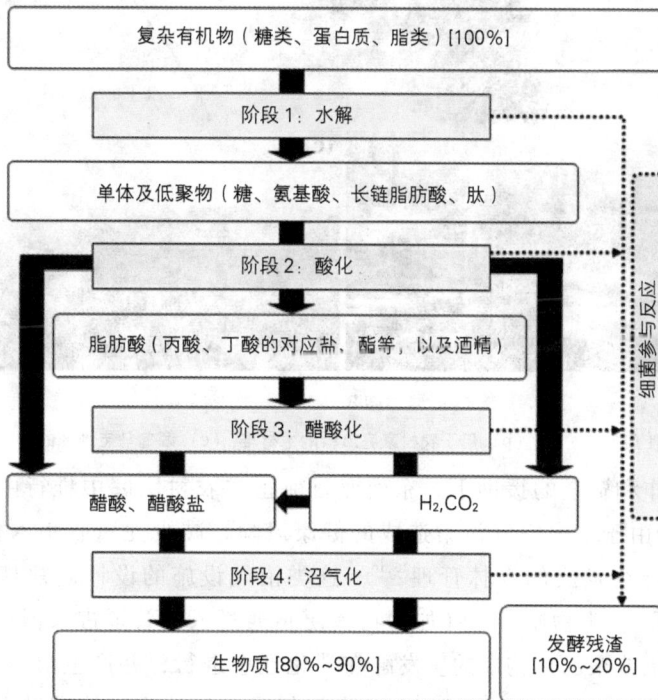

图 8-1 甲烷发酵流程

来源：Surendra 等 参考文献[2]，Li[3]

一般情况下，复杂有机物对应化学需氧量（COD）的 80%~90% 的部分转化为沼气，其余的 10%～20% 作为细菌成为发酵残渣的一部分[3]。与天然气相比，沼气具有较低的杂质含量和较好的环境质量，沼气成分中 CH_4 含量为 50%～80%、CO_2 含量为 20%～45%、H_2S 含量为 0～1.5%、NH_3 含量为 0～0.45%[6]。沼气的热值为 21～25 MJ/m^3（即 6～7 $kW \cdot h/m^3$ 电当量）[2,3]。

生物质发酵作为一种传统燃料，已经在东南亚用于实验性的甲烷生产。这样做的好处是可以从当地的有机废物中生产低成本的碳中性燃料[4]。在大湄公河次区域（GMS），约有 1.13 亿人生活在农村地区[7]，其中 80% 的人以木材或木炭为主要燃料，主要用于烹饪[8]。这导致了严重的森林砍伐和室内空气污染[9,10]，影响健康和环境[11]。图 8-2 展示了在缅甸中部的马圭（Magway）地区用于烹饪的典型木炉灶以及由此导致的森林砍伐的照片[12]。

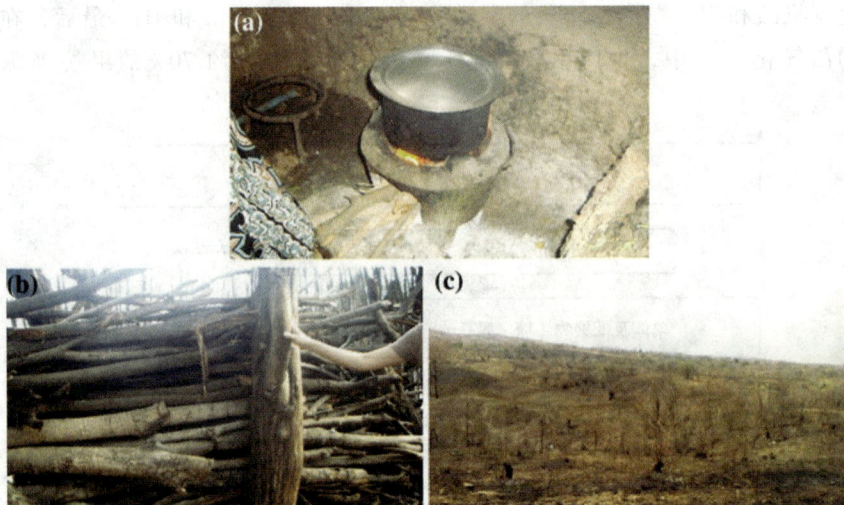

图 8-2
（a）传统农村家庭使用的木炉灶；（b）用于农村家庭燃料的木材堆；（c）缅甸马圭地区的森林砍伐（2014 年）

在国际合作和资金的援助下，东南亚目前正在农村家庭中推行中小型沼气设施[13,14]，以减少由于室内空气污染造成的健康风险，减少儿童收集木材的工作量，以及进行更可持续发展的森林管理[15,16]。这类沼气设施的设计通常具有相似组件（如图 8-3 所示）。生物质资源（如动物粪便）通过入口管道进入消化池，消化池是由砖和混凝土或聚乙烯构成的。发酵在消化池中进行，并产生沼气和液体肥料。通常小型消化池的容量为 6～16Nm^3，其中沼气通过气体出口管道供应，用于烹饪或照明，而液体肥料从出口管道收集[13,14,17]。图 8-4 显示了在越南使用的沼气利用设施，我们估计东南亚地区每年动物粪便潜在沼气生产量约为 13 亿 Nm^3，热值为 75～90 TJ/天[2,3,18-20]。稻草的传统处理方法是收割后在田里直接燃烧[23]，稻秆也可以在小型沼气设施的消化池中进行处理，能够产生大约 110 万 t 的生物燃料。而且近期研究表明，将动物粪便与稻秆混合使用比单一消化粪便更有效益[21,22]。越南和柬埔寨的国家沼气计划一直在推广小型沼气设施。以越南为例，从 2006 年到 2012 年，总共安装了 105 000 个沼气发电设施，经济支持、售后服务等营销策略产生了大量的销售额[24,25]。而由日本国际农业科学研究中心（JIRCAS）推动的"农家沼气项目有助于坎索市农村发展"项目，从 2012 年起就帮助湄公河三角洲地区推广小型沼气设施[26]。

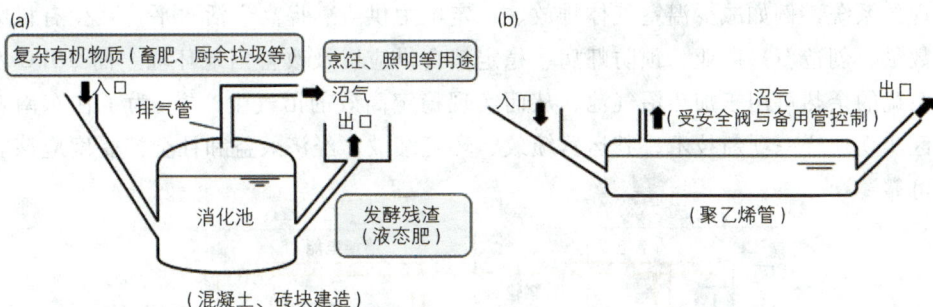

图 8-3　（a）生物燃料生产用穹顶式消化池　（b）管式消化池．Bond 等[14]，JIRCAS[26]

图 8-4　穹顶式沼气消化池安装（2013 年 6 月，越南）

8.4　沼气在燃料电池中的应用

沼气可用于固体氧化物燃料电池（SOFC）等高效能源转换装置，例如九州大学的研究人员示范的一种以沼气为燃料的 SOFC，成功地利用实验室小型燃料电池实现了连续发电[27]。九州大学在日本科学技术振兴机构（JST）和日本国际协力机构（JICA）支持下，作为可持续发展科学和技术研究伙伴关系（SATREPS）计划的一部分，启动了一个利用高效燃料电池技术有效利用生物废料的农村可持续发展项目。图 8-5 展示了适合于湄公河三角洲地区的能源循环系统概念图，在该地区，水产养殖是最大的产业之一。九州大学 2015—2019 财政年度的项目将对其进行示范。理论上将沼气池和 SOFC 技术相结合，实现农业可持续发展是可能的，流程如图 8-5 所示，收集养殖池塘的污泥、农业残渣和畜禽粪便，沼气池发酵产生沼气和发酵渣，利用 SOFC 技术将沼气用于发电，发酵渣用于邻近农场的肥料，而养虾池池水则是通过植物修复过程净化的。这是一个多层次的系统，提供高效发电和水管理的系统，例如减少温室气体排放、稳定电力供应、提高生活水平、减少有机废物数量、创造新兴产业、预防虾病、稳定粮食供应以及改善当地环境。而 SOFC 发电系统的余热可用于加热沼气池，从而实现稳定高效的沼气生产[28]。为了在东南亚地区实现这样一项新技术，其运营绩效、环境绩效、经济效益和社会接受度应该非常可靠。

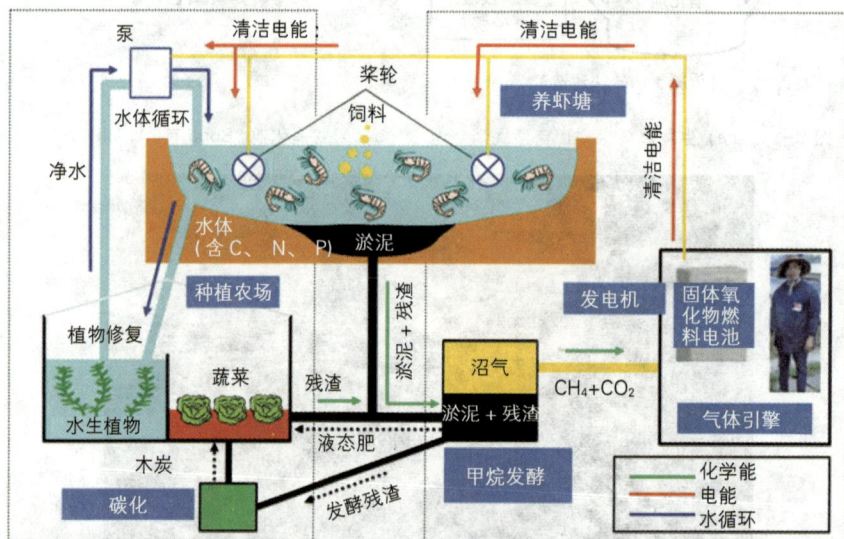

图 8-5　集成能量循环系统的燃料电池 [28]

8.5　蒸汽重整与 CCS

如果 CCS 技术与天然气、甲烷的蒸汽重整结合使用，那么制氢过程就是碳中性的。但若是 CCS 与沼气的蒸汽重整一起使用，那么整个制氢过程实际上是负碳排放的。九州大学开发了这一过程的一个版本如图 8-6 所示[29]。在这里，CH_4（以天然气或生物燃料的形式）被重整并产生氢气和二氧化碳，然后利用变压吸附

（PSA）技术从氢气中分离出二氧化碳，该技术利用了混合气体各组分对吸附剂材料（如沸石、活性炭或分子筛）的不同亲和力。变压吸附尾气仍然由 H_2 和 CO_2 的混合物组成，这些可以进一步分离，例如使用聚酰胺-胺型树状高分子膜，该材料对 CO_2 选择性为 230，在 CO_2 分压为 42 kPa 和 298 K 条件下，渗透率为 3.7×10^{-15} $m^3/$（m^2sPa）（即 0.99 GPU）。然后，产生的氢气被反馈给蒸汽转化炉，而由此产生的 CO_2 可以被埋存，例如储存在地下水库、地下盐水含水层、海水、退役油田或多孔砂岩中[30]。在适当的条件下（如地下深处的高压），它最终可以通过矿化作用转化为稳定的固体碳酸盐岩[30]。

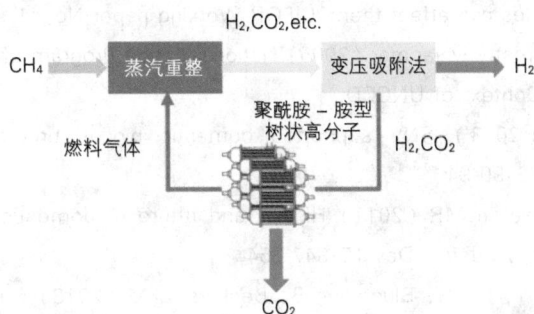

图 8-6　利用变压吸附（PSA）结合聚酰胺-胺型树状高分子（PAMAM）膜分离制氢的 CO_2 捕获原理图

参考文献

1. Asia biomass handbook（2008）The Japan Institute of Energy，Japan（in Japanese）

2. Surendra KC，Takara D，Hashimoto AG，Khanal SK（2014）Biogas as a sustainable energy source for developing countries：opportunities and challenges. Renew Sustain Energy Rev31：846-859

3. Li YY（2005）Methane fermentation technology and its application and prospects. JEFMA No. 53，pp 4-18（in Japanese）

4. Weiland P（2010）Biogas production：current state and perspectives. Appl Microbiol Biotechnol85：849-860

5. Nakamura K，Kamagata Y（2006）Recent topics on methanogenic syntrophs. J Environ Biotechnol5：81-89（in Japanese）

6. Adelekan BA（2012）Chapter 1. Potentials of selected tropical crops and manure as sources of biofuels. In：Kumar S（ed）Biogas. INTECH，pp 1-34

7. data. worldbank. org，rural population，2013. http：//data. worldbank. org/indicator/SP. RUR. TOTL

8. Benjamin KS (2013) Confronting energy poverty behind the bamboo curtain: A review of challenges and solutions for Myanmar (Burma). Energy Sustain Dev 17:305-314

9. Fernandes SD, Trautmann NM, Streets DG, Roden CA, Bond TC (2007) Global biofuel use, 1850-2000. Glob Biogeochem Cycles 21(2)

10. Dasgupta S, Deichmann U, Meisner C, Wheeler D (2005) Where is the poverty-environment nexus? Evidence from Cambodia, Lao PDR, and Vietnam. World Dev 33(4): 617-638

11. Wertz-Kanounnikoff S, Kongphan-apirak M (2008) Reducing forest emissions in Southeast Asia, A review of drivers of land-use change and how payments for environmental services (PES) schemes can affect them. CIFOR Working paper No. 41

12. Ministry of Forestry Myanmar (2005) National Action Program of Myanmar to Combat Desertification in the Context of UNCCD

13. Prakash CG (2013) SNV supported domestic biogas programmes in Asia and Africa. Renew Energy49:90-94

14. Bond T, Templeton MR (2011) History and future of domestic biogas plants in the developing world. Energy Sustain Dev 15:347-354

15. Gosens J, Lu Y, He G, Bluemling B, Beckers TAM (2013) Sustainability effects of household-scale biogas in rural China. Energy Policy 54:273-287

16. Keovilay P (2012) Household biogas technology to improve rural livelihoods in Laos. J Dev Sustain Agric 7:158-163

17. Thu CTT, Cuong PH, Hang LH, Chao NV, Anh LX, Trach NX, Sommer SG (2012) Manure management practices on biogas and non-biogas pig farms in developing countries—using livestock farms in Vietnam as an example. J Cleaner Prod 27:64-71

18. FAOSTAT. http://faostat3.fao.org/home/E

19. San V, Ly D, Check NI, Check NI (2013) Assessment of sustainable energy potential of non-plantation biomass resources in Sameakki Meanchey District in Kampong Chhnang Province, Cambodia. Int J Environ Rural Dev 4-2:173-178

20. Sajjakulnukit B, Yingyuad R, Maneekhao V, Pongnarintasut V, Bhattacharya SC, Salam PA (2005) Assessment of sustainable energy potential of non-plantation biomass resources in Thailand. Biomass Bioenergy 29(3):214-224

21. Hosomi M (2014) Development of low environmental impact-systems to attain co-benefits piggery wastewater treatment and forage rice production. Final report of "Environmental research and technology development fund (1B-1103)"

22. Silvestre G, Gómez MP, Pascual A, Ruiz B (2013) Anaerobic co-digestion of cattle manure with rice straw: economic and energy feasibility. Water Sci Technol 67(4):745-755

23. Diep NQ, Fujimoto S, Minowa T, Sakanishi K, Nakagoshi N (2012) Estimation of the

potential of rice straw for ethanol production and the optimum facility size for different regions in Vietnam. Appl Energy 93:205-211

24. ACE Europe (2013) Mid-term Evaluation SNV programme 2007-2015, In-depth study of the Vietnamese Biogas Programme

25. Buysman E, Mol APJ (2013) Market-based biogas sector development in least developed countries—The case of Cambodia. Energy Policy 63:44-51

26. JIRCAS, Registration of a biogas CDM project in Viet Nam with the UNFCCC CDM Executive Board (CDM-EB), Research Highlights 2012 . http://www. jircas. affrc. go. jp/english/publication/highlights/2012/2012_05. html

27. Shiratori Y, Ijichi T, Oshima T, Sasaki K (2010) Internal reforming SOFC running on biogas. Int J Hydrogen Energy 35:7905-7912

28. Shiratori Y, Tuyen TQ, Kitaoka T, Higashi O, Chien DM, Huong DTT, Cong HT (2014) Sustainable development of rural area by effective utilization of bio-wastes with highly efficient fuel cell technology. In: The 23rd symposium on solid oxide fuel cells in Japan, Tokyo, 17 Dec 2014 (in Japanese)

29. Kimura S, Honda K, Kitamura K, Taniguchi I, Shitashima K, Tsujia T, Fujikawa S (2014) Preliminary feasibility study for on-site hydrogen station with distributed CO_2 capture and storage system. Energy Procedia 63:4575-4584

30. Kitamura K, Jiang F, Valocchi AJ, Chiyonobu S, Tsuji T, Christensen KT (2014) The study of heterogeneous two-phaseflow around small-scale heterogeneity in porous sandstone by measured elastic wave velocities and lattice Boltzmann method simulation. J Geophys Res Solid Earth 119(10):7564-7577

第 9 章　碱性水电解

Kohei Ito, Hua Li and Yan Ming Hao

摘要：本章首先介绍了碱性水电解法从水中分解产生氢气的基本原理，其次讨论了商业设备中普遍使用的电解池组件类型，以及碱性水电解在工业中的应用，最后探讨了最新的研究趋势。

关键词：碱性电解水·电化学·制氢·水分解·电化学能转换·AWE

9.1　引言

电解水最常用的方法之一是使用碱性水电解槽（AWE），这一技术已经在化学工业中使用了很多年，由于该技术比较简单，用于制氢的 AWE 的开发已经非常先进。高效 AWE 的发展重点是向高温高压运行转变，但是从长远来看，AWE 的成功与否将取决于新技术的发展情况，例如在接下来几章讨论的聚合物电解质膜水电解槽（PEMWE）或蒸汽电解，见参考文献[1-3]。

9.2　操作原理

图 9-1 是典型 AWE 的示意图。电解质通常是 KOH 或 NaOH 的碱性溶液。析氧反应（OER）和析氢反应（HER）分别在阳极和阴极发生：

K. Ito (✉)　H. Li　Y. M. Hao
Department of Hydrogen Energy Systems, Faculty of Engineering,
Kyushu University, Fukuoka 819-0395, Japan
e-mail：kohei@ mech. kyushu-u. ac. jp

© Springer Japan 2016
K. Sasaki et al.（eds.）, *Hydrogen Energy Engineering*,
Green Energy and Technology, DOI 10. 1007/978-4-431-56042-5_9

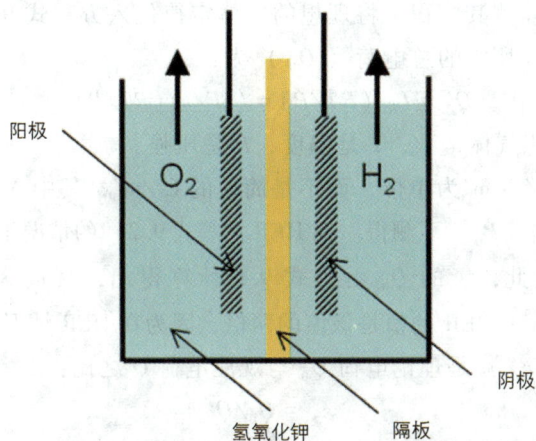

阳极

O_2

H_2

阴极

氢氧化钾　　隔板

图 9-1　简单碱性水电解槽（AWE）的示意图

$$\text{阳极}: 2\,OH^- \rightarrow H_2O_{(1)} + 1/2\,O_{2(g)} + 2\,e^- \tag{9.1}$$

$$\text{阴极}: 2\,H_2O_{(1)} + 2\,e^- \rightarrow H_{2(g)} + 2\,OH^- \tag{9.2}$$

总反应如下：

$$H_2O_{(1)} \rightarrow H_{2(g)} + 1/2\,O_{2(g)} \tag{9.3}$$

阳极上会产生氧气，因为与 H_2O 相比，OH^- 更易被氧化。在阴极，H^+ 被还原形成氢气，因为 H_2O 比 K^+ 或 Na^+ 更容易还原。

9.3　效率

法拉第效率（也称为库仑效率，或电流效率）决定了电化学系统中电荷转移的效率。在 AWE 中，这实际上是阳极处产生氧气的效率，以及阴极处产生氢气的效率。过电势是热力学中确定的电化学电势和实验观察值之间的电势差。电压效率体现了由于过电势而损失的能量比例。

根据法拉第的第一电解定律，我们知道在 AWE 阴极电解的水的质量与转移的电荷量（以库仑为单位）成正比。法拉第常数（F）是 1 摩尔电子所带有的电荷量，其大小为 96 485 C／mol。因此理想情况下，通过水电解产生 1 摩尔氢所需的总电荷量（L_0）为：

$$L_0 = zF/v \tag{9.4}$$

其中，v 是反应的化学计量系数，z 是转移的电子数。

实际上，人们通常不使用产生 1 摩尔物质所需的电荷的值，而使用在标准温度和压力下产生气体的摩尔体积所需的电荷值进行计算。因为电极上会产生气态氢，并且可以很容易地监测其体积。将理想的气体定律代入方程式 9.4，那么在理想条件下，产生摩尔体积所需的总电荷（Q_0）为：

$$Q_0 = L_0/(RT/P) = (zF/v)(RT/P) \tag{9.5}$$

其中，R 是理想气体常数，T 是温度，P 是压强。

该值通常以 C／N m³ 为单位，而不是简单的 C／m³，其中 N 表示正常体积，在 0 ℃（T_0）和 1 atm（P_0）下测得。在 HER（等式 9.2）的情况下，化学计量系数为 1，电子数为 2。因此，氢的 Q_0 由等式 9.5 计算得出，其值为 8.6×10^6 C／Nm³（即 2.39 k Ah／Nm³）。OER 的值是该值的两倍，因为在 OER 情况下，其电子数为 4。

法拉第效率（ε_F）是理论电荷 Q_0 与观测电荷 Q 之比：

$$\varepsilon_F = Q_0/Q \tag{9.6}$$

如果 AWE 电池短路，则法拉第效率会降低。由于等式 9.3 在两个方向上进行，因此，如果氢气和氧气可以透过隔膜并相互反应（称为交叉），则法拉第效率也会降低。将吉布斯自由能的变化（ΔG）带入等式（9.3），我们可以计算出理论分解势（U_G）：

$$U_G = \Delta G/zF \tag{9.7}$$

在液态水电解的情况下，ΔG 为 237.2 kJ／mol（在 25℃ 和 1 atm 时），因此计算出此时 U_G 为 1.229 V。电压效率（ε_V）由测得的分解电位（U）与理论分解电位之比得出：

$$\varepsilon_V = U_G/U \tag{9.8}$$

在实际的 AWE 中，还必须考虑过电势，其包括非线性和欧姆（线性）影响。因此，电压效率一定比 1 低，并且在较高电流密度下运行会降低电压效率。

也可以考虑焓变（ΔH）的效率。基于焓变的电势称为热中性电势 U_H：

$$U_H = \Delta H/zF \tag{9.9}$$

在水电解中，ΔH 为 285.8 kJ／mol（在 25 ℃ 和 1 atm 时），因此 U_H = 1.481 V。当 AWE 在低电流密度下运行时，会提供额外的热量以补偿吸热过程，热中性电压效率可能大于 1，并且该值经常应用于由燃料电池和水电解槽组成的可再生燃料电池系统的计算中。在使用水电解槽的热中性电压效率与燃料电池的电压效率相一致情况下，得出的再生燃料电池系统的综合效率小于 1。

电解电位取决于操作条件。在大气压力以及温度为 70~80℃ 的情况下，典型的电解电位范围为 1.84~2.25 V（0.13~0.23 A/cm²）[1]。阳极和阴极的非线性过电势损失都很大，并且它们是相互制约的。这是能量损失的主要因素，因此它会降低 AWE 的电压效率。当电流密度增加时，欧姆过电势占主导地位，这是由于离子通过电解质溶液和隔膜的传导所致。尽管 AWE 中的电解电位与聚合物电解质膜

（PEM）水电解槽中的电解电位相似（如下一章所述），但 AWE 的工作电流密度较低，可以抑制过电势损失。为了对此进行补偿，需要的电池数量和/或活性面积较大，所以 AWE 的物理尺寸通常相对较大。

做功的多少也是 AWE 的性能指标之一。其代表着产生氢气或氧气所需的电能。通过将电荷 Q 乘以电解电位 U 来得出所做的功为：

$$W = Q \times U = (Q_0 / \varepsilon_F) \times (U_G / \varepsilon_V) \tag{9.10}$$

对于 ε_F 和 ε_V 均取值 1 来作为理论极限。根据吉布斯能量的变化（在 25 ℃ 和 1 atm 下）获得 U_G 的值，得出 W = 2.94 kW·h / N m³。根据焓变计算得出 W = 3.54 kW·h / N m³。在温度为 70~90 ℃ 和大气压下，商业化的 AWE 的值可以达到 4.3~4.9 kW·h / N m³。

用于评估 AWE 整体性能的另一个参数是能量转换效率。其被定义为实际做功与理论值之间的比率：

$$\varepsilon_W = W_0 / W = (Q_0 \times U_G) / (Q \times U) = \varepsilon_F \times \varepsilon_V \tag{9.11}$$

将已知值代入该方程，得到基于吉布斯能量的变化效率为 60%~66%，基于焓变的效率为 72%~82%。

9.4 电池成分

由于 AWE 为碱性环境，因此它不需要使用昂贵的耐酸材料。阳极和阴极通常都包括镀镍铁或镍基材料。这些电极具有网状或多孔结构，以最大限度地扩大其表面积。石棉曾经广泛用于隔膜的制作中，但是由于这种材料具有毒性，人们极有可能用多孔聚合物的复合材料来代替它。电解液中通常使用 NaOH 或 KOH 溶液。由于 KOH 有较高的离子电导率，以及 CO_2 在该溶液中有较低的溶解度，因此 KOH 溶液是更优的选择。空气中的 CO_2 很容易溶解到 NaOH 溶液中，导致碳酸盐的形成，并降低离子电导率，因此通常使用 25%~30% 浓度的 KOH 溶液。

9.5 工业应用

AWE 可能是迄今为止最成功的商业化电解系统。这主要是由于所需材料的易得性（不需要耐酸）和电极材料的低成本。AWE 在向工业化工厂供应氢气方面发挥了重要作用。例如，在埃及的阿斯旺（Aswan）建造了一个大型 AWE，利用附近一家水力发电厂的电力，为生产氨的行业提供了 30 000 m³/ h 以上的氢气。然而，由于电价上涨，近年来大规模生产氢的热化学方法变得越来越流行[2]。AWE 技术的重点已经转移到了 10~100 m³/h 生产规模的小型工厂，着重于更高的能量转换效率。总之，AWE 有望成为即将到来的氢能社会的关键技术，为燃料电池汽车（FVC）生产氢气。

9.6 新趋势

AWE 的进一步发展主要集中在新电池结构和电极材料的开发上。就电池结构而言，减小电极之间的距离已成为主要关注点。电极和隔膜之间的大间隙（如图 9-1所示）会导致高溶液电阻和由产生的气体引起的电阻，这是造成系统中过电势损失的主要原因。现在已经设计出缩小该间隙或甚至完全消除该间隙的器件，这有助于减小过电势。提高工作温度也可以提高效率。这会增加离子电导率并降低过电势，但是，碱性溶液在高温下会变得更具腐蚀性，因此，AWE 在更高的温度下工作需要使用更耐腐蚀的材料。这样不仅可以提高性能，而且可以使能耗降到 3.8 ~ 4.3 kW·h/Nm³。[3] 增加工作压力是提高 AWE 性能的另一个新趋势。为了使氢气可用于氢能社会，通常必须将其压缩至例如 35 或 70 MPa 以用于 FCV，AWE 电池结构的发展使氢直接产生的压力高达 17MPa。[4]

参考文献

1. Denkikagakukai（2013）Dennkikagaku Binran（Handbook of electrochemistry）6th edn. Maruzen（in Japanese）

2. Mitsushima S，Matsuzawa K（2011）Present technologies and subjects of water electrolysis. J Hydrogen Energy Syst Soc Jpn 36(1)（in Japanese）

3. Zeng K，Zhang D（2010）Recent progress in alkaline water electrolysis for hydrogen production and applications. Prog Energy Combust Sci 36:307-326

4. Dunn PM（2011）II.E.3 high-capacity, high pressure electrolysis system with renewable power sources. Hydrogen and fuel cells program，2011 annual progress report. http://www. hydrogen. energy. gov/pdfs/progress11/ii_e_3_dunn_2011. pdf

第 10 章　聚合物电解质膜水电解

Kohei Ito, Takuya Sakaguchi and Yuta Tsuchiya

摘要：本章首先介绍了用于水分解制氢的聚合物电解质膜水电解槽（PEMWE）的基本操作原理，其次讨论了通用的和市场销售设备中电池组件类型，再次介绍了 PEMWE 在工业中的应用，最后探讨了最新的研究趋势。

关键词：电化学·制氢·水分解·电化学能量转换

10.1　引言

本章概述了聚合物电解质膜水电解槽的电池设计、工作原理和最新研究现状。这也被称为质子交换膜水电解，或固体聚合物电解质水电解。相关信息可参考本章末的参考文献[1,2]。

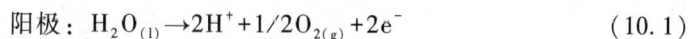

$$\text{阳极：} H_2O_{(1)} \rightarrow 2H^+ + 1/2O_{2(g)} + 2e^- \qquad (10.1)$$

$$\text{阴极：} 2H^+ + 2e^- \rightarrow H_{2(g)} \qquad (10.2)$$

整个反应为：

$$H_2O_{(1)} \rightarrow H_{2(g)} + 1/2O_{2(g)} \qquad (10.3)$$

K. Ito (✉)
Department of mechanical engineering, Faculty of engineering, Kyushu University,
Fukuoka 819-0395, Japan
e-mail: kohei@ mech. kyushu-u. ac. jp

T. Sakaguchi . Y. Tsuchiya
Department of Hydrogen Energy Systems, Faculty of engineering, Kyushu University,
Fukuoka 819-0395, Japan

© Springer Japan 2016
K. sasaki et al. (eds.), *Hydrogen Energy Engineering*
Green Energy and Technology, DOI 10. 1007/978-4-431-56042-5_ 10

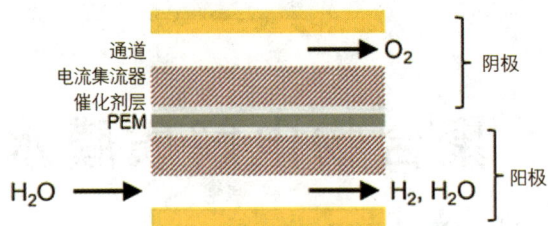

图 10-1　聚合物电解质膜水电解槽（PEMWE）的示意图

主要由聚合物电解质膜（PEM）、催化剂层和电流集流器构成。隔板提供电接触和为水和气体

提供流动通道。它的结构与聚合物电解质膜燃料电池（PEMFC）几乎相同。

10.2　操作原理

　　聚合物电解质膜水电解槽（PEMWE）的简化结构如图 10-1 所示。质子通过 PEM 进行传导，PEM 就像一种酸性溶液。当施加外部电压时，会发生以下电化学反应：

　　水在阳极上被氧化，形成氧气、质子和电子。产生的质子通过 PEM，然后在阴极被还原，与电子发生反应产生氢气。这与以 OH^- 为离子传输的碱性水电解槽（AWE）形成了对比（第 9 章）。

10.3　效率

　　法拉第效率和电压效率（正如在第 9 章中定义碱性水电解槽（AWE）所定义的）通常被用于评价 PEMWE 的性能。然而，与碱性水电解槽（AWE）相比，聚合物电解质膜水电解槽（PEMWE）的主要能量损失是很不同的。同 AWE 中使用的多孔膜相比，聚合物电解质膜水电解槽（PEMWE）的法拉第效率一般更高，有一部分原因是采用分离电极的致密 PEM，大大减少了气体交叉扩散。此外，在欧姆过电位更低的情况下，可以实现更高的电流密度。但是，如果在高压（例如几十 MPa）下运行，PEMWE 中的气体交叉会成为一个问题。高压操作的优点和缺点将在本章后面解释。

　　关于理论分解电位和电压效率，用于描述 AWE 的方程式 9.7 和 9.8 也适用于 PEMWE。然而，两种不同类型的电解槽导致过电势的因素完全不同。例如，PEMWE 中电极之间的间隙（例如几百微米）远小于 AWE 中电极之间的间隙，从而导致欧姆损耗显著降低。与在相同电流密度下运行的 AWE 相比，这使得

PEMWE 的电解电压更低，并且相应地提高了电压效率。PEMWE 的典型电解电压为 $1.65 \sim 1.80 \text{ V}$（$1 \sim 2 \text{ A} / \text{cm}^2$）。阳极过电位是电解电压升高的主要原因。尽管阳极和阴极对电势的影响与 AWE 情况相同，但在 PEMWE 中，阳极过电位占主导地位。因此，降低阳极过电位是 PEMWE 实现更高性能的最重要问题。

所做的功（式 9.10）和能量转换效率（式 9.11）也都用于量化 PEMWE 的性能。如上所述，PEMWE 的过电压与 AWE 相比本来就很小。因此，在 PEMWE 中所做的功也相对较小，基于水电解的焓变[1]，能量转换效率高达 $80\% \sim 90\%$。

10.4 电池组件

PEMWE 由 PEM、催化剂层、电流集流器（相当于 PEMFC 中的气体扩散层）和隔板（相当于双极板）构成（如图 10-1 所示）。膜通常使用氟基阳离子交换聚合物。众所周知 Nafion 是通常用于 PEMFC 和 PEMWE 的离子交换聚物材料。然而，膜的厚度和当量重量（EW）具有不同的要求。在运行时，PEMWE 膜完全水合，并发生膨胀。当 PEMWE 停止运行时，膜脱水并收缩，这种循环给膜施加很大的机械应力，因此膜应具有足够的厚度以承受该负荷。EW 与膨胀和收缩的程度有关，除了合适的厚度外，还必须选择合适的 EW 值。

阳极通常使用铱或铱基电催化剂，阴极使用铂催化剂。影响这些材料选择的因素是耐酸腐蚀和催化活性。催化剂层通常通过化学沉积或通过喷印热压来制造。电催化剂层的开发可能是 PEMWE 研究中最核心的问题[3]，需要具有更高活性、更长的耐久性和更低成本的电催化剂。特别是阳极需要新型催化剂载体。比如在 PEMFC 中，碳通常被用作铂载体，然而，在 PEMWE 中，阳极电势高，会导致严重的碳腐蚀。

电流集流器在 PEMWE 中扮演着重要的角色，它必须是导电的，允许高通量传输（即产生的氧气和氢气必须能够通过它），并且它应该改善电催化剂层和隔板之间的热传输。它相当于 PEMFC 中的气体扩散层（GDL）。但是，与 GDL（通常由碳纤维制成）不同，在阳极电流集流器通常是镀铂的烧结钛，以便在高腐蚀性环境中工作。镀铂降低了接触电阻。多孔碳被用于阴极的电流集流器。

10.5 工业应用

与 AWE[2] 相比，PEMWE 的优势在于欧姆过电势更低（由于电极间隙更小）、简单的材质约束（因为不使用腐蚀性碱性液体溶液）、质量扩散可忽略不计、简化的压力管理（由于 PEM 的高机械强度）、高纯度产品气体、简化且更紧凑的系统、高电流密度操作（由于低的过电位），以及较低的运行成本（也是由于较低的过电位），主要缺点是要求催化剂层和电流集流器需具有耐酸腐蚀的能力，以及与此相关的高成本。

以上优点意味着，PEMWE 是需要小系统制氢的加氢站的主要选择。最近，PEMWE 已与 PEMFC 结合起来用作再生燃料电池（RFC）[4]。RFC 有望更有效地利用可再生能源，以补偿供给、需求之间的滞后。当由可再生能源提供的电力超出需求时，PEMWE 将其用于生产氢气，并将氢气存储起来。当可再生电力短缺时，PEMFC 利用储存的氢气来发电。也可以使用二次电池设计类似的系统，然而，由于电池容量相对较低，这种基于电池的系统仅限于小规模。例如在利用风能的情况下，这成为一个问题，因为风能利用具有相对长的波动周期，可能几天内都会提供过剩的电力。

10.6 新趋势

PEMWE 的一个主要挑战是在更高的温度下工作（例如 $60 \sim 120\ ℃$），以提高电压效率。但 Nafion 的玻璃化转变温度限制了可以使用的最高温度。高温降低了电解水的吉布斯自由能变，从而导致较小的理论分解电位。另外，阳极过电势（导致电压效率降低的主要损耗）随温度升高而降低。因此，在较高温度下运行的 PEMWE 应具有更高的效率。但是，较高的温度也会导致 PEM 脱水，而 PEM 需要保持足够的水含量[5]。解决此问题的一种方法是用氧化钛制备 Nafion 复合材料，从而提高亲水性[6]，已实现了更高的能量转换效率，将功耗从 80 ℃ 下的 $4.5\ kW \cdot h / m^3$ 降低到 100 ℃ 下的 $4.2\ kW \cdot h / m^3$。[7]

如何增加 PEMWE 的操作压力也是一个活跃的研究领域。为了在社会上大规模地利用氢气，会优先选较高的压力，尤其是在有加氢站的情况下，这是因为在环境条件下氢气的体积能量密度非常低。目前使用压缩机对氢气加压，但是这些压缩机的效率未达到可接受的水平，并且它们的噪声很大。因此，直接生产高压氢气有明显的优势，如图 10-2 所示[8]。尽管从热力学上预测生产高压氢气需要更高的电解电势，但不需要压缩机是一个巨大的优势。

应该探明高压 PEMWE 的最佳操作压力条件。高压运行导致气体交换增加，从而导致电流效率较低[9]。将气体密封在电池中也是一个具有挑战性的问题。而且，高压运行增加了安全风险。高压氢气仅通过薄 PEM（例如 $100\ \mu m$）与氧气分离。这些技术问题应得到解决，技术水平决定了当前可能达到的压力上限。

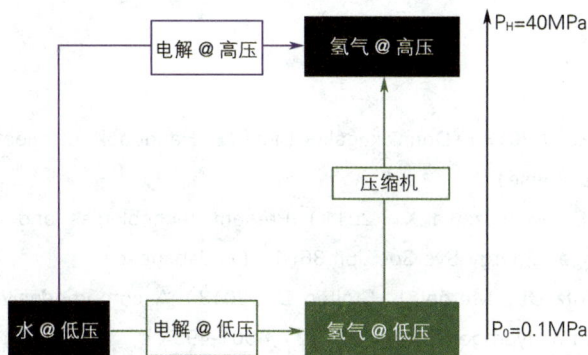

图 10-2　使用 PEMWE 直接生产高压氢气比生产低压氢再压缩至高压更有优势

　　图 10-3 是电化学氢泵（EHP）的示意图，其结构与 PEMFC 相似。EHP 是一项生产高压氢气的有吸引力的技术。低压氢气被供应到阳极，并被催化分解为质子和电子。这些粒子在阴极重新结合，产生高压氢气[10]。原则上，EHP 可假定为等温过程，而机械压缩是绝热过程。这表明 EHP 本质上具有更高的压缩效率。此外，与 PEMWE 相比，高压氢气与氧气的距离并不近。这些效率和安全性的优势意味着 EHP 是机械压缩的一种有前途的替代方案。EHP 的缺点是水管理困难。由于不是利用水的电解槽，因此没有向 EHP 供应水，而且，因为它不是燃料电池，所以不会产生水。因此，EHP 没有自我补水的机制，一旦 PEM 脱水后，欧姆过电势会增加。EHP 中 PEM 的水管理是一个关键问题[11]。使用 EHP 产生的压力高达 100 MPa 已经成功示范[12]，预计该技术最终将被广泛采用。

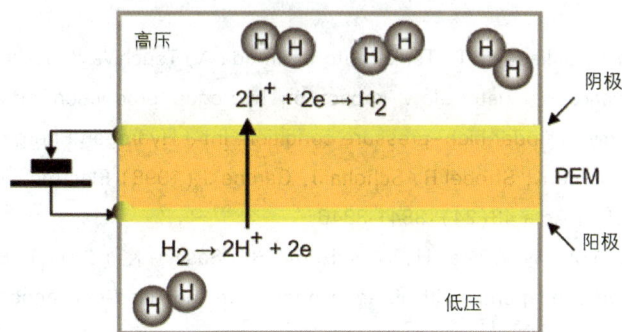

图 10-3　电化学氢泵（EHP）电池的示意图
其结构类似于 PEMFC。供应给阳极的氢气通过电化学过程被压缩

参考文献

1. Denkikagakukai（2013）Dennkikagaku Binran（Handbook of electrochemistry）6th edn. Maruzen（in Japanese）

2. Mitsushima S，Matsuzawa K（2011）Present technologies and subjects of water electrolysis. J Hydrogen Energy Sys Soc Jpn 36(1)（in Japanese）

3. Carmo M，Fritz DL，Mergel J，Stolten D（2013）A comprehensive review on PEM water electrolysis. Int J Hydrogen Energy 38(12)：4901-4934

4. Barbir F（2005）PEM electrolysis for production of hydrogen from renewable energy sources. Solar Energy78：661-669

5. Bose S，Kuila T，Nguyen TXH，Kim NH，Lau K，Lee JH（2011）Polymer membranes for high temperature proton exchange membrane fuel cell：recent advances and challenges. Prog Polym Sci36：813-843

6. Baglio V，Ornelas R，Matteucci F，Martina F，Ciccarella G，Zama I，Arriaga LG，Antonucci V，Aricò AS（2009）Solid polymer electrolyte water electrolyser based on Nafifion-TiO$_2$ composite membrane for high temperature operation. Fuel Cells 9：247-252

7. Antonucci V，Di Blasi A，Baglio V，Ornelas R，Matteucci F，Ledesma-Garcia J，Arriaga LG，Aricò AS（2008）High temperature operation of a composite membrane-based solid polymer electrolyte water electrolyser. Electrochim Acta 53：7350-7356

8. Eiji H，Nakazawa K，Taruya K，Ishikawa H，Okabe M（2011）Mechanical structure and performance evaluation of high differential pressure water electrolysis cell. Honda R&D Tech Rev23：90-97

9. Ito K，Maeda Y，Sakaguchi T，Tsukamoto S，In-ada A，Tsuchiya Y，Nakajima H（2015）Analysis and visualization of water flow impact on hydrogen production efficiency in solid polymer water electrolyzer under high-pressure condition. Int J Hydrogen Energy 40：5995-6003

10. Rohland B，Eberle K，Strobel R，Scholta J，Garche J（1998）Electrochemical hydrogen compressor. Electrochim Acta 43(24)：3841-3846

11. Ito K，Hao YM，Nakajima H，Yoshizumi H，Sasaki K（2013）Electrochemical characterization of hydrogen pump with internal humidifier and dead-end anode channel. ECS Trans 58 (1)：681-691

12. Bouwman PJ，Konink J，Semerel D，Raymakers L，Koeman M，Dalhuijsen W，Milacic E，Mulder M（2014）Electrochemical hydrogen compression. ECS Trans 64(3)：1009-1018

第 11 章 蒸汽电解

Hiroshige Matsumoto and Kwati Leonard

摘要：本章首先介绍了用于制氢的蒸汽电解槽的基本操作原理，其次讨论了通常在商业化设备中所使用的电池组件类型，尤其是电解质和电极材料，再次探讨了碱性水电解的效率以及在工业中的应用，最后指出了其最新的研究趋势。

关键词：蒸汽电解·电化学·制氢·水分解·电化学能量转换

11.1 操作原理

蒸汽电解是一种众所周知的利用电能将水分解产生氢气和氧气的方法。使用这种技术，只要所需的电力来自可再生能源（例如太阳能和风能），就可以在不产生 CO_2 的条件下制造出氢气。水电解技术的分类取决于所用电解质的类型和工作温度。类似于前面介绍的水电解技术（第 9 章和第 10 章），蒸汽电解使用离子传导性固体氧化物电解质，并且主要在 700~1 000 ℃ 的高温下运行[1]。在电解池结构、电极和电解质材料方面与固体氧化物燃料电池（SOFC）基本相似，只是它以"逆向"方式运行。如果使用固体氧化物离子导体作为电解质，则要在阴极处导入蒸汽。随着水分解所需电势施加，水分子解离形成氢气和氧离子。氢气扩散到表面并

H. Matsumoto (✉) K. Leonard
International Institute for Carbon-Neutral Energy Research (WPI-I2CNER),
Kyushu University, Fukuoka 819-0395, Japan
e-mail: matsumoto@ i2cner. kyushu-u. ac. jp

K. Leonard
e-mail: kwati@ i2cner. kyushu-u. ac. jp

© Springer Japan 2016
K. Sasaki et al. (eds.), *Hydrogen Energy Engineering*,
Green Energy and Technology, DOI 10. 1007/978-4-431-56042-5_11

被收集，同时氧离子通过电解质传输到阳极（空气电极），在此处被氧化成氧气并释放出电子。图 11-1（a）展示了蒸汽电解器的工作原理。电极方程如下：

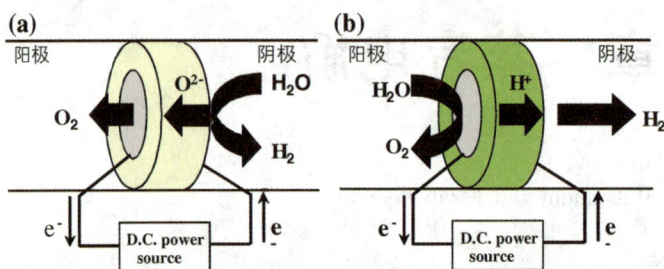

图 11-1　电解示意图：（a）使用氧化物离子导体电解质；（b）使用质子导体电解质

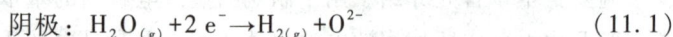

$$阴极：H_2O_{(g)} + 2\,e^- \rightarrow H_{2(g)} + O^{2-} \tag{11.1}$$

$$阳极：O^{2-} \rightarrow O_{2(g)} + 2\,e^- \tag{11.2}$$

两种电极反应都在气体（即水蒸气、氢气或氧气）、电解质和催化剂相接触的地方发生，这个地方也被称为三相界面。电极结构必须是多孔的，以便于气体扩散到三相界面。在使用混合电子和氧化物离子导体作为阳极的情况下，反应在两相（电极和气相）之间的界面处发生。

蒸汽电解在高温（例如 1 000℃）下进行，而碱性水电解（AWE，第 9 章）和聚合物电解质膜水电解（PEMWE，第 10 章）在相对较低的温度下（通常低于 100 ℃）运行。电极的过电位要低得多，因此不需要铂族金属作为催化剂。另外，为了在高温下运行，其耐用性和稳定性成为重大的技术挑战[2-5]。

除了可以使用氧化物离子导体作为电解质外，还可以使用质子导体。图 11-1（b）展示了使用质子导体进行蒸汽电解的过程。阳极和阴极反应发生如下：

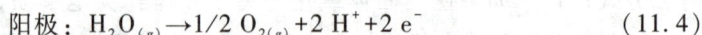

$$阴极：2\,H^+ + 2\,e^- \rightarrow H_{2(g)} \tag{11.3}$$

$$阳极：H_2O_{(g)} \rightarrow 1/2\,O_{2(g)} + 2\,H^+ + 2\,e^- \tag{11.4}$$

使用氧化物离子电解质和质子传导性电解质进行蒸汽电解的主要区别在于：如果使用质子传导性电解质，蒸汽会在阳极侧引入，从阴极获得的氢不需要分离，因此其优势非常明显。而使用氧化物离子导电电解质制取的氢需要与水进一步分离。

11.2　电解质和电极材料

最常用的一类氧化物离子电解质是氧化钇稳定的氧化锆，其典型组成为 $(ZrO_2)_{0.92}(Y_2O_3)_{0.08}$。另一类电解质包括 $LaGaO_3$ 基体系，其特征是在中间温度下具有高电导率。质子电导氧化物的典型化学成分包括 $BaZr_{0.9}Y_{0.1}O_{3-\delta}$ 和

$SrCe_{0.95}Yb_{0.05}O_{3-\delta}$[6,7]。这当中的许多氧化物均具有 ABO_3 式的钙钛矿晶体结构[8-11]。氧化物离子导体和质子导体都被设计成在通过受体掺杂形成的晶格中具有氧化物离子（氧）空位。当氧化物离子空位是材料中的主要导电物质时，就会产生氧化物离子的传导性。而当周围的水分子结合到氧化物空位中时，就会形成质子传导性，水分子通过氢键与晶格中的氧空位结合形成质子。然后这些质子可通过破坏氢键并与其他氧原子形成氢键，实现从一个氧原子移动至另一个氧原子，这种机制称为跃迁。

产生氢气的阴极通常使用镍复合材料（金属陶瓷）。为使三相边界最大化，镍通常与氧化物离子导体如稳定的氧化锆（Ni-氧化钇稳定的氧化锆）、掺杂的二氧化铈 $Ce_{1-x}M_xO_{2-\delta}$（M = Gd，Sm）一起使用。在产生氧气的阳极侧，具有高电子传导性的钙钛矿型氧化物将与过渡金属结合使用。比如 $La_{1-x}Sr_xMnO_{3-\delta}$，$La_{1-x}Sr_xCo_{1-y}Fe_yO_{3-\delta}$ 和 $Sm_{0.5}Sr_{0.5}CoO_{3-\delta}$。当电解池具有两个以上的串联堆叠时，常需要使用连接体将电解池之间的阴极与阳极连接起来。为了使连接体在工作温度下的氧化和还原条件下都稳定，通常采用 $La_{1-x}Sr_xCrO_{3\pm\delta}$。

11.3 效率

氢气和氧气在高温下或催化剂的作用下很容易发生反应生成水。但是，逆反应不是自发发生的。因此，式 11.5 的吉布斯自由能的变化为正值。

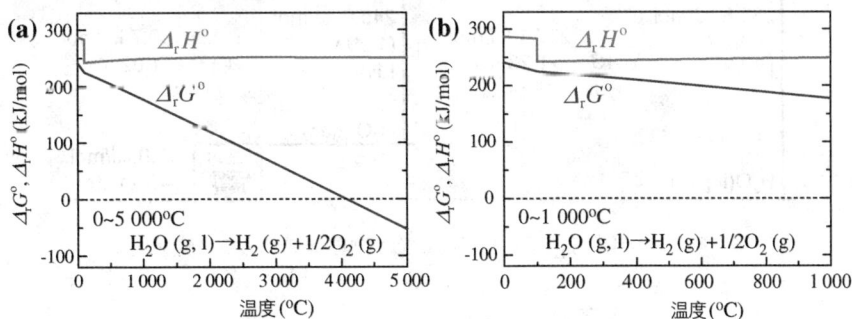

图 11-2 水电解的吉布斯自由能的标准变化和焓的标准变化：(a) 0~5 000 ℃ (b) 0~1 000 ℃

$$H_2O \rightarrow H_2 + 1/2\ O_2 \tag{11.5}$$

对图 11-2 (a) 中的热力学数据进行更仔细的观察后发现，在高于约 4 100 ℃ 的温度下，水分解反应的吉布斯自由能变化为负值。因此，水的分解状态（氢和氧）比水更稳定。但是因为在 4 100 ℃ 的高温下没有将氢和氧分开的方法，所以这并不是一种合适的制氢方法。

如电极反应所示，用于水分解的电解反应为式 11.1~式 11.4，只有在施加所需的水分解电位时才能发生。这意味着该反应在室温下甚至在几百摄氏度下都不是自发的。除了施加所需的水分解电位外，也可以通过降低反应的电化学势来引发阳极反应。类似地，在阴极侧，反应也可以通过增加电化学势来引发。由于电子参与两个电极反应，因此可以通过增加阳极相对于阴极的电化学势来产生电势差。施加电功，水就开始分解成氢和氧，所需的最小功为形成水时吉布斯自由能的变化，而最小电解电压为 $\Delta_f G$ 除以 $2F$（法拉第常数 F 为 96 485 C/mol）。为了在 1 bar 和 25℃ 下电解液态水以获得氢气和氧气，最小电解电位为 1.23 V（= 237.1 kJ/mol/2/96 485 C/mol），$\Delta_f G$ 等于水形成的标准自由能，$\Delta_f G^0$ = 237.1 kJ / mol。

图 11-3 给出了蒸汽电解和水电解在电解电压输入以及热量输出方面的比较。如上所述，当 25℃ 的水中产生 1 bar 的氢气和氧气时，最低要求电压为 1.23 V，通过将反应的焓变除以 $2F$ 可获得电解电压为 1.48 V，这表示输入电能满足生成氢的输出化学能（即形成水的焓变），这满足热中性的条件。如果用于水电解的电压低于 1.48 V，将发生吸热反应。另外，在 600 ℃ 时蒸汽电解的标准吉布斯自由能为 199.7 kJ / mol，因此，在 1 bar 下需要 1.02 V 的最小电解电压。其焓变为 245.0 kJ / mol，因此热中性电压为 1.29 V。

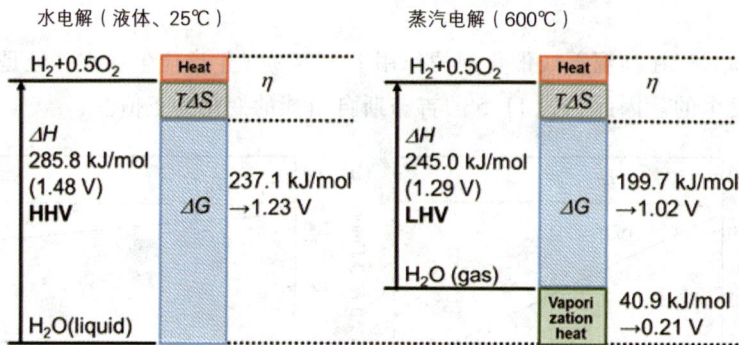

图 11-3 水电解（25℃）和蒸汽电解（600℃）的热力学比较示意图

11.4 蒸汽电解的示例

参考文献[10]中展示了使用 $Sr\,Zr_{0.5}Ce_{0.4}Y_{0.1}O_{3-\alpha}$（SZCY541）作为电解质在 600 ℃ 下进行蒸汽电解的示例。产生氢气的阴极由 Ni 和 $Sr\,Zr_{0.5}Ce_{0.4}Y_{0.1}O_{3-\alpha}$（SZCY541）的复合材料制成。产生氧气的阳极由 $Sm_{0.5}Sr_{0.5}Co_{3-\delta}$ 制成。为了评估两种不同厚度的电解质的影响，制备两种电解质进行蒸汽电解实验，一种是在电解质支撑的电解池中使用了厚电解质（~0.5mm），另一种是使用了电极支撑的薄膜型电解质

（~22μm）。图 11-4 展示了制成薄膜电解质的 SEM 图像。其中，图 11-4（a）俯视图显示电解质非常致密，而图 11-4（b）中电解质层厚度约为 22μm，图 11-4（c）显示了两个电解池的电流-电压特性。与电解质支撑的电解池相比，薄膜电解质电解池的过电压要小得多。此外，在电流密度为 0.1 A/cm^2 的情况下，薄膜电解质电解池的端电压约为 1.2 V。使用 1% 的 H$_2$ 和 1% 的 O$_2$（用氩气稀释）作为载气进行实验，对于获得 100% 的 H$_2$ 和 100% 的 O$_2$，所需的电解电压为 1.4 V。这意味着高热值（HHV）效率为 106%，而低热值（LHV）效率为 92%。因此，该实验表明，蒸汽电解制氢具有极高的效率。

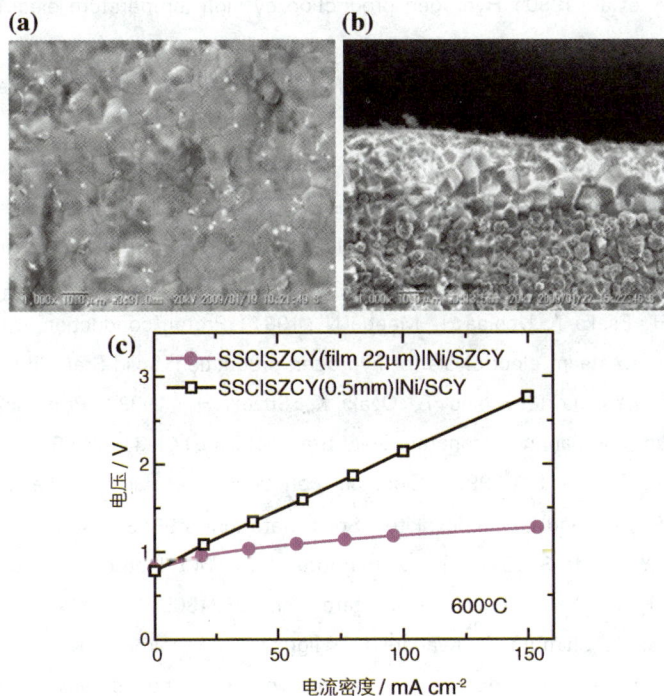

图 11-4　扫描电子显微镜（SEM）图像

（a）为 SZCY541 电极支撑的薄膜电解质表面（b）为横截面（~ 22 m 厚）（c）为使用 22 m 厚的 SZCY541 电解液（实心圆）和 0.5 mm 厚的电解液（空心正方形）在 600 ℃下运行时，蒸汽电解的 I-V 特性。（已获得参考文献[11]许可）

11.5　总结与未来展望

相对于其他电解方法（例如 AWE 或 PEMWE），蒸汽电解技术通常使水分解电压维持在较低水平，部分原因是其工作温度比其他技术高得多。设想采用质子传导性氧化物在约 600 ℃ 或更低的温度下操作，从而可以提高耐久性并减少使用材料限制。目前，HHV 效率达到 106%，LHV 效率达到 92%（600℃ 时为 0.1 A/cm），而且还发现了具有高电导率的电解质。展望未来，我们设想在 0.5 A/cm² 的电流密度和 1.4 V 的电解电压下将实现较高的制氢效率。

参考文献

1. Doenitz W et al (1980) Hydrogen production by high temperature electrolysis of water vapour. Int J Hydrogen Energy 5(1):55-63

2. Badwal SPS (1992) Zirconia-based solid electrolytes: microstructure, stability and ionic conductivity. Solid State Ionics 52(1-3):23-32

3. Ishihara T, Matsuda H, Takita Y (1994) Doped LaGaO$_3$ perovskite type oxide as a new oxide ionic conductor. J Am Chem Soc 116(9):3801-3803

4. Takahshi T, Iwahara H (1980) Protonic conduction in perovskites type oxides solid solutions. Rev Chim Miner 17(4):243-253

5. Iwahara H, Esaka T, Uchida H, Maeda N (1981) Proton conduction in sintered oxides and its application to steam electrolysis for hydrogen production. Solid State Ionics 3-4:359-363

6. Iwahara H, Yajima T, Hibino T, Ozaki K, Suzuki H (1993) Protonic conduction in calcium, strontium and barium zirconates. Solid State Ionics 61(1-3):65-69

7. Nomura K, Tanase S (1997) Electrical conduction behavior in (La$_{0.9}$Sr$_{0.1}$)M^{III}O$_{3-\delta}$ (M^{III} = Al, Ga, Sc, In, and Lu) perovskites. Solid State Ionics 98(3-4):229-236

8. Okuyama Y, Ikeda S, Sakai T, Matsumoto H (2014) Incorporation of a proton into La$_{0.9}$Sr$_{0.1}$(Yb$_{1-x}$M$_x$)O$_{3-\delta}$(M = Y, In). Solid State Ionics 262:865-869

9. Matsumoto H, Shimura T, Iwahara H, Higuchi T, Yashiro K, Kaimai A, Kawada T, Mizusaki J (2006) Hydrogen separation using proton-conducting perovskites. J Alloy Compd 408-412:456-462

10. Matsumoto H, Sakai T, Okuyama Y (2013) Proton-conducting oxide and applications to hydrogen energy devices. Pure Appl Chem 85(2):427-435

11. Leonard K, Lee Y, Okuyama Y, Miyazaki K, Matsumoto H (2015) Influence of dopant levels on the hydration properties SZCY and BZCY proton conducting ceramics for hydrogen production. Int J Hydrogen Energy

第 12 章　光催化水分解

Aleksandar Staykov, Stephen M. Lyth and Motonori Watanabe

摘要：本章的主题是光催化水分解。首先讨论了从自然界中的光合作用到实验室中实现的人工光合作用。之后介绍了光催化水分解的基本原理，以及该原理在人工光合作用中的应用。最后讨论了用于可见光驱动的光催化，染料敏化可见光驱动的光催化，无机可见光驱动的光催化以及有机-无机杂化体系。

关键词：光催化水分解·人工光合作用·光催化·制氢·可再生制氢

12.1　简介

当前，绝大部分氢生产来自化石燃料的重整[1]。化石燃料是一种有限的资源，并且重整过程会排放大量的 CO_2。氢的绿色生产对于燃料电池的广泛使用和建立氢能经济至关重要[2,3]。利用阳光直接从水中制氢是一种非常理想的碳中性方法，光催化可以使之成为现实。但是，该领域的研究仍处于非常基础的水平，仅限于实验室研究，在大规模应用该项技术之前还需要进一步的开发。地球上最大的元素氢储

A. Staykov (⊠) · S. M. Lyth　M. Watanabe
International Institute for Carbon-Neutral Energy Research (WPI-I2CNER),
Kyushu University, Fukuoka 819-0395, Japan
e-mail: alex@ i2cner. kyushu-u. ac. jp

S. M. Lyth
e-mail: lyth@ i2cner. kyushu-u. ac. jp

M. Watanabe
e-mail: mwata@ i2cner. kyushu-u. ac. jp

© Springer Japan 2016
K. Sasaki et al. (eds.), *Hydrogen Energy Engineering*,
Green Energy and Technology, DOI 10. 1007/978-4-431-56042-5_12

量是水以化学键合的，如果可以获取水中的氢，则可以提供丰富的无碳氢气的来源。而水可以通过电化学反应分解为氢和氧，如前所述通过电解的方法，但是，用于电解的能源也应该是完全可再生能源，否则CO_2的排放仍然是一个问题。

利用太阳光制氢是氢能工程的重要目标之一。该技术具有如下几个优点：首先其系统很简单，因为仅需要光催化剂、阳光和水；其次它所要求的条件是温和的，因为反应即使在室温下也会发生；最后，该技术不会排放CO_2。虽然将太阳能直接转化为氢能很有优势，但是，在实现大规模的光催化水分解之前，还必须克服许多其他挑战。这些挑战将在下面讨论，重点是用于水分解的基于半导体的光催化剂方面的挑战。除此之外，下面还综述了光催化水分解制氢的基本原理和最新进展。

12.2 光合作用

光催化水分解本质上是人工光合作用。光合作用是植物利用光能将水和二氧化碳转化为碳水化合物（例如糖）和氧气的一个过程[4]，该作用发生在植物细胞内的叶绿体内部，在叶绿体内部含有叶绿素蛋白质，这种蛋白质可以吸收光能。叶绿素吸光色素是以镁离子为中心的金属有机卟啉分子。光合作用通常分为两个子过程：光反应和暗反应。在光反应中，水失去电子，产生氧气和质子。然后，电子参与暗反应，生成三磷酸腺苷（ATP，一种能量存储和传输分子），并将二氧化碳转化为糖。光合作用是地球上生命的重要能量来源，也是基本有机分子形成的来源，并且它在维持大气中的氧气含量以及控制CO_2含量方面也很重要。实际上，每年通过光合作用将大约1×10^{11} t的CO_2转化为生物质[5]。

可以在人工光合作用反应中利用这一过程吗？光合作用的水分解反应是光依赖性的，如果能实现人工光合反应，我们将能够利用阳光来制备氢。这意味着我们能够利用来自太阳的能量实现碳中性氢气的生产，而不会产生任何对环境有害的副产品。

12.3 人工光合作用

光催化剂通常具有半导体性质。带隙是指导带（CB）与价带（VB）之间的能隙，它对应于激发光催化反应的吸收光的波长[6]。图12-1概述了光催化水裂解系统的基本机理。当一个能量大于带隙的光子被光催化剂（比如紫外线 UV）吸收时，TiO_2价带中的一个电子被激发（i）到导带上[7,8]，这导致在价带中产生一个带正电的空穴，由此产生的电子-空穴对是光催化水分解技术的关键。大多数电子-空穴对会立即重新结合，不再发生进一步的反应（ii）。例如，Yamada 等[9] 报道了在 $SrTiO_3$ 系统中几乎所有的电子-空穴对会重新结合，而不会发生进一步的反应。因此，电子空穴的分离以及由此产生的电子-空穴对的寿命是高效水分解的一个重要条件。当不发生复合时，电子-空穴对可以迁移到表面，在表面上，价带中的空穴可以氧化水（iii）并产生氧和质子（H^+），电子（通常在催化剂的帮助下，如下所述）通过与溶液中的 H^+ 反应产生氢气。

光催化水分解反应如以下方程所示：

$$2\,H^+ + 2\,e^- \rightarrow 2\,H_2 \tag{12.1}$$

$$2\,H_2O \rightarrow O_2 + 4\,H^+ + 4\,e^- \tag{12.2}$$

对于析氢反应（H^+ / H_2），在 pH = 0 时，需要比标准氢电极（NHE）电位更高的电位。对于析氧反应（O_2 / H_2O），在 pH = 0 时[7]，电势必须低于 1.23 V。电子和空穴生成的时间尺度是飞秒级，而析氢反应的时间尺度是纳秒级的。析氧反应比析氢反应慢得多，因为它需要四电子反应。一种常用的抑制复合和增强分离的方法是使用助催化剂，助催化剂通常是光催化剂表面上的金属纳米粒子。比如在上述实例中以 Pt 纳米颗粒充当助催化剂，将 Pt 的费米能级与 TiO_2 的导带很好地对准，可以使电子更容易转移到 Pt 纳米粒子的表面。在这种情况下，氢气实际在 Pt 的表面上产生，因此，这种方法使电子/空穴复合的概率明显降低，助催化剂也是催化反应的场所。典型的析氢反应助催化剂包括贵金属纳米颗粒，如 Pt[10,11]、Rh[11,12] 或 Au[13,14] 以及 NiO[15] 或 RuO_2 等金属氧化物[16,17]。而在析氧反应中，通常采用 IrO_2[18-20] 等金属氧化物纳米颗粒作为助催化剂。

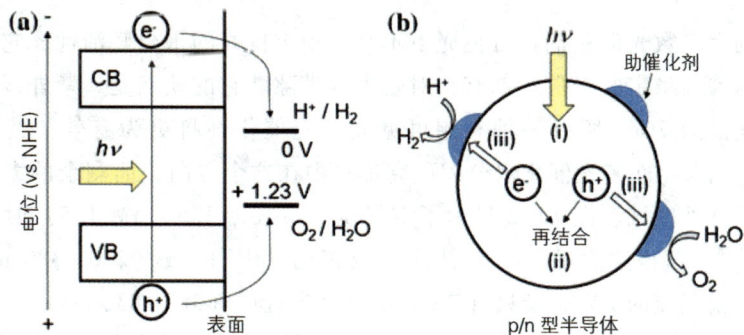

图 12-1　理想化的水分解光催化剂的示意图

12.4　人工光合作用的材料

1972 年，Honda 和 Fujishima 首次报道了光催化水分解，他们在电化学电池系统中使用了单晶的金红石TiO$_2$阳极和 Pt 阴极[21]。这种光驱动电荷分离现象后来被命名为 Honda-Fujishima 效应。1980 年对于光催化剂的科学领域来说是极其重要的一年，在这一年，Bard 等人报道了一种简化的负载有 Pt 的TiO$_2$粉末型光催化体系[22]；Sato 等人报道了粉末状铂化的 TiO$_2$ 光催化剂[10]的水分解；Kawai 等人报道了掺有RuO$_2$[16]的TiO$_2$粉体的水分解。此后，光催化水分解制氢成为一个非常热门的研究课题。

带隙对应于驱动光化学反应的吸收光的能量。价带的边缘应与水的能级对齐，导带的边缘应与氢的能级对齐以便有效地进行水分解。因此，带隙工程是光催化材料设计中的一个关键研究领域，它可以覆盖很宽的光谱范围。

第 4 族（T i$_4^+$，Zr$_4^+$）、第 5 族（Nb$_5^+$，Ta$_5^+$）和第 6 族（W$_6^+$）氧化物显示出适合用作光催化剂的能带结构，并具有良好的水分解性能。其中，钽氧化物具有特别好的光催化活性[23,24]。当掺入 La[25,26]或 Sr[27]时，NiO／NaTaO$_3$具有很高的活性。Ge$_3$N$_4$在紫外光下也具有良好的水解活性，是目前报道的具备水解活性的第一个无氧型光催化剂[20]。

12.4.1　可见光驱动的光催化

现有的大多数光催化剂在可见光下不会表现出良好的水分解活性，它们需要紫外光，因为许多稳定的光催化剂有相对较大的带隙。它的缺点是，紫外线只占地球表面太阳光谱的 7%，所以一种利用可见光的光催化剂将更为有效，其可以利用47%的光谱，因此许多光催化水分解研究都集中在这个方向，而剩余的太阳能在电磁光谱的近红外区域。图 12-2 显示了空气质量系数为 1.5（AM 1.5）时地球表面的阳光光谱[28]。值得注意的是，与其他区域相比，UV 区域（280~380 nm）非常窄。地球上太阳光的 UV 分量只有7%，而可见光区域（380~830 nm）占47%（如图 12-2 所示）。因此，如果利用可见光进行水裂解，其效率将会大大提高。

然而，水分解的一个关键问题是难以利用可见光。吸收能与能带隙之间的关系由普朗克关系式给出：

$$E = h / \lambda \tag{12.3}$$

其中 E 为带隙，h 为普朗克常数，λ 为吸收波长。从这个关系式可以看出，可

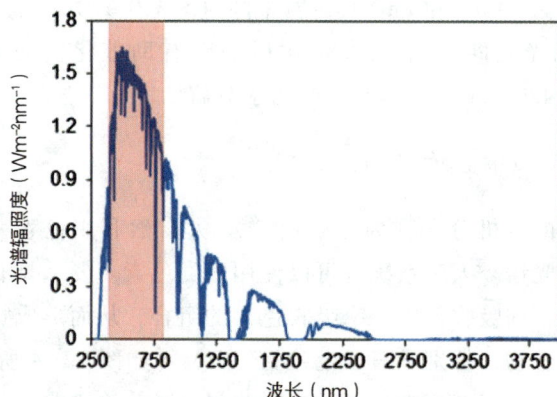

图 12-2 地球表面的太阳光谱（AM1.5）。可见光区域被突出显示（380~830 nm）

见光吸收所需的最大带隙为 3.0 eV（即 < 380 nm）。图 12-3 显示了各种半导体的能带结构。许多金属氧化物材料（如 $NaTaO_3$、$SrTiO_3$ 和 TiO_2）的导带高于 H^+/H_2 电势，价带低于 H_2O/O_2 电势，说明它们可以分解水。然而，其带隙对于可见光吸收[29]来说太大了。WO_3 合适的能带隙为 2.8 eV（440 nm），可以催化析氧反应，但导带太低，不能催化析氢反应[30]。最初使用的一些硫族化合物（如 CdS 和 CdSe）似乎具有足够小的带隙（2.4 eV，517 nm），且导带和价带处在适当位置，可用来催化水的分解[31-34]，然而，它们化学稳定性很低，容易被氧化失效。

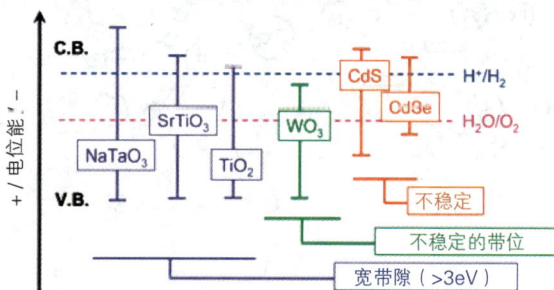

图 12-3 各种半导体材料的能带结构与制氢和制氧能级的关系[35]

（经参考文献[35]的允许转载，版权（2009），美国化学学会）

近年来，Domen 等开发了可见光响应型氮氧化合物光催化剂。如果用氮原子代替金属氧化物中的氧原子，则氮氧化合物的价带会移到更高的位置，而导带基本上不受影响[35]。含有 Ti_4^+[36]、Nb_5^+[37]和 Ta_5^+[37-40]的氮氧化合物光催化活性表现出小的能带间隙（1.9~2.5 eV）、可见光响应好以及优良的稳定性。

虽然一些无机半导体在可见光驱动下显示出良好的光催化活性，但仍然需提高效率和稳定性。例如，GaN 和 ZnO 具有宽带隙（> 3.0 eV），但氮化镓和氧化锌的固溶体是一种可见光光催化剂[41-44]。优化后的带有助催化剂的 GaN 和 ZnO 材料（2.6 eV 带隙）在 420~440 nm 具有良好的水分解活性[45]。

12.4.2 染料敏化可见光驱动的光催化

能够利用阳光的有机分子称为光敏剂[46]。大自然利用色素（主要是叶绿素）来吸收大部分可见光谱。人工系统也可以使用此类色素。要么具有宽吸收范围的单一色素，要么具有不同吸收范围的窄吸收色素的组合，从而形成宽吸收光谱的复合体系。钌聚吡啶配合物，特别是三联吡啶钌（II）（如图 12-4 所示）已被用于广泛制氢的研究，这是由于其高效的可见光吸收以及长寿命金属-配体电荷转移的激发态，使配合物成为强还原剂。

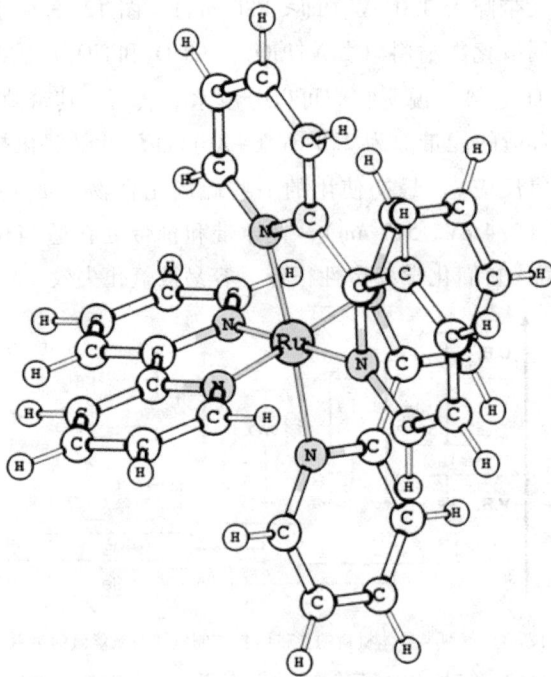

图 12-4 光敏剂三联吡啶钌（II）的结构

图 12-5 为使用 TiO_2 结合敏化剂染料从水中制氢的概念示意图。该染料吸收可见光并达到激发态（步骤 1）。如果染料中被激发电子的能级高于光催化剂的导带，则可能发生电子转移（步骤 2）。注入的电子迁移到表面的反应位置（步骤 3），并通过助催化剂（在这种情况下为 Pt）实现制氢（步骤 4），之后通过从牺牲剂或介

质中注入电子来再生氧化染料（步骤 5）。此外，一些电子在反应前被转移回染料中（步骤 6）。请注意，在这个系统中可以使用宽带隙半导体（例如 >3.0 eV）。

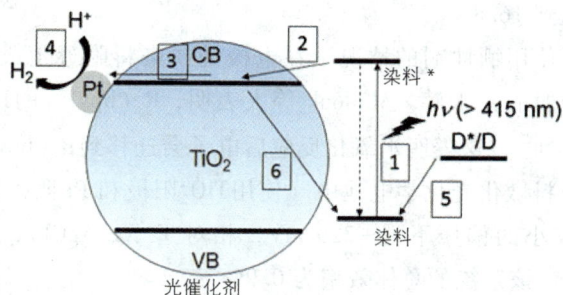

图 12-5　染料敏化光催化水分解

　　这个概念类似于染料敏化太阳能电池。1976 年，Tsubomura 等人报道了在多孔 ZnO 电极中使用玫瑰红染料对染料敏化太阳能电池在 563 nm 波长处的转换效率（η）为 1.5%[47]。1991 年，O'Regan 和 Grätzel 等人报道了使用具有 Ru 金属络合染料的多孔 TiO_2 电极，太阳能转化效率为 7%[48]。

　　1981 年，Borgarello 和 Gratzel 首次将染料敏化光催化剂用于制氢。他们将 TiO_2、Pt/RuO_2 助催化剂和 $Ru(bpy)_3^{2+}$ 染料结合使用，在可见光下制氢[49]。钌络合物染料由于具有的电子注入的稳定性和金属到配体的电子转移性表现出良好的电荷注入性能。此外，Houlding 和 Grätzel[50] 报道在可见光下使用 8-羟基-邻喹啉无金属染料制氢。

　　通过使用硅烷偶联剂等，可以提高这类光催化分解水制氢系统的效率和稳定性。使用偶联剂将染料和半导体直接偶联可以促进两个活性系统之间的电荷转移。例如，Abe 等报道了在可见光照射下，TiO_2 与一种伊红 Y 染料和一种硅烷偶联剂从水中稳定析氢[51]。最近，人们认为化学间隔物可以降低染料和半导体之间的电子复合速率，从而提高水的分解反应速率[52]。

　　影响制氢速率的其他因素包括温度、溶剂介质和光催化剂的稳定性。Han 等[53] 报道染料上的亲水取代基由于亲水基团和水之间的相互作用导致了复合速率的降低，从而导致了激发态的弛豫，因此，这种效应可能会提高产氢率。Lee 等报道在吩噻嗪中加入烷基链可以改善水分解性能。尽管烷基链对产氢速率的影响尚不清楚，但研究人员提出可以改变 TiO_2 上染料分子的方向，从而导致电子注入加速、染料激发过程中分解反应速率降低以及使用牺牲试剂将电子注入半导体和/或染料再生[54]。也可以修饰半导体和染料之间的表面以提高制氢活性。提高电子注入效率的一种方法是抑制半导体中的反向电子转移。Choi 等报道了 Al_2O_3 包覆 TiO_2 在可见光下提高产氢活性[55]。Al_2O_3作为阻挡层抑制染料中的电子回注。Peng 等研究了双核钌-吡啶络合物染料敏化TiO_2光催化剂，在 420 nm 单色光照射[56]下表现出良好的表观量子效率，可达到 16.8%。

如果可以在不使用牺牲剂的情况下在电极处或染料附近生成氧气（水氧化），则可以实现染料较弱的光水解。Mallouk 等人表明，$Ru(bpy)_3^{2+}$的IrO_2胶体具有可见光驱动的氧生成活性[57]，这表明水氧化反应后电子会迁移到$Ru(bpy)_3^{2+}$。最近，该系统被组合应用到染料敏化光化学电池中（使用TiO_2阳极和 Pt 阴极）。当用可见光照射该电池时，在较小的偏压下（-325 mV，相对于 Ag/AgCl），水被完全分解了（如图 12-6 所示）。该系统的总体效率为 0.9%[58]。

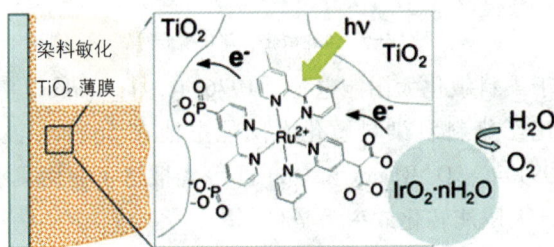

图 12-6　可见光驱动的染料敏化光化学电池

阳极为 TiO_2，阴极为 Pt，λ = 410 nm，pH = 5.75，缓冲液为水，相对于 Ag/AgCl[58]，-325 mV

（转载得到参考资料[58]的许可，版权（2009），美国化学学会）

12.4.3　无机 Z 型可见光驱动光催化

1979 年，Bard[59]提出了"双 n 型半导体"组合激发的两步水分解。该 Z 型系统模拟了植物光合作用的过程。该系统的优点是可以分离不同 n 型半导体中的电子-空穴对，通过抑制复合来提高电子的提取比例，因此，可以提高制氢活性。该系统包含析氧和析氢光催化剂以及电子介质。当光照射在析氧光催化剂上时，电子-空穴对被分离，电子迁移到电子介质（如图 12-7 所示）。介质将电子传递到析氢光催化剂上，然后由于吸收光而发生第二次电荷分离，产生的电子用于还原质子以产生氢。析氧光催化剂上的空穴用于氧化水以释放氧气，而析氢光催化剂上的空穴则用于氧化介质。

通常将Ti_4^+和Ta_5^+氧化物和氮化物用作析氢光催化剂，而将Ta_5^+，V_5^+，W_6^+和Mo_6^+氧化物用作析氧光催化剂。例如，载有I^-/I_3^-介体并掺有 Ta-Cr 的 $Pt/SrTiO_3$，Pt/WO_3系统在可见光下可使水完全光解。最初的量子产率约为 0.1%（420.7 nm）[60]，而在 420 nm 处进行优化后的量子产率接近 1%[61]。在 Pt/TaON 系统或 $Pt/ATa O_2N$

（A＝Ca，Sr，Br）系统中，载有I^-/I^{3-}的Pt/WO_3也可用于 Z 型的水分解，在 420 nm 处的量子产率为 0.4%[62,63]。Pt/ZrO：TaON，P$_t$/WO$_3$ 和 I^-/I^{3-} 量子产率为 6.3% （420.5 nm）[64]。其他氧化还原离子对也被用于 Z 型光合作用，如 Fe^{2+}/Fe^{3+}[65]。Ru/SrTiO_3：Rh 和 BiVO_4粒子的混合物在可见光下为 Z 型水分解，而无须使用介质（在 420 nm 下的量子产率为 1.7%）。在这种情况下，Ru/SrTiO$_3$：Rh 的表面促进了粒子之间的电子转移[66]。

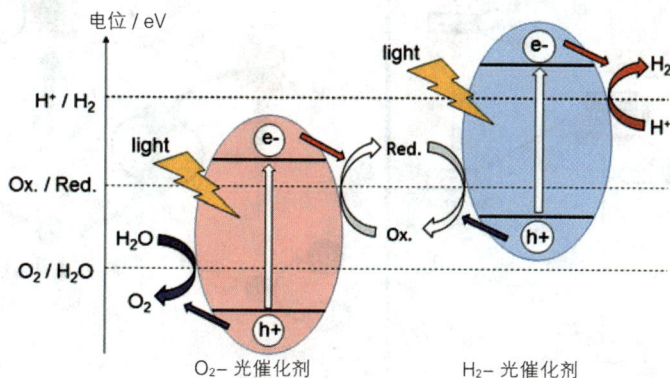

图 12-7　Z 型光催化水分解（转载得到参考文献[66]的许可，版权（2009），美国化学学会）

12.4.4　有机-无机杂化 Z 型可见光驱动的光催化

　　Gratzel 等报道了在完全水解体系中使用染料敏化光催化剂的 Z 型电子转移（如图 12-8（a）所示）[67,68]。该体系以介孔氧化钨薄膜作为制氧催化剂，并以染料敏化半导体（介孔氧化钛薄膜）作为制氢催化剂。近年来，Abe 等报道了在可见光下（λ＝ 500 nm， ＝ 0.1%）使用的粉末光催化剂，即 Ir O$_2^-$P$_t$／W O$_3$与 Pt／H$_4$N b$_6$O$_{17}$，并以I^-／I^{3-}为中间介质，一种以香豆素为基础的染料敏化 Z 型水裂解反应（如图 12-8（b）所示）[69]。

　　有机材料也可用作介质。Hagiwara 等[70,71]报道了经卟啉染料（Cr-TPP）修饰的 Zr 掺杂型 KTa O$_3$，其可以通过 Z 型电子转移完全分解水（如图 12-9 所示）。由于 KTa（Zr）O$_3$的带隙较宽（3.0 eV），因此可以在其表面涂覆有可见光响应的卟啉。在这个体系中，通过半导体到染料的电子转移实现水的分解。第一次电荷分离发生在 KTa（Zr）O$_3$上，导带中的电子迁移到有机染料上，电子通过有机染料的二次激发和助催化剂的作用下，在有机染料的表面产生氢气。最近，使用 RhO$_x$，NiO/卟啉/Ir O$_2^-$ GaN：ZnO 体系进一步发展了这种方法[72]。

　　石墨碳氮化物（g-C$_3$N$_4$）可用于此类光催化剂体系。g-C$_3$N$_4$/Au/P3HT/Pt 体

系展示了可见光条件下水的 Z 型制氢方法，尽管它没有实现完全的水分解（如图 12-10（a）所示）[73]。如前文已讨论的 Ru/SrTiO$_3$：Rh 和 BiVO$_4$颗粒的混合物具有水分解特性。当这两个粒子共载于氧化石墨烯（GO）上时，其促进了电子从 BiVO$_4$到 Ru/SrTiO$_3$：Rh 的快速转移[74,75]。该结果表明 GO 可用作光催化剂的介质（如图 12-10（b）所示）。

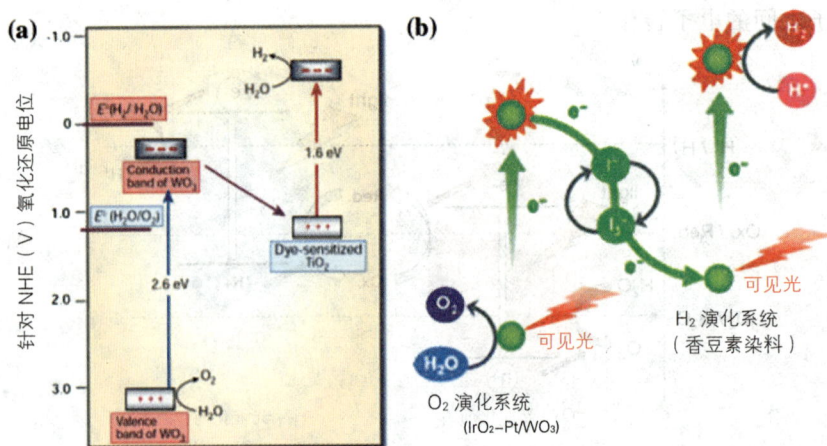

图 12-8 Z 型，可见光驱动的染料敏化光催化

（a）薄膜光催化剂[68]　　　（b）粉末光催化剂[69]

（转载自 Macmillan Publishers Ltd：Nature 参考文献[68]，版权所有（2001）；转载自参考文献[69]，获得英国皇家化学学会的许可）

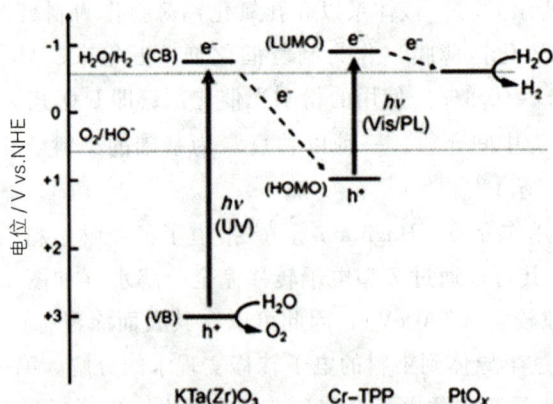

图 12-9 KTa（Zr）O$_3$ Z 型水分解[71]

（转载得到参考文献[71]的许可，版权所有（2009），J WILEY-VCH Verlag GmbH & Co. KGaA, Weinheim）

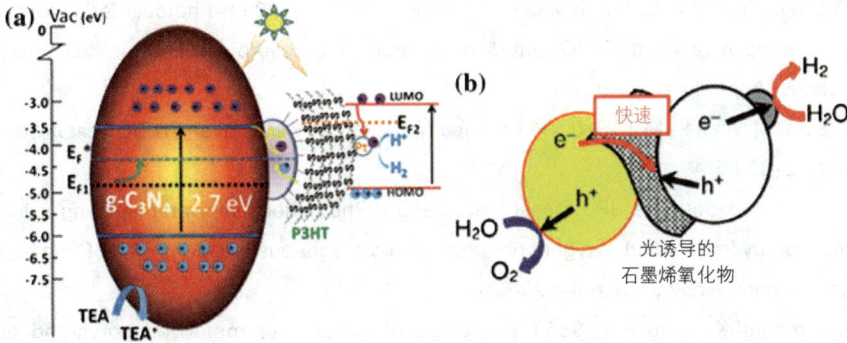

图 12-10

（a）g-C$_3$N$_4$/Au/P3HT/Pt 系统[73]　　（b）BiVO$_4$/GO/SrTiO$_3$：Rh 的可见光驱动 Z 型染料敏化水分解[74]

（参考文献[73]经皇家化学学会许可转载，转载得到参考文献[74]的许可，版权所有（2011）美国化学学会）

参考文献

1. Ogden JM （1999） Prospects for building a hydrogen energy infrastructure. Ann Rev Energy Environ 24：227-279

2. Bard AJ, Fox AM （1995） Artificial photosynthesis：solar splitting of water to hydrogen and oxygen. Acc Chem Res 28：141-145

3. Arakawa H, Aresta M, Armor JN, Barteau MA, Beckman EJ, Bell AT, Bercaw JE, Creutz C, Dinjus E, Dixon DA, Domen K, DuBois DL, Eckert J, Fujita E, Gibson DH, Goddard WA, Goodman DW, Keller J, Kubas GJ, Kung HH, Lyons JE, Manzer LE, Marks TJ, Morokuma K, Nicholas KM, Periana R, Que L, Nielson JR, Sachtler WMH, Schmidt LD, Sen A, Somorjai GA, Stair PC, Stults Tumas W （2001） Catalysis research of relevance to carbon management：progress, challenges, and opportunities. Chem Rev101：953-996

4. Nelson N, Ben-Shem A （2004） The complex architecture of oxygenic photosynthesis. Nat Rev Mol Cell Biol 5：971-982

5. Field CB, Behrenfeld MJ, Ran derson JT, Falkowski P （1998） Primary production of the biosphere：integrating terrestrial and oceanic components. Science 281：237-240

6. Yan H, Wang X, Yao M, Yao X （2013） Band structure design of semiconductors for enhanced photocatalytic activity：the case of TiO$_2$. Prog Nat Sci Mater Intern 23：402-407

7. Inoue Y （2009） Photocatalytic water splitting by RuO$_2$-loaded metal oxides and nitrides with d0- and d10-related electronic configurations. Energy Environ Sci 2：364-386

8. Linsebigler AL, Lu G, Yates JT （1995） Photocatalysis on TiOn surfaces：principles, mechanisms, and selected results. Chem Rev 95：735-758

9. Yamada Y, Yasuda H, Tayagaki T, Kanemitsu Y (2009) Photocarrier recombination dynamics in highly excited $SrTiO_3$ studied by transient absorption and photoluminescence spectroscopy. Appl Phys Lett 95:121112

10. Sato S, White JM (1980) Photodecomposition of water over Pt/TiO_2 catalysts. Chem Phys Lett 72:83-86

11. Lehn JM, Sauvage JP, Ziessel R (1980) Photochemical water splitting continuous generation of hydrogen and oxygen on irradiation of aqueous suspensions of metal loaded strontium titanate. Nouv J Chim 4:623-627

12. Yamaguti K, Sato S (1985) Photolysis of water over metallized powdered titanium dioxide. J Chem Soc, Faraday Trans 1(81):1237-1246

13. Bamwenda GR, Tshbota S, Nakamura T, Haruta M (1995) Photoassisted hydrogen production from a water-ethanol solution: a comparison of activities of $Au-TiO_2$ and $Pt-TiO_2$. J Photochem Photobiol A 89:177-189

14. Iwase A, Kato H, Kudo A (2006) Nanosized Au particles as an efficient cocatalyst for photocatalytic overall water splitting. A Catal Lett 108:7-10

15. Domen K, Naito S, Soma M, Onishi T, Tamaru K (1980) Photocatalytic decomposition of water vapour on an $NiO-SrTiO_3$ catalyst. J Chem Soc Chem Commun 543-544

16. Kawai T, Sakata T (1980) Photocatalytic decomposition of gaseous water over TiO_2 and TiO_2—RuO_2 surfaces. Chem Phys Lett 72:87-89

17. Inoue Y, Hayashi O, Sato K (1990) Photocatalytic activities of potassium-doped lead niobates and the effect of poling. J Chem Soc, Faraday Trans 86:2277-2282

18. Iwase A, Kato H, Kudo A (2005) A novel photodeposition method in the presence of nitrate ions for loading of an iridium oxide cocatalyst for water splitting. Chem Lett 34:946-947

19. Hara M, Waraksa C, Lean JT, Lewis BA, Mallouk TE (2000) Photocatalytic water oxidation in a buffered Tris(2,2'-bipyridyl) ruthenium complex-colloidal IrO_2 system. J Phys Chem 104:5275-5280

20. Sato J, Saito N, Yamada Y, Maeda K, Takata T, Kondo JN, Hara M, Kobayashi H, Domen K, Inoue Y (2005) RuO_2-loaded $\beta-Ge_3N_4$ as a non-oxide photocatalyst for overall water splitting. J Am Chem Soc 127:4150-4151

21. Honda K, Fujishima A (1972) Electrochemical photolysis of water at a semiconductor electrode. Nature 238:37-38

22. Bard AJ (1980) Photoelectrochemistry. Science 207:139-144

23. Kato H, Kudo A (2003) New tantalate photocatalysts for water decomposition into H_2 and O_2. Chem Phys Lett 295:487-492

24. Kato H, Kudo A (2003) Photocatalytic water splitting into H_2 and O_2 over various tantalate photocatalysts. Catal Today 78:561-569

25. Kudo A, Kato H (2000) Effect of lanthanide–doping into NaTaO$_3$ photocatalysts for efficient water splitting. Chem Phys Lett 331:373-377

26. Kato H, Asakura K, Kudo A (2003) Highly efficient water splitting into H$_2$ and O$_2$ over lanthanum–doped NaTaO$_3$ photocatalysts with high crystallinity and surface nanostructure. J Am Chem Soc 125:3082-3089

27. Iwase A, Kato H, Okutomi H, Kudo A (2004) Formation of surface nano–step structures and improvement of photocatalytic activities of NaTaO$_3$ by doping of alkaline earth metal ions. Chem Lett 33:1260-1261

28. Bird RE, Hulstrom RK, Lewis LJ (1983) Terrestrial solar spectral data sets. Sol Energy 30:563-573

29. Scaife DE (1980) Oxide semiconductors in photoelectrochemical conversion of solar energy. Sol Energy 25:41-54

30. Xin G, Guo W, Ma T (2009) Effect of annealing temperature on the photocatalytic activity of WO$_3$ for O$_2$ evolution. Appl Surf Sci 256:165-169

31. Enea O, Bard AJ (1986) Photoredox Reactions at semiconductor particles incorporated into clays. CdS and. ZnS + CdS mixtures in colloidal montmorillonite suspensions. J Phys Chem 90:301-306

32. Hirai T, Okubo H, Komasawa I (1999) Size – selective incorporation of CdS nanoparticles into mesoporous silica. J Phys Chem B 103:4228-4230

33. Li Q, Guo B, Yu J, Ran J, Zhang B, Yan H, Gong JR (2011) Highly efficient visible–light – driven photocatalytic hydrogen production of CdS – cluster – decorated graphene nanosheets. J Am Chem Soc 133:10878-10884

34. Hoffman AJ, Mills G, Yee H, Hoffmann MR (1992) Q – sized cadmium sulfide: synthesis, characterization, and efficiency of photoinitiation of polymerization of several vinylic monomers. J Phys Chem 96:5546-5552

35. Maeda K, Domen K (2007) New non–oxide photocatalysts designed for overall water splitting under visible light. J Phys Chem C 111:7851-7861

36. Kasahara A, Nukumizu K, Hitoki G, Takata T, Kondo JN, Hara M, Kobayashi H, Domen K (2002) Photoreactions on LaTiO$_2$N under visible light irradiation. J Phys Chem A 106: 6750- 6753

37. Hitoki G, Takata T, Kondo JN, Hara M, Kobayashi H, Domen K (2002) Electrochemistry (Tokyo, Jpn.)70:463-465

38. Hitoki G, Takata T, Kondo JN, Hara M, Kobayashi H, Domen K (2002) An oxynitride, TaON, as an efficient water oxidation photocatalyst under visible light irradiation (k 500 nm) . Chem Commun 16:1698-1699

39. Hitoki G, Ishikawa A, Takata T, Kondo JN, Hara M, Domen K (2002) Ta$_3$N$_5$ as a

novel visible light-driven photocatalyst (<600 nm). Chem Lett 7:736-737

40. Yamasita D, Takata T, Hara M, Kondo JN, Domen K (2004) Recent progress of visible-light-driven heterogeneous photocatalysts for overall water splitting. Solid State Ion172: 591-595

41. Maeda K, Takata T, Hara M, Saito N, Inoue Y, Kobayashi H, Domen K (2005) GaN: ZnO solid solution as a photocatalyst for visible-light-driven overall water splitting. J Am Chem Soc 127:8286-8287

42. Maeda K, Teramura K, Takata T, Hara M, Saito N, Toda K, Inoue Y, Kobayashi H, Domen K (2005) Overall water splitting on $(Ga_{1-x}Zn_x)(N_{1-x}O_x)$ solid solution photocatalyst: relationship between physical properties and photocatalytic activity. J Phys Chem B 109: 20504-20510

43. Maeda K, Teramura K, Lu D, Takata T, Saito N, Inoue Y, Domen K (2006) Photocatalyst releasing hydrogen from water. Nature 440:295

44. Sun X, Maeda K, Faucheur ML, Teramura K, Domen K (2007) Preparation of $(Ga_{1-x}Zn_x)(N_{1-x}O_x)$ solid-solution from $ZnGa_2O_4$ and ZnO as a photo-catalyst for overall water splitting under visible light. Appl Catal A327:114-121

45. Maeda K, Teramura K, Domen K (2008) Effect of post-calcination on photocatalytic activity of $(Ga_{1-x}Zn_x)(N_{1-x}O_x)$ solid solution for overall water splitting under visible light. J Catal 254:198-204

46. Zhao J, Wu W, Sun J, Guo S (2013) Triplet photosensitizers: from molecular design to applications. Chem Soc Rev 42:5323-5351

47. Tsubomura H, Matsumura M, Nomura Y, Amamiya T (1976) Dye sensitised zinc oxide: aqueous electrolyte: platinum photocell. Nature 261:402-403

48. O Regan B, Grätzel M (1991) A low-cost, high-efficiency solar cell based on dye-sensitized colloidal TiO_2 films. Nature 353:737-740

49. Borgarello E, Kiwi J, Pelizzetti E, Visca M, Gratzel M (1981) Sustained water cleavage by visible light. J Am Chem Soc 103:6324-6329

50. Houlding VH, Gratzel M (1983) Photochemical hydrogen generation by visible light. Sensitization of titanium dioxide particles by surface complexation with 8 - hydroxyquinoline. J Am Chem Soc 105:5695-5696

51. Abe R, Hara K, Sayama K, Domen K, Arakawa H (2000) Steady hydrogen evolution from water on Eosin Y-fixed TiO_2 photocatalyst using a silane-coupling reagent under visible light irradiation. J Photochem Photobiol A 137:63-69

52. Watanabe M, Hagiwara H, Iribe A, Ogata Y, Shiomi K, Staykov A, Ida S, Tanaka K, Ishihara T (2014) Spacer effects in metal-free organic dyes for visible-light-driven dye-sensitized photocatalytic hydrogen production. J Mater Chem A 2:12952-12961

53. Han WS, Wee KR, Kim HY, Pac C, Nabetani Y, Yamamoto D, Shimada T, Inoue H, Choi H, Cho K, Kang SO (2012) Hydrophilicity control of visible-light hydrogen evolution and dynamics of the charge-separated state in Dye/TiO_2/Pt hybrid systems. Chem Eur J 18: 15368- 15381

54. Lee J, Kwak J, Ko KC, Park JH, Ko JH, Park N, Kim E, Ryu DH, Ahn TK, Lee JY, Son SU (2012) Phenothiazine-based organic dyes with two anchoring groups on TiO_2 for highly efficient visible light-induced water splitting. Chem Commun 48:11431-11433

55. Kim W, Tachikawa T, Majima T. Choi W (2009) Photocatalysis of dye-sensitized TiO_2 nanoparticles with thin overcoat of Al_2O_3: enhanced activity for H_2 production and dechlorination of CCl_4. J Phys Chem C 113:10603-10609

56. Zhang LX, Veikko U, Mao J, Cai P, Peng T (2012) Visible-light-induced photocatalytic hydrogen production over binuclear Ru II—bipyridyl dye-sensitized TiO_2 without noble metal. Chem Eur J 18:12103-12111

57. Hara M, Waraksa CC, Lean JT, Lewis BA, Mallouk TE (2000) Photocatalytic wateroxidation in a buffered tris(2,2'-bipyridyl)ruthenium complex-colloidal IrO_2 system. J Phys Chem A 104:5275-5280

58. Youngblood WJ, Lee SHA, Kobayashi Y, Hernandez–Pagan EA, Hoertz PG, Moore TA, Moore NL, Gust D, Mallouk TE (2009) Photoassisted overall water splitting in a visible light–absorbing dye-sensitized photoelectrochemical cell. J Am Chem Soc 131:926-927

59. Bard AJ (1979) Photoelectrochemistry and heterogeneous photo – catalysis at semiconductors. J Photochem 10:59-75

60. Sayama K, Mukasa K, Abe R, Abe Y, Arakawa H (2001) Stoichiometric water splitting intoH_2 and O_2 using a mixture of two different photocatalysts and an IO_3^-/I^- shuttle redox mediator under visible light irradiation. Chem Commun 23:2416-2417

61. Abe R, Sayama K, Sugihara H (2005) Development of new photocatalytic water splitting into H_2 and O_2 using two different semiconductor photocatalysts and a shuttle redox mediator IO_3^-/ I^-. J Phys Chem B 109:16052-16061

62. Higashi M, Abe R, Teramura K, Takata T, Ohtani B, Domen K (2008) Two step water splitting into H_2 and O_2 under visible light by $ATaO_2N$ (A = Ca, Sr, Ba) and WO_3 with IO_3^-/I^- shuttle redox mediator. Chem Phys Lett 452:120-123

63. Abe R, Takata T, Sugihara H, Domenb K (2005) Photocatalytic overall water splitting under visible light by TaON and WO_3 with an IO_3^-/I^- shuttle redox mediator. Chem Commun 3829-3831

64. Maeda K, Higashi M, Lu D, Abe R, Domen K (2010) Efficient nonsacrificial water splitting through two – step photoexcitation by visible light using a modified oxynitride as a hydrogen evolution photocatalyst. J Am Chem Soc 132:5858-5868

65. Kato H, Hori M, Konta R, Shimodaira Y, Kudo A (2004) Construction of Z-scheme type heterogeneous photocatalysis systems for water splitting into H_2 and O_2 under visible light irradiation. Chem Lett 33:1348-1349

66. Sasaki Y, Nemoto H, Saito K, Kudo A (2009) Solar water splitting using powdered photocatalysts driven by Z-schematic interparticle electron transfer without an electron mediator. J Phys Chem C 113:17536-17542

67. Gratzel M (1999) The artificial leaf, bio-mimetic photocatalysis. Cattech 3:4-17

68. Grätzel M (2001) Photoelectrochemical cells. Nature 414:338-344

69. Abe R, Shinmei K, Hara K, Ohtania B (2009) Robust dye-sensitized overall water splitting system with two-step photoexcitation of coumarin dyes and metal oxide semiconductors. Chem Commun 24:3577-3579

70. Hagiwara H, Ono N, Inoue T, Matsumoto H, Ishihara T (2006) Dye-sensitizer effects on a Pt/KTa(Zr)O_3 catalyst for the photocatalytic splitting of water. Angew Chem Int Ed 45: 1420- 1422

71. Hagiwara H, Inoue T, Kaneko K, Ishihara T (2009) Charge-transfer mechanism in Pt/ KTa(Zr) O_3 photocatalysts modified with porphyrinoids for water splitting. Chem Eur J 15: 12862- 12870

72. Hagiwara H, Watanabe M, Daio T, Ida S, Ishihara T (2014) Modification effects of meso-hexakis (pentafluorophenyl) hexaphyrin aggregates on the photocatalytic water splitting. Chem Commun 50:12515-12518

73. Zhang Y, Mao F, Yan H, Liu K, Cao H, Wua J, Xiao D (2015) A polymer-metal-polymer- metal heterostructure for enhanced photocatalytic hydrogen production. J Mater Chem A3:109-115

74. Iwase A, Ng YH, Ishiguro Y, Kudo A, Amal R (2011) Reduced graphene oxide as a solid-state electron mediator in Z-scheme photocatalytic water splitting under visible light. J Am Chem Soc 133:11054-11057

75. Lightcap IV, Kosel TH, Kamat PV (2010) Anchoring semiconductor and metal nanoparticles on a two-dimensional catalyst mat. Storing and shuttling electrons with reduced graphene oxide. Nano Lett 10:577-583

第三部分　储氢技术

Hai-Wen Li
日本福冈九州大学氢能国际研究中心

第三部分概述了储氢技术的基本原理和最新进展，储氢技术是实现可持续氢社会的关键问题之一。本部分将介绍固态氢存储材料、液态氢运输和高压压缩气体。

第 13 章　储氢基本原理

Etsuo Akiba

　　摘要：本章将介绍氢化物储氢所必需的基本知识，包括氢的物理化学性质、金属−氢系统的相图、氢与材料的相互作用、氢化物的热力学稳定性与反应动力学的相关内容。

　　关键词：氢·相图·氢与材料相互作用·热力学·米德马定律·动力学·储氢

13.1　氢的物理性质与化学性质

　　氢，化学符号 H，原子序数为 1，是元素周期表中最轻的元素。氢首次于 16 世纪早期由金属和酸反应生成。在 18 世纪，Henry Cavendish 认识到氢气是一种离散的物质。

　　氢是宇宙中最丰富的化学元素，占物质质量的 75%，占总原子数的 90% 以上（不包括暗物质和暗能量）。在地球上，氢通常以双原子分子的氢气（H_2）存在。氢气的一些物理性质见表 13-1。

　　氢双原子分子存在两种不同的自旋异构体，即正氢和仲氢。它们的区别在于原子核的相对自旋。在正氢分子中，两个质子（氢原子）的自旋是同向平行的，而在仲氢分子中，自旋是反向平行的。在标准状况（标准压力和标准温度，STP）下，氢气中含有大约 25% 的仲氢和 75% 的正氢，也被称为"正常形态"。正氢和仲氢的平衡比例取决于温度，例如在非常低的温度下，平衡态几乎 100% 由仲氢组

E. Akiba (✉)
Department of Mechanical Engineering, Faculty of Engineering, Kyushu University, Fukuoka, Japan
e-mail：e. akiba@ mech. kyushu-u. ac. jp

© Springer Japan 2016
K. Sasaki et al. （eds.）, *Hydrogen Energy Engineering*,
Green Energy and Technology, DOI 10. 1007/978-4-431-56042-5_13

成。由仲氢向正氢的转化是放热过程，因此能产生足够的热量使液相状态下的部分氢气蒸发，导致液化物质的损失。在氢气的液化过程中，可以使用催化剂来加速从正氢到仲氢的转化，进一步防止生成的液氢蒸发。

表 13-1　　　　　氢气部分常用物理性质参数表

相对分子质量	2.016
沸点	−252.0 ℃
熔点	−259.1 ℃
相对密度（空气为 1）	0.0695
临界压力	13.0 bar
临界温度	−240.0 ℃
液态密度（沸点处）	70.8 kg/m³
气态密度（20℃，1bar）	0.083764 kg/m³
热导率（20°C，1bar）	1.897 mW/cm · K

氢有三种同位素，分别为 ^1H、^2H 和 ^3H。^1H 是最常见的氢同位素，其丰度超过 99.98%，该同位素的原子核只有一个质子而无中子，其被命名为氕，但很少使用该名称。^2H 被称为氘，其原子核中含有一个质子和一个中子。^3H 被称为氚，其原子核中含有一个质子和两个中子，它具有放射性，经过 β 衰变为 ^3He，半衰期为 12.32 年。氘和氚的同位素符号 D 和 T 分别对应于 ^2H 和 ^3H。

氢气与空气能够形成爆炸性混合物，按体积计其浓度范围是 4%～75%。因此检测低浓度氢是一项重要的、高精度的技术。氢气燃烧的火焰几乎看不见，氢气燃烧焓值为−286 kJ/mol。

氢元素与其他元素形成氢化物。根据组合元素的不同，氢在所组成的氢化物中可能携带正电荷、负电荷或是电中性。氢化物将在本书后面进一步详细讨论。

13.2　金属−氢体系相图

金属−氢体系的主要特性由其热力学因素决定。特别在如氢运输、氢储存、热泵和蓄热器等应用类型中，金属−氢体系的运行性能很大程度上由其自身的热力学参数决定，因此理解这类系统的热力学性质是非常重要的。本节将重点介绍实际应用中金属−氢体系的热力学性质。相关方面的理论将由 Flanagan 和 Oates[1] 以及 Griessen 和 Riesterer[2] 详细介绍。

金属与氢之间的平衡关系可以用压力-组成-温度（p-c-t）等温线表示，如图
13-1 所示。当氢气进入系统时，溶解在金属晶格中，形成固溶体，对应于图 13-1
中 AB 所示的区域。由于金属和氢形成的氢化物是化合物，因此利用吉布斯相律

$$f = c - p + 2 \tag{13.1}$$

（注：该公式中 c 是体系的组元种数、p 是体系的相种数）

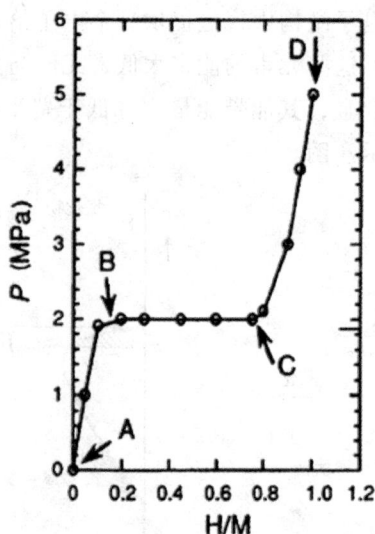

图 13-1　压力-组分（p-c）等温线

系统的自由度 f 是金属(实际上是氢固溶相)与其氢化物和气态氢(在这种情况
下，组分 c 的数量为 2，相 p 的数量为 3)处于平衡状态的区域内的单位。这意味着，
对于给定的温度，氢平衡压力在两相区是恒定的，如图 13-1 等温线中的平台段
B-C 所示。这些特性有利于"热力机械"和氢储存系统，因为在加氢和脱氢过程
中，这一特性可以确保氢气压力恒定。当然实际上，等温线 B-C 不是完全水平的，
而是有一定程度的倾斜，而且实际上氢的吸收和解吸压力也是不相同的。

13.3　氢与材料的相互作用

过渡金属氢化物的形成原理本质上是金属键的形成。过渡金属（属于 IIIA 族到
VA 族）和钯能够形成稳定的二元氢化物。这些金属的原子半径在 123~200 pm 之间，
而氢的半径在 35~40 pm 之间。因此，氢可以占据金属亚晶格之间的空隙。然而，尽
管氢原子本身很小，但金属氢化物形成后通常仍能观察到 20%~30 % 的体积膨胀。
大多数形成稳定氢化物的金属间化合物的氢材料相互作用与二元氢化物相似。

在低电正性（与电负性相对）的碱金属和碱土元素中，氢化物由这些金属的阳离子和氢的阴离子（H⁻）组成，例如，与 NaCl 结构相同的 NaH。镁和铝是最有潜力的形成此类氢化物的元素，它们在地壳中含量丰富，且以氢化物形式存在的储氢重量比为 7% 以上。人们对 Mg 和 Al 氢化物的键合状态进行了深入研究，有报道称这两种氢化物都具有离子键和共价键的中间性质，但不是金属键的性质。

在过渡金属氢化物的电子结构中，氢提供一个电子给 d 轨道使其成键。而在含有镁和稀土元素的合金中，这些元素的能带太低，无法与氢形成键合状态。氢与过渡金属的 d 轨道结合形成合金，其能带能量刚好低于费米能级。图 13-2 为金属间化合物氢化物的电子能量示意图。

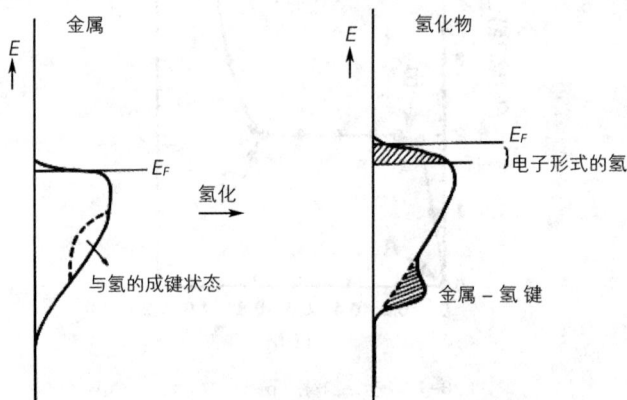

图 13-2　金属间化合物氢化物的电子能级结构示意图

13.4　氢化物的生成焓和平衡压强

氢化物的生成焓（热）是金属-氢体系的一个非常重要的参数，特别是在"热力学机械"的应用中，氢化物的生成焓决定了系统的功率和效率。氢化物的生成焓 ΔH 通常依据平衡和 P_{H_2} 随温度 T 的变化求出：

$$\ln P_{H_2} = \Delta H/RT - \Delta S/R \tag{13.2}$$

氢平衡压力与绝对温度倒数 $1/T$ 的关系曲线称为范特霍夫曲线。在该坐标图中，从斜率与 y 轴的截距可以分别求出氢化物的生成焓 ΔH 和生成熵 ΔS。图 13-3 是选定的金属间化合物-氢体系的范特霍夫图。而图 13-4 则是图 13-5 中两个平台区域的范特霍夫图，在氢-金属比率 H/M 分别为 0.25 和 0.7 时绘制平衡解吸压力曲线，$LaNi_5H_6$ 和 $LaNi_5H_3$ 两个不同相对应曲线的斜率给出了它们的分解焓（分别为 -32.7 和 -26.8 kJ/mol H_2）。

生成氢化物的吉布斯自由能变化量由下式给出：

$$\Delta G = \Delta H - T\Delta S \tag{13.3}$$

或

$$\Delta G = - RT\ln K = RT\ln P_{H_2} \tag{13.4}$$

式 13.2 可直接由上述两个方程直接导出。

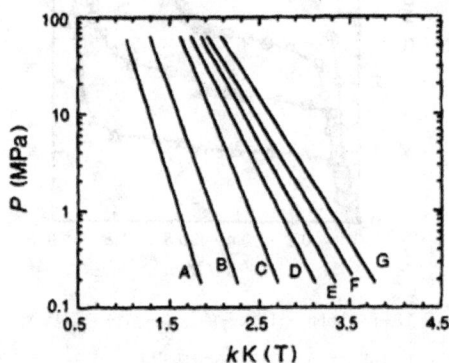

图 13-3　部分氢-合金体系的范特霍夫图

A Mg$_2$Ni；B LaNi$_4$Al；C ZrMn$_2$；D LaNi$_{4.8}$Al$_{0.2}$；E LaNi$_5$；F TiFe；G Ti$_{1.2}$Mn$_{1.8}$

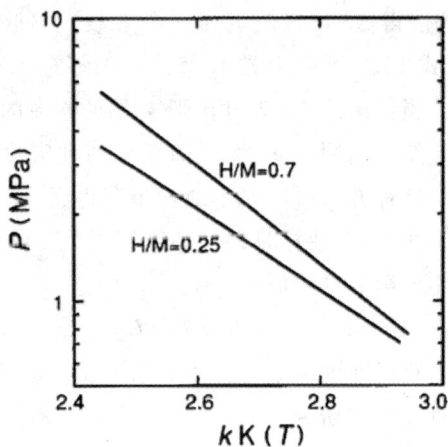

图 13-4　LaNi$_5$-H$_2$ 体系的等温线中两个平台区域所对应的范特霍夫图

金属-氢体系的平衡压力可以由图 13-1 所示的 p-c 等温线来确定。然而，测量得到的等温线可能有一个倾斜的平台，并存在"吸附滞后"现象（如图 13-5 所示）。而且氢的平衡压力还会受到包括金属间化合物的制备方法、组分金属占比的变化、退火条件、反应活化过程的步骤、经历加氢-脱氢循环的次数在内的多种因素的影响[3]。

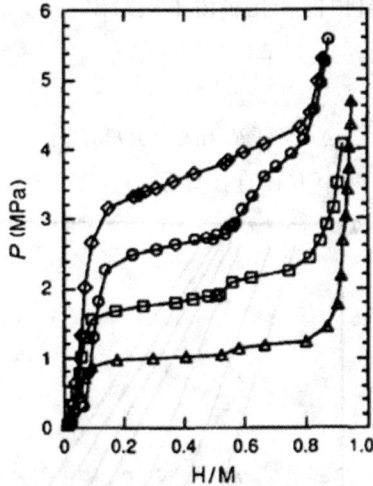

图 13-5 LaNi$_5$-H$_2$体系的压力-组分等温线图

353K 下（三角形）、373K 下（正方形）、393K 下解吸过程（圆形）、393K 下吸氢过程（菱形）

一般而言，一种合金与其对应氢化物的标准熵差很小，大概在10 J／（mol·K）。氢化物的熵变主要来自氢气标准熵的减少，标准熵值在 298 K 下为 130. 858 J／（mol·K），这使得 ΔS 可以假定为一个常数，不取决于金属间化合物的性质[4]。在这种假设下，式 13.2 可变为式 13.5，其中 C（$-\Delta S／R$）是一个不依赖于金属间化合物的常数。当使用式 13.2 时，则需要足够多的温度和平衡压力数据来计算氢化物的生成焓，然而利用式 13.5 只需要一对儿温度和氢平衡压力值就可以近似计算生成焓。借助这种方法可以简单地初步获得三元氢化物热力学性质的大致特征。然而当重新回到式 13.2 计算时，仍必须仔细监控测量过程中的实验条件，因为各项实验因素都可能会影响这些值。

$$\ln P_{H_2} = \Delta H/RT + C \tag{13.5}$$

利用热量测定法可以获得准确的氢化物生成焓数据，但是这种方法需要进行非常敏感的测量，只有相对较少的研究报告[5-9]。用这种技术测量生成焓的典型装置是带有双样品池的卡维（Calvet）式量热计[5]。该装置采用高压供氢，能够测量反应氢气的含量。表 13-2 给出了一些典型金属间化合物的氢化物生成焓。虽然这些数据主要来自氢平衡压力的范特霍夫图，如图 13-3 所示，但也列出了一些系统的量热测量结果。

表 13-2 部分典型金属间氢化物体系的热力学性质

金属间化合物类型（M）	MH_x，M 氢化物中含氢指数	氢平衡压力 $P(T)$ 单位：MPa（K）	氢化物的生成焓 H 单位 kJ/mol H_2	参考文献
$LaNi_5^a$	6.3	0.097（285）	−31.83± 0.09	Murray et al. [10]
$LaNi_5$	6	0.37（313）	−31.2	Buschow and van Mal[11]
$LaNi_{4.8}Al_{0.2}$	6	0.2（323）	−35	Mendelsohn[12]
$LaNi_4Al$	4	0.2（453）	−53	Mendelsohn[12]
$MmNi_5^b$	6.3	1.3（293）	−30	Osumi et al. [13]
TiFe	2	0.73（313）	−28.1（x<1.04）	Reilly and Wiswall[14]
TiCo	1.4	0.101（403）	−57.7（x<0.6）	Osumi et al. [15]
$Ti_{1.2}Mn_{1.8}$	2.47	0.7（293）	−28	Gamo et al. [16]
$ZrMn_2$	3.46	0.23（374）	−44.4	Ishido et al. [17]
ZrV_2	5.5	10^{-7}（323）	−202	Shaltiel et al. [18]
Mg^c	2	0.92（638）	−76.1±9.2	Chase et al. [19]
Mg_2Ni	4	1.15（633）	−62.7	Nomura et al. [20]
$CaNi_5^a$	6	0.077（313）	−33.1± 0.5 （1.1<x<2.0）	Murray et al. [6]
$CaNi_5$	6.2	0.08（313）	−33.5 （1.1<x<4.5）	Sandrock et al. [21]

[a]量热法测得数据 [b]稀土金属合金 [c]量热法测得数据与范特霍夫图数据的均值

13.5 金属间化合物氢化物的稳定性

由于氢化物的稳定性是一种重要的性质，人们提出了一些预测给定金属间化合物-氢体系稳定性的经验法则。其中最常用的是 Miedema 逆稳定性准则[22]，它提出氢化物与对应合金稳定性应具有如下关系：

$$\Delta H(AB_nH_{2m}) = \Delta H(AH_m) + \Delta H(B_nH_m) - \Delta H(AB_n) \qquad (13.6)$$

在该模型中，焓效应被认为是由组分元素之间的有效接触面积引起的。

在最简单的情形下，金属间化合物的氢化物生成焓等于两种金属的氢化物生成焓之和与金属间化合物的生成焓之差。一般而言，式 13.6 右侧的第一项为负，而且绝对值最大；而右侧的第二项很小，而且可能是正的。因此第一项和第二项的和对于给定类别的金属间化合物体系，具有几乎恒定的值。这意味着如果方程右侧的第三项，即金属间化合物生成焓的数值变得更负（相当于更稳定的金属间化合物），式 13.6 的左侧的数值就会变得更大（对应于更不稳定的金属间化合物氢化物）。考虑 LaNi$_5$，关系式变为

$$\Delta H(\text{LaNi}_5\text{H}_6) = \Delta H(\text{LaH}_3) + \Delta H(\text{Ni}_5\text{H}_3) - \Delta H(\text{LaNi}_5) \qquad (13.7)$$

方程右侧每一项的值分别为-252、+4 和-168 kJ／（mol 合金），从而给出了金属间化合物氢化物具有-80 kJ／（mol 合金）的生成焓值，换算后为-27 kJ／（mol H$_2$）。这与观测值-32 kJ／（mol H$_2$）非常吻合[22]。LaCo$_5$ 与 LaNi$_5$ 属于同一类型合金，但前者不如后者稳定。计算表明 ΔH（LaCo$_5$）值为-50 kJ／（mol H$_2$）[22]，即 LaCo$_5$ 的氢化物与 LaNi$_5$ 的氢化物相比更为稳定，很明显 AB$_5$ 型氢化物遵循 Miedema 逆稳定性准则。在 Mg$_2$XH$_y$（X: Fe、Co 或 Ni）体系中也发现了类似的关系。虽然 Mg$_2$Fe 和 Mg$_2$Co 合金实际上并不存在，但它们的氢化物是用机械合金法或烧结技术制备的[23,24]。根据这一点，可以认为 Mg$_2$Fe 和 Mg$_2$Co 合金不如 Mg$_2$Ni 合金稳定。而在相同温度下，Mg$_2$FeH$_x$ 和 Mg$_2$CoH$_x$ 的氢平衡压力均低于 Mg$_2$NiH$_x$[23,24]，可以推断 Mg$_2$Fe 和 Mg$_2$Co 的氢化物确实比 Mg$_2$Ni 更稳定。这意味着在这些体系中，不太稳定的合金会形成更稳定的氢化物。

13.6 反应动力学

金属间化合物与气态氢的直接反应是固相-气相反应，在某些方面不同于均相反应。首先"边界"的存在影响反应的动力学和机理。

氢气只存在于金属间化合物的表面[25]，氢分子（H$_2$）首先被吸附在化合物表面上，在那里分解成单个氢原子（H），然后氢原子扩散到金属间化合物本体中形成氢化物（如图 13-6 所示）。因此，表面（其中一个"边界"之一）在整个反应中起着非常重要的作用。如前所述，金属间化合物由小颗粒组成，反应在每个颗粒内部独立进行，表面上的氢原子扩散到粒子中与金属原子发生反应，在某些情况下，反应则是由氢化物层与金属原子层之间的边界扩散情况来控制的[17,26]。

理论上，由于分子在液相和气相中都在剧烈运动，所以在任何原子上都是以同样的方式发生均相反应。相反，固相气相反应一般是从固体的某个特定部分开始，比如晶界、晶体缺陷和杂质，在这些位置上反应核更容易形成。固相气相反应的第二个重要特征是固体中的各个原子对反应的贡献并不相等，因为各个原子固定在给定的位置。因此在许多情况下，不能用简单的动力学方程来描述反应。金属间化合物样品的制备方法、活化过程和来源等对反应力学有重要影响，因为它们决定了颗粒的大小、缺陷的数量以及晶界中任何沉淀物种的大小和性质[27,28]。迄今为止，尽

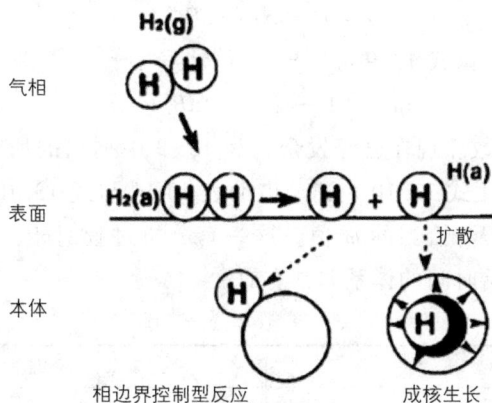

图 13-6　气态氢与合金发生反应示意图

管人们知道微观结构决定了这些材料的反应动力学和反应机理，但对金属间化合物的微观结构与反应动力学之间关系的研究还很少。

如前所述，活化的金属间化合物以极细粉末的形式存在，并且具有较低的导热系数。因此有效去除反应热显得尤为重要，否则反应速率将在很大程度上取决于传热过程。但是在实际操作中用于加氢的反应器热导率不够高，因此在几乎所有情况下，反应速率在很大程度上都是由传热控制的[29]。目前所观察到的反应动力学现象都是基于整体的反应速率，其中包括固有反应速率和传热速率的贡献，并且还受到金属间化合物微观结构的影响。本节将讨论对测量方法、反应速率的分析，以及已经获得的一些实验结果。

在固体反应中，已反应物质的分数表示该物质在原始固体中浓度变化的参数。如果用参数"α"表示反应物料量与总物料量（即原始物料量）的比率，则固相反应速率方程一般可以表示为

$$F(\alpha) = kt \tag{13.8}$$

其中 k 为反应速率常数，t 为反应时间。历史上曾利用重量法对包括碳酸盐和草酸盐等在内的无机盐分解的气相固相反应速率进行了广泛的研究。其中的参数 α 对于分析这些数据非常方便，因为它可以很容易地从观察到的重量变化中计算出来。

表 13-3 给出了用于固相气相反应研究的各种速率方程，包括实验观测到的和理论推导的速率方程。我们通过将观察到的反应速率与表中给出的反应速率进行比较以对反应机理进行分析[30]。

Hancock 和 Sharp 提出了一种非常便利的反应机理方法[31]：在表 13-3 中列出的式 13.9，称为 Avrarni-Erofeev 方程：

$$\alpha = 1 - \exp(-Bt^m) \qquad (13.9)$$

其中 m 取代了 1。由式 13.9 可以导出

$$-\ln[\ln(1-\alpha)] = \ln B + m\ln t$$

其中 B 和 m 是常数。现在已经发现，表 13-3 中列出的所有方程在 $0.15 < \alpha < 0.50$ 的情况下都可以用式 13.10 表达。借助表 13-4 与式 13.10，能够找出拟合观测数据最好的速率方程与恰当的 m 值。这一套分析过程对于处于反应诱导期的体系和无法确定反应起始时间的体系非常有效。

表 13-3　　　　　　　　　用于分析气相-固相反应的各类速率方程

反应类型	方程式
歧化反应	$dx/dt = A + B\alpha^n$
成核增长过程	$\alpha = kt^n$ $\alpha = 1 - \exp(-Bt')$
自催化反应	$\ln[\alpha/(1-\alpha)] = k(t - t_c)$
反应级数	$\alpha = kt$ $dx/dt = k(1-\alpha)$
相边界控制型反应	$1 - (1-\alpha)^{1/n} = kt/r_0$ $1 - (1-\alpha)^{1/3} = kt/r_0$ $1 - (1-\alpha)^{1/2} = kt/r_0$
扩散控制型反应	$[1 - (1-\alpha)^{1/3}]^2 = kt/r_0$ $(1-\alpha)\ln(1-\alpha) + \alpha = kt$

表 13-4　　　　　　　式 13.10 中常用速率方程与对应 m 参量值表

速率方程	m
$\alpha^2 = kt$	0.62
$(1-\alpha)\ln(1-\alpha) + \alpha = kt$	0.57
$[1 - (1-\alpha)^{1/3}]^2 = kt$	0.54
$1 - 2\alpha/3 - (1-\alpha)^{2/3} = kt$	0.57
$-\ln(1-\alpha) = kt$	1.00
$1 - (1-\alpha)^{1/2} = kt$	1.11
$1 - (1-\alpha)^{1/3} = kt$	1.07
$\alpha = kt$	1.24
$[-\ln(1-\alpha)]^{1/2} = kt$	2.00
$[-\ln(1-\alpha)]^{1/3} = kt$	3.00

Hancock 和 Sharp 的方法[31]适用于金属间化合物氢化物分解反应的研究，特别是在真空或无氢的情况下。然而氢化物形成过程中必须存在氢气，在这种情况下氢

气压力成为决定反应动力学的一个重要因素[25]。一般来说反应对氢气压力的依赖关系有三种类型。有效氢压，也即"反应驱动压力"，这不是氢气分压，而是环境氢气压力与氢气平衡压力的差值，如下所示：

$$\Delta P = P_{H_2} - P_e \qquad (13.11)$$

式中，P_{H_2} 和 P_e 分别为体系中的氢气压力和该反应温度下的氢气平衡压力。可以推导出三个典型的速率方程：

$$dn/dt = A\Delta P \qquad (13.12)$$

$$dn/dt = A\Delta P^{1/2} \qquad (13.13)$$

$$dn/dt = A\Delta P^0 \qquad (13.14)$$

其中 n 为已反应合金的分数，A 为常数。氢化物形成的反应方案如图 13-6 所示。氢压力和氢原子浓度之间的关系由 Sievert 定律给出

$$[H(a)] = KaKp\Delta P^{1/2} \qquad (13.15)$$

式中 $[H(a)]$、Ka、Kp 分别为吸附氢的量、吸附氢的解离常数的平方根和气态氢的吸附常数的平方根。

式 13.12 是该系统的一级速率方程。反应的一级动力学表明反应速率的决定性步骤过程要么是氢分子的分解过程，要么是速率与 $[H(a)]^2$ 成正比的过程。在式 13.13 中，反应速率则与表面氢原子的浓度成正比。而式 13.14 是零级速率方程，这是气相固相反应的一种特征形式，这一关系表明表面氢原子数不受氢压 ΔP 的影响。因此优选的吸附过程应当包括氢吸附过程，即使在极低的氢压下，表面也完全被氢原子覆盖。

参考文献

1. Flanagan TB, Oates WA (1988) Thermodynamics of intermetallic compound-hydrogen systems. In：Schlapbach L (ed) Hydrogen in intermetallic compounds I. Springer, Berlin, pp 49-85

2. Griessen R, Riesterer T (1988) Heat of formation models. In：Schlapbach L (ed) Hydrogen in intermetallic compounds I. Springer, Berlin, pp 219-284

3. Lynch JF, Reilly JJ (1982) Behavior of H-LaNi5 solid solutions. J Less-Common Met 87：225-236

4. Osumi Y, Suzuki H, Kato A, Oguro K, Nakane M (1981) Effect of metal-substitution on hydrogen storage properties for mischmetal-nickel alloys. Nippon Kagaku Kaishi 124：1493-1502

5. Murray JJ, Post ML, Taylor JB (1980) Differential heatflow calorimetry of the hydrides

of intermetallic compounds. J Less-Common Met 73:33-40

6. Murray JJ, Post ML, Taylor JB (1983) The thermodynamics of the system $CaNi_5-H_2$ using differential heat conduction calorimetry. J Less-Common Met 90:65-73

7. Post ML, Murray JJ, Taylor JB (1984) Metal hydride studies at the National Research Council of Canada. Int J Hydrogen Energy 9:137-145

8. Post ML, Murray JJ, Grant DM (1989) The $LaNi_5—H_2$ System at T = 358 K: an investigation by heat-conduction calorimetry. Z Phys Chem N F 163:135-140

9. Wenzl H, Lebsanft E (1980) Phase diagram and thermodynamic parameters of the quasibinary interstitial alloy $Fe_{0.5}Ti_{0.5}H_x$ in equilibrium with hydrogen gas. J Phys F 10: 2147-2156

10. Murray JJ, Post ML, Taylor JB (1981) The thermodynamics of the $LaNi_5-H_2$ system by differential heat flow calorimetry I: Techniques; the $\alpha+\beta$ two-phase region. J Less-Common Met 80:201-209

11. Buschow KHJ, van Mal HH (1972) Phase relations and hydrogen absorption in the lanthanum-nickel system. J Less-Common Met 29:203-210

12. Mendelsohn (1977) $LaNi_{5-x}Al_x$ is a versatile alloy system for metal hydride applications. Nature 269:45-47

13. Osumi Y, Suzuki H, Kato A, Nakane M, Miyake Y (1978) Absorption–desorption characteristics of hydrogen for mischmetal based alloys. Nihon Kagaku Kaishi 1472-1477 (in Japanese)

14. Reilly JJ, Wiswall (1974) Formation and properties of iron titanium hydride. Inorg Chem 13:218-222

15. Osumi Y, Suzuki H, Kato A, Nakane M, Miyake Y (1979) Absorption-desorption characteristics of hydrogen for titanium-cobalt alloys. Nihon Kagaku Kaishi 855-860 (in Japanese)

16. Gamo T, Moriwaki Y, Yanagihara N, Yamashita T, Iwaki T (1985) Formation and properties of titanium–manganese alloy hydrides. Int J Hydrogen Energy 10:39-47

17. Ishido Y, Nishimiya N, Suzuki Y (1977) Preparation and equilibrium study on $ZrMn_2H_x$. Denki Kagaku 45:52-54

18. Shaltiel D, Jacob I, Davidov D (1977) Hydrogen absorption properties of AB_2 Laves-phase pseudobinary compounds. J Less–Common Met 53:117-131

19. Chase MW Jr, Davis CA, Downey JR Jr, Frurip DJ, McDonald RA, Syverud AN (1985) J Phys Chem Ref Data 14, Suppl No 1:1266

20. Nomura K, Akiba E, Ono S, Suda S (1979) Kineics of the reaction between Mg_2Ni and H_2. In: JIMIS-2 Hydrogen in Metals, Minakami, Japan. The Japan Institute of Metals, Sendai, pp 353-356

21. Sandrock GD, Murray JJ, Post ML, Taylor JB (1982) Hydrides and deuteride of CaNi$_5$. Mat Res Bul 17:887-894

22. van Mal HH, Buschow KHJ, Miedcma AR (1974) Hydrogen absorption in LaNi$_5$ and related compounds: experimental observations and their explanation. J Less-Common Met 35: 65-76

23. Didisheim JJ, Zolliker P, Yvon K, Fischer P, Schefer J, Gubelmann M, Williams AF (1984) Dimagnesium iron(II) hydride, Mg$_2$FeH$_6$, containing octahedral FeH$_6^{4-}$ anions. Inorg Chem 23:1953-1957

24. Zolliker P, Yvon K, Fischer P, Schefer J (1985) Dimagnesium cobalt(I) pentahydride, Mg$_2$CoH$_5$, containing square-pyramidal pentahydrocobaltate(4−) (CoH$_5^{4-}$) anions. Inorg Chem 24:4177-4180

25. Flanagan TB (1978) Thermodynamics of metal, alloy and intermetallic/hydrogen systems. In: Andresen AF, Maeland AJ (eds) Hydrides for energy storage: proceedings of an international symposium, Geilo, August 1977. Oxford, Pergamon, pp 43-59

26. Rudman PS (1979) Hydrogen-diffusion-rate-limited hydriding and dehydriding kinetics. J Appl Phys 50:7195-7199

27. Boulet JM, Gerard N (1983) The mechanism and kinetics of hydride formation in Mg− 10 wt% Ni and CeMg$_{12}$. J Less-Common Met 89:151-161

28. Mintz MH, Bloch J (1985) Evaluation of the kinetics and mechanisms of hybriding reactions. Prog Solid State Chem16:163-194

29. Rudman PS (1983) Hydriding and dehydriding kinetics. J Less-Common Met 89: 93-110

30. Sharp JH, Brindley GW, Achar BNA (1966) Numerical data for some commonly used solid state reaction equations. J Am Ceram Soc 49:379-382

31. Hancock JD, Sharp JH (1972) Method of comparing solid-state kinetic data and its application to the decomposition of Kaolinite, Brucite and BaCO$_3$. J Am Ceram Soc 55:74-77

第 14 章 固态储氢材料：间隙氢化物

Etsuo Akiba

摘要：本章介绍了间隙氢化物的形成机理、特性和分类，选择了几种典型的储氢合金及其氢化物来讨论其晶体结构和加氢/脱氢的性能。

关键词：间隙氢化物·自俘获·分类·合金·拉夫斯相·超晶格·固溶体·储氢

14.1 储氢合金与间隙氢化物的形成

目前已经发现大量二元或准二元金属间化合物可以作为优良的储氢材料，其吸氢后形成三元氢化物或金属间化合氢化物。到目前为止，氢化物在储氢容器、热泵和高性能二次电池等领域的应用已得到广泛的研究。

然而，本章较少涉及器件本身的应用。从应用角度出发，更主要涉及三元氢化物的基本化学和物理性质。本章的目的是描述三元氢化物最重要的特性，例如大量氢的快速吸收和解吸过程及其物理性质相关的变化。

20 世纪 90 年代，有报道称，钛基固溶体在温和条件下也可能用于氢的吸附和解吸。除金属间化合物的氢化物之外，本章还将介绍固溶氢化物。

金属/合金的吸氢机理被称为间隙氢化物的形成，如图 14-1 所示。气相中的氢分子被吸附在吸氢合金的表面，分解成两个氢原子，随后，表面上的氢原子扩散

E. Akiba (✉)
Department of Mechanical Engineering, Faculty of Engineering, Kyushu University,
Fukuoka 819-0395, Japan
e-mail：e. akiba@ mech. kyushu-u. ac. jp

K. Sasaki et al. (eds.), *Hydrogen Energy Engineering*,
Green Energy and Technology, DOI 10. 1007/978-4-431-56042-5_14

到本体中，并占据在金属亚晶格的间隙位置，随着间隙氢化物的形成，金属亚晶格会在体积上膨胀 20% ~30%，但金属亚晶格点阵基本上没有变化。

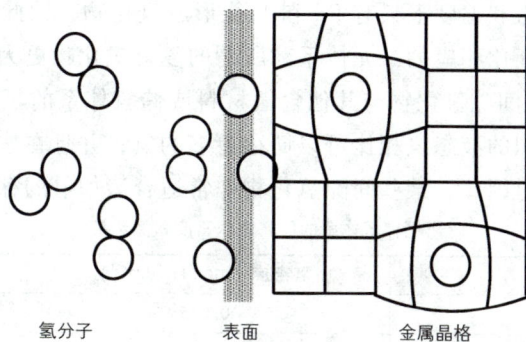

氢分子　　　　　表面　　　　　金属晶格

图 14-1　间隙氢化物的形成

Fukai[1]提出了一种关于氢占据间隙位置的自俘获机理。解释间隙氢化物形成过程有两种可能：氢的基态能（氢化物形成能）和晶格的弹性能。如图 14-2 所示，氢化物形成能随着 MH 键位移的增加而使体系更加稳定，而晶格的弹性能的作用则相反。存在一个最优位移可以使系统的总能量局部最小，这种现象表现为氢原子自扩散进入晶格的间隙位置，并伴随着晶格的一定膨胀，因此它被称为自俘获机理。

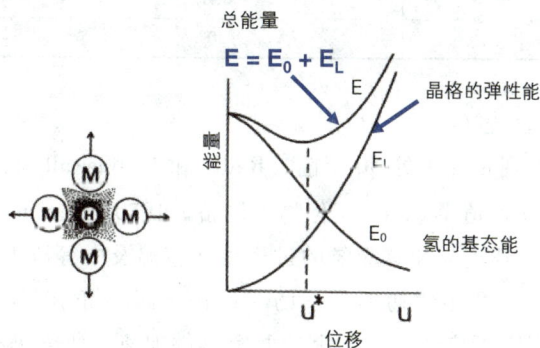

图 14-2　自俘获机理[1]（经 Springer 许可，版权 1993）

在本章中，"储氢合金"和"间隙氢化物"用于表示这些金属基储氢材料。

14.2　间隙氢化物的性质

间隙氢化物通常由金属间化合物或金属固溶体与气态氢反应形成。与纯金属-氢体系（即二元体系）相比，合金-氢体系的具体特征如下：

-氢化物稳定性范围更宽，

-更好的吸附动力学，

-可获得更多种类的氢化物。

由于在环境压力和温度下只有 Pd 和 V 能形成氢化物，因此在许多应用中，间隙氢化物的这些特征比相应的二元体系和所谓的复合氢化物更为有利。

表 14-1 列出了间隙氢化物与其他含氢材料或储氢体系的氢含量和氢密度。间隙氢化物与相同体积的液态氢相比可以储存更多的氢，并且在按重量计的储氢量方面也具有一定优势。因此，某些间隙氢化物非常适合诸如氢的存储和运输等应用。

表 14-1 　　　　　　　　　　　　不同储氢体系的储氢体积密度和氢含量

系统	氢密度（mol. H_2 dm^{-3}）	氢含量（wt%）
氢气（273 K，1 atm）	0.045	100
液态氢（20 K）	35	100
水（293 K）	56	11.2
MgH_2	55	7.6
Mg_2NiH_4	47	3.6
$LaNi_5H_6$	52	1.4
$TiFeH_2$	47	1.9
（Ti-V-Cr）H_2	102	4.0
高压氢气瓶（1.5 MPa）	6.6	1.2[a]
高压氢气瓶（70 MPa）	20	5.7[a,b]

[a] 包括钢瓶的质量

[b] Toyota MIRAI 车载氢气瓶（2014）

间隙氢化物的发现是在大约 50 年前，Reilly 和 Jr. Wiswall 首次报道了 Mg_2Ni 的氢化物制备[2]，然后又报道了 TiFe[3] 氢化物的制备。1970 年，van Vucht 等人[4] 报道了 $LaNi_5$ 的氢化物结构，其吸收和解吸氢的过程可在室温及中等压力下进行。

与此同时 20 世纪 70 年代初期，一场"能源危机"正在发生，而氢作为能源运输和存储的媒介引起了广泛关注。上述两个事件加速了研究进程，导致了金属间化合物-氢化物体系快速发展。以色列[5] 和日本[6] 开发了基于 Laves 相的金属间化合物氢化物。

14.3　按元素分类

通常来说，储氢合金由形成稳定氢化物的金属成分和周期表中 3-5 族非金属元素的成分，以及形成稳定氢化物的 Pd 组成。对此有一些例外（例如 ZrV_2），但这些化合物均由两种金属组成，两者均能形成稳定的氢化物。金属间储氢合金通常由形成稳定氢化物的金属组成，根据这一分类，以稀土金属为基础的合金最为常见，例如 $LaNi_5$ 和 $MmNi_5$ 等（Mm 是指混合金属，以 Ce 和 La 为主要成分的稀土金属混合物）。Mg 基合金可储存大量的氢，但其工作温度相对较高。大多数的 Ti 基合金（例如 $Ti_{1.2}Mn_{1.8}$）和 Zr 基合金（例如 $ZrMn_2$，ZrV_2）都是 Laves 相合金。在这些体系中，Ti 和 Zr 通常能够以任意比例相互替代。因此，在实际应用中，经常使用 Zr 和 Ti 基合金（例如 $Ti_{0.98}Zr_{0.02}V_{0.43}Fe_{0.09}Cr_{0.05}Mn_{1.5}$ 合金）[7]。其他金属，如 Ca、V、Hf、Pd 和 U 也能形成具有储氢能力的合金。

14.4　按原子比和晶体结构分类

另一种较常见的金属间储氢合金分类方法是按照原子比和晶体结构分类。原子比，即稳定氢化物的构成元素与和储氢容量有关的非构成元素的比率，而晶体结构与氢平衡压力有关。通常将稳定氢化物的构成元素称为 A 元素，将非构成元素称为 B 元素，A 元素和 B 元素的比率用于分类，例如 AB_5、AB_2、AB、A_2B 和 AB_3。除金属间合金外，具有 BCC 结构的固溶合金也能够形成间隙氢化物。本节从晶体结构和氢化性能的角度对这些合金进行描述。表 14-2 列出了典型间隙氢化物的晶体结构。

表 14-2　　　　　　　金属间化合物及其氢化物的晶体结构参数

物质	空间群	晶格参数	原子位置参数	参考文献
$LaNi_5$	$P6/mmm$	$a = 5.017$ $c = 3.986$	La $1a$	Furrer et al. [23]
			Ni $2e$	
			Ni $3g$	
$LaNi_5D_7$	$P6_3mc$	$a = 5.388$ $c = 8.559$	La $2a$	Thompson et al. [24]
			Ni (1) $2b$ $z = -0.012$	
			Ni (2) $2b$ $z = -0.012$	
			Ni (3) $6c$ $x = 0.5$, $z = 0.203$	
			D (1) $2b$ $z = 0.348$	
			D (2) $2b$ $z = 0.348$	
			D (3) $6c$ $x = -0.153$, $z = 0.250$	
			D (4) $6c$ $x = 0.153$, $z = 0.250$	
			D (5) $6c$ $x = 0.5$, $z = 0.0$	

（续表）

物质	空间群	晶格参数	原子位置参数	参考文献
$LaNi_4A_1$	$P6/mmm$	$a = 5.064$ $c = 4.070$	La $1a$ / Ni (1) $2c$ / Ni (2) $3g$ / Al $3g$	Percheron-Guegan et al.[25]
$LaNi_4AlD_{4.8}$	$P6/mmm$	$a = 5.313$ $c = 4.242$	La $1a$ / Ni (1) $2c$ / Ni (2) $3g$ / Al $3g$ / D (1) $12n$ $x = 0.471$, $z = 0.103$ / D (2) $6m$ $x = 0.137$	Percheron-Guegan et al.[25]
$Ti_{1.2}Mn_{1.8}$	$P6_3/mmc$	$a = 4.862$ $c = 7.969$	Ti + Mn $2a$ / Ti $4f$ $z = 0.439$ / Mn $6h$ $x = 0.833$	Fruchart et al.[26]
$Ti_{1.2}Mn_{1.8}D_{3.1}$	$P6_3/mmc$	$a = 5.271$ $c = 8.579$	Ti + Mn $2a$ / Ti $4f$ $z = 0.442$ / Mn $6h$ $x = 0.826$ / D (1) $24l$ $x = 0.040$, $y = 0.343$, $z = 0.552$ / D (2) $12k$ $x = 0.462$, $z = 0.625$ / D (3) $6h$ $x = 0.451$ / D (4) $6h$ $x = 0.202$	Fruchart et al.[26]
$ZrMn_2$	$P6_3/mmc$	$a = 5.035$ $c = 8.276$		Didisheim et al.[27]
		$a = 5.036$ $c = 8.271$		van Essen and Buschow[28]
$ZrMn_2D_{3.0}$	$P6_3/mmc$	$a = 5.391$ $c = 8.748$	Zr $4f$ $z = 0.066$ / Mn (1) $2a$ / Mn (2) $6h$ $x = 0.836$ / D (1) $24l$ $x = 00042$, $y = 0.325$, $z = 0.562$ / D (2) $12k$ $x = 0.456$, $z = 0.632$ / D (3) $6h$ $x = 0.463$ / D (4) $6h$ $x = 0.202$	Didisheim et al.[27]

(续表)

物质	空间群	晶格参数	原子位置参数	参考文献
TiFe	$Pm-3m$	$a = 2.9789$	Fe 1a	Thompson et al.[14]
			Ti 1b	
TiFeD$_{1.9}$	$Cmmm$	$a = 7.029$ $b = 6.233$ $c = 2.835$	Fe 4i $y = 0.2887$	Fischer et al.[29]
			Ti 4h $x = 0.223$	
			D (1) 4e	
			D (2) 2c	
			D (3) 2a	
Mg$_2$Ni	$P6222$	$a = 5.216$ $c = 13.20$	Ni (1) 3b	Schefer et al.[30]
			Ni (2) 3d	
			Mg (1) 6f $z = 0.1149$	
			Mg (2) 6i $x = 0.1635$	
Mg$_2$NiD$_4$	$C2/c$	$a = 14.342$ $b = 6.403$ $c = 6.483$ $\beta = 113.52°$	Ni 8f $x = 0.1194$, $y = 0.231$, $z = 0.083$	Zolliker et al.[16]
			Mg (1) 8f $x = 0.265$, $y = 0.483$, $z = 0.075$	
			Mg (2) 4e $y = 0.014$	
			Mg (3) 4e $y = 0.513$	
			D (1) 8f $x = 0.211$, $y = 0.300$, $z = 0.304$	
			D (2) 8f $x = 0.136$, $y = 0.316$, $z = 0.881$	
			D (3) 8f $x = 0.011$, $y = 0.287$, $z = 0.054$	
			D (4) 8f $x = 0.13$ l, $y = 0.995$, $z = 0.082$	

14.4.1 AB$_5$型合金

AB$_5$型合金通常具有 CaCu$_5$型结构，如图 14-3 所示，这种吸氢合金是通过氢化处理永磁氧化钐而发现的。SmCo$_5$吸收氢的氢金属比约为 0.5[8]。飞利浦公司继续寻找具有更高氢吸收率的材料。LaNi$_5$具有与 SmCo$_5$相同的晶体结构，而氢容量是 SmCo$_5$的两倍以上[9]。

LaNi$_5$氢化物的晶体结构已受到广泛研究。LaNi$_5$的 X 射线衍射图如图 14-4 所

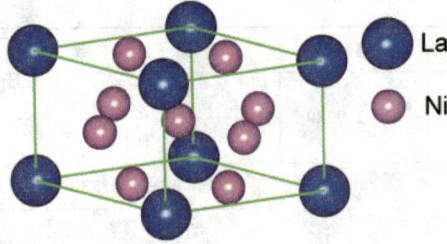

图 14-3　LaNi$_5$ 的晶体结构

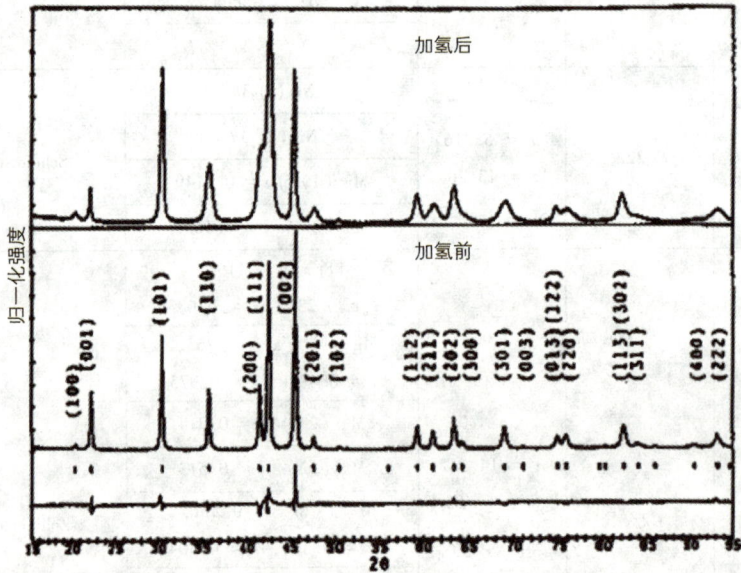

图 14-4　LaNi$_5$ 加氢/脱氢前后的 X 射线衍射图[10]（经 Elsevier 许可，版权 1985）

示，图中可清楚地观察到各向异性谱线展宽。一般使用 Rietveld 法分析粉末样品的晶体结构，但在 20 世纪 80 年代，没有 Rietveld 分析软件可用于各向异性谱线展宽的衍射图样。美国和法国的团队各自独立地改良了 Rietveld 方法分析中子粉末衍射图的软件，并以此分析了 LaNi$_5$H$_{6-7}$ 的晶体结构（见表 14-2）。LaNi$_5$H$_{6-7}$ 的结构不是 LaNi$_5$ 合金的简单扩展（如图 14-5 所示）。随着氢化的增加，由 Ni 原子组成的 $z = 0.5$ 平面沿 z 方向移动。与 LaNi$_5$ 合金相比，LaNi$_5$ 氢化物的单位晶胞在 z 方向上尺寸增加一倍，并且空间群从 $P6/mmm$ 变为 $P6_3mc$。由于金属亚晶格在每个加氢/脱氢循环中都会稍微改变其位置，因此 LaNi$_5$ 的循环寿命不足以用于实际应用。为了解决这个问题，通常用第三元素，如 Al 或 Sn 取代 LaNi$_5$ 的 Ni 位点。与氢化后的 LaNi$_5$ 相比，La（Ni, Al）$_5$ 和 La（Ni, Sn）$_5$ 表现出不同的结构变化。这些准二元合

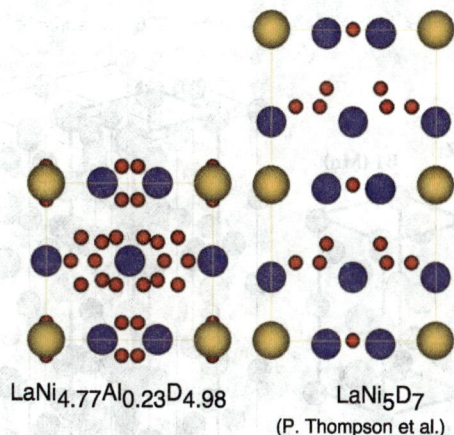

LaNi$_{4.77}$Al$_{0.23}$D$_{4.98}$ LaNi$_5$D$_7$
(P. Thompson et al.)

图 14-5　从［100］晶面方向看 LaNi$_5$ 和 LaNi$_{4.77}$Al$_{0.23}$氢化物晶体结构的不同 （P. Thompson 等 [24]）

金表现出金属亚晶格的简单膨胀和收缩，因此对实际应用而言其循环寿命优异。

Akiba 等[11]在 353 K 以上发现 LaNi$_5$H$_3$的中间氢化物相。但在 La（Ni, Al）$_5$和 La（Ni, Sn）$_5$中未观察到该相。最近，利用原位同步辐射，在 LaNi$_{5-x}$Sn$_x$的氢化过程中，观察到了类似 LaNi$_5$H$_3$的中间相[12]。

14.4.2　AB$_2$型合金

AB$_2$型吸氢合金通常具有 Laves 相结构。Laves 相是具有 AB$_2$摩尔比的金属间合金中最常见的相。Laves 相最接近于堆积相，由两个理想 A 原子与 B 原子半径比为 1.225 的元素组成。由于 Laves 相是层状结构，因此存在多种可能的晶体结构。其中 C$_{14}$、C$_{15}$和 C$_{36}$ Laves 相通常能够吸收氢，图 14-6 显示了这些晶体结构。

与 AB$_5$合金相比，Laves 相合金的加氢/脱氢温度范围要宽得多。因此，Laves 相在热泵和制冷等热应用中更为有利。此外，Laves 相的氢容量通常大于 AB$_5$。例如，TiMn$_2$（Laves 相）的氢容量为 1.9 wt%，而 LaNi$_5$为 1.4 wt%。

14.4.3　AB 型合金

最著名的储氢 AB 合金是 TiFe。这种合金于 20 世纪 70 年代初首次发现[13]，其氢容量达到 1.9 wt%，并能在环境温度下吸收和解吸氢，与 LaNi$_5$的特征相近。地壳富含 Ti 和 Fe，因此合金的成本合理。但是，TiFe 需要严格的初始活化条件，即氢气压力超过 3 MPa、温度超过 400℃。因此在 20 世纪 80 年代，人们为解决这种技术应用障碍，对 TiFe 进行了深入研究。

TiFe 的氢化是两步反应。在第一步中，具有 CsCl 型晶格的 TiFe 的结构在 H/M ≈

C14 Laves 相合金　　　　C36 Laves 相合金

A (Zr)　B1 (Mn)

B2 (Mn)

C15 Laves 相合金

A (Zr, Sc)

B (V, Ni)

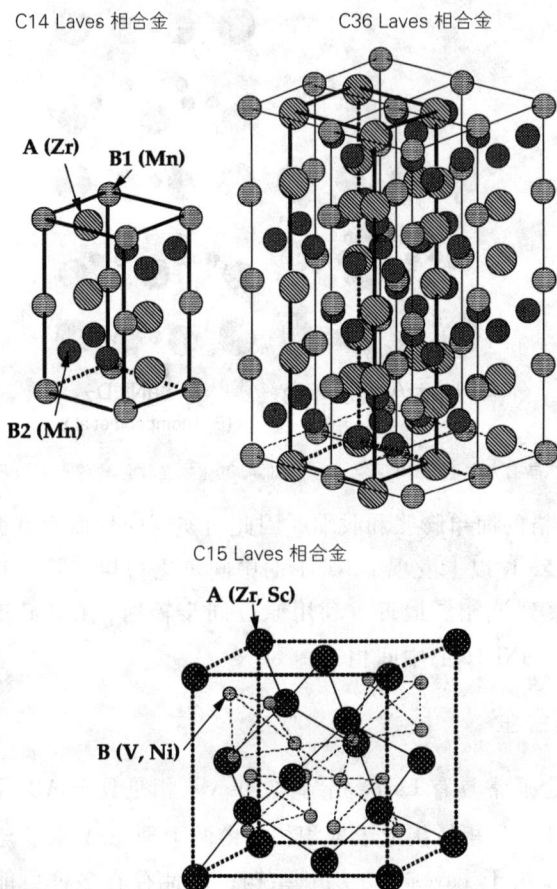

图 14-6　典型 Laves 相合金的晶体结构

0.5 的［Ti_4Fe_2］八面体位置上变形为具有氢的正交配位。在第二步中，金属亚晶格进一步变形，而晶体体系仍是正交晶系。图 14-7 展示加氢引起的晶体结构变化。在 H/M ≈ 1 的第二步氢化之后，氢原子同时占据［Ti_4Fe_2］和［Ti_2Fe_4］位[14]。

14.4.4　A_2B 型合金

最常被研究的 A_2B 吸氢合金可能是 Mg_2Ni。Mg_2Ni 氢化形成 Mg_2NiH_4，氢容量为 3.6 wt%，但氢的吸收/解吸温度约为 300 ℃，因此不适用于大多数应用场合。考虑到单独的 Mg 具有 7.6wt% 的容量，但反应温度超过 350℃ 且反应动力学缓慢，Mg_2Ni 对 Mg 基合金的反应温度和反应动力学有显著的改善作用。到目前为止，虽然工作温度远高于室温，但 Mg_2Ni 是 Mg 基的吸氢合金中唯一一个比 Mg 提高的成

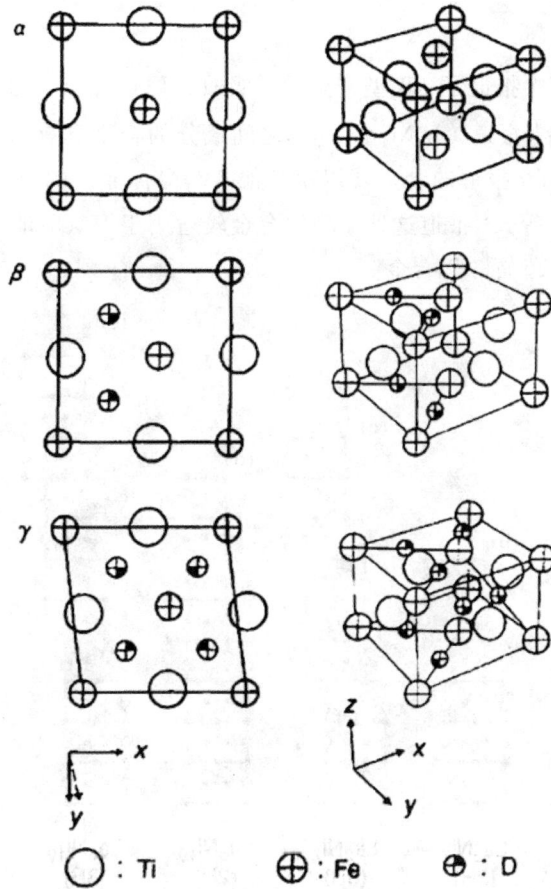

图 14-7　氢化过程中 TiFe 的结构变化

功例子。

Mg$_2$Ni 具有复杂的六方结构（Ca、hP18、P6222）。Mg$_2$NiH$_4$ 在 235℃ 处表现出相变。Gavra 等[15] 发现 Mg$_2$NiH$_4$ 的高温相具有简单的 CaF$_2$ 型金属亚晶格，而低温相具有复杂的结构，在不同研究中有不同的报道。Zolliker 等人[16] 最终发现，晶体结构分析的差异来自微孪晶（一种缺陷）的密度，该密度容易随机械化学处理和其他因素而变化。Zolliker 等人分析的结果一并在表 14-2 中列出。

Zolliker 等人合成了 Mg$_2$FeH$_6$ 和 Mg$_2$CoH$_5$，但稳定的 Mg$_2$Fe 和 Mg$_2$Co 合金并不存在[17]，这种氢化物被称为"氢稳定相"。Mg$_2$FeH$_6$ 和 Mg$_2$CoH$_5$ 比 Mg$_2$NiH$_4$ 更稳定，这意味着 Mg$_2$FeH$_6$ 和 Mg$_2$CoH$_5$ 的脱氢温度高于 Mg$_2$NiH$_4$。值得注意的是，这三种氢化物遵守 18 电子规则，因此氢含量随着原子序数或 3d 电子的增加而降低。

14.4.5 AB₃型合金

Kadir 等人[18]首次报道了 AB₃ 型合金的氢吸收，但这种合金的化学成分范围相对较大。Yamamoto 等[19]报道，LaNi₂ 至 LaNi₅ 之间成分的合金具有由 AB₂ 和 AB₅ 单元组成的分层结构。Kadir 报道的合金（以及其他 AB₃ 型合金）的结构如图 14-8 所示。在 2000 年，Kohno 等人[20]报道这种类型的合金较适用于镍氢电池，后来此种合金被三洋公司命名为"超晶格"合金。

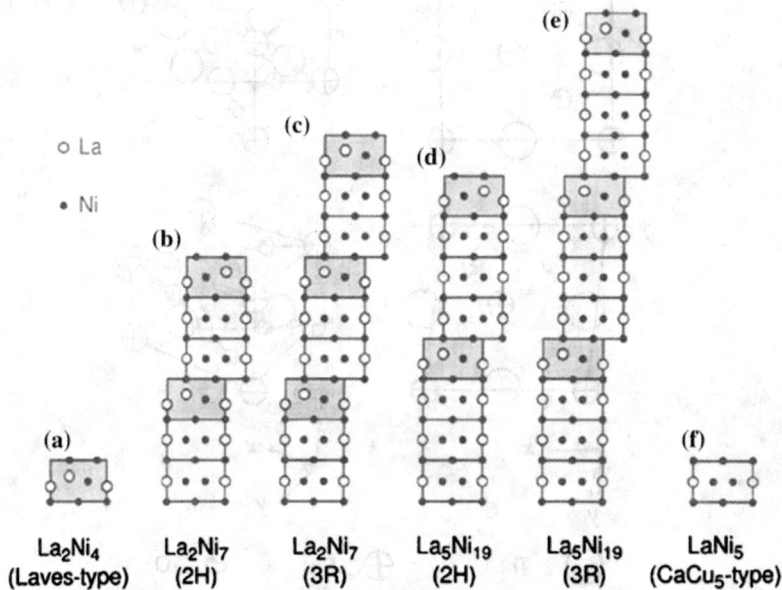

图 14-8 AB₃型储氢合金的晶体结构[19]

（经 Elsevier 许可使用，版权 1997）

14.4.6 BCC 固溶体

体心立方（BCC）金属和合金本质上具有较大的氢容量，因为与 FCC 和 HCP 结构相比，BCC 结构在晶格中具有更多的间隙位置。Akiba 和 Iba[21] 通过一个新的概念开发了新的 BCC 合金，即与 Laves 相关的 BCC 固溶体，新一代 BCC 合金的氢容量达到 3 wt% 左右。

图 14-9 展示了金属钒的 PCT 图。钒是一种典型的吸氢 BCC 金属，有两个具有不同平衡压力的平台区。图 14-9 仅显示了 VH~1 和 VH~2 之间的一个平台区。Papathanassopoulos 和 Wenzl 测量了两个平衡压力[22]。在 353K 时，较低的解吸平衡

压力为 0.1 Pa；在 263 K 时，较高的解吸平衡压力约为 105 Pa。BCC 金属和合金通常在其 PCT 图中显示出两个平台，该区域具有微小梯度。而平台区域的斜率和两个平台之间的压力差不适用于金属氢化物的实际应用。BCC 金属和合金作为氢吸收剂的缺点包括动力学慢、活化困难和平台斜率。因此在 Akiba 和 Iba 报道之前，虽然 BCC 合金固有氢容量较大，但对其氢吸收性能的研究相当有限[21]。

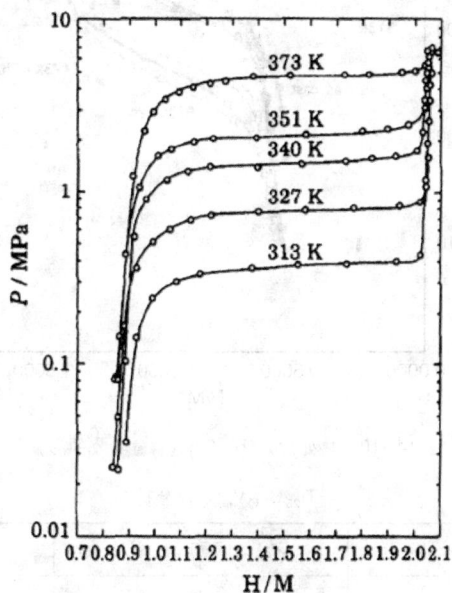

图 14-9　V-H$_2$ 系统等温线[22]

相图表明，在 Ti-Cr-V 体系中 BCC 固溶体和 Laves 相共存。此外，Ti-Cr-V 合金的磁滞比 Akiba 和 Iba 发现的 Ti-Mn-V BCC 合金要小[21]，这使前者更适于应用。研究结果发现，Ti-Cr-V 体系中 BCC 相的晶格参数在 0.3020~0.3040 nm 范围内，有此晶格参数的合金仅在一个激活周期后便在环境压力和温度下吸收氢。图 14-10 展示了热处理对 Ti$_{25}$Cr$_{30}$V$_{40}$ 中氢吸收的影响，低温热处理后 Ti$_{25}$Cr$_{30}$V$_{40}$ 不会形成 Laves 相。铸态合金具有更倾斜的平台区，但在 1 473 K 下处理的合金平台区更为平坦。值得一提的是，热处理合金的氢容量达到约 2.2 wt%。根据电子探针显微分析（EPMA）的结果，热处理后的合金均质性较好，但铸态合金中的 Ti 浓度随位置的不同而变化（见表 14-3）。图 14-11 展示了 Ti-Cr-V 合金氢平衡压力的组分依赖性。当 Ti/Cr 原子比变化时，平衡压力急剧变化。合金组分相差 5 at% 使得晶格参数改变了 0.025 nm，平衡压力改变了一个数量级。与传统的 AB$_5$ 和 AB$_2$ 金属间储氢合金相比，该体系的平衡压力对晶格参数的变化更为敏感。平台区的斜率来自合

金的不均匀性，这意味着 BCC 合金（例如 Ti-Cr-V 体系的 BCC 合金）倾向于具有
一个倾斜的平台，因为它们的平衡压力在很大程度上取决于它们的组成。因此，对
于这些 BCC 合金，进行热处理制备均质合金比其他金属间化合物更为重要。

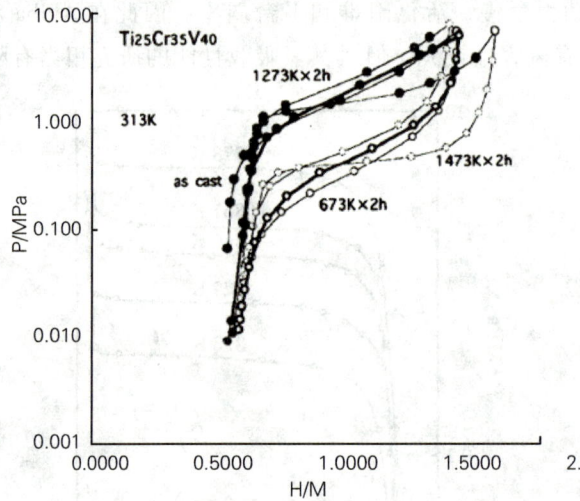

图 14-10　热处理对 $Ti_{25}Cr_{30}V_{40}$ 氢吸收的影响[21]

表 14-3　　　　　　　　　　　　　　　　$Ti_{25}Cr_{30}V_{40}$ 表面分析

热处理	Ti_{25}	Cr_{35}	V_{40}	位置
1437 K，2 h	21.68	36.24	42.08	接近 a-Ti
	21.87	36.72	41.42	接近 a-Ti
	22.35	37.08	40.57	
	22.35	36.33	41.32	
	22.39	36.54	41.07	
	17.91	36.83	45.26	
	20.50	36.67	45.82	
	21.14	35.81	43.27	
铸态	21.30	35.66	43.03	
	23.92	37.86	38.22	接近 a-Ti
	25.15	34.93	39.93	接近 a-Ti

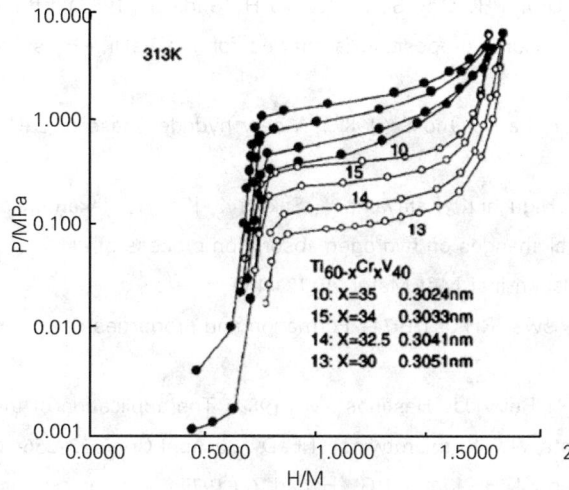

图 14-11　Ti-Cr-V 合金等温线

参考文献

1. Fukai Y (1993) The metal-hydrogen system. Springer, Berlin

2. Reilly JJ, Wiswall RH Jr (1968) The reaction of hydrogen with alloys of magnesium and nickel and the formation of Mg_2NiH_4. Inorg Chem 7:2254-2256

3. Reilly JJ, Wiswall RH Jr (1974) Formation and properties of iron titanium hydride. Inorg Chem 13:218-222

4 van Vucht JHN, Kuijpers FA, Bruning HCAM (1970) Reversible room-temperature absorption of large quantities of hydrogen by intermetallic compounds. Philips Res Rep 25:133-140

5. Shaltiel D, Jacpb I, Davidov D (1977) Hydrogen absorption and desorption properties of AB2 Laves-phase pseudebinary compounds. J Less-Common Met 53:117-131

6. Ishido Y, Nishimiya N, Suzuki Y (1977) Preparation and equilibrium study on $ZrMn_2H_x$. Denki Kagaku 45:52-54

7. Bernauer O, Töpler J, Noréus D, Hempelmann R, Richter D (1989) Fundamentals and properties of some Ti/Mn based Laves phase hydrides. Int J Hydrogen Energy 14:187-200

8. Zijlstra H, Westendorp FF (1969) Influence of hydrogen on the magnetic properties of $SmCo_5$. Solid State Comm 7:857-859

9. Kuijpers FA, van Mal HH (1971) Sorption hysteresis in the $LaNi_5$-H and $SmCo_5$-H systems. J Less-Common Met 23:395-398

10. Nomura K, Uruno H, Ono S, Shinozuka H, Suda S (1985) Effects of lattice strain on the hysteresis of pressure-composition isotherms for the $LaNi_5 - H_2$ system. J Less-Common Met 107:221-230

11. Akiba E, Nomura K, Ono S (1987) A new hydride phase of $LaNi_5H_3$. J Less-Common Met 129:159-164

12. Machida A, Higuchi K, Katayama Y, Sakaki K, Kim H, Nakamura Y (2015) Observation of transient structural changes on hydrogen absorption process of $LaNi_{4.75}Sn_{0.25}$ by time resolved X-ray diffraction. J Japan Inst Met Mater 79:124-130

13. Reilly JJ, Wiswall RH Jr (1974) Formation and properties of iron titanium hydride. Inorg Chem 13:218-222

14. Thompson P, Reilly JJ, Hastings JM (1989) The application of the Rietveld method to a highly strained material with microtwins: $TiFeD_{1.9}$. J Appl Cryst 22:256-260

15. Gavra Z, Mintz MH, Kimmel G, Hadari Z (1979) Allotropic transitions of magnesium nickel hydride (Mg_2NiH_4). Inorg Chem 18:3595-3597

16. Zolliker P, Yvon K, Jorgensen JD, Rotella F (1986) Structural studies of the hydrogen storage material magnesium nickel hydride (Mg_2NiH_4). 2. Monoclinic low-temperature structure. Inorg Chem 25:3590-3593

17. Zolliker P, Yvon K, Fischer P, Schefer J (1985) Dimagnesium cobalt(I) pentahydride, Mg_2CoH_5, containing square-pyramidal pentahydrocobaltate(4-) (CoH_5^{4-}) anions. Inorg Chem 24:4177-4180

18. Kadir K, Sakai T, Uehara I (1997) Synthesis and structure determination of a new series of hydrogen storage alloys: RMg_2Ni_9(R=La, Ce, Pr, Nd, Sm and Gd) built from $MgNi_2$ Laves-type layers alternating with AB_5 layers. J Alloys Compd 257:115-121

19. Yamamoto T, Inui H, Yamaguchi M, Sato K, Fujitani S, Yonezu I, Nishio K (1997) Microstructures and hydrogen absorption/desorption properties of La-Ni alloys in the composition range of La-77.8~83.2 at. %Ni. Acta Mater 45:5213-5221

20. Kohno T, Yoshida H, Kawashima F, Inaba T, Sakai I, Yamamoto M, Kanda M (2000) Hydrogen storage properties of new ternary system alloys: La_2MgNi_9, $La_5Mg_2Ni_{23}$, La_3MgNi_{14}. J Alloys Compd 311:L5-L7

21. Akiba E, Iba H (1998) Hydrogen absorption by Laves phase related BCC solid solution. Intermetallics 6:461-470

22. Papathanassopoulos K, Wenzl H (1982) Pressure-composition isotherms of hydrogen and deuterium in vanadiumfilms measured with a vibrating quartz microbalance. J Phys F: Met Phys 12:1369-1381

23. Furrer A, Fischer P, Halg W, Schlapbach L (1978) In: Andresen A, Maeland AJ (eds) Hydrides for energy storage, Pergamon, Oxford, pp. 73-82

24. Thompson P, Reilly JJ, Corliss IM, Hastings JM, Hempelmann R (1986) The crystal structure of LaNi$_5$D$_7$. J Phys F 16:675-686

25. Percheron-Guegan A, Lartigue C, Achard JC, Germi P, Tasst F (1980) Neutron and X-ray diffraction profile analyses and structure of LaNi$_5$, LaNi$_{5-x}$Al$_x$ and LaNi$_{5-x}$Mn$_x$ intermetallics and their hydrides (deuterides). J Less-Common Met 74:1-12

26. Fruchart D, Soubeyroux JL, Hempelmann R (1984) Neutron diffraction in Ti1. 2Mn1. 8 deuteride: structural and magnetic aspects. J Less-Common Met 99:307-319

27. Didisheim JJ, Yvon K, Shaltiel D, Fischer P (1979) The distribution of the deuterium atoms in the deuterated hexagonal laves-phase ZrMn$_2$D$_3$. Solid Slate Commun 31:47-50

28. van Essen RM, Buschow KHJ (1980) Composition and hydrogen absorption of C14 type Zr-Mn compounds. Mater Res Bull 15:1149-1155

29. Fischer P, Schefer J, Yvon K, Schlapbach L, Riesterer T (1987) Orthorhombic structure ofc-TiFeD_2. J Less-Common Met 129:39-45

30. Schefer J, Fischer P, Halg W, Stucki I, Schlapbach L, Didisheim JJ, Yvon K, Andresen AF (1980) New structure results for hydrides and deuterides of the hydrogen storage material Mg$_2$Ni. J Less-Common Met 74:65-73

第 15 章 固态储氢材料：非间隙氢化物

Hai-Wen Li, Guotao Wu, Teng He and Ping Chen

摘要：本章以金属铝氢化物、金属氮氢化物和金属硼氢化物、氢化镁、氢化铝和氨硼烷等络合氢化物为例，介绍了典型的非间隙氢化物的合成方法、晶体结构、脱氢/再加氢性质及其在热力学和动力学方面的改进。

关键词：非间隙氢化物·络合氢化物·氢化物合成·热力学·动力学·化学组合·电负性·储氢

不同于氢占据金属晶格的间隙位置的间隙氢化物，非间隙氢化物中的氢趋于与相邻原子形成共价键或离子键，例如络合氢化物（包括金属铝氢化物、金属氮氢化物酰胺和金属硼氢化物）、氨硼烷、氢化铝和氢化镁。在本章中，我们描述了典

H. -W. Li (✉)
International Research Center for Hydrogen Energy, Kyushu University, Fukuoka 819-0395,
Japan
e-mail：li. haiwen. 305@ m. kyushu-u. ac. jp

G. Wu T. He P. Chen
Dalian National Laboratory for Clean Energy, Dalian Institute of Chemical Physics, Chinese Academy of
Sciences, 457 Zhongshan Road, Dalian 116023, People's Republic of China
e-mail：wgt@ dicp. ac. cn

T. He
e-mail：heteng@ dicp. ac. cn

P. Chen
e-mail：pchen@ dicp. ac. cn

© Springer Japan 2016
K. Sasaki et al. （eds.）, *Hydrogen Energy Engineering*,
Green Energy and Technology, DOI 10. 1007/978-4-431-56042-5_15

型的非间隙氢化物的合成方法、晶体结构、脱氢/再加氢性能以及材料设计策略。

15.1 铝氢化物

金属铝氢化物通常表示为 M（AlH_4）$_n$，其中 n 表示金属 M 的化合价。在 1997 年由 Bogdanović 等人[1]报道，通过添加钛基催化剂，氢化铝钠 $NaAlH_4$ 的可逆储氢性能显著提高，这引发了对非间隙氢化物的广泛研究，尤其是对金属铝氢化物、金属氮氢化物酰胺和金属硼氢化物的络合氢化物的研究。

15.1.1 合成方法

氢化铝锂和氢化铝钠作为强还原剂广泛用于有机化学中，并且已可市售。M（AlH_4）$_n$ 可以通过以下方法合成：（1）$NaAlH_4$ 与金属氯化物 MCl_n 之间发生阳离子交换反应，然后除去副产物 NaCl[2]；（2）金属氢化物 MH_n 与 Al 在高温高压下直接反应[3]；（3）球磨 MH_n 和 AlH_3[4]。

15.1.2 晶体结构

1979 年 Lauher 等人采用单晶衍射法[5]首先确定了 $NaAlH_4$ 的晶体结构。该结构被精修为四方结构，空间群 $I4_1/a$，其中 Na 原子被四面体构型中的八个孤立的 $[AlH_4]^-$ 包围。氘原子在 $NaAlD_4$ 中的位置（如图 15-1 所示）由 Hauback 等[6]通过 8 K 和 295 K 下的粉末中子衍射数据确定。发现 Al-D 键长在 8 K 和 295 K 时分别为 1.627（2）Å 和 1.626（2）Å；即从 295 K 冷却到 8 K 键长并没有变化。

15.1.3 脱氢/再加氢特性

$NaAlH_4$ 的脱氢反应通过以下三个步骤进行，并伴有中间体 Na_3AlH_6 的形成[1]。

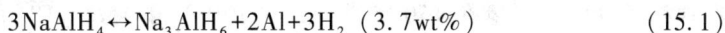

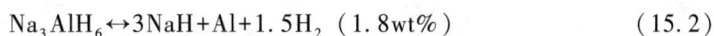

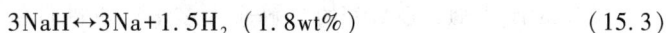

$$3NaAlH_4 \leftrightarrow Na_3AlH_6 + 2Al + 3H_2 \ (3.7wt\%) \tag{15.1}$$

$$Na_3AlH_6 \leftrightarrow 3NaH + Al + 1.5H_2 \ (1.8wt\%) \tag{15.2}$$

$$3NaH \leftrightarrow 3Na + 1.5H_2 \ (1.8wt\%) \tag{15.3}$$

第一步和第二步脱氢反应分别在 210℃ 和 250℃ 进行，总共释放 5.5 wt% 的氢。由于 NaH 的脱氢温度高于 400℃，因此用于车载存储的 $NaAlH_4$ 的最大有效脱氢能力被认为是 5.5 wt%。在 150~199℃ 的 PCT 曲线中可以清楚地观察到 $NaAlH_4$ 的多步脱氢反应，如图 15-2 所示[7]。右侧的平台表示第一步脱氢，而左侧的平台表示第二步脱氢。

图 15-1　NaAlD$_4$晶体结构。[AlH$_4$]$^-$阴离子显示为四面体结构，钠离子呈黑色球[6]

（经 Elsevier 许可，版权 2003）

根据 PCT 曲线，由 Van't Hoff 方程估算的第一和第二步脱氢焓 DH 分别为 37 和 47 kJ / mol H$_2$。假设熵变主要归属于分子氢到解离的固体氢的熵变 ΔS，我们可以推论出第一步和第二步在 0.1 MPa H$_2$ 下的脱氢温度分别为 33℃ 和 110 ℃ [7]。但是，由于两个步骤的动力学缓慢，实验观察到的第一步脱氢温度为 210~220 ℃，第二步为 250 ℃[8]。

此外，在 270 ℃、17.5 MPa 的氢气中进行 3 h 的再加氢反应，缓慢的动力学变得更加明显[9]。实际上，直到 Bogdanović 等人报道添加钛基掺杂剂可以显著改善 NaAlH$_4$ 的脱氢/再加氢效率，NaAlH$_4$ 才被认为在实际条件下是可逆的储氢材料。在这种条件下，脱氢在 150 ℃进行，在 170 ℃ 和 15.2 MPa 的氢气下可以实现再加氢[1]。

与 NaAlH$_4$ 类似，LiAlH$_4$ 的分解通过多步反应进行[10]。如式 15.4 所示，它分解为 Li$_3$AlH$_6$，并释放出 5.3 wt% 的氢。第一步脱氢为放热反应，因此是不可逆的，然后形成的 Li$_3$AlH$_6$ 在 228~282 ℃下分解成 LiH 和 Al，如式 15.5 所示，该步骤是吸热反应，其焓变约为 25 kJ/mol H$_2$。

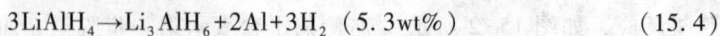

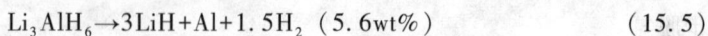

$$3LiAlH_4 \rightarrow Li_3AlH_6 + 2Al + 3H_2 \quad (5.3wt\%) \tag{15.4}$$

$$Li_3AlH_6 \rightarrow 3LiH + Al + 1.5H_2 \quad (5.6wt\%) \tag{15.5}$$

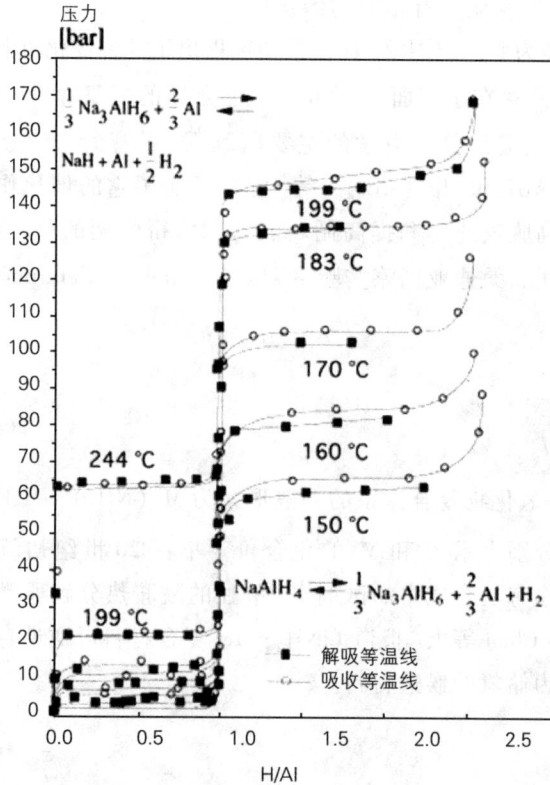

图 15-2　NaAlH$_4$ 的压力-浓度-温度（PCT）曲线[7]（经 Elsevier 许可，版权 2000）

从理论上预测，在环境温度下，Li$_3$AlH$_6$ 再加氢为 LiAlH$_4$ 需要 100 MPa 的高压氢气[11]。然而，LiH 和 Al 的脱氢产物可以在四氢呋喃（THF）溶剂中于 9.75MPa H$_2$ 下通过球磨将其再加氢成 LiAlH$_4$，可逆容量为 4 wt%[12]。

与 NaAlH$_4$ 和 LiAlH$_4$ 不同，Mg（AlH$_4$）$_2$ 的脱氢过程不会经历中间的［AlH$_6$］$^{3-}$ 相，而是通过吸热反应直接形成 MgH$_2$ 和 Al，并释放出 5.5 wt% 的氢。另一方面，CaAlH$_5$ 是 CaAlH$_4$ 的脱氢中间体[4]。

15.1.4　掺杂剂改进的脱氢/再加氢性能

在钛基掺杂剂对 NaAlH$_4$ 脱氢/再加氢性能的显著改善作用下，目前已进行了广泛的研究以寻找有效的掺杂剂。比 TiCl$_3$ 相比，ScCl$_3$、CeCl$_3$ 和 PrCl$_3$ 具有优异的循环性能和动力学性能，而由 V、Zr、Fe、Ni 等组成的过渡金属氯化物的催化作用却无法与 TiCl$_3$ 相比[13]。其他 Ti 基的掺杂剂，例如 TiCl$_2$、TiF$_3$、TiBr$_4$ 和 TiH$_2$，对

NaAlH$_4$的脱氢/再加氢反应具有相似的催化作用[14]。

迄今为止，已经为 NaAlH$_4$中的 Ti 基掺杂剂提出了几种催化机制，包括：（a）Ti 以无定形 TiAl$_3$的形式存在于表面[15]，（b）空位介导的脱氢[16,17]，（c）Ti 类表面积增加[18]，以及（d）氢键是氢动力学的主要瓶颈[19]。尽管尚未建立 Ti 的催化机理，但在 Na$_2$LiAlH$_4$、LiAlH$_4$和 Mg（AlH$_4$）$_2$等[20]中也证实了它的催化作用。例如，降低初始脱氢温度、提高脱氢速率和提高循环能力。值得强调的是，已将催化 NaAlH$_4$应用于通用汽车公司、桑迪亚国家实验室[21]以及 Helmholtz Zentrum Geesthacht[22]设计的台式储罐。

15.2 金属氮氢化物

金属氮氢化物-氢化物复合体系的一般形式为 M（NH$_2$）$_n$-M'H$_m$，其中 M 和 M'表示金属，n 和 m 分别表示 M 和 M'的化合价。早在 20 世纪初就成功地合成了金属氮氢化物，并用作有机合成中的试剂[23]。单独的酰胺热分解通常会释放出氨而不是氢。直到 2002 年 Chen 等人[24]报道 LiNH$_2$-LiH 复合材料可逆地存储大量氢后，才将金属氮氢化物视为储氢的候选材料。

15.2.1 合成

金属氮氢化物 M（NH$_2$）$_n$可以通过以下三种方法合成：

（1）金属 M（例如 Li、Na、K、Mg 或 Ca）与 NH$_3$发生化学反应，该反应在 200～300 ℃，0.5～0.8 MPa NH$_3$下进行（参见式 15.6）[25-30]；

（2）金属氢化物 MH$_n$与 NH$_3$之间的化学反应，这可以在室温下 NH$_3$中通过球磨来实现（参见式 15.7）[31-33]；

氮化物（如 Li$_3$N）和 H$_2$在 200～300 ℃下进行化学反应，如式 15.8 所示[24,34-37]。

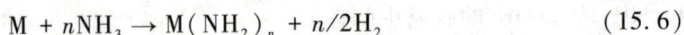

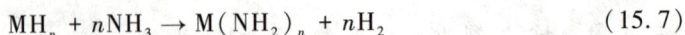

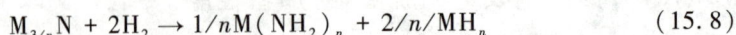

$$M + nNH_3 \rightarrow M(NH_2)_n + n/2H_2 \tag{15.6}$$

$$MH_n + nNH_3 \rightarrow M(NH_2)_n + nH_2 \tag{15.7}$$

$$M_{3/n}N + 2H_2 \rightarrow 1/nM(NH_2)_n + 2/nMH_n \tag{15.8}$$

15.2.2 晶体结构

图 15-3 为 LiNH$_2$、Li$_2$NH、Mg（NH$_2$）$_2$和 Li$_2$Mg（NH）$_2$的结构图。LiNH$_2$、Li$_2$NH、Mg（NH$_2$）$_2$和 Li$_2$Mg（NH）$_2$结构中的 NH$_2^-$和 NH^{2-}阴离子均以紧密堆积的形

式排列。金属阳离子（Li^+ 和/或 Mg^{2+}）由阴离子四面体配位。从结构的角度来看，氨基化合物和亚氨基化合物之间的差异可以看作是氮骨架中四面体间隙中阳离子占据的程度不同，即亚氨基化合物（Li_2NH，$Li_2Mg(NH)_2$）比氨基化合物（$LiNH_2$，$Mg(NH_2)_2$）中的阳离子占据更多的间隙[38]。结构相似性意味着，在氨基/亚氨基相的 N 骨架中 Li^+ 和 H^+ 的小阳离子的运输和交换可能在 $LiNH_2$-LiH 和 $Mg(NH_2)_2$-2LiH 的可逆脱氢/再加氢中起重要作用[38]。

15.2.3　用于调节热力学性能的化学组合

$LiNH_2$ 和 LiH 之间的化学相互作用可以用式 15.9 表示，其中 $LiNH_2$ 与 LiH 反应释放 1 当量 H_2 并形成 Li_2NH。后者可以进一步与 LiH 反应再释放 1 当量 H_2 并形成 Li_3N。在 $LiNH_2$-2LiH 的复合材料中，总共可以脱除或吸收高达 10.5 wt% 的 H_2[24]。

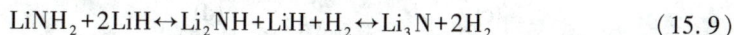
$$LiNH_2 + 2LiH \leftrightarrow Li_2NH + LiH + H_2 \leftrightarrow Li_3N + 2H_2 \qquad (15.9)$$

$LiNH_2$-LiH 的脱氢焓如图 15-4 所示。LiH 的形成焓为 -91 kJ/mol，在 600 ℃ 以上会脱氢。$LiNH_2$ 的分解需要温度高于 300 ℃。然而，$LiNH_2$-2LiH 复合材料在 180 ℃ 时开始释放 H_2，该温度比单个组分要低得多[24]。$LiNH_2$ 中质子 $H^{\delta+}$ 与 LiH 中氢化 $H^{\delta-}$ 之间的静电相互作用为形成分子氢提供了高化学势（式 15.10），这被认为是脱氢热力学改进的原因[38]。

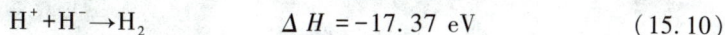
$$H^+ + H^- \rightarrow H_2 \qquad \Delta H = -17.37 \text{ eV} \qquad (15.10)$$

受此方法的启发，在过去的十年中研究了一系列包含 $H^{\delta+}$ 和 $H^{\delta-}$ 组分的复合物和络合物，如图 15-5 所示。脱氢的热力学可以通过组分变化来调节，例如 Li_2NH-LiH 的脱氢焓是高度吸热的，而 $2LiNH_2$-$LiBH_4$ 的脱氢焓是放热的[39]。其中，$Mg(NH_2)_2$-2LiH 复合物既具有 5.6 wt% 的较高可逆氢容量，又具有合适的热力学性质（ΔH_{des} = 39 kJ/mol H_2，ΔS_{des} = 112 J/(K mol H_2)，如图 15-4 所示）。这意味着在低于 90 ℃ 的温度下，在 0.1 MPa H_2 下可能发生脱氢，这表明了机载储氢具有相当大的可能性[27]。值得注意的是，构建复合物或络合物的策略不仅限于氢化物具有质子性 $H^{\delta+}$ 和氢化物 $H^{\delta-}$，而且已被用作设计金属氮氢化物以外体系的一般指导方法[40,41]。

15.2.4　强化动力学性能的策略

通常，由于异质固态反应的复杂性，金属氮氢化物-氢化物复合物的脱氢受到动力学的阻碍，其中氢解离、界面反应、成核/核生长和/或扩散过程被认为是造成这种反应动力学缓慢的原因。例如，通过热力学计算，$Mg(NH_2)_2$-2LiH 在 0.1

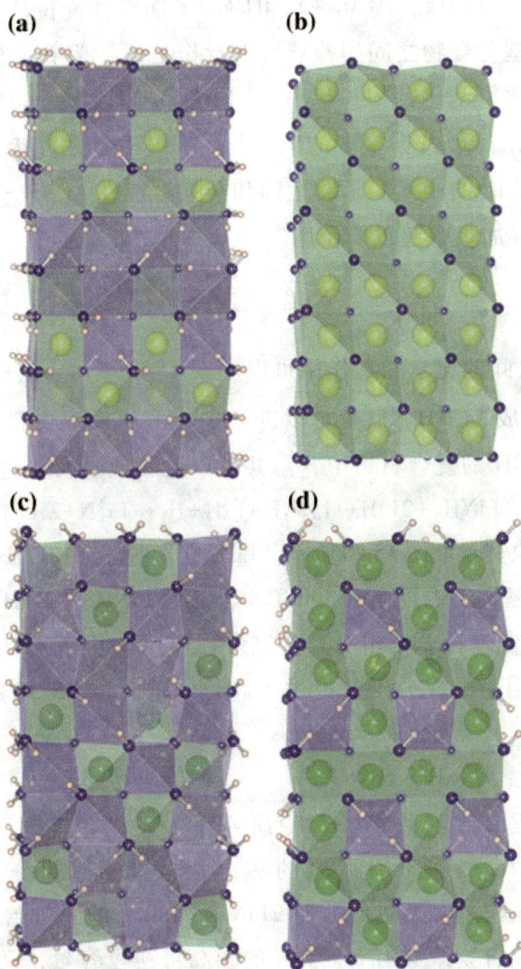

图 15-3

（a）LiNH$_2$（I-4，8 晶胞）（b）Li$_2$NH（无序 Fm-3m，16 晶胞，未显示 H 原子）（c）Mg（NH$_2$）$_2$（I4$_1$/abc）（d）Li$_2$Mg（NH）$_2$（Iba2，8 晶胞）。原点设置为一个 N 原子[38]

（经剑桥大学出版社许可，版权 2013）

MPa H$_2$ 下的脱氢温度低于 90 ℃，但需要达到 180 ℃以上的温度才能达到合适的脱氢速率。尽管对金属氮氢化物-氢化物体系的反应机理的解释有争议，但充分混合和引入催化添加剂的策略已被证明能够有效地改善脱氢和再加氢动力学反应[38]。机械球磨可以有效地减小反应物的粒径，增加分布的均匀性，以及加大混合物中金属氮氢化物和氢化物颗粒的接触面积，从而显著降低脱氢的动力学势垒[42-44]。添加约 3 mol%KH 至 Mg（NH$_2$）$_2$-2LiH 体系中，可使动力学反应显著增强，脱氢开始的温

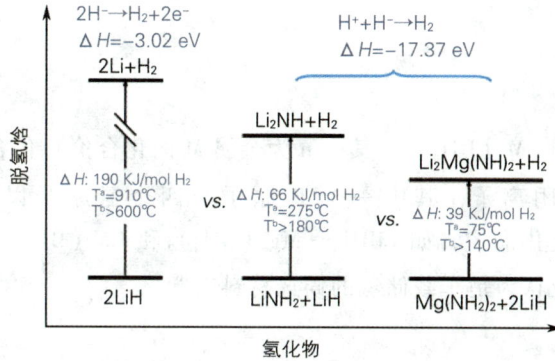

图 15-4　LiH、LiNH₂-LiH 和 Mg（NH₂）₂-2LiH 复合物的脱氢焓

T^a 是对应于 0.1 MPa 平衡 H_2 的计算温度，T^b 是在纯 Ar 气流中实验观察到的脱氢起始温度[38]

（经剑桥大学出版社许可，版权 2013）

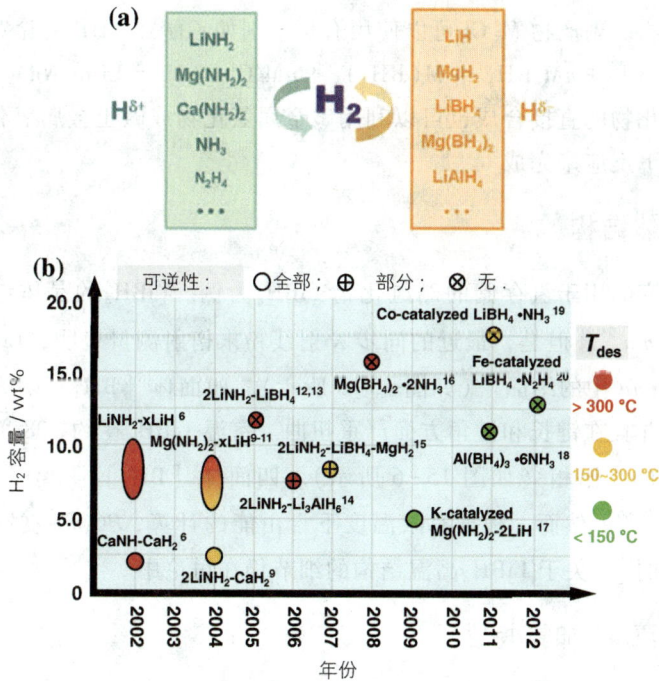

图 15-5

（a）典型的用于构建复合物或络合物的含有质子态/氢负离子的化学物质（b）金属氮氢化物材料开发的时间顺序[38]

（经剑桥大学出版社许可，版权 2013）

度和峰值温度分别降低 70 ℃和 50 ℃以上[45]。

15.3　硼氢化物

金属硼氢化物（M（BH$_4$）$_n$，其中 n 为金属 M 的化合价）包含金属阳离子 M^{n+} 和多原子［BH］$^-$阴离子，其中一个 B 原子与四个氢原子以共价键结合。M（BH$_4$）$_n$ 具有许多变化形式，如 LiBH$_4$、Mg（BH$_4$）$_2$ 和 Ca（BH$_4$）$_2$，氢重量密度高于 10 wt%，已广泛认为是车载储氢的候选材料[38,46,47]。

15.3.1　合成

Schlesinger 和 Brown 首先在 1940 年报道了纯碱金属硼氢化物。他们通过乙基锂和 B$_2$H$_6$反应合成了 LiBH$_4$[48]。另外，MBH$_4$ 可以通过相应的金属氢化物与 B$_2$H$_6$ 在醚溶剂中或者通过球磨直接反应而提高产量[49,50]。通过以下复分解反应可产生大量的金属硼氢化物。副产物 M′Cl 可以使用有机溶剂如乙醚或 THF 去除[51-56]。

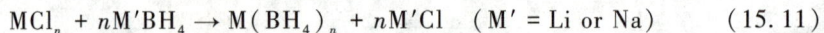

$$MCl_n + nM'BH_4 \rightarrow M(BH_4)_n + nM'Cl \quad (M' = Li\ or\ Na) \qquad (15.11)$$

金属硼氢化物的直接合成也可以利用碱金属氢化物或碱土金属氢化物与胺硼烷络合物在氩气下反应来完成[57]。

15.3.2　晶体结构

以首先研究的用于氢存储的硼氢化物 LiBH$_4$ 为例。LiBH$_4$ 的晶体结构最初在室温下确定为 $Pcmn$[58]。但是，最近的同步 X 射线粉末衍射测量表明，LiBH$_4$ 在室温下为正交晶系 $Pnma$ 中的结晶[59]（如图 15-6 所示）。四面体［BH$_4$］$^-$阴离子沿两个正交方向排列，并且在键长和键角方面严重扭曲。室温 LiBH$_4$ 在约 108 ℃时变成具有六边形 $P6_3mc$ 的高温相（如图 15-6 所示）。四面体［BH$_4$］$^-$阴离子沿 c 轴排列，变得更加对称[59,60]。然而，根据有限温度下自由能的计算，$P6_3mc$ 在高于 0 K 的温度下是不稳定的[61]，关于 LiBH$_4$ 高温结构的细节仍在讨论中。

15.3.3　脱氢/再加氢特性

以广泛研究的 Mg（BH$_4$）$_2$ 为例。Mg（BH$_4$）$_2$ 通过几个吸热过程释放大约 14.9 wt% 的氢，并在 230～530 ℃ 的温度范围内形成中间化合物（如图 15-7 所示）。从理论上预测并通过实验证明其中一种中间化合物是 MgB$_{12}$H$_{12}$，由［B$_{12}$H$_{12}$］$^{2-}$ 和二十面体硼笼组成[62-64]。［B$_{12}$H$_{12}$］$^{2-}$ 的形成被认为是一种连续的 BH 缩合途径，涉及高级 B$_n$H$_{n+x}$ 种类的积累增加[65,66]。

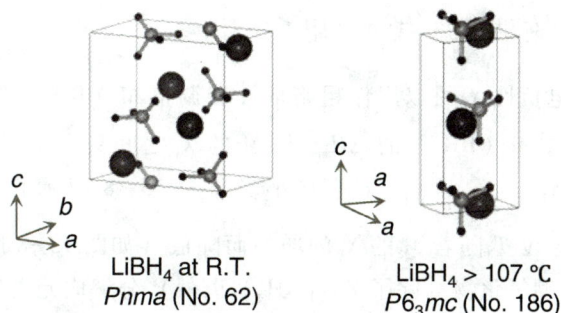

图 15-6　LiBH$_4$低温及高温晶体结构（大、中、小球体分别代表 B、Li 和 H）

对于 M（BH$_4$）$_n$ 的大多数变化，复杂的脱氢途径存在几个常见的重要问题：（1）脱氢/再加氢温度高于 230 ℃，反应速度缓慢；（2）含有［B$_{12}$H$_{12}$］$^{2-}$ 的中间化合物的积累，降低了可逆性；（3）难以获得每个反应步骤的精确焓以确定速率决定步骤；（4）不同 B$_n$H$_{n+x}$ 物质形成可能影响整体熵[38]。

可逆性对于车载存储非常重要，因此在过去的十年中学者在这一领域付出了巨大的努力。LiBH$_4$ 循环的可逆性在大约 600 ℃ 的极高温度下实现，因此其不适用于聚合物电解质燃料电池应用[67]。在 40 MPa H$_2$ 下，即使在 200 ℃ 的相对较低的温度下也会生成 Mg（BH$_4$）$_2$，生成量会随温度升高而逐渐增加，在 400 ℃ 再加氢量达到最大（7.6 wt%，相当于 51% 的 Mg（BH$_4$）$_2$）。在相同条件下，通过形成 a-Ca（BH$_4$）$_2$ 可以确保超过 90% 的再加氢量。LiBH$_4$、Mg（BH$_4$）$_2$ 和 Ca（BH$_4$）$_2$ 的再加氢特性的比较表明，控制脱氢产物是提高金属硼氢化物可逆性的重要途径[68]。

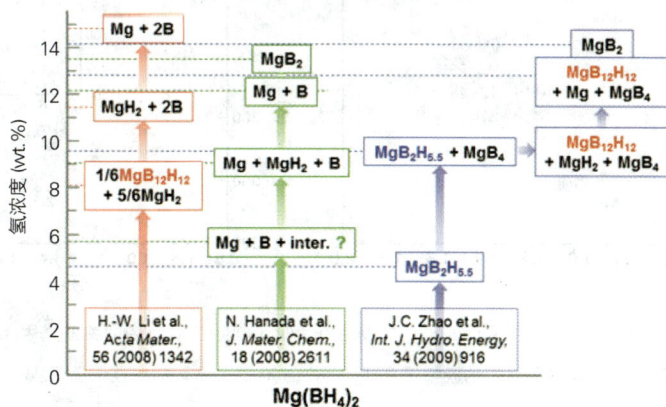

图 15-7　Mg（BH$_4$）$_2$ 多级脱氢工艺总结。问题是在脱氢过程中可能形成一种中间化合物[46]

15.3.4 电负性在调节焓中的作用

M 的 Pauling 电负性 χ_P 可以用作粗略估计和调整 M（BH_4）$_n$ 形成焓 ΔH_{boro} 的指标。理论预测表明，M（BH_4）$_n$ 的 ΔH_{boro} 与 M 的 χ_P 之间具有良好的线性关系（即 M 的 χ_P 越大表明 M（BH_4）$_n$ 的 ΔH_{boro} 越小，如图 15-8 所示）。实验结果表明，M（BH_4）$_n$ 的脱氢温度 T_d 随着 M 的 χ_P 的增加而降低（如图 15-8 所示）。假设在第一步脱氢过程中，硼氢化物（除了 Zn（BH_4）$_2$ 以外）分解成元素氢化物 MH_m，

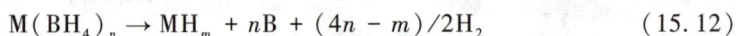

$$M(BH_4)_n \rightarrow MH_m + nB + (4n - m)/2H_2 \tag{15.12}$$

脱氢焓 ΔH_{des} 可以根据预测的 ΔH_{boro} 以及 MH_m 的实验数据 ΔH_{hyd} 估算。ΔH_{des} 与 T_d 之间的良好相关性（如图 15-8 所示）支持理论预测[69]。应当指出，从程序升温脱附光谱获得的 T_d，包括热力学和动力学参数，以及脱氢产物的化学状态将在很大程度上影响 ΔH_{des}[38]。

受这一有趣发现的启发，学者已提出将两种具有不同电负性的金属混合以产生双金属硼氢化物 MM'（BH_4）$_n$ 的方法，用来调节热力学稳定性[70]。在此方法的指导下，已经合成了几种新型的 MM'（BH_4）$_n$，包括 LiK（BH_4）$_2$、LiSc（BH_4）$_4$、$Mg_{1-x}Mn_x$（BH_4）$_2$ 和 NaY（BH_4）Cl_2。大多数 MM'（BH_4）$_n$ 的 T_d 在 M（BH_4）$_n$ 和 M'（BH_4）$_n$ 的 T_d 之间，除了其中某些阴离子单元形成了大的 [M'（BH_4）$_n$]$^{m-}$，例如 [Sc（BH_4）$_4$]$^{-}$[38,47]。

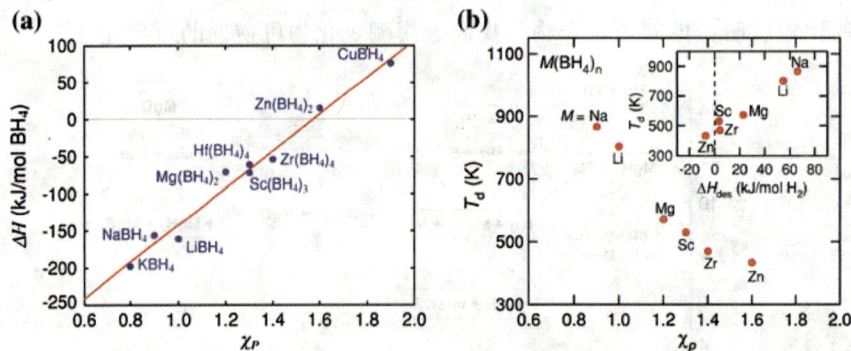

图 15-8　（a）M（BH_4）$_n$ 的形成焓 ΔH_{boro} 与 M 的 Pauling 电负性 χ_P 之间的关系。估计了对 ΔH_{boro} 的零点能量贡献。（b）M（BH_4）$_n$ 的脱氢温度 T_d 与 M 的 χ_P 的关系。插图显示了 T_d 与方程式 15.12 的预估脱氢 ΔH_{des} 之间的关系[69]

（经美国物理学会许可，版权 2006）

15.3.5 氢化复合物活性可调节焓

像在 $LiNH_2$ / LiH 体系中一样，将 $M(BH_4)_n$ 与元素、金属氢化物或复合氢化物（也称为活性氢化复合物）结合使用是形成另一种更稳定的脱氢产物以降低 ΔH_{des} 的方法。图 15-9 显示了该方法的 $2LiBH_4$-MgX 体系的典型示例（X 表示卤素）[71]。

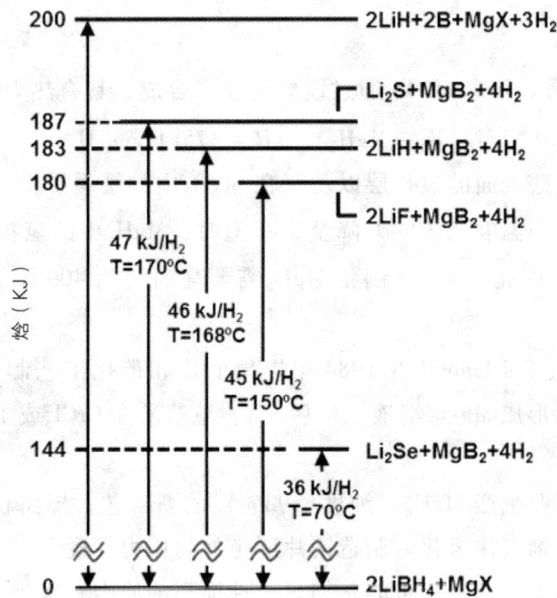

图 15-9　MgX 使 $LiBH_4$ 失去稳定性的焓图（X 表示卤素）[71]（经 Elsevier 许可，版权 2007）

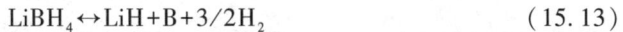

$$LiBH_4 \leftrightarrow LiH + B + 3/2H_2 \qquad (15.13)$$

以经过广泛研究的 $2LiBH_4$-MgH_2 系统为例，根据以下反应，纯 $LiBH_4$ 释放约 13.8 wt% 的氢，预测纯 $LiBH_4$ 的 ΔH_{des} 为 67 kJ/mol H_2。根据以下反应，通过形成 MgB_2 可以将 ΔH_{des} 降至 46 kJ/mol H_2。

$$2LiBH_4 + MgH_2 \leftrightarrow 2LiH + MgB_2 + 4H_2 \qquad (15.14)$$

与 MgH_2 的结合不仅降低了 $LiBH_4$ 的 T_d，而且在动力学上改善了再加氢，从而显著提高了可逆性。脱氢过程中 MgB_2 的形成对于维持良好的可逆性至关重要。然而，这在很大程度上取决于氢气压力。为了抑制 $LiBH_4$ 的单独分解形成 $Li_2B_{12}H_{12}$，需要至少高于 0.3 MPa 的氢气压力[73-75]。原位粉末中子衍射和 X 射线衍射研究表明，氢气分压低时的脱氢途径中的富锂样品形成钝化氢化物层，阻碍了进一步加氢[76]。在诸如 $LiBH_4$-YH_3[77] 和 $LiBH_4$-CaH_2[78] 之类的其他体系中，也观察到类似硼化

物如 YB_4 和 CaB_6 形成的氢压力依赖性现象。

15.4 氢化镁

镁是宇宙中第九、地壳中第八丰富的元素，它可以吸收 7.6 wt% 的氢形成氢化镁 MgH_2。作为潜在的储氢材料，学者已对此进行了广泛的研究。

15.4.1 合成

MgH_2 可以根据方程式 15.15 通过镁的氢化来合成，具有热力学优势。

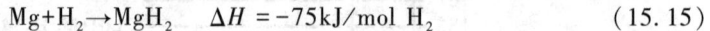

$$Mg+H_2 \rightarrow MgH_2 \quad \Delta H = -75kJ/mol\ H_2 \tag{15.15}$$

实际上，覆盖镁表面的氧化层以及氢在 MgH_2 中的缓慢扩散，从动力学上阻碍了该反应。例如，当温度从 300 ℃ 降至 100 ℃ 时，MgH_2 中的氢扩散系数从 10^{-18} 降低至 $10^{-24} m^2/s$ [79]。因此，由 Mg 制备 MgH_2 需要高温（约 400 ℃）和高压（3 MPa 以上）。

MgH_2 可以通过 Bogdanović 在 1984 年提出的均相催化工艺制备[80]。首先，将金属镁溶解在蒽中以形成 Mg-蒽溶液。然后，Mg-蒽溶液在 $CrCl_3$ 或 $TiCl_4$ 催化剂作用下加氢产生 MgH_2。

最近提出了工业生产 MgH_2（纯度 > 93%）的新工艺，即将机械粉碎的镁带压制而成的镁粉和片剂直接氢化。制造镁片所施加的压力无疑会引起镁带内部塑性变形和由此产生的晶格缺陷，这可能是加氢活性提高的原因[81]。

15.4.2 晶体结构

根据压力的不同，MgH_2 具有四个晶体结构（如图 15-10 所示）。在环境压力下，α-MgH_2 呈 TiO_2 金红石型结构。在高压下，α-MgH_2 经过多态转化，分别形成具有 α-PbO_2 型正交结构的 γ-MgH_2，具有 PdF_2 型立方结构的 β-MgH_2 和具有 $AuSn_2$ 型正交结构的 δ'-MgH_2 [82]。

15.4.3 热力学调节

据发现，MgH_2 的键合性质是共价键和离子键的混合，其中氢引起广泛的电荷密度分布不均。结果，MgH_2 可以表示为 $Mg^{1.91+}H^{0.26-}$ [83] MgH_2 形成 Mg 的脱氢焓为 75 kJ/mol H_2，其发生需要温度在 400℃ 以上，该温度远高于聚合物电解质燃料电池（PEFC）的工作温度。

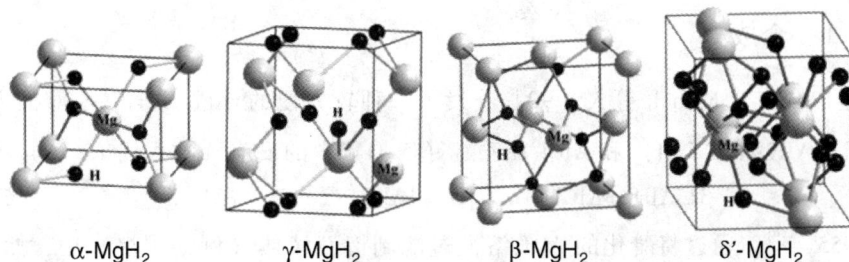

图 15-10　α，β，γ 和 δ′-MgH$_2$ 的晶体结构[82]（经美国物理学会许可，版权 2006）

迄今为止，已经提出了几种 MgH$_2$ 脱氢失稳的方法，例如：（a）与非氢化物过渡金属如 Ni 形成合金[84]；（b）如理论计算所预测[85]，进行纳米工程以减小晶粒尺寸 <2 nm；（c）像典型的 MgH$_2$/Si 体系一样制备复合材料来改变反应路径[40]。

15.4.4　动力学改进

目前已经使用了包括纳米结构化和使用金属添加剂在内的许多方法来加速脱氢/再加氢动力学。制备纳米结构材料的典型方法是球磨，在 MgH$_2$ 体系中，它可以破坏 Mg 表面的氧化物层，造成大量缺陷，并减少氢的扩散长度，从而提高反应动力学[86]。多孔支架材料内部的纳米限域 MgH$_2$ 也被证实对动力学有改善作用。较小的孔隙介导较快的脱氢速率，可能是由于受限的氢化物尺寸减小所致[87]。此外，大量的添加剂（包括过渡金属、金属氧化物和碳材料）已被证明是 MgH$_2$ 脱氢/再加氢的有效催化剂。迄今为止，与其他添加剂相比，Nb$_2$O$_5$ 具有最佳的催化性能[88]。使用 0.5 mol%Nb$_2$O$_5$ 可获得最快的动力学，在 300 ℃下，分别在 60s 和 90s 内促进了 7 wt%氢的加氢和脱氢。在 250 ℃下，超过 6 wt%的氢化物在 60 s 内加氢，然后在 500 s 内再次脱氢。加氢动力学几乎与催化剂含量无关，即使 0.05 mol%Nb$_2$O$_5$ 也会在 60 s 内产生 7 wt%的完全氢吸附[89]。

15.5　氢化铝

氢化铝（或铝烷）是一种分子式为 AlH$_3$ 的无机化合物。它是无色、亚稳态的结晶固体，在室温下密度为 1.477 g/cm^3。氢化铝的重量氢气容量为 10.0 wt%H$_2$，体积容量为 148 kg H$_2$/m^3。它已被用作固体火箭推进剂、炸药、还原剂和汽车应用的氢源。

15.5.1 合成

在 1947 年，Finholt 等人 [90] 开发了一种较方便的合成 AlH_3 二乙醚的方法，即利用 $LiAlH_4$（或 LiH）和 $AlCl_3$ 在乙醚（Et_2O）中的反应（方程式 15.16）。

$$3LiAlH_4+AlCl_3+n\,Et_2O\rightarrow 4AlH_3\cdot n\,Et_2O+3LiCl_3 \tag{15.16}$$

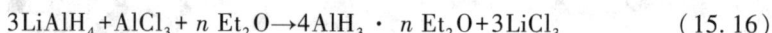

1955 年[91]，通过将醚化的 AlH_3 溶液过滤到惰性液体（例如戊烷）中，然后在真空下干燥至少 12h，得到非溶剂化形式的 AlH_3。陶氏化学公司 Brower 等人开发的关于非溶剂化的 AlH_3 合成的综述于 1976 年发表[92]。他们的方法与上面的方法类似，在醚化的烷烃溶液中使用了过量的 $LiAlH_4$ 和 $LiBH_4$，并在乙醚和苯的混合物中脱溶，这减少了脱溶的时间和温度。最后，通过用乙醚洗涤除去过量的 $LiAlH_4$ 和 $LiBH_4$。应该注意的是，AlH_3（纯或醚化的）可以通过第一和第二组的二元氢化物或铝酸盐与 Brønsted-Lewis 酸（例如 $AlCl_3$）反应来合成[92-95]。Brower 等[92]成功制备了 7 个非溶剂化的 AlH_3 多晶型物，分别称为 α-AlH_3（PDF：23-761），α'-AlH_3（PDF：34-1436），β-AlH_3（PDF：38-756），γ-AlH_3（PDF：38-757），δ-AlH_3（PDF：38-758），ε-AlH_3（PDF：38-759）和 θ-AlH_3（PDF：38-760），并保存在国际衍射数据中心（ICDD）的数据库中。

在 9 GPa 的 H_2 压力和 600 ℃的温度下，由 Al 粉（或 Al 箔）和 H_2 高压合成 α-AlH_3。氢化物的循环形成和分解导致加氢条件降低至 4.9 GPa 和 330 ℃[96]。铝的电化学加氢或低压加氢形成 AlH_3 胺络合物的反应，为高压合成路径提供了有前途的低能耗的替代方案。Classen 等[97]已获得电化学加氢方法的专利，在电化学电池中使用铝，THF 作为溶剂，氢化钠铝作为电解质，铝作为阳极，浸在汞（Hg）中的铁（Fe）线作为阴极。有两种不同的反应机理可以在铝电极上生成 AlH_3：（1）对于不溶性阳极，$AlH_4^- - e^- \rightarrow AlH_3\cdot nTHF+1/2H_2$（2）对于可溶性阳极，$3AlH_4^- + Al-3e^- \rightarrow 4AlH_3\cdot nTHF$。Zidan 等[98]已经证明了使用类似于 Classen 等人的电池对铝进行电化学加氢的可行性。具有铝阳极、铂阴极和溶于 THF 中的 $NaAlH_4$ 电解质，通过将 THF 配体与胺基（三乙胺，TEA）交换并在真空下加热液体（AlH_3TEA）来实现氢化铝与 THF 的结晶和分离。1942 年，媒体错误报道了烷烃胺络合物为 AlH_3 固体[100]。通常，AlH_3 固体可以通过三步反应[101,102]获得，如下所示：

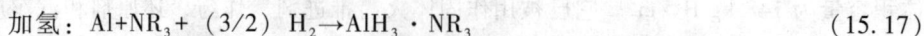

加氢：$Al+NR_3+(3/2)\,H_2\rightarrow AlH_3\cdot NR_3$ (15.17)

转氨：$AlH_3\cdot NR_3+TEA\rightarrow AlH_3\cdot TEA+NR_3\uparrow$ (15.18)

分离：$AlH_3\cdot TEA\rightarrow AlH_3\downarrow+TEA\uparrow$ (15.19)

15.5.2 晶体结构

作为最稳定的相，α-AlH$_3$在具有六边形晶胞和晶格参数 a = 4.449Å，c = 11.804Å 的三角形空间群 R3c 中结晶[103]。该结构由角连接的［AlH$_6$］八面体组成，呈更加致密的 ReO$_3$型排列（如图 15-11 所示）。α-AlH$_3$中的 Al 原子的几何形状与 Al 金属相同，Al 原子的距离从在 Al 金属中的 2.86Å 增加到在 α-AlH$_3$中的 3.24Å[103,104]。2006 年使用 X 射线和中子衍射技术确定了 α'-AlH$_3$的晶体结构[104]。它采用 β-AlF$_3$正交结构（空间群，Cmcm）的形式，晶胞尺寸为 a = 6.470Å，b = 11.117Å 和 c = 6.562（2）Å。该结构在晶胞中具有两个 Al 和四个 H 晶位，仍由角连接的［AlH$_6$］八面体组成，但形成了带有 3.9 Å 六角形通道的开放式 3D 网络[104]。此外，β-AlH$_3$的晶体结构于 2007 年确定[105]。它具有焦绿石型晶体结构（空间群 Fd3m），晶胞尺寸 a = 9.004Å。该结构在晶胞中具有一个 Al 和一个 H 晶位，并具有连接［AlH$_6$］八面体排列的角和类似于 α'-AlH$_3$的 3.9Å 通道。2007 年也确定了 γ-AlH$_3$的晶体结构[106,107]，该晶体在正交晶胞（空间群 Pnnm）中结晶，晶胞尺寸为 a = 5.3806（1）Å，b = 7.3555（2）Å，c = 5.77509（5）Å[106]。它包含两种类型的［AlH$_6$］八面体：一个是正常的角共享八面体，每个 H 原子桥接两个八面体，另一个是边共享八面体。［AlH$_6$］八面体的边共享导致形成双桥键 Al-2H-Al[106,107]。在这四种多晶型物中，α-AlH$_3$的密度最高，而 β-AlH$_3$的密度最低。

15.5.3 热力学和动力学

在单一吸热反应中，α-AlH$_3$分解为 Al 和 H$_2$，即 α-AlH$_3$→Al+（3/2）H$_2$。在 25 ℃温度下，标准形成焓为-11.4±0.8 kJ/mol，绝对熵为 30.0±0.4 kJ/（mol K），吉布斯自由能为 46.4±1.0 kJ/mol，这是根据实验（量热法）确定的 α-AlH$_3$的分解热[108,109]。α-AlH$_3$的比热容为 40.2 J/（mol K），并且其非德拜（non-Debye）行为表明，对于较高温度，热容和标准热力学性质将不可靠[110]。α'-AlH$_3$，β-AlH$_3$和 γ-AlH$_3$的稳定性低于 α-AlH$_3$，并且在高于 100℃ 的温度下发生放热转变为 α-AlH$_3$，相变的能量分别为-1.65 kJ/mol、-1.5 kJ/mol 和-2.8 kJ/mol[108,109]。

由于在环境条件下 AlH$_3$是热力学亚稳态的，因此研究者建立了氢铝体系的压力-温度图，其压力范围为 0~10 GPa，温度范围为 27~800 ℃，其中稳定的 α-AlH$_3$被用作起始材料[111-113]。α-AlH$_3$通常在平衡线附近分解[95]。

Herley 等人最初对粒径为 50~100 μm（Dow Chemical Company）的 α-AlH$_3$进行热解和光解[114]。等温条件下的体积测量结果表明，热分解曲线表现出三个连续的

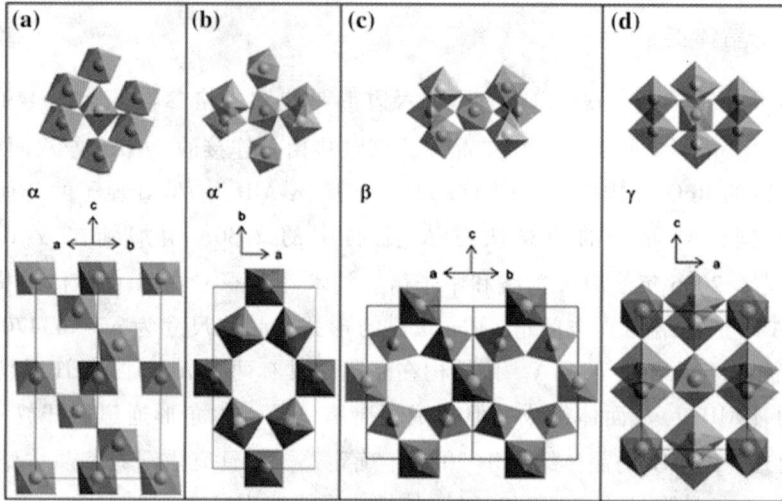

图 15-11 AlH₃[108] 的（a）α-、（b）α'-、（c）β-和（d）γ-相的八面体单位（上部）
和单位晶胞（下部）的第一个配位球
（转自皇家化学学会，版权 2008）

分解阶段，包括诱导期、加速期和衰变期。诱导期数据可以用表示快速成核的立方表达式来描述。随后的加速期和衰变期的数据可以通过 Avrami-Erofeyev（A-E）动力学准确地描述，该动力学代表二维和三维中 Al 金属的生长。诱导期的活化能为 103.8 kJ/mol，加速期和衰变期的活化能约为 157 kJ/mol。氢化铝的热稳定性及其分解活化能均高度依赖于合成条件和样品纯度。

最近，Graetz 等[115,116] 研究了 α-AlH₃，β-AlH₃ 和 γ-AlH₃ 的热分解，它们由小颗粒（100~200 nm）组成，具有相对无氧化物的表面。温度相关速率常数由 60~140 ℃ 之间的等温体积测量确定。他们将相同的 A-E 方程应用于分解曲线，并且在分数分解范围为 0.04~0.95 的区域获得了很好的最小二乘拟合，除了 γ 相。他们还提出，氢化铝的分解动力学受到二维和三维成核以及生长的控制。这三种多晶型物的活化能分别为 102、92 和 79 kJ/mol[116]。β-AlH₃ 和 γ-AlH₃ 在 100 ℃ 及以上分解之前迅速转变为 α-AlH₃。相变是放热反应，这促进了 β-AlH₃ 和 γ-AlH₃ 的分解。γ-AlH₃ 可以在低于 100℃ 的温度下直接分解和/或转化为 α-AlH₃[115,116]。在真空条件下以 2 ℃／min 加热的 γ-AlH₃ 的热分解的原位同步 XRD 研究表明，大约 60% 的 γ-AlH₃ 直接分解释放出氢气，而 40% 的 γ-AlH₃ 转化为 α-AlH₃ 然后分解[117]。对于低温燃料电池应用，还研究了不稳定铝氢化物，并提出了一些解决方案，通过使用球磨来减小粒径，或者使用诸如碱金属氢化物和过渡金属之类的添加剂。Sandrock 等[118,119] 研究，球磨 1 或 3h 后，α-AlH₃ 的粒径有效地从 100 μm（按原样）减小到 1

或 0.3 μm，这降低了脱氢温度并提高了 α-AlH$_3$ 的脱氢速率。碱金属氢化物（例如 LiH）的添加也产生了非常积极的作用。与原始的 1 h 球磨样品相比，掺杂 20 mol%LiH 的样品的分解温度降低了 40~50 ℃。掺杂 20%LiH 的样品的分解活化能为 91.3 kJ/mol。在球磨过程中，掺杂 20 mol% 的 LiH 和 5 mol% 的 TiCl$_3$ 的样品释放出 1 wt% 的氢。因此，使用钛粉或 TiO$_2$ 催化 α-AlH$_3$ 的分解。掺杂 2 wt% 的 Ti 粉或 TiO$_2$ 样品的分解活化能变为 147 或 68 kJ/mol[95]。Orimo 等[120]也证明了 α-AlH$_3$、β-AlH$_3$ 和 γ-AlH$_3$ 的固有和机械改性的热稳定性。在机械研磨过程中观察到 α-AlH$_3$、β-AlH$_3$ 和 γ-AlH$_3$ 脱氢反应。机械改性的 α-AlH$_3$ 和 γ-AlH$_3$ 的脱氢反应在 100~120 ℃ 开始，虽然球磨仅进行了 5 分钟，但是对于 β-AlH$_3$，没有由于球磨而引起的剧烈变化。脱氢增强的主要原因可能是覆盖在 AlH$_3$ 表面的氧化物层的破裂[121]。

15.6　氨硼烷

氨硼烷（NH$_3$BH$_3$，简称 AB）是一种固体化合物，在空气中室温下稳定。由于储氢材料的高重量密度（19.6 wt%）和高体积密度（145 g/L），因此备受关注[122,123]。正如前面提到的金属氮氢化物-氢化物部分，质子氢和氢负离子的结合是金属氮氢化物系统脱氢的驱动力之一。因此，在这些系统中的两个阶段都需要克服传质限制。然而，在一个分子中质子（N—H）和氢负离子（B—H）的共存促进了 AB 的脱氢。AB 作为储氢材料的缺点还包括逐步脱氢中的高动力学壁垒，中毒副产物的排放以及脱氢的不可逆性。技术人员在 AB 方面做出了许多努力，在过去十年中取得了一系列重要进展。因此，本节将简要介绍 AB 的基本知识和进展。

15.6.1　AB 的晶体结构和脱氢

通常，有两种合成 AB 的方法：（1）通过 NH$_3$ 和硼烷加合物的相互作用（BH$_3$·THF 等）；（2）通过铵盐和硼氢化物的复分解反应。Shore 等人于 1955 年首次报道了在室温下具有分子晶体结构的 AB[124]。在室温下结晶成晶胞，其晶格参数为 a = 5.234 Å 和 c = 5.027 Å 的四角形 $I4mm$ 空间群[125]。然而在低至 110 K 的温度下，它表现出一个正交的 $Pmn21$ 空间群，晶格参数为 a = 5.517 Å，b = 4.742 Å 和 c = 5.020 Å[126]，如图 15-12 所示。尽管 AB 与乙烷都是等电子物质，但由于 AB 是固体而乙烷在常温下是气体，它与乙烷的相似性很弱，这可以归因于结构中 B—N 键的高极性和二氢键的存在（如图 15-12 所示）

固态 AB 的热分解是一个复杂的过程，取决于加热速率，在分解过程中会产生

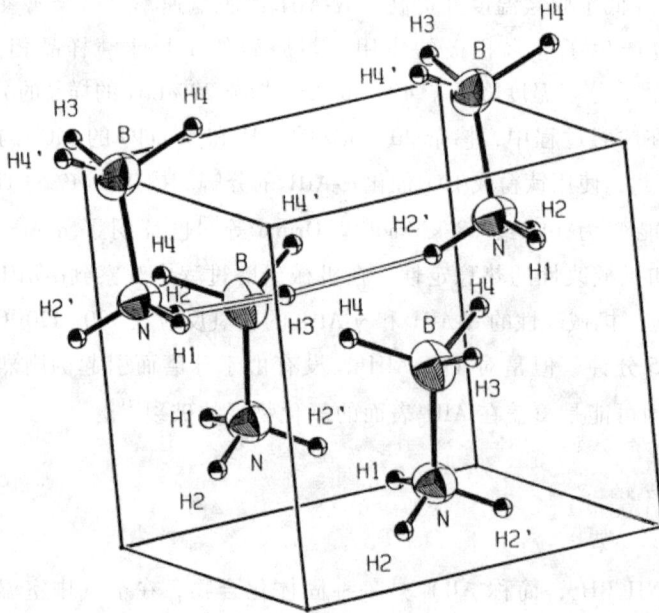

图 15-12 带有［H2-H3, 2.02 (3) Å］接触的最短 H⋯H 的 BH_3NH_3 的中子衍射结构的立体观察图[127]

（经美国化学学会许可，版权 1999）

氢。AB 脱氢可以简化为三步反应，在每个步骤释放约 1 当量氢，如方程式 15.20~
15.22 所示[128-130]。根据 DTA 结果，AB 在 114 ℃左右熔融，然后在 120 ℃和 150 ℃
左右进行第一和第二个脱氢步骤，分别形成无定形的聚氨基硼烷（$(NH_2BH_2)_n$,
PAB）和聚亚氨基硼烷（$(NHBH)_n$, PIB）。但是，第三步需要高于 500° C 的温
度，该温度太高而无法用于储氢。在脱氢过程中，会产生其他挥发性副产物，即
氨、乙硼烷和硼嗪等，它们是质子交换膜燃料电池（PEFC）的毒物。由于 AB 分
解为放热行为，因此对于 AB 热解乏燃料进行直接加氢是不可行的。

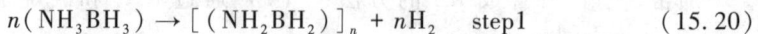

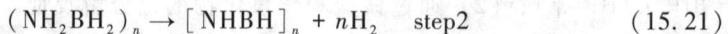

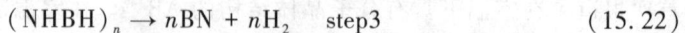

$$n(NH_3BH_3) \rightarrow \left[(NH_2BH_2) \right]_n + nH_2 \quad step1 \qquad (15.20)$$

$$(NH_2BH_2)_n \rightarrow \left[NHBH \right]_n + nH_2 \quad step2 \qquad (15.21)$$

$$(NHBH)_n \rightarrow nBN + nH_2 \quad step3 \qquad (15.22)$$

人们普遍认为，AB 中质子和氢负离子的结合是脱氢的主要驱动形式。然而实
验结果表明质子和氢化物是由于分子间的相互作用而产生的。有学者提出了 AB 脱
氢的详细机理模型，包括诱导、成核和生长三个步骤，如图 15-13 所示[131]。在诱导
期，产生了 AB 的流动相，导致扰动的二氢键网络。之后，乙硼烷的二铵盐
（$[NH_3BH_2NH_3]^+$ $[BH_4]^-$，简称 DADB）是在成核步骤中生成的，可以与 AB 进一
步反应生成二聚体、低聚物和聚合物，或异构化形成环状产物。尽管如此，AB 在

溶液中的脱氢机理如图 15-14 所示[132]，与固态反应不同。有学者提出 AB 在分子间反应，得到不稳定的 DADD，随后氢损失并形成环二硼氮烷（CDB）。然后，CDB 将进一步发生另一个反应。AB 形成氢和 B-（环二硼氮烷基）氨基硼氢化物（BCDB）。CDB 和 BCDB 均可转化为环三硼氮烷（CTB），这是在乙二醛溶液中 AB 脱氢的稳定产物。尽管固态和溶液态 AB 的脱氢过程不同，很明显 DADB 在 AB 的脱氢中起着非常重要的作用，实验证明，添加少量的 DADB 会明显促进 AB 的脱氢[133]。

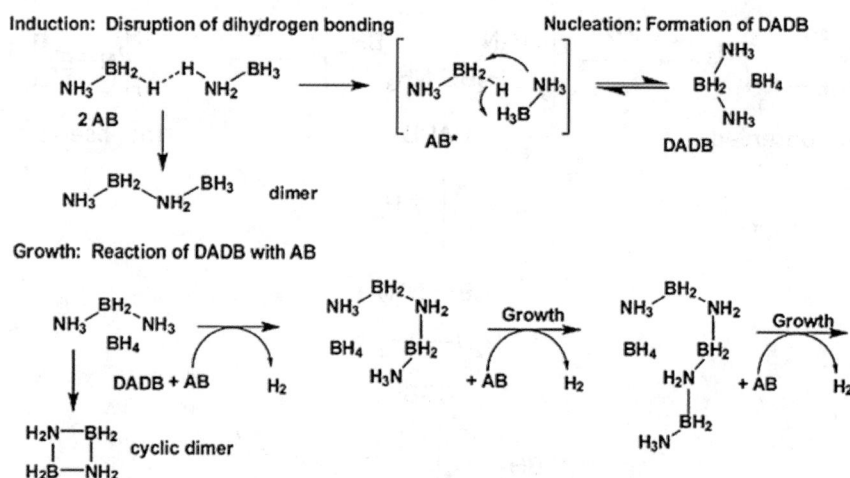

图 15-13　模拟的 AB 热脱氢机理显示导致氢释放的离散诱导、成核和生长步骤[131]
（经英国皇家化学学会许可，版权 2007）

15.6.2　AB 脱氢改性

由于 AB 脱氢的动力学势垒高，已采用许多方法来克服这一缺点。最重要的选择之一是催化，包括过渡金属[134,135]和酸或碱催化[136,137]。通常，使用过渡金属对 AB 进行催化脱氢会产生两种产物：可溶性硼嗪或聚硼氮烯和不溶性化合物[134,138]。Boddeker 等人将不溶化合物鉴定为环戊硼氮烷 $[NH_2BH_2]_5$[139]。但是，不能得出不溶性产物自然状态下不是线性、低聚或聚合的结论[138]。Manners 等首先报道了使用 Rh 基催化剂对 AB 进行催化脱氢，形成了硼嗪和难溶性产物[140]。2006 年，Goldberg 和 Heinekey 等人报道，证明铱钳位络合物（POCOP）Ir（H）$_2$（POCOP = ［K^3-1, 3-（OPtBu$_2$C$_6$H$_3$）］）在 AB 的催化脱氢上表现出显著的性能，在 THF 溶液中形成不溶性化合物[134]。他们认为（POCOP）Ir（H）$_2$（BH$_3$）的形成是激活 AB 分子的关键步骤。非贵金属 Ni-N-杂环碳烯（Ni-NHC）催化剂在苯溶剂中形成可溶性

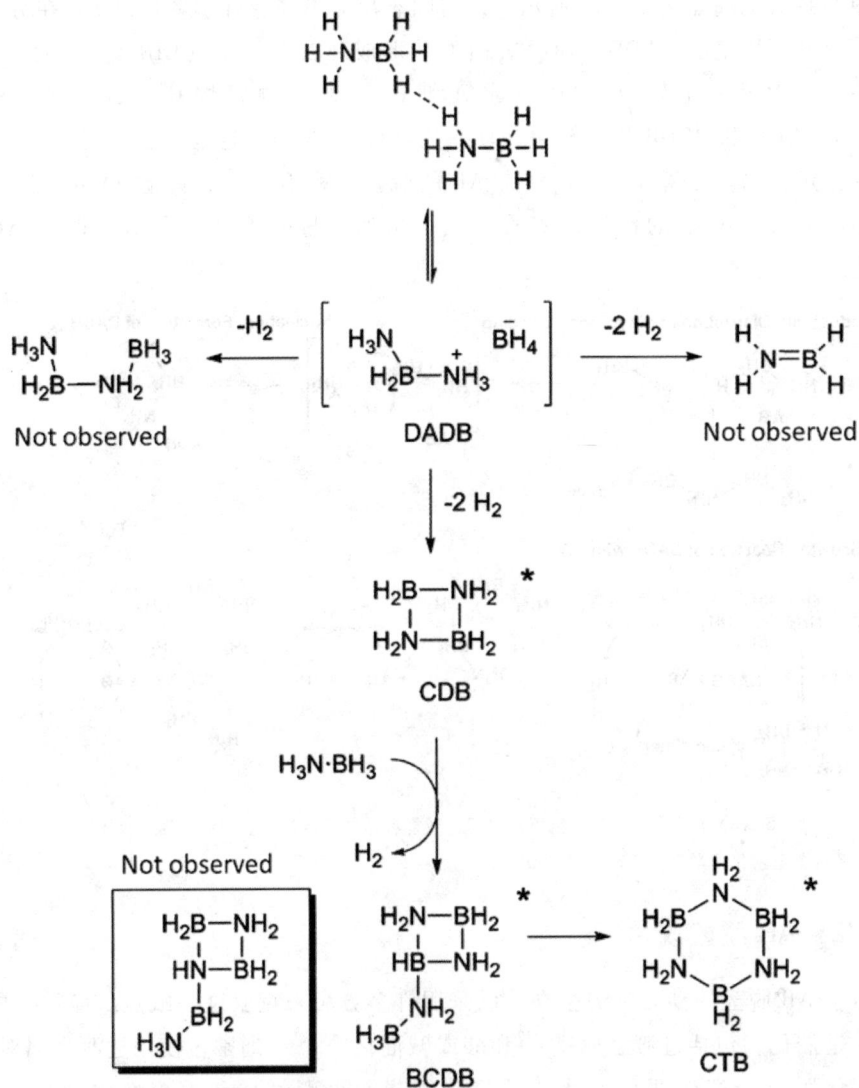

图 15-14　基于原位 NMR 光谱的结果，AB 的初始分解途径。
仅在 50℃的热解研究中观察到浓度非常低的 DADB[132]

（经 John Wiley and Sons 许可，版权 2008）

交联的硼嗪型物质[141]。但是，Fe、Co 和 Ni 基催化剂将在固态催化下生成晶体 PAB[142,143]，与由铱基催化剂生成的不溶聚合物相同。到目前为止，几乎没有证据可以完全解释选择性。被不同配体在空间上拥挤的活性中心可能会阻碍仲胺-硼烷的进一步脱氢，形成不溶的 PAB。除过渡金属外，包括 B（C_6F_5）$_3$ 和 $HOSO_2CF_3$ 等的路易斯酸能够催化 AB 的脱氢反应，在 60℃ 释放出 1 当量以上的氢[136]。

降低 AB 脱氢温度的另一种重要方法是将 AB 分散在具有大表面积的载体上，即硅[144]、碳基材料[145]和 MOF[146]等。与通常尺寸材料相比，减小到纳米尺寸的材料将表现出不同的物理和化学性质。Autrey 等首先将 AB 引入 SBA-15 的孔隙中，发现 AB 脱氢温度降低[144]。随后，学者研究了许多多孔载体以增强 AB 的脱氢作用。在分散在载体上或被迫进入纳米级孔后，AB 的表面积将显著增加，这不可避免地降低了相转变温度，从而导致较低的 AB 脱氢温度。另一个重要的问题是在载体表面上可以观察到官能团的存在，例如氢氧化物或羧酸等，这类基团可以促进 AB 的脱氢反应。

15.6.3 金属氨基硼烷

氨硼烷钠（NaAB）[147]和氨硼烷锂（LiAB）[148]的合成，在过去的几十年中它们的作用一直仅限于还原剂，在 1938 年和 1996 年已有报道。最近，金属氢化物与 AB 相互作用获得的金属氨硼烷由于具有较高的氢含量和优于 AB 的脱氢性能，被认为是潜在的储氢材料。Burrell 及其同事通过 CaH_2 与 AB 的摩尔比为 1:2 的相互作用成功合成 $Ca(NH_2BH_3)_2$（CaAB）[149]。同时，Chen 等用 LiH 或 NaH 与 AB 以 1:1 的比例反应，得到 1 当量氢和所需的产品氨硼烷锂（$LiNH_2BH_3$）和氨硼烷钠（$NaNH_2BH_3$）[150]，如图 15-15 所示。LiAB 和 NaAB 在较低的温度（分别为 92℃ 和 89℃）下释放氢，而没有形成副产物硼嗪。较短的 b-n 键长证明了更强的配价键的形成。在后续研究中，他们开发了其他脱氢性能优于 AB 的其他主族金属-氨硼烷和双金属氨硼烷，包括 K[151]、Mg[152]、Sr[153]、Y[154]、Li-Na[155]和 Na-Mg[156]。同时，他们还合成了其他重要的氨硼烷衍生物、氨硼烷氨化物，如 LiAB·NH_3[157]、CaAB·nNH_3[158,159]和 MgAB·nNH_3[160,161]。

参考文献

1. Bogdanović B, Schwickardi M（1997）Ti-doped alkali metal aluminum hydrides as potentialnovel reversible hydrogen storage materials. J Alloys Compd 253-254：1-9

2. Fichtner M, Fuhr O, Kircher O（2003）Magnesium alanate-a material for reversible hydrogenstorage. J Alloys Compd 356-357：418-422

3. Ashby EC, Brendel GJ, Redman HE（1963）Direct synthesis of complex metal hydrides. Inorg Chem 2：499-506

4. Sato T, Ikeda K, Li H-W, Yukawa H, Morinaga M, Orimo S（2009）Direct dry

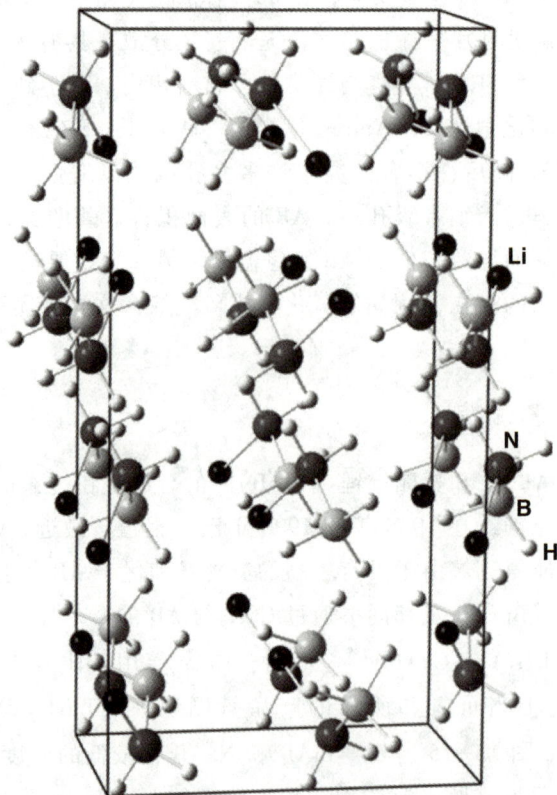

图 15-15　室温下从高分辨率 X 射线粉末衍射数据确定的 LiNH$_2$BH$_3$ 和 NaNH$_2$BH$_3$ 晶体结构示意图。

Li（或 Na）、B、N 和 H 分别由黑色，灰色、深灰色和白色球形表示[150]

（经 Macmillan Publishers Ltd 许可：［Nature Materials］，版权 2008）

syntheses and thermal analyses of a series of aluminum complex hydrides. Mater Trans 50：182-186

　5. Lauher JW, Dougherty D, Herley PJ（1979）Sodium tetrahydroaluminate. Acta Crystallogr B 35：1454-1456

　6. Hauback BC, Brinks HW, Jensen CM, Murphy K, Maeland AJJ（2003）Neutron diffractionstructure determination of NaAlD4. J Alloys Compd 358：142-145

　7. Bogdanović B, Brand RA, Marjanović A, Schwickardi M, Tölle J（2000）Metaldoped aluminium hydrides as potential new hydrogen storage materials. J Alloys Compd 302：36-58

　8. Ashby EC, Kobetz P（1966）The direct synthesis of Na$_3$AlH$_6$. Inorg Chem 5：1615-1617

　9. Dymova TN, Eliseeva NG, Bakum SI, Dergachev YM（1974）Direct synthesis of alkali metalaluminum hydrides in the melt. Dokl Akad Nauk SSSR 215：1369-1372

　10. Block J, Gray AP（1965）The thermal decomposition of lithium aluminum

hydride. Inorg Chem 4：304-305

11. Jang J-W, Shim J-H, Cho YW, Lee BJ (2006) Thermodynamic calculation of LiH↔ Li_3AlH_6↔$LiAlH_4$ reactions. J Alloys Compd 420：286-290

12. Wang J, Ebner AD, Ritter JA (2006) Physiochemical pathway for cyclic dehydrogenationand rehydrogenation of $LiAlH_4$. J Am Chem Soc 128：5949-5954

13. Anton DL (2003) Hydrogen desorption kinetics in transition metal modified $NaAlH_4$. J Alloys Compd 356-357：400-404

14. Gross KJ, Majzoub EH, Spangler SW (2003) The effects of titanium precursors on hydridingproperties of alanates. J Alloys Compd 356-357：423-428

15. Graetz J, Reilly JJ, Johnson J, Ignatov AYu, Tyson TA (2004) X-ray absorption study of Ti-activated sodium aluminum hydride. Appl Phys Lett85：500-502

16. Moysés Araújo C, Li S, Ahuja R, Jena P (2005) Vacancy-mediated hydrogen desorption in $NaAlH_4$. Phy Rev B 72：165101

17. Gunaydin H, Houk KN, Ozoliņš V (2008) Vacancy-mediated dehydrogenation of sodiumalanate. PNAS 105：3673-3677

18. Balde CP, Mijovilovich AE, Koningsberger DC, van der Eerden AMJ, Smith AD, deJong KP, Bitter JH (2007) XAFS study of the Al K-edge in $NaAlH_4$. J Phys Chem C111：2797-2802

19. Kadono R, Shimomura K, Satoh KH, Takeshita S, Koda A, Nishiyama K, Akiba E, Ayabe RM, Kuba M, Jensen CM (2008) Hydrogen bonding in sodium alanate：a muon spinrotation study. Phys Rev Lett 100：26401

20. Frankcombe TJ (2012) Proposed mechanisms for the catalytic activity of Ti in $NaAlH_4$. Chem Rev 112：2164-2178

21. Johnson TA, Jorgensen SW, Dedrick DE (2011) Performance of a full-scale hydrogen -storage tank based on complex hydrides. Faraday Discuss 151：327-352

22. Bellosta von Colbe JM, Metz O, Lozano GA, Pranzas PK, Schmitz HW, Beckmann F, Schreyer A, Klassen T, Dornheim M (2012) Behavior of scaled-up sodium alanate hydrogenstorage tanks during sorption. Int J Hydrogen Energy 37：2807-2811

23. Gay-Lussac JL, Thénard IJ (1809) Notiz über das Kali-und das Natron - Metall. Ann Phys 32：23-39

24. Chen P, Xiong ZT, Luo JZ, Li JY, Tan KL (2002) Interaction of hydrogen with metal nitridesand imides. Nature 420：302-304

25. Greenlee KW, Henne AL, Fernelius WC (1946) Inorganic syntheses, vol II. Wiley, Hoboken, pp 128-135

26. Bergstrom FW (1955) Sodium amide. Org Synth CV 3, P 778

27. Xiong ZT, Hu JJ, Wu GT, Chen P, Luo WF, Gross K, Wang J (2005)

Thermodynamic andkinetic investigations of the hydrogen storage in the Li-Mg-N-H system. J Alloys Compd 398:235-239

28. Hu YH, Ruckenstein E (2006) Hydrogen storage of Li_2NH prepared by reacting Li withNH3. Ind Eng Chem Res 45:182-186

29. Nakamori Y, Kitahara G, Ninomiya A, Aoki M, Noritake T, Towata S, Orimo S (2005) Guidelines for developing amide-based hydrogen storage materials. Mater Trans 46:2093-2097

30. Kojima Y, Ichikawa T, Fujii H (2009) Fuels-hydrogen storage | complex hydrides, Elsevier,Encyclopedia of Electrochemical Power Sources. pp 473-483

31. Hu YH, Ruckenstein E (2003) Ultra-fast reaction between LiH and NH_3 during H_2 storage in Li_3N. J Phys Chem A 107:9737-9739

32. Leng HY, Ichikawa T, Hino S, Hanada N, Isobe S, Fujii H (2004) New metal-NH systemcomposed of $Mg(NH_2)2$ and LiH for hydrogen storage. J Phys Chem B 108:8763-8765

33. Nakamori Y, Kitahara G, Orimo S (2004) Synthesis and dehydriding studies of Mg-N-Hsystems. J Power Sources 138:309-312

34. Dafert FW, Miklanz R (1910) Uber einige neue verbindungen von stickstoff und wasserstoffmit lithium. Manotsh Chem 31:981-996

35. Ruff O, Geoges H, Über das lithium-imid und einige Bemerkungen zu der arbeit von dafertund miklauz: "Über einige neue verbindungen von stickstoff und wasserstoff mit lithium". Ber Dtsch Chem Ges 44:502-506

36. Orimo S, Nakamori Y, Kitahara G, Miwa K, Ohba N, Noritake T, Towata S (2004) Destabilization and enhanced dehydriding reaction of $LiNH_2$. Appl Phys A 79:1765-1767

37. Kojima Y, Kawai Y (2004) Hydrogen storage of metal nitride by a mechanochemicalreaction. Chem Commun 2210-2211

38. Wang J, Li H-W, Chen P (2013) Amides and borohydrides for high-capacity solid-statehydrogen storage-materials design and kinetic improvements. MRS Bull 38:480-487

39. Pinkerton FE, Meisner GP, Meyer MS, Balogh MP, Kundrat MD (2005) Hydrogen desorption exceeding ten weight percent from the new quaternary hydride $Li_3BN_2H_8$. J Phys Chem B109:6-8

40. Vajo JJ, Mertens F, Ahn CC, Bowman RC, Fultz B (2004) Altering hydrogen storageproperties by hydride destabilization through alloy formation: LiH and MgH_2 destabilizedwith Si. J Phys Chem B 108:13977-13983

41. Gosalawit-Utke R, Colbe J, Gornheim M, Jensen TR, Cerenius Y, Bonatto CM, Peschke M, Bormann R (2010) $LiF-MgB_2$ system for reversible hydrogen storage. J Phys Chem C114:10291-10296

42. Chen P, Xiong ZT, Yang LF, Wu GT, Luo WF (2006) Mechanistic investigations on the heterogeneous solid-state reaction of magnesium amides and lithium hydrides. J Phys

Chem B 110：14221-14225

43. Shaw LL, Ren R, Markmaitree T, Osborn W (2008) Effects of mechanical activation on dehydrogenation of the lithium amide and lithium hydride system. J Alloys Compd 448：263-271

44. Liu YF, Zhong K, Luo K, Gao MX, Pan HG, Wang QD (2009) Size-dependent kineticenhancement in hydrogen absorption and desorption of the Li-Mg-N-H System. J Am Chem Soc 131：1862-1870

45. Wang JH, Liu T, Wu GT, Li W, Liu YF, Araujo CM, Scheicher RH, Blomqvist A, Ahuja R, Xiong ZT, Yang P, Gao MX, Pan HG, Chen P (2009) Potassium-modified Mg(NH$_2$) 2/2 LiHsystem for hydrogen storage. Angew Chem Int Ed 48：5828-5832

46. Li H-W, Yan Y, Orimo S, Züttel A, Jensen CM (2011) Recent progress in metal borohydrides for hydrogen storage. Energies 4：185-214

47. Rude LH, Nielsen TK, Ravnsbæk DB, Bösenberg U, Ley MB, Richter B, Arnbjerg LM, Dornheim M, Filinchuk Y, Besenbacher F, Jensen TR (2011) Tailoring properties of borohydrides for hydrogen storage：a review. Phys Status Solidi A 208：1754-1773

48. Schlesinger HI, Brown HC, Metallo borohydrides. (1940)Ⅲ. Lithium borohydride. J Am Chem Soc 62：3429-3435

49. Schlesinger HI, Brown HC, Hoekstra HR, Rapp LR (1953) New developments in the chemistry of diborane and the borohydrides. J Am Chem Soc 75：199-204

50. Friedrichs O, Borgschulte A, Kato S, Buchter F, Gremaud R, Remhof A, Züttel A (2009) Low-temperature synthesis of LiBH$_4$ by gas-solid reaction. Chem Eur J 15：5531-5534

51. Konoplev VN, Bakulina VM (1971) Some properties of magnesium borohydride. Rus Chem Soc 20：136-138

52. Li H-W, Kikuchi K, Nakamori Y, Miwa K, Towata S, Orimo S (2007) Effects of ball millingand additives on dehydriding behaviors of well-crystallized Mg(BH$_4$)$_2$. Scripta Mater 57：679-682

53. Matsunaga T, Buchter F, Miwa K, Towata S, Orimo S, Züttel A (2008) Magnesium borohydride：a new hydrogen storage material. Renewable Energy 33：193-196

54. Cěrny R, Filinchuk Y, Hagemann H, Yvon K (2007) Magnesium borohydride：synthesis andcrystal structure. 46：5765-5767

55. Sato T, Miwa K, Nakamori Y, Ohoyama K, Li H-W, Noritake T, Aoki M, Towata S, Orimo S (2008) Experimental and computational studies on solvent-free rare-earth metalborohydrides R(BH$_4$)$_3$(R=Y, Dy, and Gd). Phys Rev B 77：104114

56. Yan Y, Li H-W, Sato T, Umeda N, Miwa K, Towata S, Orimo S (2009) Dehydriding andrehydriding properties of yttrium borohydride Y (BH$_4$)$_3$ prepared by liquid-phase synthesis. Int J Hydrogen Energy 34：5732-5736

57. Köster R, Schoeller K (1957) Neue herstellungsmethoden für metallborhydride. Angew Chem 69:94

58. Harris PM, Meibohm EP (1947) The crystal structure of lithium borohydride $LiBH_4$. J AmChem Soc 69:1231-1232

59. Soulie J-Ph, Renaudin G, Cerny R, Yvon K (2002) Lithium boro-hydride $LiBH_4$ I. crystalstructure. J Alloys Compd 346:200-205

60. Filinchuk Y, Chernyshov D, Cerny R (2008) Lightest borohydride probed by synchrotron X-ray diffraction: experiment calls for a new theoretical revision. J Phys Chem C 112:10579-10584

61. Tekin A, Caputo R, Züttel A (2010) First-principles determination of the ground-statestructure of $LiBH_4$. Phys Rev Lett 104:215501

62. Li H-W, Kikuchi K, Nakamori Y, Ohba N, Miwa K, Towata S, Orimo S (2008) Dehydriding and rehydriding processes of well-crystallized $Mg (BH_4)_2$ accompanying with formation of intermediate compounds. Acta Mater 56:1342-1347

63. Hwang SJ, Bowman RC, Reiter JW, Rijssenbeek J, Soloverchik GL, Zhao J-C, Kabbour H,Ahn CC (2008) NMR confirmation for formation of $[B_{12}H_{12}]^{2-}$ complexes during hydrogen desorption from metal borohydrides. J Phys Chem C 112:3164-3169

64. Ozolin V, Majzoub EH, Wolverton C (2009) First-principles prediction of thermodynamically reversible hydrogen storage reactions in the Li-Mg-Ca-B-H System. J Am Chem Soc 131:230-237

65. Chong M, Karkamkar A, Autrey T, Orimo S, Jalisatgi S, Jensen CM (2011) Reversible dehydrogenation of magnesium borohydride to magnesium triborane in the solid state undermoderate conditions. Chem Commun 47:1330-1332

66. Yan Y, Li H-W, Maekawa H, Aoki M, Noritake T, Matsumoto M, Miwa K, Towata S, Orimo S (2011) Formation process of $[B_{12} H_{12}]^{2-}$ from $[BH_4]^-$ during the dehydrogenationreaction of $Mg(BH_4)_2$. Mater Trans 52:1443-1446

67. Orimo S, Nakamori Y, Kitahara G, Miwa K, Ohba N, Towata S, Züttel A (2005) Dehydriding and rehydriding reactions of LiBH4. J Alloys Compd404:427-430

68. Li H-W, Akiba E, Orimo S (2013) Comparative study on the reversibility of pure metal borohydrides. J Alloy Compd 580:S292-S295

69. Nakamori Y, Miwa K, Ninoyiya A, Li H-W, Ohba N, Towata S, Züttel A, Orimo S (2006) Correlation between thermodynamical stabilities of metal borohydrides and cation electronegativites: first-principles calculations and experiments. Phys Rev B 74:045126

70. Li H-W, Orimo S, Nakamori Y, Miwa K, Ohba N, Towata S, Züttel A (2007) Materialsdesigning of metal borohydrides: viewpoints from thermodynamical stabilities. J AlloysCompd 446-447:315-318

71. Vajo JJ, Olson GL (2007) Hydrogen storage in destabilized chemical systems. Scripta Mater56:829-834

72. Vajo JJ, Skeith SL, Mertens F (2005) Reversible storage of hydrogen in destabilized LiBH4. J Phys Chem B 109:3719-3722

73. Bösenberg U, Doppiu S, Mosegaard L, Barkhordarian G, Eigen N, Borgschulte A, Jensen TR, Cerenius Y, Gutfleisch O, Klassen T, Dornheim M, Bormann R (2007) Hydrogensorption properties of $MgH_2 + 2LiBH_4$. Acta Mater 55:3951-3958

74. Pinkerton FE, Meyer MS, Meisner GP, Balogh MP, Vajo JJ (2007) Phase boundaries andreversibility of $LiBH_4/MgH_2$ hydrogen storage material. J Phys Chem C 111:12881-12885

75. Yan Y, Li H-W, Maekawa H, Miwa K, Towata S, Orimo S (2011) Formation of intermediatecompound Li2B12H12 during the dehydrogenation process of the $LiBH_4$-MgH_2 system. J Phys Chem C 115:19419-19423

76. Price TE, Grant DM, Weston D, Hansen T, Arnbjerg LM, Ravnsbæk DB, Jensen TR, Walker GS (2011) The effect of H_2 partial pressure on the reaction progression and reversibility of lithium-containing multicomponent destabilized hydrogen storage systems. J Am Chem Soc 133:13534-13538

77. Shim JH, Lim JH, Rather SU, Lee YS, Reed D, Kim Y, Book D, Cho YW (2010) Effect of hydrogen back pressure on dehydrogenation behavior of $LiBH_4$-based reactive hydridecomposites. J Phys Chem Lett 1:59-63

78. Jin SA, Lee YS, Shim JH, Cho YW (2008) Reversible hydrogen storage in $LiBH_4$-MH_2 (M=Ce, Ca) composites. J Phys Chem C 112:9520-9524

79. Spatz P, Aebischer HA, Krozer A, Schlapbach L (1993) The diffusion of H in Mg and thenucleation and growth of MgH_2 in thin films. Z Phys Chem 181:393-397

80. Bogdanovic B (1985) Catalytic synthesis of organo-lithium and organomagnesium compounds and of lithium and magnesium hydrides—applications in organic-synthesisand hydrogen storage. Angew Chem Itn Edit 24:262-273

81. Uesugi H, Sugiyama T, Nii H, Ito T, Nakatsugawa I (2011) Industrial production of MgH_2 and its application. J Alloys Compd 509:S650-S653

82. Vajeeston P, Ravindran P, Kjekshus A, Fjellvåg H (2002) Pressure-induced structuraltransitions in MgH_2. Phys Rev Lett 89:175506

83. Noritake T, Aoki M, Towata S, Seno Y, Hirose Y, Nishibori E, Takata M, Sakata M (2002)Chemical bonding of hydrogen in MgH_2. Appl Phys Lett 81:2008-2010

84. Zhu M, Lu Y, Ouyang L, Wang H (2013) Thermodynamic tuning of Mg-based hydrogenstorage alloys: a review. Materials 6:4654-4674

85. Wagemans RWP, van Lenthe JH, de Jongh PE, van Dillen AJ, de Jong KP (2005) Hydrogenstorage in magnesium clusters: quantum chemical study. J Am Chem Soc 127:

16675-16680

86. Huot J, Liang G, Boily S, Van Nesteb A, Schulza R (1999) Structural study and hydrogensorption kinetics of ball-milled magnesium hydride. J Alloys Compd 293-295:495-500

87. Nielsen TK, Manickam K, Hirscher M, Besenbacher F, Jensen TR (2009) Confinement of MgH_2 nanoclusters within nanoporous aerogel scaffold materials. ACS Nano 3: 3521-3528

88. Barkhordarian G, Klassen T, Bormann R (2003) Fast hydrogen sorption kinetics ofnanocrystalline Mg using Nb_2O_5 as catalyst. Scr Mater 49:213-217

89. Barkhordarian G, Klassen T, Bormann R (2004) Effect of Nb_2O_5 content on hydrogenreaction kinetics of Mg. J Alloys Compd364:242-246

90. Finholt AE, Bond AC, Schlesinger HI (1947) Lithium aluminum hydride, aluminum hydrideand lithium gallium hydride, and some of their applications in organic and inorganicchemistry. J Am Chem Soc 69:1199-1203

91. Chizinsky G, Evans GG, GibbJr TPP, RiceJr MJ (1955) Non-solvated aluminum hydride. J Am Chem Soc 77:3164-3165

92. Brower FM, Matzek NE, Reigler PF, Rinn HW, Roberts CB, Schmidt DL, Snover JA, Terada K (1976) Preparation and properties of aluminum hydride. J Am Chem Soc 98: 2450-2453

93. Bulychev BM, Verbetskii VN, Storozhenko PA (2008) "Direct" synthesis of unsolvatedaluminum hydride involving Lewis and Bronsted acids. Russ J Inorg Chem 53: 1000-1005

94. Bulychev BM, Storozhenko PA, Fokin VN (2009) "One-step" synthesis of nonsolvatedaluminum hydride. Russ Chem Bull Inter Ed 58:1817-1823

95. Graetz J, Reilly JJ, Yartys VA, Maehlen JP, Bulychev BM, Antonov VE, Tarasov BP, Gabis IE (2011) Aluminum hydride as a hydrogen and energy storage material: past, present and future. J Alloys Comp 509:S517-S528

96. Saitoh H, Machida A, Katayama Y, Aoki K (2008) Formation and decomposition of AlH_3 in the aluminum-hydrogen system. Appl Phys Lett 93:151918

97. Clasen H (1962) German Patent 1141:623

98. Zidan R, Garcia-Diaz BL, Fewox CS, Stowe AC, Gray JR, Harter AG (2009) Aluminiumhydride: a reversible material for hydrogen storage. Chem Commun 25:3717-3719

99. Murib JH, Horvitz D (1972) US Patent 3,642,853

100. Stecher O, Wiberg E (1942) Über einen nichtflüchtigen, polymeren aluminiumwasserstoff(AlH3)x und einige flüchtige verbindungen des monomeren AlH_3. Ber Dtsch Chem Ges 75B:2003-2012

101. Graetz J, Chaudhuri S, Wegrzyn J, Celebi Y, Johnson JR, Zhou W, Reilly JJ (2007)

Directand reversible synthesis of AlH_3 -triethylenediamine from Al and H_2. J Phys Chem C111：19148-19152

102. Lacina D, Wegrzyn J, Reilly J, Celebi Y, Graetz J (2010) Characterization ofdimethylethylamine-alane and the regeneration of aluminum hydride. Energy Environ Sci 3：1099-1105

103. Turley JW, Rinn HW (1969) The crystal structure of aluminum hydride. Inorg Chem 8：18-22

104. Brinks HW, Istad-Lem A, Hauback BC (2006) Mechanochemical synthesis and crystalstructure of alpha'-AlD_3 and alpha-AlD_3. J Phys Chem B 110：25833-25837

105. Brinks HW, Langley W, Jensen CM, Graetz J, Reilly JJ, Hauback BC (2007) Synthesis andcrystal structure of β-AlD_3. J Alloys Compd433：180-183

106. Yartys VA, Denys RV, Maehlen JP, Frommen C, Fichtner M, Bulychev BM, Emerich H(2007) Double-bridge bonding of aluminium and hydrogen in the crystal structure of gamma— AlH_3. Inorg Chem 46：1051-1055

107. Brinks HW, Brown C, Jensen CM, Graetz J, Reilly JJ, Hauback BC (2007) The crystalstructure of gamma-AlD_3. J Alloys Compd 441：364-367

108. Sartori S, Opalka SM, Løvvik OM, Guzik MN, Tang X, Hauback BC (2008) Experimental studies of α-AlD_3 and α'-AlD_3 versus first-principles modelling of the alane isomorphs. J Mater Chem 18：2361-2370

109. Graetz J, Reilly JJ (2006) Thermodynamics of the α, β and γ polymorphs of AlH_3. J Alloys Compd 424：262-265

110. Sinke GC, Walker LC, Oetting FL, Stull DR (1967) Thermodynamic properties of aluminum hydride. J Chem Phys 47：2759-2761

111. Tkacz M, Filipek S, Baranowski B (1983) High pressure synthesis of aluminium hydride from the elements. Pol J Chem57：651-653

112. Baranowski B, Tkacz M (1983) The equilibrium between solid aluminium hydride andgaseous hydrogen. Z Phys Chem NF135：27-38

113. Konovalov SK, Bulychev BM (1995) The P, T-state diagram and solid phase synthesis of aluminum hydride. Inorg Chem 34：172-175

114. Herley PJ, Chrlstofferson O, Irwin R (1981) Decomposition of. alpha. -aluminum hydridepowder. 1. Thermal decomposition. J Phys Chem 85：1874-1881

115. Graetz J, Reilly JJ (2005) Decomposition kinetics of the AlH_3 polymorphs. J Phys Chem B109：22181-22185

116. Graetz J, Reilly JJ, Kulleck JG, Bowman RC (2007) Kinetics and thermodynamics of thealuminum hydride polymorphs. J Alloys Compd 446-447：271-275

117. Maehlen JP, Yartys VA, Denys RV, Fichtner M, Frommen C, Bulychev BM, Pattison

P，Emerich H，Filinchuk YE，Chernyshov D（2007）J Alloys Compd 446-447：280-289

118. Sandrock G，Reilly J，Graetz J，Zhou WM，Johnson J，Wegrzyn J（2005）Accelerated thermal decomposition of AlH$_3$ for hydrogen-fueled vehicles. Appl Phys A 80：687-690

119. Sandrock G，Reilly J，Graetz J，Zhou WM，Johnson J，Wegrzyn J（2006）Alkali metal hydridedoping of α-AlH$_3$ for enhanced H$_2$ desorption kinetics. J Alloys Compd 421：185-189

120. Orimo S，Nakamori Y，Kato T，Brown C，Jensen CM（2006）Intrinsic and mechanicallymodified thermal stabilities of α-, β- and γ-aluminum trihydrides AlH$_3$. Appl Phys A 83：5-8

121. Kato S，Bielmann M，Ikeda K，Orimo S，Borgschulte A，Zuttel A（2010）Surface changes on AlH$_3$ during the hydrogen desorption. Appl Phys Lett 96：051912

122. Staubitz A，Robertson APM，Manners I（2010）Ammonia—borane and related compounds as dihydrogen sources. Chem Rev 110：4079-4124

123. Stephens FH，Pons V，Baker RT（2007）Ammonia-borane，the hydrogen storage source parexcellence. Dalton Trans 25：2613-2626

124. Shore SG，Parry RW（1955）The crystalline compound ammonia-borane，H$_3$NBH$_3$. J Am Chem Soc 77：6084-6085

125. Lippert EL，Lipscomb WN（1956）The structure of H$_3$NBH$_3$. J Am Chem Soc 78：503-504

126. Hoon CF，Reynhardt EC（1983）Molecular-dynamics and structures of amine boranes of the type R3N BH3. I. X-ray investigation of H3N BH3 at 295 K and 110 K. J Phys C 16：6129-6136

127. Klooster WT，Koetzle TF，Siegbahn PEM，Richardson TB，Crabtree RH（1999）Study of the N-H H-B dihydrogen bond including the crystal structure of BH3NH3 by neutrondiffraction. J Am Chem Soc 121：6337-6343

128. Hu MG，Geanangel RA，Wendlandt WW（1978）The thermal decomposition of ammoniaborane. Thermochim Acta 23：249-255

129. Wolf G，Baumann J，Baitalow F，Hoffmann FP（2000）Calorimetric process monitoring ofthermal decomposition of B-N-H compounds. Thermochim Acta 343：19-25

130. Baitalow F，Baumann J，Wolf G，Jaenicke-Röbler K，Leitner G（2002）Thermal decomposition of B-N-H compounds investigated by using combined thermoanalytical methods. Thermochim Acta 391：159-168

131. Stowe AC，Shaw WJ，Linehan JC，Schmid B，Autrey T（2007）In situ solid state 11BMAS-NMR studies of the thermal decomposition of ammonia borane：mechanistic studies of the hydrogen release pathways from a solid state hydrogen storage material. Phys Chem

Chem Phys 9:1831-1836

132. Shaw WJ, Linehan JC, Szymczak NK, Heldebrant D, Yonker C, Camaioni D, Baker RT, Autrey T (2008) In situ multinuclear NMR spectroscopic studies of the thermaldecomposition of ammonia borane in solution. Angew Chem Int Ed 47:7493-7496

133. Heldebrant DJ, Karkamkar A, Hess NJ, Bowden M, Rassat S, Zheng F, Rappe K, Autrey T(2008) The effects of chemical additives on the induction phase in solid-state thermal decomposition of ammonia borane. Chem Mater 20:5332-5336

134. Denney MC, Pons V, Hebden TJ, Heinekey DM, Goldberg KI (2006) Efficient catalysis of ammonia borane dehydrogenation. J Am Chem Soc 128:12048-12049

135. Paul A, Musgrave C (2007) Catalyzed dehydrogenation of ammonia-borane by iridium dihydrogen pincer complex differs from ethane dehydrogenation. Angew Chem Int Ed 46: 8153-8156

136. Stephens FH, Baker RT, Matus MH, Grant DJ, Dixon DA (2007) Acid initiation ofammonia-borane dehydrogenation for hydrogen storage. Angew Chem Int Ed 46:746-749

137. Himmelberger DW, Yoon CW, Bluhm ME, Carroll PJ, Sneddon LG (2009) Base-promotedammonia borane hydrogen-release. J Am Chem Soc 131:14101-14110

138. Staubitz A, Soto AP, Manners I (2008) Iridium-catalyzed dehydrocoupling of primaryamine-borane adducts: a route to high molecular weight polyaminoboranes, boron-nitrogenanalogues of polyolefins. Angew Chem Int Ed 47:6212-6215

139. Boddeker KW, Shore SG, Bunting RK (1966) Boron-nitrogen chemistry. 1. Syntheses and properties of new cycloborazanes, $(BH_2NH_2)_n$. J Am Chem Soc 88:4396-4401

140. Jaska CA, Temple K, Lough AJ, Manners I (2001) Rhodium-catalyzed formation of boron-nitrogen bonds: a mild route to cyclic aminoboranes and borazines. Chem Commun 11: 962-963

141. Keaton RJ, Blacquiere JM, Baker RT (2007) Base metal catalyzed dehydrogenation of ammonia—borane for chemical hydrogen storage. J Am Chem Soc 129:1844-1845

142. He T, Xiong Z, Wu G, Chu H, Wu C, Zhang T, Chen P (2009) Nanosized Co- and Ni-catalyzed ammonia borane for hydrogen storage. Chem Mater 21:2315-2318

143. He T, Wang J, Liu T, Wu G, Xiong Z, Yin J, Chu H, Zhang T, Chen P (2011) Quasi in situ Mössbauer and XAS studies on FeB nanoalloy for heterogeneous catalytic dehydrogenationof ammonia borane. Catal Today170:69-75

144. Gutowska A, Li L, Shin Y, Wang CM, Li XS, Linehan JC, Smith RS, Kay BD, Schmid B,Shaw W, Gutowski M, Autrey T (2005) Nanoscaffold mediates hydrogen release and thereactivity of ammonia borane. Angew Chem Int Ed 44:3578-3582

145. Feaver A, Sepehri S, Shamberger P, Stowe A, Autrey T, Cao G (2007) Coherent

carboncryogel—ammonia borane nanocomposites for H_2 storage. J Phys Chem B 111:7469-7472

146. Li Z, Zhu G, Lu G, Qiu S, Yao X (2010) Ammonia Borane Confined by a Metal—organic framework for chemical hydrogen storage: enhancing kinetics and eliminating ammonia. J Am Chem Soc 132:1490-1491

147. Schlesinger HI, Burg AB (1938) Hydrides of boron. VIII. The structure of the diammoniate of diborane and its relation to the structure of diborane. J Am Chem Soc 60: 290-299

148. Myers AG, Yang BH, David KJ (1996) Lithium amidotrihydroborate, a powerful new reductant. Transformation of tertiary amides to primary alcohols. Tetrahedron Lett 37: 3623-3626

149. Diyabalanage HVK, Shrestha RP, Semelsberger TA, Scott BL, Bowden ME, Davis BL, Burrell AK (2007) Calcium amidotrihydroborate: A hydrogen storage material. Angew Chem Int Ed 46:8995-8997

150. Xiong Z, Yong CK, Wu G, Chen P, Shaw W, Karkamkar A, Autrey T, Jones MO, Johnson SR, Edwards PP, David WIF (2008) High-capacity hydrogen storage in lithium and sodium amidoboranes. Nat Mater7:138-141

151. Diyabalanage HVK, Nakagawa T, Shrestha RP, Semelsberger TA, Davis BL, Scott BL, Burrell AK, David WIF, Ryan KR, Jones MO, Edwards PP (2010) Potassium (I) amidotrihydroborate: structure and hydrogen release. J Am Chem Soc 132:11836-11837

152. Luo J, Kang X, Wang P (2013) Synthesis, formation mechanism, and dehydrogenationproperties of the long-sought $Mg(NH_2BH_3)_2$ compound. Energy Environ Sci 6: 1018-1025

153. Zhang QA, Tang CX, Fang CH, Fang F, Sun D, Ouyang LZ, Zhu M (2010) Synthesis, crystal structure and thermal decomposition of strontium amidoborane. J Phys Chem C114:1709-1714

154. Genova RV, Fijalkowski KJ, Budzianowski A, Grochala W (2010) Towards $Y(NH_2BH_3)_3$: Probing hydrogen storage properties of $YX_3/MNH_2BH_3(X = F, Cl; M = Li, Na)$ and YH_{x-3}/NH_3BH_3 composites. J Alloys Compd 499:144-148

155. Fijalkowski KJ, Genova RV, Filinchuk Y, Budzianowski A, Derzsi M, Jaron T, Leszczynski PJ, Grochala W (2011) $Na[Li(NH_2BH_3)_2]$—the first mixed-cationamidoborane with unusual crystal structure. Dalton Trans 40:4407-4413

156. Wu H, Zhou W, Pinkerton FE, Meyer MS, Yao Q, Gadipelli S, Udovic TJ, Yildirim T, Rush JJ (2011) Sodium magnesium amidoborane: the first mixed-metal amidoborane. ChemCommun 47:4102-4104

157. Xia G, Yu X, Guo Y, Wu Z, Yang C, Liu H, Dou S (2010) Amminelithium amidoborane $Li(NH_3)NH_2BH_3$: a new coordination compound with favorable dehydrogenation

characteristics. Chem Eur J 16:3763-3769

158. Chua YS, Wu G, Xiong Z, He T, Chen P（2009）Calcium amidoborane ammoniate-synthesis,structure, and hydrogen storage properties. Chem Mater 21:4899-4904

159. Chua YS, Li W, Shaw WJ, Wu G, Autrey T, Xiong Z, Wong MW, Chen P（2012）Mechanistic investigation on the formation and dehydrogenation of calcium amidoborane ammoniate. ChemSusChem 5:927-931

160. Chua YS, Wu G, Xiong Z, Karkamkar A, Guo J, Jian M, Wong MW, Autrey T, Chen P(2010) Chem Commun 46:5752-5754

161. Luo J, Kang X, Fang Z, Wang P（2011）Promotion of hydrogen release from ammoniaborane with magnesium nitride. Dalton Trans 40:6469-6474

第 16 章　固态储氢材料：高表面积吸附剂

Huaiyu Shao and Stephen M. Lyth

　　摘要：本章通过两种很有前景的储氢材料：纳米碳材料和金属有机骨架材料（MOF），介绍物理储氢所需的材料特性，高比表面积材料对氢气的吸附机理以及影响氢气吸附的关键因素。

　　关键词：吸附·纳米结构·表面积·孔径·结合能·氢溢流·碳·MOF·储氢

　　利用高比表面积材料通过物理吸附进行氢气储存是一个很有前途的领域，它为利用氢化物的化学储氢提供了一种替代方案。吸附剂是指可以通过弱范德华力相互作用将气体或液体吸附到其表面上的材料。与不存在吸附剂的材料相比，这可以在相同体积中存储更多的氢气。实际上，物理吸附可以将氢吸附在多层表面上，而化学吸附仅限于单层。

　　吸附剂的储氢量主要由结合能、温度、压力、表面积和孔径分布决定。此外，对于实际应用而言，成本是一个非常重要的因素。单纯吸附材料的结合能通常在 $5 \sim 30 \ kJ/mol$ 的范围内（远低于化学吸附），并且活化能可以忽略不计（而形成氢化物必须克服一定的活化能）。因此，与化学吸附相比，物理吸附是高度可逆的，

H. Shao (✉) · S. M. Lyth
International Institute for Carbon-Neutral Energy Research, Kyushu University,
Fukuoka 819-0395, Japan
e-mail：h. shao@ i2cner. kyushu-u. ac. jp

S. M. Lyth
e-mail：lyth@ i2cner. kyushu-u. ac. jp

© Springer Japan 2016
K. Sasaki et al. （eds.）, *Hydrogen Energy Engineering*,
Green Energy and Technology, DOI 10. 1007/978-4-431-56042-5_16

氢易于脱附，而化学吸附材料则面临着循环使用的问题。这一特性使得氢气的吸附和脱附更容易进行，简化了热管理和系统的工程设计。因此，对于基于吸附剂的储氢系统，上述因素能显著降低成本。然而，由于结合能较低，物理吸附通常需要较大的表面积和较低的温度才能吸附足量的氢。

16.1　吸附等温线

恒定温度下吸附气体的量与分压的关系称为吸附等温线。IUPAC[1,2]将等温线分为六种主要类型，其特征取决于材料的孔径和表面性质（如图 16-1 所示）。

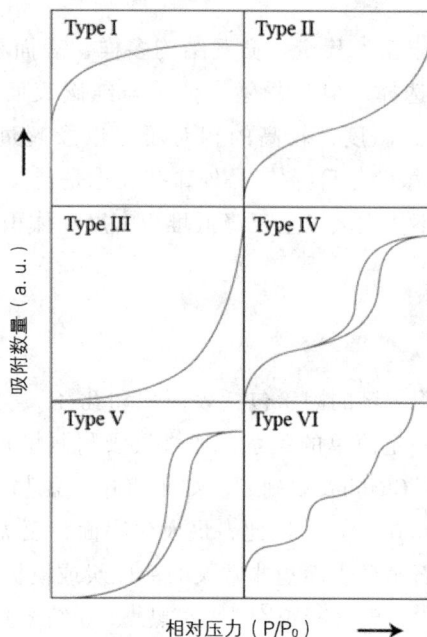

图 16-1　不同吸附剂的六个物理吸附等温线的典型例子

P_0是在测量温度下吸附气体的饱和压力。I 型（微孔）；II 型（无孔）；III 型（弱吸附）；VI 型（介孔）；V 型（中等吸附力弱）；VI 型（多层吸附）[1,2]

- I 型：微孔吸附剂（例如，活性炭上的 N_2）。在较高的相对压力下观察到饱和。
- II 型：无孔吸附剂。单层覆盖后，在较高的相对压力下观察到多层吸附。
- III 型：结合能弱的无孔吸附剂。在低相对压力下观察到低吸附。
- IV 型：介孔吸附剂。观察到由于毛细管凝结而产生的迟滞现象。

- V型：具有弱结合能的介孔吸附剂。在低相对压力下观察到迟滞和低吸附。
- VI型：表面均匀的无孔吸附剂。观察到多个单层的形成。

基于物理吸附的储氢材料是一个非常活跃的研究领域。2010年，美国能源部（DOE）卓越储氢中心（HSCoE）的储氢的吸附剂材料项目发布了一项为期5年的开创性研究成果[3]。该成果确定了四个重要的吸附机理：（1）纳米结构，（2）杂原子取代，（3）配位金属中心，（4）溢流效应。其中强调了两种具有高潜力的吸附材料：纳米结构碳和金属有机框架（MOF）。

16.2 纳米碳

碳由于其低成本、丰富、稳定、微观结构多样、表面积大和原子质量低而已成为氢吸附材料的热门选择。但是，氢气分子与纯碳表面之间的结合能非常低，因此必须使用相对较低的温度，较高的相对压力以及超过 3 000 m^2/g 的比表面积，才能满足 DOE 的车载储氢目标[3]。另外，孔径也是至关重要的，并且孔径应大到可以通过两个氢，但不能太大以至于降低堆积密度和体积容量。因此，最佳孔径为 0.6~0.8 nm[4,5]。

16.2.1 纳米结构

影响氢在碳上的吸附关键的因素包括表面积和孔径[6,7]。在 77 K 时，碳的表面积与吸收能力之间存在一定简单的关系，通过氮吸附测量每 500 m^2/g 表面积，氢的吸收能力将为 1 wt%（Chahine 规则）[8]。如果将单层氢物理吸附在石墨烯片的两面上，则质量分数将为 6.6 wt%[9]。因此，最大化表面积至关重要。碳的种类很多，从可用表面积非常低的石墨到表面积非常大的活性炭或模板碳。在氢吸附方面，碳纳米管[10-14]、活性炭[8,15-18]、碳气凝胶[19,20]、炭黑[21]、碳纳米角[22]、模板碳[23,24]和石墨烯[25-29]作为潜在有用的物理吸附剂已经被研究。迄今为止最好的结果之一是采用沸石为模板的碳，其表面积为 3 189m^2/g，在 77 K 和 2 MPa 下的氢吸收率为 6.9 wt%[24]。

石墨烯（此处包括单层石墨烯、少数多层石墨烯、还原氧化石墨烯以及相关的石墨材料）是一个非常有潜力的备选方案，因为它是单原子碳薄层，因此有很大的可利用表面积用于氢吸附。然而，在实践中，很难获得仅用于氢吸附测量所需的单层石墨烯材料。高质量的单层石墨烯通常在基板上生长，而储氢需要独立的石墨烯粉末。现在，可以通过超声波或纯力剥落，以足够的规模生产此类粉末。但是，市售石墨烯粉末的表面积通常相对较低。这主要是由于再堆积效应使得单个石墨烯片重新堆叠在一起，形成多层结构。在碳材料中，石墨烯已成为最佳氢吸附材料之一，尤其是在低温下。

在理论研究中，Patchkovskii 等[30]首先计算出，在 10 MPa 和室温下，理想的分离石墨烯片的储氢能力为 4 wt%；在 200 K 和 5 MPa 下为 6.5 wt%。关于石墨烯的氢吸附性能的实验结果发表较少。Cunning 等通过在 CO_2 中燃烧金属 Mg 来合成几层石墨烯粉末。该材料的表面积为 235.5 m^2/g，在室温和 30 MPa 下过量吸收氢气 0.9 wt%，在 77 K（6.5 MPa）下为 0.85 wt%[25]。Jin 等通过化学功能化调整了石墨烯片之间的距离（从而调整了孔径和表面积），这导致在 77 K 和 0.2 MPa 下最大储氢量为 1.4 wt%[31]。Klechikov 等人使用了氧化石墨的快速热膨胀，并进行活化，生产出表面积高达 2 300 m^2/g 的石墨烯状材料，在环境温度（12 MPa）下氢吸收为 1 wt%；在 77 K（12 MPa）下氢吸收为 5 wt%[6]。不同小组的类似工作结果在 77 K（9 MPa）下吸氢量为 4.8 wt%，在环境温度（9 MPa）下吸氢量为 0.5 wt%[4]。Lyth 等通过低成本、无模板的方法生产的克级石墨烯粉，三维开孔多孔结构具有 1 650 m^2/g 的大表面积（如图 16-2 所示），在 77 K 时过量的氢吸收为 2.1 wt%[32]。综上，石墨烯粉末材料的表面积需要增加，并且需要显著降低成本，才能将其应用于商业储氢。

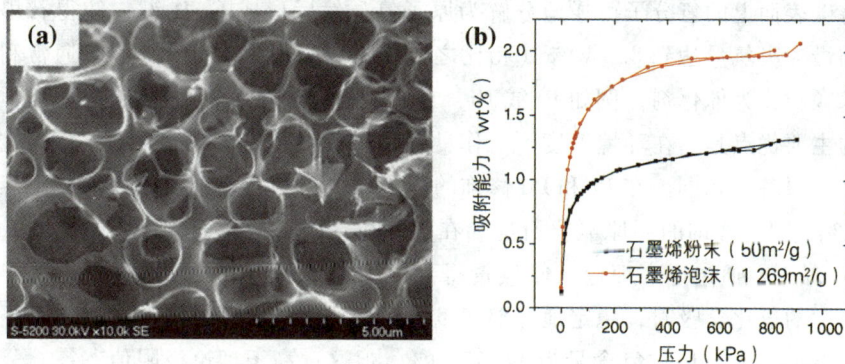

图 16-2　（a）乙醇钠分解产生的大表面积多孔石墨烯泡沫（b）氢吸收等温线[32]

16.2.2　结合能

尽管可调节的碳纳米结构可以将氢的吸收提高到一定程度，但低结合能从根本上限制了吸收。尽管与物理吸附相关的低结合能具有一些优势，但这也意味着在标称温度和压力下可以存储的氢更少。因此，希望将结合能稍微提高到例如 10 ~ 40 kJ/mol 之间。纯碳为氢分子提供了均匀的 sp^2 晶格。用杂原子（例如硼或氮）取代一些碳原子会引起不均一性，因此会增强与目标氢分子的电子相互作用。这表现为结合能的增加。2010 年 DOE 关于氢吸收的报告得出结论，硼取代碳晶格是唯一对吸收测量产生积极影响的杂原子[3]。在各种理论研究中，已证明硼掺杂可改善氢吸收[33,34]，但实验工作很少。例如，Chung 等[35]证明了更高的结合能约 11 kJ／mol，高于大多数报道的碳表面 4 kJ/mol。尽管有 DOE 的发现，但氮掺杂也被证明可以有效地增加氢的吸收能力[36-39]。

16.2.3 在金属位点上的强结合

如果结合能进一步增加，则多个氢分子可通过碳与氢之间的正电子和反电子给体被吸收到单个位点上。这需要结合能在 20~120 kJ／mol 的范围内[5,40]。可以利用配位至碳晶格的金属原子来实现该效果。尽管在这一领域已经做了大量的理论工作[26,29,41,42]，但是很少被实验验证，这可能是由于很难获得稳定且未被污染的金属位点。

16.2.4 氢溢流效应

通常，物理吸附过程是化学吸附过程的前身，这两个过程的共存构成可利用的溢流现象的基础。由于氢溢流与标准化学吸附是相对可逆的，在这种情况下，催化剂可将碳表面上的氢分子可逆地分解为原子氢，然后形成 C-H 键，使得石墨烯片表面的最大吸氢量达到 8.3 wt%（相比之下，物理吸附为 6.6 wt%）[5]。通常利用金属纳米颗粒作为催化剂，例如 Pt 或 Ni，它们是相对较重（且昂贵）的元素，所以溢流的主要优点是它在环境温度下工作良好。在基于石墨烯的体系中对溢流进行了研究，结果各不相同。在 Pt 和 Pd 修饰的石墨烯中测得的室温及 3.2 MPa 下容量为 1.2 wt%[43]。Pd 修饰的还原氧化石墨烯在 3 MPa、环境温度下储存容量为 0.6~2.5 wt%[44]。最近，通过这一理论，储氢量得到了极大的提升，通过 Birch 还原实现了石墨烯中的氢化学吸附，稳定地存储了 5 wt% 的氢[45]。类似地，有报道在石墨烯上使用了 Benkeser 反应，氢含量为 14.67 wt%，但这远高于理论极限值[46]。

总之，仅增加表面积不足以满足纳米结构碳材料所需的吸收能力。可以用氮或硼掺杂碳来增加结合能，从而提高氢的吸收能力。再者，金属中心可用于在单个吸附位点上结合多个氢分子。最后，溢流效应可以通过进一步增加吸收形成牢固的 C-H 键。通过适当的碳化学工程将这些不同的机理结合起来，可以大规模生产具有适合实际应用能力的储氢材料。

16.3 金属有机框架（MOF）

MOF 或多孔配位聚合物（PCP）是一种新兴材料，也是最新的多孔材料之一。MOF 是由含金属的二级构筑单元和有机配体链接而成的网络结构[47]。由于这种材料的比表面积极高，并且化学结构可调节，因此 MOF 作为储氢材料引起了极大的关注。MOF 上的氢存储是物理吸附过程，因此，在低温下的氢吸附能力比在室温下高得多。MOF 上的氢吸附过程是完全可逆的，具有快速动力学反应。长期以来，美国能源部（DOE）在财政上支持作为可能的储氢解决方案的 MOF 的研究[48-50]。

Yaghi 小组于 2003 年对 MOF 上的氢存储进行了首次研究[51]（如图 16-3 所示）。该小组还报告了迄今为止测量到的最大比表面积的 MOF 之一，MOF-210，Brunauer-Emmett-Teller（BET）和 Langmuir 表面积分别为 6 240 和 10 400 m^2/g[52]。到目前为止，储氢容量最高的 MOF-177 在 77 K、氢气压力 6.6 MPa[53]的条件下，Lanmuir 表面积为 5 640m^2/g，氢吸附容量为 7.6 wt%（32 g/L）（如图 16-3 所示）。氢容量也通过重量和体积法独立证实[54]。该材料在 77 K、7 MP 的压力下，绝对氢气吸收量约为 11 wt%，包括过量的吸附量和占据 MOF-177 样品内部空隙的一部分氢气分子。

尽管这些 MOF 表现出惊人的储氢能力，但是要真正商业化，仍然面临着一些挑战。这些挑战包括系统的重量和体积容量、材料的氢结合能以及 MOF 规模合成，需要解决这些问题以供将来应用。为了进一步提高氢气的吸收能力，特别是在环境温度下，同行们已经做出了巨大的努力。在这里，介绍了在环境温度下研究人员为提高 MOF 中的储氢性能，而采取的几种策略[55,56]。

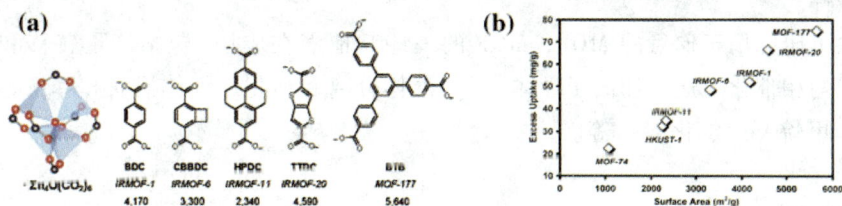

图 16-3

（a）从括号中的链接得出的以斜体显示的基于 $Zn_4O(CO_2)_6$ 的 MOF：IRMOF-1（BDC），IRMOF-6（CBBDC），IRMOF-11（HPDC），IRMOF-20（TTDC）和 MOF-177（BTB）。数字为 Langmuir 表面积（m^2/g）（b）相对于 Langmuir 表面积的氢吸收量[53]

（经美国化学学会许可，版权 2006）

16.3.1　表面积和孔隙容量

对于 MOF，材料的表面积与样品的孔隙容量正相关。由于氢吸附在 MOF 化合物的表面，因此大的表面积和孔隙容量对于 MOF 实现高的氢吸附能力至关重要。

16.3.2 孔径和几何形状

氢吸附是通过氢分子与 MOF 化合物之间的弱范德华力进行的。因此，氢吸附能力与 MOF 样品的孔径有很大关系。计算表明，在 77 K 时，具有良好的氢吸附性能的最佳孔径约为 7Å，在这种情况下，两层氢分子将吸附在 MOF 样品的孔表面上[57,58]。

16.3.3 开放的金属位点

氢分子与无机（通常是金属）节点之间的相互作用比氢与有机连接基之间的相互作用强得多。对 MOF-5 的结构分析表明，金属节点通常是氢存储的第一个吸附位，为提高吸氢能力，提出了一种非饱和金属中心设计方法，这些位点即使在低氢压力下也有助于氢键合并保持高的氢吸收能力。

16.3.4 链接

链接是一种从两个不同的 MOF 形成交织或互穿网络的方法。链接过程产生的直接影响包括同时减小孔径、增加开放金属位点和减小孔容。因此，链接是否是提高 MOF 氢吸附性能的实用方法，在很大程度上取决于特定的 MOF 情况和氢吸附的测量条件。

除了研究用于储氢的 MOF，MOF 的一些其他潜在应用[47]包括能量转移和光催化、非均相催化、质子和离子导体[59,60]、液体分离和纯化、气体捕获和降解、气体存储（甲烷\二氧化碳）等。

参考文献

1. Brunauer S, Deming LS, Deming WE, Teller E (1940) On a theory of the van der Waalsadsorption of gases. J Am Chem Soc 62:1723-1732

2. Sing KSW, Everett DH, Haul RAW, Moscou L, Pierotti RA Rouquerol J Siemieniewska T (1985) Reporting physisorption data for gas solid systems with special reference to thedetermination of surface-area and porosity (Recommendations 1984). Pure Appl Chem 57:603-619

3. Simpson L (2010) HSCoEfinal report executive summary. http://www1. eere. energy. gov/hydrogenandfuelcells/pdfs/hydrogen _ sorption _ coe _ final _ report. pdf. Accessed 27 Oct 2015

4. Kim BH, Hong WG, Yu HY, Han YK, Lee SM, Chang SJ, Moon HR, Jun Y, Kin HJ

(2012) Thermally modulated multilayered graphene oxide for hydrogen storage. Phys Chem Chem Phys 14:1480-1484

5. Tozzini V, Pellegrini V (2013) Prospects for hydrogen storage in graphene. Phys Chem Chem Phys15:80-89

6. Klechikov AG, Mercier G, Merino P, Blanco S, Merino C, Talyzin AV (2015) Hydrogenstorage in bulk graphene-related materials. Microporous Mesoporous Mater 210:46-51

7. Dillon AC, Heben MJ (2001) Hydrogen storage using carbon adsorbents: past, present andfuture. Appl Phys A 72:133-142

8. Bénard P, Chahine R (2007) Storage of hydrogen by physisorption on carbon and nanostructured materials. Scr Mater 56:803-808

9. Schlapbach L, Züttel A (2001) Hydrogen-storage materials for mobile applications. Nature 414:353-358

10. Dillon AC, Jones KM, Bekkedahl TA, Kiang CH, Bethune DS, Heben MJ (1997) Storage ofhydrogen in single-walled carbon nanotubes. Nature 386:377-379

11. Liu C (1999) Hydrogen storage in single-walled carbon nanotubes at room temperature. Science 286:1127-1129

12. Cheng HM, Yang QH, Liu C (2001) Hydrogen storage in carbon nanotubes. Carbon 39:1447-1454

13. Darkrim FL, Malbrunot P, Tartaglia GP (2002) Review of hydrogen storage by adsorption incarbon nanotubes. Int J Hydrogen Energy 27:193-202

14. Wang Q, Johnson JK (1999) Optimization of carbon nanotube arrays for hydrogen adsorption. J Phys Chem B 103:4809-4813

15. Wang H, Gao Q, Hu J (2009) High hydrogen storage capacity of porous carbons prepared byusing activated carbon. J Am Chem Soc 131:7016-7022

16. Jordá-Beneyto M, Suárez-García F, Lozano-Castelló D, Cazorla-Amorós D, Linares-Solano A(2007) Hydrogen storage on chemically activated carbons and carbon nanomaterials at highpressures. Carbon 45:293-303

17. Noh J, Agarwal R, Schwarz J (1987) Hydrogen storage systems using activated carbon. Int J Hydrogen Energy 12:693-700

18. de la Casa-Lillo MA, Lamari-Darkrim F, Cazorla-Amorós D, Linares-Solano A (2002) Hydrogen storage in activated carbons and activated carbon fibers. J Phys Chem B106:10930-10934

19. Tian HY, Buckley CE, Wang SB, Zhou MF (2009) Enhanced hydrogen storage capacity incarbon aerogels treated with KOH. Carbon 47:2128-2130

20. Kabbour H, Baumann TF, Satcher JH, Saulnier A, Ahn CC (2006) Toward new

candidates forhydrogen storage: high-surface-area carbon aerogels. Chem Mater 18: 6085-6087

21. Hynek S (1997) Hydrogen storage by carbon sorption. Int J Hydrogen Energy 22: 601-610

22. Tanaka H, Kanoh H, Yudasaka M, Iijima S, Kaneko K (2005) Quantum effects on hydrogenisotope adsorption on single-wall carbon nanohorns. J Am Chem Soc 127:7511-7516

23. Nishihara H, Hou PX, Li LX, Ito M, Uchiyama M, Kaburagi T, Ikura A, Katamura J, Kawarada T, Mizuuchi K, Kyotani T (2009) High-pressure hydrogen storage inzeolite-templated carbon. J Phys Chem C 113:3189-3196

24. Yang Z, Xia Y, Mokaya R (2007) Enhanced hydrogen storage capacity of high surface areazeolite-like carbon materials. J Am Chem Soc 129:1673-1679

25. Cunning BV, Pyle DS, Merritt CR, Brown CL, Webb CJ, Gray EMA (2014) Hydrogenadsorption characteristics of magnesium combustion derived graphene at 77 and 293 K. Int JHydrogen Energy 39:6783-6788

26. Wang L, Lee K, Sun YY, Lucking M, Chen Z, Zhao JJ, Zhang SB (2009) Graphene oxide asan ideal substrate for hydrogen storage. ACS Nano 3:2995-3000

27. Yuan W, Li B, Li L (2011) A green synthetic approach to graphene nanosheets for hydrogenadsorption. Appl Surf Sci 257:10183-10187

28. Ma LP, Wu ZS, Li J, Wu ED, Ren WC, Cheng HM (2009) Hydrogen adsorption behavior ofgraphene above critical temperature. Int J Hydrogen Energy 34:2329-2332

29. Dimitrakakis GK, Tylianakis E, Froudakis GE (2008) Pillared graphene: a new 3-D networknanostructure for enhanced hydrogen storage. Nano Lett 8:3166-3170

30. Patchkovskii S, Tse JS, Yurchenko SN, Zhechkov L, Heine T, Seifert G (2005) Graphenenanostructures as tunable storage media for molecular hydrogen. Proc Natl Acad Sci102:10439-10444

31. Jin Z, Lu W, O Neill KJ, Parilla PA, Simpson LJ, Kittrell C, Tour JM (2011) Nano-engineered spacing in graphene sheets for hydrogen storage. Chem Mater 23:923-925

32. Lyth SM, Shao H, Liu J, Sasaki K, Akiba E (2014) Hydrogen adsorption on graphene foam synthesized by combustion of sodium ethoxide. Int J Hydrogen Energy 39:376-380

33. Li J, Wang X, Liu K, Sun Y, Chen L (2012) High hydrogen-storage capacity of B-adsorbed graphene:first-principles calculation. Solid State Commun 152:386-389

34. Zhou YG, Zu XT, Gao F, Nie JL, Xiao HY (2009) Adsorption of hydrogen on boron-dopedgraphene: a-first-principles prediction. J Appl Phys 105:014309

35. Chung TCM, Jeong Y, Chen Q, Kleinhammes A, Wu Y (2008) Synthesis of microporousboron-substituted carbon (b/c) materials using polymeric precursors for hydrogenphysisorption. J Am Chem Soc 130:6668-6669

36. Jiang J, Gao Q, Zheng Z, Xia K, Hu J (2010) Enhanced room temperature hydrogen storagecapacity of hollow nitrogen-containing carbon spheres. Int J Hydrogen Energy 35: 210-216

37. Yang SJ, Cho JH, Oh GH, Nahm KS, Park CR (2009) Easy synthesis of highly nitrogen-enriched graphitic carbon with a high hydrogen storage capacity at room temperature. Carbon 47:1585-1591

38. Badzian A, Badzian T, Breval E, Piotrowski A (2001) Nanostructured, nitrogen-doped carbonmaterials for hydrogen storage. Thin Solid Films 398-399:170-174

39. Chen L, Xia K, Huang L, Li L, Pei L, Fei S (2013) Facile synthesis and hydrogen storageapplication of nitrogen-doped carbon nanotubes with bamboo-like structure. Int J Hydrogen Energy 38:3297-3303

40. Kubas GJ (2001) Metal-dihydrogen and σ-bond coordination: the consummate extension ofthe Dewar-Chatt-Duncanson model for metal-olefin π bonding. J Organomet Chem 635:37-68

41. Lee H, Ihm J, Cohen ML, Louie SG (2010) Calcium-decorated graphene-based nanostructuresfor hydrogen storage. Nano Lett 10:793-798

42. Ataca C, Aktürk E, Ciraci S (2009) Hydrogen storage of calcium atoms adsorbed on graphene:first−principles plane wave calculations. Phys Rev B 79:041406

43. Parambhath VB, Nagar R, Ramaprabhu S (2012) Effect of nitrogen doping on hydrogenstorage capacity of palladium decorated graphene. Langmuir 28:7826-7833

44. Parambhath VB, Nagar R, Sethupathi K, Ramaprabhu S (2011) Investigation of spillover mechanism in palladium decorated hydrogen exfoliated functionalized graphene. J Phys Chem C 115:15679-15685

45. Subrahmanyam KS, Kumar P, Maitra U, Govindaraj A, Hembram KPSS, Waghmare UV, Rao CNR (2011) Chemical storage of hydrogen in few−layer graphene. Proc Natl Acad Sci 108:2674-2677

46. Sarkar AK, Saha S, Ganguly S, Banerjee D, Kargupta K (2014) Hydrogen storage on grapheneusing Benkeser reaction. Int J Energy Res 38:1889-1895

47. Zhou HC, Kitagawa S (2014) Metal-organic frameworks (MOFs). Chem Soc Rev 43: 5415-5418

48. http://www. hydrogen. energy. gov/pdfs/review06/st _ 22 _ yaghi. pdf. Accessed 21 April 2015

49. http://www. hydrogen. energy. gov/pdfs/review09/st_33_doonan. pdf. Accessed 21 April 2015

50. http://www. hydrogen. energy. gov/pdfs/progress14/iv _ b _ 7 _ veenstra _ 2014. pdf. Accessed 21April 2015

51. Rosi NL, Eckert J, Eddaoudi M, Vodak DT, Kim J, O Keeffe M, Yaghi OM（2003）Hydrogenstorage in microporous metal-organic frameworks. Science 300:1127-1129

52. Furukawa H, Ko N, Go YB, Aratani N, Choi SB, Choi E, Yazaydin AO, Snurr RQ, O' Keeffe M, Kim J, Yaghi OM（2010）Ultrahigh porosity in metal-organic frameworks. Science 329:424-428

53. Wong-Foy AG, Matzger AJ, Yaghi OM（2006）Exceptional H_2 saturation uptake inmicroporous metal-organic frameworks. J Am Chem Soc 128:3494-3495

54. Furukawa H, Miller MA, Yaghi OM（2007）Independent verification of the saturationhydrogen uptake in MOF－177 and establishment of a benchmark for hydrogen adsorption in metal－organic frameworks. J Mater Chem 17:3197-3204

55. Zhao D, Yuan DQ, Zhou HC（2008）The current status of hydrogen storage in metal-organicframeworks. Energy Environ Sci 1:222-235

56. Sculley J, Yuan DQ, Zhou HC（2011）The current status of hydrogen storage in metal－organicframeworks－updated. Energy Environ Sci 4:2721-2735

57. Rzepka M, Lamp P, de la Casa-Lillo MA（1998）Physisorption of hydrogen on microporouscarbon and carbon nanotubes. J Phys Chem B 102:10894-10898

58. Murray LJ, Dinca M, Long JR（2009）Hydrogen storage in metal-organic frameworks. Chem Soc Rev 38:1294-1314

59. Sadakiyo M, Yamada T, Honda K, Matsui H, Kitagawa H（2014）Control of crystallineproton-conducting pathways by water-induced transformations of hydrogen-bonding networksin a metal-organic framework. J Am Chem Soc 136:7701-7707

60. Sadakiyo M, Kasai H, Kato K, Takata M, Yamauchi M（2014）Design and synthesis of hydroxide ion-conductive metal-organic frameworks based on salt inclusion. J Am Chem Soc136:1702-1705

第17章　液氢载体

Hai-Wen Li

摘要：本章介绍了典型的液氢载体的关键技术，包括液氢的液化工艺和存储罐，环烷烃和杂环基有机氢化物的脱氢/再加氢特性以及氨的生产工艺和热分解。

关键词：氢载体·液氢·液化·有机氢化物·氨·储氢

17.1　液氢

液氢是一种低温储氢技术。氢不能在临界点（30 K）以上被液化，液氢可以在环境压力下以 21.2 K 的温度存储。液化可以使常温常压下的气态氢的体积减小至 1/800。然而，液化过程会消耗 1/3 左右氢所拥有的热值（33.33 kW·h/kg）。由于漏热引起的蒸发损失与表面/体积成正比，液氢在大规模存储中具有很大优势。因此，从 1993 年到 2002 年开展的世界能源网络（WE-NET，如图 17-1 所示）项目认为液氢是实现氢经济的一种很有前途的能源载体[1]，此外，液氢已被广泛用于人空探索。

17.1.1　焦耳−汤姆逊效应

焦耳−汤姆逊效应被广泛应用于气体的液化过程，它描述了伴随气体膨胀而产生的温度变化，而不做功或与环境传热。焦耳−汤姆逊效应在很大程度上，主要取

H. -W. Li (✉)
International Research Center for Hydrogen Energy, Kyushu University, Fukuoka 819-0395, Japan
e-mail：li. haiwen. 305@ m. kyushu-u. ac. jp

© Springer Japan 2016
K. Sasaki et al. （eds. ）, *Hydrogen Energy Engineering*,
Green Energy and Technology, DOI 10. 1007/978-4-431-56042-5_17

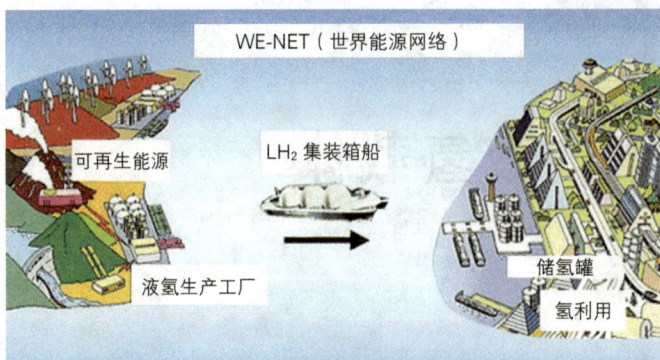

图 17-1　世界能源网络概念，其中液氢被视为大规模运输的能量载体[1]

决于气体分子之间的相互作用，因此，这种效应在理想气体中根本观察不到。在室温下，除氢、氦和氖以外的所有实际气体在膨胀时都会冷却。焦耳－汤姆逊过程（恒定焓）中的系数（即温度相对于压力的变化率）可以表示为：

$$\mu \equiv \left(\frac{\partial T}{\partial P}\right)_H = \frac{V}{C_p}(T\alpha - 1) \tag{17.1}$$

其中 T 是温度，P 是压力，V 是体积，C_p 是在恒压下的热容，α 是热膨胀系数。对于任何给定的压力，仅当 $\mu > 0$，即低于转化温度（氢气为 202 K，如图 17-2 所示）时，焦耳－汤姆逊膨胀才会引起冷却。在第一个膨胀步骤发生之前，通常使用液氮（77 K）对氢进行预冷。

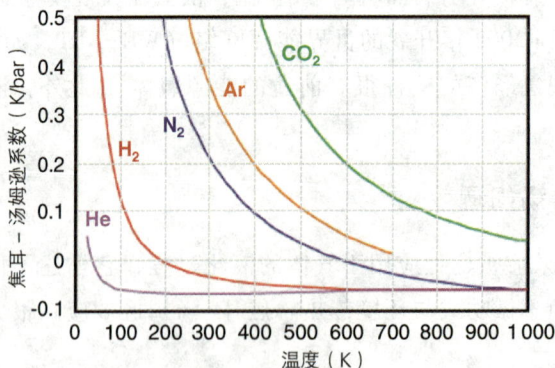

图 17-2　常压下各种气体的焦耳－汤姆逊系数

17.1.2　液化过程

最简单的液化循环是焦耳－汤姆逊循环（林德循环，如图 17-3 所示）[2]。在此过程中，首先将氢气压缩，然后在热交换器中使用液氮将其冷却至其转化温度

（202 K）以下，然后再通过节流阀，在此处经受焦耳−汤姆逊膨胀，产生一些液氢。冷却的氢气从液体中分离出来，并通过热交换器[2]返回压缩机。值得强调的是，在液化过程中应包括正氢到仲氢的转化，以最大限度地减少由正、仲氢转化放热所引起的储存蒸发损失。

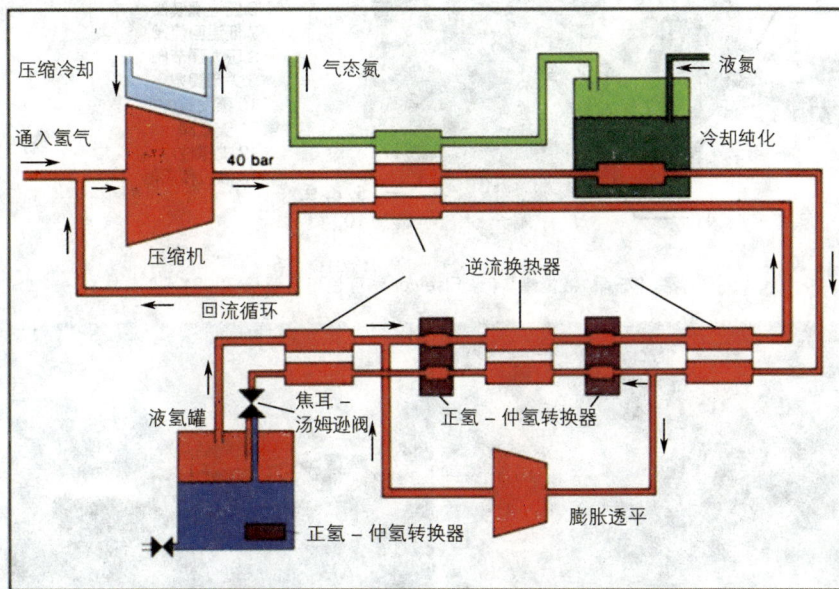

图 17-3　焦耳−汤姆逊循环（林德循环）[2]

17.1.3　储存容器

液氢罐通常由一个内罐和一个外罐组成，中间有一个绝缘真空层（如图 17-4 所示）[3]。真空层对于防止热量通过传导、对流和辐射方式进入储罐至关重要。减少从高温外罐表面传热的一种方法是插入厚度为 100 μm 的薄铝垫片，或插入厚度为 10 μm 的具有高反射系数的蒸镀铝膜[4]。然而，由于向内的热泄漏会导致压力的增加，蒸发是不可避免的。液氢罐必须配置泄压系统和安全阀。采用具有较低的表面积/体积的大储罐[5]，可以减少蒸发损失。2014 年 2 月，川崎重工有限公司（Kawasaki Heavy Industries，Ltd.）宣布，其为散装运输液氢的船舶提供的新的货物密封系统（CCS）已获得了世界上主要的船级社之一日本开基京井船级社的批准（Nippon Kaiji Kyokai，又称 ClassNK），该 CCS 配备了压力增压系统，具有储存 1 250 m³ 低温液氢的能力（如图17-5所示）。

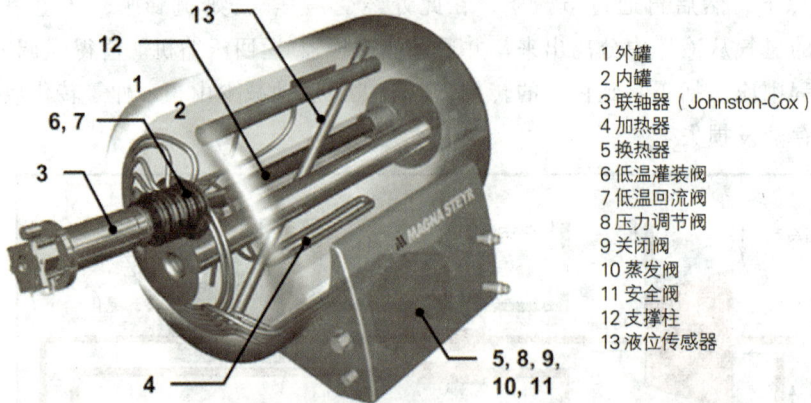

图 17-4　液氢罐[3]（经 Elsevier 许可使用，版权 2009）

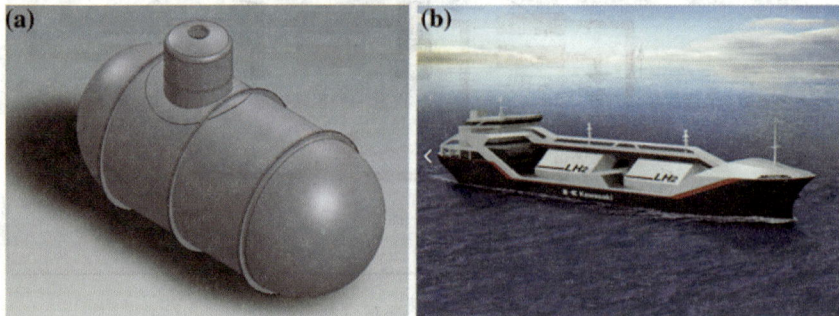

图 17-5　（a）为液氢运输船货物密封系统　（b）为散装运输液化气的船舶（总载容量：2 500 m³）[6]

17.2　有机氢化物

17.2.1　环烷烃

表 17-1 列出了一些典型的环烷基的有机氢化物体系[8]。1 摩尔的环烷具有存储 3-5 摩尔氢的潜力。与环己烷-苯（5.5~80.1 ℃）和十氢萘-萘（80.3 ℃ 以下为固体）相比，MCH-甲苯体系能在更宽的温度范围内（-95~100.9 ℃）以液态存在。根据下列关系式，甲苯加氢生成 MCH 是一种放热反应，相应地，MCH 脱氢生成甲苯是一种吸热反应。

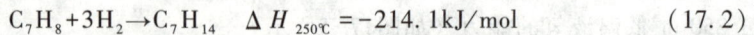

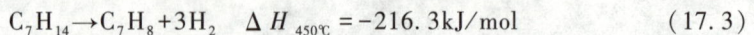

$$C_7H_8 + 3H_2 \rightarrow C_7H_{14} \quad \Delta H_{250℃} = -214.1 kJ/mol \qquad (17.2)$$

$$C_7H_{14} \rightarrow C_7H_8 + 3H_2 \quad \Delta H_{450℃} = -216.3 kJ/mol \qquad (17.3)$$

甲苯加氢相对于氢气而言是一级加氢，而甲苯的加氢分数较低，随温度的升高而略有增加[9]。使用锆改性的六角形分子筛负载铂和钯催化剂，可在 225℃ 和 2.0 MPa 的氢气条件下改善加氢反应[10]。吸热性质使得 MCH 的脱氢过程更具挑战性，因为它通常发生在 400~500℃ 之间[11]。最近由千代田公司（Chiyoda Corporation）[8]开发的 S（0.8%）-Pt（1.0%）/Al$_2$O$_3$ 催化剂可以将脱氢温度降低到 350℃。在该催化剂中，Pt 团簇（<1 nm）均匀地浸入孔径控制良好的氧化铝载体中，硫对 Pt 团簇进行部分改性以防止结焦，该脱氢催化剂迄今为止表现出最佳的性能：MCH 转化率大于 95%；甲苯选择性超过 99.99%；并且在低于 350℃、0.3 MPa 和 2.0 h^{-1} 的液体时空速（LHSV）条件下，氢的产率大于 95%[8]。

表 17-1 典型的基于环烷烃的有机氢化物体系[8]

		MCH-甲苯		环己烷-苯		十氢化萘-萘	
		甲基环己烷	甲苯	环己烷	苯	十氢化萘	萘
分子式		C$_7$H$_{14}$	C$_7$H$_8$	C$_6$H$_{12}$	C$_6$H$_6$	C$_{10}$H$_{18}$	C$_{10}$H$_8$
分子量		98.19	92.14	84.16	78.11	138.25	128.17
室温下状态		液体	液体	液体	液体	液体	固体
密度（g/cm^3）		0.7694	0.8669	0.7791	0.8737	0.8963	0.9752
物质的熔点（℃）		-126.6	-95.0	6.5	5.5	cis: -43.0	80.3
						trans: -30.4	
沸点（℃）		100.9	110.6	81.0	80.1	cis: 194.6	218.0
						trans: 185.5	
储氢密度	（wt%）	6.2		7.2		7.3	
	（kg Ha/m^3）	47.4		56.0		65.4	

17.2.2 杂环化合物

2006 年，空气产品公司（Air Products）的 Pez 首次提出了用于储氢的有机杂环氢化物[12]。环中 C 被 N 部分取代可以降低脱氢焓，因为它显著降低了脱氢分子的芳香性[13]。N-乙基咔唑-过氢-N-乙基咔唑体系就是一个很好的例子。完全氢化的过氢 N-乙基咔唑的氢容量为 5.8 wt%，如式 17.4 所示。利用氧化铝负载钌等贵金属催化剂，可在 130~160℃、7.0 MPa 压力下对 N-乙基咔唑进行加氢反应。使用负载 Pt 或 Pd 的催化剂，过氢 N-乙基咔唑的脱氢反应通常发生在 200~230 ℃ 和略高于环境压力的条件下[14]。完全脱氢的 N-乙基咔唑的熔点为 68℃，即室温下为固体。为了实现全液体处理，需要部分脱氢或共混等技术解决方案，这会降低整体存储容量[15]。

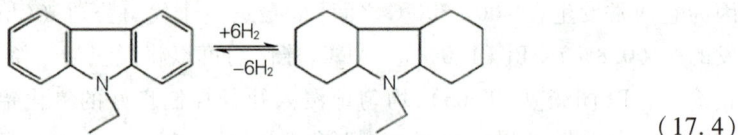

$$(17.4)$$

Liu 等人最近用 BN 单元代替有机 CC 单元，合成了 3-甲基-1，2-BN-环戊烷化合物，该化合物熔点为-18 ℃，在空气和水中都较稳定[16]。3-甲基-1，2-BN-环戊烷的氢密度为 4.7 wt%，42 g H₂/ L。在无溶剂的情况下，以 150℃加热 1h 后，形成三聚物 2 会释放 2 当量的 H₂，其在室温下为液体（熔点为 9℃）。因此，该系统在整个过程中均保持液相状态。加入 5 mol% 的 FeCl₂催化剂可显著促进脱氢反应，其结果是在 80℃下在20 min 内完全进行（如图 17-6 所示）。此外，三聚体 2 的废燃料可以转化为充氢燃料 1（3-甲基-1，2-BN-环戊烷），产率高达 92%[16]。

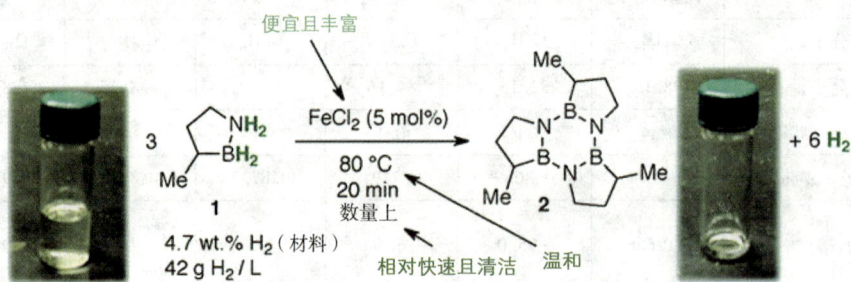

图 17-6　3-甲基-1，2-BN-环戊烷[16]的脱氢示意图
（经美国化学学会许可，版权 2011）

17.3　氨

氨（NH₃）已被广泛用作肥料和含氮化合物的前体。使用 NH₃作为氢载体或直接替代汽油的想法已经讨论了有 70 多年[17]。

17.3.1　氨气性质

氨作为氢（能量）载体有几个理想特性（请参见表 17-2）。由于无水氨与丙烷气体相似，在 21℃时的蒸汽压为 8.88 bar，因此在温和条件下易于液化，这意味着可以使用简单、廉价的压力容器轻松地在中等压力条件下存储和运输氨。氨包含

17.65 wt%的氢。液氨中氢的体积密度比液氢高约45%[18]，它还可以直接燃烧发电而不排放 CO_2，也可以在碱性燃料电池中转化为电能，或分解产生氢气为非碱性燃料电池提供燃料[18]。此外，氨由于其特有的刺鼻气味而很容易被检测到，人类可以闻到3~5ppm浓度的无水氨，这比国家职业安全与健康研究所（NIOSH）[17]规定的"立即危及生命"（IDLH）的浓度低100倍。此外，现有的基础设施可能在很大程度上有助于氨作为氢载体的广泛应用。

表 17-2　　　　　　　　　　　　　　　氨的理化特性[18]

氢含量					
氢气质量分数	17.65	wt%	氢气体积密度	0.105	kg/l
固相					
熔点	-78	℃	熔化潜热 （1 atm 下的三相点）	-337.37	kJ/kg
熔点					
蒸汽压（21℃）	8.88	bar	液体密度 （1 atm@ 沸点）	682	kg/m³
沸点（@1 atm）	-33.5	℃	液/气当量 （1 atm 和 15℃下）	947	vol/vol
汽化潜热 （1 atm，沸点）	1371.2	kJ/kg			
临界温度	132.4	℃	临界压力	112.8	bar
气相					
气体密度 （1 atm，沸点）	0.86	kg/m³	气体密度 （1 atm，15℃）	0.73	kg/m³
可压缩性（Z） （1 atm，15℃）	0.9929		（1 atm，20℃）	0.597	
比容（1 atm，20℃）	1.411	m³/kg	黏度	0.000098	Poise
（1 atm，15℃）	0.037	kJ/（mol K）	恒定压力的热容（Cv） （1 atm，15℃）	0.028	kJ/（mol K）
临界密度	0.24	g/ml	熵 （在 1 atm 和 25℃下的气体）	45.97	cal/mol℃
导热系数	22.19	mW/（mK）			
混合					
水溶性（1 atm，0℃）	86.2	vol/vol	自燃温度	630	℃
空气中的易燃极限下限	15	% By volume	空气中的易燃极限上限	28	% By volume
分子量	17.03				

17.3.2 合成氨

氨通常是通过氢和氮之间的催化反应（见等式 17.5）产生的，这是基于哈伯和博世在 1910 年开发的工艺。（参见等式 17.5）。

$$N_2 + 3H_2 \rightarrow 2NH_3 \quad (\Delta H = 92.4 \text{ kJ mol}^{-1}) \tag{17.5}$$

该反应通常在 20~40MPa 的高压下，在 400~600℃ 的温度下，在铁催化剂上发生[18]。

实际上，氨生产与天然气蒸汽重整制氢是相结合的。氢气通常由天然气生产，但也可以使用其他来源（如煤或焦炭）生产。该工艺的第一步（如图 17-7 所示）是天然气在催化剂上进行蒸汽重整，从而提供富氢气体。接下来，加入空气并微调以提供氨催化剂所需的精确氮量。经过一系列去除 CO 和 CO_2 的过程后，剩余的高纯度气体（高氮含量）在极高压力下被压缩，并被送入合成氨的反应容器，然后将无水氨液化并储存在-33℃下[19]。

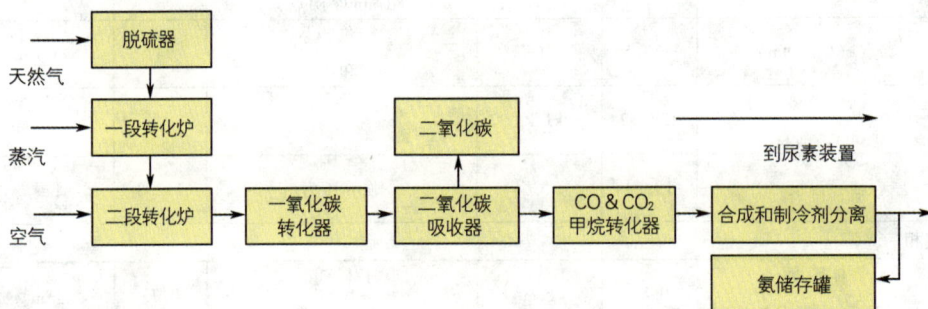

图 17-7 氨气生产工艺流程图[19]

17.3.3 氨分解

氨分解产生氮和氢是氨合成的逆反应。

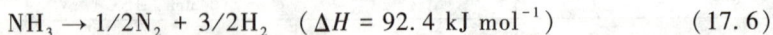

$$NH_3 \rightarrow 1/2N_2 + 3/2H_2 \quad (\Delta H = 92.4 \text{ kJ mol}^{-1}) \tag{17.6}$$

由于该反应为吸热反应，分解温度在很大程度上取决于催化剂。在金属催化剂中，Ru 对 NH_3 分解最活跃，NH_3 分解温度高于 600℃[20]。负载型镍催化剂在工业上得到了广泛的应用，但所需的温度高达 1 000℃[20]。

近年来，酰胺钠 $NaNH_2$ 被证明是一种有效的氨分解催化剂，它涉及从钠金属的化学计量分解和 $NaNH_2$ 形成。使用 $NaNH_2$ 在 500℃ 下得到 90 % 的 NH_3 分解效率，而在该温度下使用钌和镍催化剂分别得到 82% 和 58% 的转化率，如图 17-8 所示。与传统的表面催化剂相比，该方法在反应机理上有很大的不同[21]。

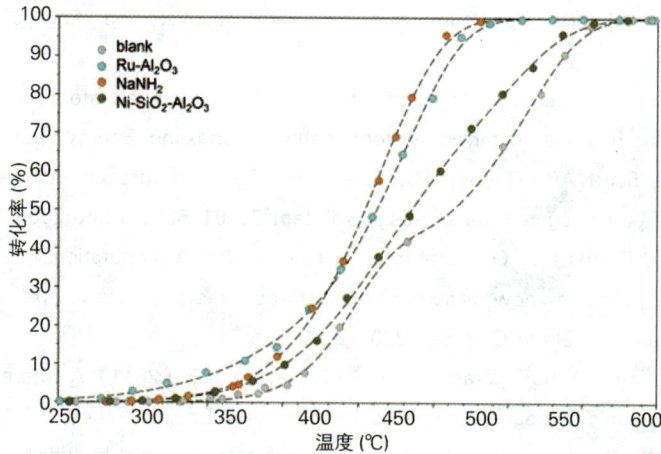

图 17-8　在 NH₃ 流速为 60 sccm[21]、反应温度（250～650℃）下，46.9 cm³ 的空反应器、

0.5 g NaNH₂、硅/铝负载镍及铝负载钌的 NH₃ 转化率比较

参考文献

1. https://www. enaa. or. jp/WE-NET/newinfo/station ＿ taka ＿ e. html. Accessed　1 May 2015

2. http://hydropole. ch/en/hydrogen/storage/. Accessed 1 May 2015

3. Mori D，Hirose K（2009）Recent challenges of hydrogen storage technologies for fuel cell vehicles. Int J Hydrogen Energy 34:4569-4574

4. Hanada T，Takahashi K（2009）Liquid-hydrogen storage. In：Ohta T，Veziroglu TN（eds）Energy carriers and conversion systems. UNESCO-EOLSS

5. Züttel A（2003）Materials for hydrogen storage. Mater Today 6:24-33

6. http://global. kawasaki. com/en/corp/newsroom/news/detail/20140106_1e. html. Accessed 2 May 2015

7. Sultan O，Shaw M（1975）Study of automotive storage of hydrogen using recyclable chemical carriers. ERDA, Ann Arbor, MI, TEC-75/003

8. Okada Y，Mitsunori S（2013）Development of large-scale H₂ storage and transportation technology with liquid organic hydrogen carrier（LOHC）. GCC-JAPAN environment symposia 2013. https://www. chiyoda-corp. com/technology/files/Joint％20GCC-JAPAN％20Environment ％20Symposia％20in％202013. pdf. Accessed 2 May 2015

9. Karanth NG，Hughes R（1972）The kinetics of the catalytic hydrogenation of toluene. J appl Chem Bwtechnol23:817-827

10. Roy S，Datta S（2013）Hydrogenation of toluene on zirconium-modified hexagonal

molecular sieve supported platinum and palladium catalysts. Ind Eng Chem Res 52：17360-17368

11. Alhumaidan F, Cresswell D, Garforth A (2011) Hydrogen storage in liquid organic hydride：producing hydrogen catalytically from methylcyclohexane. Energy Fuels 25：4217-4234

12. Pez GP, Scott AR, Cooper AC, Cheng H (2006) Hydrogen storage by reversible hydrogenation of pi-conjugated substrates. US Patent 7,101,530, 5 Sep 2006

13. Clot E, Eisenstein O, Crabtree RH (2007) Computational structure-activity relationships in H_2 storage：how placement of N atoms affects release temperatures in organic liquid storage materials. Chem Commun 2231-2233

14. Teichmann D, Arlt W, Wasserscheid P, Freymann R (2011) A future energy supply based on liquid organic hydrogen carriers (LOHC). Energy Environ Sci 4：2767-2773

15. Zhu Q, Xu Q (2015) Liquid organic and inorganic chemical hydrides for high-capacity hydrogen storage. Energy Environ Sci 8：478-512

16. Luo W, Campbell PG, Zakharov LN, Liu S-Y (2011) A single-component liquid-phase hydrogen storage material. J Am Chem Soc 133：19326-19329

17. Ammonia. http://www. elucidare. co. uk/news/Ammonia% 20as% 20H_2% 20carrier. pdf. Accessed 2 May 2015

18. Potential roles of ammonia in a hydrogen economyhttp://www. hydrogen. energy. gov/ pdfs/ nh3_paper. pdf. Accessed 2 May 2015

19. http://www. safco. com. sa/en/products/ammonia. Accessed 2 May 2015

20. Yin SF, Xu BQ, Zhou XP, Au CT (2004) A mini-review on ammonia decomposition catalysts for on-site generation of hydrogen for fuel cell applications. Appl Catal A Gen277：1-9

21. David WIF, Makepeace JW, Callear SK, Hunter HMA, Taylor JD, Wood TJ, Jones MO (2014) Hydrogen production from ammonia using sodium amide. J Am Chem Soc 136：13082-13085

第 18 章　压缩氢的热物理性质

Naoya Sakoda

　　摘要：本章描述了 100 Mpa 以下压缩普氢（75%正氢和 25%仲氢）的 PVT 特性及由伯内特法测量数据导出的状态方程（EOS），同时还介绍了压缩氢黏度和热导率的测量方法和相关性。

　　关键词：压缩氢·PVT 性能·状态方程（EOS）·伯内特法·黏度·导热系数·热物理性能·储氢

　　氢的热物理性质对氢利用系统的发展至关重要。这些特性在高温高压下非常重要，特别是在燃料电池汽车（FCV）和加氢站的有效设计中，它们需要高达 87.5MPa 的压缩氢。图 18-1 显示了普氢（75%正氢+25%仲氢）的 PVT 特性，其中描述了压力、密度和温度的关系。氢的临界温度极低（33.145 K[1]），即使在压力超过 100MPa 的情况下压缩，也不能在室温中观察到液化。因此，压缩氢的热物理性质通常是在理想气体状态下推导出来的。然而，例如，根据实际流体氢的状态方程（EOS）计算的 300 K 和 100 MPa 下的氢密度比根据理想气体状态方程计算的氢密度小 40%，压缩氢的性质明显偏离理想气体状态。

　　尽管氢分子结构简单，但与其他流体不同，它的热物理性质有一些独特的特点。氢具有两个异构体，即正氢和仲氢[2]，这些异构体的热学性质（如热容量和热导率）在 150 K 附近显示出最大 30%的差异，而 PVT 的性质除了临界点和饱和性

N. Sakoda (✉)
Department of Mechanical Engineering,
Faculty of Engineering,
Kyushu University, Fukuoka 819-0395, Japan
e-mail：sakoda@ mech. kyushu-u. ac. jp

© Springer Japan 2016
K. Sasaki et al. （eds.），*Hydrogen Energy Engineering*,
Green Energy and Technology, DOI 10. 1007/978-4-431-56042-5_18

质之外几乎没有差异。正氢和仲氢的平衡比取决于温度。在某些没有催化剂的情况下，正氢和仲氢之间的转化需要几个月的时间，异构体的热值特性应单独处理。在液相中，氢几乎全部由仲氢组成，室温下的平衡比为75%正氢和25%仲氢，这种情况称为普氢。在非常低的温度下，氢被液化，出现量子效应，饱和液体的热容低于饱和蒸汽和理想气体的热容（在氦中也观察到类似现象）。另外，高温氢有一个不同的特点，它很容易渗透到金属中，氢利用系统中容器的气密性是安全的必要条件。然而，当温度高于573K时，氢通过容器壁的渗透变得明显，此时不再保持良好的气密性，即使周围环境处于大气压中，渗透也会继续，直到含有氢的容器最终排空[3]。

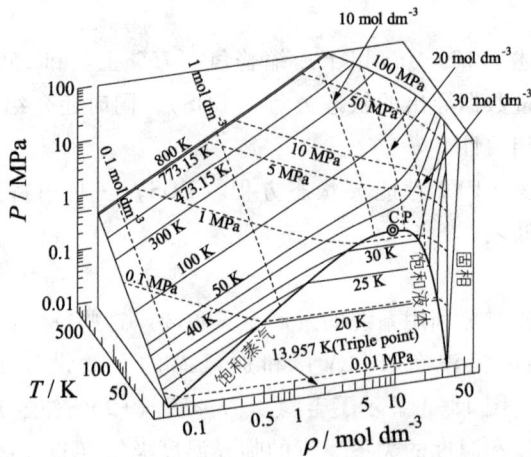

图 18-1 普氢的 PVT 特性面：以 EOS-Leachman[1] C. P. 为临界点计算
（经 Springer 许可使用，版权 2009）

18.1 PVT 特性

20 世纪 70 年代 NIST（NBS）-NASA 小组对氢的热物理性质进行了系统的研究，主要集中在包括液相在内的低温区，并在现有状态方程的基础上对氢的热力学性质进行了综述[4]。自 20 世纪 70 年代以来，许多氢的状态方程已被开发出来。1982 年，Younglove[5]对仲氢的 Benedict-Webb-Rubin（MBWR）状态方程进行了改进，并且使用了很长一段时间，直到 2009 年 Leachman 等人开发了用于正氢、仲氢和普氢的 Helmholtz 型状态方程[1]，这些结果更准确地反映了现有的实验数据，但没有给出新的实验数据。状态方程覆盖了整个流体区域，包括气相、液相和超临界流体相。2012 年，用伯内特法测量了 353 ~473K、100MPa 下普氢的 PVT 性质，并根据实验数据开发了一种不确定度小于 0.24% 的维里型（virial-type）状态方程[6]，这种状态方程对压缩氢有一种简单的函数形式，在 220~473 K 的温度范围内以及在高达 100 MPa 的压力下可用。维里型状态方程包括：

$$Z = 1 + B(T)\rho + C(T)\rho^2 + D(T)\rho^3 \tag{18.1}$$

$$B(T) = b_1 + b_2\exp(T_r^{-1}) + b_3T_r^{-k_1} + b_4T_r^{-k_3} \tag{18.2}$$

$$C(T) = c_1 + c_2T_r^{-k_3} + c_3T_r^{-k_4} \tag{18.3}$$

$$D(T) = d_1T_r^{-k_5} \tag{18.4}$$

其中 Z （$= P/\rho RT$，P：压力，ρ：密度，T：温度）是压缩系数。B、C 和 D 分别是第二、第三和第四维里系数，$Tr = T/Tc$，其中 Tc 是临界温度。$k_1 \sim k_5$、$b_1 \sim b_4$、$c_1 \sim c_3$ 和 d_1 是系数，这些数值在表 18-1[6] 中列出。其他热力学性质如热容、声速、焓、熵等均用热力学关系式计算。准确的状态方程通常是通过对 PVT 性质和其他热力学性质的实验数据进行拟合得到的。然而，目前可用的热容和声速数据被限制在 100 K 以内，压缩氢的热力学性质在很大程度上取决于 PVT 的性质。

表 18-1　　　　　　　　　　　　维里型状态方程 18.1~18.4 的系数[6]

b_1	0.161777×10^{-1}	k_1	0.0612
b_2	-0.102798×10^{0}	k_2	2.71
b_3	0.129501×10^{0}	k_3	2.53
b_4	0.628764×10^{-1}	k_4	4.85
c_1	0.288234×10^{-3}	k_5	1.09
c_2	0.203867×10^{-2}		
c_3	-0.779969×10^{-3}		
d_1	0.716809×10^{-4}		

图 18-2 显示了伯内特（Burnett）装置，用于测量高达 100MPa 压缩氢的 PVT 性能[7]。该装置利用两个导管：一个样品池（250 cm^3）和一个膨胀池（100 cm^3）。将高压样品填充在样品池中，并将样品等温膨胀到真空膨胀池中，通过多次重复的等温膨胀，认为样品是一种理想气体，其压缩因子是统一的。样品池和膨胀池的容积比与膨胀前后的密度有关。根据每次膨胀时测得的平衡压力计算密度。该方法不需要样品质量，适用于测量氢等低密度流体。需要对高压氢进行仔细的处理，并使用特别设计的气动阀（适用于高达 100MPa）远程操作实验。

18.2　黏度和导热系数

压缩氢的输送特性，如黏度和导热系数，对加氢站的设计是至关重要的，特别是在预冷高压氢快速充入燃料电池汽车的过程中。输运性质不能从热力学关系式中

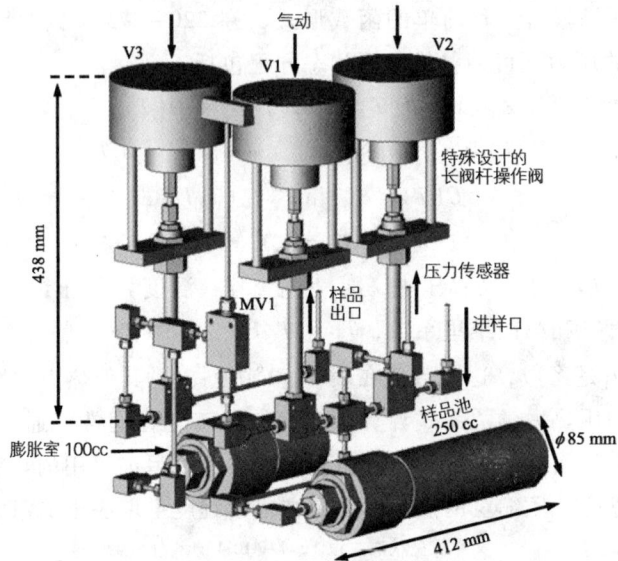

图 18-2　用于压缩氢 PVT 特性测量的 Burnett 装置[7]

导出，黏度和导热系数的关系式是分别建立的。压缩氢输运特性的可靠实验数据很少，需要对相关性进行修正。Yusibani 等人[8]在 2010 年基于 Chapman-Enskog 方案的现有数据，研究了从 100～900 K 和压力高达 220MPa 下压缩氢黏度的相关性。此外，用毛细管法测量了 295～400 K 和 99 MPa 下普氢的黏度[9]。毛细管和压力容器的具体结构如图 18-3 所示，在该方法中，压缩氢在层流条件下流入石英毛细管，其长度和内径分别为 502 mm 和 0.1mm。黏度是根据样品的流速和毛细管进出口的压差来计算的，在较高的温度下，这种方法很难应用，因为毛细管的密封部分会变得很脆弱，因此，采用振弦法来测量[10]。2013 年，Muzny 等人[11]利用 Yusibani 等人的数据建立了普氢的相关性数据。

Moroe 等人测量了普氢的热导率[12]，使用从 323～773 K 和高达 99MPa 的瞬态热线法，仪器如图 18-4 所示。在压力容器中设置的直径为 10 μm、长度为 15mm 的铂丝上通以恒定电流加热样品流体，并测量瞬态温升。样品流体的热导率对温升有很大的影响，通过求解非稳态热传导方程，由实测温度得到热导率。在同一时期，Perkins[13]还测量了 301～601 K 和高达 70 MPa 的热导率。2011 年，Assael 等人[14]利用这些数据建立了正氢和仲氢热导率的相关性。

$$\eta(T, \rho) = \eta_0(T) + \eta_1(T)\rho +$$

$$c_1\rho_r^2 \times \exp\left[c_2 Tr + c_3/Tr + \frac{c_4\rho_r^2}{c_5 + Tr} + c_6\rho_r^6\right] \tag{18.5}$$

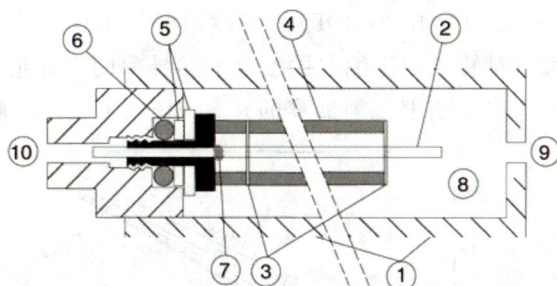

图 18-3　毛细管法测定普氢黏度的实验部分详细情况

①压力容器；②石英毛细管；③垫片；④毛细管支架；⑤垫圈；⑥硅胶 O 形圈；⑦三键-1209 密封胶；⑧腔体（≈40 cm^3）；⑨进气口；⑩出气口。从 Yusibani 等人转载[9]
（经 Springer 许可使用，版权 2011）

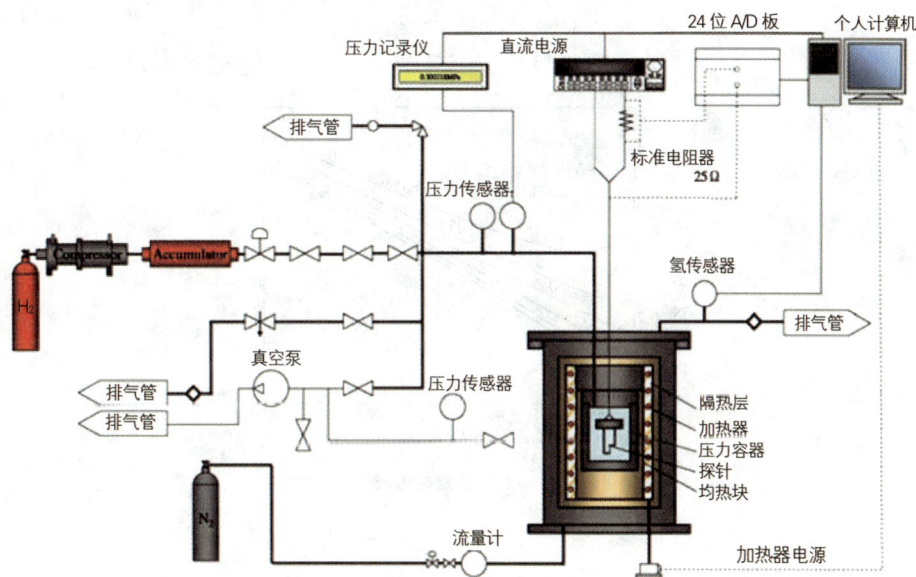

图 18-4　测量压缩氢热导率的瞬态热线法实验装置：引用自 Moroe 等人[12]
（经 Springer 许可使用，版权 2011）

$$\lambda(T, \rho) = \lambda_0(T) + \Delta\lambda(T, \rho) + \Delta\lambda_c(T, \rho) \quad (18.6)$$

黏度与导热系数的关系由 Muzny 和 Assael 等人推导出。在方程式 18.5 中，$\rho_r = \rho/\rho_{sc}$（$\rho_{sc} = 90.5$ kg m^{-3}）、$T_r = T/T_c$（T_c：临界温度）和 c_1-c_6 是系数（在参考文献[11]中列出）。这两个关联式均由稀释气体极限项（η_0 和 λ_0）和过量项组成。在热导率中，在临界点处观察到一个较大的发散角，引入了临界增强项 $\Delta\lambda_c$。图 18-5 和图 18-6 是分别根据方程式 18.5 和方程式 18.6 计算得到的压缩氢的黏度和导热面。

　　资料来源为 NIST 数据库 REFPROP[15]，温度范围为 150~800 K，压力高达 100 MPa。根据这些关联式计算出的压缩氢的黏度和热导率的不确定度为 4%。黏度和导热系数的行为非常相似，并且随着温度的升高，压力依赖性降低。

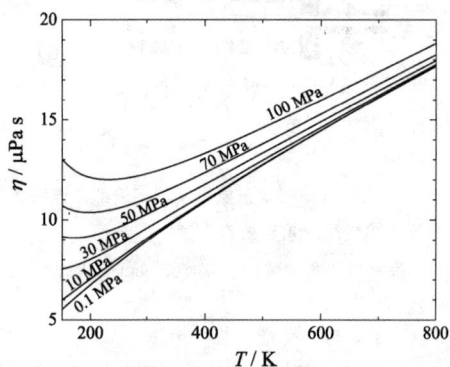

图 18-5　压缩氢黏度面

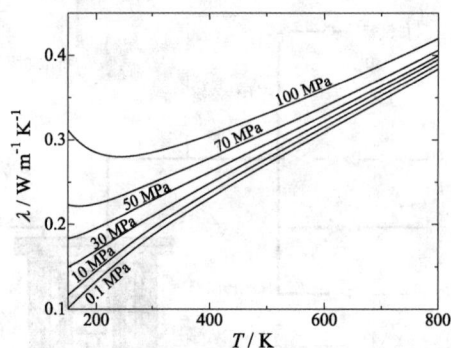

图 18-6　压缩氢导热表面

参考文献

1. Leachman JW, Jacobsen RT, Penoncello SG, Lemmon EW（2009）Fundamental equations ofstate for parahydrogen, normal hydrogen, and orthohydrogen. J Phys Chem Ref Data 38：721-748

2. Farkas A（1935）Orthohydrogen, parahydrogen and heavy hydrogen. Cambridge University Press

3. Sakoda N, Kumagai R, Ishida R, Shinzato K, Kohno M, Takata Y（2014）Vacuum generationby hydrogen permeation to atmosphere through austenitic and nickel-base-alloy vessel walls attemperatures from 573 K to 773 K. Int J Hydrogen Energy 39：11316-11320

4. Sakoda N, Shindo K, Shinzato K, Kohno M, Takata Y, Fujii M (2010) Review of thethermodynamic properties of hydrogen based on existing equations of state. Int J Thermophys 31:276-296

5. Younglove BA (1982) Thermophysical properties of fluids. I. Argon, ethylene, parahydrogen, nitrogen, nitrogen trifluoride, and oxygen. J Phys Chem Ref Data 11:S1

6. Sakoda N, Shindo K, Motomura K, Shinzato K, Kohno M, Takata Y, Fujii M (2012) Burnett PVT measurements of hydrogen and the development of a virial equation of state atpressures up to 100 MPa. Int J Thermophys 33:381-395

7. Sakoda N, Shindo K, Shinzato K, Kohno M, Takata Y, Fujii M (2010) Development of a PVTproperty measurement apparatus by the Burnett method for high pressure hydrogen. Jpn J Thermophys Prop 24:28-34

8. Yusibani E, Woodfield PL, Shinzato K, Kohno M, Takata Y, Fujii M (2010) Prediction ofhydrogen gas viscosity at high pressure and high temperature. Jpn J Thermophys Prop 24:21-27

9. Yusibani E, Nagahama Y, Kohno M, Takata Y, Woodfield PL, Shinzato K, Fujii M (2011)A capillary tube viscometer designed for measurements of hydrogen gas viscosity at highpressure and high temperature. Int J Thermophys 32:1111-1124

10. Sakoda N, Hisatsugu T, Furusato K, Shinzato K, Kohno M, Takata Y (2015) Viscositymeasurements of hydrogen at high temperatures up to 573 K by a curved vibrating wiremethod. J Chem Thermodyn 89:22-26

11. Muzny CD, Huber ML, Kazakov AF (2013) Correlation for the viscosity of normal hydrogenobtained from symbolic regression. J Chem Eng Data 58:969-979

12. Moroe S, Woodfield PL, Kimura K, Kohno M, Fukai J, Fujii M, Shinzato K, Takata Y (2011) Measurements of hydrogen thermal conductivity at high pressure and high temperature. Int J Thermophys 32:1887-1917

13. Perkins RA (2011) cited in Assael MJ, Assael JAM, Huber ML, Perkins RA, Takata Y (2011) Correlation of the thermal conductivity of normal and parahydrogen from the triple point to 1000 K and up to 100 MPa. J Phys Chem Ref Data 40:033101-1-13

14. Assael MJ, Assael JAM, Huber ML, Perkins RA, Takata Y (2011) Correlation of the thermalconductivity of normal and parahydrogen from the triple point to 1000 K and up to 100 MPa. J Phys Chem Ref Data 40:033101-1-13

15. Lemmon EW, Huber ML, McLinden MO (2013) NIST reference fluid thermodynamic andtransport properties database – REFPROP: version 9.1, standard reference data. NationalInstitute of Standards and Technology, Gaithersburg, MD

第 19 章　压缩氢：高压储氢罐

Hai-Wen Li and Kiyoaki Onoue

摘要：本章描述了四种高压储氢罐的发展历史与结构，以及它们在加氢站内的固定式储氢、氢气拖车移动储氢和燃料电池汽车车载储氢方面的应用，最后介绍了高压罐和储氢介质相结合的混合型储存系统。

关键词：压缩氢·高压罐·加氢站·氢气拖车·车载（船载、机载）氢·混合型储罐·储氢

高压罐是储存氢气最常见、最方便的方式。正如第 18 章中关于高压氢气的 PVT 特性所描述的，在室温下压缩系数随压力的增加而增大，从而使理想气体方程的体积比预期的要大。换句话说，高压容器内的体积氢气密度随压力的增加而增加，但比理想气体的体积氢气密度要小得多（如图 19-1 所示）。由于在高压下 H_2 分子间的排斥作用占主导地位，因此其体积密度无法与液氢的体积密度相比。

19.1　储氢罐的发展

氢可以储存在四种类型的高压罐中，如图 19-2 所示。V1 型是最古老的形式，

H. -W. Li (✉)
International Research Center for Hydrogen Energy,
Kyushu University, Fukuoka 819-0395, Japan
e-mail：li. haiwen. 305@ m. kyushu-u. ac. jp

K. Onoue
Office for the Promotion of Safety and Health, Kyushu University,
Fukuoka 819-0395, Japan
e-mail：onoue. kiyoaki. 852@ m. kyushu-u. ac. jp

© Springer Japan 2016 K. Sasaki et al. （eds.）, *Hydrogen Energy Engineering*,
Green Energy and Technology, DOI 10. 1007/978-4-431-56042-5_19

由无缝钢管制成，于 1870—1880 年推出。V2 型是由金属内衬（钢或铝）制成，中段环柱部分用玻璃纤维复合材料进行箍状加固，能承受比 V1 型更高的压力。V3 型是由碳纤维完全包裹的铝内衬制成的，在 20 世纪 80 年代被开发用于空间航天与军事应用。V4 型是由碳纤维完全包裹的塑料内衬制成的。V3 型和 V4 型主要在便携式储存应用场景中广泛使用，因为它们与 V1 型和 V2 型相比具有重量轻的特点（如图 19-2 所示），然而它们的价格要贵得多，这是阻碍它们进一步广泛应用的关键问题之一。

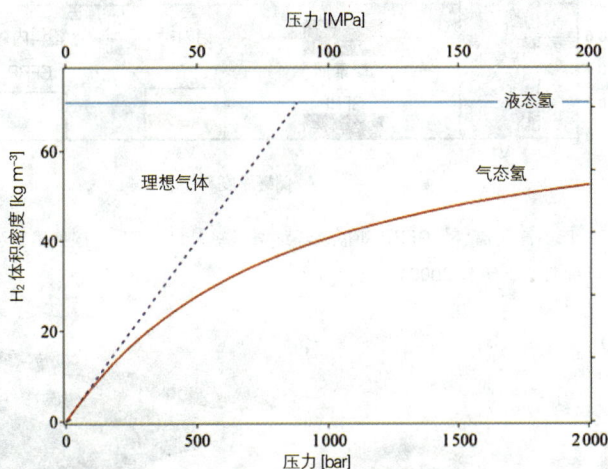

图 19-1　压缩氢气、液氢与理想气体的体积密度随压力变化曲线图[1]
（经 Springer 授权，版权 2004）

19.2　固定式储氢

日本的 V1 型高压氢气罐用材多为铬钼合金钢，外表涂成红色，其储存压力一般为 14.7 MPa（如图 19-3（a）所示）。由于它们重量的限制，V1 型储气罐并不适合便携式应用场景，但是它们可以被用于加氢站的高压缓冲和储氢系统。图 19-3（b）展示了九州大学的示范加氢站，该储罐的设计工作压力为 40 MPa，容积为 300 L。

最近，V3 型氢罐的加长版本（6 米）正在研发中，该版本使用铝衬管（如图 19-3（c）所示）用于加氢站内 80 MPa 储氢。

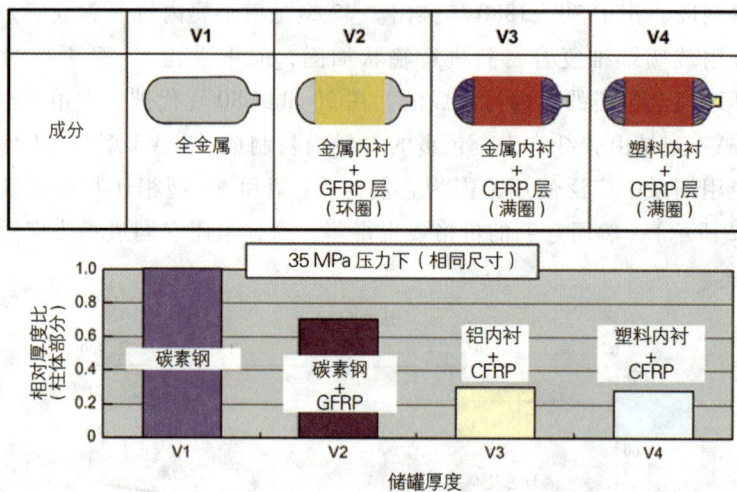

图 19-2　四类高压储罐[2]. GFRP 即玻璃纤维增强塑料，CFRP 即碳纤维增强塑料
（经 Elsevier 授权，版权 2009）

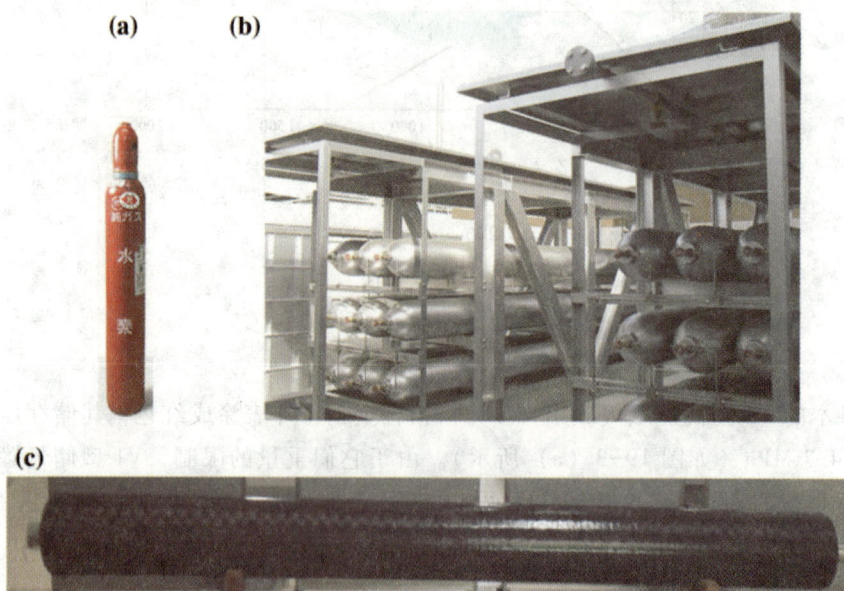

图 19-3

（a）实验时用 V1 型高压储氢罐　（b）九州大学加氢站使用的高压储氢罐　（c）6 米长 V3 型储氢罐

19.3 移动式储氢

19.3.1 氢气拖车

氢气可由包含一系列高压氢气罐的卡车或半挂车运输，但是道路法和道路运输车辆法规定的车辆总重限制是这一运输方式的难点，目前卡车或半挂车的总重分别限制在 25t 和 28t 以下，以防止对道路和桥梁的过度损坏。为了能在这种限制下进一步提高氢运输效率，最近正在研发一种使用 24 个 V3 储罐（45 MPa，306 L，如图 19-4 所示）的氢气拖车，用于在 25℃下运输约 210 kg 的氢气。

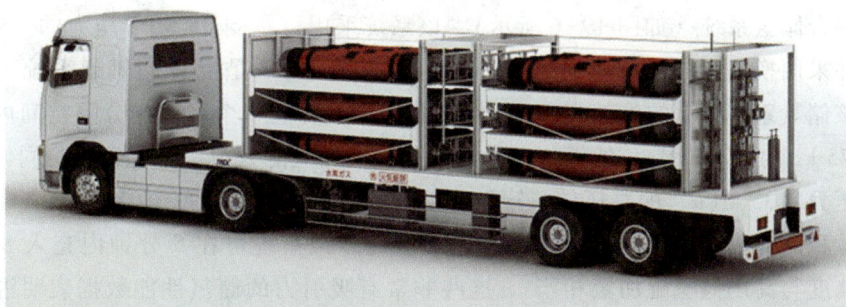

图 19-4 载有 45 MPa 高压储罐的氢气拖车[3]

19.3.2 燃料电池汽车车载储氢

车载储氢是燃料电池汽车广泛应用中最具挑战性的问题之一。目前普通内燃机汽车的单次加油行驶里程（500km）大约需要 5 kg 氢气。考虑到重量和体积氢密度以及充氢时间等因素，耐压 70 MPa 的 V4 型储罐被认为是车载存储的理想选择。图 19-5 展示了丰田 MIRAI 燃料电池汽车所装备的高压氢气罐的剖面图，氢气罐分三层：一层是保存压缩氢的塑料内衬；一层是碳纤维增强塑料层；一层是保护表面的玻璃纤维增强塑料层[4]。而两个储氢罐组合的内部总容积为 122.4 L（前储氢罐 60.0 L，后储氢罐 62.4 L）。在正常工作压力 70 MPa 下，可储存约 5.0 kg 氢气，该系统的重量储氢密度为 5.7 wt%。

19.3.3 集成金属氢化物的高压储氢罐系统

为了提高储氢密度，人们尝试了一种高压储氢罐与高平衡压力的储氢材料相结

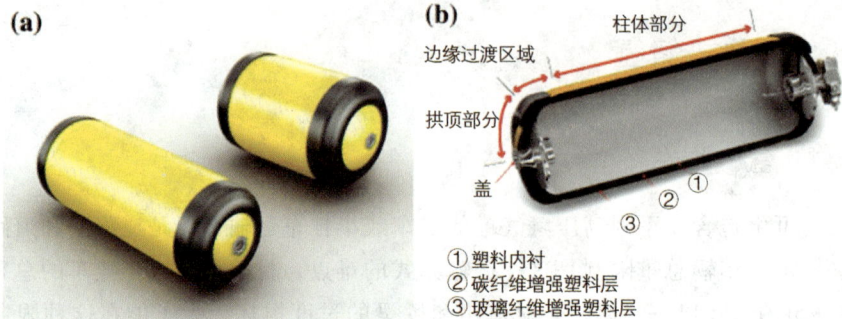

(a)

(b)

柱体部分
边缘过渡区域
拱顶部分
盖
② ①
③

① 塑料内衬
② 碳纤维增强塑料层
③ 玻璃纤维增强塑料层

图 19-5

（a）丰田 MIRAI 中使用的两个高压储氢罐　（b）高压储氢罐的截面示意图。其中一个在后座下方，另一个在车体后备厢下方[4]

合的混合储氢系统（如图 19-6 所示），该系统采用可承受 35 MPa 压力的 V3 型储罐，并采用换热器对充放氢过程进行热管理。图 19-7 是混合储氢罐系统的示意图，该储氢系统拥有的外部容积为 180 L 的 4 个罐体，每个罐体的分隔空间内都填充了 75 kg 的 $Ti_{1.1}CrMn$，使得该混合系统的最大储氢能力为 7.3 kg，是相同体积和氢气压力（35 MPa）的高压储氢罐储存能力的 2.5 倍以上，是 70 MPa 氢气压力下相同体积的储氢罐储存能力的 1.7 倍左右。此外该系统可在 5 分钟内充入 80% 的氢，速度与高压储氢罐加氢相当[2]。这些非常有吸引力的储氢性能数据表明混合储氢罐系统在车载储氢应用方面具有很大的潜能。然而混合储氢罐系统使用合金的重量储氢密度是实际应用中亟待克服的关键问题，因此未来研究还将继续向高重量比和高体积比储氢密度的先进储氢材料方向发展。

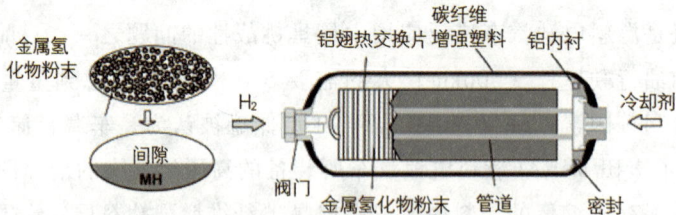

金属氢
化物粉末

间隙
MH

H_2

碳纤维
铝翅热交换片　增强塑料　铝内衬

冷却剂

阀门　金属氢化物粉末　管道　密封

图 19-6　金属氢化物（MH 型）粉末与高压储氢罐组成的混合储氢罐系统的结构示意图[2]
（Elsevier 授权，版权 2009）

　　尽管在压缩储氢系统方面已取得了重大的进展，但该技术仍需要进一步的研究和开发以降低成本，并提高固定式和移动式储氢应用中的高压储氢罐的储存容积、重量储氢密度、可靠性和耐久性。在第五部分，将对氢诱导金属与橡胶降解机理进行阐述，并对高压氢应用的新材料的探索进行总结。

图 19-7　一种由储氢介质（例如 MH 型氢化物粉末）和高压储罐组成的混合型储罐系统的示意图[5]

参考文献

1. Züttel A（2004）Hydrogen storage methods. Naturwissenschaften 91：157-172

2. Mori D，Hirose K（2009）Recent challenges of hydrogen storage technologies for fuel cell vehicles. Int J Hydrogen Energy 34：4569-4574

3. http：//www. meti. go. jp/press/2013/03/20140331002/20140331002－1. pdf. Accessed 5 May 2015

4. http：//www. toyota－global. com/innovation/environmental＿technology/technology＿file/fuel_cell_hybrid. html. Accessed 5 May 2015

5. Mori D，Kobayashi N，Shinozawa T，Matsunaga T，Kubo H，Toh K，Tsuzuki M（2005）Hydrogen storage materials for fuel cell vehicles high-pressure MH system. J Jpn Inst Met 69：308-311

第 20 章　储氢：结论和未来展望

Hai-Wen Li and Etsuo Akiba

摘要：本章总结了前面关于储氢的章节，并展望了这些技术在更大范围的氢能
社会中的未来。

关键词：储氢·间隙氢化物·非间隙氢化物·吸附·吸收·液氢·压缩氢

氢已被广泛视为清洁能源载体。在常温和常压下，单位体积氢气的能量密度不
到汽油的 1/3 000，这意味着在有限的空间内存储氢是一个巨大的挑战。因此，以
安全、紧凑和经济的方式储存和运输氢气对于实现可持续的氢能社会非常重要。

氢气可以以气态、液态和固态的形式存储。各种体系储氢的体积密度和重量密
度如图 20-1 所示。

高压罐装压缩氢气在许多领域被广泛使用，如作为化工原料或工艺气体，其压
力一般低于 20 MPa。由于氢被认为是一种能量载体，因此需要更高的压力来增加
体积能量密度，例如，商业化 FCV MIRAI 中的车载储氢采用了 70 MPa 压力。进一
步提高压缩效率和开发能够在实际温度下承受高压氢的低成本材料对于氢能的广泛
应用至关重要。

H. -W. Li (✉)
International Research Center for Hydrogen Energy, Kyushu University,
Fukuoka 819-0395, Japan
e-mail：li. haiwen. 305@ m. kyushu-u. ac. jp

E. Akiba
Department of Mechanical Engineering, Faculty of Engineering, Kyushu University,
Fukuoka 819-0395, Japan
e-mail：e. akiba@ mech. kyushu-u. ac. jp

© Springer Japan 2016
K. Sasaki et al. （eds.）, *Hydrogen Energy Engineering*,
Green Energy and Technology, DOI 10. 1007/978-4-431-56042-5_20

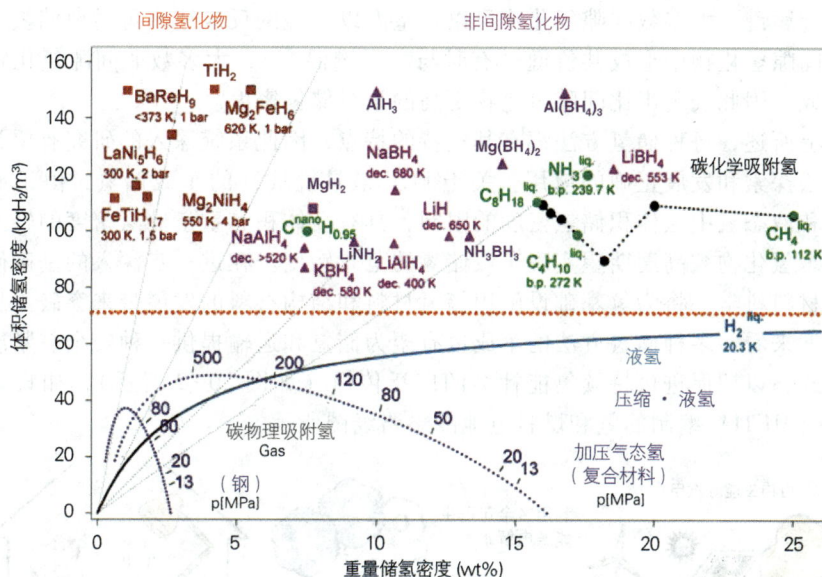

图 20-1　一些储氢系统的储氢体积密度和重量密度[1]

（经 Elsevier 许可，版权 2004）

　　氢可以储存在液态载体中，例如液氢、有机氢化物和氨，这些都是日本假定的大规模氢存储和运输方法。液氢通常作为空间应用的液态火箭燃料。氢的液化需要在 20 K 的极低温度下进行，这消耗了氢所拥有的大约 30% 的能量。因此，人们期望开发出高效液化工艺和高度绝缘的系统来减少氢气的蒸发量，以便将液氢用于大规模的氢存储和运输。有机氢化物如甲基环己烷（C_7H_{14}）在氢气释放和再吸收过程中保持液态，是潜在的氢气输运介质。此类有机氢化物具有与汽油相似的化学性质，因此可以使用当前的基础设施进行运输。开发降低有机氢化物吸放氢温度的先进催化剂和从有机氢化物中氢分离的技术，有望在有机氢化物大规模储氢中得到实际应用。在室温下加压至约 1.2 MPa 即可轻易液化的氨也被认为是潜在的液体能量载体。众所周知，NH_3 的 ppm 浓度会使质子交换膜燃料电池（PEFC）的性能严重下降。因此，开发出对 NH_3 有较强耐受性的固体氧化物燃料电池以及 NH_3 燃烧发电技术有望实现氨作为清洁能源载体的目标。

　　固态储氢可分为物理吸附和氢化物化学储氢两大类。物理吸附利用高比表面材料，如活性炭、沸石和金属有机骨架（MOF）等。分子氢通过范德华力以 5~10 kJ/mol 的结合能物理吸附在材料表面上，因此，仅在较低的温度（例如 77 K）下才能实现较高的储氢密度。根据查因经验定律（Chahine's rule），在 77 K 下每 500 m^2/g 的最大氢吸附量约为 1wt%，这表明更高的表面积可以储存更多的氢。氢也可以通过形成间隙氢化物和非间隙氢化物与相邻原子形成化学键来化学储存。氢占据四面体和八面体位置，通常在与过渡金属组成的间隙氢化物（即储氢合金）

中形成金属键。大多数间隙氢化物可以在室温以合理的反应速率可逆地储氢。氢趋于在非间隙氢化物中形成共价键（有时与离子键混合），大多数非间隙氢化物由轻元素组成，因此表现出比间隙氢化物更高的重量储氢密度。

  如上所述，每种储氢方法都有其独特的特点，因此系统深入的研究有望为每种储氢方法探索和发展正确的应用。关于 FCV 最具挑战性的车载储氢，由于成熟的压缩氢和液态氢中气体体积储氢密度的限制，具有高体积和重量储氢密度的轻元素组成的固态氢化物被高度期望实现车载储氢的范式转变。在进一步深入的基础研究上建立氢材料科学，将为氢基础设施用储氢材料和结构材料的发展带来突破。从工程学的角度来看，多种储氢方法的集成也有望为储氢和运输提供一种安全、紧凑和经济的方式，以期促进可持续氢能社会的广泛传播（如图 20-2 所示），如日本经济产业省（METI）编制的氢和燃料电池战略路线图所示[3]。

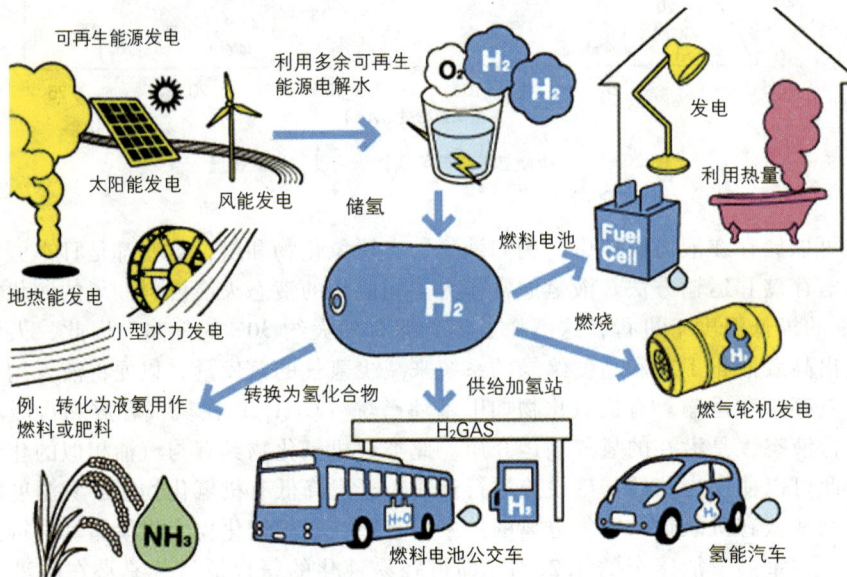

图 20-2 可持续氢能社会的示意图[2]

参考文献

1. Züttel A, Wenger P, Sudan P, Mauron P, Orimo S（2004）Hydrogen density in nanostructured carbon, metals and complex materials. Mater Sci Eng B 108:9-18

2. http://www.thinktheearth.net/thinkdaily/report/2010/08/rpt-53.html#page-2. Accessed 1 Oct 2015

3. http://www.meti.go.jp/english/press/2014/pdf/0624_04a.pdf. Accessed 1 Oct 2015

第四部分　氢利用

Akari Hayashi

九州大学国际氢能研究中心，日本福冈

第四部分描述了将氢转化为能量的过程。在这一部分中，将讨论燃料电池系统的细节。首先，第 21 章讨论了燃料电池反应的基本原理。在接下来的第 22 至 24章中，对聚合物电解质燃料电池（PEFC）、固体氧化物燃料电池（SOFC）和碱性电解质燃料电池（AFC）的原理和主要材料组件都侧重作了介绍。此外，在第 25章中讨论了通过燃烧将氢转化为能量的氢燃烧系统。

第 21 章 基本原理

Akari Hayashi and Kazunari Sasaki

摘要：本章从电化学和材料科学的角度理解燃料电池的基础科学，介绍了实验室中使用的相关实验技术和规程。

关键词：燃料电池·电化学·过电位·缺陷化学·实验技术·微观分析·氢利用

21.1　电化学和过电位

简单地说，在燃料电池反应中，氢和氧反应生成水。无论是在 PEFC、SOFC 中还是在 AFC 中，发生的都是这个简单反应。但即使总反应过程相同，在阳极和阴极分别发生的子反应以及离子转移情况会略有不同。PEFC 归类为酸性燃料电池（图 21-1），氢被离子化为 H^+ 离子，并在阳极释放电子。然后，在阴极，氧气与来自外电路的电子和来自电解质的 H^+ 离子发生反应并生成水。尽管 SOFC 和 AFC 的反应机理略有不同，但都可以在此简单反应中生成电流（电）。因此可以使用氢作为燃料将化学能直接转化为电能。

在燃料电池反应中，从热力学角度来看是能够自发地获得能量的，但从动力学

A. Hayashi (✉) K. Sasaki
International Research Center for Hydrogen Energy, Kyushu University,
Fukuoka 819-0395, Japan
e-mail: hayashi. akari. 500@ m. kyushu-u. ac. jp

K. Sasaki
e-mail: sasaki@ mech. kyushu-u. ac. jp

© Springer Japan 2016
K. Sasaki et al. (eds.), *Hydrogen Energy Engineering*,
Green Energy and Technology, DOI 10. 1007/978-4-431-56042-5_21

的角度来看，该反应不能连续进行。如放热（自发）反应的经典能量图所示（图
21-2），图中需要足够的能量来越过活化能垒。如果越过能垒的可能性低，则反应
只会缓慢发生。除非在非常高的温度（例如超过 800℃）下进行反应，否则在实际
的燃料电池系统中该反应都是缓慢发生的。如图 21-3 所示，实际上由于这种缓慢
的反应，开路电压会低于理论值。电池电压在电流增加的初始阶段迅速下降，此后
电流逐渐呈线性下降。此外，当施加过大的电流时，电压可能再次迅速下降。

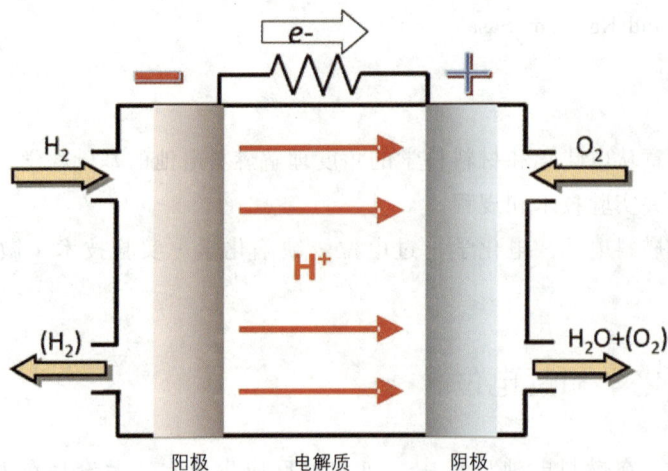

图 21-1　PEFC 中反应及电荷流

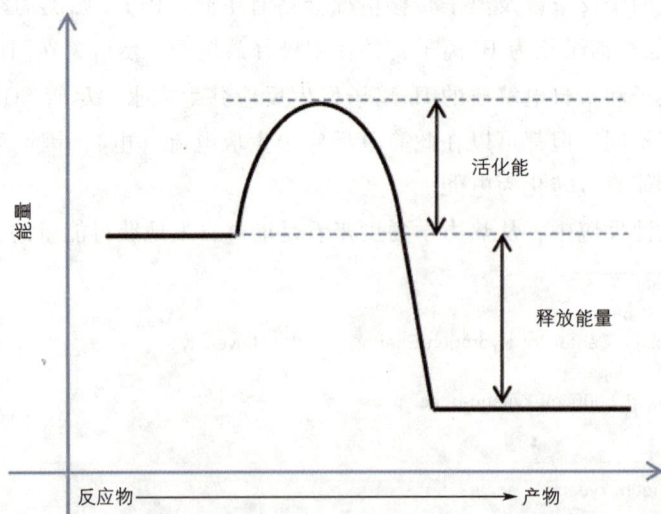

图 21-2　简单放热反应的能量示意图

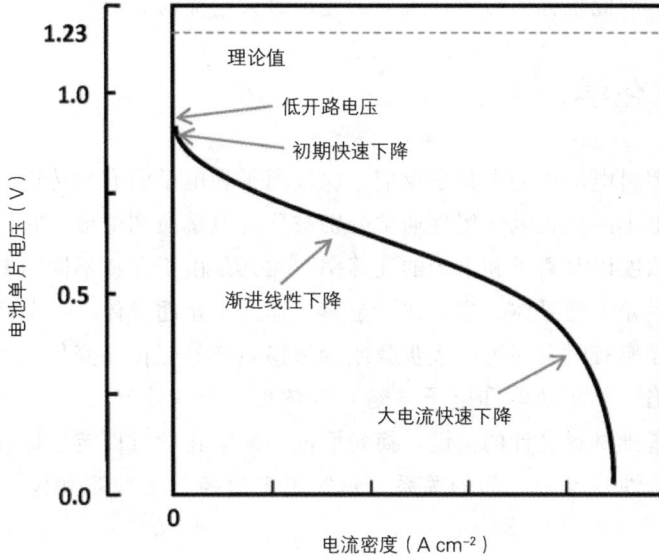

图 21-3　PEFC 的典型电流-电压曲线

（纵轴：电池单片电压（V）　横轴：电流密度（A cm⁻²）　标注：理论值、低开路电压、初期快速下降、渐进线性下降、大电流快速下降）

电池单片电压（V）

电流密度（A cm⁻²）

1.23　理论值
1.0　低开路电压　初期快速下降
0.5　渐进线性下降
大电流快速下降
0.0

图 21-3　PEFC 的典型电流-电压曲线

　　理论电压与实际电压之差称为过电压、过电位或损耗。可以通过以下方式解释这种损耗[1]。

　　活化损失：这是由于电极表面反应缓慢而产生的。损失了一部分电压，使化学反应得以进行，以便将电子从电极转出或转移到电极。该电压损失在电流增加的初始阶段迅速增大，并导致了非线性行为。可通过增加电极的粗糙度、反应物浓度、温度和压力来减少活化损失。使用活性更高的催化剂是另一种减少活化损失可能的方式，但更具挑战性。

　　燃料渗透和内电流：这种损耗主要是由于浪费燃料而造成的，燃料会略微渗透到电解质中。此外，产生这种损耗的另一个原因是电解质传导了电子。即使电解质的主要作用只是转移离子，但却无法完全避免一定程度的燃料渗透和电子转移。这种损耗通常很小，可以忽略不计，但是低温燃料电池的开路电压会因这种损耗而受到很大的影响。

　　欧姆损失：这是由离子通过电解质传递、电子流过电极以及电极与燃料电池其他部件之间的界面时所产生的阻力而引起的。这样的电压损失导致电池单片电压线性下降。通过使用电导率高的电极、适当的电池互连设计和材料以及尽可能薄的电解质，可以减少欧姆损失。

　　浓差损失或传质损失：这是由在电极表面消耗燃料时电极表面的反应物浓度变化引起的。当没有足够的反应物输送到电极表面时，会导致电极表面的反应物浓度低于反应所需，因此也称为传质损失。当施加过大电流时，会明显发生浓差损失。

21.2 缺陷化学

为了促进燃料电池中的电化学反应，保证离子和电子的有效传递至关重要。负责传递离子和电子的燃料电池组件通常分别被称为电解质和电极。它们的传递性质取决于它们的浓度以及离子和电子的迁移率。尤其是由于存在不同的电子特性，无机材料的类型涵盖了绝缘体、半导体、金属导体甚至是超导体。一个确定的金属氧化物的电子电导率有时会因为合成步骤或少量掺杂剂的变化而变化几个数量级。因此，控制点缺陷（离子缺陷和电子缺陷）的浓度，是决定离子电导率和电子电导率的根源，是基础材料设计的关键。换句话说，缺陷化学可以定量地表明缺陷浓度与材料的物理特性或参数之间的关系，是实现定量控制、预测和优化材料特性的基础。

理想晶体和实际晶体之间的差异通常决定了如导电性这样的物理性质（图21-4），因此重要的是要能够以书面形式来表达实际晶体与理想晶体的偏差，通常使用由 Kröger 和 Vink[2,3] 开发的符号来表示，如图21-5所示。这种方法可以清楚地表明实际晶体相对于理想晶体的相对电荷、缺陷部位以及缺陷类型。此外，可以使用这种符号来写出缺陷平衡方程，由此可以定义缺陷平衡常数，也可以写出包括缺陷在内的电化学反应[4]。

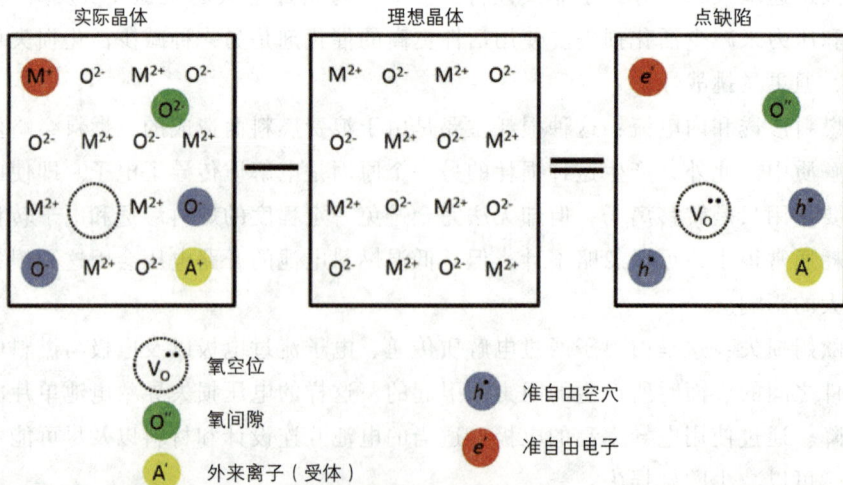

图 21-4　理想晶体与实际晶体（以氧化物"MO"为例）

在较高温度下，因为几乎没有动力学限制，所以离子、电子和分子在材料内或材料表面转移的反应通常达到平衡状态。缺陷浓度主要是由缺陷平衡、质量守恒定律和电中性条件确定的。而当温度降低时，从动力学的观点来看，某些反应从未达到平衡。特别是对于电子氧化物材料而言很重要的氧交换平衡反应，在 400℃ ~ 800℃ 时不会发生，从而导致氧交换平衡方程失效。但是，通过在材料内增加一个氧浓度守恒的相关方程，原则上可以确定缺陷浓度的方程[5,6]。

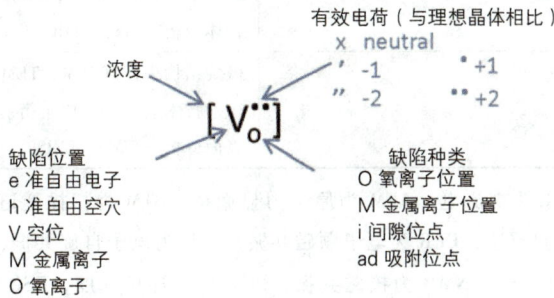

图 21-5　Kröger-Vink 表示法（以氧空位为例）

对 SOFC 而言，一方面，由于工作温度足够高（例如 800℃），因此可以假定达到了平衡；另一方面，如果在 PEFC 中使用氧化物，则其很可能从未达到缺陷平衡。

为了确定数值常数和系数，如缺陷浓度方程中的数值常数和系数，基于固体电化学和固体物理学的材料分析是必不可少的，典型方法列于表 21-1 中。由于实际中材料通常是多晶的，因此定量分析排除晶粒边界、复合物不同相之间的界面，并且表面的影响变得很重要。尽管固体电化学方法使得人们可以根据测得的电阻、电压和电流来分析宏观性能，但通过电子自旋共振技术和光吸收方法来直接检测缺陷也很重要，这可以进一步获得微观特性。这样的评估方法甚至可以在高温下进行，在高温下离子的移动更加活跃，从而可以通过原位测量来测定诸如化学扩散系数和表面交换反应系数之类的量[7,8]。

表 21-1　　　　　　　　　　　　　　固态电化学中的分析程序

电化学（稳态/瞬态，可逆/阻塞电极）	直流测量
	交流阻抗
	迁移数测量
	渗透率测量
	点电极技术（AFM，STM）

（续表）

缺陷和运输	示踪剂扩散（^2D，^{18}O）（SIMS，TG） EPR / ESR（低温/高温） 光学吸收（UV、VIS、NIR） 核磁共振（PFG） 半效应测量 热电效应测量 热分析（DSC，DTA，TG） 气体分析（MS，FTIR，GC）
材料	微观结构表征（SEM，TEM，AFM，STM） 衍射技术（XRD，中子衍射） 表面分析（SIMS，LEIS）

DC 为直流电，AC 为交流电，AFM 为原子力显微镜，STM 为扫描隧道显微镜，SIMS 为二次离子质谱仪，TG 为热重法，EPR 为电子顺磁共振，ESR 为电子自旋共振，UV 为紫外线，VIS 为可见光，NIR 为近红外光，NMR 为核磁共振，PGR 为脉冲场梯度，DSC 为差示扫描量热法，DTA 为差示热分析，MS 为质谱，FTIR 为傅里叶变换红外光谱，GC 为气相色谱，SEM 为扫描电子显微镜，TEM 为透射电子显微镜，XRD 为 X 射线衍射，LEIS 为低能量离子散射。

21.3 实验过程

本节介绍了燃料电池的实验评估过程。由于电池单片电压是最重要的性能参数，并且决定电池单片电压的最重要因素实际上是电催化剂（电极），因此可以使用半电池评估的方法来单独检测电极。本节首先介绍半电池技术，然后介绍全电池评估方法。此外，还介绍了用于评估燃料电池所用材料的其他先进技术。

半电池评估技术是一种简单而有效的方法，特别是对于低温燃料电池，如 PEFC 和 AFC[9]。通过选择合适的电解质溶液，此技术可用于各种类型的燃料电池。例如，此技术适用于 PEFC 的 0.1M HClO$_4$ 或适用于 AFC 的 0.1M KOH。在此，以 PEFC 为例，介绍酸性条件下通用的半电池法。在半电池评估法中，使用了一种典型的有三个电极浸于溶液电解质中的电化学电池（图 21-6）。循环伏安法被用于评估电催化剂的活性，旋转圆盘电极可用作工作电极。对于对电极和参比电极，通常分别使用 Pt 线和 Ag/AgCl，但并不限于这些材料。对于电解液，常使用 0.1M HClO$_4$ 或 H$_2$SO$_4$。为了评估阳极和阴极电催化剂的活性，电解质溶液分别为氢饱和与氧饱和。作为电化学测量的预处理步骤，为了清洁电催化剂的表面（特别是对于 Pt 金属），会在惰性气体（例如氩气或氮气）下以 50 mV/s 的频率在 0.05 ~ 1.20V 之间使用循环伏安法，直到清楚地获得图 21-7 中所示的氢吸附/解吸图像。通过氢吸附/解吸峰，可以估算 Pt 的电化学活性面积（ECA）。计算方法为先求得氢吸附峰的电荷 Q（图 21-7 中的阴影区域），然后将该电荷 Q 除以 $210\mu C/cm^2$，后者为吸附在 Pt 表面的一层氢所带的电荷[10]。

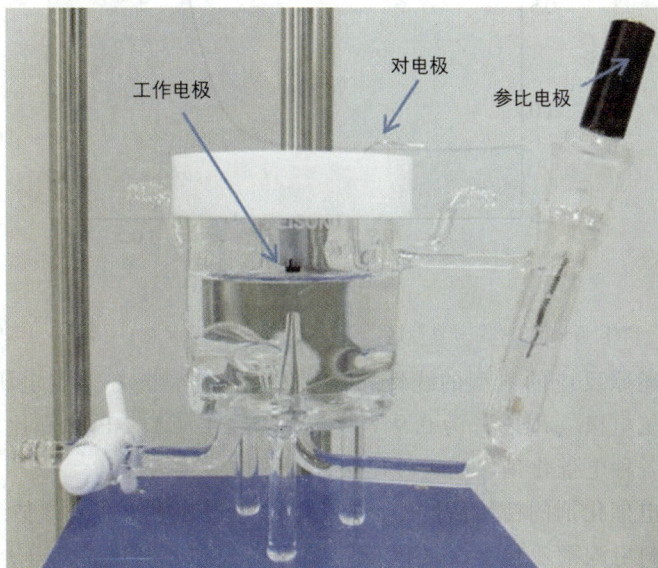

图 21-6　一种典型的具有三个电极的电化学电池

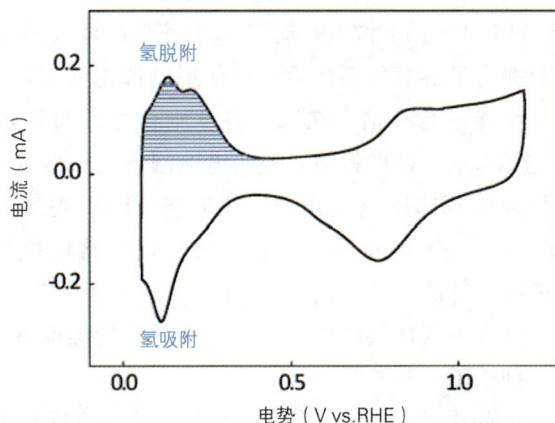

图 21-7　Pt/C 催化剂的典型循环伏安图

用电化学方法清洁催化剂表面后，分别将氧气或氢气通入电解质溶液并达到饱和，以进行氧气还原或氢气氧化反应，然后运用线性扫描伏安法。在图 21-8 中，

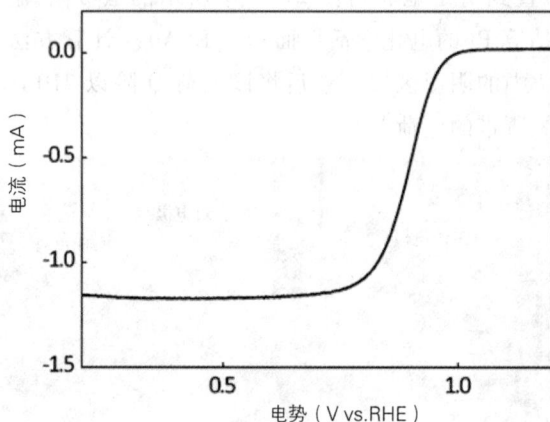

图 21-8　Pt/C 催化剂的典型线性扫描伏安图（电极面积：0.2 cm^2，转速：1600 rpm）

展示了用于氧还原反应的典型的线性扫描伏安图。通常，在一定电压下（一般选择相对于可逆氢电极（RHE）为 0.9 V）的质量活性（A/g-Pt）和比活性（A/m^2-Pt）被用于在各种电催化剂之间进行比较，以评估催化活性。

除了测量电催化剂的初始活性外，人们还会通过许多方式来评估耐久性。这里介绍由日本燃料电池商业化会议（FCCJ）给出的模拟燃料电池汽车运行的协议[11]。为了模拟停机/启动循环，可以在氮气气氛下以 1.0~1.5 V 之间的三角波按每个循环 2s 的速率进行循环（图 21-9（a））；为了模拟行驶周期中发生的电势变化，可以在氮气气氛下以 0.6 V 和 1.0 V 的方波按每周期 6s 的速率循环（图 21-9（b））。

在确认电催化剂拥有足够高的活性后，应使用电催化剂和其他材料制造实际的燃料电池，然后对其性能进行评估。在以下各章中将介绍每种燃料电池的详细信息，具体参考第 22 至 24 章。这里将简要说明电池制备的一般方法。例如，可以通过在聚合物电解质膜的两侧印刷电催化剂层来制备 PEFC 或基于阴离子交换膜的 AFC（图 21-10（a））[12]。至于 SOFC，与之类似，需要将电极材料粘贴在电解质的两侧，但还必须进行额外的烧结工艺（图 21-10（b））[13,14]。每个准备好的电池可以与集流板结合，设置好气体供应装置，然后在适当的温度下运行。由于聚合物膜的特性，PEFC 和 AFC 还需要增湿。

一般可以通过电池的电流-电压（I-V）特性来对电池进行评估。此外，还可以使用电流中断法或电化学阻抗测量来评估电池的欧姆电阻。再进一步，在从实际测得的电流中校正了欧姆部分后，可以基于 Tafel 图将活化过电位和浓差过电位分离（图 21-11）[15]。这种电化学方法可用于各种电化学装置，包括 PEFC、SOFC 和 AFC 等。

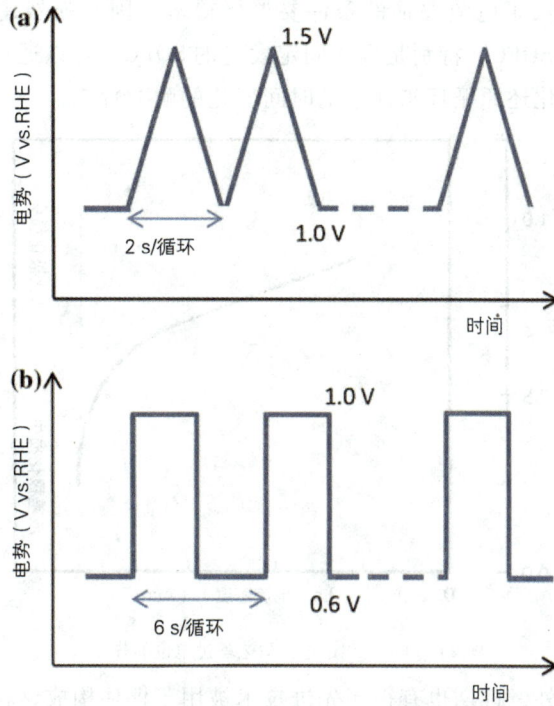

（a）模拟 FCV 停机/启动的循环　　　　　（b）模拟 FCV 行驶的循环

图 21-9　基于 FCCJ 协议的加速老化测试循环[9]

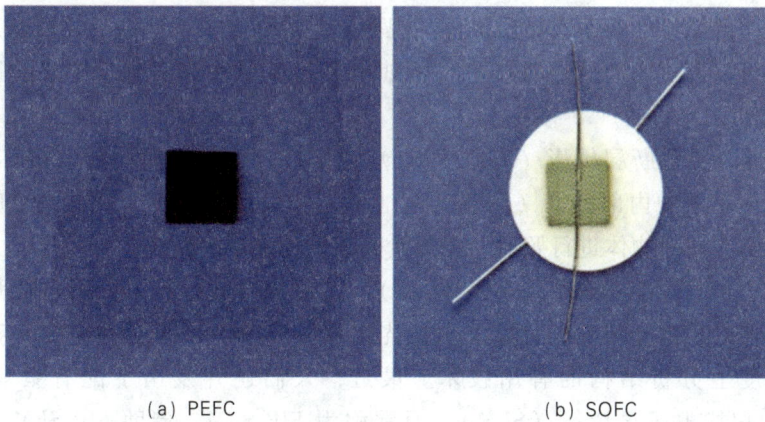

（a）PEFC　　　　　　　　（b）SOFC

图 21-10　实际燃料电池的照片（电极：1 cm²）

　　电池的耐久性分析也是重要的问题。对于 PEFC，可以将上述加速老化协议（包括停机/启动循环和负载循环）应用于电池。由于全电池评估的操作条件（温度、湿度等）比溶液半电池评估的条件要严格得多，因此强烈建议对全电池进行耐久性评估。对于 SOFC，特别是用于固定发电的 SOFC，可以通过模拟实际操作条件的温度循环和氧化还原循环来评估随时间变化的耐久性[14]。

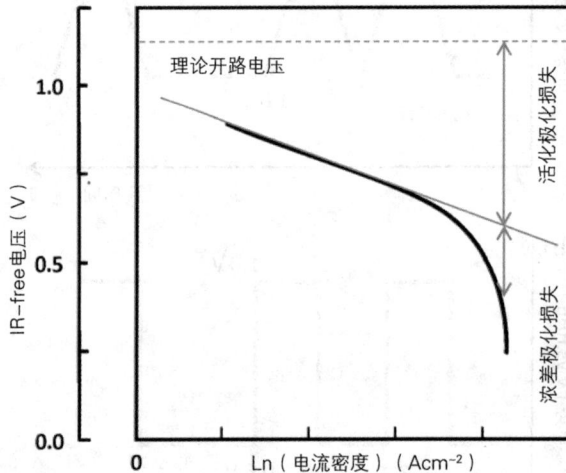

图 21-11　活化过电位与浓差过电位的分离

　　除电化学方法外，近期也有很多先进技术被用于评估构成燃料电池的材料。因为在燃料电池中材料的性能很大程度上取决于其纳米结构，所以以纳米级甚至原子级的材料结构评估是重要的。除了观察纳米结构之外，材料的元素分析和原子的价态分析也是关键技术。电化学反应的基本性能（包括催化活性）在很大程度上取决于材料之间的晶界、表面或异质界面。观察这些界面及界面上的活性位点是必不可少的，这可以通过先进的分析技术（例如电子显微镜）来实现。主要的显微观察装置总结如下。

　　X 射线计算机断层摄影（X 射线 CT）（图 21-12）：这是一种非破坏性技术，用于将固体对象的内部特征（如整个电池单元和设备等）可视化。测量时，X 射线将从多个方向对物体进行照射，并测量其强度的衰减。

　　扫描电子显微镜（SEM）（图 21-13）：它通常与进行元素分析的能量色散 X 射线光谱仪（EDX）或波长色散 X 射线光谱仪（WDX）一起使用，是一种在纳米至微米尺度上分析结构的有用技术。最近，人们还开发出了配有聚焦离子束（FIB）的扫描电子显微镜（SEM），通常称为 FIB-SEM。借助 FIB-SEM，可以将 FIB 处理后拍摄的许多切片的照片重建为 3D 图像，从而可以对 3D 结构进行定量分析[13,16]。

图 21-12 X 射线计算机断层扫描（X 射线 CT）

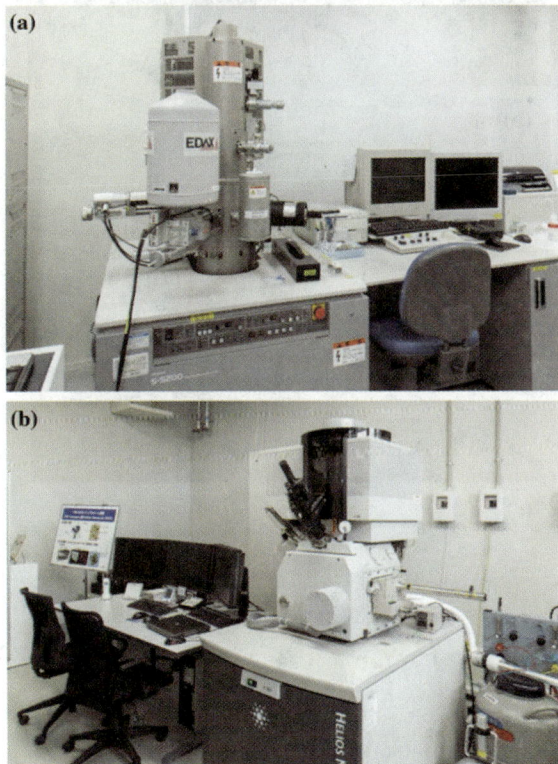

图 21-13 （a）配有能量色散 X 射线（EDX）光谱仪的扫描电子显微镜（SEM）；
（b）配有聚焦离子束（FIB）的扫描电子显微镜（SEM）

透射电子显微镜（*TEM*）和扫描透射电子显微镜（*STEM*）（图 21-14）：TEM
是一种强大的技术，在将样品处理成几十纳米厚的小片后，可以在纳米水平上分析材料。STEM 还具有聚焦电子束的功能，从而有可能在原子分辨率级别（<0.1 nm）进行观察。可以使用特殊的样品架在限定的气氛中和/或在较高的温度下暴露 TEM 样品，以进行原位表征和观察，这通常被称为环境透射电子显微镜（ETEM）（图 21-14（c））。

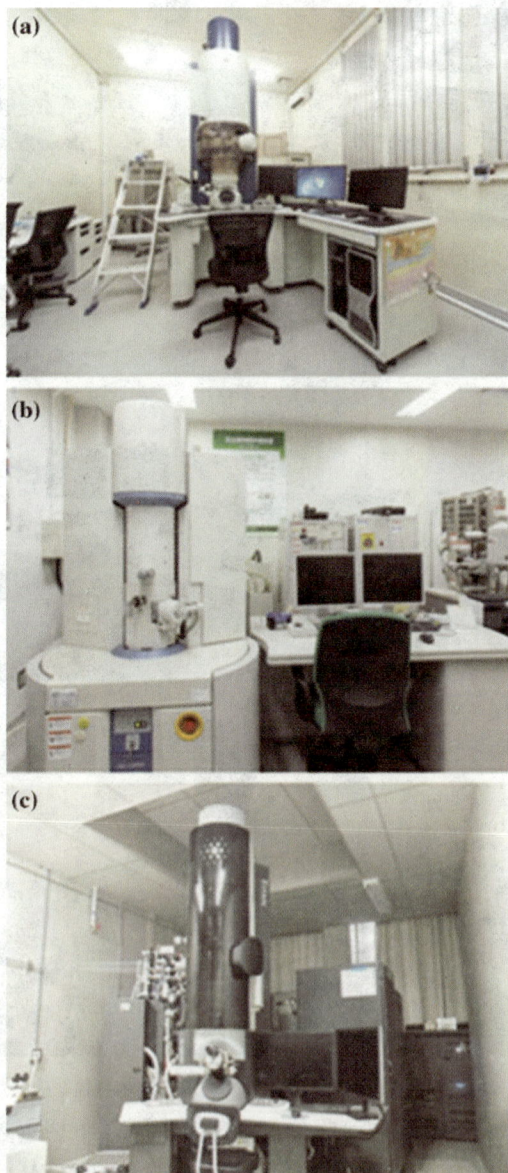

图 21-14　(a) 透射电子显微镜（TEM）；(b) 扫描透射电子显微镜（STEM）；
(c) 环境透射电子显微镜（ETEM）

二次离子质谱（SIMS）（图 21-15）：这是一种表面敏感的分析技术。借助 SIMS，当表面受到重粒子原射线束的冲击时，可以基于从样品表面喷射的二次离子来对表面进行元素分析，还有可能获得材料深度方向的轮廓。

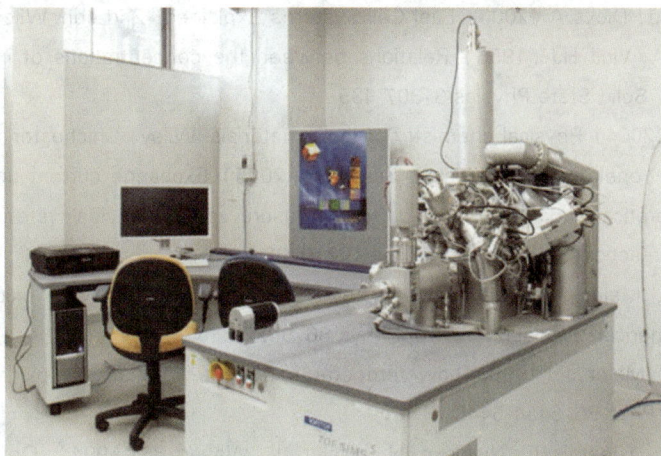

图 21-15　二次离子质谱（SIMS）

低能离子散射（LEIS）（图 21-16）：它是最有用的最外层表面分析技术之一。LEIS 可以通过低能初级离子的动能变化来估算最外层表面的元素浓度，上述低能初级离子撞击样品表面后会从样品表面弹性散射[17]。

显微分析的最新进展离不开原位技术。将上述技术与观察环境（温度、气体气氛等）控制技术相结合，可以在更贴近实际的条件下对电池和装置进行分析[18,19]。

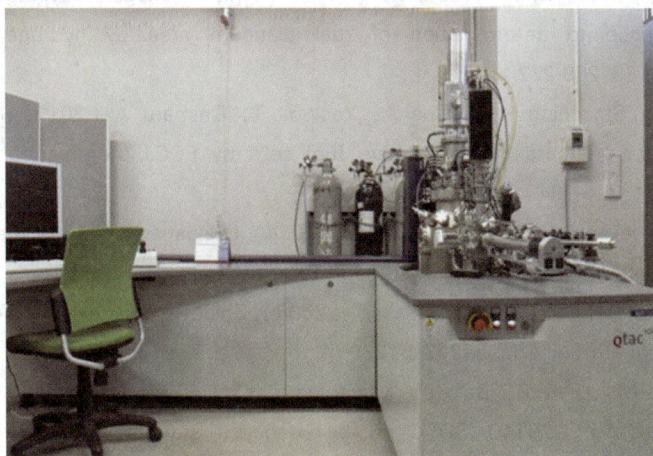

图 21-16　低能离子散射（LEIS）

参考文献

1. Larminie J, Dicks A (2003) Fuel Cell Systems Explained, 2nd edn. Wiley, Chichester

2. Kröger FA, Vink HJ (1956) Relations between the concentrations of imperfections in crystalline solids. Solid State Physics 3:307-435

3. Maier J (2004) Physical chemistry of ionic materials. Wiley, Chichester

4. Hosoi T, Yonekura T, Sunada K, Sasaki K (2015) Exchange current density of SOFC electrode: theoretical relations and partial pressure dependencies rate-determined by electrochemical reactions. J Electochem Soc 162:F136-F152

5. Sasaki K, Maier J (1999) Low temperature defect chemistry of oxides: I. General aspects and numerical calculations. J Appl Phys 86:5422-5433

6. Sasaki K, Maier J (1999) Low temperature defect chemistry of oxides: II. Analytical relations. J Appl Phys 86:5434-5443

7. Bieger T, Yugami H, Nicoloso N, Maier J, Waser R (1994) Optical absorption relaxation applied to SrTiO3 and ZrO2: an in-situ method to study trapping effects on chemical diffusion. Solid State Ionics 72:41-46

8. Sasaki K, Maier J (2000) In situ EPR studies of chemical diffusion in oxides. Phys Chem Chem Phys 2:3055-3061

9. Iiyama A, Hamada A (2011) Proposals of the development targets, research and development challenges and evaluation methods concerning PEFCs. Fuel cell commercialization conference of Japan, Tokyo

10. Biegler T, Rand DAJ, Woods R (1971) Limiting oxygen coverage on platinized platinum: Relevance to determination of real platinum area by hydrogen adsorption. J Electroanal Chem 29:269-277

11. Ohma A, Shinohara K, Iiyama A, Yoshida T, Daimaru A (2011) Membrane and catalyst performance targets for automotive fuel cells by FCCJ membrane, catalyst, MEA WG. ECS Trans 41:775-784

12. Zhao X, Hayashi A, Noda Z, Sasaki K (2014) Evaluation of MEAs prepared by Pt/C electrocatalysts with improved durability through the heat treatment. ECS Trans 58:7-13

13. Haga K, Shiratori Y, Ito K, Sasaki K (2008) Chlorine poisoning of SOFC Ni-cermet anodes. J Electrochem Soc 155:B1233-B1239

14. Hanasaki M, Uryu C, Daio T, Kawabata T, Tachikawa Y, Lyth SM, Shiratori Y, Taniguchi S, Sasaki K (2014) SOFC durability against standby and shutdown cycling. J Electrochem Soc 161:F850-F860

15. Daimaru A (2014) The cell evaluation protocol. The New Energy and Industrial

Technology Development Organization, Tokyo

16. Ni M, Zhao TS (eds) (2013) Solid oxide fuel cells: from materials to system modeling. Royal Society of Chemistry, Abingdon

17. Kilner JA, Skinner SJ, Brongersma HH (2011) The isotope exchange depth profiling (IEDP) technique using SIMS and LEIS. Solid-State Lett 15:861-876

18. Yaguchi T, Kanemura T, Shimizu T, Imamura D, Watabe A, Kamino T (2012) Development of a technique for in situ high temperature TEM observation of catalysts in a highly moisturized air atmosphere. J Electron Microsc 61:199-206

19. Matsumoto H, Konno M, Sato T, Nagaoki I, Yaguchi T, Howe JY (2013) Simultaneous in situ SEM and STEM analysis of gas/catalyst reaction in a coldfield-emission environmental TEM. Microsc Anal 27:13-18

第 22 章　聚合物电解质燃料电池（PEFCs）

Akari Hayashi, Masamichi Nishihara, Junko Matsuda and Kazunari Sasaki

摘要：本章介绍了聚合物电解质燃料电池的工作原理。从材料科学的角度介绍了基本组件（电解质、电极和气体扩散层），之后介绍了电池和电堆的结构。

关键词：PEFC · MEA · 质子传导率 · Nafion · 铂 · 碳 · FCV · 氢气利用

22.1　PEFC 的工作原理[1]

PEFC 因其在汽车和住宅热电联供领域的商业化而闻名。PEFC 的基本结构在图 22-1 中说明。PEFC 通常由可传导氢离子的电解质膜、电极、气体扩散层和隔板（双极板）组成。特别是两个电极及被其夹在中间的质子交换膜被合称为膜电

A. Hayashi (✉)　K. Sasaki
International Research Center for Hydrogen Energy, Kyushu University,
Fukuoka 819-0395, Japan
e-mail：hayashi. akari. 500@ m. kyushu-u. ac. jp

K. Sasaki
e-mail：sasaki@ mech. kyushu-u. ac. jp

M. Nishihara　J. Matsuda
International Institute for Carbon-Neutral Energy Research (WPI-I2CNER),
Kyushu University, Fukuoka 819-0395, Japan
e-mail：nishihara@ i2cner. kyushu-u. ac. jp

J. Matsuda
e-mail：junko. matsuda@ i2cner. kyushu-u. ac. jp

© Springer Japan 2016
K. Sasaki et al.（eds.）, *Hydrogen Energy Engineering*,
Green Energy and Technology, DOI 10. 1007/978-4-431-56042-5_22

极组件（MEA），电催化剂层由负载于碳载体上的高度分散的贵金属颗粒和质子传导离聚物制成。氢气和空气分别用作燃料和氧化剂，气体被通入 PEFC 前往往需要被增湿（接近 100% 的相对湿度（RH）），且电堆运行温度低于 100℃。阴极和阳极的反应分别如下：

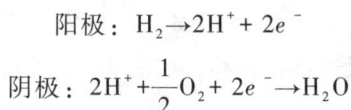

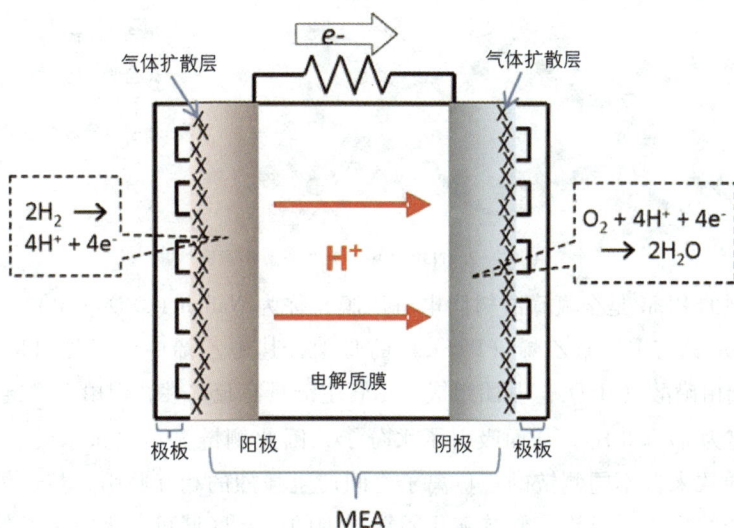

$$阳极：H_2 \rightarrow 2H^+ + 2e^-$$

$$阴极：2H^+ + \frac{1}{2}O_2 + 2e^- \rightarrow H_2O$$

图 22-1 PEFC 的基本结构

在室温条件下理论开路电压为 1.23V。由 DG／DH 之比得出的理论热力学效率约为 84%。在阳极，反应的过电位很小，反应速率很快。在阴极，该反应在氧化气氛下缓慢进行，这是 PEFC 中的绝大部分电压损失的原因（参见第 21.1 节中的电化学和过电位）。实际上，大气压下的开路电势约为 1V，远低于理论值 1.23V。主要原因是存在燃料渗透和内部电流。在以下各节中，将依次介绍 PEFC 的基本组件（电解质层、电极和气体扩散层）以及电池单体和电堆结构。

22.2 电解质

PEFC 已经将质子交换膜（PEM）用作电解质材料。PEM 的作用是传导质子。通常，膜的厚度为 20μm～50μm。除了将在阳极处产生的质子传导到阴极外，其还需要作为一个电子绝缘体以防止电子在两个电极之间传导，并阻止氢或空气向各自电极的反方向扩散。

质子传导性源自 PEM 中传导质子的官能团；这些官能团具有强酸性，如磺酸。通常，与没有这种官能团的聚合物相比，具有许多亲水性官能团的聚合物在水中的溶解度更高，并且机械强度也更低。因此，必须在保持足够的质子传导性的同时引入疏水性官能团。同样，对于大多数 PEM，质子传导机制是质子通过质子传导官能团和水分子形成的亲水通道进行转移，如图 22-2 所示[2]。因此，一定程度的增湿对于质子传导是必不可少的。

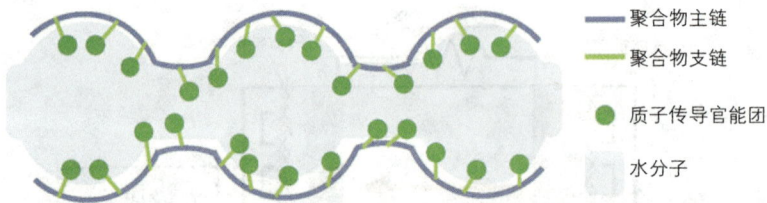

聚合物主链
聚合物支链
● 质子传导官能团
水分子

图 22-2　Nafion 中的亲水通道示意图

最典型的 PEM 是全氟磺酸树脂电解质膜，称为 Nafion（© Dupont）[3]，如图 22-3 所示。Nafion 具有聚四氟乙烯（PTFE）的骨架，其中乙烯中的氢被氟取代。另外，侧链的末端由磺酸（HSO_3）基团组成。尽管主链具有疏水性，但由于侧链末端 HSO_3 基团会解离为 SO_3^- 和 H^+，从而吸引了水分子，因此侧链显示出亲水性。SO_3^- 和 H^+ 的存在会导致来自不同侧链的正负离子之间产生强烈的相互吸引，然后侧链分子倾向于在整个结构内形成簇。侧链磺化团簇周围的亲水区域可以吸收大量的水，使得质子可以在两个电极之间更有效地传导。因此，功率密度很大程度上取决于湿度。Nafion 具有较高的化学稳定性和质子传导性，通常用于 PEFC。另外，增湿是必不可少的，因此 Nafion 不适合在 100℃ 以上的温度中工作，这也是 PEFC 未来研究的一个重要方向。

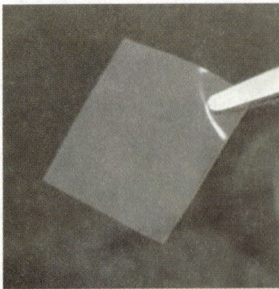

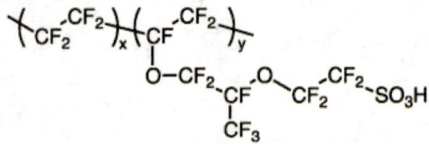

图 22-3　Nafion 的照片及其化学结构

对于下一代电解质膜，主要的挑战包括开发新的 PEM 膜替代 Nafion。对于替代型 PEM，目前磺化芳环类电解质膜因具有高化学稳定性和热稳定性而被广泛研究。例如，磺化聚酰亚胺（SPI）、磺化聚醚醚酮（SPEEK）、磺化聚苯砜苯基砜、磺化聚醚砜（SPES）以及它们的组合都可以作为备选对象（图 22-4）[4-8]。即使如此，由于这些聚合物具有高离子交换容量（IEC：每个聚合物单元的酸摩尔数），因此平衡水溶性和质子传导性成为关键问题。例如，通过引入单体单元来提高其抗水溶性，而该单体单元并不会受到交联和分解反应的很大影响[9]。同样，为了在宏观上分离疏水和亲水区域并增加亲水簇区域的形成，部分研究人员正在考虑使用嵌段聚合物或接枝聚合物[10,11]。此外，除了研究质子通过水团簇的传导过程外，还研究了磷酸掺杂的聚苯并咪唑（PBI）膜[12]或使用离子液体的膜[13]。为了使用这种新的电解质材料开发实用的电解质膜，需要在真实的 PEFC 操作条件下（高温、低湿或像凝点那样的低温）具有足够高的质子传导性、稳定性和耐久性。通常要在质子传导性和耐久性之间进行折中，因此聚合物组成的优化是必不可少的。

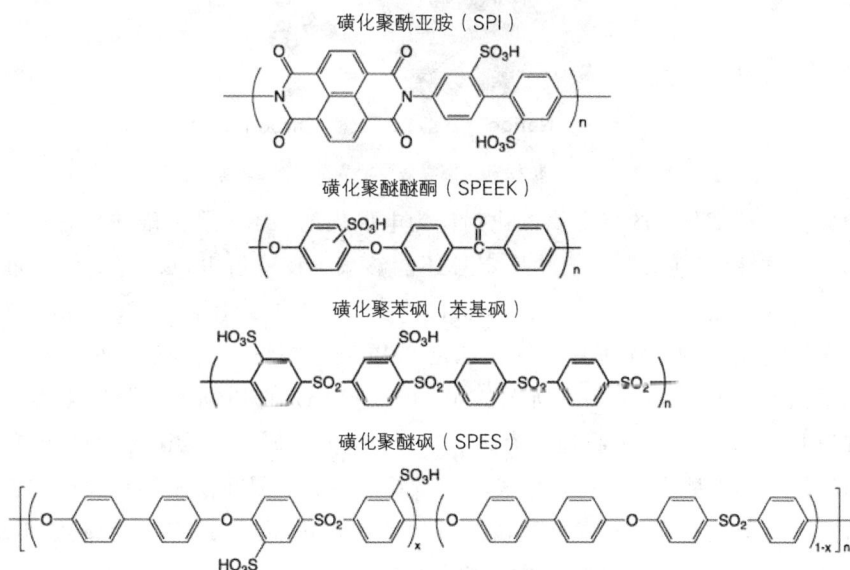

图 22-4 替代型 PEM 的化学结构

22.3 电极（电催化剂）

电极由厚度为几十微米的电催化剂和离子交换聚合物层组成。催化剂层甚至在室温下也需要高催化活性、电子电导率和质子传导率，以及好的传质特性，以供应反应气体并及时移走反应产物。电极（阴极）横截面的示意图如图 22-5 所示。为了利用沿厚度方向下所有的电催化剂，有效开发由电催化剂-电解质（离子聚合物）-反应气体界面形成的三相边界是必不可少的。因此，理想情况下电催化剂被离子聚合物的薄层覆盖，该离子聚合物薄层的厚度为几纳米到几十纳米。在三相边界处，氢气通过离子交换聚合物薄层到达阳极电催化剂表面，并在阳极处产生质子。这些质子首先穿过阳极处的离子交换聚合物，然后穿过电解质膜，最后穿过阴极中的离子交换聚合物薄层，向阴极电催化剂表面转移。同时，在阴极供应的空气中的氧气也通过离子交换聚合物薄层到达阴极电催化剂表面，最终与质子结合产生水。

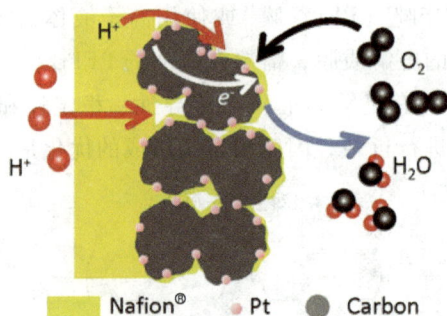

图 22-5　阴极截面示意图

　　通常使用高度分散的贵金属催化剂作为电催化剂。由于全氟磺酸具有较高的酸度，而 Pt 在这种苛刻条件下依然稳定且还能够减少反应过电位，因此作为催化剂既被用于阳极又被用于阴极。由于 Pt 价格昂贵，因此必须保证在 Pt 用量尽可能少的情况下产生足够的电池单片电压。催化剂 Pt 纳米颗粒一般分散在具有高电子传导性的炭黑粉末上，如图 22-6 所示。10 wt% ~ 50 wt% 的 Pt 沉积在炭黑上。Pt 的粒度通常为 1 nm ~ 5 nm，表面积通常为 50 m^2 / g ~ 100 m^2 / g。由于当碳载体上 Pt 的百分比增加时，Pt 纳米颗粒有生长并形成较大颗粒的趋势，因此使用具有大比例表面积的炭黑可以有效地分散 Pt 纳米颗粒，通常使用 Vulcan（约 250 m^2 / g）和 Ketjen Black（800 m^2 / g ~ 1300 m^2 / g），它们的主要粒径为 10 nm ~ 100 nm（图 22-7）。

　　近来，为了进一步提高电催化剂的活性和耐久性，并且降低 Pt 的负载量从而降低成本，人们已经研究了 Pt 和其他贵金属的合金。关于阳极催化剂，由于氢燃料通常由重整烃类气体如天然气制成，因此燃料中可能包含少量的 CO（几个 ppm）。这种 CO 若吸附在 Pt 表面上会减少催化活性位点的数量。为了减轻 CO 中毒，PtRu 合金催化剂被认为是最有希望的可商业化的催化剂之一。其 CO 耐受特性归因于其电子性能和双功能机理的结合。在电子性能方面，由于 Pt 和添加的金属之间的电子转移，Pt-CO 键被削弱；就双功能机理而言，Ru 位点上吸附的氧有助

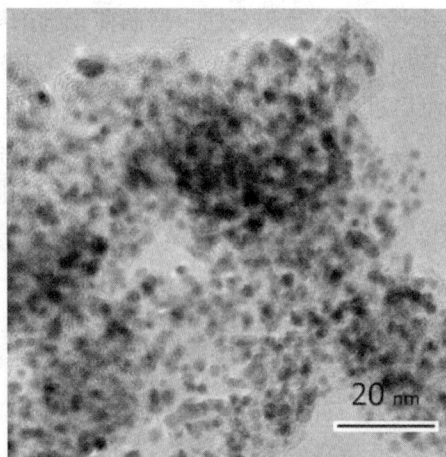

图 22-6　典型的电催化剂 Pt 沉积于炭黑的 TEM 图像（黑点：Pt 纳米颗粒）

于氧化 Pt 位点上的 CO。由于仍有进一步改进的空间，因此研究人员正在开发铂基的二元和三元电催化剂[14,15]。

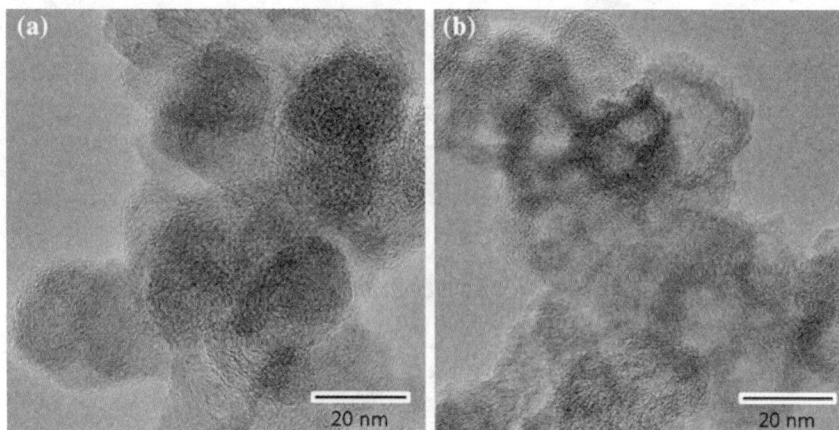

图 22-7　炭黑的 TEM 图像：（a）为 Vulcan，（b）为 Ketjen Black

同样，对于阴极，为了减少缓慢的氧还原反应产生的过电位，研究人员已经尝试了让 Pt 与各种金属形成合金[16]。在这种情况下，可以控制表面电子结构以增加氧还原反应的催化活性。已知 Pt-Co 和 Pt-Ni 基合金具有高的催化活性。由于表面电子结构发生了变化，因此减少了除 O_2 以外的其他物种（如 OH^-）的吸附，然后 Pt 上有更多的活性位点可用于吸附 O_2。该反应机理被认为是促进氧还原反应，进而实现更高反应性的原因。最近，为了控制表面电子结构，已经开发出基于 Pt 单原子层的催化剂。最典型的例子是核-壳催化剂，其中壳由铂制成，而对于核，通常使用金或钯。考虑到成本，将非贵金属用于核是进一步研究的主题。

电催化剂要克服的另一个问题是耐久性。抑制催化剂的降解对于延长 PEFC 的寿命是至关重要的。在长期运行过程中, Pt 纳米颗粒会团聚生长。热力学不稳定的碳载体会被氧化, 从而促进 Pt 的团聚、溶解和脱离。这些现象在高温和高压条件下还会被加速。近来, 为了提高碳载体的耐久性, 高抗氧化性的、表面具有石墨结构的碳载体已被应用[17,18]。最近, 研究人员甚至引入了诸如金属氧化物之类的非碳材料作为载体材料[19-21]。

22.4 气体扩散层[22,23]

为了将反应气体 (氢气和空气) 均匀地供应到电极层, 在每个电极的外侧设置了气体扩散。该气体扩散层具有集电的作用, 并且由具有多孔结构的碳材料制成。具体地说, 孔径为几微米的带有黏合剂的碳纤维构成一种纸状结构, 称为碳纸, 碳布和碳毡也经常被使用。由于在供应气体燃料的同时需要增湿, 以及在阴极反应中会产生水并排出, 因此水管理至关重要。气体扩散层对于有效去除多余的产物 (水) 具有重要作用。疏水性 PTFE 通常与碳纤维结合, 交叉横跨的碳纤维形成数十至数百微米的孔隙 (图 22-8)。特别是对于阴极侧, 通常需要在碳纸上附加一层微孔层 (MPL)。MPL 具有较小的孔, 有利于气体传输和减少水的滞留。

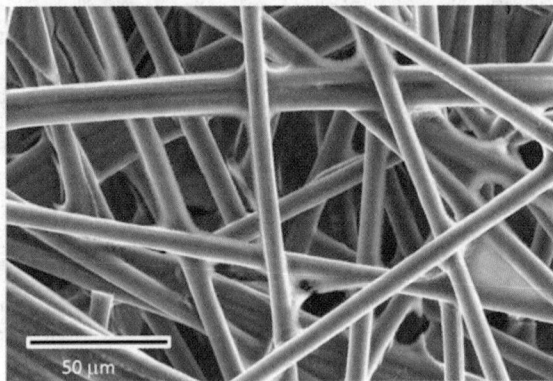

图 22-8 碳纸的 SEM 图像

另外除了水管理外, 气体扩散层还需要高导热率以导出反应产生的热量, 同时还需要很高的机械强度来支撑几十微米厚的电催化剂层。

22.5 电池单体和电堆

PEFC 通常使用的电池单片电压为 0.6V ~ 0.8V, 根据所需的功率密度, 可以堆叠数十到数百个电池单体以投入实际应用。通过堆叠电池单体组成的结构称为电堆。通常，通过组堆技术可将 700W 或 100 kW 的电堆用于住宅或汽车上。

为了堆叠电池单体，在气体扩散层的外侧还需要安装极板，在极板中布置了二维的气流通道（图 22-9），以便通过气体扩散将氢和空气供应给 MEA。PEFC 的极板通常称为双极板。当单电池成堆时，双极板的作用是分隔两种相邻的反应气体（图22-10）。此外，极板还具有快速清除产生的水和集电的重要作用。特别是在高功率密度下，流道结构和极板厚度的优化变得很重要，因为需要向电堆均匀供气。

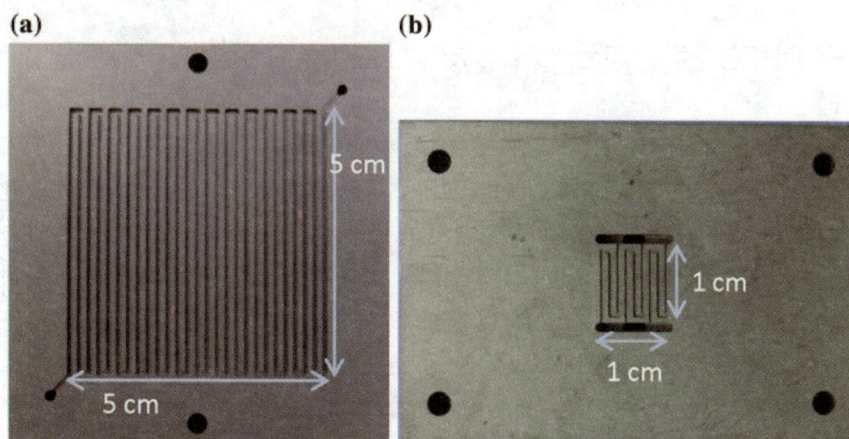

图 22-9 （a）为由 JARI 开发的一种具有蛇形流场的 5 cm× 5 cm 极板照片，
（b）为在新能源和工业技术开发组织（NEDO）项目中开发的蛇形流场 1 cm× 1 cm 的极板照片

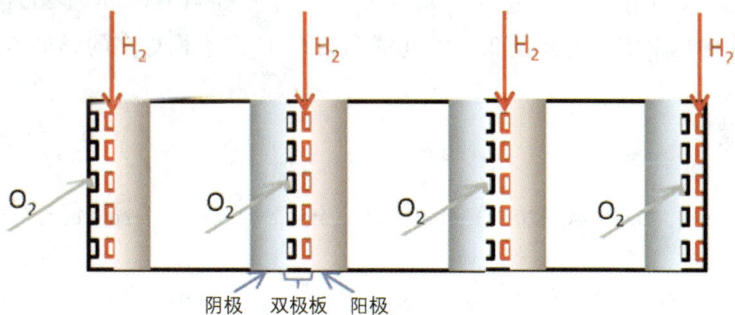

图 22-10 通过双极板连接的 PEFC 单电池

考虑到批量生产和成本等方面的因素，目前主要开发碳和金属极板[24]。碳具有很好的化学稳定性，但其电子电导率和稳定性取决于其原始合成工艺及后处理条件。在制作气流通道时，极板的每一侧都可以单独进行图案制作，从而实现图案制作的灵活性。

另一方面，金属具有高的电子导电性和机械强度，因此在将双极板做薄方面具有优势。流道是根据模具冲压制作的，因此只需几秒钟即可完成流道的制作。由于在一侧上冲压出的形状会影响到另一侧，因此流道设计必须进行周全的考虑，以便不受另一侧形状的影响。由于金属离子的浸出会污染电极和电解质，导致功率密度降低，因此，精心选择金属材料以及表面涂层以防止金属离子浸出是至关重要的。在各种金属中，钛具有很高的耐腐蚀性，几乎没有观察到浸出现象[25]。因此，钛被认为是很好的极板材料。由于在钛的表面上容易形成绝缘层，因此使用 Au（金）的涂层来保持高的电子传导性。

22.6 PEFC 的实用材料和应用

本节简要介绍为应用于汽车而开发的最新的 PEFC。燃料电池汽车（FVC）在克服了第 22.1~22.5 节中所述的许多问题后，于 2014 年 12 月首次实现商业化。在第 34 章中，丰田 MIRAI 将作为汽车应用的代表被详细介绍，但在此之前，用于 MIRAI 中的 PEFC 材料将在此处进行介绍[26]。对于电解质膜，其厚度降到了最初的 1/3，从而实现了质子电导提升到以前的 3 倍；对于电催化剂，阳极上仍使用 Pt／C，但对于反应缓慢的阴极，则引入了更高活性的 PtCo/C，从而使氧还原活性提高了 1.8 倍。为了增加气体扩散能力，气体扩散层具有更多的孔隙，同时厚度也更薄，从而实现气体扩散率的翻倍。关于隔板，在阴极侧使用了具有 3D 精细网状流场的钛极板，以增加排水性能并促进氧气扩散，从而在电池的平面方向上实现了均匀发电。得益于上述所有这些材料的改进，与丰田 FCHV-adv（2008 型号）相比，MIRAI 的功率密度提高了 2.4 倍（请参阅第 34 章查询更多的详细信息）。

参考文献

1. Larminie J，Dicks A（2003）Fuel cell systems explained，2nd edn. John Wiley & Sons，Chichester

2. Jiao K，Li X（2011）Water transport in polymer electrolyte membrane fuel cells. Prog Energy Combust Sci 37:221-291

3. Grot W（2011）Fluorinated Ionomers，2nd edn. William Andrew，Waltham

4. Zhang H，Shen PK（2012）Advances in the high performance polymer electrolyte membranes for fuel cells. Chem Soc Rev 41:2382-2394

5. Vallejo E，Pourcelly G，Gavach C，Mercier R，Pineri M（1999）Sulfonated polyimides as proton conductor exchange membranes. Physicochemical properties and separation H+/Mz+ by electrodialysis comparison with a perfluorosulfonic membrane. J Membr Sci 160:127-137

6. Zaidi SMJ, Mikhailenko SD, Robertsonb GP, Guiver MD, Kaliaguine S（2000）Proton conducting composite membranes from polyether ether ketone and heteropolyacids for fuel cell applications. J Membr Sci 173:17-34

7. Dyck A, Fritsch D, Nunes SP（2002）Proton-conductive membranes of sulfonated polyphenylsulfone. J Appl Polym Sci 86:2820-2827

8. Wang F, Hickner M, Kim YS, Zawodzinski TA, McGrath JE（2002）Direct polymerization of sulfonated poly（arylene ether sulfone）random（statistical）copolymers: candidates for new proton exchange membranes. J Membr Sci 197:231-242

9. Tanaka M, Koike M, Miyatake K, Watanabe M（2011）Synthesis and properties of anion conductive ionomers containing fluorenyl groups for alkaline fuel cell applications. Polym Chem 2:99-106

10. Nasef MM（2014）Radiation-grafted membranes for polymer electrolyte fuel cells: current trends and future directions. Chem Rev 114:12278-12329

11. Elabd YA, Hickner MA（2011）Block copolymers for fuel cells. Macromolecules 44: 1-11

12. Zeis R（2015）Materials and characterization techniques for high-temperature polymer electrolyte membrane fuel cells. Beilstein J Nanotechnol 6:68-83

13. Díaz M, Ortiz A, Ortiz I（2014）Progress in the use of ionic liquids as electrolyte membranes in fuel cells. J Membr Sci 469:379-396

14. Antolini E（2003）Formation of carbon-supported PtM alloys for low temperature fuel cells: a review. Mater Chem Phys 78:563-573

15. Ehteshami SMM, Chan SH（2013）A review of electrocatalysts with enhanced CO tolerance and stability for polymer electrolyte membrane fuel cells. Electrochim Acta 93: 334-345

16. Wang YJ, Zhao N, Fang B, Li H, Bi XT, Wang H（2015）Carbon-supported Pt-based alloy electrocatalysts for the oxygen reduction reaction in polymer electrolyte membrane fuel cells: particle size, shape, and composition manipulation and their impact to activity. Chem Rev 115:3433-3467

17. Zhang S, Yuan XZ, Hin JNC, Wang H, Friedrich KA, Schulze M（2009）A review of platinum-based catalyst layer degradation in proton exchange membrane fuel cells. J Pow Sour 194:588-600

18. Zhao X, Hayashi A, Noda Z, Sasaki K（2014）Evaluation of MEAs prepared by Pt/C electrocatalysts with improved durability through the heat treatment. ECS Trans 58:7-13

19. Kocha SS（2012）Polymer electrolyte fuel cell degradation. Elsevier academic press, San Diego

20. Zhang Z, Liu J, Gu J, Su L, Cheng L（2014）An overview of metal oxide materials as

electrocatalysts and supports for polymer electrolyte fuel cells. Energy Environ Sci 7：2535-2558

21. Takabatake Y, Noda Z, Lyth SM, Hayashi A, Sasaki K (2014) Cycle durability of metal oxide supports for PEFC electrocatalysts. Int J Hydro Ener 39：5074-5082

22. Arvay A, Yli-Rantala E, Liu CH, Peng XH, Koski P, Cindrella L, Kauranen P, Wilde PM, Kannan AM (2012) Characterization techniques for gas diffusion layers for proton exchange membrane fuel cells—a review. J Pow Sour 213：317-337

23. Park S, Lee JW, Popov BN (2012) A review of gas diffusion layer in PEM fuel cells：materials and designs. Int J Hydro Energy 37：5850-5865

24. Antunes RA, Oliveira MCL, Ett G, Ett V (2011) Carbon materials in composite bipolar plates for polymer electrolyte membrane fuel cells：a review of the main challenges to improve electrical performance. J Pow Sour 196：2945-2961

25. Netwall CJ, Gould BD, Rodgers JA, Nasello NJ, Swider-Lyons KE (2013) Decreasing contact resistance in proton-exchange membrane fuel cells with metal bipolar plates. J Pow Sour 227：137-144

26. Kawai T (2015) Abstract：fuel cell vehicle development and initial market creation. FC EXPO 2015—11th Int'l Hydrogen & Fuel Cell Expo

第23章 固体氧化物燃料电池（SOFCs）

Kazunari Sasaki，Yusuke Shiratori，Shunsuke Taniguchi and Akari Hayashi

摘要：本章将介绍固体氧化物燃料电池（SOFC）的工作原理，并从材料科学的角度阐述其基本组件（电解质和电极）以及电池单体和电堆结构的典型类型。

关键词：固体氧化物燃料电池·O^{2-}离子导通性·高温·陶瓷材料·化学退化·氢利用率

23.1 固体氧化物燃料电池的工作原理[1]

SOFC 是一种被人们所熟知的可大规模应用的发电设备。日本自 2011 年起开始了 SOFC 的商用化，以供家庭使用，但 SOFC 在大型电厂的应用前景却不容乐观。

K. Sasaki (✉) · S. Taniguchi · A. Hayashi
International Research Center for Hydrogen Energy, Kyushu University,
Fukuoka 819-0395, Japan
e-mail：sasaki@ mech. kyushu-u. ac. jp

S. Taniguchi
e-mail：taniguchi. shunsuke. 330@ m. kyushu-u. ac. jp

A. Hayashi
e-mail：hayashi. akari. 500@ m. kyushu-u. ac. jp

Y. Shiratori
Department of Mechanical Engineering, Faculty of Engineering, Kyushu University, Fukuoka 819 – 0395, Japan
e-mail：y-shira@ mech. kyushu-u. ac. jp

© Springer Japan 2016
K. Sasaki et al. （eds.），*Hydrogen Energy Engineering*,
Green Energy and Technology, DOI 10. 1007/978-4-431-56042-5_23

SOFC 在 800℃ 的高温下工作。简化后的 SOFC 结构示意图见图 23-1。考虑到高温操作要求，它主要由在高温下也能保持稳定的陶瓷材料组成。具体说来，它是由连接体（隔板）、陶瓷离子导体（作为电解质）和陶瓷电子导体或金属陶瓷（作为电极）组成的。电池工作时，阴极处的氧分子得到电子形成 O^{2-} 离子。与聚合物电解质燃料电池（PEFC）不同的是，形成的 O^{2-} 离子将从阴极移动到阳极，并在那里与氢发生反应生成水。

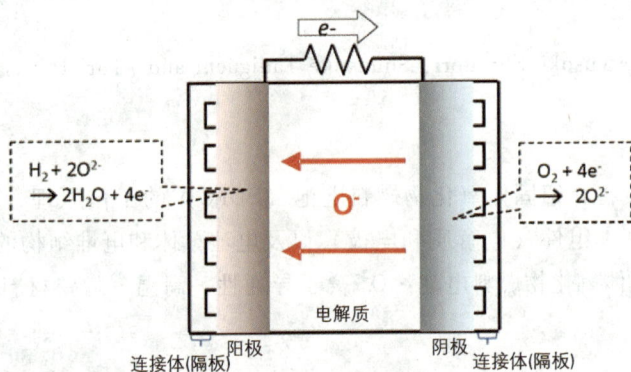

图 23-1　SOFC 的基本构造

各电极的反应如下：

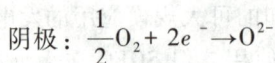

$$阴极：\frac{1}{2}O_2 + 2e^- \rightarrow O^{2-}$$

$$阳极：H_2 + O^{2-} \rightarrow H_2O + 2e^-$$

此外，除了能够操作纯氢气外，电池所需的氢气还可以通过以下烃类燃料（如甲烷）的重整反应或 CO 与水在高温下的变换反应产生[1-3]。

因此，SOFC 在燃料选用方面具有灵活性。

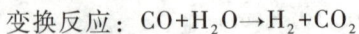

$$甲烷重整反应：CH_4 + H_2O \rightarrow 3H_2 + CO$$

$$变换反应：CO + H_2O \rightarrow H_2 + CO_2$$

SOFC 的一个优点是相对于其他类型的燃料电池而言，其操作在高温度下的电极反应过电位相对较小；而另一个优点则是电池系统中电极反应所产生的热量以及排出的热量可以被有效利用于其内部吸热的重整反应，从而实现更高效率的发电。由于室温和运行温度之间的差异很大，SOFC 需要更长的启动时间。以缩短启动时间为目的的不合理的快速升温往往会导致电堆内部热量分配不均，从而产生裂纹。

在接下来的各节中将介绍 SOFC 的典型组件（电解质和电极）以及 SOFC 电堆的结构。

23.2　电解质

陶瓷离子导体常被用作传导 O^{2-} 离子的电解质，其厚度通常在几十到几百微米之间。如图 23-2 所示，电解质需要较高的 O^{2-} 离子传导率（大于 $0.1\,S/cm$），以及小到可以忽略不计的电子电导率。此外，还需要保证结构致密和气体泄漏率小。由于电池的一侧处于氧化环境，而另一侧处于还原环境，因此上述要求必须在大的氧分压范围内都能被满足。电解质在还原环境下产生的膨胀还必须尽可能小。图 23-3 为几种陶瓷电解质材料的 O^{2-} 离子电导率随温度的变化关系[4]。

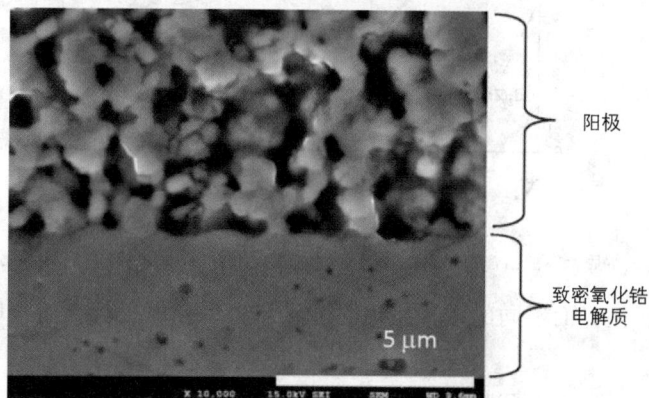

阳极

致密氧化锆
电解质

5 μm

图 23-2　多孔阳极和致密的氧化锆电解质截面的扫描电镜图像

图 23-3 展示了各种电解质材料的离子电导率在 SOFC 工作温度范围内（600℃ ~ 1 000℃）随温度变化的关系。最常用的材料之一是 Y_2O_3 稳定（或部分稳定）ZrO_2（简称 YSZ），这不仅是因为它具有较高的离子电导率，还因为它在还原环境中具有较好的稳定性，可以满足前面所述的要求。而为了降低运行温度，缩短启动时间和提高燃料选用的灵活性，其他可以考虑的电解质还包括 Sc_2O_3 稳定 ZrO_2，以及基于 $LaGaO_3$[5]或 CeO_2[6,7]的 O^{2-} 离子导体和质子导体材料[8,9]。

23.3　电极

典型的 SOFC 截面图如图 23-4 所示[10,11]，阳极和阴极都使用陶瓷材料。每个电极通常有几十微米的厚度，必须具有良好的催化活性，可能既是电子导体又是离子导体，并且为优化反应物和产物气体的传质，必须具有高孔隙率。同时具有高离子电导率和高电子电导率的材料又称为混合导体。从图 23-5 中可以看出，与使用电

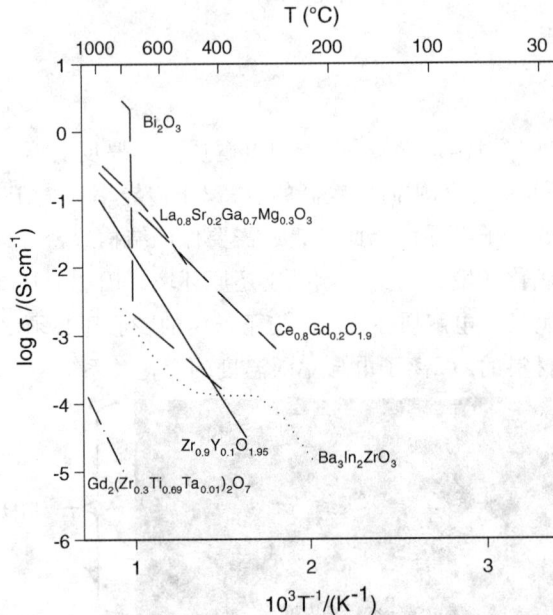

图 23-3　主要电解质材料的氧离子电导率对温度的依赖关系 [4]（WILEY 授权复制，Copyright 2004）

子导体时仅为三相界面不同的是，使用混合导体可以使电极活性面积增加到整个电极表面。

　　如图 23-4 所示，为了进一步改善电极层内的电子传输，阴极和阳极通常都采用两层甚至三层结构。与电解质接触的第一层的组成结构通常被设计成最大化三相界面的形式，以此来优化电子电导率、离子电导率以及孔隙率。第二层和第三层并不是为了提供反应位点，而是作为一个集电层。因此，第一层的组成设计要以增加反应活性为目的，同时还要减少电解质层和电极层之间的热膨胀差异。

　　阴极：由于阴极材料处于高温和氧化环境，因此在该种环境中的化学稳定性至关重要，同时还需要与相邻材料具有良好的相容性，比如与电解质、连接体相似的热膨胀系数[2,3]。高温电极常用氧化物的电导率如图 23-6 所示[12]。锶掺杂的 $LaMnO_3$ 基材料目前得到了广泛的应用，同时 $LaCoO_3$ 和 $LaFeO_3$ 基材料也表现出很高的电导率。而使用稳定氧化锆作为电解质时，由于热膨胀系数的不匹配以及阴极材料与电解质材料之间发生的不良化学反应，会导致阴极材料出现问题。然而，这些问题可以通过在阴极和氧化锆电解质之间添加一层薄的 CeO_2 基缓冲层来解决，这也是目前经常使用的方法。

　　对于 La（Sr）MnO_3 基阴极材料，其电子电导率决定其电学性能，因此与离子-电子混合导体相比，其反应位点是有限的，并且反应很有可能只发生在由电解质、阴极

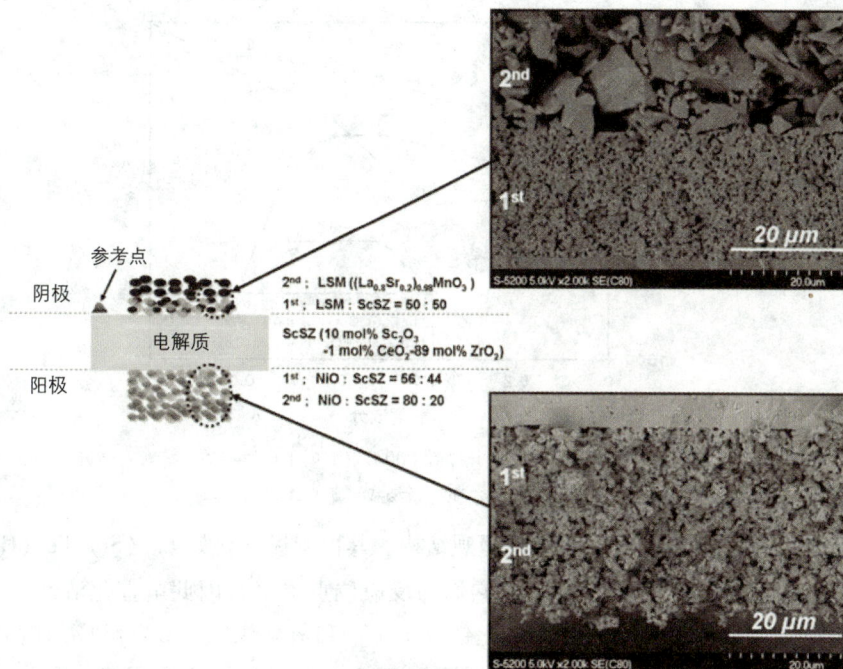

图 23-4　一种常见的 SOFC 截面图[10, 11]
（经 Spring Sciences+Business Media 和 Kengo Haga 授权，版权 2012）

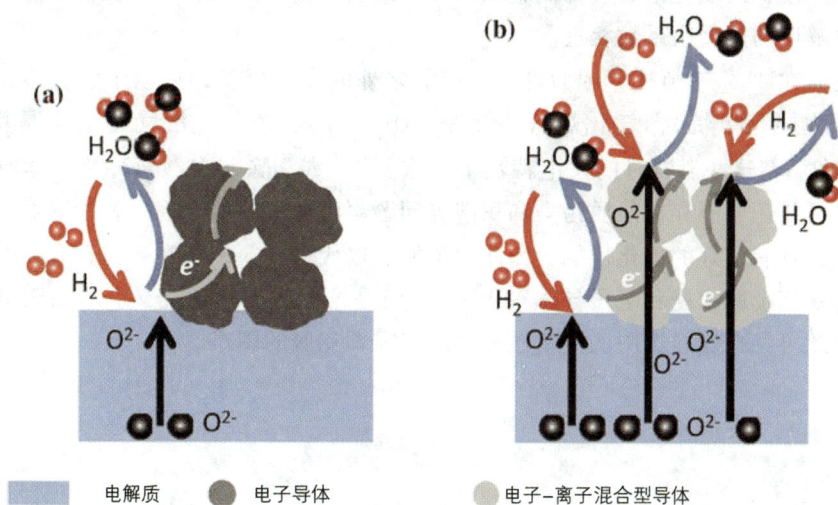

图 23-5　由不同材料组成的三相界面区域示意图：（a）电子导电体；　（b）电子-离子混合型导体（阳极）

和反应物气体形成的三相界面处。为了增加三相界面的数量，有时会将氧化锆电解质颗粒混入 La（Sr）MnO$_3$ 中。此外，为了通过改善气体传质来增加反应位点的数量，

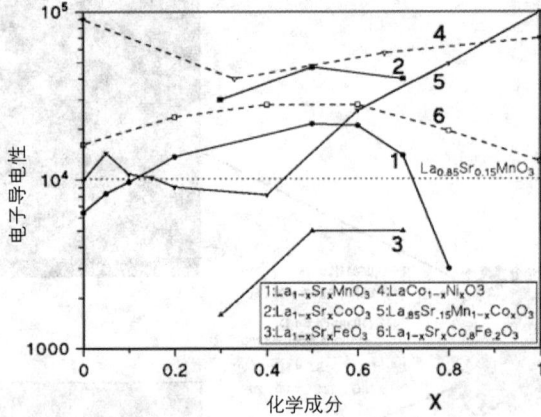

图 23-6　不同氧化物在 800℃下的电子电导率[12]
（经欧洲燃料电池论坛授权，版权 1994）

一般会使 La（Sr）MnO₃具有多孔的微观结构。其他阴极材料如 La（Sr）Fe（Co）O₃也是良好的离子-电子混合导体[13]，它们的反应位点更多，因此电催化活性高。

　　阳极：由部分电解质材料如氧化锆（YSZ）和氧化镍（NiO）组成的陶瓷复合材料被广泛用于阳极。在电池运行条件下，NiO 通常被还原为金属镍，因此阳极实际上是由金属镍和 YSZ 制成的金属陶瓷，通常称为镍金属陶瓷。其中，镍起到催化剂的作用，而氧化锆起到抑制金属颗粒烧结的作用。同时，它还保证了热膨胀系数与电解质的热膨胀系数相近。

　　正如在 23.1 节所述，因为可以使用氢之外的多种燃料，所以了解直接使用天然气（主要是甲烷）、气化煤（主要是 CO + H₂）、烃气、沼气（主要是甲烷 + CO₂）和酒精这些燃料时的发电特性十分重要[2,3,14,15]。除非在纯氢环境中运行，否则阳极材料还可能存在杂质污染和积碳等问题。已知积碳的原因主要是镍对烃类燃料的分解具有良好的催化性能，因此为了能够取代镍，人们正在研究具有较低催化活性的铜基金属陶瓷和电子导体氧化物[14]。但是较低的催化活性又会增加阳极过电位，由此可见在燃料选用的灵活性方面还有需要克服的困难。

23.4　化学退化

　　长期耐用性是 SOFC 商业化的一个重要要求。考虑到化学退化现象发生在较长时间的操作过程中，如相邻组分的相互扩散和相关的界面化学反应，图 23-7 总结了电池在用了 10 000 小时后的长期耐久测验中所出现的典型化学退化现象[16,17]。

　　图 23-7（a）展示了快速扩散的 Ca 离子等物质通过多孔的 LSM（lanthanum

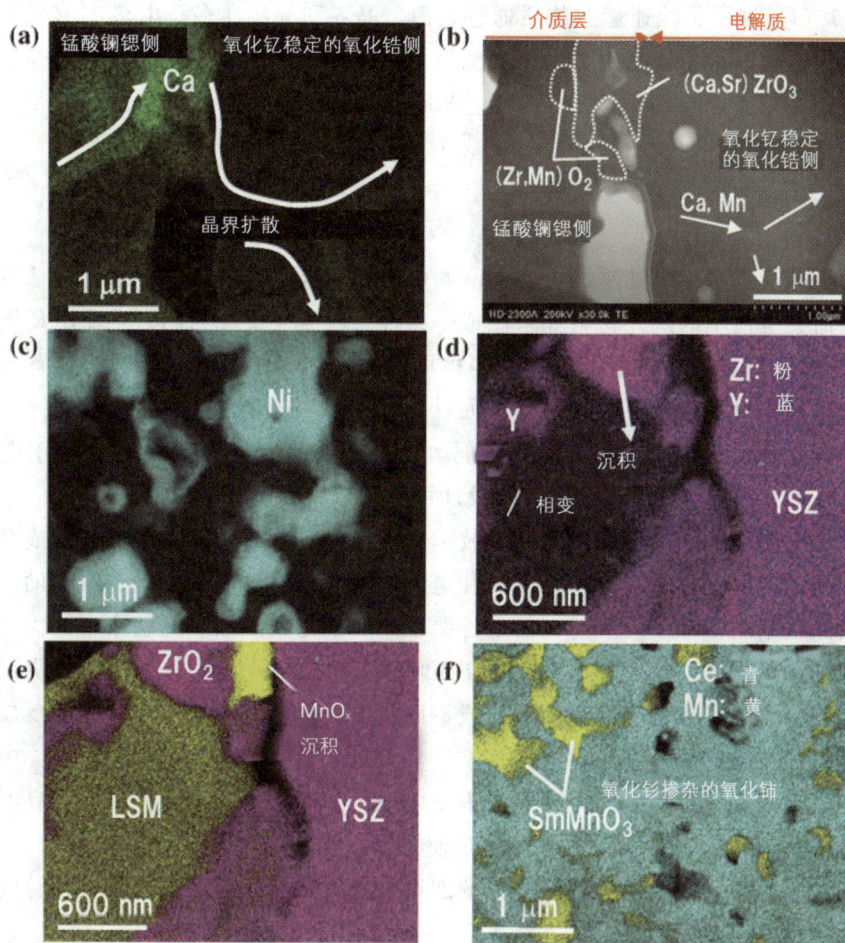

图 23-7　SOFC 中几种可能的化学退化：

（a）相互扩散；（b）固态反应；（c）烧结；（d）相变；（e）沉积；（f）致密化[17]

（经美国电化学学会授权，版权 2013）

strontium manganate，锰酸镧锶）阴极层扩散到致密的 YSZ（Y_2O_3-stabilized ZrO_3，钇稳定氧化锆）电解质的晶界处，这一相互扩散现象将改变电解质的晶界电阻率；图 23-7（b）展示了固态反应的图貌，其中（Ca，Sr）ZrO_3 的绝缘相在 LSM 阴极和 YSZ 电解质的界面处形成；图 23-7（c）为晶粒增大引起的阳极镍的烧结；图 23-7（d）为立方氧化锆相向四方氧化锆相转变，接着再向单斜氧化锆相转变的相变过程，这种相变是由 Y 掺杂剂从 YSZ 晶粒到晶界的溶解和再沉淀引起的，这导致了掺杂剂浓度的下降，当冷却到室温时将引发巨大的体积变化；图 23-7（e）展示了烧结过程中锰离子从阴极扩散到氧化锆电解质中并以第二种相态 MnO_x 析出；

图 23-7（f）展示了快速扩散物质通过表面、晶界和气相在多孔电极中形成凝聚相的致密化过程。为了提高耐久性，必须避免每一种可能的退化现象，而且在实际应用中，还必须考虑与 SOFC 所用燃料中杂质有关的外部因素引起的退化。

23.5 电池和电堆

为了减少垂直于电池平面方向的欧姆电阻，阳极、电解质和阴极都应该尽可能薄。然而，电池中的陶瓷材料如果做成薄组件，就需要支撑材料。与 PEFC 不同的是，SOFC 支撑体的材料和形状存在多种可能的选项，并且 SOFC 电池也有各种类型可供选择。对于具有不同类型支撑元件的 SOFC，阳极支撑、电解质支撑、阴极支撑、多孔金属氧化物衬底支撑和金属（连接体）支撑都是可能的。至于电池结构，有平面（平板）、管状或扁管状设计可供选择，如图 23-8 所示[2,3]。

电池的制造基于常见的陶瓷制造技术。支撑材料的成型通常通过铸造成型、挤压成型或注射成型来完成；薄膜电极和电解质通常是通过流延成型，或借助丝网印刷、浸涂技术制备成型。所得到的组件要在高温下完成烧结。一般来说，为了获得致密的结构，需要使热处理温度超过 1 300℃。当然也可以进行电池整体烧结，但由于过程中可能存在热胀冷缩的差异或不同组成材料之间不合预期的固相反应，因此热处理往往需要分几个步骤进行。

在电池的制造过程中，尤其是平板型电池，如何密封陶瓷元件以获得良好气密性是一个关键问题。常用的密封方法是使用转变温度接近 SOFC 工作温度的玻璃，使玻璃在高温下软化，用来密封电池的四周。但是因此导致的二氧化硅迁移问题将使电池的性能下降。

SOFC 电池单体的工作电压通常在 $0.7 \text{ V} \sim 0.9 \text{ V}$ 之间，功率密度在 $0.2 \text{ W}/cm^2 \sim 1 \text{W}/cm^2$ 之间。为了得到实用的电压和功率密度，需要将许多电池单体堆叠在一起形成电堆。在 SOFC 电堆中，每个电池单体都通过连接体连接。除了实现电池阳极与相邻电池阴极之间的导电外，连接体还可以防止供应阳极和阴极的气体发生混合。因此，这种连接体除了需要在高温的还原/氧化环境下保持稳定外，还需要有良好的电子电导率和致密的结构。$LaCrO_3$ 基导电陶瓷或热稳定的金属合金（如镍基高温合金和铁基不锈钢）常用作连接体。当然，根据不同的操作条件，在长时间的操作过程中这些材料也可能出现问题，如出现氧化现象或连接体与电极之间发生 Cr 迁移现象[18]。

如图 23-9 所示，不同的电池单体类型对应不同的电堆结构。不同电堆结构的特征如下所示[1]。

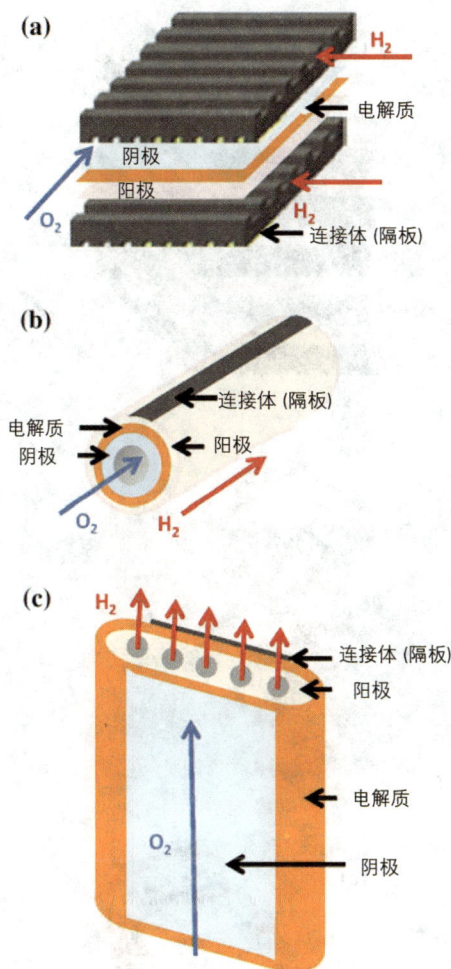

图 23-8　常见电池结构示意：（a）平板型；（b）管状；（c）扁管状

平板型：电池单体沿着电流流动的方向连接，使电流传递路径的长度最小化，从而实现高功率密度。此外还可以应用如丝网印刷、流延成型之类的简单、低成本的制造方法。然而，对于此类电堆，一方面，存在密封较困难的问题，在电池四周需要大量的密封材料。另一方面，电池和电堆材料之间的热膨胀系数差异也会导致机械性能下降的问题。

管状：该类结构最初的设计是使用多孔陶瓷管状衬底。沿着管方向依次沉积圆柱形阳极，接着是电解质、阴极，以及使用掩膜流程制造的连接体。而在近年的设计中，该工艺的顺序有时会反过来。此设计有一个优点，即只需在管的两端进行少量的气体密封。此外由于连接体被合并到电池单体中，使得电池单体相对更容易被

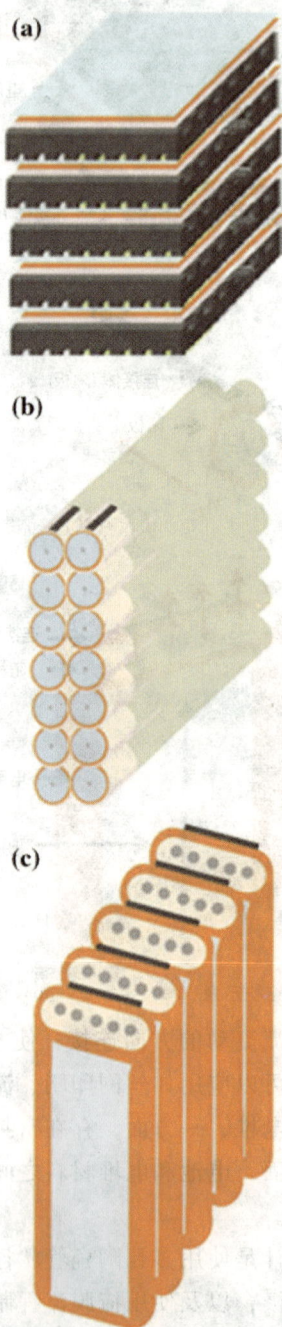

图 23-9 常见电堆结构示意：(a) 平板型；(b) 管状；(c) 扁管状

绑定在一起并形成一个大型电堆。然而，电解质和电极的沉积过程复杂且成本高，这对于该种类型电池的发展十分不利，且由于电子从一个电池单体的阳极到下一个电池单体的阴极的路径很长，意味着这种设计有功率密度相对较低的缺陷。

扁平管状：与平板型相似，这种结构具有较高的功率密度。同时，其还存在仅需对较小的面积进行密封的优点，因为只有管的两端需要密封。然而，由于在还原环境下连接体的体积会发生膨胀，导致这种设计可能不适合大型 SOFC 电堆。

参考文献

1. Larminie J, Dicks A（2003）Fuel cell systems explained, 2nd edn. John Wiley & Sons, Chichester

2. Minh NQ, Takahashi T（1995）Science and technology of ceramic fuel cells. Elsevier, Amsterdam

3. Singhal SC, Kendal K（2003）High temperature fuel cells：fundamentals. Design and Applications, Elsevier, Oxford

4. Maier J（2004）Physical chemistry of ionic materials：ions and electrons in solids. John Wiley & Sons, Chichester

5. Ishihara T, Matsuda H, Takita Y（1994）Doped LaGaO$_3$ perovskite type oxide as a new oxide ionic conductor. J Am Chem Soc 116：3801-3803

6. Tuller HL, Nowick AS（1975）Doped ceria as a solid oxide electrolyte. J Electrochem Soc 122：255-259

7. Kilner J, Steele BCH（1981）Nonstoichiometric oxides. Academic Press, New York

8. Takahashi T, Iwahara H（1971）Ionic conduction in perovskite-type oxide solid solution and its application to the solid electrolyte fuel cell. Energy Convers 11：105-111

9. Kreuer KD, Paddison SJ, Spohr E, Schuster M（2004）Transport in proton conductors for fuel-cell applications：simulations, elementary reactions, and phenomenology. Chem Rev 104：4637-4678

10. Meyers RA（2012）Encyclopedia of sustainability science and technology, vol 6. Springer, Heidelberg

11. Haga K（2010）Chemical degradation of Ni-based anode materials in solid oxide fuel cells. Dissertation, Kyushu University, Fukuoka Japan

12. Sasaki K, Wurth JP, Gödickemeier M, Mitterdorfer A, Gauckler LJ（1994）Processing microstructure-property relations of solid oxide fuel cell cathodes. In：First European solid oxide fuel cell forum proceedings, vol 1, pp 475-492

13. Teraoka Y, Zhang HM, Okamoto K, Yamazoe N（1988）Mixed ionic-electronic

conductivity of $La_{1-x}SrxCo_{1-y}Fe_yO_{3-\delta}$ perovskite-type oxides. Mater Res Bull 23:51-58

14. Lu C, An S, Worrell WL, Vohs JM, Gorte RJ（2004）Development of intermediate-temperature solid oxide fuel cells for direct utilization of hydrocarbon fuels. Solid State Ion 175: 47-50

15. Atkinson A, Barnett S, Gorte RJ, Irvine JTS, McEvoy AJ, Mogensen M, Singhal SC, Vohs J（2004）Advanced anodes for high-temperature fuel cells. Nat Mater 3:17-27

16. Sasaki K, Haga K, Yoshizumi T, Minematsu D, Yuki E, Liu RR, Uryu C, Oshima T, Ogura T, Shiratori Y, Ito K, Koyama M, Yokomoto K（2011）Chemical durability of solid oxide fuel cells: influence of impurities on long-term performance. J Pow Sour 196:9130-9140

17. Sasaki K, Yoshizumi T, Haga K, Yoshitomi H, Hosoi T, Shiratori Y, Taniguchi S （2013）Chemical degradation of SOFCs: external impurity poisoning and internal diffusion-related phenomena. ECS Trans 57:315-323

18. Taniguchi S, Kadowaki M, Kawamura H, Yasuo T, Akiyama Y, Miyake Y, Saitoh T （1995）Degradation phenomena in the cathode of a solid oxide fuel cell with an alloy separator. J Pow Sour 55:73-79

第 24 章　碱性电解质燃料电池（AFCs）

Akari Hayashi，Tsuyohiko Fujigaya and Naotoshi Nakashima

摘要：本章介绍了碱性电解质燃料电池的工作原理，从材料科学的角度介绍了基本组件（电解质和电极），随后描述了电池和电堆的结构。

关键词：AFC · 阴离子交换膜 · OH^- 离子电导率 · CO 中毒 · 太空探索应用 · 氢利用

24.1　碱性电解质燃料电池的工作原理

从历史上看，AFC 的开发早于 PEFC。阳极–电解质–阴极的基本组成与 PEFC 类似，如图 24-1 所示。氢气和空气分别作为反应物提供给阳极和阴极。但是，与 PEFC 相比，AFC 中离子转移的方向是不同的。在 AFC 中，氢氧根离子通过电解质从阴极侧转移到阳极侧。阴极和阳极的反应方程式如下：

A. Hayashi（✉）
International Research Center for Hydrogen Energy, Kyushu University,
Fukuoka 819-0395, Japan
e-mail：hayashi. akari. 500@ m. kyushu-u. ac. jp

T. Fujigaya　N. Nakashima
Department of Applied Chemistry, Kyushu University,
Fukuoka 819-0395, Japan
e-mail：fujigaya-tcm@ mail. cstm. kyushu-u. ac. jp

N. Nakashima
e-mail：nakashima-tcm@ mail. cstm. kyushu-u. ac. jp

© Springer Japan 2016
K. Sasaki et al.（eds.）, *Hydrogen Energy Engineering*,
Green Energy and Technology, DOI 10. 1007/978-4-431-56042-5_24

$$阴极：\frac{1}{2}O_2 + H_2O + 2e^- \rightarrow 2OH^-$$

$$阳极：H_2 + 2OH^- \rightarrow 2H_2O + + 2e$$

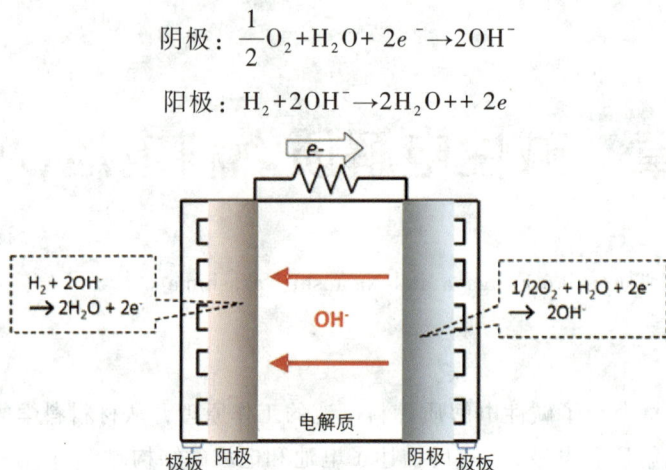

图 24-1 AFC 的基本结构

虽然 AFC 电解质中离子转移的方向与 PEFC 中的方向相反，但总反应是相同的，因此在室温附近，其开路电压的理论值同样为 1.23 V。但是，就传统的 AFC 而言，其电池单体和电堆的设计与 PEFC 和 SOFC 有很大不同。AFC 通常使用液体电解质，并且其结构更类似于标准的原电池。根据电池单体和电堆的设计，其工作温度可能高达 250℃[1,2]。在 AFC 中，氧化还原反应的过电压可以降低，主要是因为阴离子在电催化剂上的吸附程度降低[3]。这将有助于实现高电流密度，是 AFC 相对于 PEFC 的一个优点。

AFC 电池单体通常在 0.85 V 以上的电压下工作（高于 PEFC）。然而，燃料气体或周围空气中的 CO_2 会导致一个问题：CO_2 会与碱性电解质发生反应，在液体电解质溶液中产生碳酸根离子（CO_3^{2-}）。这将导致电解质溶液的离子传导率降低，并最终导致 AFC 的功率密度降低。

在燃料电池的悠久历史中，由于 PEFC 的巨大成功，AFC 受到的关注较少。但由于 PEFC 中非 Pt 催化剂的开发尚未成功地商业化，因此 AFC 也受到了越来越多的关注，特别是在阴离子交换膜领域。在以下各节中，将介绍 AFC 中使用的基本材料以及电池和电堆结构。

24.2 电解质

对于实用化的 AFC 来说，通常使用由 30%～50% 的氢氧化钾（KOH）溶液组成的液体电解质。在液体电解质 AFC 中，当反应气体被 CO_2 污染时会出现问题。

高浓度的 KOH 溶液会与 CO_2 反应，生成 K_2CO_3 沉淀，覆盖于电催化剂表层，并导致功率密度降低。为了解决该问题，可以循环电解质溶液。这种电解质的流动也同时在移出热量和生成水方面具有优势。然而，随着电解质层变厚，这将导致电阻增加，尤其是在高电流密度区域下。循环泵成为该系统的必要附件。此外，该系统不能倾斜，不适合便携式应用。

AFC 的最新设计基于固体电解质膜，它在紧凑性、便携性和密封性等方面均具有优势。与 PEFC 相似，具有阴离子（OH^-）电导率的聚合物电解质已被开发为阴离子交换膜（AEM）。使用 AEM 时，没有 K^+ 这样的阳离子，因此避免了由于碳酸盐沉淀导致的功率密度降低。与 PEM 相似，AEM 需要具有功能性，如将在阴极产生的 OH^- 传导到阳极的能力，以及确保两个电极之间良好的电子绝缘性。但是实际上，目前还没有开发出能够同时满足各方面要求的 AEM（$0.01\ S/cm^2$ 以上的阴离子电导率、高化学稳定性、高机械稳定性等）。因此，AEM 仍在开发中。

研究中的 AEM[4,5] 通常由聚合物主链或侧链上的阳离子官能团组成。如图 24-2 所示，阳离子官能团可以是诸如吡啶盐、铵、季鏻盐、硫鎓、胍基或咪唑盐这样的基团。在这些阳离子基团中，带有季铵基团的 AEM 最受关注。尽管在高温下的性能仍然存在问题，但其 OH^- 电导率通常可以达到 Nafion 中质子电导率的水平。至于对 CO_2 的耐受性，即使避免了碳酸盐的沉淀，CO_2 仍将被吸收到 AEM 中。在这种情况下，OH^- 离子被转化为 HCO_3^- 离子，导致离子电导率降低。据报道，在运行过程中，AEM 内部会补充 OH^-，这种机制被称为 "self-purging"（自清）。但是，即使已认识到 self-purging 的过程，其相关细节仍不完全清楚。因此，了解所涉及的机理将是进一步发展 AEM 的关键。

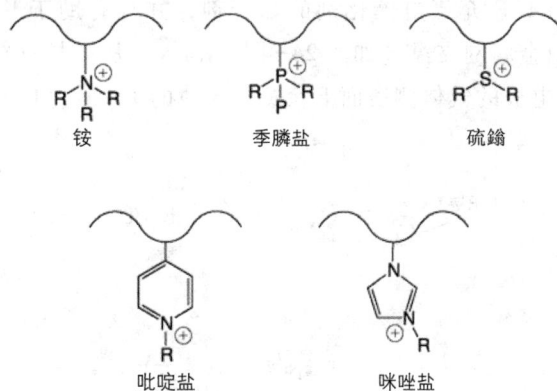

图 24-2　AEM 中阳离子交换官能团示例

尽管至今基于 AEM 的 AFC 还没有真正实现，但是 Tokuyama Corporation（德山

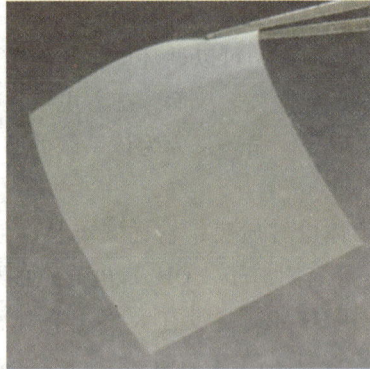

图 24-3 AEM 的照片（由德山公司开发）

公司，日本）[2]开发的 AEM（图 24-3）已在日本以外许多地方的实验室中用于开发 AFC。预计不久的将来便可以实现用德山公司的 AEM 来开发实用化的 AFC。

24.3 电极（电催化剂）

在使用液体电解质的经典 AFC 中，阳极和阴极直接与电解质溶液接触，因此电极具有转移反应气体和液体电解质的作用。在电极结构中需要两种不同类型的孔，即疏水孔和亲水孔。由于在阴极上会产生液态水，因此亲水孔和疏水孔的共存对于 PEFC 也是必要的。然而，对于液体电解质 AFC 而言，这些孔的控制成了一个重要的挑战。

聚四氟乙烯（PTFE）结合气体扩散电极（GDE）通常被用于 AFC 中。在结合 PTFE 的 GDE 中，PTFE 充当电催化剂的黏合剂，并且有助于形成疏水孔。PTFE 结合的 GDE 通常由金属网支撑（如图 24-4 所示）[1,7]，从而具有较高的导电性和机械强度。此外，在电极的气体侧表面上涂覆一层薄的 PTFE 可以起到控制孔隙率的作用。

图 24-4 由金属网支撑的 PTFE 结合 GDE 的示意图

与 PEFC 不同，AFC 中电催化剂在碱性条件下保存，并且由于电催化剂上阴离子的吸附程度降低，因此对减少阴极上氧化还原反应的过电位是有利的。另外，相对便宜的金属催化剂（例如，Ni 和 Ag）、氧化物和有机金属络合物在碱性介质中稳定，可用作阴极材料。

实际上，如果将 Pt 同时用于阳极和阴极催化剂，AFC 的性能会大大提高。

对于阳极，通常使用负载于碳载体上的 Pt 或 Pt-Pd 纳米颗粒，而作为非贵金属的多孔镍催化剂（雷尼镍）也常被使用。

对于阴极，因为氧化还原反应的过电位在碱性条件下可以降低，所以人们正在研究非铂催化剂材料。尽管 Pt 的活性最高，但掺杂锂的氧化镍在 150℃ 以上的温度下工作时也展示了足够高的活性[1]。银也受到了关注，研究人员做了很多工作以进一步提高其活性[8,9]。由于钴在碱性介质中稳定，因此 Pd-Co 合金也是可能的候选材料[10]。锰氧化物作为可能的催化剂也被广泛研究[11]。此外，铁（Ⅱ）和酞菁钴（Ⅱ）以及其他负载于碳载体上的 M-N$_4$-大环化合物也可以实现较高的氧化还原活性[12,13]。最近，研究人员还发现掺杂了氮的碳与负载于碳上的铂也具有相似的活性，并高于 Ag/C 的活性[14-16]。

基于 AEM 的 AFC 的进一步开发，基本上可以使用与在液体电解质 AFC 中相似的电催化剂。但是，其他的要求也应当满足，如高的电催化活性，高的电子、离子传导率，优良的燃料气体传质能力以及与 PEFC 相似的排除生成水的能力等。

24.4　电池和电堆

与 PEFC 或 SOFC 相比，经典的液体电解质 AFC 具有不同的电池结构，其结构甚至与标准的原电池更相似。液体电解质 AFC 有两种类型，流动电解质 AFC 和静态电解质 AFC[1]。

流动电解质 AFC 的基本结构如图 24-5 所示。在该电池单体中，KOH 溶液被泵送到 AFC 周围。氢燃料被供应到阳极并进行循环。AFC 运行过程中会在阳极产生水，水会蒸发并被循环的氢气带出，然后在冷却装置中冷凝。在此，循环电解质能够用作 AFC 的冷却剂。至于阴极，供应的反应物质则是空气。如 24.1 节所述，可通过流动 KOH 的方式减少电解质的 CO_2 中毒。

静态电解质 AFC 的基本结构如图 24-6 所示，用吸收了 KOH 的基体作为电解质。考虑到孔隙率、机械强度和耐腐蚀性等因素，通常选用石棉作为基体。静态电解质 AFC 的基本结构与流动电解质 AFC 相同，但阴极必须使用纯氧。因为不能像流动电解质 AFC 那样时刻更新电解质，所以 CO_2 中毒成为一个严重的问题。因此，CO_2 必须从反应气体中除去。

AFC 电池单体通常在约 0.85 V 的电压下工作，一般会堆叠数十个电池单体。

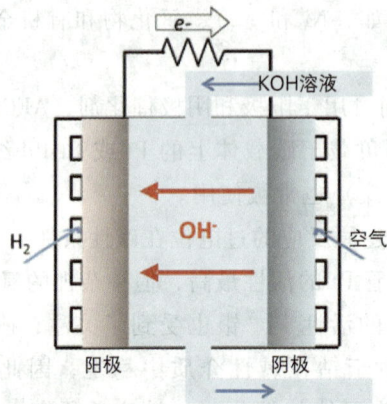

图 24-5　流动电解质 AFC 的示意图

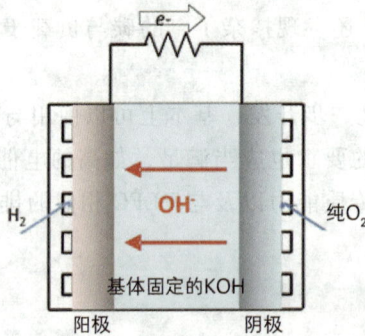

图 24-6　基体中含静态电解质的 AFC 示意图

当组成液体电解质 AFC 的电堆时，两个电极之间直接的面到面电子接触具有挑战性，因为如 24.2 节所述，电极通常会被 PTFE 绝缘层覆盖。因此，难以使用诸如在 PEFC 中使用的双极板。由于电极由金属网格支撑，因此通常进行如图 24-7 所示的边到边连接[17]。在这种情况下，能在使用双极板的电堆结构中看到的电池单体阴极侧与相邻电池单体阳极侧之间的连接并不必要。在经典的 AFC 电堆中，一个电池的阴极面对相邻电池的阴极。空气在这两个阴极之间流动，从而形成由单极板连接的 AFC 电堆。

新的基于 AEM 的 AFC 具有不同的结构。虽然基于 AEM 的 AFC 目前仍在开发中，但可以确定，如 22.5 节所述，电池单体和电堆的结构将与 PEFC 的结构相似。

24.5　AFC 的实用材料和应用

在早期为太空探索应用开发的 AFC 中使用了液体电解质。美国国家航空航天

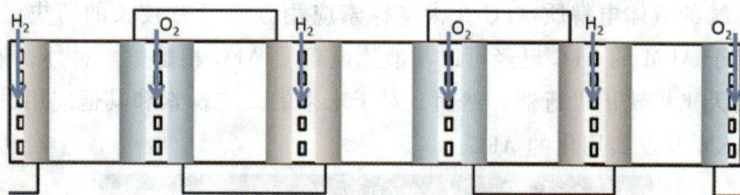

图 24-7　在 AFC 电堆中电池单体的边到边连接

局（NASA）从 19 世纪 60 年代开始使用含 85% KOH 电解质溶液的流动电解质 AFC，这是阿波罗飞行任务的一部分（图 24-8）[1]。该 AFC 因曾经为第一个将人类带到月球的飞船提供了电力和水而变得众所周知。就电极材料而言，该 AFC 在阳极和阴极分别使用的是镍和掺杂锂的氧化镍。

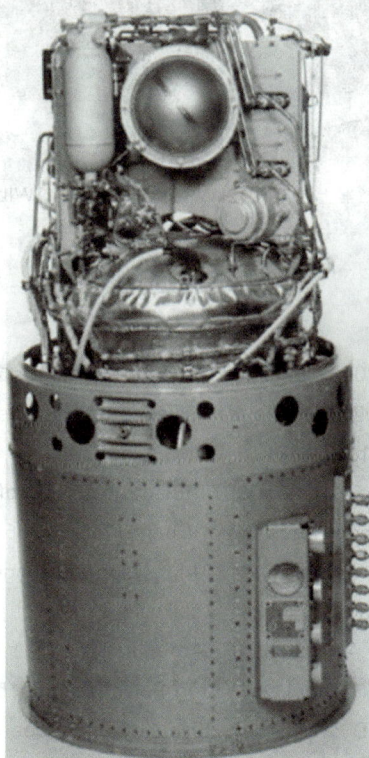

图 24-8　阿波罗飞船上的 1.5kW 燃料电池[1]（经 WILEY 授权，版权 2003）

阿波罗系统在 19 世纪 80 年代针对航天飞机轨道飞行器的需求进行了进一步的开发和改进（图 24-9）[1]。此时，改为使用静态电解质 AFC。将 Ag 网支撑 PTFE 结合 Pt／Pd 作阳极，将 Au 网支撑 PTFE 结合 Au／Pt 作阴极，并用吸收了 32% KOH 溶液的石棉基体将阴、阳极隔开。

尽管传统的液体电解质 AFC 在太空探索应用方面已有较长的历史，但最近才开发出的基于 AEM 的 AFC 已经可以与液体电解质 AFC 相媲美。另外，PEFC 已用于最近的航天飞机轨道飞行器。然而，对于未来的太空探索和其他应用，依然非常需要基于 AEM 开发实用化的 AFC。

图 24-9　航天飞机轨道器上使用的 12kW 燃料电池[1]（经 WILEY 授权，版权 2003）

参考文献

1. Larminie J, Dicks A（2003）Fuel cell systems explained, 2nd edn. Wiley, Chicheter

2. Stolten D, Emonts B（2012）Fuel cell science and engineering: materials, processes, systems and technology, vol 1. Wiley-VCH, Weinheim

3. Spendelow JS, Wieckowski A（2007）Electrocatalysis of oxygen reduction and small alcohol oxidation in alkaline media. Phys Chem Chem Phys 9:2654-2675

4. Merle G, Wessling M, Nijmeijer K（2011）Anion exchange membranes for alkaline fuel cells: a review. J Membrane Sci 377:1-35

5. Couture G, Alaaeddine A, Boschet F, Ameduri B（2011）Polymeric materials as anion-exchange membranes for alkaline fuel cells. Prog Polym Sci 36:1521-1557

6. Adams LA, Poynton SD, Tamain C, Slade RCT, Varcoe JR（2008）A carbon dioxide tolerant aqueous-electrolyte-free anion-exchange membrane alkaline fuel cell. ChemSusChem 1:79-81

7. Ur-Rahman S, Al-Saleh MA, Al-Zakri AS, Gultekin S（1997）Preparation of Raney-Ni gas diffusion electrode by fifiltration method for alkaline fuel cells. J Appl Electrochem 27:215-220

8. Guo J, Hsu A, Chu D, Chen R（2010）Improving oxygen reduction reaction activities on

carbon–supported ag nanoparticles in alkaline solutions. J Phys Chem C 114：4324-4330

9. Cheng Y, Li W, Fan X, Liu J, Xu W, Yan C（2013）Modifified multi-walled carbon nanotube/Ag nanoparticle composite catalyst for the oxygen reduction reaction in alkaline solution. Electrochim Acta 111：635-641

10. Maheswari S, Karthikeyan S, Murugan P, Sridhar P, Pitchumani S（2012）Carbon-supported Pd-Co as cathode catalyst for APEMFCs and validation by DFT. Phys Chem Chem Phys 14：9683-9695

11. Cao YL, Yang HX, Ai XP, Xiao LF（2003）The mechanism of oxygen reduction on MnO2– catalyzed air cathode in alkaline solution. J Electroanal Chem 557：127-134

12. Morozan A, Campidelli S, Filoramo A, Jousselme B, Palacin S（2011）Catalytic activity of cobalt and iron phthalocyanines or porphyrins supported on different carbon nanotubes towards oxygen reduction reaction. Carbon 49：4839-4847

13. Kruusenberg I, Matisen L, Shah Q, Kannan AM, Tammeveski K（2012）Non-platinum cathode catalysts for alkaline membrane fuel cells. Int J Hydrogen Energy 37：4406-4412

14. Maldonado S, Stevenson KJ（2005）Inflfluence of nitrogen doping on oxygen reduction electrocatalysis at carbon nanofifiber electrodes. J Phys Chem B 109：4707-4716

15. Li H, Liu H, Jong Z, Qu W, Geng D, Sun X, Wang H（2011）Nitrogen-doped carbon nanotubes with high activity for oxygen reduction in alkaline media. Int J Hydrogen Energy 36：2258-2265

16. Wang DW, Su D（2014）Heterogeneous nanocarbon materials for oxygen reduction reaction. Energy Environ Sci 7：576-591

17. Vielstich W, Lamm A, Gasteiger HA（2003）Handbook of fuel cells-fundamentals, technology and applications, vol 4. Wiley, Chichester

第 25 章 氢气燃烧系统

Koji Takasaki and Hiroshi Tajima

摘要：本章概述了封闭式系统内燃机（C-ICE）的氢气利用。基本反应通过简单的 H_2-O_2 燃烧系统进行解释，并与其他常规燃料进行了比较。除了讨论氢在 C-ICE中的应用，本章随后还进行了氢燃烧系统的案例研究。

关键词：H_2-O_2 燃烧 · 内燃机（ICE） · 氢气混合物 · 火花点火（SI）· 压燃（CI）· 氢气利用

25.1 概述

氢燃烧本质上是一个在高温条件下连续的基元反应链，它生成了水并发生反应焓降。将氢气作为热源已成为一种广泛的氢能利用方法。稳态或准稳态燃烧的应用都有良好的实验记录，特别是在燃烧器和燃气轮机用氢混合气体的情况下[1]，因此这里不会对此进行特别的阐述。

本节主题聚焦在使用循环和非稳态氢燃烧系统的封闭系统内燃机（以下简称C-ICEs）的氢利用上。如前所述，氢气和其他次级生成的可燃气体可由各种含氢元素的载体供应，如甲醇（CH_3OH）[2]、乙醇（CH_3CH_2OH）[3]、氨（NH_3）[4]。由于它们

K. Takasaki (✉) · H. Tajima
Department of Energy and Environmental Engineering,
Faculty of Engineering Sciences, Kyushu University,
Fukuoka 816-8580, Japan
e-mail: takasaki@ence.kyushu-u.ac.jp

H. Tajima
e-mail: tasima@ence.kyushu-u.ac.jp

© Springer Japan 2016
K. Sasaki et al. (eds.), *Hydrogen Energy Engineering*,
Green Energy and Technology, DOI 10.1007/978-4-431-56042-5_25

的重整过程是吸热的，这就为 C-ICEs 的余热回收或化学能再生提供了机会，因此它们可以转化为更有价值的燃料。此外，最近已有研究人员将高浓度的混合燃料引入 C-ICEs 的特定气缸中，在那里产生的废气中含有 H_2，再将这部分 H_2 循环到其他气缸中，从而实现氮氧化物和颗粒物的低排放，这被称为"专用废气再循环（EGR）"[5]。

为简化起见，这里描述了基本的 H_2-O_2 燃烧系统，其中提到了氢-甲烷（所谓的 hythane）混合气的利用。尽管在前面的章节中已详细讨论了氢的热性质，但为了讨论氢燃料在封闭式内燃机燃烧系统中的特性，有必要介绍氢-氧燃烧中化学反应的基本原理。

当 H_2-O_2 燃烧过程自发进行并释放大量热量时，与燃料电池相同，最终都会生成水。总反应用 $2H_{2(g)}+O_{2(g)} \rightarrow 2H_2O_{(g)}$ 来描述，但形成的水始终处于气相。因此，通常根据燃料的低热值（LHV）来评估 C-ICEs 的热效率。然而，它的反应速率与 O_2 的摩尔浓度和 H_2 的摩尔浓度的平方成正比（即与化学计量系数次方成正比），因为 H_2-O_2 的燃烧过程实际上由 30 多个遵循反应速率定律的基元反应组成[6]。对于一个特定的总反应，一组基元反应通常称为反应图式，对一些在工业上具有较高重要性的总反应，人们也提出了许多的反应图式。

25.2　燃烧反应及分析方法

反应图式在反应物、产物和链载体之间提供了一系列封闭的基元反应，以再现其目标燃料的燃烧。等式 25.1 举例说明了从反应物 A 和 B 到产物 P 和 Q 的基元反应，其中 a、b、p 和 q 分别是所涉及分子的数量。

$$aA + bB \leftrightarrow pP + qQ \tag{25.1}$$

反应速率 r 如等式 25.2 所述，其中每个反应物（生成物）周围的方括号表示其摩尔浓度。k 代表速率系数，"f"和"r"分别代表正反应和逆反应。

$$r = \frac{1}{a}\frac{d[A]}{dt} = \frac{1}{b}\frac{d[B]}{dt} = \frac{1}{p}\frac{d[P]}{dt} = \frac{1}{q}\frac{d[Q]}{dt} = k_f[A]^a[B]^b - k_f[P]^p[Q]^q \tag{25.2}$$

将上述方程扩展到更通用的表达式，如等式 25.3 所示，在该表达式下，M 类化学物质 X 用指数"i"标识，N 类基元反应用指数"j"标识。第 j 个基元反应的化学计量系数在反应物侧和生成物侧分别表示为 F_{ij} 和 R_{ij}，基本上对应于基元反应的反应顺序。

$$r_j = k_{fj}\prod_{i=1}^{M}[X_i]^{F_{ij}} - k_{rj}\prod_{i=1}^{M}[X_i]^{R_{ij}} \quad (j = 1,\dots,\ N) \tag{25.3}$$

众所周知，基元反应的速率系数可以用修正的 Arrhenius 方程（等式 25.4）的形式表示，其中 T 和 R 分别表示温度和通用气体常数。A_{fj}、A_{rj}、E_{fj}、E_{rj}、b_{fj} 和 b_{rj} 分别代表正、反向反应指前因子、反应活化能和 Arrhenius 温度指数。

$$k_{fj} = A_{fj}T^{\beta_{fj}}\exp\left(\frac{-E_{fj}}{RT}\right), \quad k_{rj} = A_{rj}T^{\beta_{rj}}\exp\left(\frac{-E_{rj}}{RT}\right) \tag{25.4}$$

一个反应图式本质上是一个由基元方程以及等式 25.3 和等式 25.4 中带 "j" 的参数组成的列表。然后可根据等式 25.5 计算第 i 种物质的总摩尔生产率。

$$\dot{w}_i = \sum_{j=1}^{N} r_j(R_{ij} - F_{ij}) \quad (i = 1,\dots,\ M) \tag{25.5}$$

在计算流体动力学（CFD）代码中，最好使用如等式 25.6 所示的基于质量的具体表达式，而不是基于摩尔的表达式。

$$\frac{dY_i}{dt} = v\dot{w}_i W_i \quad (i = 1,\dots,\ M), \quad Y_i = \frac{m_i}{m}, \quad v = \frac{V}{m}, \quad m = \sum_{i=1}^{M} m_i \tag{25.6}$$

其中，t 是时间，Y_i 是第 i 种物质的质量分数，V 是系统的体积，$v = V/m$ 是比体积，W_i 是第 i 种物质的分子量，m 是混合物的总质量。对于 C-ICEs，V 可能随时间而变化，即 $V = V(t)$。

基于一个反应图式，可以得到与所有相关物质化学反应速率常数相关的常微分方程组。对于 C-ICEs 的燃烧系统，研究人员已经开发出了专门的矩阵计算软件包，以求解这些常微分方程，并在受控的时间步长[7,8]内获得所有相关物质的非冲突性变化。

对于一个绝热封闭系统，对应于 C-ICE 动力冲程中的气缸内气体，能够改变的是压力和温度，因此必须引入系统的能量平衡，以确定系统的最终状态。根据等式 25.7，在一定体积或计算单元内得出混合物的局部温度。

$$c_v\frac{dT}{dt} + P\frac{dv}{dt} + v\sum_{i=1}^{M} u_i\dot{w}_i W_i = 0, \quad c_v = \sum_{i=1}^{M} Y_i c_{vi} \tag{25.7}$$

其中，c_v 是恒定体积下混合物的平均热容，c_{vi} 是恒定体积下第 i 种物质的热容，P 是气缸内压力。

这种使用 ODE 求解器的计算方法已经成为当今燃烧分析的标准方案，特别适用于以氢、甲烷和天然气（NG）为代表的反应机理更简单、更小分子的燃料。

25.3　氢燃烧反应的低温阶段

图 25-1 展示了以基元反应为基础的 H_2-O_2 燃烧低温阶段的反应链路径[9]。反应

的所谓链引发或氢提取从等式 25.8 中描述的反应开始。考虑到 C-ICE 的应用，该反应需要 1 000 K 以上的环境温度，才能使 H_2-空气混合物获得实质性的反应速度。

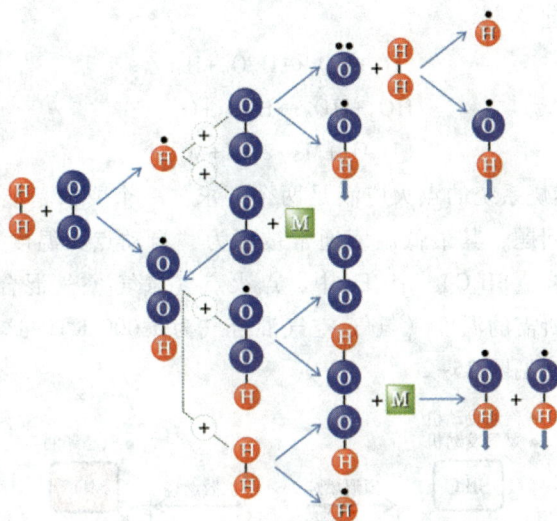

图 25-1 H_2-O_2 燃烧低温阶段的反应链路径

尽管 H_2-O_2 系统是最简单的燃烧过程之一，但它实际上包含了超过 30 个三元水平的基元反应，涉及 8 种化学物质，包括自由基或链载体[6]。

$$H_2+O_2 \leftrightarrow HO_2+H \tag{25.8}$$

由此产生的自由基 H、HO_2 与 O_2、H_2 发生支链反应，并如等式 25.9 和等式 25.10 所述衍生出 OH。由于等式 25.11 是倍增的，如果点火成功结束，则在该过程中产生的二个 H 和上述链坏可以在没有等式 25.8 的帮助下实现循环。

$$H+O_2 \leftrightarrow OH+O \tag{25.9}$$

$$O+H_2 \leftrightarrow OH+H \tag{25.10}$$

$$OH+H_2 \leftrightarrow H+H_2O \tag{25.11}$$

$$H+O_2+M \leftrightarrow HO_2+M \tag{25.12}$$

当自由基 H 和 OH 充分积累后，它们开始通过重组反应（等式 25.13 和等式 25.14）使自身失活并生成 H_2O。这些反应是开启燃烧过程的最后阶段，将释放有效热量以形成热火焰。

$$H+OH+M \leftrightarrow H_2O+M \tag{25.13}$$

$$OH+OH \leftrightarrow H_2O+O \tag{25.14}$$

一般来说，必须从外部提供点火源，以将混合物温度局部升高到足以确保引发这些链式反应和支链反应过程可发生的水平。此外，在所谓的自动点火的情况下，等式 25.15 和等式 25.16 中从 HO_2 到 H_2O_2 的再化合，以及等式 25.17 中从 H_2O_2 到 2 个 OH 的支链反应，二者之间都变得至关重要。在自动点火的情况下，它们在较低的温度下维持反应回路。

$$H_2+HO_2 \leftrightarrow H_2O_2+H \tag{25.15}$$
$$HO_2+HO_2 \leftrightarrow H_2O_2+O_2 \tag{25.16}$$
$$H_2O_2+M \leftrightarrow 2OH+M \tag{25.17}$$

总之，H_2-O_2 燃烧系统的点火应满足两个要求。一个要求是能解决氢提取反应活化能的局部温度问题，其最低温度通常被称为"自动点火温度"或"点火点"。在火花点火预混燃烧（SIPC）C-ICEs 中，点火点（氢气-空气混合气为 850 K）远低于导致实际自燃所需的温度（氢气-空气混合气为 1 000 K），这对防火具有重要意义，各种燃烧类型见图 25-2。

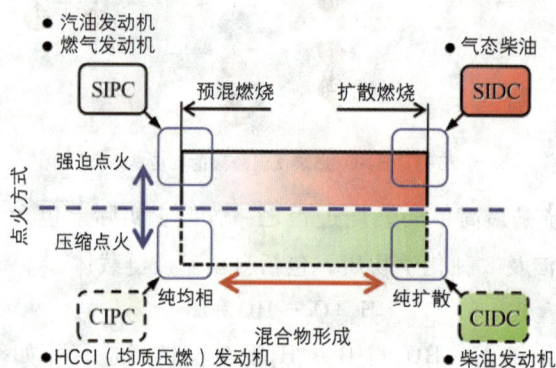

图 25-2　C-ICE 的四种燃烧类型示例

另一个要求是保证 H_2 和 O_2 之间的碰撞概率，以维持它们之间的实质性反应速率。这种概率通常是根据混合物的燃料浓度来估算的。最小/最大燃料浓度被称为"贫/富燃烧极限"或"可燃范围"。

25.4　氢燃料 C-ICE 的燃烧方式

众所周知，在使用曲柄-连杆机构的 C-ICE 的热力循环中，压缩冲程和做功冲程为封闭系统，而进气和排气这两个气体交换冲程是半开放系统。点火和燃烧发生在缸内气体从压缩到膨胀的转换期间。

该循环在压缩结束时的缸内环境下以及在气体交换过程中有可能发生非自愿的强制点火。在使用 H_2-空气预混气时，要求 C-ICE 的压缩温度非常低，以避免发生低温反应，而缸内压缩压力通常高达 10 MPa ~ 15 MPa。在气体交换过程中，为了使气体交换更加彻底，排气过程和进气过程之间通常需要一个重叠时间（重叠角）。这意味着在进气冲程开始时，进气道中的新入气体可能会与燃烧室中的热残余气体接触。

图 25-2 显示了 C-ICE 的四种典型燃烧类型。根据燃料-空气混合物的形成方式和着火方式，可对燃烧类型进行分类。在 C-ICE 中的燃烧也不例外，它发生在上述可燃范围内的混合物中，并且总是以湍流燃烧模式进行。

重要的一点是，混合气的形成方式很大程度上决定了燃烧特性，包括火焰的形状和亮度。如果均质混合物在点火发生前填满了整个燃烧室，则燃烧被归类为预混燃烧，缩写为 PC；当被加压的燃料在点火前直接喷入密闭燃烧室，则燃烧将在扩散燃烧模式下进行，如图中所示的 DC。在扩散燃烧模式下，燃料的液体喷射器或气体喷射器应能够使空气混入射流，并形成可燃的预混物。

至于 C-ICE 的点火方式，一般分为强制点火（即传统意义上的火花点火，SI）和自动点火（即压燃式点火，CI）。因此，典型的燃烧类型可根据混合气形成方式和点火方式分为四组。

被归类为 SIPC 型的 C-ICE 通常被称为"汽油发动机"或"奥托（Otto）循环发动机"，而 CIDC 型的 C-ICE 通常被称为"柴油发动机"，其在靠近上止点（near-top-dead-center）处喷射燃料并采用压燃式点火。尽管实际例子比这两个要少得多，但还有一种被归类为 SIDC 型的 C-ICE 被称为"汽油-柴油发动机"，其高压燃料气体射流由强制点火源（例如先导柴油喷雾）点燃。CIPC 类型的 C-ICE 即常说的均质压燃发动机（HCCI[10]），由于具有低排放特性，被部分用于 CIDC 类型发动机。正如图 25-2 所示，应注意这两种燃烧模式之间没有明显的区分，特别是在具有多次喷射的 CIDC 类型发动机中，实际上存在一种中间燃烧方式。

在内燃机中，无论燃烧类型如何，气缸中未燃尽的预混气都不仅受到活塞运动的压缩，还受到热燃气膨胀的压缩。因此，在 SIPC 情况下总是存在非预期的局部 CIPC 发生的可能性。这种在 SIPC 模式下发生的 CIPC 被称为"爆震"，"爆震"现象严格限制了 SIPC 发动机的功率密度和最大尺寸。

同样，在 SIPC 情况下，其预混气必须始终在前面提到过的可燃范围内，而不考虑发动机的需求功率。在较低的负荷条件下，这将迫使根据燃油喷射量来限制进气流量。这导致发动机效率的下降，称为"泵气损失"。

25.5 C-ICE 的氢应用概念

氢或氢混合气体可以应用于上一节中提到的所有四种燃烧类型，并且这四种类型中的每一种都有实际的例子。但是，SIPC 和 SIDC 仍将是氢相关气体燃料的主要应用目标，这归因于它们具有更高的自燃点。原则上，SIPC 型适用于较小的高速发动机，而 SIDC 型适用于较大的低速发动机。下一节将介绍一些实际例子。

表 25-1 总结了 SIPC 型 C-ICE 中氢燃料与常规燃料相比的评价结果[11-14]。部分评价项目列出了相关的物理性质。现解释说明如下：

表 25-1 　　　　　　　　　　　SIPC 型 C-ICE 中氢与其他常规燃料的对比评估

燃烧类型	SIPC		
项目	燃料		
	汽油	天然气	氢气
(1)抗爆震	参考(弱的)	优秀	较好
燃点(K)	750~820	900~920	800~850
(2)泵气损失 & 稀燃稳定性	参考(弱的)	中等	优秀
易燃性	0.71~2.5	0.48~1.43	0.10~6.67
(3)防回火ᵃ[-]	参考(中等)	参考(中等)	很差
最小点火能量 mJ	0.24	0.29	0.015
(4)其他异常燃烧	带高压 T/C 的 LSPTᵉ	带高压 T/C 的 LSPT	点火前快速燃烧
最大燃速 cm/s	40~46	37~38	270~290
(5)防氮氧化物排放	参考	参考	差
最大绝热温度	2 140	2 240	2 400
温度[K]	(φ = 1.0 hexane)	(φ = 1.05)	(φ = 1.07)
(6)抗温室气体排放 淬熄距离[mm]	参考	良好(甲烷滑移)	优秀
	2.00	2.03	0.64
(7)抗 PM 排放	参考(GPFᶠ?)	优秀	优秀
(8)比功率ᵇ	参考	差	很差
相对评价[-]	1	0.90	0.86
蒸气密度ᶜ[kg/m³]	5.1	0.717	0.0899
低热值 LHVᵈ[MJ/kg]	43.5	50.0	122
理想空燃比	14.7	17.2	34.3
1L 气缸内燃油量[cm³]	17	95	295

(续表)

燃烧类型	SIPC		
项目	燃料		
	汽油	天然气	氢气
(9)点火源	小口径火花塞	相对大口径火花塞	电火花打火
(10)壁面的热负荷	参考	中等	严重
(11)喷油器耐用性	参考(好的)	有待考察	有待考察
(12)润滑油变质	燃料稀释	温和的	氢化

[a] 当量比

[b] 参见正文中的第"7"项

[c] 大气条件下

[d] 低热值

[e] 低速预点火

[f] 汽油微粒捕集器

1. 较高的燃点是氢与传统汽油燃料相比的主要优点。氢可以应用于更高效、更高压缩比的发动机或更大尺寸的发动机,而无须担心发生爆震。然而,氢气的燃点比甲烷低约 100k,这正好也是甲烷低温燃烧阶段的起点,因此应注意,与天然气发动机配套使用的氢-甲烷燃料可能会限制其无爆震运行区间。从图 25-1 中很容易理解,来自 H_2-O_2 反应系统的分支 OH 也可以加速甲烷燃烧的起始过程。

2. 更广的可燃范围显然是氢的最大优势之一,尤其是在稀燃极限侧。这使得氢燃料 SIPC 发动机能够在不节流进气的情况下运行,并且几乎没有泵气损失,这大大提高了发动机在较低负荷条件下的效率。

3. 由于可燃范围更广,氢气的可燃性非常高,这显然也同时是最大的缺点之一。如前一节第二段所述,具有低压喷射口的 SIPC 发动机通常在上止点(TDC)时刻前后出现进气道中燃气与燃烧室中高温废气直接接触的现象。热残余气体、炭渣、局部热点等在燃烧室内成为回火的火源,甚至还要包括火花塞的微弱火花,这是由高压点火线圈之间的串扰引起的。好在诸如可变气门相位和所谓的"直接点火线圈"等技术极大地改善了氢燃料 SIPC 发动机的回火问题。

4~5. 氢的最高燃烧速度和更高的燃烧温度在理论上可能是实现理想的奥托循环的优势。然而,这些优势和要求在发动机实际运行中存在相互制衡的关系。由于机械强度、NO_x 排放的限制,必须避免过大的燃烧压力和压力升高速度。实际上,要实现氢的峰值燃烧,需要相当大的点火延迟角和低于理想空燃比的混合气设置,而在较高的负荷条件下,氢燃烧的理论效率几乎消失。尽管这些情况并不严重,但低速预点火(LSPI)在如今的汽油发动机和天然气发动机中经常被报道,特别是在充气压力大的情况下。

6. 毫无疑问,氢燃烧产生的温室气体(GHG)排放量几乎为零,至少在车辆终端使用方面是这样的。此外,氢的最短淬熄距离也有利于提高燃烧效率,因为未充分燃烧的燃料排放主要来源于燃烧室壁和缝隙中的火焰淬熄区。考虑到没有有效的氧化催化剂可用于 NG 发动机,因为在典型的排气温度(约 650K 或更低)下,甲烷处于非活泼状态,所以氢-甲烷燃料被反复证明是控制天然气发动机火焰淬熄和令人担忧的未燃烧甲烷排放问题的一种补救方法,而甲烷导致全球变暖的潜能值(GWP)高达 25。

7. 氢气燃烧完全无颗粒物(PM)排放,但少量 PM 可能来源于氢气-空气混合气强制点火的先导喷雾。然而,现在的汽油直喷(GDI)发动机有时也会被指责排放较小粒径的颗粒物,这些颗粒物将被汽油微粒捕集器(GPF)过滤掉。

8. 在 SIPC 型 C-ICE 中,比功率显然是氢燃料最大的缺点之一,在这种情况下,为了节省燃油喷射的压缩功耗,氢燃料气体在略高于充气压力的压力下进入进气道。在此,比功率只是简单地计算在相同气缸容积内,具有理想空燃比的混合气中所包含燃料的相对热值。如表 25-1 所示,氢燃料发动机只能提供相应汽油发动机 86% 的功率,甚至比天然气发动机的输出功率还低 4%。很明显,这一缺陷是因为氢燃料有着三种燃料中最轻的蒸气密度和最大的理想空燃比,尽管其 LHV 最高。考虑到氢往往需要比其他燃料更少的混合气,因此氢燃料发动机与汽油发动机相比需要更大的尺寸来输出相同的功率,并且可能会具有更大的重量和摩擦损失。

9~12. 汽油发动机的火花点火系统可以用于氢燃料发动机,尽管它需要一些改进。氢-空气混合气比其他混合气具有更高的击穿电压,这很容易从高压氢气常用作发电厂交流发电机的绝缘体和冷却剂这一事实推测出来。通常通过将火花塞的间隙减半来解决此问题(例如,从 0.9mm 减到 0.4mm),但这将导致点火能量的冷却损失更大,同时电极间更容易被气缸内的污泥填满。幸运的是,氢的无碳特性以及它的易点燃性使这些问题最小化。相比之下,天然气发动机需要更强大的点火源,如预燃烧室中的火焰筒,以促进甲烷-空气混合气的燃烧,尤其是在大尺寸发动机中。

一般情况下,氢燃料发动机由于淬熄距离短、热导率高,因此燃烧室壁面的热负荷比汽油发动机或天然气发动机大。

至于低压气体进气道喷射,似乎没有关于喷射器耐久性的致命问题,尽管在大型 NG 发动机中采用喷射器的所谓"进气阀",但阻止氢气通过其阀座表面泄漏仍有困难。经过长期的汽车行驶试验,氢燃料发动机的润滑油质量被发现严重下降。这是可以理解的,因为氢在大气条件下会破坏油组分的碳-碳键(C-C),使润滑油变硬。造成这种劣化的主要原因应归咎于氢-空气混合气从燃烧室到曲轴箱的大量窜气。

表 25-2 总结了 SIDC 型 C-ICE 中使用的氢燃料和甲烷与 CIDC 发动机中使用的柴油的对比评估结果[15,16]。进一步补充说明如下：

表 25-2　SIDC 型 C-ICE 中使用的氢和甲烷与 CIDC 发动机中使用的柴油的对比评估

燃烧类型	CIDC	SIDC	
项目	燃料		
	柴油（C16H30）	天然气	氢气
(1)抗爆性	燃点[K]620~670		
(2)抗泵气损失 & 稀燃稳定性	直喷式扩散燃烧基本不存在爆震、泵气损失和稀燃不稳定等问题		
(3) 抗回火			
(4) 其他异常燃烧			点火前 w/h 预先喷射提前喷射正时
(5)抗氮氧化物排放	比 SIPC 差	和 SIPC 差不多	非常差
	EGR,SCR[c]等	（点火方法）	H_2-O_2-Ar 系统
(6)抗温室气体排放	比 SIPC 好	比 SIPC 好	优秀
(7)抗 PM 排放	需要 DPF[d]	好	优秀
(8) BMEP 评估比功率[a]	优于 SIPC（P max[e]控制）	←	←
功率重量比	比 SIPC 差	←	←
比热比[-]	-	1.30	1.41
定容比热[kJ/(kg·K)] 体积[kJ/(kg·K)]		1.71	10.1
LHV 低热值	43.0	50.0	122
分子量	222.4	16.043	2.016
典型的喷射压力	180~220	30	30~40
压缩功[%][b]	忽略不计	1.5~	5.0~
(9)点火源	不必要（电热塞）	引导喷雾	改进的火花塞，激光点火
(10)壁面的热负荷	活塞环凹槽的要求更严格	中等	←
(11)喷射器耐久性	参考（好）	不好（正在确定）	
(12)润滑油变质	PM,污泥	较温和	←

a) 制动平均有效压力

b) 见正文中第"8"项

c) 选择性催化还原

d) 柴油微粒捕集器

e) 最大燃烧压力

1~4. 缸内扩散燃烧（DC）的一个显著优点是它具有随喷雾（或喷射物）燃烧而形成的混合气量自我调节特性，避免了局部 CIPC（爆震）和不得不进行的进气流量节流，使预混合气保持在易燃范围内，避免了 SIPC 发动机稀燃极限附近的不稳定运行。由于在进气门关闭后进行燃料直喷，因此 DC 式氢燃料发动机不存在回火问题，即使在提前喷射情况下也能以最佳的方式降低氢密度，进而避免提前点火问题。

5. 众所周知，较高的发动机 NO_x 排放是直喷式发动机的一大缺点。在这种情况下，不管喷射的燃料量和进气量如何，喷流或喷射气体的周围形成的燃料-空气混合气总是在可燃范围内的。更糟的是，直喷式发动机的总当量比（或计量比）应小于 1，以确保更好地完成扩散燃烧，这意味着在排气管中的氮氧化物催化还原存在困难，这也是一直推动引入废气再循环（EGR）和选择性催化还原（SCR）技术发展的原因。氢燃料直喷发动机由于燃烧温度高，具有更高的氮氧化物排放率。然而，有人已经提出了一种独特的尝试，来最大限度地优化发动机性能，而不必担心 NO_x 排放。在试验中，空气中氮的惰性取代物与纯氧混合，作为人工空气供应给氢燃料 SIDC 发动机。惰性组分可通过冷却系统实现完全循环，因为 H_2O 是 H_2-O_2 反应的主要产物，也是唯一的排放组分。其具有高冷凝点，因此可在室温下液化。取代物应该是惰性的，不产生任何氧化物，有助于改善发动机性能。众所周知，C-ICEs 的理论效率随工作气体的定压比热与定容比热之比单调增加，所以选择单原子分子稀有气体作为取代物是合理的。在试验中，Ar-O_2 混合气作为替代空气提供给氢燃料 SIDC 发动机，其排气被强烈冷却以分离液态水，残余的 Ar 气体与新鲜的 O_2 混合，再次回到发动机。该系统也适用于水电解制氢。

6. 未充分燃烧的燃料组分的排放量较少通常被认为是直喷式发动机的另一个优点，但据报道，燃气柴油发动机的未燃燃料（甲烷）排放量通常高于其他发动机。

7. 高 PM 排放是 CIDC 型直喷柴油发动机的另一个显著缺点，它来源于燃油-空气混合气中的局部过浓区和局部过冷区。因此，应使用柴油微粒捕集器（DPF）来净化发动机排出的颗粒物（PM）。人们认为燃气燃料太轻，在燃烧过程中无法聚合成重的固态分子，但燃烧甲烷的燃气柴油发动机需要一个体积大、强度大的点火源，如柴油的引燃喷雾，它可能会成为额外的 PM 源（以及氮氧化物源）。

8. 对于直喷型 C-ICE 的比功率评估，很难得到一个合理的解释。由于其无爆震特性和涡轮增压技术的巨大进步，当今的 CIDC 发动机或柴油发动机可以输出比 SIDC 发动机更大的有效平均压力（BMEP）。由于总当量比仍然很低，这意味着现代柴油发动机与汽油发动机相比需要更高的增压压力和更大的机械强度，这就牺牲了 CIDC 发动机的功率重量比。总而言之，DC 的概念似乎更适合氢燃料 C-ICEs，但实际上，SIDC 型发动机在实际中的普及程度远远落后于 SIPC 型发动机，主要是因为氢燃料直喷的压缩功耗几乎无法接受，同时压缩机系统重量增加了。尽管储氢相关章节已经讨论了细节，但气体直接喷射的压缩是不同的，因为喷射压力必须在整个发动机运行过程中保持较高的水平，而不考虑容器的内部压力。根据要压缩的燃料物相和压缩前后的压力比，压缩功可能有很大的变化。考虑到氢在液相中很难压缩，我们仅假设在实际发动机中，从室温（300 K）开始气体压缩具有一个可能的压力比。相应的绝热和等温压缩功可用等式 25.18 和等式 25.19 计算。

$$W_{adv} = \frac{c_v T_1}{LHV}\{1 - (P_2/P_1)^{\frac{1-k}{k}}\} < 0 \tag{25.18}$$

$$W_{cT} = \frac{RT_1}{LHV}\ln(P_1/P_2) < 0 \tag{25.19}$$

其中，LHV 是燃料的低热值，k 是比热比，R 是燃料气的气体常数，下标"1"和"2"是压缩前后的状态。这两个方程都显示了要获得相同的气体燃料释放的热量所需要做的压缩功。

压力从 0.5MPa 的内部压力提高到 30MPa，需要将喷射压力设置为 60。常温下的绝热压缩导致气态燃料温度过高，需要进行中间冷却（intercooling）；而等温压缩需要巨大的换热器来保持气体温度恒定。因此，实际的压缩功应该介于两者之间，这取决于压缩机的设计。在表 25-2 中，显示了两个压缩功的简单平均值，仅用于估计和比较最小值。

尽管氢的 LHV 较高，但在 SIDC 发动机中直接喷射氢所需的压缩功是甲烷的 3 倍。这部分功耗至少相当于所提供燃料能量的 5%。因为 SIDC 发动机的高压压缩机的总驱动效率约为 40%，在发动机功率的基础上，这一压缩功也应是原来的 2.5 倍，这足以放弃直喷的实际应用。然而，等式 25.18 和等式 25.19 表明，功与燃料气的初始温度成正比，因此，如果燃料气在低温下从其液体罐中沸腾后流出，则压缩功可以大大降低。这尤其适用于液化天然气（LNG）运输船上的甲烷燃料发动机。液相高压压缩可能是一种最终的解决方案，但 LNG 和 LH$_2$ 压缩目前都还存在一些问题。

9~12. 尽管前述改进是必要的，而且由于其较高的充气压力，情况更加严峻，但涡轮增压汽油发动机的火花点火系统仍可用于氢燃料 SIDC 发动机。由于"引燃喷射"可能会破坏氢燃烧的无温室气体和无颗粒物特性，激光点火系统是一个潜在的解决方案，这是因为在高气体密度环境下，气缸内没有残留的点火源，也就很难讨论点火困难或者点火容易了。

　　高压直喷条件下的喷射器耐久性是氢燃料 SIDC 型内燃机的最后一个也是最令人担忧的问题。众所周知，最先进的喷射器具有微小的金属结构，由喷射针和喷嘴体组成，它们必须启动以使它们之间的间隙保持在微米水平。喷射压力越高，间隙越小，以尽量减少高压燃料的泄漏。液体燃料喷射的优点是，燃料可用作润滑油以及针与喷嘴体的密封膜。尽管氢燃料直喷发动机的喷射压力仅为现代液体喷射的几分之一，但如果要在干燥条件下保持足够小的间隙以密封氢气，则气体喷射器的寿命就不会长。依靠机械密封（如 O 形密封圈）抵抗喷射器内外压差的可能性很小。相反，加压的"密封油"被应用于针头的上部，以控制针头下部气体通道的气体泄漏。将密封油压力调整到适当的水平是非常重要的，这通常比气体注入压力低一点。然而，为了安全起见，这些油压有时会设定在较高的水平，特别是在有氢气的情况下，这可能会导致密封油消耗和抗爆震性能恶化。

25.6　中型内燃机氢燃烧案例研究

　　氢燃烧研究不仅在小型车用发动机上进行，同时也在中型发电发动机上进行。纯氢内燃机还没有被实际开发出来，但目前掺氢燃烧天然气的研究正在进行。下面介绍一些案例研究。

25.6.1　高功率氢发动机系统研究示例[17]

　　在本研究中，发电用柴油机（其主要细节如表 25-3 所示）已改装为纯氢内燃机，以供研究之用。

表 25-3　　　　　　　　　　　　　　　　氢燃料发动机规格

元件	规格/尺寸
发动机类型	四冲程类型发动机
气缸数量	6
孔径×行程	170 mm×220 mm
额定功率输出	600kw/1 500rpm
平均有效压力	1.69MPa

　　图 25-3 显示了系统的概要。正如在有关汽车发动机的章节中所提到的，向进气道喷射氢气的方法有时会导致回火现象，这对发动机是灾难性的。本研究采用与柴油机相似的燃烧方法来解决上述问题。活塞压缩行程结束后，只有空气进入气缸，氢气则直接注入气缸。因此，需要在 30MPa 这样的高压下注入氢气。

　　由于氢气具有较高的自燃温度，因此必须使用诸如火花塞或引燃喷射或空气侧

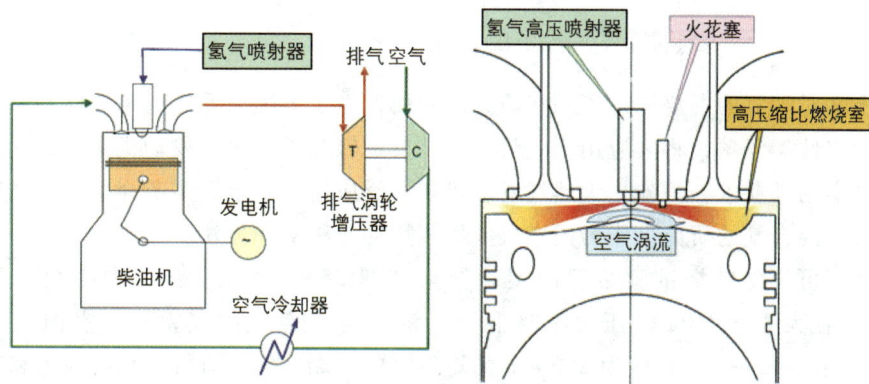

图 25-3　氢燃料发动机系统

的高温等点火源。在这一点上，研究颇具挑战性。研究人员希望在启动期间使用火花塞，但在高负荷下可以实现氢气自燃。如果这是可能的，它显示出与柴油相同的燃烧模式。从结果来看，空气温度必须高于 690℃ 才能使氢气自燃。例如，该温度由 18.3 的压缩比和 100℃ 的进气温度实现。

　　柴油发动机使用氢气的热效率比使用柴油高，在满负荷时达到 49%。原因之一是表 25-4 中理论空气量/低热值的差异。由于氢气的该值比石油基燃料的值小 15%，因此即使在相同的过量空气系数下获得相同的释放热量，其进气压力也可以设置得更低。因此，在相同的缸内最大压力（P_{max}）下，可以提高压缩比，从而提高热效率。此外，由于压缩比较高，压缩结束时的空气温度较高，有利于氢气的自燃。在这个发动机中已经做过测试，最大限度下压缩比为 22。

表 25-4　　　　　　　　　　　　　　　　　氢和石油基燃料性能的比较

	氢	石油
自然温度（大气压）	571 ℃	230 ℃
低热值（LHV）	120.0 MJ/kg	42.7 MJ/kg
理论空气量	34.3 kg/kg	14.3 kg/kg
理论空气量/低热值	0.286 g/kJ	0.335 g/kJ

　　当然，氢燃料发动机不会排放 CO_2 和 SO_x，但会排放由于燃烧温度高而产生的氮氧化物。该发动机在 24% 的 EGR 率下会排放 835ppm 的 NO_x（O_2：0%），但通过结合用于废气处理的催化剂可将其降低至 100ppm。

　　如前所述，测试结果是成功的。然而，在实际应用中还存在许多需要解决的问题，如氢喷射系统的耐久性等。

25.6.2 "天然气掺氢"燃烧的基础研究[18]

上文对纯氢的燃烧进行了一些研究。然而，由于氢喷射系统的可靠性和燃烧本身的稳定性等问题，将其应用于一台每年需要运转几千小时的发动机上，还远远没有达到实用性要求。另外，天然气发动机还广泛应用于发电，本节介绍了在气缸内注入氢气混合气的研究，作为内燃机氢气利用的一种实用方法。

使用可视化燃烧试验装置的实验结果如图 25-4 所示。预先向甲烷中添加氢气，并在大于 30MPa 的压力下将混合气注入含有空气的气室中。室内气压为 10 MPa。在图 25-4 中长度为 200 mm 的矩形室的左端，配备有气体喷射喷嘴和柴油引燃喷射喷嘴。直接拍摄甲烷+氢气射流的燃烧状态。根据照片，在含有大量甲烷的情况下，火焰呈发光扩散燃烧，但随着氢气量的增加，发光火焰变为蓝色，呈现非发光扩散燃烧。

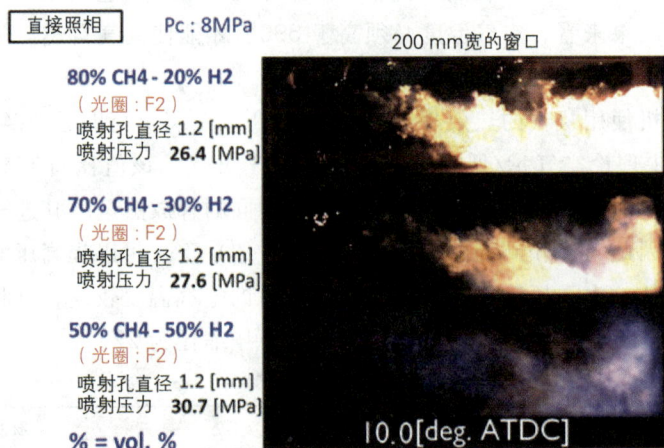

图 25-4　混合氢改善甲烷燃烧（ATDC：活塞上止点后）

图 25-5 显示了放热率和排放量的比较。图中三种情况的喷射持续时间均在 0 至 10 ms 之间，并且可以明显看出在此期间掺氢增加了热释放率，如①所示。相应地，燃烧在喷射结束 10 ms 后明显缩短，显示出令人满意的燃烧（如②所示）。根据图表中的排放量，由于氢的燃烧温度高于甲烷的燃烧温度，因此氮氧化物增加。同时，未燃烧的碳氢化合物的数量减少了。

实验中的最大加氢量为 50%。即使在这种情况下，由于氢密度低，它的质量是 11%，释放的热量是 23%。虽然它的量不是很大，但如前所述，它对改善燃烧有很大的贡献。

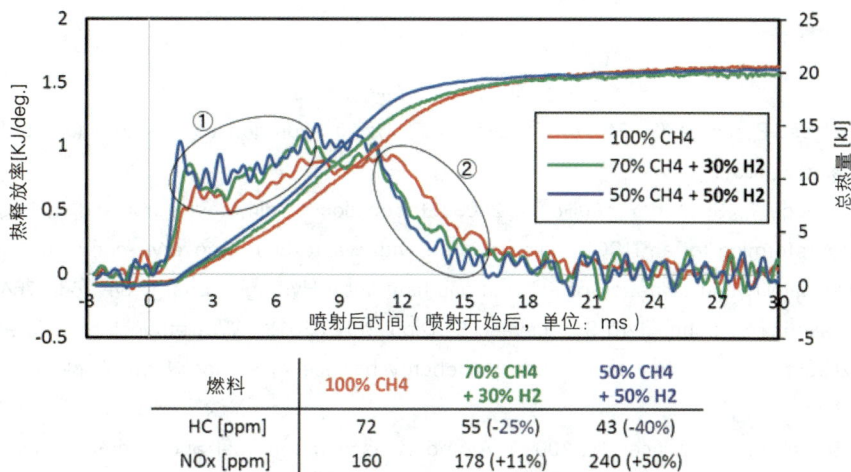

燃料	**100% CH4**	**70% CH4 + 30% H2**	**50% CH4 + 50% H2**
HC [ppm]	72	55 (-25%)	43 (-40%)
NOx [ppm]	160	178 (+11%)	240 (+50%)

图 25-5　掺氢改善甲烷燃烧效果（热释放率和排放）

25.6.3　天然气掺氢发动机运行案例研究（爆震/失火限制）[19]

　　研究人员已对中型（170mm 口径）试验发动机进行了研究。这种气体发动机不向气缸内喷射气体，但被称为稀燃式发动机。对于稀燃式发动机，天然气（+氢气）被提供给发动机的进气道，在那里产生空气-燃料混合气。空气-燃料混合气在进气和活塞压缩冲程后由火花塞点燃，并实现称为预混燃烧或火焰传播的燃烧。在这项研究中，已经测试了向天然气中添加高达 30% 的氢气量是可行的。

　　由于氢气的点火能量非常小，于天然气中加入大量的氢气这种方法很容易引起大然气在火花塞点火之前被点燃。另外，空气-燃料混合气的失火限值因为添加氢而变大，即使使用比传统燃料更稀薄的空气-燃料混合气一般也不会发生失火。尽管这与前一节中指出的加氢增加氮氧化物的情况不同，但更清洁的空气-燃料混合物可以进一步减少 NO_x。

　　在欧洲，正在进行向低热量和低可燃性气体（如煤层气和沼气）中添加氢并激活燃烧来防止失火的研究。此外，如果氢是从可再生能源中产生的，它有助于减少 CO_2 的排放。

　　另一种更容易燃烧氢气的方法是将其用于稳定燃烧，如在燃气轮机中。日本已经宣布，这种燃氢燃气轮机正处于研发阶段。

参考文献

1. Chiesa P, Lozza G, Mazzocchi L（2003）Using hydrogen as gas turbine fuel. ASME Turbo Expo 3:163-171

2. Shudoa T, Shimab Y, Fujiic T（2009）Production of dimethyl ether and hydrogen by methanol reforming for an HCCI engine system with waste heat recovery—continuous control of fuel ignitability and utilization of exhaust gas heat. Int J Hydrogen Energy 34:7638-7647

3. Saxenaa S, Schneiderb S, Acevesc S, Dibbleb R（2012）Wet ethanol in HCCI engines with exhaust heat recovery to improve the energy balance of ethanol fuels. Appl Energy 98:448-457

4. Zamfirescu C, Dincer I（2009）Ammonia as a green fuel and hydrogen source for vehicular applications. Fuel Process Technol 90:729-737

5. Alger T, Mangold B（2009）Dedicated EGR: a new concept in high efficiency engines. SAE Int J Engines 2(1):620-631

6. Frenklach M, Kazakov A（2013）Reduced reaction sets based on GRI-Mech 3.0. 06/19/2013. www. me. berkley. edu/drm

7. Kee RJ, Rupley FM, Meeks E, Miller JA（1996）CHEMKIN-III: A FORTRAN chemical kinetics package for the analysis of gas-phase chemical and Plas-ma kinetics. Sandia National Laboratories, Albuquerque

8. Lutz AE, Kee RJ, Miller JA（1997）SENKIN: A Fortran program for predicting homogeneous gas phase chemical kinetics with sensitivity analysis. Sadia National Laboratories, Albuquerque

9. Sato P, Yamasaki Y, Kawamura H, Iida N（2005）Research on the infulence of hydrogen and carbon monoxide on methane HCCI combustion. JSME Int J（Ser B）48-4:725-734

10. Kong SC, Marriott C, Reitz RD, Christensen M（2001）Modeling and experiments of HCCI engine combustion using detailed kinetics with multidimensional CFD. SAE Technical Paper 2001-01-1026

11. Cracknell R, Alcock J, Rowson J, Shirvill L et al（2002）Safety considerations in retailing hydrogen. SAE Technical Paper 2002-01-1928

12. Lide DR（ed）（1991）72nd edition: CRC handbook of chemistry and physics. CRC Press, Boca Raton

13. Das LM（1996）Hydrogen-oxygen reaction mechanism and its implication to hydrogen engine combustion. Int J Hydrogen Energy 21-8:703-715

14. Karim GA（2003）Hydrogen as a spark ignition engine fuel. Int J Hydrogen Energy 28-

5:569-577

15. Aleiferis PG, Rosati MF (2012) Controlled autoignition of hydrogen in a direct-injection optical engine. Combust Flame 159(7):2500-2515

16. Welch A, Mumford D, Munshi S, Holbery J et al (2008) Challenges in developing hydrogen direct injection technology for internal combustion engines. SAE Technical Paper 2008 -01-2379

17. Takaishi T, Akagawa H (2006) Development of high-powered hydrogen engine system. Hydrogen Energy Syst 31:8-11 (in Japanese)

18. Takasaki K et al (2015) Visual study on GI (gas high-pressure injection) combustion for highly efficient gas engine. In: Conference 'the working process of the internal combustion engines' Graz, Austria

19. Kawauchi S, Korb B, Wachtmeister G (2015) Influence of H_2 addition on engine performance and emission characteristics in premixed lean burn natural gas engines at high specific loads. In: Conference 'engine combustion processes—current problems and modern techniques' Ludwigsburg, Germany

第五部分　氢安全

Junichiro Yamabe

九州大学国际氢能研究中心，日本福冈

　　氢会降低许多金属材料的抗拉和疲劳性能，这种现象被称为氢脆化。一般来说，高强度材料会被氢气严重降解。尽管在氢脆化方面已经开展了许多研究，但其机制尚未得到澄清。由于减压失败，高压氢气暴露也会降解橡胶材料。本书第五部分回顾了在材料与氢相互作用方面氢安全的基本原则和最新进展，从实际的角度讨论了氢对微动疲劳的影响，并讨论了氢安全管理和氢安全实践。

第 26 章　氢安全基本原理

Junichiro Yamabe and Saburo Matsuoka

摘要：本章描述了与氢脆（HE）、氢安全管理和氢安全最佳实践相关的氢安全概况，还介绍了由于高压气态氢气的减压而导致的橡胶起泡破裂。

关键词：氢脆·起泡·氢气扩散·钢·铝·橡胶·氢安全

26.1　氢安全中的重要问题

为了氢能系统的安全运行，特别是使用高压氢系统，设计者应认真考虑氢脆（HE）问题。在设计强度方面，应考虑氢气的特性，包括高扩散性、快速泄漏以及宽范围的爆炸极限。这就是氢安全管理。此外，减少和消除诸如人为错误（氢安全最佳实践）之类的问题也十分重要。图 26-1 给出了实验室环境中氢安全的示意图。

26.2　氢评价的最新趋势

燃料电池汽车（FCV）当前已经商用化，且必要的加氢站正在逐步建造。为了

J. Yamabe (✉)
International Research Center for Hydrogen Energy, Kyushu University,
Fukuoka 819-0395, Japan
e-mail: yamabe. junichiro. 575@ m. kyushu-u. ac. jp

S. Matsuoka
Research Center for Hydrogen Industrial Use and Storage (HYDROEGNIUS),
Kyushu University, Fukuoka 819-0395, Japan
e-mail: matsuoka. saburo. 204@ m. kyushu-u. ac. jp

© Springer Japan 2016
K. Sasaki et al. (eds.), *Hydrogen Energy Engineering*,
Green Energy and Technology, DOI 10. 1007/978-4-431-56042-5_ 26

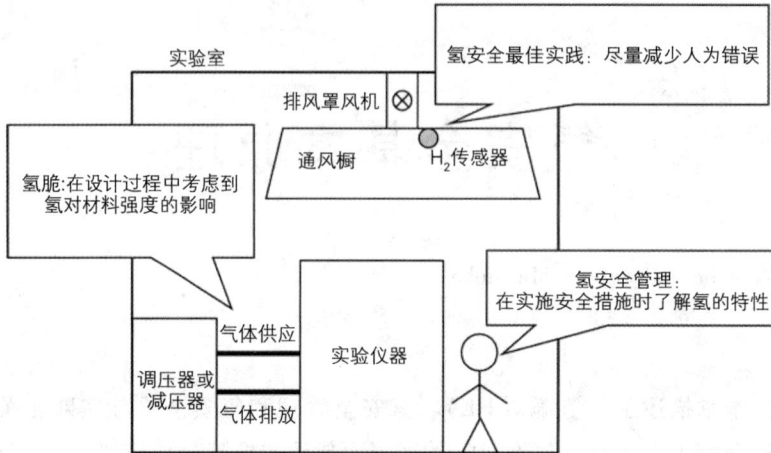

图 26-1　在研究环境中氢安全的示意图

确保在氢气环境中安全可靠地使用金属材料，必须使用耐氢材料和系统来防止与氢脆相关的失效而导致的事故[1-5]。

日本 35 MPa 加氢站的开发工作是从 2000 年左右开始的，只有不易发生氢脆的金属材料才能用于氢部件。对该材料有以下三个要求：（1）在气态氢环境中通过慢应变速率测试（SSRT）得到的抗屈强度、拉伸强度、伸长率和断面收缩率（RA）必须等于或大于在空气中的测试结果；（2）材料在气态氢环境中的疲劳寿命必须与在空气中的疲劳寿命几乎相同；（3）材料在气态氢环境中的疲劳裂纹扩展（FCG）必须与在空气中的相当。为了满足这些要求，氢部件主要使用 316L 型不锈钢和 A6061-T6 铝合金。

而日本 70 MPa 高压加氢站的研发从 2010 年左右开始，对氢脆稍有敏感的金属材料被允许使用在暴露于氢气的组件中。对该材料有以下两个要求：（1）SSRT 中的 RA 必须满足判断标准；（2）材料在气态氢环境中的疲劳寿命必须与在空气中的疲劳寿命相当。RA 的恶化与材料的奥氏体稳定性有关[6]，它可以通过"镍当量"来量化[7,8]。因此，镍当量被用作确定 RA 恶化的指标，且材料的选择基于化学成分。因此，含有满足判断标准的镍当量的 316 型和 316L 型不锈钢可以用于暴露于氢的组件中[9]。

然而，与诸如碳钢和低合金钢的常规钢相比，这些材料具有较低的强度和较高的成本。为了在不久的将来氢能源系统能实现广泛商业化，需要有更高强度和更低成本的常规钢。因此，需要对这些材料在高压氢气环境中的抗张强度、疲劳寿命和氢气扩散性能进行许多实验，必须根据得出的科学数据建立适当的设计方法。

除金属以外，有机材料（如橡胶）也可用于氢气系统。橡胶被用于制造高压氢气密封件的 O 形圈。然而，暴露于高压氢会使橡胶材料内部破裂，从而导致降解。因此，还必须弄清楚氢诱导的有机材料如橡胶降解的机理。

26.3 氢存在的情况下金属的拉伸行为

拉伸延展性的丧失是发生氢脆的标志，相对断面收缩率（RRA），即氢气环境中的 RA 与"惰性"气体环境如氦气（或空气）中的 RA 的比率通常被用于度量拉伸延展性。另外，暴露于氢气环境时拉伸断裂表面会发生变化。本节探讨了各种金属的拉伸延展性的损失，并给出了断裂表面形态的例子。在氢气存在情况下的拉伸性能的细节将在第 29 章中讨论。

26.3.1 氢对各种金属拉伸延展性损失的影响

NASA 数据库提供了各种金属在高压气态氢中的拉伸延展性[10]。为了获得这些数据，研究人员在 69 MPa 的氦气和氢气中对光滑且有缺口的样品进行了拉伸试验，然后根据它们对氢脆的敏感性将这些材料分为四个等级：极易脆化；严重脆化；轻微脆化；脆化忽略不计。316L 型不锈钢和 A6061-T6 铝合金被发现暴露于高压氢气后的脆化程度可忽略不计，而碳钢和低合金钢则被发现发生严重脆化或极易脆化。图 26-2（a）显示出相对抗拉强度（RTS），即在氢中的抗拉强度（$\sigma_{B, H}$）与在氦中的抗拉强度（$\sigma_{B, He}$）的比值，与在氦中的抗拉强度成反比。图 26-2（b）还显示出 RRA 与 $\sigma_{B, He}$ 的关系，并且观察到 RRA 随着 $\sigma_{B, He}$ 的增大而减小。对于 $\sigma_{B, He} < 1\,200$ MPa 的金属，RTS 在很大程度上不受氢的影响；但是，对于 $\sigma_{B, He} > 1\,200$ MPa 的金属，它随 $\sigma_{B, He}$ 的增大而减小。因此很明显，金属对氢脆的敏感性取决于金属的抗拉强度；$\sigma_B > 1\,200$ MPa 的高强度钢可能由于暴露于氢气环境中而发生极其严重的性能退化。

26.3.2 管道和 316L 型钢的空隙形态变化

经受拉伸测试的金属韧性断裂的特征形态是"圆锥形"断裂形态。这种断裂形态由被空隙覆盖的正应力和剪切应力断裂表面组成。在氢脆可以忽略不计或稍微发生氢脆的材料中，氢气通常不会改变宏观断裂形态。但是，它的确改变了微观形态（即空隙形态）。参考文献中总结了在氢气存在情况下各种钢的空隙形态的变化[12]。而在极易发生氢脆或容易发生氢脆的材料中，氢气会引发与准切割有关的表面裂纹，因此，通常不会观察到圆锥形杯状裂纹[6,13]。

图 26-3 展示了不充氢和充氢管线钢试件之间空隙生长行为的有趣差异。在不

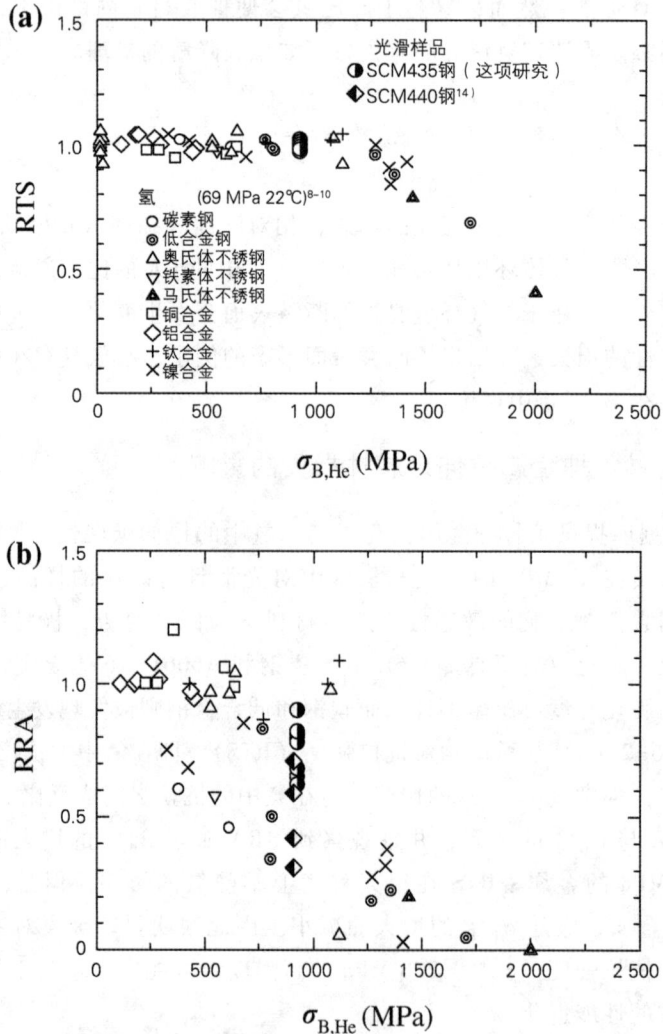

图 26-2　NASA 数据库中各种金属对氢脆的敏感性：（a）RTS 和（b）RRA 是 $\sigma_{B,He}$ 的函数

充氢的试件中，管线钢的空隙在拉伸方向上伸长（图 26-3（a-1））；而在充氢试件中，管线钢的空隙会在横向上伸长（图 26-3（a-2））[14]。充氢是通过电化学进行的。不充氢试件和充氢试件之间的空隙形态差异归因于氢引起的局部滑移变形的增强。

氢脆的机制大致可分为：（i）氢增强的去内聚力（HEDE）[15-17] 和（ii）氢增强的局部可塑性（HELP）[18-20]（尽管最近还提出了另一种与氢致空核相关的模型[21-23]）。在 HEDE 模型中，氢削弱了原子间键。因此，断裂在微观和宏观上都是脆性的。相

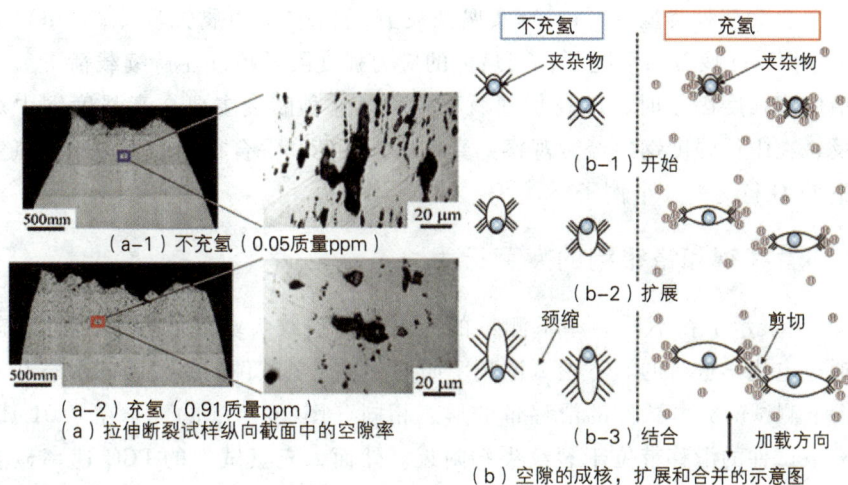

图 26-3　充氢管线钢 JIS-SGP（0.078%）拉伸强度测试中空隙的演变

反，在 HELP 模型中，氢会增强局部滑动，因此，即使宏观断裂看起来像脆性断裂，该模型也会导致微观韧性断裂。图 26-3 所示的当前结果可以通过 HELP 模型而不是 HEDE 模型来解释。

此外，可认为充氢试件中（图 26.3（a-2）和（b）））拉伸轴横向的缝隙开裂（生长）的基本机理与 FCG 一致，如图 26-10 所示。

与图 26-3 所示的氢引起的管道钢空隙尺寸的增大相反，氢导致 316L 型不锈钢空隙尺寸减小[24]。据推测，氢会进一步导致局部滑移变形。因此，形成了与空隙片相关的小的空隙[25,26]。空隙片归因于严重的塑性变形。因此，从 316L 不锈钢中观察到的现象也可以用 HELP 模型而非 HEDE 模型来解释。这些空隙形态的差异被认为与氢扩散率的较大差异有关。的确，正如稍后在 26.5 节中所讨论的，管道钢的氢扩散率比 316L 型不锈钢大 6 个数量级。

26.4　氢气存在情况下金属的疲劳行为

研究人员通常使用在空气中测试的充氢样品（内部氢）或在气态氢中测试的不充氢样品（外部氢）来研究氢的影响。本节介绍了电化学充氢的金属（即充氢金属）疲劳行为，以及基于这些结果的氢脆基本机理。这些金属在高压气态氢中的行为将在第 30 章中讨论。

26.4.1　氢辅助 FCG 行为的一般类型

氢气通常会导致各种金属的疲劳裂纹扩展（FCG）速率提高。通常，氢辅助的

FCG 行为可分为三种类型[5]：（i）真实腐蚀疲劳；（ii）应力腐蚀疲劳；（iii）混合行为。在应力腐蚀疲劳的情况下，当最大的应力强度因子超过在持续载荷下氢致裂纹的阈值应力强度因子时，FCG 加速就会发生。这种断裂主要在高强度钢中观察到。相反，在中低强度钢中经常观察到真实腐蚀疲劳和混合行为。下面给出氢气存在条件下 FCG 行为的几个例子。

26.4.2　管线钢和铬钼钢的疲劳行为

图 26-4 展示了在不同频率下测试的充氢试件裂纹尖端处的滑移带的形态[27]。充氢是通过电化学进行的。不论测试频率如何，不充氢试件的滑移带的形态几乎与在 10 Hz 下测试的充氢试件的滑移带的形态相同（图 26-4（a））。在 0.01 Hz 下测试的充氢试件的滑移带位于裂纹尖端附近。然而，充氢试件的 FCG 速率显著提高，显示出低频时 FCG 速率比不充氢试件的 FCG 速率提高 10 倍。

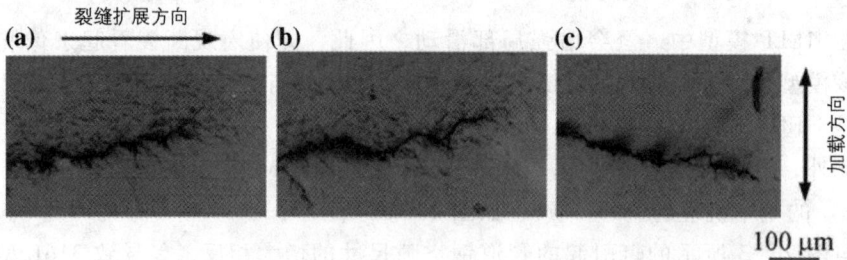

图 26-4　充氢试件的裂纹尖端，测试（CH，R）后的残余氢含量是 1.1ppm[27]
（a）f=10Hz，（b）f=0.1Hz，（c）f=0.01Hz

为了研究裂纹扩展加速的机理，研究人员比较了不充氢试件和充氢试件的拉伸区的形态（图 26-5），并通过倾斜断裂表面来测量拉伸区的最大尺寸（$SZW_{T,max}$）。如果裂纹尖端钝化较大，则需要较大的倾斜角才能获得（$SZW_{T,max}$）。如图 26-5（b）所示，在不充氢和充氢的样品中测得的倾斜角揭示了在氢气存在下的一种特殊的裂纹扩展机制，这与图 26-3 所示的空隙扩大是一致的。

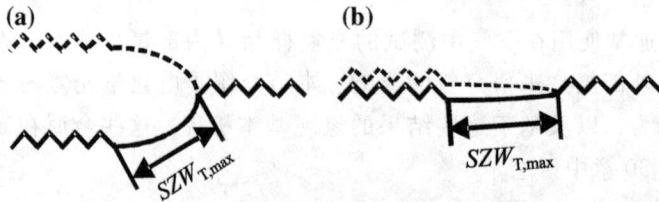

图 26-5　不充氢和充氢试件拉伸区形态的差异[27]。（a）充氢；（b）未充氢

如图 26-6 所示，在氢气存在情况下，抗拉强度小于 900 MPa 的 Cr-Mo 钢的裂

纹扩展速率是不充氢试样的 30 倍。氢气导致 FCG 速率提高；然而，FCG 加速存在上限。充氢试件的滑移带被限制在裂纹线旁边非常狭窄的区域。这些特性通常可在其他材料的充氢样本中观察到[28]。氢气存在情况下的 FCG 加速可以通过 HELP 模型来解释。但是，如图 26-11 所示，对于抗拉强度约为 1 900 MPa 的高强度钢，在氢气存在情况下 FCG 加速没有上限。因此，不同于 HELP 模型的机制会导致 FCG 行为[29]。同样，抗拉强度高于 900 MPa 的 Cr-Mo 钢通常没有 FCG 加速的上限[30]。

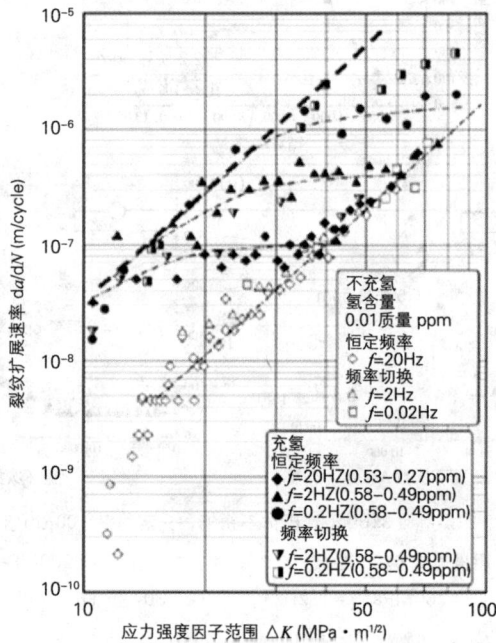

图 26-6　疲劳裂纹扩展速率 da/dN 与应力强度因子 ΔK 的关系（材料：JIS-SCM435）[28]

26.4.3　奥氏体不锈钢的疲劳行为

26.4.3.1　氢气和测试频率对 FCG 行为的影响

图 26-7 展示了 304 型、316 型和 316L 型钢的不充氢和充氢试件从 100μm 孔开始裂纹的 FCG 曲线[31]。充氢是通过阴极通电进行的。对于 304 型和 316 型钢，充氢显然会引起 FCG 加速。然而，充氢 316L 型不锈钢的 FCG 速率仅略高于不充氢 316L 型不锈钢的 FCG 速率。必须注意的是，疲劳测试是在 1.2 Hz~5 Hz 的频率下进行的。

304 型和 316L 型钢的裂纹扩展曲线分别如图 26-8（a）和（b）所示[32]。图 26-8（c）展示了 316L 型不锈钢的 da / dN 和 ΔK 之间的关系。在以 1.5 Hz 的频率测试的 316L 型不锈钢中，不充氢和充氢的试件之间没有明显差异。在 0.0015 Hz 下测试的充氢 316L 型钢的 FCG 速率是在 1.5 Hz 下测试的 316L 型钢 FCG 速率的 2~3

倍。出人意料的是，随着测试频率从 1.5 Hz 降低到 0.0015 Hz，不充氢试件的 FCG 速率也提高了。

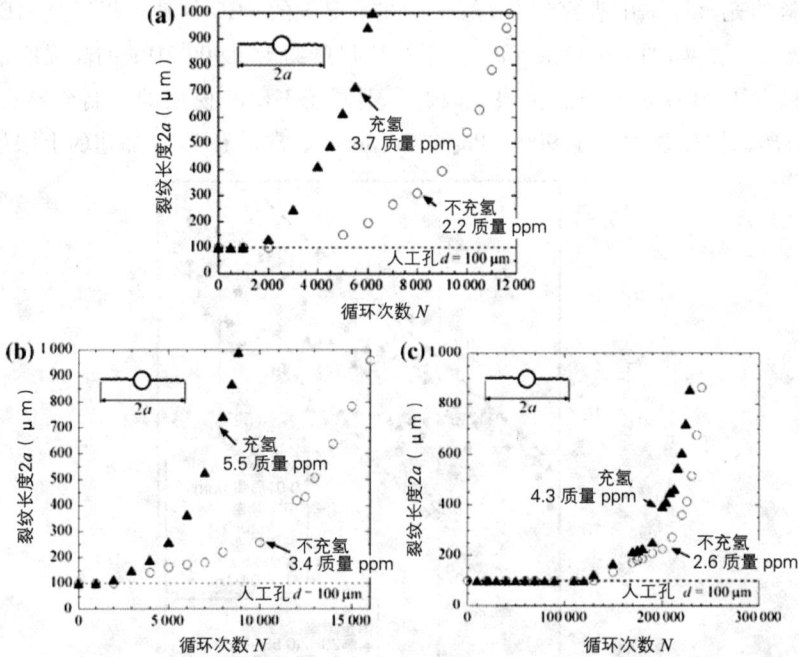

图 26-7　对于 304 型、316 型和 316L 型奥氏体不锈钢，充氢对从 100μm 孔开始裂纹扩展的影响。
在 50℃下通过阴极通电 672h 进行充氢[31]。（a）304 型（σ=280MPa，f=1.2HZ），
（b）304 型（σ=260MPa，f=1.2HZ），　　（c）304 型（σ=260MPa，f=5HZ）

　　如上所述，奥氏体不锈钢的氢气加速 FCG 速率与其奥氏体稳定性相关[6]，可以使用镍当量[7,8]对其进行量化。具有较高奥氏体稳定性的奥氏体不锈钢具有出色的抗氢脆性能。本书在第 29、30 章中讨论了具有各种镍当量的奥氏体不锈钢在高压气态氢中的拉伸和 FCG 行为。当前研究中对 316 型和 316L 型钢的选择是基于它们各自的镍当量（参见第 29 章）[9]。最近，通过添加少量元素如氮和铌开发了对氢脆具有高抗性的新型不锈钢，从而导致了较高的镍当量[6]。

　　26.4.3.2　去除不可扩散氢的 316L 型钢的 FCG 行为

　　氢气在炼钢过程中不可避免地被捕获进金属，这被称为不可扩散氢（NDH）。为了研究 NDH 对 FCG 的影响，研究人员采用特殊的热处理工艺（NDH-HT）去除它。NDH-HT 的影响清楚地展示在图 26-9[32]中，其中普通热处理的 316L 型氢含量为 2.6 ppm（质量浓度），而经过 NDH-HT 处理的样品中氢含量仅为 0.4 ppm（质量浓度）。

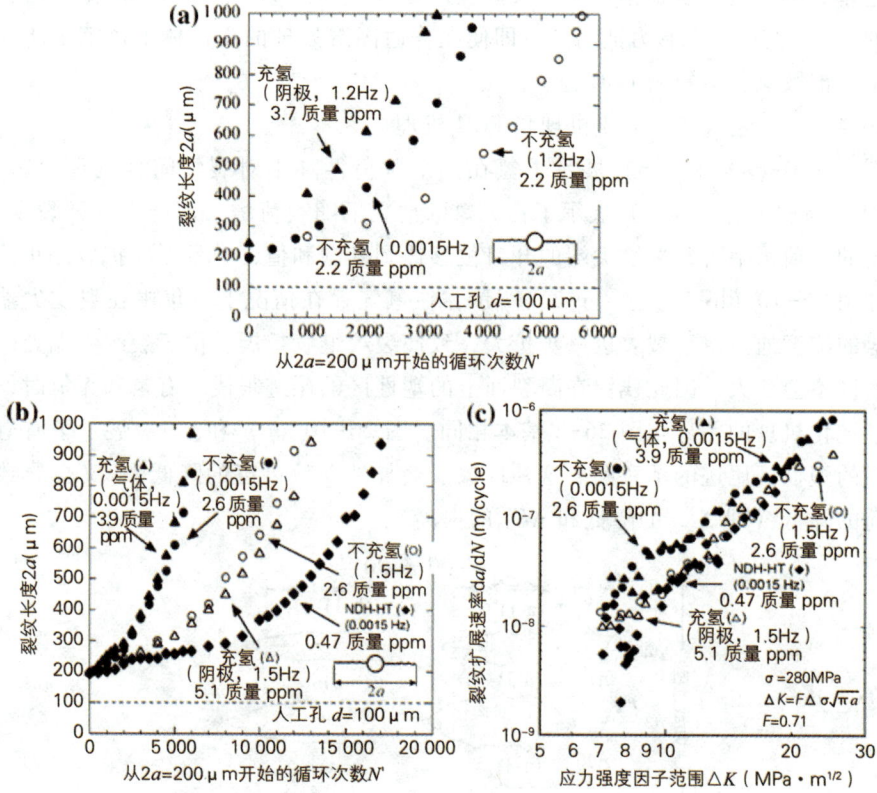

图 26-8 从 2a = 200μm 开始，氢气和测试频率对 FCG 的影响[32]
（a）304 型（σ=280MPa），（b）316 L 型（σ=280MPa），（c）316L 型

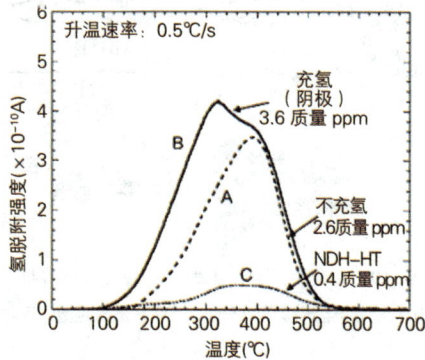

图 26-9 316L 型不锈钢的氢热脱附光谱[32]

    NDH-HT 标本的 FCG 行为如图 26-8（b）所示。令人惊讶的是，与充氢的试件相比（甚至是与不充氢的试件相比），其 FCG 速率都大大降低。NDH-HT 对

FCG 速率影响的进一步证据可从条纹高度间距比（H／s）中看出，该比率已移至更高的值[32]。上述事实有力证明了，即使在普通固溶处理的奥氏体不锈钢中所含的所谓不可扩散氢也会影响 FCG 速率。

26.4.3.3　氢致条纹形成机理和 FCG 机理

图 26-10（a）和（b）展示了氢在一个载荷循环中对裂纹闭合机理的影响。图26-10（a-1）至（a-4）展示了在无氢的情况下随载荷增大而产生的开裂现象。在给定的载荷水平下，裂纹尖端的开口位移达到其饱和值，并且裂纹扩展停止。但是，如图 26-10（b-1）至（b-2）所示，在氢气存在情况下氢集中在裂纹尖端附近。氢的浓度通过滑移裂纹进一步扩大，致使裂纹继续扩展。由于裂纹尖端处的相应塑性区不会变大，因此残留在断裂面上的塑性区的尾迹很浅。有氢和无氢时，裂纹尖端钝化机理的差异与图 26-3 基本相同。图 26-10（c）和（d）展示了有氢和无氢时的塑性区尾迹的示意图。这种现象既会导致条纹高度的降低[32]，又会导致开裂载荷的降低（即 ΔK_{op} 的降低和 ΔK_{eff} 的提高）。

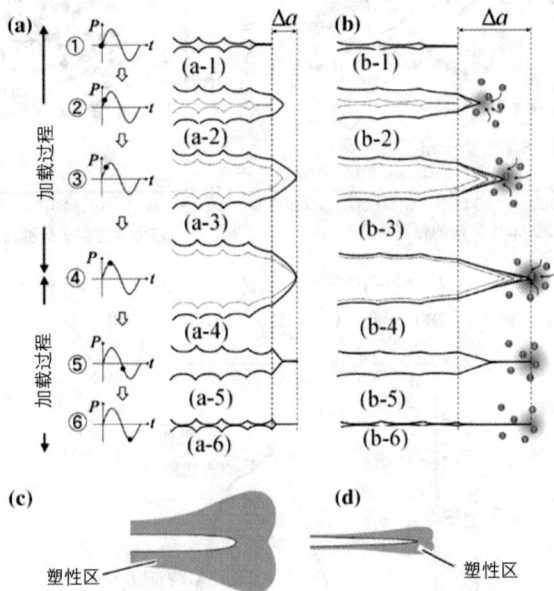

图 26-10　疲劳中的裂纹尖端开口和条纹形成机制[32]

（a）不充氢对条纹形成的影响,（b）充氢对条纹形成的影响,（c）不充氢对塑性区的影响,（d）充氢对塑性区的影响

26.4.4　高强度钢的疲劳行为

26.4.4.1　氢对 FCG 速率的影响

图 26-11 展示了高强度钢的 $da／dN$ 和 ΔK（HV = 568）之间的关系，以及在氢气

存在条件下测试频率对 FCG 加速程度的影响[29]。在图 26-11 中，$C_{H,R}$ 是测试后的残留氢含量。充氢试件的 FCG 速率比不充氢试件的 FCG 速率快得多。一方面，如空心符号所示，当 $R = 0.1$ 时，不充氢试件在 0.2 Hz 和 20 Hz 下 FCG 速率几乎没有差异。另一方面，如实心符号所示，充氢试件的 FCG 速率强烈依赖于频率。在这种情况下，FCG 速率没有加速上限（见图 26-11（b）），这种行为与图 26-6 所示的 Cr-Mo 钢完全不同。

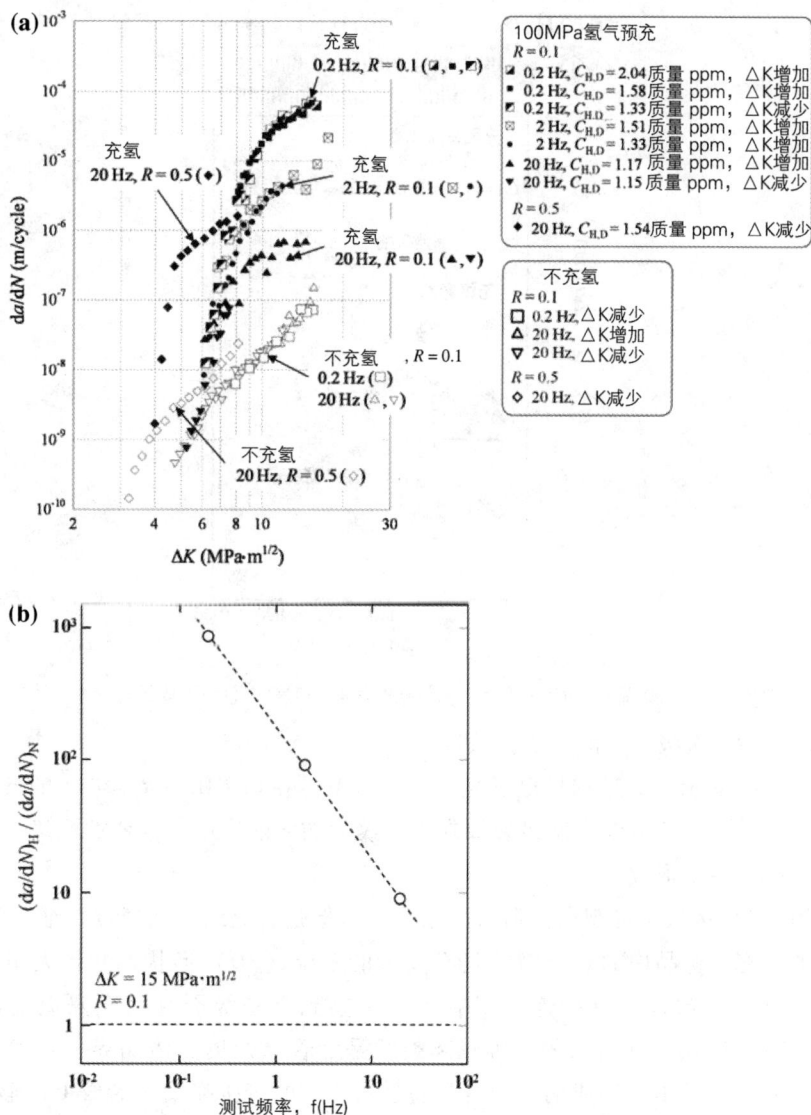

图 26-11 氢气和频率对高强度钢 FCG 的影响（HV = 568），测试后测量了氢含量[29]

（a）da/dN-ΔK 曲线，（b）在氢气存在的情况下测试 FCG 加速受频率的影响

图 26-12 展示了从 0.02 Hz～20 Hz 的频率转换测试中获得的充氢试件的裂纹增量 Δa 与循环增量 ΔN 之间的关系。切换到 20 Hz 后，裂纹扩展立即加速。随着初始测试频率（0.02、0.2 或 2 Hz）的降低，裂纹扩展加速区域（称为氢影响的 FCG 区域）的面积会增大。在平面应变条件下，HAFCG 区域的面积比单调塑性区域的面积大得多。充氢试件的 FCG 加速，作为高强度钢随时间变化的裂纹扩展而被观察，不能简单地将其与疲劳裂纹尖端的塑性变形关联起来。

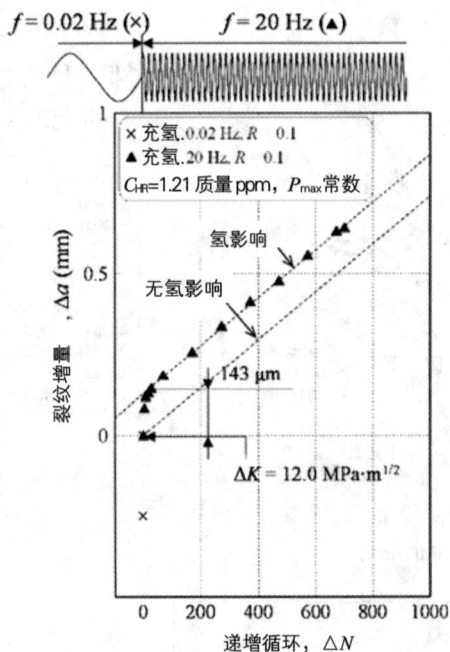

图 26-12　高强度钢（HV = 568）氢影响疲劳裂纹扩展区（HAFCG 区）的大小[29]

26.4.4.2　次级裂纹的起因及成因

图 26-13 展示了通过扫描电子显微镜（SEM）在 0.2 Hz，R = 0.1 的条件下测试的充氢试件的疲劳裂纹。次级裂纹在主裂纹尖端之前形成。这样的次级裂纹不会在不充氢的样品中形成。

在 HAFCG 区域中可观察到所有次级裂纹。但是，此结果是通过二维（2D）观察获得的，充氢样品中的疲劳裂纹具有复杂的三维（3D）形状，并且大多数次级裂纹在三维上与初级裂纹相连（尽管也会观察到与初级裂纹完全隔离的次级裂纹）。图 26-13（b）中所示的二维隔离裂纹是沿着原始奥氏体晶界（裂纹 A）和碳化物边界（裂纹 B）形成的，或者是通过碳化物的直接裂纹（裂纹 C）形成的。

图 26-14（b）和（c）展示了通过场发射透射电子显微镜（FE-TEM）获得的

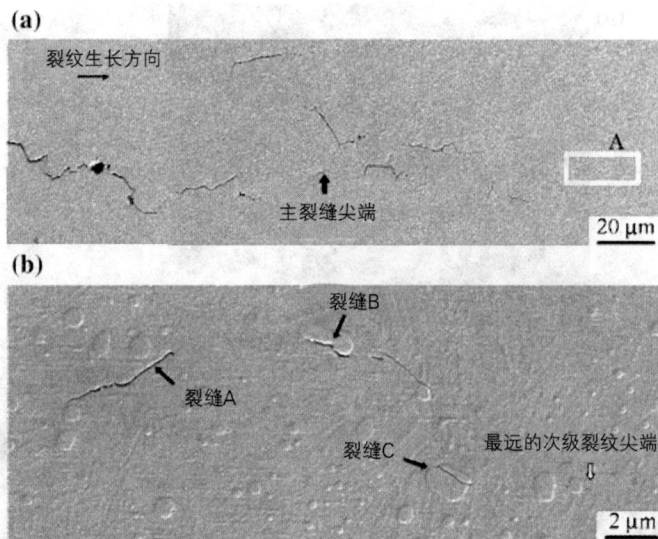

图 26-13　充氢试件中部疲劳裂纹的 SEM 显微照片
（a）充氢试件中部疲劳裂纹的 SEM 显微照片，（b）为（a）的放大图

图26-14（a）中所示的晶间（IG）断裂表面的放大图像。在高倍率放大的图像中观察到的线性带是变形孪晶。据推测，由于变形孪晶与原始奥氏体或碳化物边界接触，应力集中形成了次级裂纹的 IG 断裂。图 26-15 说明了由变形孪晶引起的三种典型的次级裂纹萌生模式的机理[29]。由于这种氢致变形孪生模型不同于 HELP 模型，因此可以认识到，现在的高强度钢在氢气存在的情况下 FCG 行为不同于图26-5所示的Cr-Mo钢的 FCG 行为，后者的 FCG 加速有一个上限。

在存在氢气的情况下，一些不同的断裂过程被认为与 IG 断裂过程相耦合。因此，氢致 IG 断裂的机理很复杂。最近，Novak 等人报道了一个 HEDE 和 HELP 耦合模型来解释高强度钢的氢致 IG 断裂[33]。

26.4.5　铝的疲劳行为

铝在 NASA 数据库中被归类为"氢脆可忽略不计"，因此它对氢脆的抵抗力很强[10]。A6061-T6 铝合金在气态氢中的 FCG 测试结果如下（具体在第 30 章中展示）[34]：（i）在气态氢中的 FCG 速率等于在氮气中的 FCG 速率；（ii）在 1 Hz 的气态氢中 FCG 速率小于在空气中的 FCG 速率，但在小于 1 Hz 的气态氢中等于在空气中的 FCG 速率。铝的 FCG 行为受湿度影响，似乎环境中的少量水分对 FCG 行为有显著影响[35]。

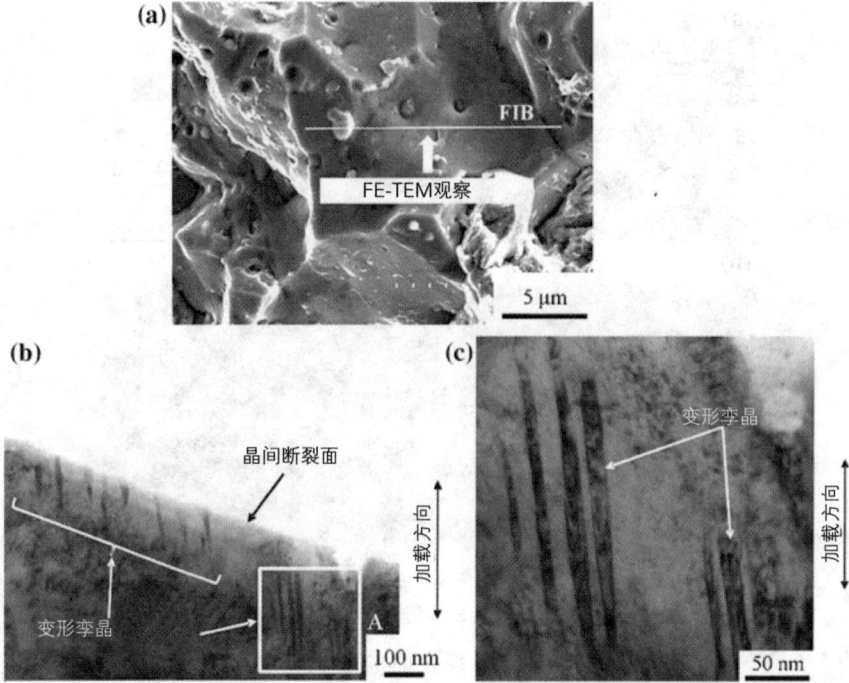

图 26-14 充氢试件 IG 断面的横截面 FE-TEM 显微照片

（f = 20 Hz，R = 0.1，ΔK = 11.6 MPa m1/2，CH，R = 1.17 质量 ppm）[29]。

（a）用于 TEM 的 IG 表面，（b）IG 断面的横截面，（c）为（a）的放大图

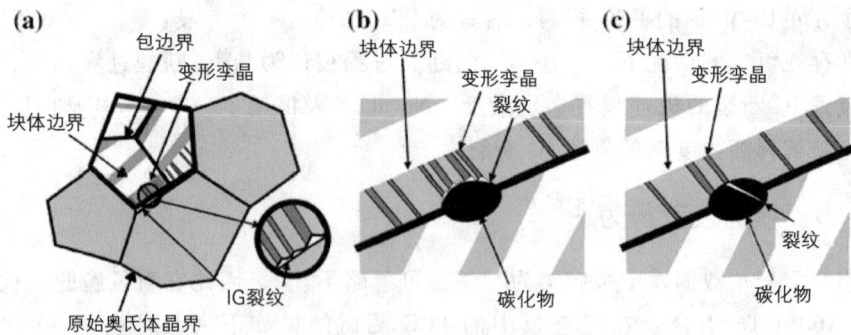

图 26-15 由变形孪晶引起应力集中而导致的：

（a）IG 裂纹，（b）碳化物边界裂纹，（c）碳化物裂纹形成的示意图[29]

26.5 氢扩散度和溶解度

氢脆是由溶解在金属材料中的氢引起的。在气态氢中，为了理解氢脆的机理，应考虑以下传输过程[36]：气相传输、物理吸附、解离化学吸附、氢进入以及扩散。众所周知，氧化物层会阻止氢进入金属，但该现象只存在于低压或接近室温的环境中[37-39]。在高压气态氢或高温下，氧化层表面的作用会减小[40,41]。金属对氢脆的敏感性与溶解氢的分布有关。如果氢的进出通过一个扩散控制过程发生，则在零负载条件下材料中的宏观氢浓度可以用氢扩散率和饱和氢浓度来计算。氢的扩散率和溶解度可以通过几种方法来确定，如氢渗透、进入和解吸（释放）方法等。参考文献中提供了各种金属材料的氢扩散率[42,43]。本节将回顾金属材料的氢扩散特性。

26.5.1 钢铁

晶格氢在体心立方（bcc）铁中的氢扩散系数表示如下[44]：

$$[\,233\sim353K(\,-40℃\sim80℃)\,]$$

$$D_{L} = 7.23\times10^{-8}\exp\left(-\frac{5\,690}{RT}\right) \tag{26.1}$$

$$[\,323\sim823K(50℃\sim550℃)\,]$$

$$D_{L} = (\,1\sim2.52\,)\times10^{-7}\exp\left(-\frac{6\,700\sim7\,120}{RT}\right) \tag{26.2}$$

其中，D_{L} 是无缺陷的体心立方（bcc）铁中的晶格氢扩散率（$m^{2}\ s^{-1}$），R 是气体常数（$= 8.314\ J\ mol^{-1}\ K^{-1}$），$T$ 是绝对温度（K）。体心立方（bcc）铁中晶格氢的饱和氢含量可以表示为[38]：

$$C_{LS} = 104.47\sqrt{f}\exp\left(-\frac{3\,440}{RT}\right) \tag{26.3}$$

$$D = \frac{D_{L}}{1+\dfrac{N_{X}}{N_{L}}\exp\left(\dfrac{E_{B}}{RT}\right)} = \frac{7.23\times10^{-8}}{1+\dfrac{N_{X}}{N_{L}}\exp\left(\dfrac{E_{B}}{RT}\right)}\exp\left(-\frac{5\,690}{RT}\right) \tag{26.4}$$

其中，C_{LS} 是体心立方（bcc）铁中的饱和氢含量（质量 ppm），f 是逸度（MPa）。实用化的碳钢和低合金钢的氢扩散率和饱和氢含量（先前在图 26-16 中已给出）与通过等式（26.1）至（26.3）计算得出的值明显不同[39,45-48]。这些差异是造成氢被捕集的原因。表 26-1 中有材料 A 至 E 的化学成分和维氏硬度，其平均氢扩散率和饱和氢含量可以根据 Oriani 平衡理论进行如下估算[49]：

$$C_S = \left\{ 1 + \frac{N_x}{N_L} \exp\left(\frac{E_B}{RT} \right) \right\} C_{LS}$$

$$= 104.47 \left\{ 1 + \frac{N_x}{N_L} \exp\left(\frac{E_B}{RT} \right) \right\} \sqrt{f} \exp\left(\frac{-3\,440}{T} \right) \tag{26.5}$$

其中，D 是氢扩散率（$m^2\ s^{-1}$），C_S 是饱和氢含量（质量 ppm），N_L 是每单位体积的晶格数，N_x 是每单位体积的缺陷数，E_B 是结合能。根据 San Marchi 等人的研究[50]，逸度 f 通过氢气压力表示如下：

$$f = p \exp\left(\frac{bp}{RT} \right) \tag{26.6}$$

其中，p 是氢气压力（MPa），b 是常数（$1.584 \times 10^{-5}\ m^3\ mol^{-1}$[50]）。当前情况下的拟合参数如下：$N_x / N_L = 2.1 \times 10^{-4}$，$E_B = 29.6\ kJ / mol$。从最小二乘法确定的结合能可以看出，溶解在低合金钢中的氢主要被捕集在位错中[51]。通常，钢中有许多缺陷位点[52]，并且它们的活化能可以通过在不同加热速率下的热脱附分析（TDA）获得[53]。

表 26-1　　　　　　　　　化学成分（质量%）和维氏硬度（HV）

材料	符号	C	Si	Mn	P	S	Cr	Mo	Ni	IIV
Cr-MO[a]	A	0.38	0.22	0.79	0.006	0.004	1.10	0.23	_ [c]	256
	B	0.37	0.21	0.77	0.012	0.007	1.07	0.23	_ [c]	289
	C	0.35	0.25	0.74	0.011	0.004	1.08	0.26	_ [c]	275
	D	0.36	0.18	0.78	0.013	0.005	1.04	0.20	_ [c]	258
要求（JISG3441）		0.33-0.38	0.15-035	0.60-0.85	≤0.030	≤0.030	0.90-120	0.15-030	≤0.25	_ [d]
Ni-Cr-MO[b]	E	0.43	0.27	0.82	0.005	0.002	0.91	0.23	1.95	292
要求（JIS G 4053）		0.36-0.43	0.15-0 J5	0.60-0.90	≤0.030	≤0.030	0.60-1.00	0.15-030	1.60-2.00	_ [d]

[a] JIS-SCM435

[b] JIS-SNCM439

[c] 未测量

[d] 未测量

Matsuoka 等人报道称[7]，通过电化学通电获得的 Cr-Mo 钢的饱和氢含量为 0.85 ppm（用 NH_4SCN 溶液在 40℃ 下浸泡 12 h），而 Takeuchi 等人则报道称[54]该值为 1.20 ppm（用 NH_4SCN 和 NaCl 的混合溶液在 0.3 mA / cm^2 的电流密度下进行 24 h 的阴极通电）。根据等式 26.5，室温下气态氢的相应压力分别估计为 190 MPa 和 250

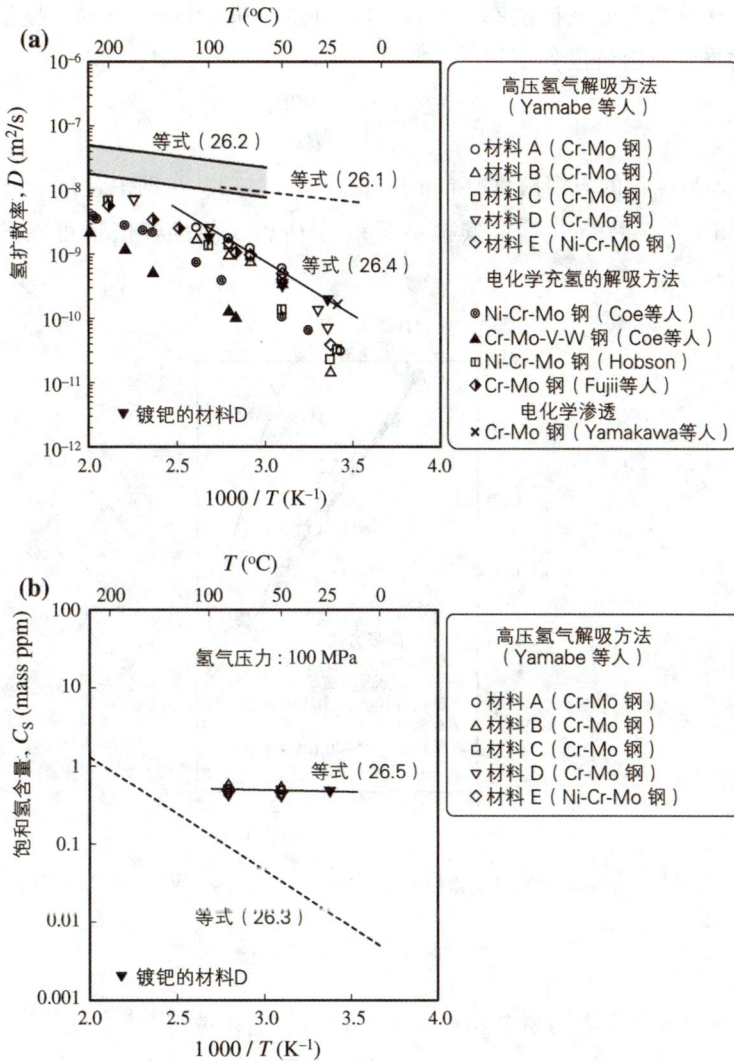

图 26-16　(a) 氢扩散率，(b) 各种低合金钢的饱和氢含量[39,45-48]

MPa。因此可以得出结论，普通的电化学通电条件要比在 100 MPa 这样的高压下暴露于氢气中更为严格。

　　图 26-17 展示了 300 系列奥氏体不锈钢的氢扩散率[50,55-57]。无论研究人员和测试方法如何变，氢扩散率均无显著差异。San Marchi 等人[50] 提供的 300 系列钢的推荐氢扩散系数如下：

$$D = 8.9 \times 10^{-7} \exp\left(-\frac{53\,900}{RT}\right) \tag{26.7}$$

其中，D 是推荐的氢扩散率（$m^2 \ s^{-1}$）。同样，San Marchi 等人[50]提供的 300 系列不锈钢的推荐氢溶解度如下：

$$S = 135\exp\left(-\frac{5\ 900}{RT}\right) \tag{26.8}$$

其中，S 是推荐的氢溶解度（$mol \ H_2 \ m^{-3} \ MPa^{-1/2}$）。在钢中，$1 \ ppm \ MPa^{-1/2}$转换为 $3.9 \ mol \ H_2 \ m^{-3} MPa^{-1/2}$[50]。其他不锈钢的 D 和 S 的推荐值也可在参考资料中查到[50]。

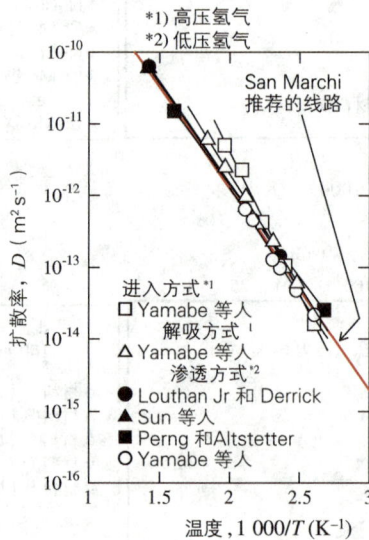

图 26-17　300 系列奥氏体不锈钢的氢扩散率[50,55-57]

26.5.2　铝材

Young 和 Scully 在参考资料中讨论了纯铝中的氢扩散行为[58]，文献[59]总结了其温度依赖性。图 26-18 展示了各种纯铝金属的氢扩散率的 Arrhenius 图，实验结果有很大差异。因此，难以量化纯铝金属的氢扩散率的温度依赖性。它们的温度依赖性似乎受其微观结构和纯度的影响。表面效应可能会影响实验数据。除了 Papp[60]报道的纯铝（99.8%）外，纯铝的氢扩散率比图 26-17 所示的 300 系列奥氏体不锈钢大。参考文献[61]还总结了铝合金的氢扩散率。

26.6　氢致橡胶断裂

各种高压气体的减压通常会导致橡胶材料内部破裂[62-66]，这称为起泡。图

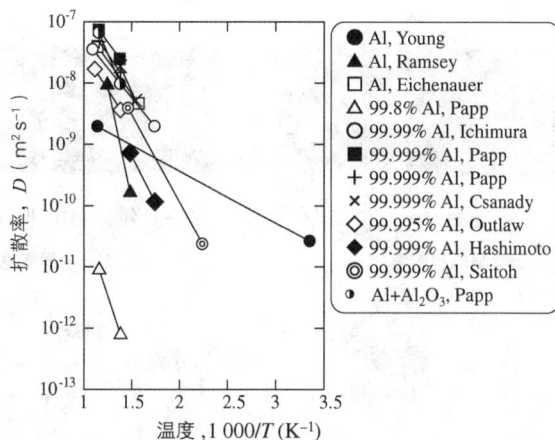

图 26-18　各种纯铝的氢扩散率[59]

26-19展示了在室温下暴露于 10 MPa 氢气的透明圆柱形橡胶（29 mm／12.5 mm）中的气泡。使用高压氢气也会发生减压故障[67]。高压氢气减压对橡胶造成的损坏受所用材料、密封件和环境条件的影响[67-69]。对于氢含量较高且拉伸性能较差的橡胶，由于起泡引起的裂纹损坏将变得更加严重。炭黑和二氧化硅等掺料可用于强化橡胶材料，从而提供出色的拉伸性能。但是，与二氧化硅相比，炭黑会增加橡胶的氢含量；因此，炭黑的添加对于提高抗起泡性不一定有效[67]。

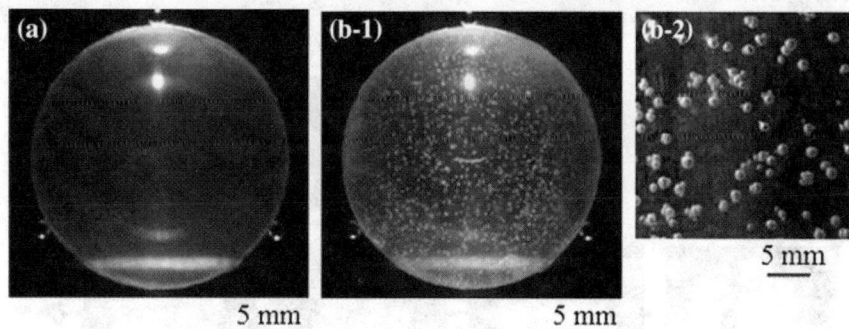

图 26-19　透明圆柱形橡胶的起泡破裂

（a）暴露于 10MPa 氢气之前，（b）暴露于 10MPa 氢气之后，（b-1）和（b-2）为低倍率和高倍率图片

　　在高压氢气下使用的实用化的橡胶 O 形圈中，除了起泡之外，有时还会观察到由于挤压（图 26-20（a））或弯曲（图 26-20（b））而引起的表面裂纹，因为高压氢气会引起 O 形圈的体积显著增加。这种体积增加称为膨胀[69]。因此，密封条件会显著影响橡胶 O 形圈在高压氢气中的耐久性。

　　图 26-21 展示了压力、温度和循环模式对氢压力循环试验中的橡胶 O 形圈裂

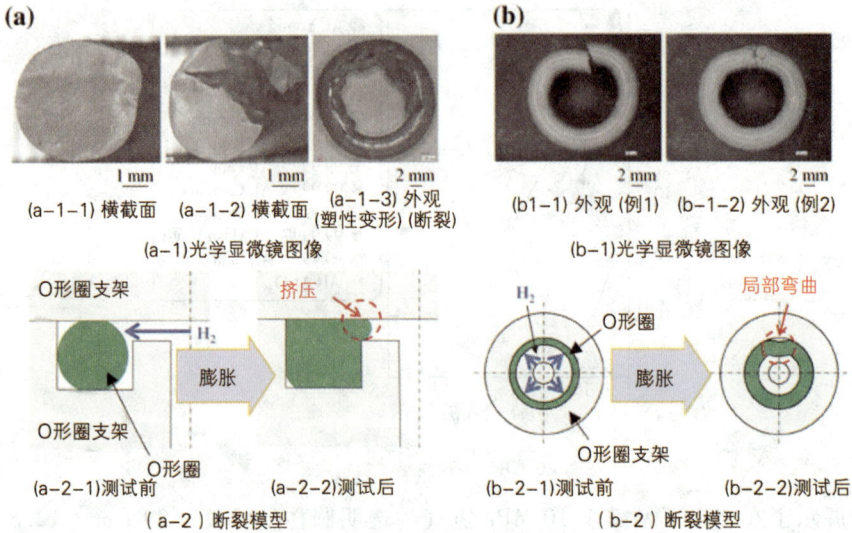

图 26-20　氢压力循环试验引发的 O 形圈表面裂纹[69]。(a) 高填充率下的断裂,(b) 低填充率下的断裂

纹损伤的影响。通过光学显微镜可观察到橡胶 O 形圈的横截面,并在 O 形圈中观察到表面裂纹和内部裂纹。该结果表明,橡胶 O 形圈的裂纹损伤不仅会受到氢气压力的影响,而且还受到环境温度和循环模式的影响。参考文献中讲述了氢气引起的橡胶断裂的细节[70]。

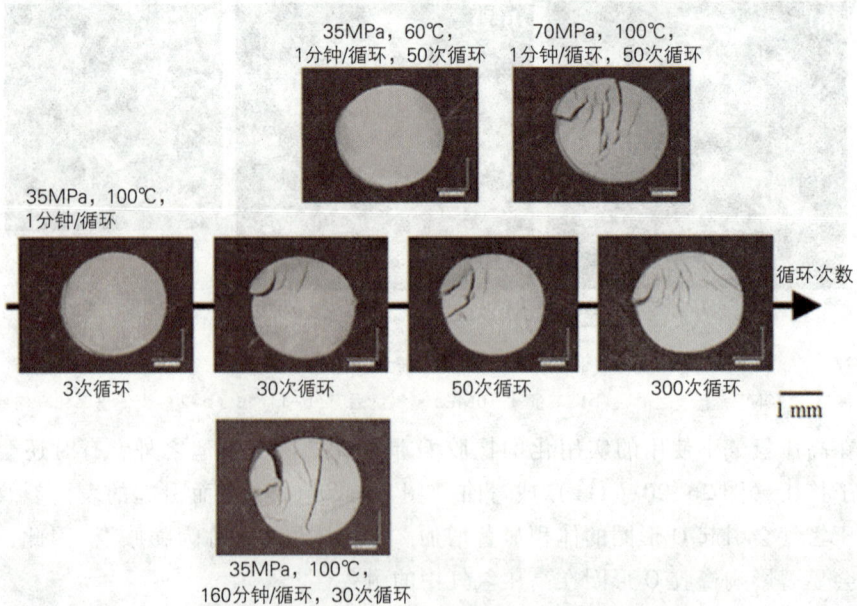

图 26-21　压力、温度和循环模式对氢压力循环试验中的橡胶 O 形圈损伤的影响[68]

参考文献

1. Murakami Y, Matsuoka S, Kondo Y, Nishimura S（2012）Mechanism of hydrogen embrittlement and guide for fatigue design. Yokendo, Tokyo

2. Gangloff RP, Somerday BP（eds）（2012）Gaseous hydrogen embrittlement of materials in energy technologies. Woodhead Publishing, Cambridge

3. Nagumo M（2008）Fundamentals of hydrogen embrittlement. Uchida Rokakuho, Tokyo

4. Gangloff RP（2003）Hydrogen assisted cracking of high strength alloys. In: Milne I（ed）Comprehensive structural integrity. Elsevier Science, New York, pp 31-101

5. Suresh S, Ritchie RO（1982）Mechanistic dissimilarities between environmentally influenced fatigue-crack propagation at near-threshold and higher growth rates in lower strength steels. Mater Sci Technol 16:529-538

6. Itoga H, Matsuo T, Orita A, Matsunaga H, Matsuoka S, Hirotani R（2014）SSRT and fatigue crack growth properties of high-strength austenitic stainless steels in high-pressure hydrogen382 J. Yamabe and S. Matsuoka gas（PVP2014－28640）. In: Proceedings of PVP-2014: ASME pressure vessels and piping division conference, Anaheim, California, USA, July 20-24 2014, ASME, American Society of Mechanical Engineers, New York

7. Ogirima Hirayama T（1970）Influence of chemical composition on martensitic transformation in Fe-Cr-Ni stainless Steel. J Japan Inst Met Mater 34:507-510

8. Sanga M, Yukawa N, Ishikawa T（2000）Influence of chemical composition on deformation-induced martensitic transformation in austenitic stainless steel. J Jpn Soc Technol Plast 41:64-68

9. Yamada T, Kobayashi H（2012）Material selection used for hydrogen station. J High Press. Gas Safety Inst Jpn 49:885-893

10. NASA（1997）Safety standard for hydrogen and hydrogen systems. NSS 1740.16, Washington DC

11. Matsuoka S, Homma N, Tanaka H, Fukushima Y, Murakami Y（2006）Effect of hydrogen on tensile properties of 900-MPa-class JIS-SCM435 low-alloy-steel for use in storage cylinder of hydrogen station. J Jpn Inst Met Mater 70:1002-1011

12. Thompson AW（1979）Ductile fracture topography: geometrical contributions and effects of hydrogen. Metall Trans A 10:727-731

13. Matsunaga H, Yoshikawa M, Kondo R, Yamabe J, Matsuoka S（2015）Slow strain rate tensile and fatigue properties of Cr-Mo and carbon steels in a 115 MPa hydrogen gas atmosphere. Int J Hydrogen Energy 40:5739-5748

14. Matsuo T, Homma N, Matsuoka S, Murakami Y（2008）Effect of hydrogen and

prestrain on tensile properties of carbon steel SGP (0. 078 C-0. 012 Si-0. 35 Mn, mass %) for 0. 1 MPa hydrogen pipelines. Trans JSME A 74:1164-1173

15. Morlet JG, Johnson HH, Triano AR (1958) A new concept of hydrogen embrittlement in steel. J Iron Steel Inst 189-1:37-41

16. Troiano AR (1960) The role of hydrogen and other interstitials in the mechanical behavior of metals. Trans ASM 52:54-80

17. Oriani RA, Josephic H (1974) Equilibrium aspects of hydrogen-induced cracking of steels. Acta Metall 22:1065-1074

18. Sofronis P, McMeeking RM (1989) Numerical analysis of hydrogen transport near a blunting crack tip. J Mech Phys Solids 37:317-350

19. Birnbaum HK, Sofronis P (1994) Hydrogen-enhanced localized plasticity: a mechanism for hydrogen-related fracture. Mater Sci Eng A 176:191-202

20. Robertson IM, Birnbaum HK (1986) An HVEM study of hydrogen effects on the deformation and fracture of nickel. Acta Metall 34:353-366

21. Nagumo M, Nakamura M, Takai K (2001) Hydrogen thermal desoption relevant to delayed-fracture susceptibility of high-strength steels. Metall Mater Trans A 32:339-347

22. Nagumo M, Uyama H, Yoshizawa M (2001) Accelerated failure in high strength steel by alternating hydrogen-charging potential. Scr Mater 44:947-952

23. Nagumo M, Ishikawa T, Endoh T, Inoue Y (2003) Amophization associated with crack propagation in hydrogen-charged steel. Scr Mater 49:837-842

24. Matsuo T, Yamabe J, Matsuoka S (2014) Effects of hydrogen on tensile properties and fracture surface morphologies of Type 316L stainless steel. Int J Hydrogen Energy 39: 3542-3551

25. Roger HC (1960) The tensile fracture of ductile metals. Trans ASME218:498-506

26. Cox TB, Low JR Jr (1974) An investigation of the plastic fracture of AISI 4430 and 18 Ni-200 grade maraging steels. Metall Trans 5:1457-1470

27. Matsuoka S, Tsutsumi N, Murakami Y (2008) Effects of hydrogen on fatigue crack growth and stretch zone of 0. 08 Mass% low carbon steel pipe. Trans JSME A 74:1528-1537

28. Tanaka H, Homma N, Matsuoka S, Murakami Y (2007) Effect of hydrogen and frequency on fatigue behavior of SCM435 steel for storage cylinder of hydrogen station. Trans JSME A 73:1358-1365

29. Yamabe J, Matsumoto T, Matsuoka S, Murakami Y (2012) A new mechanism in hydrogen-enhanced fatigue crack growth behavior of a 1900-MPa-class high-strength steel. Int J Fract 177:141-16226 Hydrogen Safety Fundamentals 383

30. Yamabe J, Itoga H, Awane T, Matsuo T, Matsunaga H, Matsuoka S (2016) Pressure cycle testing of Cr-Mo steel pressure vessels subjected to gaseous hydrogen. J Press Vess

Technol ASME 183-011401:1-13

31. Kanezaki T, Narazaki C, Mine Y, Matsuoka S, Murakami Y (2008) Effects of hydrogenon fatigue crack growth behavior of austenitic stainless steels. Int J Hydrogen Energy 33:2604-2619

32. Murakami Y, Kanezaki T, Mine Y, Matsuoka S (2008) Hydrogen embrittlement mechanism in fatigue of austenitic stainless steels. Metall Mater Trans A 39:1327-1339

33. Novak P, Yuan R, Somerday BP, Sofronis P, Ritchie RO (2010) A statistical, physical-based micro-mechanical mode of hydrogen-induced intergranular fracture in steel. J Mech Phys Solids 58:206-226

34. Itoga H, Watanabe S, Fukushima Y, Matsuoka S, Murakami Y (2013) Fatigue crack growth of aluminum alloy A6061-T6 in high pressure hydrogen gas and failure analysis on 35 MPa compressed hydrogen tanks VH3 for fuel cell vehicles. Trans JSME A 78:442-457

35. Ohnishi T (1989) Hydrogen in pure aluminum and in aluminum alloys. J Jpn Inst Light Met. 39:235-251

36. Wei RP, Simmons GW (1981) Resent progress in understanding environment assisted fatigue crack growth. Int J Fract 17:235-247

37. Swansiger WA, Bastasz R (1979) Tritium and deuterium permeation in stainless steel: influence of thin oxide films. J Nucl Mater 85-6:335-339

38. Hirth JP (1980) Effects of hydrogen on the properties of iron and steel. Metall Trans A 11:861-890

39. Yamabe J, Awane T, Matsuoka S (2015) Investigation of hydrogen transport behavior of various low-alloy steels with high-pressure hydrogon gas. Int J Hydrogen Energy 40:11075-11086

40. Yamabe J, Matsuoka S, Murakami Y (2013) Surface coating with a high resistance to hydrogen entry under high-pressure hydrogen-gas environment. Int J Hydrogen Energy 38:10141-10154

41. Yamabe J, Matsuoka S, Murakami Y (2014) Development of high-performance hydrogen barrier coating for steels. In: Proceedings of SteelyHydrogen2014 conference, Ghent, Belgium, May 5-7, 2014

42. Iijima Y, Hirano K (1975) Diffusion of hydrogen in metals. Bull Jpn Inst Met 14:599-620

43. San Marchi C, Somerday BP (2012) Technical reference for hydrogen compatibility of materials. Sandia report

44. Kiuchi K, McLellan RB (1983) The solubility and diffusivity of hydrogen in well-annealed and deformed iron. Acta Metall 31:961-984

45. Hobson JD (1958) The diffusivity of hydrogen in steel at temperatures of −78 to

200 ℃. J Iron Steel Inst 189：315-321

46. Coe FR, Moreton J（1966）Diffusion of hydrogen in low-alloy steel. J Iron Steel Inst 204：366-370

47. Yamakawa K, Minamino Y, Matsumoto K, Yonezawa S, Yoshizawa S（1980）Hydrogen absorbability of SCM steels and its effect on cracking behavior. J Soc Mater Sci Jpn 29：1101-1107

48. Fujii T, Nomura K（1984）Temperature dependence of hydrogen diffusivity of 2 1/4Cr-1 Mo steel. Tetsu-to-Hagane 70：104-111

49. Oriani RA（1970）The diffusion and trapping of hydrogen in steel. Acta Metall 18：147-157

50. San Marchi C, Somerday BP, Robinson SL（2007）Permeability, solubility and diffusivity of hydrogen isotopes in stainless steels at high gas pressures. Int J Hydrogen Energy 32：100-116

51. Gibala R（1967）Hydrogen-dislocation interaction in iron. Trans Met Soc AIME 239：1574-1585

52. Takai K（2004）Hydrogen existing states in metals. Trans JSME A 70：1027-1035

53. Choo WY, Lee JY（1982）Thermal analysis of trapped hydrogen in pure iron. Metall Trans A 13：135-140

54. Takeuchi E, Furuya Y, Hirukawa Y, Matso T, Matsuoka S（2013）Effect of hydrogen on fatigue crack growth properties of SCM435 steel used for storage cylinder in hydrogen station. Trans JSME A 79：1030-1040

55. Louthan MR Jr, Derrick RG（1975）Hydrogen transport in austenitic stainless steel. Corros Sci 15：565-577

56. Sun XK, Xu J, Li YY（1989）Hydrogen permeation behaviour in austenitic stainless steels. Mater Sci Eng, A 114：179-187

57. Perng T-P, Altstetter CJ（1986）Effects of deformation on hydrogen permeation in austenitic stainless steels. Acta Metall 34：1771-1787

58. Young GA Jr, Scully JR（1998）The diffusivity and trapping of hydrogen in high purity aluminum. Acta Mater 46：6337-6349

59. Scully JR, Young GA Jr, Smith SW（2012）Hydrogen embrittlement of aluminum and aluminum-based alloys. In：Gangloff RP, Somerday BP（eds）Gaseous hydrogen embrittlement of materials in energy technologies, vol 1. Woodhead Publishing Limited, Cambridge, pp 707-768

60. Papp K, Kovacs-Csetenyi E（1981）Diffusion of hydrogen in high purity aluminum. Scr Metall 15：161-164

61. Jia-He Ai, Lim MLC, Scully JR（2013）Effective hydrogen diffusion in aluminum alloy

5083-H131 as a function of orientation and degree of sensitization. Corrosion 69:1225-1239

62. Briscoe BJ, Savvas T, Kelly CT (1994) Explosive decompression failure of rubber: a review of the origins of pneumatic stress induced rupture in elastomer. Rubber Chem Technol 67:384-416

63. Gent AN, Tompkins DA (1969) Nucleation and growth of gas bubbles in elastomers. J Appl Phys 40:2520-2525

64. Gent AN, Lindley PB (1958) Internal rupture of bonded rubber cylinders in tension. Proc RSoc LON Ser-A 249:195-205

65. Zakaria S, Bricoe BJ (1990) Why rubber explodes. ChemTech 20:492-495

66. Briscoe BJ, Liatsis D (1992) Internal crack symmetry phenomena during gas-induced rupture of elastomers. Rubber Chem Technol 65:350-373

67. Yamabe J, Nishimura S (2009) Influence of fillers on hydrogen penetration properties and blister fracture of rubber composites for O-ring exposed to high-pressure hydrogen gas. Int J Hydrogen Energy 34:1977-1989

68. Yamabe J, Koga A, Nishimura S (2013) Failure behavior of rubber O-ring under cyclic exposure to high-pressure hydrogen gas. Eng Fail Anal 35:193-205

69. Koga A, Uchida K, Yamabe J, Nishimura S (2011) Evaluation on high-pressure hydrogen decompression failure of rubber O-ring using design of experiments. Int J Automotive Eng 2:123-129

70. Yamabe J, Nishimura S (2012) Hydrogen-induced degradation of rubber seals. In: Gangloff RP, Somerday BP (eds) Gaseous hydrogen embrittlement of materials in energy technologies, vol 1. Woodhead Publishing Li

第 27 章　氢气安全管理

Masahiro Inoue

摘要：本章介绍与氢气特性和燃烧、氢气扩散和氢传感器相关的氢气安全管理问题，同时还介绍了与氢有关的事故的预防方法以及消氢必要性的实例。

关键词：安全·氢燃烧·稀释气体·事件·事故·氢扩散·氢传感器·氢安全

27.1　氢造成的危险

"氢"是常用的一个词，但大多数人没有处理氢的实际经验，也没有意识到氢有多危险。虽然已经开发出许多方法来安全使用如汽油、城市燃气这样的既危险又有用的能源，但是它们仍然会导致许多事故的发生。氢能在未来有着光明的前景。因此，开发一种安全的方法来使用氢气以最大程度地减少事故的发生是当前的一项重要工作。

根据一份报告[1]，从 1965 年到 2005 年，与高压气体有关的事故中有 2.9% 涉及氢气。而当考虑到爆炸或火灾事故时，与氢相关的事故比例增加到 5.6%。这些统计数据表明，氢气比其他气体更危险。家用燃料电池是在低于 1 MPa 的压力下使用氢气的，而如 FCV 则使用 70 MPa 的氢气，大多数人对此是没有经验的。因此，重要的是仔细确认氢能的使用条件，才可以进行氢安全管理。

M. Inoue (✉)
Department of Earth Resources Engineering, Kyushu University,
Fukuoka, 819-0395, Japan
e-mail：inoue@ mine. kyushu-u. ac. jp

© Springer Japan 2016
K. Sasaki et al. （eds.）, *Hydrogen Energy Engineering*,
Green Energy and Technology, DOI 10.1007/978-4-431-56042-5_27

27.2 氢的性质

氢对人体无害，主要的安全隐患是燃烧和爆炸。在表 27-1 中将氢气的性质与甲烷（通常用作城市燃气）的性质进行了比较。从安全的角度来看，氢气具有一些重要性质，如下所述。

表 27-1   氢和甲烷的性质[2]

性质	单位	氢气	甲烷
密度 （1 atm, 20 ℃）	kg/m^3	0.0838	0.651
动力黏度 （1 atm, 20 ℃）	m^2/s	$105×10^{-6}$	$16.6×10^{-6}$
着火点 （在空气中）	℃	572	580
爆炸极限 （在空气中）	vol. %	4~75	5~15
扩散系数 （在空气中）	m^2/s	$6.66×10^{-5}$	$2.14×10^{-5}$
音速 （1 atm, 25 ℃）	m/s	1 308	449
最小点火能量	mJ	0.02	0.28
淬熄距离	mm	0.64	2.2
理想空燃比 （在空气中）	vol. %	29.53	9.48
燃烧速度 （在空气中）	m/s	2.65	0.4

图 27-1 展示了各种可燃气体的最小点火能量[2]。氢的最小点火能量 （0.02 mJ） 比甲烷的最小点火能量 （0.28 mJ） 低一个数量级。静电火花就可能引燃甲烷，当然目前已经采取了一些措施来减少甲烷使用中的火花隐患。在 2 kV 电压下发生放电现象时，人类可以听到并感觉到轻微的电击。放电能量定义为 $CE^2/2$，人体的电容 C 被认为是约 100 pF[3]。因此在 2 kV 电压下，放电能量约为 0.2 mJ。这虽然不足以点燃甲烷，但会点燃氢气。这表明目前对甲烷有效的常规防静电措施可能不足以用于氢气防静电。

图 27-2 展示了各种可燃气体的爆炸极限。空气中氢气的爆炸极限为 4% ~ 75%。与其他可燃气体相比，氢气的爆炸极限范围非常宽，值得关注。但是，任何可燃气体如果泄漏并积聚都将是危险的。实际上，即使是诸如面粉之类的粉末也会在适当的条件下爆炸。爆炸所需的三个元素是：氧气、燃料和火源。氧气可来自空气。如果氢气泄漏周围有点火源，则燃烧会立即开始。

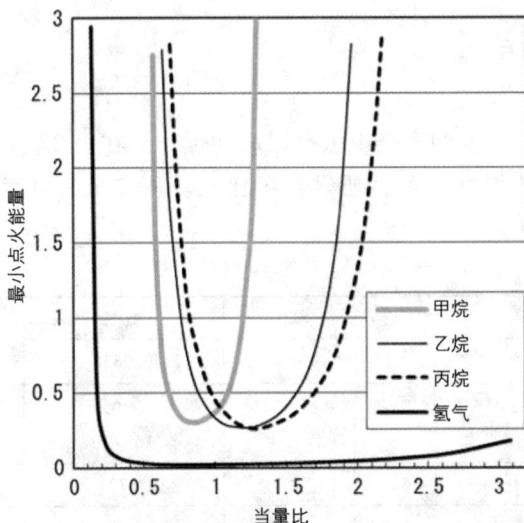

图 27-1   各种可燃气体的最小点火能量[2]

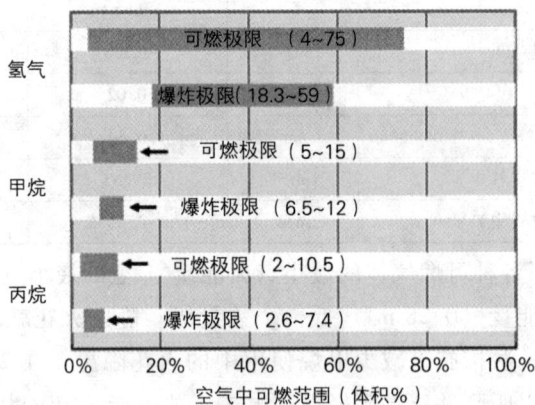

图 27-2   各种气体的燃烧极限[2]

　　图 27-3 展示了各种可燃气体的淬熄距离。淬熄距离是一个可以反映燃烧火焰能够通过的间隙大小的指标。氢气的淬熄距离为 0.64 mm，而甲烷的淬熄距离为 2.2 mm。阻火器经常被应用于燃烧装置的燃料气体供应管中，从而使火焰不能扩散到燃料供应侧进而引发爆炸。阻火器的关键原理是在异常燃烧时通过狭窄的间隙来熄灭火焰。从本质上讲，为甲烷设计的阻火器对氢气没有用，因为间隙太大了。此外，还要注意照明设备和传感器一定不能成为爆炸性环境中的点火源。在此类环境中使用的设备必须防爆。许多防爆设备的设计原理为：如果火焰在其内部点燃，由于间隙小于可燃气体的淬熄距离，故火焰不会扩散到外部。由于氢气所需的间隙很小

（小于 0.64 mm），因此在氢气环境中使用的防爆设备需要使用更先进的技术。

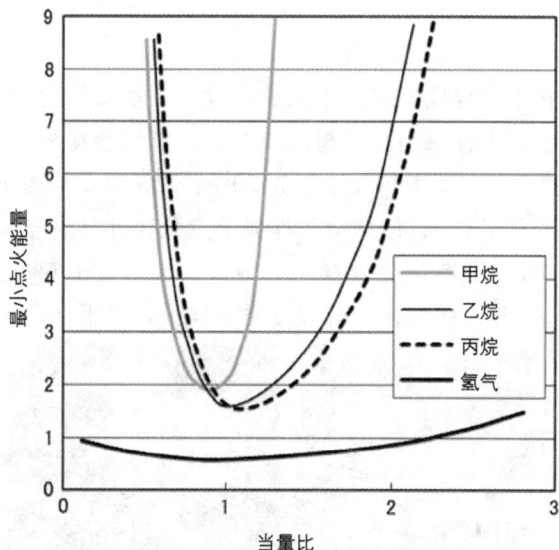

图 27-3　各种可燃气体的淬熄距离

　　图 27-4 展示了各种可燃气体的燃烧速度。这是可燃气体在垂直于火焰表面的方向上穿过火焰移动的速度。氢气的速度为 2.65 m/s，非常高，而甲烷的速度仅为 0.4 m/s。这些值是在空气静止时获得的。在平流或湍流条件下，气体燃烧更快。燃烧加快时压力增大，破坏周围材料的可能性也增大。

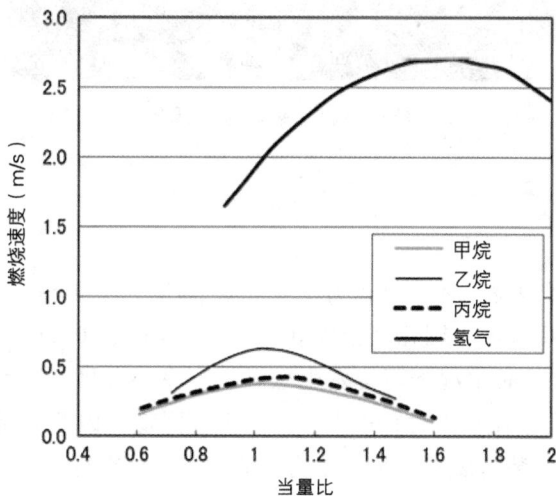

图 27-4　各种可燃气体的燃烧速度[2]

27.3 氢燃烧

氢的燃烧条件在很大程度上取决于氢的浓度。在氢浓度为 8% 时，燃烧速度缓慢，并且不会产生很多声音。当浓度超过 20% 时，氢气会猛烈燃烧。图 27-5 展示了边长为 120 mm 的立方容器中氢气浓度为 20%、22% 和 24% 时的燃烧状态和压力变化。尽管浓度只变化了 2%，但燃烧条件显著变化。此外，燃烧传播表现出方向性。如果浓度大于 4%，则燃烧会大量向上传播；浓度大于 6% 时，燃烧向上和水平传播；浓度大于 9% 时，燃烧将向所有方向（向上、水平和向下）传播[4]。

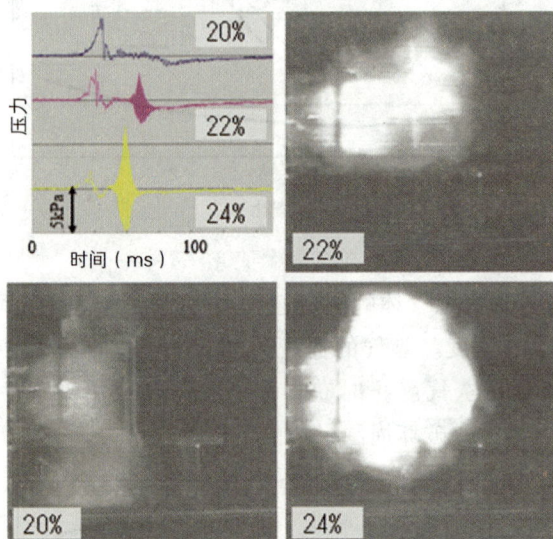

图 27-5 燃烧状态和压力变化

27.4 加压燃烧

图 27-6 展示了丙烷气体在直径为 100 mm、高度为 100 mm 的圆柱形带孔容器中的燃烧情况。图中反映了圆孔直径为 0、5、10、15 或 20 mm 时丙烷燃烧的最大过压。应当注意，在这种情况下不会发生氢燃烧。完全密封容器后，压力会增加到约 650 kPa。当圆孔直径较大时，最大压力会大大降低。因此如果不需要维持设备内部的压力，最好安装防爆膜以释放压力。通过理论计算可知，在绝热恒定体积条件下氢气燃烧的最大压力约为 820 kPa。

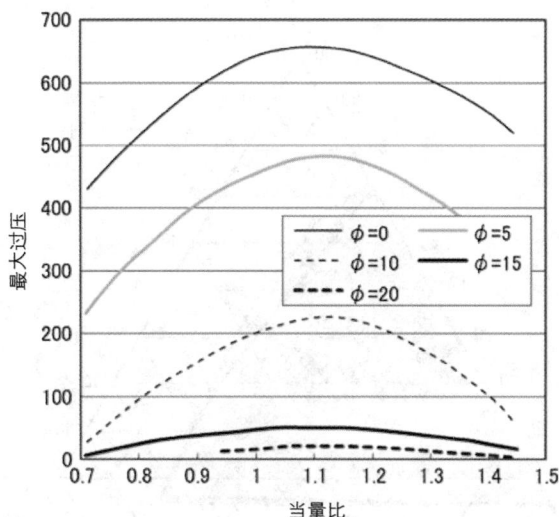

图 27-6　丙烷在容器中燃烧时的过压[2]

27.5　稀释气体的作用

如上所述，与空气混合的氢气的可燃范围为 4%～75%。如果将另一种稀释气体（如 CO_2）混入氢气与空气的混合物中，则可燃性范围会发生变化。图 27-7 展示了稀释气体对氢气可燃范围的影响。当二氧化碳的浓度为 59% 左右或更高时，或者当氮的浓度为 73% 左右或更高时，氢不会燃烧。此外，当空气浓度为 18% 左右或更低时，无论稀释气体的类型如何，氢气都不会燃烧。

27.6　氢相关事故的预防

与氢有关的事件或事故通常是由于以下过程引起的：泄漏、扩散、积累、点燃和爆炸，如图 27-8 所示。因此有必要针对这些事件或事故的每个阶段制定对策。具体包括泄漏预防、泄漏检测、人员疏散、氢气消散系统、电源关闭和燃烧控制。某燃气公司的安全格言是"不泄漏，不积累，无点燃"。对于氢而言，最重要的是根本不泄漏。然而，事故或事故报告表明，防止氢泄漏并不容易[1]。第二个实际考虑因素是"不积累"。最危险的情况之一是氢气在没有良好通风条件的房间泄漏。在这种情况下，控制最大氢气泄漏量来确保安全是有效的。传统的气瓶包含 $7m^3$ 的氢气。如果所有的氢气都从钢瓶中泄漏出来，那么在 $75\ m^3$ 的房间中氢气的浓度

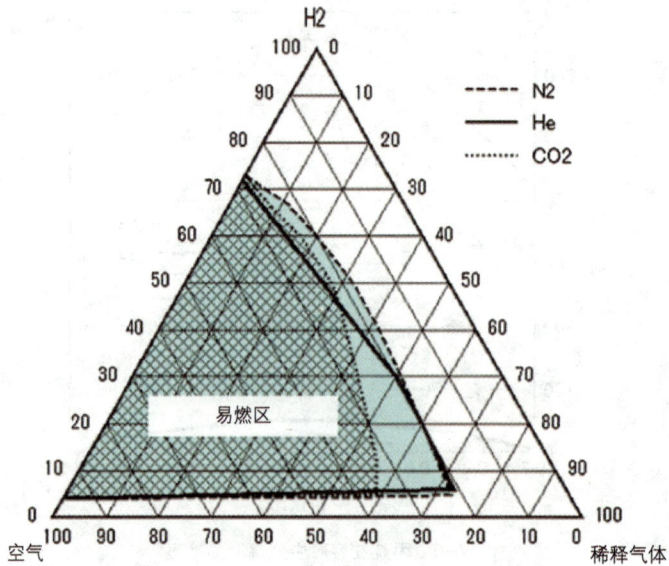

图 27-7 稀释气体对可燃范围的影响（体积%）[4]

将约为 8.5%。该浓度在氢可燃范围内，会很危险。在另一种情况下，如果泄漏量为 1.5 m³（较小气瓶），则同一房间内的氢气浓度约为 2%。该浓度低于可燃范围，房间会相对安全。

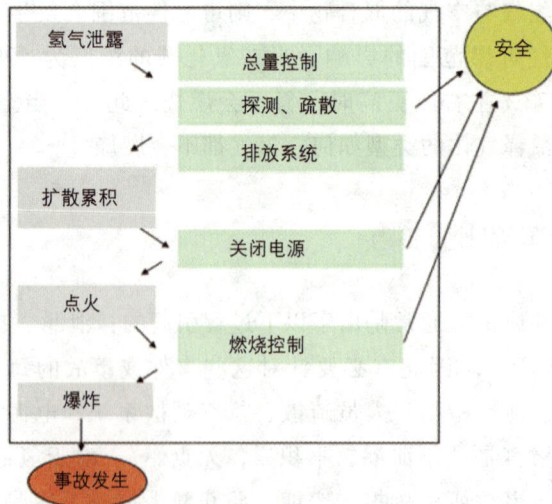

图 27-8 氢灾难的预防

27.7 氢气扩散

根据实验，当氢气在房间中泄漏时，它会与周围的空气混合。因此，氢气浓度在天花板附近可达 20% ~ 30%[5]。只要在 75 m³ 的室内泄漏了 1.5 m³ 的氢气，则泄漏后将很快在天花板附近的 0.3 m 厚的气层中形成浓度约为 20% 的氢气，浓度达 20%，在燃烧浓度范围之内。随后，氢气的最大浓度将逐渐降低，并通过分子扩散变得均匀。最后，氢气浓度达到 2% 左右，即 1.5/75 的比值，被认为是安全的。

为了估算达到安全浓度所需的时间，针对这种情况需要求解一个扩散方程，如图 27-9 所示。氢气最大浓度随时间降低。整个房间在 240 分钟时最大浓度达到 4% 或更低，房间中的氢气达到安全浓度。从图 27-9 可以看出，氢气的扩散非常缓慢。由于氢气的扩散率高，人们总假设氢气会立即扩散到外部，但这个假设是错误的。尽管房间中的氢气最终会通过扩散达到安全浓度，但最好不要不采取任何安全措施使房间长时间处于危险之中。必须通过气流驱散泄漏的氢气，并且使用氢气的地方应始终保持良好的通风条件。

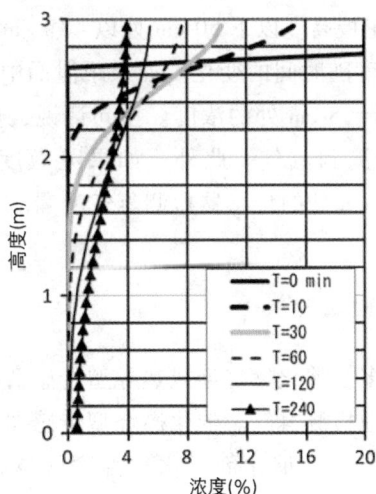

图 27-9 扩散引起的氢气浓度变化

27.8 氢消除必要性示例

在建筑物的停车场（如图 27-10 所示）或开口较小的车库中，泄漏的氢气容易积聚。停车场通道或通风管道中的气流可用于消除累积的氢气泄漏。但是，不管气流如何,都不能在短时间内吹散大量泄漏的氢气。

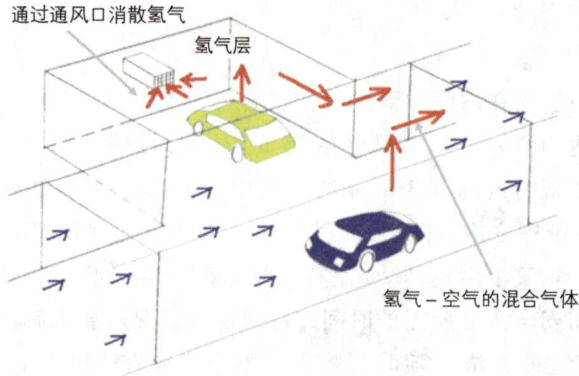

图 27-10 建筑物中的停车场

27.9 天花板附近的氢扩散

在一个理想的房间(图 27-11)中进行氢扩散的实验,该房间水平圆形天花板的半径约为 1.2 m。在天花板高度以下 50 cm 处以 48 L/min 的泄漏速率模拟氢气泄漏。图 27-11 展示了氢浓度随时间的变化。如果距泄漏中心的径向距离 r 相同,则 h = 0 cm 处的浓度高于 h = 8 cm 处的浓度。换句话说,更靠近天花板的传感器可以比其他传感器更早地检测到氢气。此外,如果灵敏度达不到氢气泄漏量的约 0.2%,则很难通过 h = 8 cm 处的传感器检测氢气泄漏。

27.10 氢气传感器

氢气传感器的类型很多。催化燃烧型或热导型传感器在实际中被广泛使用。这两个传感器都不能选择性地检测氢气。催化燃烧型传感器的测量原理是空气中的氢浓度越高,传感器元件的燃烧(催化剂氧化)温度就越高。该传感器不能在没有氧气的环境中使用。此外,当存在另一种可燃气体时,不能获得准确的氢气浓度值,而传感器在测量过程中会消耗氧气和氢气。因此,氢气浓度在较小的封闭空间中会随时间明显下降。

热导型传感器的原理是,传感器元件的散热取决于周围气体的导热率。因此,该传感器的使用不需要氧气。但是,当存在混合空气以外的气体时,其无法获得准确的氢气浓度值。只有了解传感器的特性才能正确使用它们。

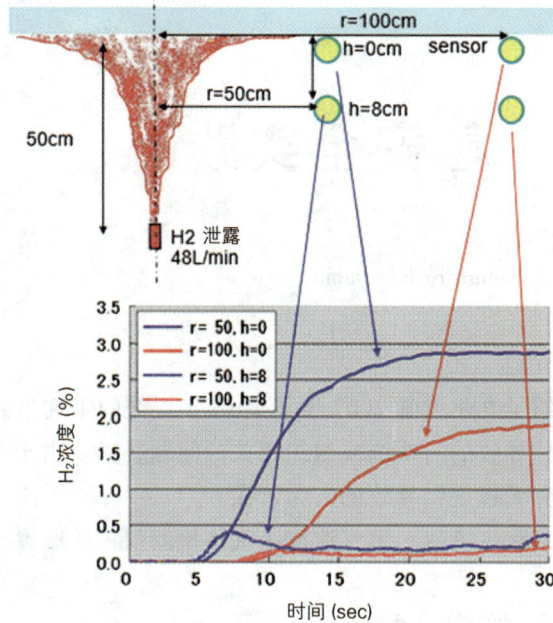

图 27-11　天花板附近的氢气浓度[5]

参考文献

1. Accidents and incidents data base（2002）High Pressure Gas Safety Institute of Japan，Tokyo

2. Sato Y（2005）Hydrogen character relating safety. J Jpn Soc Safety Eng 44:378-385

3. Moriyama T（2007）Introduction for electric safety. J Jpn Soc Safety Eng 46:136-143

4. Yagyu S （1977） Flammable limits of gas and vapor. Japan Society for Safety Engineering，Tokyo

5. Inoue M，Tsukikawa H，Kanayama H，Matsuura K（2009）Experimental study on leaking hydrogen dispersion in a duct and under a ceiling. J Hydrog Energy Syst Sci Jpn 34:32-43

第 28 章　氢安全实践

Junichiro Yamabe and Nobuhiro Kuriyama

摘要：本章介绍了九州大学 2007 年至 2013 年提交的未遂事故报告，内容涉及机器功能和安全措施导致的与系统或组织相关的问题，以及由于无意识行为、冲动行为、不完全认知和无视规则导致的人为错误。

关键词：未遂事故·事故·氢气泄漏·气体检测仪·O 形圈·氢安全

28.1　氢能设施的安全措施和装置

为了确保诸如压力容器和管道在内的氢能系统中各类组件的安全运行，我们必须考虑氢脆（HE）、氢安全管理和氢安全。当我们处理高压气态氢时，必须根据日本关于高压气体的法规《高压气体安全法》来设计在高压下工作的组件。基于这个法规，组件由对氢脆具有高抵抗力的材料制成。此外，法规要求对组件进行年检以发现意外故障。在实践中实现氢安全对于防止运行期间的氢泄漏非常重要。因此，需要一种能够快速检测氢泄漏和氢释放的系统。研究人员在九州大学的两个研究中心（国际氢能研究中心和氢工业利用与存储研究中心——HYDROGENIUS）进

J. Yamabe (✉)
International Research Center for Hydrogen Energy, Kyushu University,
Fukuoka 819-0395, Japan
e-mail：yamabe. junichiro. 575@ m. kyushu-u. ac. jp

N. Kuriyama
Research Institute of Electrochemical Department of Energy and Environment,
National Institute of Advanced Industrial Science and Technology, Osaka 1-8-31, Japan
e-mail：kuriyama-n@ aist. go. jp

© Springer Japan 2016
K. Sasaki et al. （eds.），*Hydrogen Energy Engineering*,
Green Energy and Technology, DOI 10. 1007/978-4-431-56042-5_28

行了实验。在这些单位运行着许多使用氢气的实验仪器和基础设施。每个房间都装有一个通风橱，下面安装了相关的实验仪器（图 28-1）。此外，房间内装有防爆照明灯，并且每层都装有监控面板以监视仪器的状况，一般通过安装在通风橱中的风扇进行通风。任何仪器的氢泄露都能够被通风橱风扇中的氢气检测器检测到（图 28-2）。每个房间还安装了氧气检测仪，以防止人员窒息（图 28-3）。当检测到氢气浓度超过 500 ppm 或 1 000 ppm 时，第一级警报响起。第一级和第二级警报包括旋转警示灯和扬声器。除了这些警报之外，当检测到氢气泄漏时，将停止氢气供应并自动进行通风。氢气通常从管道接头和压力容器的密封部分泄漏。因此，在实验之前需要使用便携式气体检测仪进行检测。

图 28-1　装配在实验室中的通风橱

图 28-2　装配在实验室中的氢气探测器

28.2　未遂事故报告案例

为了避免发生大事故或类似事故再次发生，我们应该加强对小事故、未遂事故以及潜在的严重错误的学习和宣传。因此，九州大学要求人员提交未遂事故报告，并进行年度安全培训和灾难演习。管理者们会在健康和安全会议期间讨论未遂事故报告，然后为减少将来发生类似事件的可能性适当更新安全措施。我们从"由于

图 28-3　装配在实验室中的氧气探测器

机器功能和安全措施导致的系统或组织相关的问题”以及“由于无意识行为、冲动行为、不完全认知和无视规则导致的人为错误”这两个方面分析了 2007 年至 2013 年提交的未遂事故报告。表 28-1 展示了未遂事故报告的结果。通过对这些报告的分析，我们观察到以下趋势：

（1）最频繁地操作高压氢气设备的人员通常是技术人员。因此，来自这些工作人员的未遂事故报告的比例相对较高；

（2）几乎一半的未遂事故报告源于人为错误；

（3）组件最初的问题往往会在安装后 1 到 2 年出现，而组件性能退化问题往往会出现在安装 6 年或更长时间以后；

（4）高压氢气组件安装后 2 至 3 年往往会出现问题；

表 28-1　　　　　　　　　　　　　　未遂事故报告的结果

分类	机械故障		人为错误				其他	总计	%
	机械功能	安全措施	无视规则	不完全认知	冲动行为	无意识行为			
教授	4	2	2	0	0	0	0	8	9.6
技术人员	21	8	3	4	0	0	0	36	43.4
博士后	0	0	0	0	0	0	0	0	0.0
博士研究生	0	0	1	2	0	0	0	3	3.6
硕士研究生	5	1	8	8	0	0	0	22	26.5
本科生	1	0	0	0	0	0	0	1	1.2
研究人员	0	0	0	0	0	0	0	0	0.0
供应商	3	1	7	1	1	0	0	13	15.7
未知	0	0	0	0	0	0	0	0	0.0
总计	34	12	21	15	I	0	0	83	100
%	41.0	14.5	25.3	18.1	1.2	0.0	0.0	100	—

（5）许多专家可能会因忽略相关步骤而导致人为错误；

（6）几乎所有与供应商有关的人为错误都是由缺乏足够的沟通或误解引起的；

（7）几乎一半的氢气泄漏被归因于密封问题，而这些问题中有一半是由 O 形圈引起的。

图 28-4 展示了用于高压气态氢的橡胶 O 形圈失效的例子。第 26 章曾提及高压气态氢的快速减压通常会导致 O 形圈的体积显著扩大，从而导致 O 形圈失效。

图 28-4　失效后的用于密封高压气态氢的 O 形圈

第 29 章　氢对金属拉伸性能的影响

Shigeru Hamada

摘要：本章描述氢对金属拉伸性能的影响，表明对于具有较高抗拉强度的材料，氢辅助的断裂更为明显。研究还表明，奥氏体不锈钢的相对断面收缩率与镍当量密切相关。

关键词：氢·氢辅助的断裂·慢应变速率拉伸试验·断面收缩率·镍当量·奥氏体稳定性·钢·氢安全

29.1　氢存在条件下的拉伸性能评估

拉伸性能通常用于评估氢对金属强度的影响。本章将介绍氢对金属拉伸性能的影响。氢对金属拉伸性能的影响已有多种测量方法，其中以慢应变速率测试（SSRT）最为常见。由于氢浓度在应力集中的材料区域增加，特别是随着断裂的发生，氢对拉伸性能的影响是与时间相关的。因此，SSRT 强调了这些与时间相关的特性。

总的来说，氢对断面收缩率（RA）的影响与抗拉强度 σ_B 和 σ_{uts} 密切相关[1]。我们通过测量相对断面收缩率（RRA）来研究氢气对 RA 的影响。

S. Hamada (✉)
Department of Mechanical Engineering, Kyushu University,
Fukuoka 819-0395, Japan
e-mail: hamada@ mech. kyushu-u. ac. jp

© Springer Japan 2016
K. Sasaki et al. （eds.）, *Hydrogen Energy Engineering*,
Green Energy and Technology, DOI 10. 1007/978-4-431-56042-5_29

29.2 氢环境中有缺口和无缺口试样的抗拉强度和延性

如第 26 章[2]所述，NASA 数据库中提供了各种金属材料在高压气态氢中的有缺口和无缺口（光滑）试样的抗拉强度值以及无缺口试样的拉伸延性值。Walter 等人[3,4]和 Chandler 等人[5]也报告了其中一些数据。Chandler 等人[5]设计了测量在 69 MPa 高压氢气条件下材料的拉伸延性的专用设备。图 29-1 展示了这个实验装置的示意图。使用该仪器的试样直径为 7.77mm、长 229mm。无缺口试样用长为 3.18 mm、直径为 6.35 mm 的标准件进行标记。有缺口试样在中间面（midplane）处有一个角度为 60°的 V 形缺口。无缺口试样采用十字头步进，通常以 0.127mm/min 的速率被拉伸，而有缺口试样通常采用对应于 0.0007/min 应变率的加载速率。

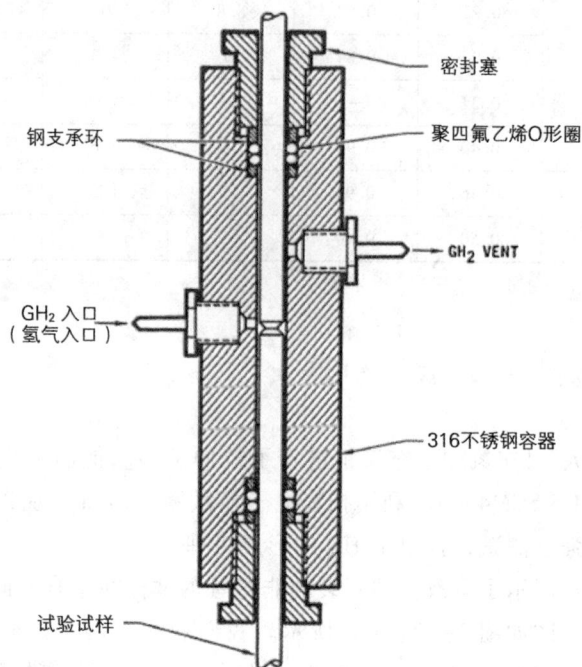

图 29-1 高压氢气环境拉伸试验容器中密封的试样[5]

如第 26 章所述，根据材料对氢脆（HE）的敏感性，数据库中将材料分为四个等级。NASA 数据库的布局如表 29-1 所示，该表展示了数据库的一部分。表中列出的所有金属都是"极易氢脆"的。然而，一些无缺口试样的强度比（H_2/He）接近 1。因此，在根据试验结果进行金属选择试验时，需要考虑试验条件（包括试样形状、缺口类型或无缺口类型）。

表 29-1   材料在 69 MPa 和 22℃下的氢脆敏感性[2]

材料	强度比，H_2/He		无缺口材料展延性			
	有缺口试样[a]	无缺口试样	延伸率%		断面收缩率	
			He	H_2	He	H_2
极易氢脆						
I8Ni-250 马氏体时效钢	0.12	0.68	8.2	0.2	55	2.5
410 不锈钢	0.22	0.70	15	1.3	60	12
1042 钢（淬火和回火）	0.22	—	—	—	—	—
17-7 pH 不锈钢	0.23	0.92	17	1.7	45	25
Fe-9Ni-4Co-0.20C	0.24	0.86	15	0.5	67	15
H-11	0.25	0.57	8.8	0	30	0
René 41	0.27	0.84	21	4.3	29	11
电成形镍	0.31	—	—	—	—	—
4140	0.40	0.96	14	2.6	48	9
718 合金	0.46	0.93	17	1.5	26	1
440C	0.50	0.40	—	—	3.2	0

[a] 应力集中系数，$K_t = 8.4$

29.3 拉伸试验中的氢脆机理

Matsuoka 等人[6]对充氢和不充氢钢进行了拉伸试验。他们测量了 900 MPa 级调质铬钼钢试样（JIS-SCM435），利用扫描电子显微镜（SEM）观察断口形貌和表面形貌，结合抗拉强度测试，提出了 HE 的形成机理。

图 29-2（a）展示了具有拉伸断裂的非充氢钢试样在垂直方向上的横截面。充氢试样的相应示意图如图 29-2（b）所示。我们观察到两个试样都有杯形和锥形断裂面。在图 29-2 中，虽然不充氢和充氢试样的正应力断裂带具有近似相同的尺寸，但充氢试样的剪切应力断裂带较大。

这表明氢影响了剪切应力断裂带的形成。在颈缩过程中，试样的局部截面积减小。氢会促进剪切应力引起的滑移变形，使剪切应力断裂容易发生，这就导致了颈缩过程中的剪切应力断裂带尺寸增大。因此，对于预充氢的 JIS-SCM435，氢增强局部塑性（the hydrogen-enhanced localized plasticity，HELP）模型[7-9]可以将拉伸试验结果解释为：在室温大气环境下，由于氢的存在，降低了 RA。

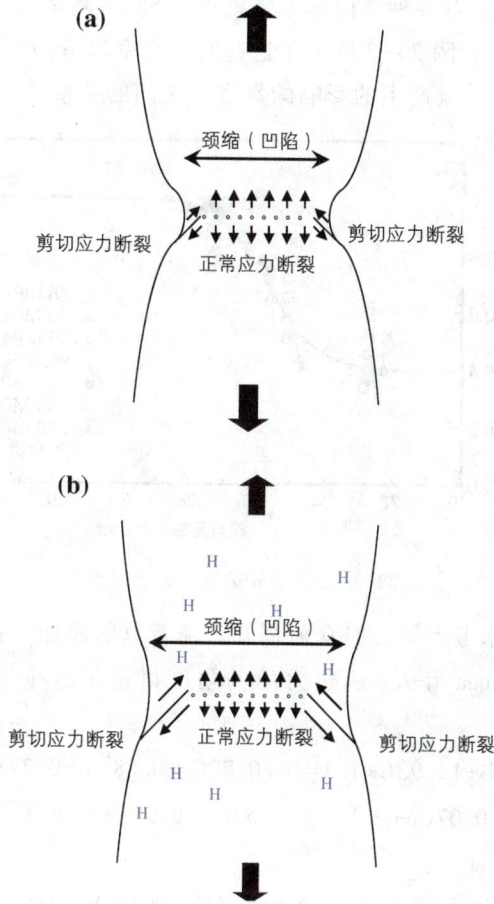

图 29-2 拉伸断裂过程示意图

（a）和（b）分别是室温空气环境下拉伸试验中不充氢和充氢试样的过程[6]

29.4 氢对拉伸性能的影响

29.4.1 镍当量对氢气氛中奥氏体不锈钢 RRA 的影响

奥氏体不锈钢具有良好的抗氢脆性能。该种不锈钢的拉伸性能与马氏体相变密切相关。而氢对该种不锈钢 RRA 的影响也与马氏体相变密切相关，并依赖于奥氏体稳定元素（Ni 和 Cr）。Hirayama 等人[10,11]从热力学的角度讨论了这个问题，并提出了以下等式，用以计算可反映奥氏体稳定性的镍当量——Ni_{eq}。

$$Ni_{eq} = Ni + 0.65Cr + 0.98Mo + 1.05Mn + 0.35Si + 12.6C \tag{29.1}$$

Yamada 等人[12]通过对各种奥氏体不锈钢进行 SSRT 测试，并使用等式 29.1，研究了氢对 RRA 的影响。图 29-3 展示了这些研究在室温下的结果。从图 29-3 中可观察到镍当量和 RRA（氢产生的影响的量度）之间的关系。

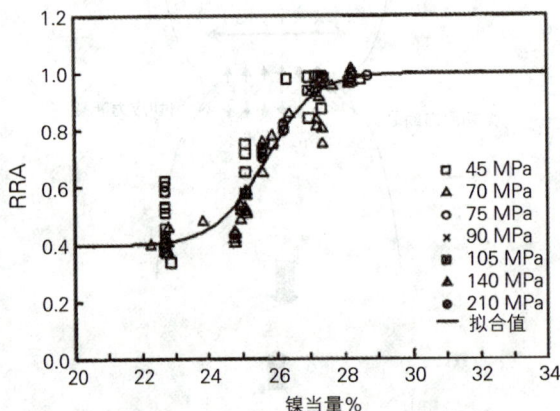

图 29-3　室温下 RRA 与 Nieq 的关系[12]

尽管等式 29.1 未考虑氮，但众所周知，随着氮的添加，拉伸特性将改善。因此，通过考虑氮，Sanga 等人[13]从热力学的角度讨论了这个问题，并提出了以下等式：

$$Ni_{eq} = Ni + 12.93C + 1.11Mn + 0.72Cr + 0.88Mo - 0.27Si - 0.24Ti$$
$$- 0.07Co + 0.19Nb + 0.53Cu + 0.90V + 0.70W - 0.69Al + 7.55N$$

$$(29.2)$$

Oshima 等人[14]研究和讨论了合金元素对五种 Cr-Mo-Ni 冷轧钢板的结晶结构、机械特性以及奥氏体稳定性的影响，并提出了以下等式：

$$Ni_{eq} = Ni + Cu + 15.9(C+N) + 0.32Si + 0.28Mn + 0.64Mo + 0.47Cr + 2.3Nb \quad (29.3)$$

使用等式 29.3，Itoga 等人[15,16]研究了高强度奥氏体不锈钢的 SSRT 特性，并得到了其与镍当量的关系。图 29-4 展示了研究结果。图中不同数据点旁边的数字是 RRA 值。标记 D 与断面上的凹陷有关，而标记 QC 则表示断面上的准解理断裂。观察到的镍当量和 RRA（氢产生的影响的量度）之间的关系与图 29-3 所示的关系类似。

29.4.2　氢对奥氏体不锈钢拉伸性能的影响

Itoga 等人[15,16]用 SSRT 测试研究了温度和气体环境对 304 和 316L 型不锈钢拉伸性能的影响。316L 型不锈钢具有良好的抗氢脆性能。图 29-5 展示了标称应力和标称应

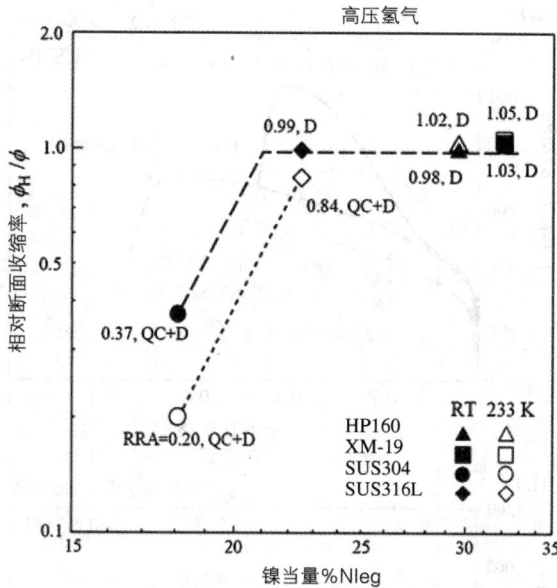

图 29-4　RRA 与镍当量的关系，数据点旁边的数字表示 RRA 值[15,16]

变之间的关系。我们观察到 304 型不锈钢和 316L 型不锈钢的标称应力-应变图之间存在显著差异。这些钢在达到最大载荷点之前断裂，或者在没有氢气的条件下断裂。

对于 304 型不锈钢（图 29-5（a）），在室温下、82 MPa 氢气中测得的抗拉强度和 RA 比在大气中测得的结果低。而在 0.1 MPa 氮气中，通过应变诱发马氏体相变提高了材料的抗拉强度。另外，在 109 MPa 氢气的低温环境下，拉伸破坏发生在应变诱发马氏体相变之前，因此可观察到抗拉强度和 RA 的显著降低。

对于 316L 型不锈钢（图 29-5（b）），一方面，在室温、78 MPa 氢气中抗拉强度和 RA 几乎与在大气条件下相同；另一方面，虽然在低温（-40℃）、115 MPa 氢气中其抗拉强度有所提高，但与在 0.1MPa 氮气中观察到的相比，RA 在低温（-40℃）下降低了约 16%。此外，对于具有良好的抗氢脆特性的 316L 型不锈钢，在暴露于氢气中后，RA 也会降低，因此氢脆会发生在低温下（如-40℃）。

参考文献

1. Fukuyama S, Imade M, Iijima T, Yokogawa K（2008）Development of new material testing apparatus in 230 MPa hydrogen and evaluation of hydrogen gas embrittlement of metals. ASME Pressure Vessels and Piping Division（Publication）PVP 2008-61849, pp 235-240

2. NASA（1997）Safety standard for hydrogen and hydrogen systems. Washington, DC,

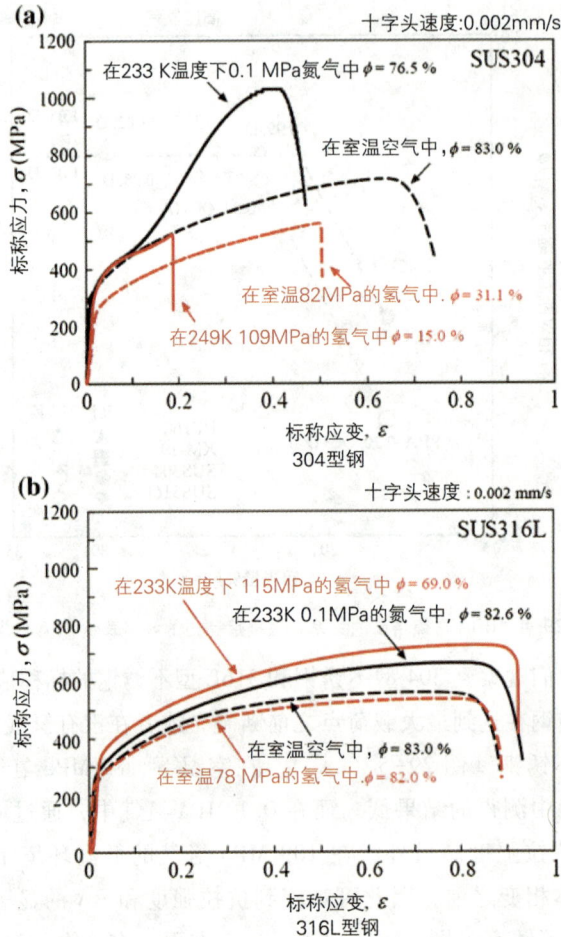

(a)

十字头速度:0.002mm/s

标称应力，σ(MPa)

SUS304

在233 K温度下0.1 MPa氮气中 $\phi = 76.5$ ％

在室温空气中，$\phi = 83.0$ ％

在室温82MPa的氢气中. $\phi = 31.1$ ％

在249K 109MPa的氢气中 $\phi = 15.0$ ％

标称应变，ε
304型钢

(b)

十字头速度：0.002 mm/s

标称应力，σ(MPa)

SUS316L

在233K温度下 115MPa的氢气中 $\phi = 69.0$ ％

在233K 0.1MPa的氮气中，$\phi = 82.6$ ％

在室温空气中，$\phi = 83.0$ ％

在室温78 MPa的氢气中. $\phi = 82.0$ ％

标称应变，ε
316L型钢

图 29-5　304 型钢和 316L 型钢在室温、−40℃～27℃、78 MPa～115 MPa 氢气中的标称应力–应变曲线[15,16]

（a）304 钢，（b）316L 钢

NSS 1740. 16

3. Walter RJ, Chandler WT（1971）Influence of hydrogen pressure and notch severity onhydrogen-environment embrittlement at ambient temperatures. Mater Sci Eng 8：90-97

4. Walter RJ, Jewett RP, Chandler WT（1970）On the mechanism of hydrogen-environment embrittlement of iron-and nickel-base alloys. Mater Sci Eng 5：99-110

5. Chandler W, Walter R（1974）Testing to determine the effect of high-pressure hydroge nenvironments on the mechanical properties of metals. In：Raymond L（ed）Hydrogen embrittlement testing STP 543. ASTM Special Technical Publication, pp 170-197

6. Matsuoka S, Homma N, Tanaka H, Fukushima Y, Murakami Y（2006）Effect of hydrogen on tensile properties of 900-MPa-class JIS-SCM435 low-alloy-steel for use in storage

cylinder of hydrogen station. J Jpn Inst Met Mater 70:1002-1011

　　7. Sofronis P, McMeeking RM (1989) Numerical analysis of hydrogen transport near a blunting crack tip. J Mech Phys Solids 37:317-350

　　8. Birnbaum HK, Sofronis P (1994) Hydrogen–enhanced localized plasticity: a mechanism for hydrogen-related fracture. Mater Sci Eng A 176:191-202

　　9. Robertson IM, Birnbaum HK (1986) An HVEM study of hydrogen effects on the deformation and fracture of nickel. Acta Metall 34:353-366

　　10. Hirayama T, Ogirima M (1970) Influence of chemical composition on martensitic transformation in Fe-Cr-Ni stainless steel. J Jpn Inst Met Mater 34:507-510

　　11. Hirayama T, Ogirima M (1970) Influence of martensitic transformation and chemical composition on mechanical properties of Fe-Cr-Ni stainless steel. J Jpn Inst Met Mater 34:511-516

　　12. Yamada T, Kobayashi H (2012) Criteria of selecting materials for hydrogen station equipments. J High Press Gas Safety Inst Jpn 49:885-893

　　13. Sanga M, Yukawa N, Ishikawa T (2000) Influence of chemical composition on deformation-induced martensitic transformation in austenitic stainless steel. J Jpn Soc Technol Plast 41:64-68

　　14. Oshima T, Habara Y, Kuroda K (2007) Effects of alloying elements on mechanical properties and deformation-induced martensite transformation in Cr-Mn-Ni austenitic stainless steels(transformations and microstructures). Tetsu-to-Hagane 93:544-551

　　15. Itoga H, Matsuo T, Orita A, Matsunaga H, Matsuoka S, Hirotani R (2014) SSRT and fatigue crack growth properties of high-strength austenitic stainless steels in high-pressure hydrogen gas (PVP2014-28640). In: Proceedings of PVP-2014: ASME pressure vessels and piping division conference, Anaheim, California, USA, 20-24 July 2014, ASME, New York, NY

　　16. Itoga H, Matsuo T, Orita A, Matsunaga H, Matsuoka S (2013) SSRT and fatigue crack growth properties of two types of high strength austenitic stainless steels in high pressure hydrogen gas. Trans JSME A 79:1726-1740

第 30 章　氢对金属疲劳性能的影响

Hisao Matsunaga

摘要：本章描述了氢气压力和测试频率对碳钢和低合金钢的疲劳寿命以及疲劳裂纹扩展（FCG）行为的影响。此外，本章还介绍了奥氏体不锈钢和铝合金在高压气态氢中的 FCG 行为。

关键词：氢·疲劳寿命特性·疲劳裂纹扩展特性·非扩展裂纹·滑移变形条纹·钢·铝·氢安全

30.1　高压氢气中的疲劳寿命特性

光滑试样的疲劳寿命特性（S-N 特性）是最常引用的疲劳特性之一，其广泛用于机械零部件的有限疲劳寿命设计和无限疲劳寿命设计（疲劳极限设计）。

最近，人们已经付出了相当大的努力来探究高压氢气中钢的 S-N 特性。本章介绍并讨论了在室温下 115 MPa 氢气中对两种钢进行的拉伸-压缩疲劳试验的结果，以作为典型例子。一个试样是经淬火回火处理后的 Cr-Mo 钢（JIS-SCM435），另一个是退火处理后的低碳钢（JIS-SM490B）。表 30-1 总结了这些钢的机械性能。图 30-1 给出了它们的 S-N 数据。过去的研究指出，在较短的寿命期内，氢气中疲劳寿命的缩短更为明显。另外，在图 30-1 中，两种钢的疲劳寿命在短的疲劳寿命状态（$N_f < 10^5$ 次循环）下，在氢气中均表现出显著的疲劳寿命缩短。对于 JIS-

H. Matsunaga (✉)
Department of Mechanical Engineering, Kyushu University,
Fukuoka 819-0395, Japan
e-mail: matsunaga. hisao. 964@ m. kyushu-u. ac. jp

© Springer Japan 2016
K. Sasaki et al. （eds.）, *Hydrogen Energy Engineering*,
Green Energy and Technology, DOI 10. 1007/978-4-431-56042-5_30

SCM435，可以确定疲劳寿命在相对较高应力振幅下受测试频率的影响很大。从疲劳裂纹扩展（FCG）速率的频率依赖性上可以理解这种现象，这将在后面的 30.2 节中进行介绍。由于疲劳寿命的下降和频率依赖性混合在一起，因此在评估氢气对短寿命状态下疲劳寿命的影响时必须格外小心。相反，在长寿命状态下（即 $N_f > 10^5$ 次循环），在空气或氢气中试样的疲劳寿命没有显著差异。316L 型不锈钢在高压氢气中也已表现出类似的疲劳寿命特性。[2]

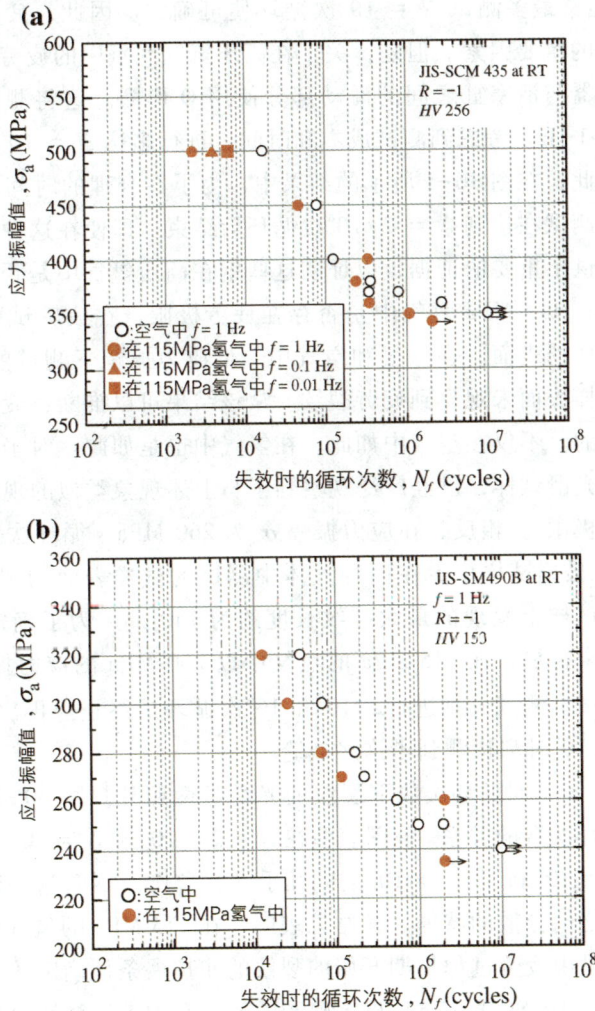

图 30-1　在室温下空气或 115 MPa 氢气中的 S-N 数据

在空气中进行测试时，如果试样在 2×10^6 个循环内没有失效，则测试频率将增加到 5 Hz，然后继续进行测试[1]。

（a）为 JIS-SCM435，（b）为 JIS-SM490B

表 30-1　　　　　　　　JIS-SCM435 和 JIS-SM490B 的机械性能

	$r_{0.2}$（MPa）	r_U	r_B（MPa）	HV
JIS-SCM435	671	–	824	272
JIS-SM490B	–	360	537	153

注：$\sigma_{0.2}$：0.2%偏移屈服强度；σ_U：上屈服点强度；σ_B：极限抗拉强度；HV：维氏硬度。

通常，低强度或中等强度的钢（例如，$\sigma_B < 1000$ MPa）在空气中表现出确定的疲劳极限[3]，通常最多测试 $N = 10^7$ 次循环便可确定。因此，疲劳极限的存在是无限寿命设计中的重要因素。但是，关于在高压氢气气氛中的疲劳试验，通常在试验机中的高压容器与活塞缸之间的滑动部分使用 O 形圈。这将测试频率限制在一个较低的值，如 1 Hz。考虑到测试成本和时间，进行多达 $N = 10^7$ 次循环的测试是不切实际的。因此，在图 30-1 所示的结果中，为了在合理的时间内完成一系列测试，氢气的疲劳测试在达到 $N = 2×10^6$ 次循环后结束。即使在这种情况下，对试样表面的观察也提供了重要的证据，以证明这些钢在高压氢气中是否存在疲劳极限[4]。为了确定两种钢在 115 MPa 氢气中是否存在疲劳极限，在疲劳试验后研究人员观察了未被破坏试样的表面。在氢气和空气中，低应力振幅下测试的 JIS-SCM435 无破损试样，在试样表面未观察到疲劳裂纹。从该结果可以推断，疲劳极限是由产生裂纹的极限决定的。不仅在空气中如此，在氢气中也是如此。对于在空气中经过淬火和回火后的钢光滑试样，已经广泛观察到了与上述现象类似的现象，即疲劳极限就是产生裂纹的极限[5]。相反，在应力振幅 σ_a 为 260 MPa、循环次数 N 为 $2×10^6$ 次的 JIS-SM490B 无破损试样中，在两种气体中测试的试样表面均观察到许多裂纹。在氢气中测试的试样上发现的最大裂纹长度约为 140μm。为了确定氢气中的裂纹是正在扩展还是未扩展，在 115 MPa 的氢气中以 260 MPa 的应力振幅 σ_a 又额外进行了两次疲劳测试。测试分别进行 $2×10^5$ 和 10^6 次循环后终止。再次观察试样表面，在 N 为 $2×10^5$ 和 10^6 时都检测到了许多裂缝。

图 30-2 展示了不同循环次数下裂纹的光学显微照片。图 30-3 说明了前十大裂纹的长度与循环次数的关系。该图表明在 $N = 2×10^5$ 和 $N = 10^6$ 之间存在一定量的增长，但在 $N = 10^6$ 和 $N = 2×10^6$ 之间几乎没有增长，尽管这些数据只显示了这三个不同的标本之间分散的特征。该结果表明，在 115 MPa 的氢气中，JIS-SM490B 有疲劳极限，这是由疲劳过程早期开始的裂纹的非扩展条件确定的。

如前所示，在 JIS-SCM435 和 JIS-SM490B 在 115 MPa 的氢气中进行疲劳测试期间，与在空气中的疲劳强度相比，长寿命状态下其疲劳强度没有恶化，尽管 NASA 的指南将这些材料归类为暴露于氢中的"严重氢脆"或"极端氢脆"的材料[6]。此外，在 115 MPa 的氢气中，两种钢都存在疲劳极限。本节前面的概述可以作为高

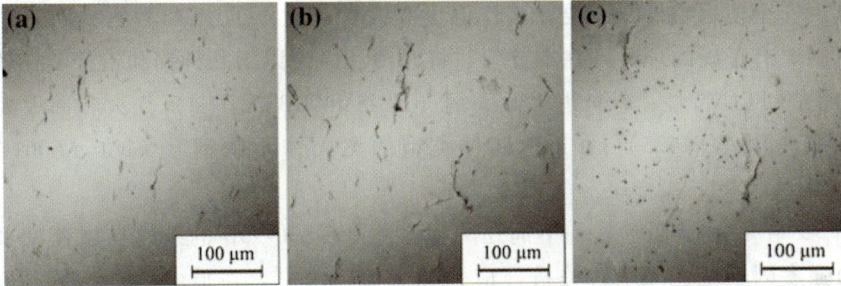

图 30-2　在 115 MPa 氢气中测试的 JIS-SM490B 试样表面的光学显微照片[4]

(a) N = 2 ×10⁵，(b) N = 1 ×10⁶，(c) N = 2 × 10⁶

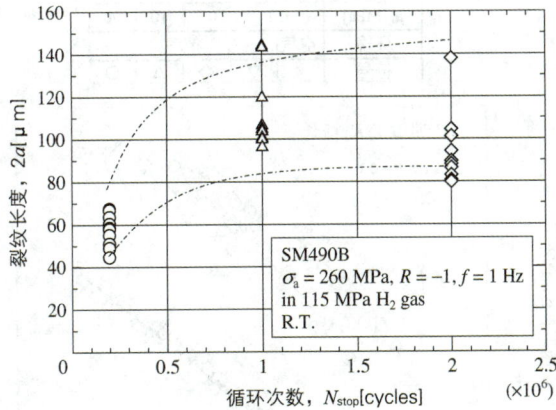

图 30-3　JIS-SM 490B 在 115 MPa 氢气中拉伸–压缩疲劳试验期间的裂纹长度与循环次数之间的关系[4]

(在 σ_a = 260 MPa 条件下)

压氢气中机械部件疲劳设计的基础。

30.2　疲劳裂纹扩展（FCG）特性

30.2.1　氢气中的 FCG

在有限疲劳寿命设计中，FCG 特性对于评估裂纹扩展寿命是必不可少的。当给出 FCG 速率 da/dN 作为应力强度因子范围 ΔK 的函数时，可以通过对 da/dN-ΔK 曲线进行积分来计算 FCG 寿命。一般来说，FCG 速率可由帕里斯定律[7]描述：

$$(da/dN) = C(\Delta K)^m \tag{30.1}$$

其中，c 和 m 为常数。

据报道，对于各种钢，在高压氢气中 FCG 都会加速[8-14]。因此，为了确保在氢气气氛中安全使用组件，需要在工作温度和设计压力下的 FCG 数据，同时对 FCG 加速机制要有正确的理解。在本节中，将介绍和讨论以下几种钢和铝合金在各种氢气压力下的 FCG 特性：(i) 退火低碳钢（JIS-SM490B）[8]；(ii) 淬火和回火处理后的铬钼钢（JIS-SCM435）[9]；(iii) 四种类型的奥氏体不锈钢[10]（iv） A6061-T6 铝合金[11]。

图 30-4 展示了在空气和不同压力氢气中 JIS-SM490B 的裂纹扩展速率 da/dN 与应力强度因子范围 ΔK 的关系（应力比 $R = 0.1$）[8]。在低 ΔK 的情况下，例如 $\Delta K < 20$ MPa m$^{1/2}$，随着 ΔK 的增大，裂纹扩展速率提高；而在 ΔK 较高的情况下，例如 $\Delta K > 20$ MPa m$^{1/2}$，氢气中的 da/dN 曲线与空气中的曲线平行。

p_{e}[MPa]	0.1	0.7	10	90
环境	空气	氢气		
符号	×	▽	◇	△	○

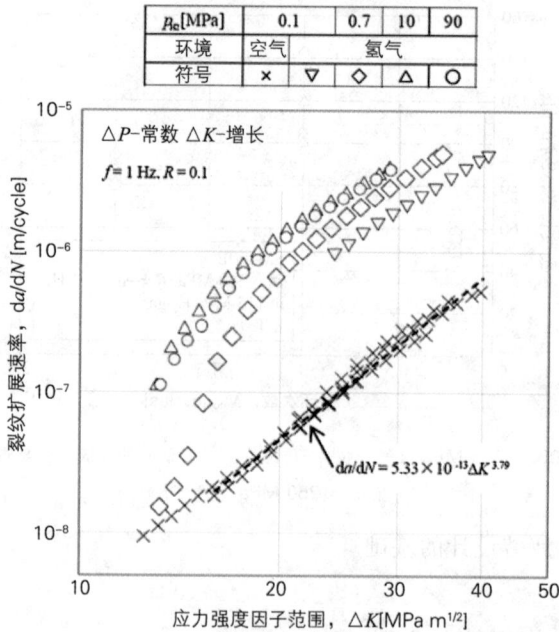

图 30-4 在 0.1MPa~90 MPa 氢气中 da/dN 与 ΔK 之间的关系 （JIS-SM490B）[8]

图 30-5 给出了在 $\Delta K = 30$ MPa m$^{1/2}$，$f = 1$ Hz，$R = 0.1$ 条件下的相对 FCG 速率（RFCGR），即 $(da/dN)_{\mathrm{H_2}}/(da/dN)_{\mathrm{air}}$。其中，$(da/dN)_{\mathrm{H_2}}$ 和 $(da/dN)_{\mathrm{air}}$ 分别是氢气和空气中的 FCG 速率。在 $p_{\mathrm{H_2}} = 0.7 \sim 90$ MPa 时，RFCGR 几乎恒定。而在高压条件下，$(da/dN)_{\mathrm{H_2}}/(da/dN)_{\mathrm{air}}$ 对 $p_{\mathrm{H_2}}$ 的非相关性对于组件的疲劳寿命设计至关重要，因为只有 FCG 速率的加速上限存在时才能提供最坏情况下的疲劳寿命估计。

图 30-6 展示了 RFCGR 和测试频率 f [8] 之间的关系。在 $p_{\mathrm{H_2}} \leq 10$ MPa 时，RFCGR 随着 f 的减小而逐渐增大，然后突然减小至接近 1.0。据报道，铬钼钢[12,15]

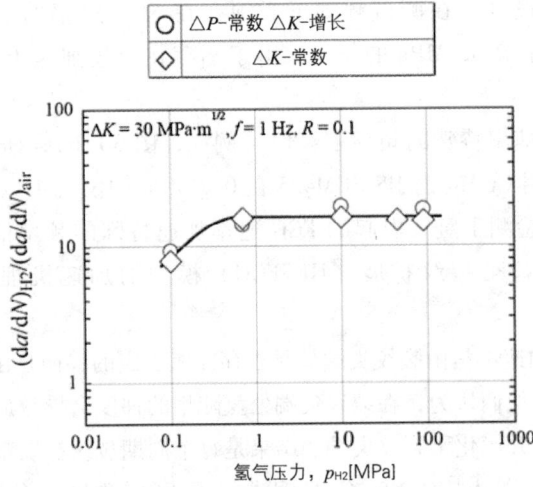

图 30-5　$(da/dN)_{H2}$ / $(da/dN)_{air}$ 与氢气压力 p_{H2} 之间的关系（JIS-SM490B）[8]

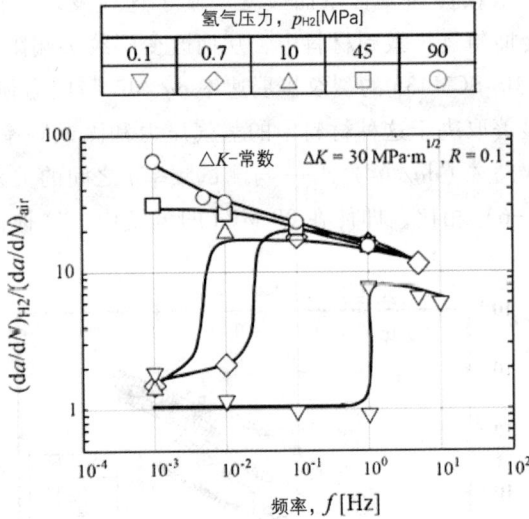

图 30-6　$(da/dN)_{H2}$ / $(da/dN)_{air}$ 与测试频率 f 之间的关系（JIS-SM490B）[8]

和奥氏体不锈钢[10]具有类似的行为。应当注意的是，随着 p_{H2} 的增加，FCG 速率的加速峰值向较低的 f 移动。在 p_{H2} 为 45 MPa 时，在低至 0.001 Hz 的 f 低频状态下，RFCGR 都未出现前述的突然减小。值得注意的是，一方面，在 p_{H2} 为 45 MPa 时，RFCGR 在 30 左右达到饱和。另一方面，在 p_{H2} 为 90 MPa 时，直到 f 降低至 0.001 Hz，FCG 速率的加速上限仍未出现。

实际上，由于某些组件在使用中会经受非常缓慢的应力循环，因此对于这些组件的有限疲劳寿命设计，在测试频率下必须存在 FCG 速率的加速上限。鉴于此，JIS-SM490B适用于最高 45 MPa 的氢气。由于不存在上述加速上限，因此不适用于 90 MPa 的氢气。

为了理解 FCG 速率特殊的频率依赖性（例如，图 30-6），研究者提出了两种机理。Matsuo 等人使用 Cr-Mo 钢 JIS-SCM435 在 0.7 MPa 的氢气中以各种测试频率进行了 FCG 测试，从而检测了氢气引起的 FCG 速率加速特殊的频率依赖性[16]。他们解释了基于氢增强连续疲劳裂纹扩展（HESFCG）模型的加速机理（参见第 26 章图 26-10）[17, 18]。

在该模型中，加速不是由裂纹尖端处是否存在氢决定的，而是由疲劳裂纹尖端附近的氢的分布决定的。他们认为，在裂纹尖端处氢陡峭的梯度会导致局部化塑性变形，从而防止裂纹尖端钝化并锐化了裂纹尖端。结果是每个周期裂纹扩展都增加了。

相反，Somerday 等人[12]对 X52 管线钢进行了 FCG 测试，在包含了 10、100 和 1 000单位体积 ppm 氧气的 21 MPa 氢气中以各种测试频率进行测试。他们发现氢中 FCG 速率加速的频率依赖性因氧含量而改变。基于这些发现，他们认为，覆盖裂纹尖端表面的氧气会抑制氢扩散到材料中，从而改变裂纹尖端附近的氢浓度。

图 30-7 展示了 JIS-SCM435 的裂纹扩展速率 da/dN 与应力强度因子范围 ΔK 的关系。FCG 速率还显著取决于这种材料中的氢气压力和测试频率。图 30-8 展示了 RFCGR——$(da/dN)_{H2}/(da/dN)_{air}$——与测试频率 f 之间的关系[9]。与低碳钢 JIS-SM490B（参见图 30-6）相比，即使在 90 MPa 的氢气中，这种钢也能表现出 FCG 速率加速的上限。

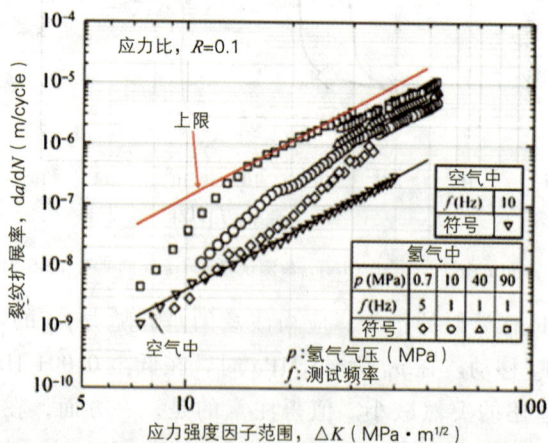

图 30-7　JIS-SCM435 在空气和氢气中的 da/dN-ΔK 曲线[9]

图 30-9 展示了四种奥氏体不锈钢（304、316L、XM19 和 HP160 型）在大气

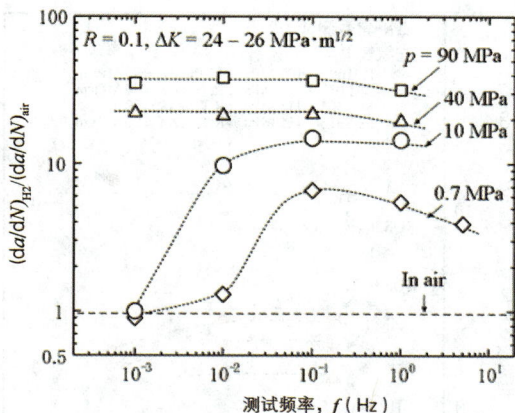

图 30-8　$(da/dN)_{H2}/$ $(da/dN)_{air}$和测试频率 f 之间的关系（JIS-SCM435，$\Delta K \approx 25$ MPa m$^{1/2}$）[9]

基于这些结果，Yamabe 等人[9]提出，如果适当地控制了钢的强度水平和微观结构，则根据设计
规则（即有限寿命疲劳设计），JIS-SCM435 适用于高达 90 MPa 的氢气中

压下的空气中以及在 95MPa~115 MPa 的氢气中的裂纹扩展速率 da/dN 与应力强度因子范围 ΔK 的关系[10]。在 304 不锈钢中，FCG 速率在氢气中明显加速；而在 316L、XM19 和 HP160 不锈钢中，加速并不那么显著。还应注意的是，在相同的 ΔK 水平下，在空气中，XM19 和 HP160 的抗 FCG 性能比 304 和 316L 不锈钢更好。通过卸载柔度法[19]进行的测量表明，差异是由裂纹闭合性的增强引起的[20]。

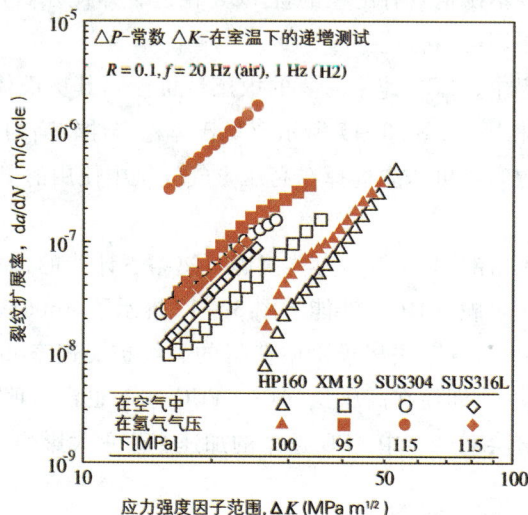

图 30-9　室温下 95 MPa~115 MPa 氢气中 304、316L，XM19 和 HP160 型奥氏体不锈钢的 da/dN-ΔK 曲线[10]

图 30-10 展示了 RFCGR，即 $(da/dN)_{H2}/$ $(da/dN)_{air}$ 是测试频率 f 的函数。在

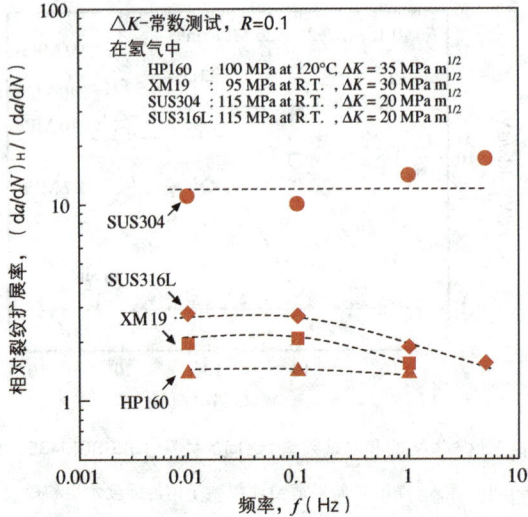

图 30-10　相对疲劳裂纹扩展速率的频率依赖性[10]

304 不锈钢中，RFCGR 大于 10；而在 316L 不锈钢中，RFCGR 保持在最大值 3 以下。XM19 和 HP160 不锈钢表现出更低的 RFCGR，最大值保持在 1.5~2 的范围内。在 XM19 和 316L 不锈钢中，在 0.1 Hz~5 Hz 的频率范围内，RFCGR 随 f 的减小而增大。但是，RFCGR 似乎在频率为 0.01 Hz~0.1 Hz 的范围内保持了稳定。如上所示，XM19 和 HP160 不锈钢具有出色的抗 FCG 性能，即使在高达 95MPa~100 MPa 的高压氢气中也几乎不会退化。

在奥氏体不锈钢中，FCG 速率对氢的敏感性可能与其奥氏体稳定性有关[10]，可通过镍当量进行量化[21]。如图 30-11 所示，奥氏体稳定性较高的钢对氢的 FCG 抵抗力也较高。因此，镍当量可作为选择在高压氢气气氛中使用的奥氏体不锈钢的有效分级标准。

铝合金在 NASA 指南[6]中被归类为"氢脆可忽略不计"的材料，并且众所周知，该材料具有极高的抗氢脆（HE）性能。图 30-12 展示了 A6061-T6 铝合金在空气、40 MPa 氢气、90 MPa 氢气和去离子水中获得的裂纹扩展速率 $\mathrm{d}a / \mathrm{d}N$ 与应力强度因子范围 ΔK 的关系[11]。即使在高压氢气中，FCG 速率也没有明显的加速，倒是发现环境中的少量水分会对合金中 FCG 速率的加速产生重大影响。

30.2.2　氢气中 FCG 的形态

在本节中，使用退火低碳钢 JIS-SM490B [8]的示例来说明氢气中 FCG 的一些重要特征。为了更好地理解 FCG 速率的加速机制，必须对 FCG 行为进行分类，这是

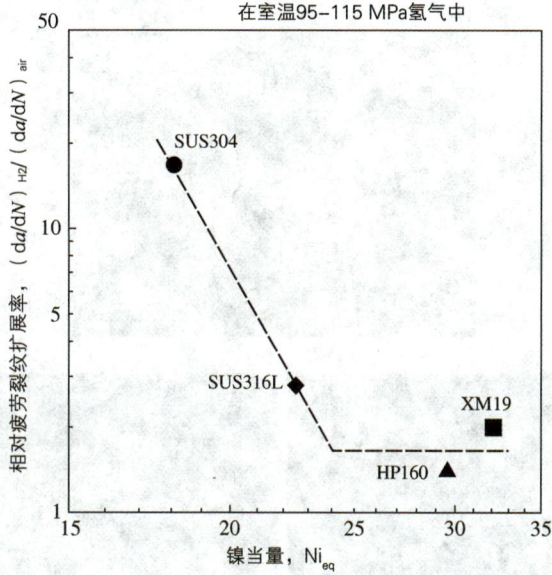

图 30-11　奥氏体不锈钢中的相对疲劳裂纹扩展速率与镍当量之间的关系[10]

先前在 30.2.1 节中介绍的。

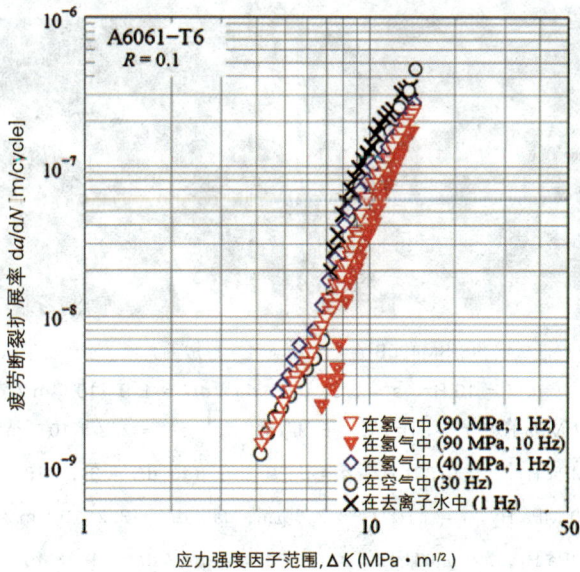

图 30-12　A6061-T6 在空气、40 MPa 氢气、90 MPa 氢气和去离子水中的 da／dN-ΔK 曲线[11]

图 30-13 展示了在 $\Delta K = 30$ MPa m$^{1/2}$ 下紧凑拉伸（CT）试样的疲劳断裂表面上观察到的条纹[8]。在不同的测试频率下，分别在空气和 0.7 MPa~90 MPa 的氢气

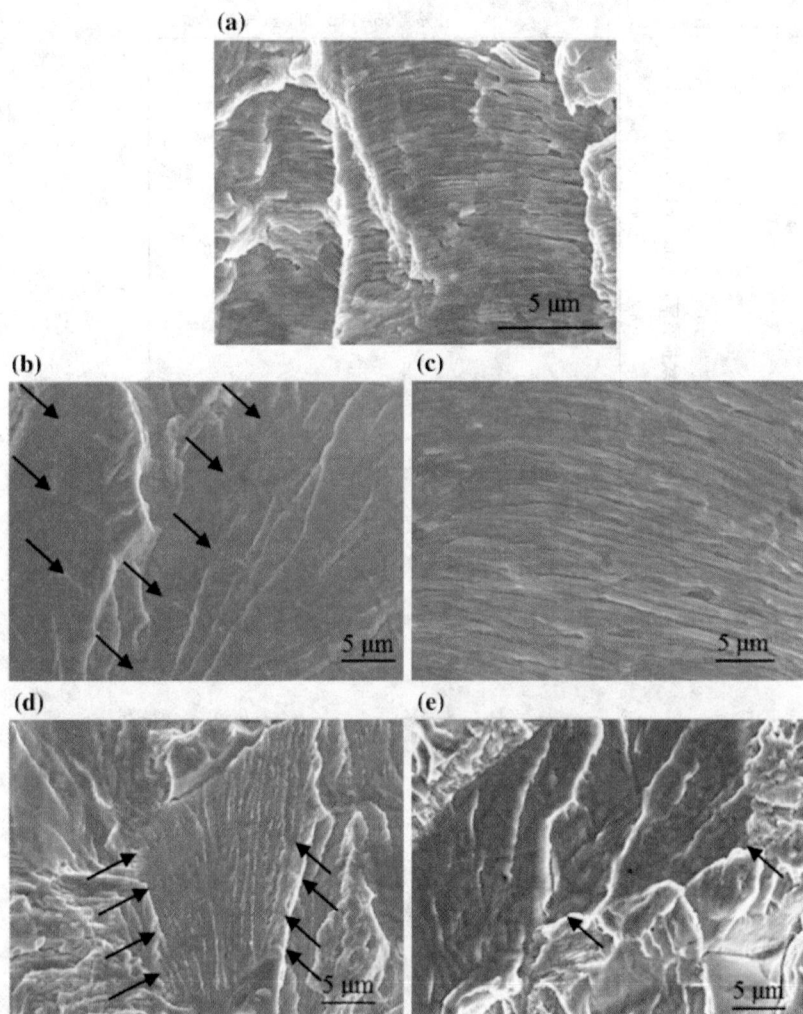

图 30-13　退火低碳钢 JIS-SM490B 在空气和氢气中形成的条纹。裂纹扩展从底部到顶部[8]

(a) 空气，f = 10 Hz，s = 0.22 μm，da/dN = 1.9 ×10^{-7}m/循环。

(b) 0.7 MPa H$_2$，f = 1 Hz，s = 6.3 μm，da/dN = 2.2 × 10^{-6}m/循环。

(c) 0.7 MPa H$_2$，f = 0.001 Hz，s = 0.30 μm，da/dN = 3.2 ×10^{-7} m/循环。

(d) 90 MPa H$_2$，f = 1 Hz，s = 3.6 μm，da/dN = 3.2×10^{-6} m/循环。

(e) 90 MPa H$_2$，f = 0.001 Hz，s = 15.7 μm，da/dN = 1.4× 10^{-5} m/循环

中进行测试。数字标题还解释了平均条纹间距和 da/dN，它们几乎彼此一致。在空气中，观察到典型的韧性条纹（图 30-13a）。在 0.7 MPa 的氢气和 1 Hz 的测试频率下，条纹是平坦且模糊的，与在空气中的扩展速度相比，氢气中的 FCG 显著

加快了（图 30-13（b））。其他钢在氢的影响下也被观察到类似的条纹形态[10,22]。相反，在 0.7 MPa 的氢气和 0.001 Hz 的测试频率下，FCG 速率与空气中的 FCG 速率几乎相同，条纹形态也类似于在空气中观察到的形态（参见图 30-13（a）和（c））。另一方面，在 90 MPa 的氢气中，无论所使用的测试频率如何，条纹都是平坦且模糊的（图30-13（d）和（e））。

图 30-14 和图 30-15 展示了在 $\Delta K = 30$ MPa m$^{1/2}$ 下进行 ΔK 恒定测试后，紧凑拉伸试样表面裂纹形态的激光显微图像。在图 30-14 中，首先在空气中开始测试，然后将测试气氛切换为 0.7 MPa 的氢气。在空气中，沿疲劳裂纹观察到广泛的滑移带（图 30-14（b））。事实证明，在频率为 0.001 Hz 的 0.7 MPa 氢气中生长的裂纹也是如此（图 30-14（b）），其裂纹扩展速率几乎与空气中的裂纹扩展速率相同。相反，在频率为 1 Hz 的 0.7 MPa 氢气测试中，FCG 加速了约 10 倍，沿着裂纹观察到的滑移带很少（图 30-14（c））。假定这是在氢的影响下裂纹尖端出现局部化塑性变形。相反，在 90 MPa 氢气下的测试中（图 30-15），在 1 Hz 和 0.001 Hz 的测试频率下均出现了 FCG 加速，且在两种情况下沿裂纹观察到的滑移带都很少。

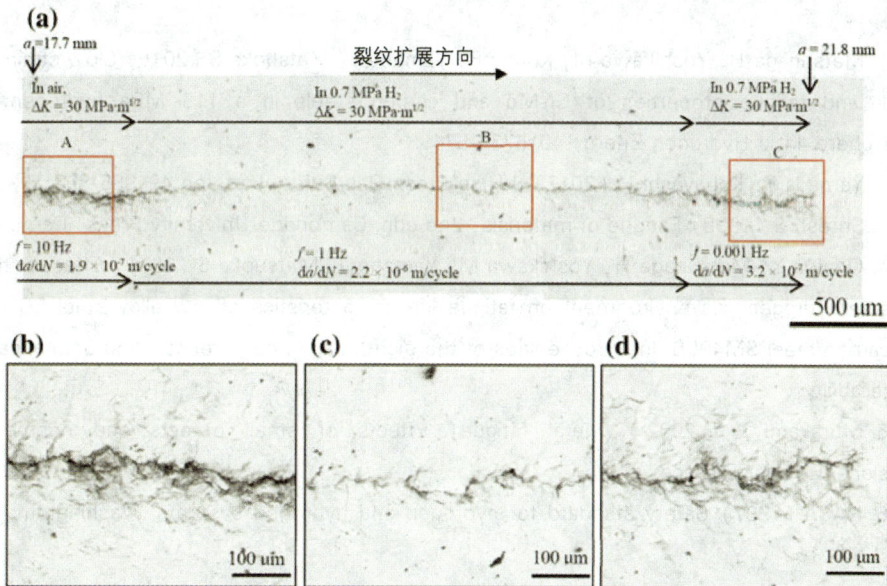

图 30-14　在 0.7 MPa 氢气中 JIS-SM490B 进行 FCG 试验后，试样表面出现的裂纹[8]
（a）低倍率，（b）A 的扩大，（c）B 的扩大，（d）C 的扩大

上述结果表明，由氢引起的 FCG 加速总是伴随着裂纹尖端的局部滑移。需要注意的是，即使在氢气中，当滑移变形不局部化时，FCG 加速也不会发生。在

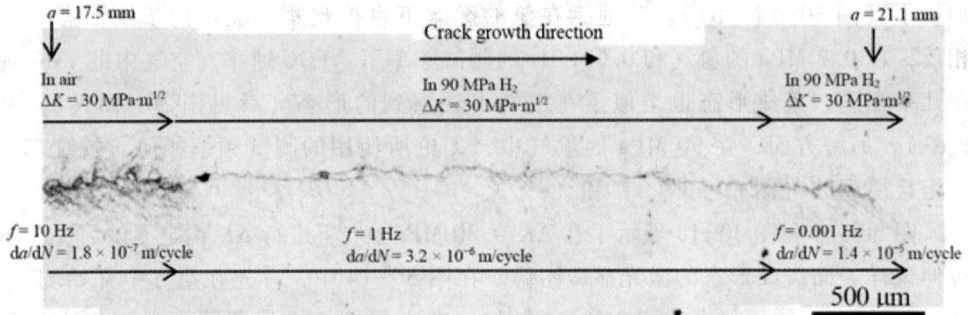

图 30-15　在 90 MPa 氢气中 JIS-SM490B 进行 FCG 试验后，试样表面的裂纹外观[8]

JIS-SCM435[16]中也观察到了类似的裂纹尖端局部滑移现象。根据这些结果，可以得出结论：裂纹尖端处滑移的局部化是裂纹扩展加速发生与否的决定因素，也导致了图30-13所示的条纹形态的差异。如第26章所述，这一系列观察结果似乎都支持HESFCG 模型[17,18]。

参考文献

1. Matsunaga H, Yoshikawa M, Kondo R, Yamabe J, Matsuoka S (2015) Slow strain rate tensile and fatigue properties of Cr-Mo and carbon steels in a 115 MPa hydrogen gas atmosphere. Int J Hydrogen Energy 40:5739-5748

2. Yamada T, Kobayashi H (2012) J High Press Gas Safety Inst Jpn 49:885-893

3. Suresh S (1998) Fatigue of materials, 2nd edn. Cambridge University Press, Cambridge

4. Ogawa Y, Matsunaga H, Yoshikawa M, Yamabe J, Matsuoka S (2015) Effect of high-pressure hydrogen gas environment on fatigue life characteristics of low alloy steel SCM435 and carbon steel SM490B. In: Proceedings of the eighth Japan conference on structural safety and reliability

5. Murakami Y (2002) Metal fatigue: Effects of small defects and nonmetallic inclusions. Elsevier Science

6. NASA (1997) Safety standard for hydrogen and hydrogen systems. Washington, DC, NSS 1740.16

7. Paris PC, Erdogan F (1963) A critical analysis of crack propagation laws. Trans ASME Ser D J Basic Eng 85:528-534

8. Yoshikawa M, Matsuo T, Tsutsumi N, Matsunaga H, Matsuoka S (2014) Effects of hydrogen gas pressure and test frequency on fatigue crack growth properties of low carbon steel in 0.1-90 MPa hydrogen gas. Trans JSME A 80

9. Yamabe J, Itoga H, Awane T, Matsuo T, Matsunaga H, Matsuoka S (2016) Pressure cycle testing of Cr-Mo steel pressure vessels subjected to gaseous hydrogen. J Press Vess Technol ASME 183-011401:1-13

10. Itoga H, Matsuo T, Orita A, Matsunaga H, Matsuoka S, Hirotani R (2014) SSRT and fatigue crack growth properties of high-strength austenitic stainless steels in high-pressure hydrogen gas (PVP2014-28640). In: Proceedings of PVP-2014: ASME pressure vessels and piping division conference, Anaheim, California, USA, July 20-24 2014 ASME, New York, NY

11. Itoga H, Watanabe S, Fukushima Y, Matsuoka S, Murakami Y (2013) Fatigue crack growth of aluminum alloy A6061-T6 in high pressure hydrogen gas and failure analysis on 35 MPa compressed hydrogen tanks VH3 for fuel cell vehicles. Trans JSME A 78:442-457

12. Somerday BP, Sofronis P, Nibur KA, San Marchi C, Kirchheim R (2013) Elucidating the variables affecting accelerated fatigue crack growth of steels in hydrogen gas with low oxygen concentrations. Acta Mater 61:6153-6170

13. Yamabe J, Matsunaga H, Furuya Y, Hamada S, Itoga H, Yoshikawa M, Takeuchi E, Matsuoka S (2014) Qualification of chromium-molybdenum steel based on the safety factor multiplier method in CHMC1-2014. Int J Hydrogen Energy 40:719-728

14. Macadre A, Artamonov M, Matsuoka S, Furtado J (2011) Effects of hydrogen pressure and test frequency on fatigue crack growth properties of Ni-Cr-Mo steel candidate for a storage cylinder of a 70 MPa hydrogen filling station. Eng Fract Mech 782:3196-3211

15. Matsuoka S, Tanaka H, Homma N, Murakami Y (2011) Influence of hydrogen and frequency on fatigue crack growth behavior of Cr-Mo steel. Int J Fract 168:101-112

16. Matsuo T, Matsuoka S, Murakami Y (2010) Fatigue crack growth properties of quenched and tempered Cr-Mo steel in 0. 7 MPa hydrogen gas. In: Proceedings of the 18th European conference on fracture (ECF18)

17. Murakami Y, Kanezaki T, Mine Y, Matsuoka S (2008) Hydrogen embrittlement mechanism in fatigue of austenitic stainless steels. Metall Mater Trans A 39:1327-1339

18. Murakami Y, Matsuoka S, Kondo Y, Nishimura S (2012) Mechanism of hydrogen embrittlement and guide for fatigue design. Yokendo, Tokyo

19. Kikukawa M, Jono M, Tanaka K, Takatani M (1976) Measurement of fatigue crack propagation and crack closure at low stress intensity level by unloading elastic compliance method. J Soc Mater Sci Jpn 25:899-903

20. Orita A, Matsuo T, Matsuoka S, Murakami Y (2013) Tensile and fatigue crack growth properties of high strength stainless steel with high resistance to hydrogen embrittlement in 100 MPa hydrogen gas. In: Proceedings of the 19th European conference on fracture (ECF19)

21. Oshima T, Habara Y, Kuroda K (2007) Effects of alloying elements on mechanical properties and deformation-induced martensite transformation in Cr-Mn-Ni austenitic stainless steels (transformations and microstructures). Tetsu-to-Hagane 93:544-551

22. Matsuoka S, Tsutsumi N, Murakami Y (2008) Effects of hydrogen on fatigue crack growth and stretch zone of 0. 08 mass % C low carbon steel pipe. Trans JSME A 74:1528-1537

第 31 章　氢对金属微动疲劳特性的影响

Masanobu Kubota

摘要：本章描述了奥氏体不锈钢在氢存在下的微动疲劳。氢会降低微动疲劳强度。通过对微动疲劳裂纹和粘附引起的微观结构变化的表面分析和观察，本章揭示了氢降低微动疲劳强度的机理。

关键词：氢·微动疲劳·奥氏体不锈钢·粘附·应变诱发马氏体相变·氧化层·氢安全

31.1　微动疲劳

图 31-1 展示了在开发用于密封 100 MPa 氢气的金属填料时发现的微动磨损。微动是在两个接触表面之间可能发生的具有较小滑动范围的周期性相对滑移运动。填料的顶端会随着氢气压力的增大而向后移动若干微米，并随着氢气压力的降低而返回到原始位置。因此，压力循环会在填料的顶端和支座之间造成微动，如图 31-1 所示，这会导致微动磨损。虽然微动磨损的深度小于支座的表面粗糙度，然而微动磨损被认为是填料开发过程中的关键问题之一，因为它与气密性有关。

微动通常是由参与接触的一个构件的疲劳载荷引起的。因此，微动表面同时面临疲劳的问题，这种情况称为微动疲劳。由于氢气环境或氢气会同时影响微动磨

M. Kubota (✉)
International Institute for Carbon-Neutral Energy Research (I2CNER),
Kyushu University, Fukuoka 819-0395, Japan
e-mail: kubota. masanobu. 304@ m. kyushu-u. ac. jp

© Springer Japan 2016
K. Sasaki et al. (eds.), *Hydrogen Energy Engineering*,
Green Energy and Technology, DOI 10. 1007/978-4-431-56042-5_31

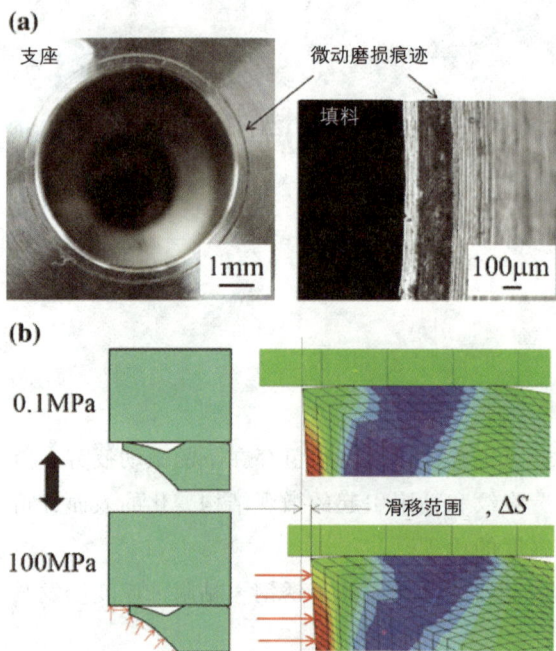

图 31-1　高压氢气造成的填料微动

（a）支座和填料顶端易发生微动磨损，（b）引起微动的机理[1]

损[2,3]和疲劳[4]，因此可以预期，氢对微动疲劳性能的影响非常复杂。再加上微动疲劳导致疲劳强度大大降低的事实，在氢环境下表征微动疲劳并阐明氢引起的微动疲劳特性变化的机理对于安全设计是必要的。

31.2　微动疲劳试验方法

试验方法对微动疲劳强度的影响很大[5]。因此，本研究中使用的微动疲劳试验方法如图 31-2 所示[6]。将两个接触垫压在疲劳测试试样的正面和背面，当对试样施加疲劳载荷时，由于试样和接触垫之间存在变形差异，因此在接触表面之间会引起微动。

影响微动疲劳强度的因素有很多，如材料[7]、接触压力[8]和相对滑移范围[9]等。此外，当循环次数大于 10^7 时，在长寿命状态下可能会发生微动疲劳破坏[10]。而在普通疲劳中，氢的作用随着疲劳载荷频率的降低而变得更加显著[11]。氢气的压力[12]、温度[13]和纯度[14]也影响疲劳性能。此处所示微动疲劳实验结果的边界条件为：接触垫的材料与试样的材料相同，接触压力为 100 MPa，垫的长度（与滑移范围有关）

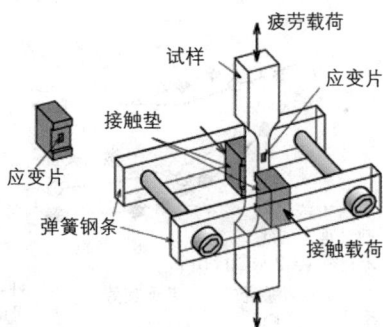

图 31-2   微动疲劳试验方法[6]

为 20μm，加载频率为 20 Hz，氢气压力为 0.2 MPa（绝压），温度为环境温度。如果试样未发生失效，微动疲劳试验终止于 10^7 次循环，并且供给的氢气纯度为 99.9999%。

31.3   氢对微动疲劳强度的影响

JIS-SUS304 奥氏体不锈钢在氢气中的微动疲劳强度如图 31-3 所示，其微动疲劳强度在氢气（黑圈）中明显低于在空气（白圈）中。

充氢对 JIS-SUS304 微动疲劳强度的影响如图 31-4 所示。通过热方法进行充氢，即将试样按指定的时间暴露于高温的高压氢气中。材料中的氢浓度如图 31-4 所示。充氢（一半白色/黑色圆圈）显著降低了材料在空气中的微动疲劳强度（与白色圆圈相比）。当在氢气中对充氢材料进行微动疲劳试验时，微动疲劳强度的降低非常显著（黑圈）。

根据以上结果，气态氢和内部氢各自独立地降低了 JIS-SUS304 的微动疲劳强度。换句话说，气态氢和内部氢具有减小微动疲劳强度的不同机理。该机理将在下一节中描述。

在图 31-3 和图 31-4 中还展示了没有微动的普通疲劳强度。JIS-SUS304 在氢气中的普通疲劳极限与在空气中的疲劳极限相同，并且在氢气中的疲劳寿命比在空气中的疲劳寿命更长（见图 31-3，白色和黑色菱形）。有报道说，当载荷频率较高时，氢气中的高循环疲劳强度会增加[15]。可能的原因之一是氢向裂纹尖端的扩散速度赶不上导致氢辅助失效的临界氢浓度。

充氢材料的普通疲劳强度高于在空气中的疲劳强度（见图 31-4）。在类似类型的不锈钢中，由于充氢导致的抗裂纹扩展性提高的现象已有报导[16]。与此相关的是，在微动疲劳试验和普通疲劳试验之间，氢对试样的影响是不同的，甚至是完全

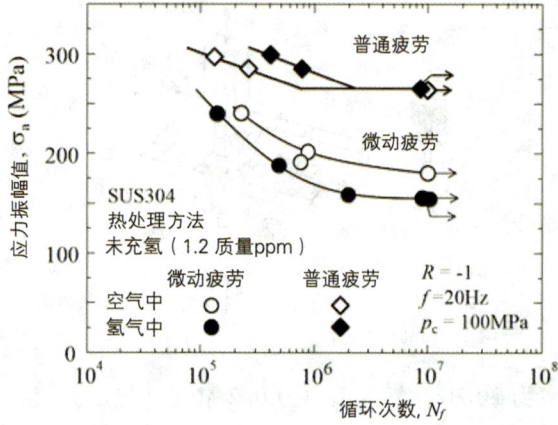

图 31-3　JIS-SUS304 在氢气中的微动疲劳强度（0.2 MPa abs）

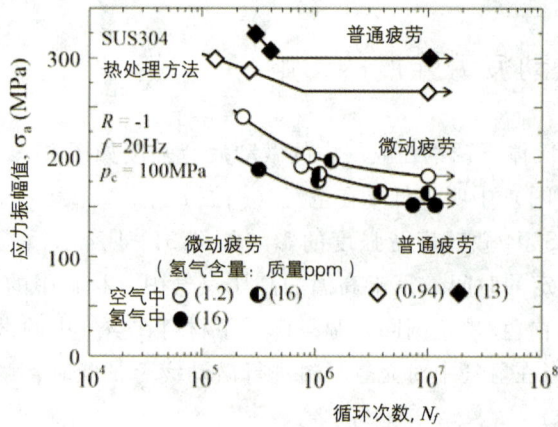

图 31-4　充氢对 JIS-SUS304 的微动疲劳强度的影响

相反的。很明显，微动具有促进氢辅助疲劳失效的作用。

31.4　氢引起的微动疲劳强度降低的机理

31.4.1　接触表面之间的局部黏附

　　氢气微动疲劳试验后的试样和接触垫如图 31-5 所示[17]。去除接触载荷后，试样和垫片没有分离。在氢气中的微动过程中，不锈钢上的保护层被去除，此后没有发生氧化。因此，在损坏过程中，黏附力占主导地位。同时，在空气中的微动疲劳试验过程中，未发生类似于图 31-5 的黏附，因为试样和垫片的接触表面被氧化的微动磨损颗粒分开。

图 31-5　在氢气中进行微动疲劳试验后黏附在一起的试样和接触垫
（JIS-SUS316L，未充氢，σ_a = 200MPa，N_f = 5.4×10^5）[17]

　　沿试样轴线切割而非拆卸黏附的试样和接触垫，该部分展示在图 31-6[18]中。试样和接触垫之间的界面处有许多小裂纹。小裂纹沿两个方向传播，在这两个方向上，小裂纹与接触表面形成大约 45°或 135°的角度。在空气微动疲劳试验期间，典型的特征是小斜裂纹和多条小裂纹[19]。但是，倾斜的小裂纹的角度恒定在狭窄的范围内[20]。与在空气中观察到的相比，在氢气中微小的微动疲劳裂纹的形态是独特的。

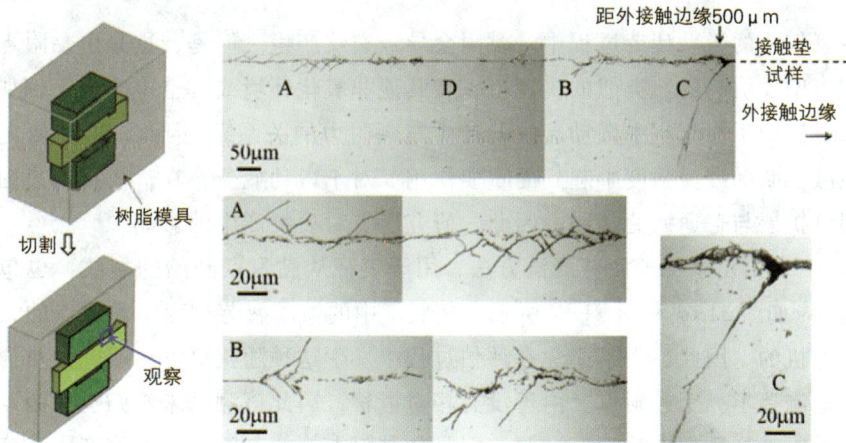

图 31-6　在氢气中进行微动疲劳试验后，对试样和接触垫纵切截面上的黏附部分的观察结果
（JIS-SUS304，σ_a = 180 MPa，N = 1.0×10^6）[18]

　　在照片中，试样和接触垫之间的界面在位置 A、B 和 C 处弯曲且不连续。这是黏附的证据。在 D 位置，因为边界是直的，所以没有发生黏附，也没有微动疲劳裂纹。可见小裂纹的形成与局部黏附有关。在位置 C 处有一条导致试样破坏的大

裂纹。该大裂纹由黏附点产生的小裂纹之一扩展而成。因此，黏附力以及随后形成的许多小裂纹是氢气中微动疲劳强度降低的根本原因之一。

破坏过程的变化导致微动损伤形态的显著变化，如图31-7所示。在空气中进行微动疲劳试验后，可观察到微动磨损凹痕，并在滑动方向上伸长。在氢气中进行微动疲劳试验后，可观察到V形凹槽，该凹槽垂直于滑移方向生长。凹槽的内表面表现出疲劳断裂表面的典型特征。

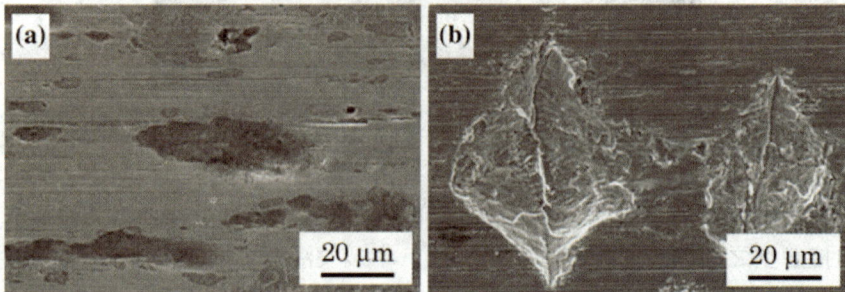

图31-7 未充氢的JIS-SUS304的微动损伤。水平方向出现微动：

（a）在空气中，σ_a = 183 MPa，N_f = 2.96 ×10^6；（b）在氢气中，σ_a = 188 MPa，N_f = 2.23 ×10^6 [18]

31.4.2　氢引发裂纹使临界应力降低

在氢气中的微动疲劳过程中，黏附会导致裂纹产生。但是，这是由黏附点处的机械应力增加引起的。类似的机理可以在其他非氧化环境或真空中实现。例如，已经有研究讨论了在真空中微动裂纹的产生与黏附力的关系[21]。因此，这些研究揭示了氢在减小微动疲劳强度中起到的重要作用。对于微动疲劳，在远离接触表面位置处的裂纹扩展与普通疲劳相同。因此，研究了氢对裂纹产生的影响。

图31-8给出了一种疲劳测试方法，用于表征从黏附点开始的裂纹，也包括氢的影响[22]。如图31-6和图31-7所示，在氢气中的微动疲劳过程中黏附点的大小和位置是随机的。因此，为了避免在评估过程中发生这种随机事件，研究人员通过点焊人为地制造了一个黏附点。由于没有相对滑移，因此该测试未被归类为微动。它被认为是一种低循环次数疲劳试验，但是从黏附点开始有明显的裂纹产生。疲劳测试在105次循环后中断，并确认产生了大约 $100\mu m$ 长的裂纹。

结果如图31-9所示[22]。在氢气中（图31-9（b）），可导致裂纹产生的临界应力明显低于在空气中的值（图31-9（a））。与未充氢的试样（图31.9（a））相比，充氢试样（图31-9（c））的裂纹产生临界应力也减小了。这些结果清楚地表明，在黏附条件下，外部氢气或充氢助推了裂纹产生。

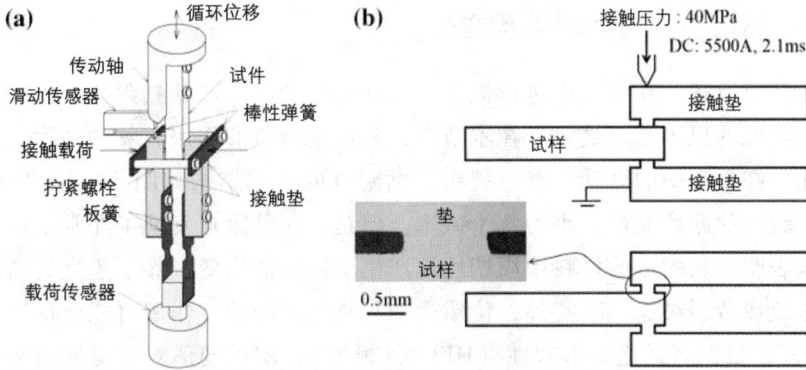

图 31-8　一种疲劳试验的方法，可用于模拟在氢气中的微动疲劳试验的裂纹产生
黏附点是通过人工点焊产生的：（a）测试设备；（b）点焊试样[22]

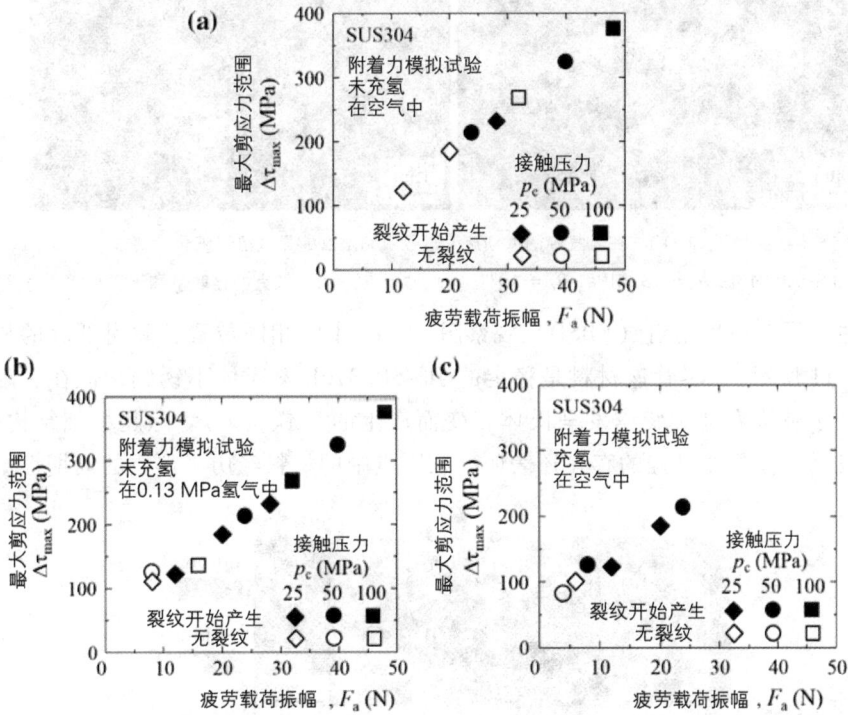

图 31-9　JIS-SUS304 的模拟黏附疲劳试验结果
（a）在空气中未充氢；（b）在氢气中未充氢；（c）在空气中充氢[22]

31.4.3 黏附引起的微观结构变化

如前几节所述，在氢气中进行微动疲劳强度试验时，局部黏附是氢气中的微动疲劳强度降低的根本原因之一。在本节中，将讨论与氢的作用有关的黏附点的微观结构变化。在氢气中的微动疲劳过程中，黏附点的微观结构如图 31-10 所示[1]。微动疲劳试验前的原始晶粒大小为几十微米。但是，在黏附点发现了非常精细的微观结构。这表明在黏附点的材料中周期性地产生了极高的应变。除了重复的高应变将简单地导致疲劳裂纹这一事实外，位错运动与氢之间的相互作用可能会促进氢的扩散[23]。此外，根据氢强化局部塑性（HELP）模型[24]，塑性变形对于氢辅助疲劳断裂至关重要。

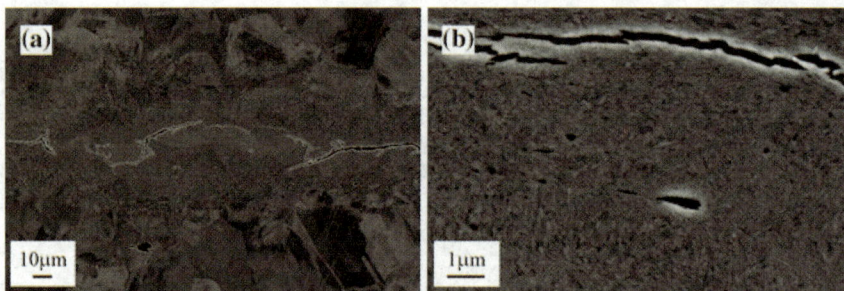

图 31-10　在氢气中的微动疲劳过程中黏附点的显微组织细化

材料是 JIS SUS316L。σ_a = 182MPa，N_f = 10^6：（a）粘附点；（b）放大的接触垫和试样之间的边界[1]

通过电子背散射衍射（EBSD）观察图 31-10 中的相同位置，黏附部分的相图如图 31-11 所示[25]。尽管该材料是稳定的 JIS-SUS316L 奥氏体不锈钢，但在黏附点仍检测到了被认为是应变诱发马氏体相变而产生的 α 铁（a'）。除超精细结构外，应变诱发马氏体相变过程的存在还表明，黏附点中的材料经历了严重的周期性塑性变形。

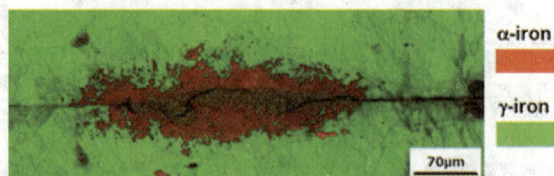

图 31-11　微动表面之间的黏附部分电子背散射衍射图（对应图 31-10 所示位置）[25]

从奥氏体到马氏体的微观结构转变的结果是，氢可能会快速地扩散到材料中，因为氢在马氏体相中的扩散速率要比在奥氏体相中大得多[26]。此外，马氏体比奥氏体更容易受到氢的影响[27]。这些是微动导致的特殊现象，也是导致疲劳强度显著降低的主要原因之一。

图 31-12[28] 展示了在高纯度氢气（0.088 体积 ppm O_2）中微动处理后的 JIS-SUS304 不锈钢表面的 X 射线光电子能谱（XPS）图。纵轴是纯铁和氧化铁的丰度比。横轴是表面以下的深度。一方面，在表面未进行微动处理的情况下，氧化铁在一个很浅的深度占主导地位。另一方面，在高纯度氢中进行了微动处理后的表面上，纯铁占主导地位。因此，可以肯定的是，微动去除了不锈钢的原始氧化层。新鲜表面的形成是微动的另一功能，可以促进氢与测试材料之间的相互作用。

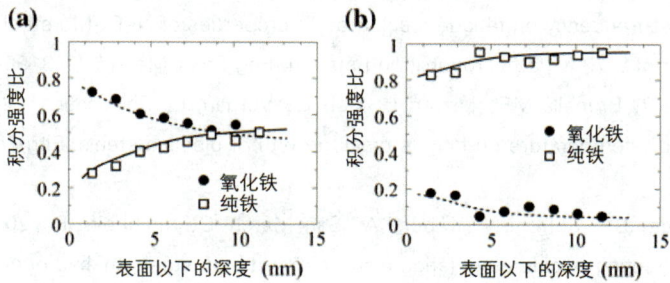

图 31-12　在氢气或空气中进行微动处理后的 JIS-SUS304 不锈钢表面上的氧化物 XPS 分析：
（a）未经微动处理；（b）在高纯度氢气（0.088 体积 ppm O_2）中进行微动处理[28]

参考文献

1. Kubota M, Komoda R (2015) Fretting fatigue in hydrogen environment. Tribologist 60：651-657

2. Izumi N, Mimuro N, Morita T, Sugimura J (2009) Fretting wear tests of steels in hydrogen gas environment. Tribol Online 4：109-114

3. Izumi N, Morita T, Sugimura J (2011) Fretting wear of a bearing steel in hydrogen gas environment containing a trace of water. Tribol Online 6：148-154

4. Johnson WH (1874) On some remarkable changes produced in iron and steel by the action of hydrogen and acids. Proc R Soc Lon 23：168-179

5. Kondo Y, Bodai M (1997) Study on fretting fatigue crack initiation mechanism based on local stress at contact edge. Trans JSME A 63：669-676

6. Kubota M, Nishimura T, Kondo Y (2010) Effect of hydrogen concentration on fretting fatigue strength. J Solid Mech Mater Eng 4：1-14

7. Nagata K, Fukakura J (1992) Effect of contact materials on fretting fatigue strength of 3.5Ni-Cr-Mo-V rotor steel and life-prediction method. Trans JSME A 58：1561-1568

8. Nishioka K, Hirakawa K (1971) Fundamental investigation of fretting fatigue（part 6,

effects of contact pressure and hardness). Trans JSME 3:1051-1058

9. Nishioka K, Hirakawa K (1969) Fundamental investigation of fretting fatigue (part 2, fretting fatigue testing machine and some test results). Bull JSME 12:180-187

10. Hirakawa K, Toyama K, Kubota M (1998) Analysis and prevention of failure in railway axles. Int J Fat 20:135-144

11. Hayakawa M, Takeuchi M, Matsuoka S (2014) Hydrogen fatigue-resisting carbon steels. Procedia Mater Sci 3:2011-2015

12. Macadre A, Artamonov M, Matsuoka S, Furtado J (2011) Effects of hydrogen pressure andtest frequency on fatigue crack growth properties of Ni-Cr-Mo steel candidate for a storage cylinder of a 70 MPa hydrogen filling station. Eng Fract Mech 782:3196-3211

13. Fassina P, Brunella MF, Lazzari L, Reb G, Vergani L, Sciuccati A (2013) Effect of hydrogen and low temperature on fatigue crack growth of pipeline steels. Eng Fract Mech 103: 10-25

14. Somerday BP, Sofronis P, Nibur KA, San Marchi C, Kirchheim R (2013) Elucidating the variables affecting accelerated fatigue crack growth of steels in hydrogen gas with low oxygen concentrations. Acta Mater 61:6153-6170

15. Kubota M, Kawakami K (2014) High-cycle fatigue properties of carbon steel and work -hardened oxygen free copper in high pressure hydrogen. Adv Mater Res 891-892:575-580

16. Murakami Y, Kanezaki T, Mine Y (2010) Hydrogen effect against hydrogen embrittlement. Metall Mater Trans A 41:2548-2562

17. Furtado J, Komoda R, Kubota M (2013) Fretting fatigue properties under the effect of hydrogen and the mechanisms that cause the reduction in fretting fatigue strength. In: Proceedings of ICF13, Beijing, China, S16-003

18. Kubota M, Tanaka Y, Kuwada K, Kondo Y (2010) Mechanism of reduction of fretting fatigue limit in hydrogen gas in SUS304. J Soc Mater Sci Jpn 59:439-446

19. Endo K, Goto H (1976) Initiation and propagation of fretting fatigue cracks. Wear 38: 311-324

20. Nishioka K, Hirakawa K (1969) Fundamental investigation of fretting fatigue (part 3, some phenomena and mechanisms of surface cracks). Bull JSME 12:397-407

21. Iwabuchi A, Kayaba T, Kato K (1983) Effect of atmospheric pressure of friction and wear of0. 45 %C steel in fretting. Wear 91:289-305

22. Komoda R, Yoshigai N, Kubota M, Furtado J (2014) Reduction in fretting fatigue strength of austenitic stainless steels due to internal hydrogen. Adv Mater Res 891-892: 891-896

23. Sofronis P, McMeeking RM (1989) Numerical analysis of hydrogen transport near a bluntingcrack tip. J Mech Phys Solid 37:317-350

24. Birnbaum HK, Sofronis P (1994) Hydrogen-enhanced localized plasticity: a mechanism for hydrogen-related fracture. Mater Sci Eng A 176:191-202

25. Kubota M, Shiraishi Y, Komoda R, Kondo Y, Furtado J (2012) Considering the mechanisms causing reduction of fretting fatigue strength by hydrogen. In: Proceedings of ECF 19, Kazan, Russia, p 281

26. Nelson HG, Stein JE (1973) Gas-phase hydrogen permeation through alpha iron, 4130 steel, and 304 stainless steel from less than 100 C to near 600 C. NASA TN D-7265

27. San Marchi C, Somerday BP, Tang X, Schiroky GH (2008) Effects of alloy composition and strain hardening on tensile fracture of hydrogen-precharged type 316 stainless steels. Int JHydrogen Energy 33:889-904

28. Komoda R, Kubota M, Furtado J (2015) Effect of addition of oxygen and water vapor on fretting fatigue properties of an austenitic stainless steel in hydrogen. Int J Hydrogen Energy 40:16868-16877

第 32 章　结构设计和试验

Junichiro Yamabe

摘要：本章介绍了考虑到氢的不利影响的各种部件的设计方法。基于该设计方法，我们对氢气压力循环下的铬钼钢压力容器进行了断裂前泄漏（LBB）评估和疲劳寿命预测。

关键词：安全系数因子法·基于规则设计·基于分析设计·断裂前泄漏·断裂韧性·服役历史记录·压力容器·氢安全

32.1　考虑氢气影响的设计方法

随着燃料电池汽车（FCVs）和加氢站的商业化，许多用于高压氢的部件（如容器、阀门、调压器和计量装置等）正在开发中。在选择和鉴定用于氢气环境下的材料时，必须考虑氢脆（HE）的敏感性。这取决于多种因素，包括氢气的压力、温度和装载条件[1,2]。

考虑氢气影响的设计方法之一是基于断裂力学方法的 ASMEBPVCVIII-3 中第 KD-10 条（高压气态氢输送和储存容器的特殊要求）[3]。此外，为了评估在氢气环境中使用的材料与氢气的相容性以及材料适用性，加拿大标准协会（CSA）已发布了 CHMC1-2014（评估压缩氢应用中材料相容性的试验方法——第一阶段——金属）[4,5]，其对材料鉴定程序进行了标准化，并为特定的预期工作条件下的材料鉴定

J. Yamabe (✉)
International Research Center for Hydrogen Energy, Kyushu University,
Fukuoka 819-0395, Japan
e-mail: yamabe. junichiro. 575@ m. kyushu-u. ac. jp

© Springer Japan 2016
K. Sasaki et al. (eds.), *Hydrogen Energy Engineering*,
Green Energy and Technology, DOI 10. 1007/978-4-431-56042-5_32

提供了一种可选的定量指标。MC1-2014 规定的质量试验中的一种选择是所谓的
"安全系数因子法"，其中疲劳寿命试验用于确定安全系数，以考虑氢对强度和疲
劳的影响。当引入基于安全系数因子法的安全系数后，就可以基于空气中的拉伸和
疲劳特性来设计氢气环境下使用的元件了。另一种选择是使用被普遍接受的基于规
则设计或基于分析设计的方法[6-13]。该强度设计方法是在氢气环境中的拉伸和疲劳
试验数据的基础上进行的。

32.2　安全系数因子法

图 32-1 展示了如何确定安全系数因子[4,5]。在对数据进行适当的统计处理
后，在 103、104 和 105 个循环中确定参考环境中与氢气环境中的应力比（分别
为 σ_{aR} 和 σ_{aH}）；该应力比通常大于或等于 1。有缺口试样的抗拉强度比（NTS）
也要确定。安全系数因子是上述这些比率中最大的，它必须作为设计中考虑的其
他安全系数的因子。各类钢的安全系数因子见参考文献[14]。结果证明，安全系数
因子法提供了过于保守的安全系数（例如，在 Cr-Mo 钢中，安全系数 12 被用于
基于规则的设计，7.2 被用于基于分析的设计）。安全系数因子法为各种应用都
提供了安全的结果，但对大多数应用来说，它可能过于保守。因此，在可能的情
况下，设计师应始终使用基于规则设计或特定组件应用分析设计这样的被普遍接
受的设计方法[14-16]。

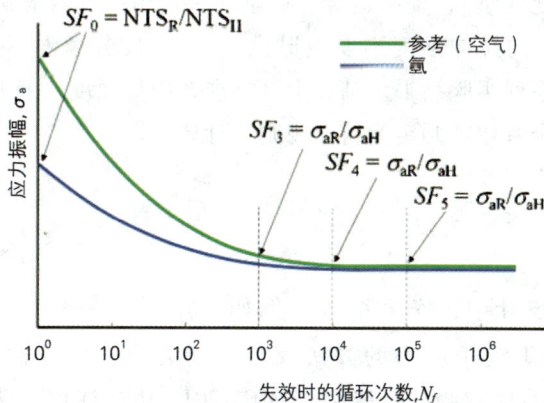

图 32-1　CHMC1 标准中的安全系数因子法示意图[4,5]

32.3 基于规则的设计

高压气体用机械部件的强度设计可分为基于规则设计和基于分析设计两种方法[6-13]。在基于规则设计中，使用安全系数 S_R 进行有限寿命设计，由以下等式定义：

$$S_R = \frac{\sigma_B}{\sigma_{\text{allowable}}} \tag{32.1}$$

其中，σ_B 是材料的抗拉强度，$\sigma_{\text{allowable}}$ 是容许设计应力。在某些情况下，使用流动应力 σ_{flow} 代替 σ_B，如下所示：

$$S_R = \frac{\sigma_{\text{flow}}}{\sigma_{\text{allowable}}}, \quad \sigma_{\text{flow}} = \frac{\sigma_Y + \sigma_B}{2} \tag{32.2}$$

其中，σ_Y 是屈服应力。在疲劳极限设计中，S_R 的值在现有设计规范[6-8]中为 3.5 ~ 4。这些 S_R 值是由具有低强度或中等强度（<1Gpa）的各种钢的疲劳极限来确定的。

图 32-2 展示了 Cr-Mo 钢在不同温度下 115 MPa 氮气或氢气中的慢应变速率试验（SSRT）性能[15]。结果表明，无论试验温度如何，SSRT 所测得的拉伸强度都没有降低。在室温下同一铬钼钢在 115 MPa 氢气和空气中的 $S-N$ 曲线如图 30-1 所示，在 115 MPa 空气与在 115 MPa 氢气中的疲劳极限几乎相等。基于安全系数（等式 32.1）的定义，在氢气的最大设计压力下，通过设计规则（仅需要材料选择和通过应力分析确定壁厚），提出适合于在氢气中应用的材料应满足以下两个准则的规定：（A）SSRT 的拉伸强度不发生退化；（B）疲劳极限不发生退化。例如，根据本研究中的一系列实验结果，结合上述标准，中等强度（抗拉强度<900 MPa）的 Cr-Mo 钢根据安全系数被判定为符合规则设计要求。

32.4 基于分析的设计

在基于分析的设计中，安全系数（例如，$S_R = 2.4 \sim 3.0$）用于有限寿命设计[9-13]，这还需要使用基于应力的方法或基于断裂力学的方法进行断裂前泄漏（LBB）评估和疲劳寿命预测。应按照 CHMC1-2014[4] 中的建议，使用空气中的断裂韧性数据而不是气态氢环境中的断裂韧性数据，对用于氢气环境的部件进行 LBB 评估。正如 32.6 节所述，在铬-钼钢压力容器中进行的氢气压力循环试验也证明了使用在空气中的断裂韧性数据的合理性。

图 30-1 所示气态氢环境中的 $S-N$ 曲线可用于基于应力的方法进行的疲劳寿命

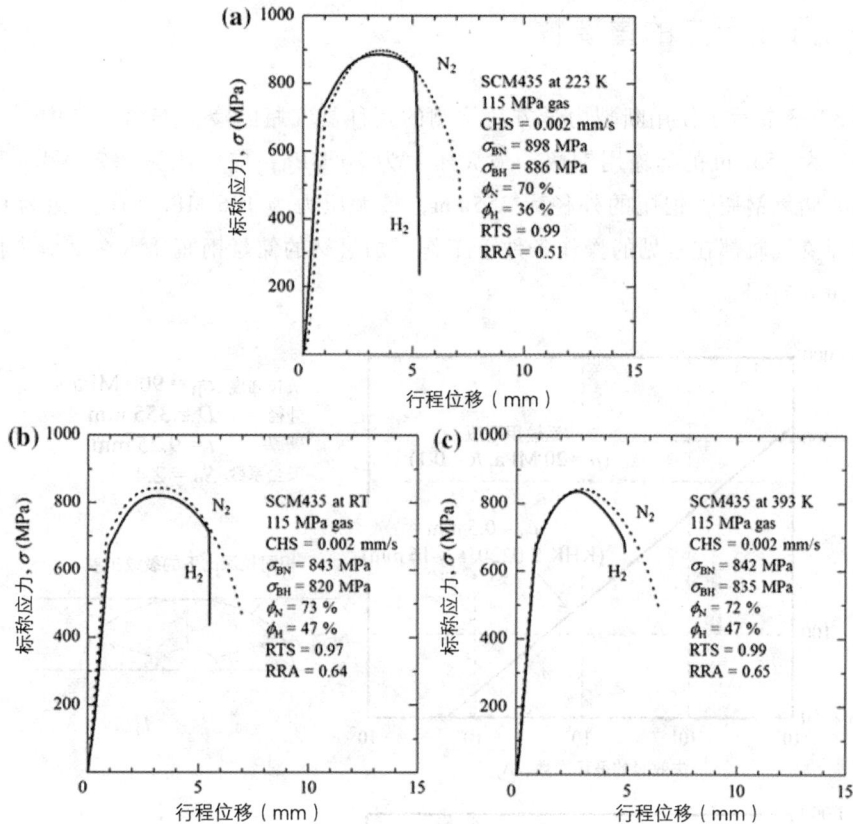

图 32-2　Cr-Mo 钢在 115 MPa 氮气或氢气中的 SSRT 特性：(a) 223K；(b) 室温；(c) 393 K[15]

预测。考虑到氢加快疲劳裂纹扩展（FCG）的速度，疲劳寿命预测也可以通过断裂力学方法进行[17,18]。

抗拉强度小于 900 MPa 的 Cr-Mo 钢 JIS-SCM435 的 FCG 行为如图 30-7 和图 30-8 所示。在这些图中可以观察到氢引发的 FCG 加速；但是，FCG 的加速是有上限的，最多约为 30 倍。因此，如果在氢气环境中存在 FCG 的加速上限（如图30-7 和图 30-8 中所示的 Cr-Mo 钢的 FCG 行为），则可以通过分析提出设计一种适合氢气环境的材料。在此标准的基础上，以安全系数为基础，研究人员对中等强度（如抗拉强度<900 MPa）的 Cr-Mo 钢和 304、316、316L 型奥氏体不锈钢进行了有限寿命设计[19]。

相比之下，σ_B>1 900 MPa 的轴承钢表现出与当前 Cr-Mo 钢完全不同的 FCG 行为，因为它没有 FCG 的加速上限，如图 26-11 所示[20]。

32.5 服役历史的重要性

图 32-3 展示了使用断裂力学方法预测的两种氢气瓶的疲劳寿命。其中一种钢瓶是外径为 355mm 的运输用钢瓶，最大压力为 20 MPa，应力比为 0.2；另一种是加氢站的储氢钢瓶，钢瓶的外径为 355mm，最大压力为 106 MPa，应力比为 0.8。上述两种氢气瓶都在常见的操作条件下工作。加氢站的储氢钢瓶通常在高应力比下工作，如 $R = 0.8$。

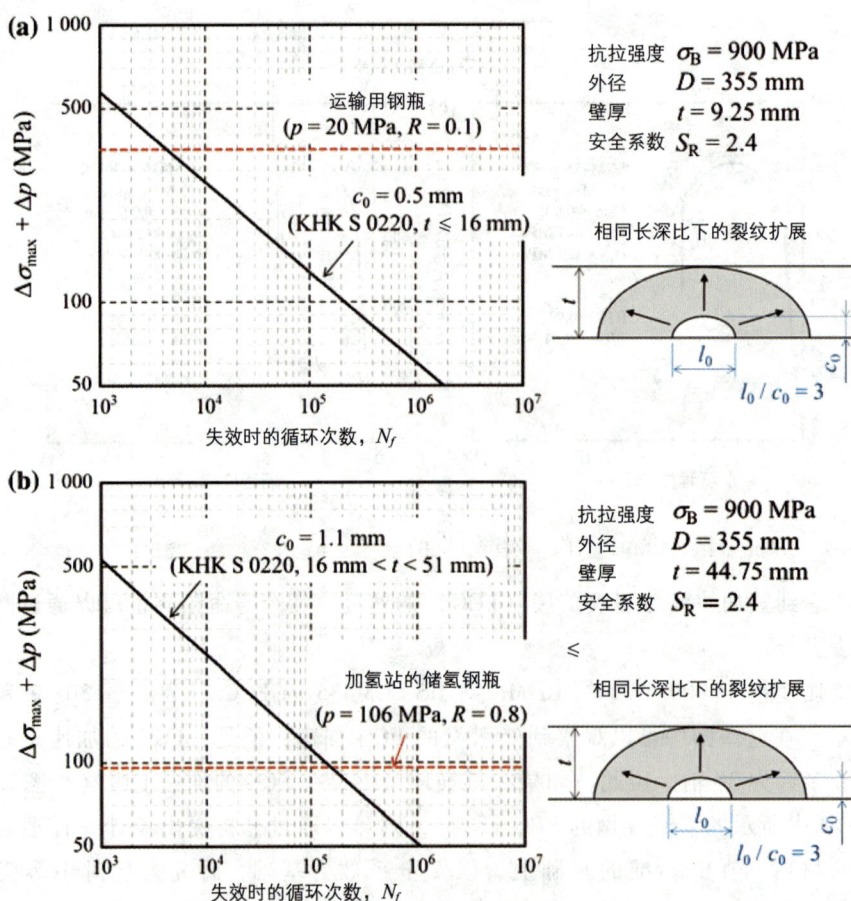

图 32-3 在高压氢气下的运输用钢瓶

按照 $\sigma_B = 900$ MPa 和 $S_R = 2.4$ 进行计算，此时，运输用钢瓶和储氢钢瓶的所需壁厚 t 分别为 9.25 mm 和 44.75 mm。在上述计算中，允许的设计应力由气缸内表面的最大环向应力决定。根据 KHK S 0220 标准[13]，假设长深比（l_0/c_0）为 3 时，在 $t=9.25$ mm 时运输用钢瓶的初始裂纹深度 c_0 为 0.5 mm，而在 $t=44.75$ mm 时储氢钢瓶的初始裂纹深度 c_0 为 1.1 mm。根据实际 Cr-Mo 钢压力容器的试验结果[16]，假设在整个 FCG 寿命计算过程中，圆柱体中裂纹的长深比始终保持其初始值 3。

在最大压力为 20 MPa、应力比为 0.2 的情况下，运输用钢瓶的预测 FCG 寿命 N_f 约为 4 000 次循环；在最大压力为 106 MPa、应力比为 0.8 的情况下，加氢站的储氢钢瓶的 N_f 值约为 150 000 次循环。相反，如果不考虑服役历史（$R=0$），计算这些 FCG 寿命，N_f 的预测值为运输用钢瓶大约循环使用 3 000 次，储氢钢瓶大约循环使用 1 500 次。因此，考虑服役历史的储氢钢瓶的 N_f 预测值比不考虑服役历史的 N_f 预测值大两个数量级。

因此，考虑服役历史对于准确预测在氢气环境下使用的部件的 FCG 寿命至关重要。

32.6 真实压力容器的压力循环

32.6.1 材料和压力容器

对两种内径分别为 306 mm 和 210 mm 的铬钼钢压力容器的内表面进行缺口加工，之后在室温下 0.6 MPa~45 MPa 的氢气压力中进行压力循环试验。其中一种 Cr-Mo 钢的显微组织较细，抗拉强度为 828 MPa（钢 A），而另一种钢的显微组织较粗，抗拉强度为 947 MPa（钢 B）。A 的化学成分为 0.38C、0.22Si、0.79Mn、0.006P、0.004S、1.10Cr 和 0.23Mo（质量百分比），其余为 Fe。B 的化学成分为 0.37C、0.21Si、0.77Mn、0.012P、0.007 S、1.07Cr 和 0.28Mo，其余为 Fe。

图 32-4（a）展示了承受氢气压力循环的 Cr-Mo 钢压力容器的照片。如图 32-4（b）所示，压力容器由用钢 A 和钢 B 制作的储氢钢瓶和夹具（法兰、螺栓、O 形环和铝填料）组成。铝填料被用来最小化所需的氢气体积。钢 A 和钢 B 制成的压力容器分别称为 A 压力容器和 B 压力容器。采用电火花加工方法，在压力容器内表面加工出长深比（l_0/c_0）为 3 的 U 形半椭圆切口。B 压力容器也用于液压循环试验。研究人员制备了 5 个标记为 A-1、A-2、B-1、B-2 和 B-3 的压力容器。A-1、A-2、B-1 和 B-2 的试验是用气态氢进行的，而 B-3 的试验是用高压水进行的。A-1 和 A-2 的 U 形切口深度分别为 6.0 mm（壁厚的 24%）和 18.0 mm（壁厚的 71%），而 B-1 的 U 形切口深度为 12.0 mm（壁厚的 40%），B-2 和 B-3 的 U 形切口深度为 24.0 mm（壁厚的 80%）。U 形切口的宽度为 0.3 mm（$c_0=6.0$ mm）

或 0.5 mm（c_0 = 12.0、18.0 和 24.0 mm），其中切口宽度与切口直径相同。

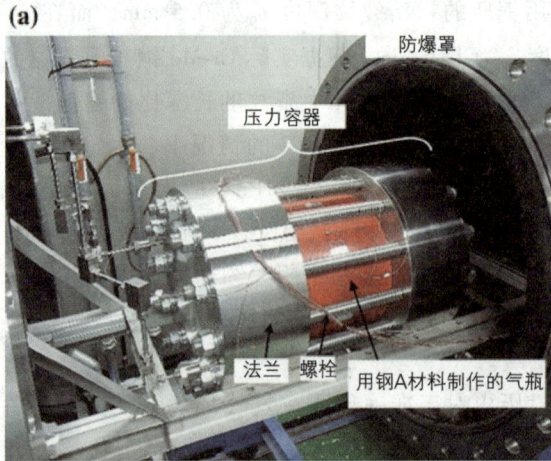

（a-1）A压力容器

（a-2）B压力容器

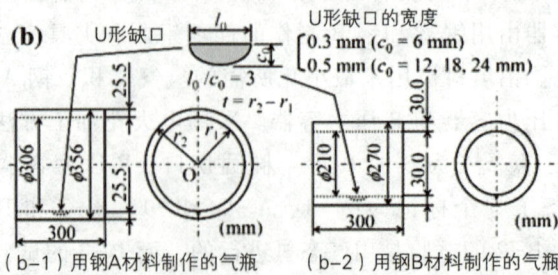

（b-1）用钢A材料制作的气瓶　　（b-2）用钢B材料制作的气瓶

图 32-4　Cr-Mo 钢气态氢压力容器的压力循环试验[16]

（a）承受氢气压力循环的压力容器的照片；（b）压力循环试验用钢 A 和钢 B 制作的气瓶的形状、尺寸

32.6.2　疲劳寿命和失效行为

四个压力容器（A-1、A-2、B-1 和 B-2）在室温下以 0.6 MPa~45 MPa 的压力进行氢气压力循环，而一个压力容器（B-3）在室温下以 0.5 MPa~45 MPa 的压力进行液压循环。具有 6.0 mm 深度缺口的 A-1 压力容器和具有 18.0 mm 深度缺口的 A-2 压力容器分别在 1 760 次和 177 次循环后失效。而缺口深度为 12.0 mm 的 B-1 压力容器和缺口深度为 24.0 mm 的 B-2 压力容器分别在 675 次和 47 次循环后失效。相比之下，具有 24.0 mm 深度缺口的 B-3 压力容器在 3 621 次循环后失效。可见，高压气态氢导致了 Cr-Mo 钢压力容器的疲劳寿命显著缩短。

图 32-5 展示了泄漏后 A-1、A-2、B-1 和 B-2 压力容器的照片。在空载条件下很难观察到穿透的裂缝。因此，裂缝在加压液氮下被观察到。在加压条件下，采用液相法可以方便地检测出裂缝。A-1、A-2、B-1、B-2 压力容器在压力循环过程中，在增压阶段由于穿透壁面的裂缝导致泄漏而失效，即这些压力容器因 LBB 失效。同样，B-3 压力容器在高压水作用下也因 LBB 而失效。

B-2 压力容器中一条几乎穿透的裂缝的最大应力强度因子 K_{max} 实际上超过了在氢气中的断裂韧性（$K_{IC,H}$）。因此，可能有人会认为 B-2 压力容器的失效不是由 LBB 引起的，因为 $K_{max} > K_{IC,H}$。但从另一方面看，基于在空气中的断裂韧性 K_{IC}，由于 $K_{max} < K_{IC}$，因此又可以认为所有压力容器的失效均是由于发生了 LBB。实验结果表明，所有压力容器均发生了 LBB 失效。因此，基于 $K_{IC,H}$ 的 LBB 评估可能是保守的，故应使用 K_{IC} 而不是 $K_{IC,H}$ 来评估这些压力容器的失效问题。

图 32-6 展示了在氢气压力或液压循环期间，A-1、A-2、B-1、B-2 和 B-3 压力容器内表面缺口处产生的疲劳裂纹扩展。与缺口的初始长深比（$l_0/c_0 = 3$）相比，A-1、A-2、B-1 和 B-3 压力容器的穿透裂缝长深比（l/c）依然接近 3。因此，这些压力容器的疲劳裂纹在裂纹扩展过程中大致保持其长深比。与之相反，B-2 压力容器的穿透裂缝的长深比约为 4，因此，该条疲劳裂纹在裂纹扩展过程中发生变化。

32.6.3　疲劳寿命评估

基于断裂力学方法，我们通过在氢气存在的条件下使用加速的 FCG 速率来计算需要承受氢气压力循环的压力容器的 N_f 值。使用图 30-7 所示的空气中的 da/dN-ΔK 曲线，还可计算需要承受液压循环的压力容器的疲劳寿命。对于 A-1、A-2、B-1 和 B-3 压力容器的 $l/c = 3$ 的半椭圆表面裂纹，或 B-2 压力容器的 $l/c \approx 4$ 的半椭圆表面裂纹，在裂纹扩展过程中，使用表面和最深处的 ΔK 值计算裂纹延伸到整个壁

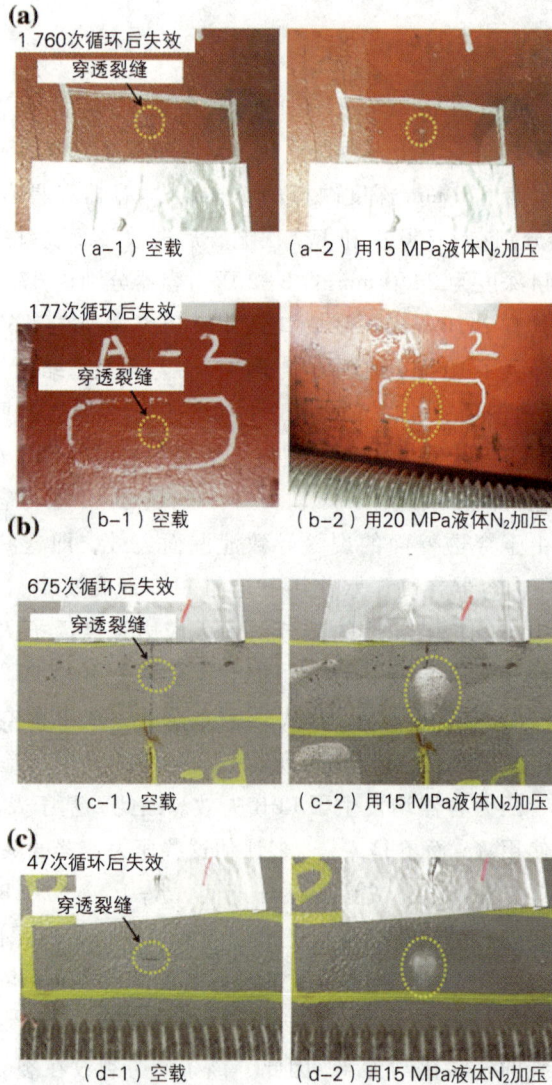

图 32-5　室温下以 0.6 MPa~45 MPa 的压力进行氢气压力循环后压力容器的照片[16]

（a）A-1 为压力容器（缺口深度：6.0 mm，壁厚：25.5 mm）；

（b）A-2 压力容器（缺口深度：18.0 mm，壁厚：25.5 mm）；

（c）B-1 压力容器（缺口深度：12.0 mm，壁厚：30.0 mm）；

（d）B-2 压力容器（缺口深度：24.0 mm，壁厚：30.0 mm）

厚上时的循环次数，然后计算出来的循环次数的最低值被认为是 N_f。

表 32-1 展示了承受氢气压力或液压循环的 A-1、A-2、B-1、B-2 和 B-3 压力容器的试验疲劳寿命和预测疲劳寿命。所有压力容器的试验疲劳寿命都比预测的

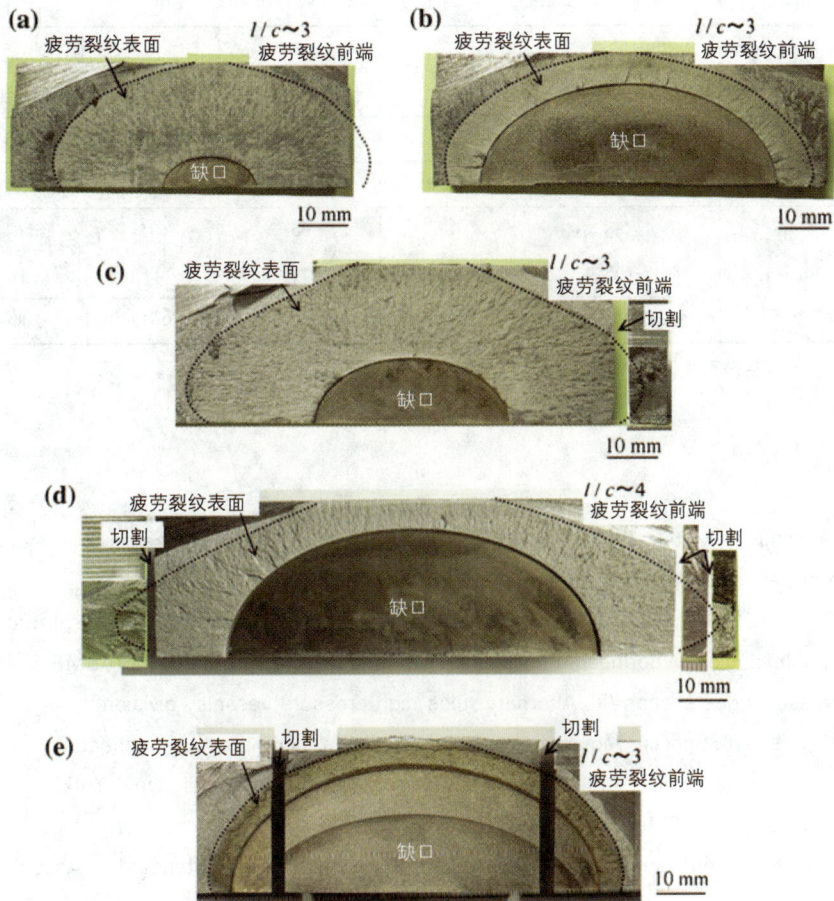

图 32-6　氢气压力或液压循环期间压力容器缺口处的疲劳裂纹扩展[16]

(a) A-1 压力容器（缺口深度：6.0 mm，壁厚：25.5 mm）；

(b) A-2 压力容器（缺口深度：18.0 mm，壁厚：25.5 mm）；

(c) B-1 压力容器（缺口深度：12.0 mm，壁厚：30.0 mm）；

(d) B-2 压力容器（缺口深度：24.0 mm，壁厚：30.0 mm）；

(e) B-3 压力容器（缺口深度：24.0 mm，壁厚：30.0 mm）

寿命长 1.1~2.8 倍，但未考虑从机加工缺口开始裂纹的循环次数。基于断裂力学
方法的疲劳寿命预测是比较保守的，这种误差对于目前具有内缺口的铬钼钢是可以
接受的。因此，在氢气存在的环境下加速的 FCG 速率的断裂力学方法可用于含内
缺口的Cr-Mo钢压力容器在氢气气氛下的疲劳寿命预测。

表 32-1　　承受氢气压力循环或液压循环的压力容器的实验和预测疲劳寿命

压力容器	测试环境	缺口深度	$\Delta K_i{}^a$ $(MPa \cdot m^{1/2})$	N_f循环次数	
				实验结果	预测结果
A (t = 25.5 mm)	0.6⇔45 MPa H_2	6.0	39	1 760	805
		18.0	80	177	63
B (t = 30mm)	0.6⇔45 MPa H_2（氢气）	12	35	675	564
		24	71	47	41
	0.5⇔45 MPa 高压水	24	67	3 612	2 844

经过 N_f 次循环后表面或最深处的初始 ΔK

参考文献

1. Murakami Y, Matsuoka S, Kondo Y, Nishimura S（2012）Mechanism of hydrogen embrittlement and guide for fatigue design. Yokendo, Tokyo

2. Gangloff RP, Somerday BP（eds）（2012）Gaseous hydrogen embrittlement of materials in energy technologies. Woodhead Publishing, Cambridge 3. ASME（2010）ASME boiler & pressure vessel code, sectionVIII. Alternate rules high pressure vessels, division

3. Article KD-10. Special requirements for vessels in high pressure gaseous hydrogen transport and storage service. American Society of Mechanical Engineers, New York

4. ANSI/CSA, CHMC 1-2014（2014）Test method for evaluating material compatibility in compressed hydrogen applications—Phase I—Metals. Canadian Standards Association, Mississauga, ON

5. San Marchi C, Somerday BP, Nibur KA（2014）Development of methods for evaluating hydrogen compatibility and suitability. Int J Hydrogen Energy 39：20434-20439

6. Kobayashi H（2008）Safety factor in mechanical engineering field. J Jpn Landslide Soc 44：326-329

7. JSA. JIS B 8265（2003）Construction of pressure vessel：general principles. Japanese Standards Association, Tokyo

8. JSA. JIS B 8267（2008）Construction of pressure vessel. Japanese Standards Association, Tokyo

9. ASME（2001）ASME boiler & pressure vessel code, sectionVIII. Rules for the construction of pressure vessels. Division 1. American Society of Mechanical Engineers, New York

10. JSA（2003）JIS B 8266. Alternative standard for construction of pressure

vessels. Japanese Standards Association, Tokyo

11. ASME (2007) ASME boiler & pressure vessel code, section VIII. Construction of pressure vessels, division 2. American Society of Mechanical Engineers, New York

12. UNM. EN 13445 (2004) Unfired Pressure Vessels; Courbevoie: Union de Normalisation de la Mécanique

13. KHK. KHKS 0220 (2010) KHK standard for pressure equipment containing ultrahigh pressure gas. High Pressure Gas Safety Institute of Japan, Tokyo

14. Yamabe J, Matsunaga H, Furuya Y, Hamada S, Itoga H, Yoshikawa M, Takeuchi E, Matsuoka S (2014) Qualification of chromium-molybdenum steel based on the safety factor multiplier method in CHMC1-2014. Int J Hydrogen Energy 40:719-728

15. Matsunaga H, Yoshikawa M, Itoga H, Yamabe J, Hamada S, Matsuoka S (2014) Tensile-and fatigue-properties of low alloy steel JIS-435 and carbon steel JIS-SM490B in 115 MPa hydrogen gas (PVP2014-28511). In: Proceedings of PVP-2014: ASME pressure vessels and piping division conference. American Society of Mechanical Engineers, Anaheim, California, New York, USA, 20-24 July 2014

16. Yamabe J, Itoga H, Awane T, Matsuo T, Matsunaga H, Matsuoka S (2016) Pressure cycle testing of Cr-Mo steel pressure vessels subjected to gaseous hydrogen. J Press Vess Technol ASME 183-011401:1-13

17. Miyamoto T, Matsuo T, Kobayashi N, Mukaie Y, Matsuoka S (2012) Characteristics of fatigue life and fatigue crack growth of SCM435 steel in high-pressure hydrogen gas. Trans JSME A 78:531-546

18. Takeuchi E, Furuya Y, Hirakawa H, Matsuo T, Matsuoka S (2013) Effect of hydrogen on fatigue crack growth properties of SCM435 steel used for storage cylinder in hydrogen stations. Trans JSME A 79:1030-1040

19. Itoga H, Matsuo T, Orita A, Matsunaga H, Matsuoka S, Hirotani R (2014) SSRT and fatigue crack growth properties of high-strength austenitic stainless steels in high-pressure hydrogen gas (PVP2014-28640). In: Proceedings of PVP-2014: ASME pressure vessels and piping division conference. American Society of Mechanical Engineers, Anaheim, California, New York, USA, 20-24 July 2014

20. Yamabe J, Matsumoto T, Matsuoka S, Murakami Y (2012) A new mechanism in hydrogen-enhanced fatigue crack growth behavior of a 1900-MPa-class high-strength steel. Int J Fract 177:141-162

第 33 章　未来展望

Junichiro Yamabe

摘要：本章基于对氢脆（HE）、氢能安全管理和氢能安全实践的认识，展望了氢安全的未来。介绍了成本更低、耐氢脆性能更好的新材料以及考虑到氢脆的设计方法。

关键词：氢脆·安全·强度设计·疲劳·微动疲劳·钢·氢安全

本章回顾了氢脆、氢能安全管理和氢能安全实践。只有上述三者结合才能最终实现氢安全（图 33-1）。

图 33-1　结合对氢脆、氢能安全管理和氢能安全实践的认识来实现氢能安全

J. Yamabe (✉)
International Research Center for Hydrogen Energy, Kyushu University,
Fukuoka 819-0395, Japan
e-mail：yamabe. junichiro. 575@ m. kyushu-u. ac. jp

© Springer Japan 2016 K. Sasaki et al. （eds.），*Hydrogen Energy Engineering*,
Green Energy and Technology, DOI 10. 1007/978-4-431-56042-5_33

与氢脆有关的章节（第 26 章、第 29~32 章）回顾了多种材料在氢气存在的情况下，拉伸特性和疲劳特性变化的基本原理和最新研究进展，重点讨论了以下几个问题：（1）氢脆的作用机理；（2）在高压气态氢作用下成本更低、耐氢脆性能更好的新材料；（3）考虑到氢脆后的设计方法；（4）氢气存在条件下的微动疲劳。结论和未来展望可总结如下：

氢脆的作用机理：金属材料对氢脆的敏感性取决于其抗拉强度。特别是 $\sigma_B >$ 1 000MPa 的高强度钢，在氢气作用下性能会严重退化[1]。而对于 $\sigma_B < 1\,000$MPa 的低、中强度钢（如碳、铬钼和奥氏体不锈钢），在其疲劳裂纹扩展（FCG）行为中，氢会在裂纹尖端产生滑移变形，从而使 FCG 加速[2-8]。例如，在氢气存在的情况下，抗拉强度小于 900 MPa 的 Cr-Mo 钢的 FCG 速率比未充氢试样的 FCG 速率高30 倍。然而，FCG 的加速存在上限[4,9,10]。通过对疲劳裂纹和断口形貌的详细观察，学者认为应该用氢强化局部塑性（HELP）模型[11-13]来解释氢作用下的疲劳裂纹扩展加速，而不是用氢强化剥离（HEDE）模型来解释[14-16]。

同时，对于氢气存在情况下的高强度钢，经常有晶间（IG）断裂面，并且 FCG 的加速没有上限[17]。显然，氢加速疲劳裂纹扩展速率现象的形成机制明显不同于 HELP 模型，为此我们引入了一个新的氢致变形孪晶模型[17]。然而，在氢气存在的情况下，还有一些断裂过程被认为是 IG 断裂的相互耦合过程，因此，氢脆的机制是复杂的。这些断裂过程导致材料性能的显著退化，需要进一步的研究。

此外，多种中、低强度钢的相对 FCG 速率（RFCGR）随着测试频率的降低而逐渐增加，然后突然降至接近 1.0[7-9]。尽管目前可以根据氢强化连续疲劳裂纹扩展（HESFCG）模型[6,8]或氧效应[18]对该现象进行初步解释，但 FCG 速率的这种特殊频率依赖性的机理必须进一步阐明。对于基于规则或基于分析的部件强度设计，重要的是确定各种钢在高压气态氢中的疲劳极限和 FCG 的加速上限[2,9,19]。

具有较低成本和较好耐氢脆性能的新材料：在奥氏体不锈钢中，FCG 对氢的敏感性可以与其奥氏体稳定性相关联，后者可用镍当量进行定量描述[20-26]。具有较高奥氏体稳定性的钢有着较好的抗 FCG 性能。因此，镍当量可以作为选择高压氢气环境中使用的奥氏体不锈钢的有效分级标准。具有高镍当量的 XM19 和 HP160 不锈钢具有优异的抗 FCG 性能，即使在 95 MPa~100 MPa 的高压氢气中也几乎不发生性能退化[20,26]。研究人员将继续开发成本更低、强度更高的耐氢材料。

考虑到氢效应的设计方法：除了开发成本更低、强度更高的耐氢材料外，还必须在科学理解氢能系统广泛商业化的基础上，建立适当的设计方法。我们可以使用 CHMC1-2014（评估压缩氢气应用中材料相容性的试验方法——第一阶段——金属）标准[27,28]中的安全系数因子法；但是，该方法为各种钢提供了过于保守的安全系数[19]。因此，对于特定的部件，我们应该始终使用公认的基于规则设计或基于分析设计的方法。

我们建议使用传统的基于规则设计的方法来设计氢气环境下使用的部件，前提是在最大的氢气设计压力下，满足以下条件：第一，在 SSRT 试验中抗拉强度没有发生退化；第二，疲劳极限没有发生退化[2, 9, 19]。

在此还建议，在氢气环境下使用的部件可以采用传统的基于分析设计的方法来进行设计，前提是在最大的氢气设计压力下满足下列条件：第一，在 SSRT 试验中抗拉强度没有发生退化；第二，在氢气环境下，FCG 的加速存在一个上限。还有一个附加要求，即几乎穿透的裂缝的最大应力强度因子应小于部件 LBB 失效时空气中的断裂韧性值[2, 9, 19]。

还应注意的是，考虑服役历史对于精确预测在氢气环境下部件的 FCG 寿命至关重要[19]。

氢气存在情况下的微动疲劳：微动会导致一些与氢辅助疲劳断裂有关的特殊效应。结果表明，在氢的作用下，微动疲劳强度会显著降低。换句话说，微动为氢提供了一个反应活跃的场所。当存在氢时，在微动疲劳过程中，接触表面间的黏附是非常重要的。黏附引起的微观结构变化也可能对降低氢气存在情况下的微动疲劳强度起关键作用。

前面几章除了描述了微动疲劳试验结果的固溶热处理奥氏体不锈钢以外，还研究了加工硬化奥氏体不锈钢[29]、低合金钢、耐热钢和渗氮低合金钢[30]，以及材料中的氢浓度[31]、向氢气中添加氧和水蒸气[32]的影响。然而，氢气压力、温度、加载频率、接触压力、材料组合、滑移范围等因素对氢气存在的情况下微动疲劳性能的影响尚不清楚，需要进一步研究以确保氢气设备的安全性。

参考文献

1. NASA (1997) Safety standard for hydrogen and hydrogen systems. Washington, D. C: NSS 1740. 16

2. Matsunaga H, Yoshikawa M, Kondo R, Yamabe J, Matsuoka S (2015) Slow strain rate tensile and fatigue properties of Cr-Mo and carbon steels in a 115 MPa hydrogen gas atmosphere. Int J Hydrogen Energy 40:5739-5748

3. Matsuoka S, Tsutsumi N, Murakami Y (2008) Effects of hydrogen on fatigue crack growth and stretch zone of 0. 08 Mass% low carbon steel pipe. Trans JSME A 74:1528-1537

4. Tanaka H, Homma N, Matsuoka S, Murakami Y (2007) Effect of hydrogen and frequency on fatigue behavior of SCM435 steel for storage cylinder of hydrogen station. Trans JSME A 73:1358-1365

5. Kanezaki T, Narazaki C, Mine Y, Matsuoka S, Murakami Y (2008) Effects of hydrogen on fatigue crack growth behavior of austenitic stainless steels. Int J Hydrogen Energy 33: 2604-2619

6. Murakami Y, Kanezaki T, Mine Y, Matsuoka S (2008) Hydrogen embrittlement mechanism in fatigue of austenitic stainless steels. Metall Mater Trans A 39:1327-1339

7. Yoshikawa M, Matsuo T, Tsutsumi N, Matsunaga H, Matsuoka S (2014) Effects of hydrogen gas pressure and test frequency on fatigue crack growth properties of low carbon steel in 0. 1-90 MPa hydrogen gas. Trans JSME A 80

8. Matsuo T, Matsuoka S, Murakami Y (2010) Fatigue crack growth properties of quenched and tempered Cr-Mo steel in 0. 7 MPa hydrogen gas. In: Proceedings of the 18th European conference on fracture (ECF18)

9. Yamabe J, Itoga H, Awane T, Matsuo T, Matsunaga H, Matsuoka S (2016) Pressure cycle testing of Cr-Mo steel pressure vessels subjected to gaseous hydrogen. J. Press Vess Technol ASME 183-011401:1-13

10. Miyamoto T, Matsuo T, Kobayashi N, Mukaie Y, Matsuoka S (2012) Characteristics of fatigue life and fatigue crack growth of SCM435 steel in high-pressure hydrogen gas. Trans Jpn Soc Mech Eng A 78:531-546

11. Sofronis P, McMeeking RM (1989) Numerical analysis of hydrogen transport near a blunting crack tip. J Mech Phys Solid 37:317-350

12. Birnbaum HK, Sofronis P (1994) Hydrogen-enhanced localized plasticity: a mechanism for hydrogen-related fracture. Mater Sci Eng A 176:191-202

13. Robertson IM, Birnbaum HK (1986) An HVEM study of hydrogen effects on the deformation and fracture of nickel. Acta Metall 34:353-366

14. Morlet JG, Johnson HH, Triano AR (1958) A new concept of hydrogen embrittlement in steel. J Iron Steel Inst 189-1:37-41

15. Troiano AR (1960) The role of hydrogen and other interstitials in the mechanical behavior of metals. Trans ASM 52:54-80

16. Oriani RA, Josephic H (1974) Equilibrium aspects of hydrogen-induced cracking of steels. Acta Metall 22:1065-1074

17. Yamabe J, Matsumoto T, Matsuoka S, Murakami Y (2012) A New mechanism in hydrogen－enhanced fatigue crack growth behavior of a 1900-MPa-class high-strength steel. Int J Fract 177:141-162

18. Somerday BP, Sofronis P, Nibur KA, San Marchi C, Kirchheim R (2013) Elucidating the variables affecting accelerated fatigue crack growth of steels in hydrogen gas with low oxygen concentrations. Acta Mater 61:6153-6170

19. Yamabe J, Matsunaga H, Furuya Y, Hamada S, Itoga H, Yoshikawa M, Takeuchi E,

Matsuoka S（2014）Qualification of chromium-molybdenum steel based on the safety factor multiplier method in CHMC1 2014. Int J Hydrogen Energy 40:719-728

20. Itoga H, Matsuo T, Orita A, Matsunaga H, Matsuoka S, Hirotani R（2014）SSRT and fatigue crack growth properties of high-strength austenitic stainless steels in high-pressure hydrogen gas（PVP2014-28640）. In: Proceedings of PVP-2014: ASME pressure vessels and piping division conference. American Society of Mechanical Engineers, Anaheim, California, USA, July 20-24 ASME, New York

21. Hirayama T, Ogirima（1970）Influence of chemical composition on martensitic transformation in Fe-Cr-Ni stainless steel. J Jpn Inst Met Mater 34:507-510

22. Sanga M, Yukawa N, Ishikawa T（2000）Influence of chemical composition on deformation-induced martensitic transformation in austenitic stainless steel. J Jpn Soc Technol Plast 41:64-68

23. Yamada T, Kobayashi H（2012）J High Press. Gas Safety Inst Jpn 49:885-893

24. Hirayama T, Ogirima M（1970）Influence of martensitic transformation and chemical composition on mechanical properties of Fe-Cr-Ni stainless steel. J Jpn Inst Met Mater 34:511-516

25. Oshima T, Habara Y, Kuroda K（2007）Effects of alloying elements on mechanical properties and deformation-induced martensite transformation in Cr-Mn-Ni austenitic stainless steels（transformations and microstructures）. Tetsu-to-Hagane 93:544-551

26. Itoga H, Matsuo T, Orita A, Matsunaga H, Matsuoka S（2013）SSRT and fatigue crack growth properties of two types of high strength austenitic stainless steels in high pressure hydrogen gas. Trans JSME A 79:1726-1740

27. ANSI/CSA, CHMC 1-2014（2014）Test method for evaluating material compatibility in compressed hydrogen applications-Phase I-Metals. Mississauga, In: Canadian Standards Association

28. San Marchi C, Somerday BP, Nibur KA（2014）Development of methods for evaluating hydrogen compatibility and suitability. Int J Hydrogen Energy 39:20434-20439

29. Mizobe K, Shiraishi Y, Kubota M, Kondo Y（2011）Effect of hydrogen on fretting fatigue strength of SUS304 and SUS316L austenitic stainless steels. In: Proceedings. ICM&P2011, Corvallis, Oregon, USA: ICMP2011-51138

30. Kubota M, Tanaka Y, Kondo Y（2007）Fretting fatigue properties of SCM435H and SUH660 in hydrogen gas environment. Trans JSME A 73:1382-1387

31. Kubota M, Nishimura T, Kondo Y（2010）Effect of hydrogen concentration on fretting fatigue strength. J Solid Mech Mater Eng 4:816-829

32. Komoda R, Kubota M, Furtado J（2015）Effect of addition of oxygen and water vapor on fretting fatigue properties of an austenitic stainless steel in hydrogen. Int J Hydrogen Energy 40:16868-16877

第六部分　应用和展望

Kazunari Sasaki[1-3] **and Stephen M. Lyth**[4-6]

[1]International Research Center for Hydrogen Energy, Kyushu University, Fukuoka, Japan
[2]Next-Generation Fuel Cell Research Center (NEXT-FC), Kyushu University, Fukuoka, Japan
[3]International Institute for Carbon-Neutral Energy Research, Kyushu University, Fukuoka, Japan
[4]CREST, Japan Science and Technology Corporation, Kawaguchi, Japan
[5]Department of Mechanical Engineering, Sheffield University, Sheffield, UK
[6]School of Chemical and Process Engineering, Leeds University, Leeds, UK

　　第六部分广泛涵盖了氢能诸多实际应用，包括汽车、住宅、工业和便携式应用，重点考虑了基础设施、商业模式、公众接受度、普及策略以及教育等方面。所有这些考虑都有助于我们在未来实现一个燃料电池驱动的氢能利用社会。

第 34 章 MIRAI 燃料电池汽车的研发历程

Yoshikazu Tanaka

摘要：本章介绍了日本第一款量产燃料电池汽车 Toyota MIRAI 的发展历程。MIRAI 被视为迈向氢能社会的先锋产品。本章描述了以燃料电池为动力的车辆在研发过程中的规范、技术和设计工作。

关键词：燃料电池汽车·MIRAI·背景·概念·规格设计·性能·安全性·外部电源·生命周期评价

34.1 简介

机动车因其具有可以随时随地便捷出行的优势，为经济、社会和文化发展做出了巨大的贡献。但同时，机动车产生的 CO_2 排放和对环境有害的空气污染物，不仅导致全球变暖，还对地球环境造成了不利影响。丰田汽车公司（Toyota Motor Corporation）认为解决环境问题是目前的主要任务之一，为此，丰田汽车公司一直奉行节能、燃料多样化和广泛使用环保汽车的理念。1997 年，丰田推出了世界上第一台商业化混合动力汽车（Prius）。在混合动力车日益普及和车型多样化的趋势下，混合动力技术的发展为改善环境做出了重要贡献。

另一方面，随着汽车市场的发展以及世界人口的不断增加，车辆对环境的影响也将越来越大。当前，人们比以往任何时候都更需要解决环境问题，但同时也要确

Y. Tanaka (✉)

Toyota Motor Corporation，1 Toyota-Cho，Toyota City 471-8571，Aichi Prefecture，Japan

e-mail：yoshikazu_ tanaka_ ab@ mail. toyota. co. jp

© Springer Japan 2016

11. Sasaki et al. （eds.），*Hydrogen Energy Engineering*,

Green Energy and Technology, DOI 10. 1007/978-4-431-56042-5_34

保车辆在未来一百年内仍然可以使用，并可以继续丰富人们的生活[1]。

34.2 氢能的重要性

以汽油为代表的化石燃料作为车用燃料是非常方便的，因为其存储和运输都很容易，并且能量密度很高。但是，化石燃料的储量是有限的，且供给通常也具有不安全性。此外，使用汽油还会带来环境污染问题，例如燃烧排放大量的温室气体（如 CO_2）造成全球变暖，排放对环境有害物质造成空气污染。

人类在节约能源的同时，应谨慎使用化石燃料，同时抑制温室气体和对环境有害物质的排放。节能问题可通过部署混合动力汽车和改善传统车辆的燃油经济性解决。

另外，推动替代燃料的使用，即燃料多样性原则，对解决能源问题也很重要。由于每种类型的替代燃料都有不同的优缺点（如表34-1），因此充分利用每种燃料的特性并将其应用于不同类型的车辆将变得更加重要。电动汽车在使用过程中拥有零排放、低振动噪声、可在家中轻松充电等优势，但也同时存在充电时间长、能量密度低（续航距离短）等缺点。因此，纯电动车（EV）适用于短距离通勤的小型车（乘用车）。

表 34-1   替代燃料的特性

	电力	氢能	生物质能	天然气
全生命周期 CO_2 排放量	从劣到优	从劣到优	从劣到优	良好
供给量	优	优	劣	良好
能量密度（续航距离）	劣	优	优	良好
充电/加油时间	劣	优	优	优
相关基础设施	良好	劣	优	良好

插电式混合动力汽车（PHV）被认为是最适合普及的汽车，因为 PHV 兼具 HV 和 EV 的优点，并且无须担心电池电量耗尽的问题。

氢是地球上含量最丰富的元素之一，其中绝大部分蕴含于水中。因此，不必担心资源会被耗尽。氢的能量密度大于电池的能量密度，这使得车辆在续航方面具有优势。氢气也更易于运输和存储。它可以通过使用例如风能或光伏等可再生能源所发的电来电解水制得，然后储存和运输。这种便捷的获取方式弥补了自然能源资源的不可预测性，并缓解了区域间能源的不平衡状况，甚至可以从污水中获得氢气。对于自然资源有限的日本来说，它有望成为未来最有希望的替代能源。尤其是氢可用作燃料电池汽车（FCV）的燃料。FCV 由电机驱动，电机利用燃料电池（FC）

堆中氢、氧化学反应产生的电能。

    FCV 的特性还包括高能效，因为氢的使用不像在内燃机中那样燃烧，而是通过化学反应产生电能。此外，FCV 需要的加氢时间较短，这不同于电动汽车充电。最后，燃料电池汽车的排放物仅为水，不产生任何对环境有害的物质。因此，燃料电池汽车有潜力充当"终极生态汽车"，为可持续发展和社会进步做出贡献。

34.3　MIRAI 的研发历程：日本首款量产 FCV

    MIRAI（见图 34-1）的发展理念是为 21 世纪打造氢能先锋产品。MIRAI 被开发为向氢能社会转型的先锋汽车。考虑到汽车在未来 100 年中的发展，MIRAI 展现出了空前的价值。

图 34-1　MIRAI FCV

    设计师选择了轿车车型，是基于 MIRAI 的开发理念和下述目标：（1）最大限度地发挥 FCV 的优势，例如提高驾驶质量（行驶品质）和燃油经济性；（2）吸引更广泛的消费者；（3）使用紧凑的动力总成，以方便将来在其他车型中使用。

34.3.1　新开发的丰田燃料电池系统（TFCS）

    自首次认识到氢能的潜力并于 1992 年开始开发 FC 以来，丰田公司已有 20 多年的 FCV 开发历史，并成为世界上第一家以限量发售方式推出 FCV 的汽车制造商。随后在 2005 年和 2008 年又分别推出了新车型。丰田 FCV 已在日本、美国和欧洲累计行驶了超过 200 万千米。最新的 MIRAI 装有 Toyota fuel cell system（TFCS），这是利用过去开发过程中获得的反馈和经验，而取得的重大进步。表 34-2 列出了 MIRAI 的主要规格，其改进的方面主要在于：（1）大幅降低成本；（2）尺寸变小和性能提高；（3）系统优化。

表 34-2   MIRAI 的主要规格

项目	参数
电堆最大功率输出	114 kW
续航里程 （JC08 循环工况测试，丰田公司测量）	约 650 km （约 700 km[a]）
加氢时间	约 3 min

[a] 使用新型加氢站时续航里程可扩大至约 700km，新型加氢站预计将于 2016 财年后开始投入使用。

34.3.2　整车布局

车辆布局设计是决定车辆各方面性能（舒适性、可用性、设计难度和操控性能等）的重要因素（见图 34-2）。MIRAI 的重要特征包括将燃料电池堆放置在前排座椅下方，以及将高压氢气罐放置在后排座椅下方和后轴上方等。所有氢气系统的部件，例如燃料电池堆和高压氢气罐，都位于底盘下方或乘员舱外部。因此，比空气轻的氢气在发生泄漏（泄漏概率很小）时很容易扩散到大气中。此外，将质量重的部件放低并布置到车辆中央，可以降低重心并优化前后重量平衡，从而提高操纵稳定性。

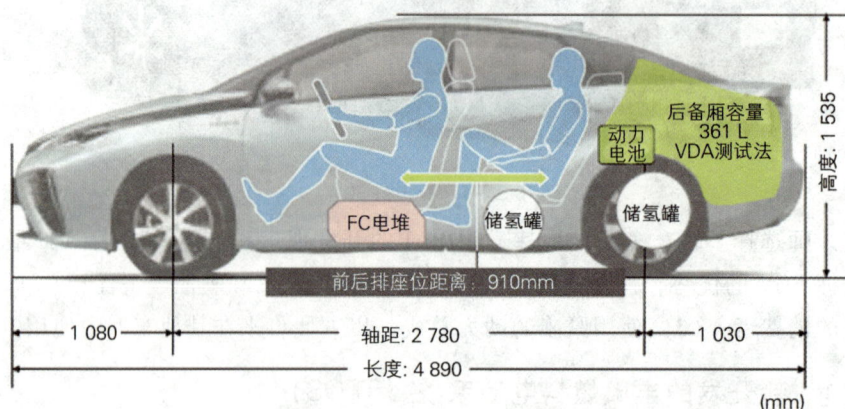

图 34-2　车辆布局设计

34.3.3　先进的设计和未来出行

外观设计对于 MIRAI 的概念定义和目标实现极为重要（见图 34-3），能够被立即识别为 FCV 这种被视为未来交通工具的先进外观设计是关键因素。但是，太具有未来感而似乎过于古怪的设计无法吸引消费者，因此也无法作为引领通往氢能社会的先锋产品。设计的目的是吸引那些居住在没有氢能基础设施地区的人们，从而刺激当地对氢能基础设施建设的需求，以便当地人能够驾驶 FCV 这种有吸引力的车辆。

图 34-3　外观设计

外观设计的理念需要独具匠心。FCV 的关键功能应被纳入设计表达中，即需要一种可立即被识别为 FCV 的设计。外观设计的最终目标是使 MIRAI 的外形成为 FCV 的标志，就像 Prius 的三角形元素成为 HV 的标志一样。MIRAI 的大面积侧格栅就是一个突出的设计特征。燃料电池汽车需要吸入大量的空气（氧气）以进行发电和冷却（同时产生水），这种功能通过新颖而大胆的三维侧格栅设计来实现。MIRAI 的侧面轮廓选用了具有动感的水滴形。

内饰的设计理念是"通过复杂的功能进行重构"（见图 34-4）。通过形状和结构的组合设计可以创建一个无缝的驾驶空间，充分地展示新颖性和创新性，而不单纯依赖具有未来感的设备。MIRAI 的前支柱（A 柱）与仪表台罩合并，与车顶连接，并继续延伸至后窗。此外，中控台的面板元素围绕着核心部件，面板元素分别自上或自下地从侧面延伸到中心。

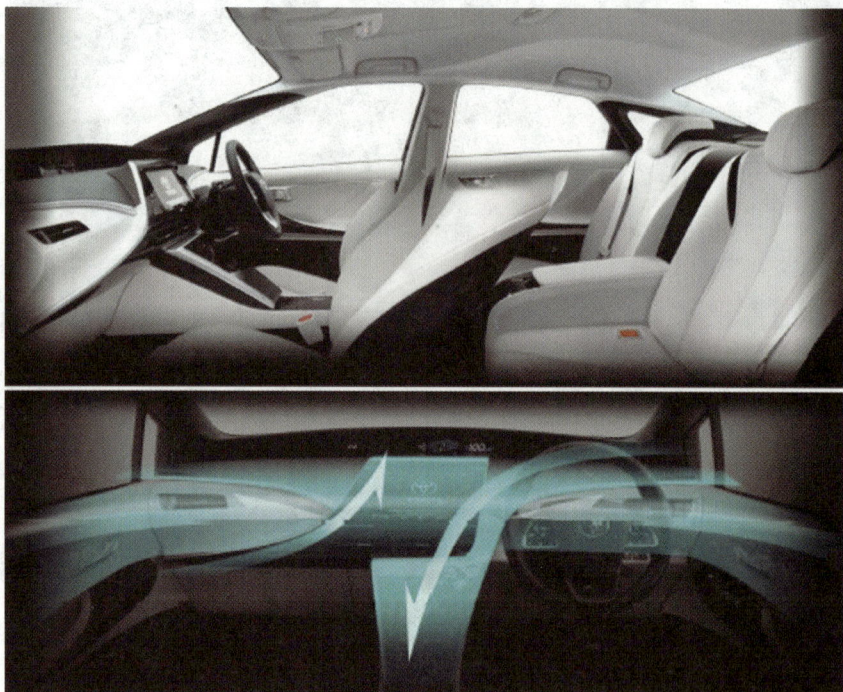

图 34-4　内饰设计

34.4　出色的车辆性能

MIRAI 作为一款环境友好型汽车，毋庸置疑，生态环保性能是开发中的重中之重。然而，为了成为未来氢能社会中可被广泛接受的先锋汽车，MIRAI 还必须是一辆有吸引力和驾驶乐趣的汽车。因此，其被开发设计为一种令人兴奋且舒适的车辆，可长期吸引驾驶员，而不仅仅只用作普通的环保汽车。

34.4.1　空气动力学性能

空气动力学设计是决定燃油经济性和行驶稳定性的关键（见图 34-5）。在 FCV 中，降低阻力（C_D）对提高燃油经济性很重要。由于发电和冷却都需要吸入大量的空气，因此 FCV 一般很难获得较低的空气阻力系数。MIRAI 充分利用了 FCV 中没有高温排气管的优势，在燃料电池堆和氢气罐之下的底板下方布置了完整的底盖，因此尽管车辆前部有较大的开口，但 MIRAI 还是该细分市场中空气阻力系数值最低的车型之一。日间行车灯（DRL）被布置在侧格栅附近，既可以很好地实现设计功能，又可以改善空气动力学性能。

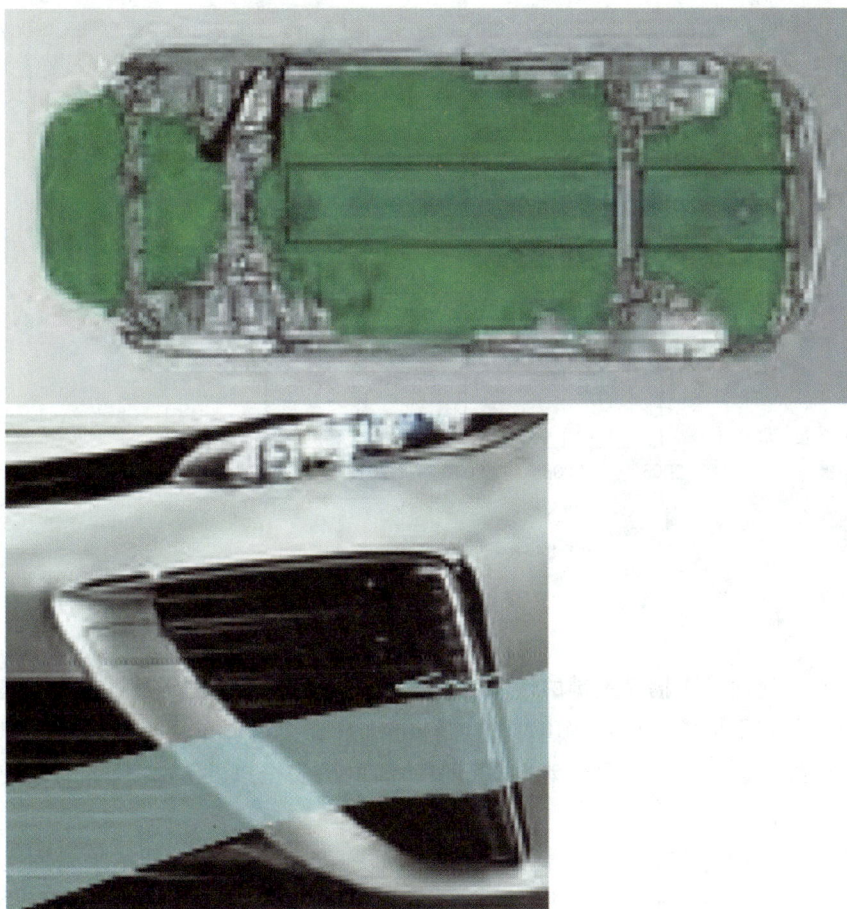

图 34-5　改善空气动力学性能的措施

34.4.2　振动噪声性能

振动噪声（NV）性能是开发 MIRAI 时考虑的最重要因素之一（见图 34-6）。客户期望这款车非常安静，因为 MIRAI 中没有燃油发动机。但是，正因为缺少发动机的噪声，部分在有发动机的车辆中不会被注意到的噪声将在 FCV 中凸显出来。MIRAI 需要做到比常规车辆更好的 NV 性能才能让乘员感觉到 FCV 的安静和平顺性。为降低风噪和道路噪声，MIRAI 通过在所有门窗采用隔音玻璃来最大限度地提高隔音效果，并且针对外后视镜周围的风噪声和振动采取了全面的设计处理，从而可以获得好的 NV 性能。燃料电池系统固有的噪声已尽可能降低。研究人员通过NV 分析来减少单个零部件所产生的噪声，并寻找经由车体传播并扩散到周围空气中的噪声。总而言之，设计人员采取了大量的防止振动噪声的措施，以大幅提高车辆的 NV 性能。

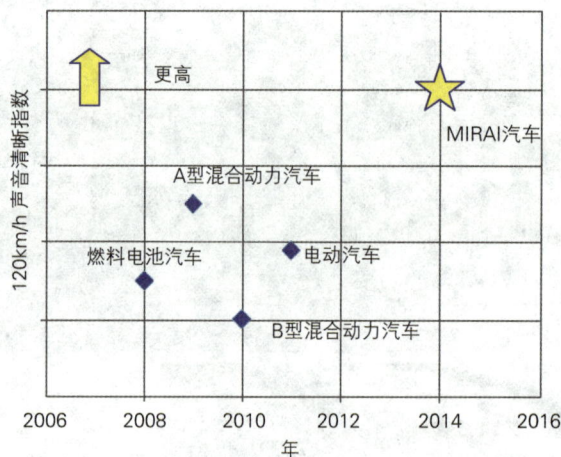

图 34-6　NV 性能（交谈清晰度）

34.4.3　碰撞安全

碰撞安全性是车辆最关键的性能（见图 34-7）。MIRAI 在研发过程中始终遵循最高的碰撞安全标准。尽管 MIRAI 的燃料电池系统会增加车辆重量，对碰撞安全性带来挑战，但是，其与混合动力车相似的高电压安全以及 FCV 独有的氢安全依然得到了保证。

特别是，MIRAI 在丰田汽车全球评估（碰撞安全评估）中的结果是同类产品中最好的，这要归功于其全方位的兼容性（即与重量、高度不同的车辆发生碰撞时可以实现共同安全）。与氢气相关的部件被放置在前后轮胎之间，从而降低了碰撞力的输入，确保了氢安全。高电压安全借鉴了混合动力技术中的成熟经验，例如在电机室中对高压部件进行适当的位置布置。

34.4.4　动力性、驾驶品质、操纵稳定性和乘坐舒适性

为了突出纯电驱动所带来的驾驶乐趣以吸引驾驶员，研发人员重点开发了车辆的动力性能。

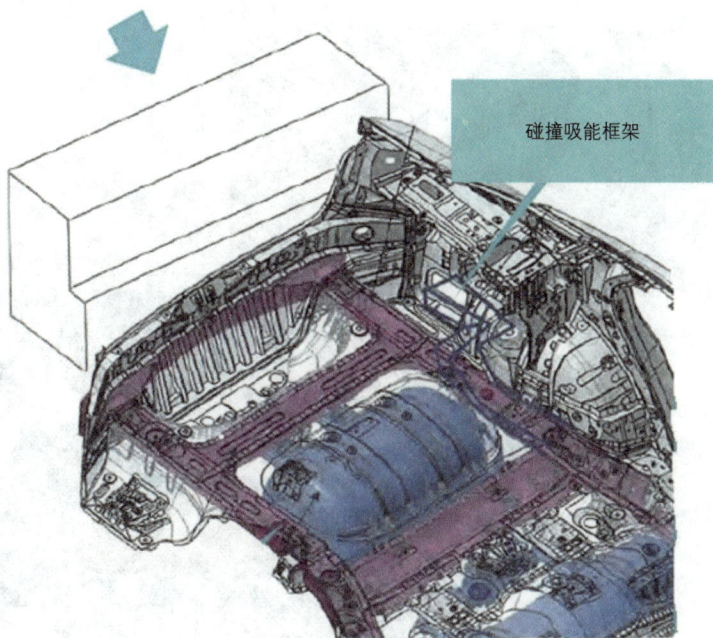

碰撞吸能框架

图 34-7　碰撞安全性分析结果（后端碰撞）

　　电驱汽车的平顺感来自较小的振动和最大扭矩下的良好响应性，这是电驱汽车所独有的特性。MIRAI 的开发侧重于舒适的平稳感，利用电机快速响应的能力突出了车辆的低振动和足够好的行驶稳定性。此外，研究人员还采取了许多措施与动力系统相配合以保证上述性能，包括在引擎仓中安装连接 FC 系统部件与底盘下框架的横梁、额外的点焊、车身胶黏剂以及后悬架附近的额外支撑。这样做的结果是 MIRAI 的扭转刚度约为传统的丰田前驱汽车的 1.6 倍。

　　MIRAI 通过适当布置较重零部件的位置，结合高刚度的车身获得了良好的驾驶手感和操纵稳定性，从而更好地突出了电机的平顺感和动力感（见图 34-8）。

34.4.5　空调性能

　　由于电动汽车没有热源，因此在冬季，当大量电能被用于加热时，会严重影响续航里程。相比之下，FCV 可以利用燃料电池堆的余热。MIRAI 的空调除了普通的 ECO 模式外，还提供了一种 HIGH-ECO 模式，该模式主要通过余热进行加热。此外，前、后排座椅加热器以及方向盘加热器均为 MIRAI 所有车辆的标准配置。这些措施确保了乘员舒适性，并抑制了车辆在寒冷地区的燃油经济性下降（见图34-9）。

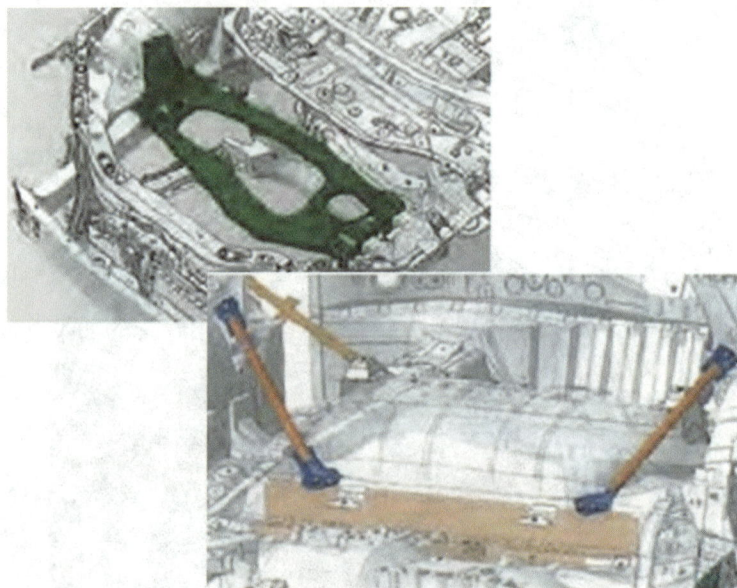

图 34-8　改善车身刚度的措施

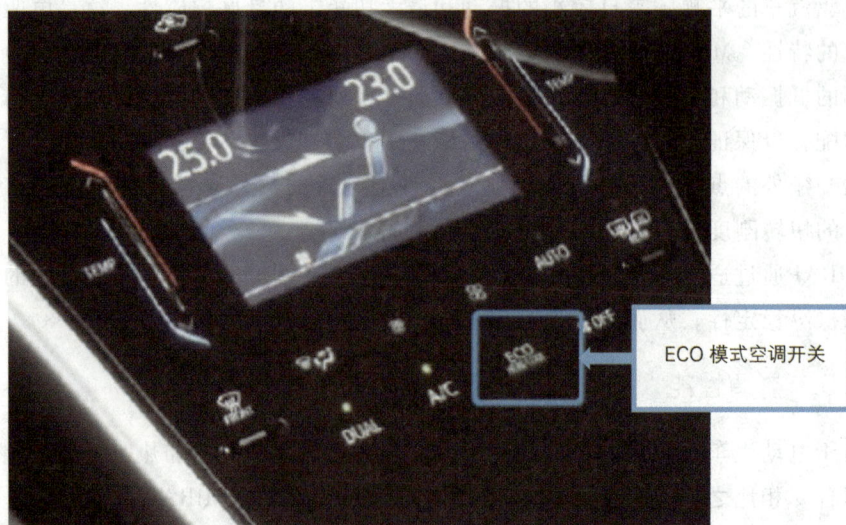

ECO 模式空调开关

图 34-9　空调

34.5　先进设备

若没有氢能基础设施，燃料电池汽车将无法行驶。在引入 FCV 的早期阶段，加氢站不会像加油站那样普遍。因此，驾驶员获得诸如加氢站位置这样的信息非常重要。此类信息可在导航系统上以及智能手机应用程序中获得。提供现有加氢站的相关信息（位置、营业时间、与当前位置的距离等）以及有关新开设加氢站的信息，将减轻驾驶员对加氢站便利性的担忧（见图 34-10）。

图 34-10　加氢站信息服务

导航系统还提供"MIRAI 实时监控服务"。万一发生故障，该信息将发送给丰田经销商，以便立即提供咨询服务。这项措施旨在减轻用户对新技术的担忧，并使其充满信心。

34.6　向外部供电

FCV 的续航里程与供电量成正比。燃料电池产生的电能可以向外部供电，从而替代专门为紧急情况开发和配置的应急电源。MIRAI 行李箱中的 CHAdeMO 端口（日本 DC 电源供应和放电的标准协议）可输出直流电，与外部变压器组合时可提供最大 9 kW 的功率。由于采用大型逆变器作为应急外部电源的效率不高，因此选择了直流输出，不使用 DC/AC 逆变器，而选择 CHAdeMO 端口，可使 FCV 的应急电源功能可以使用与 EV 相同的标准，从而使系统更具通用性。MIRAI 的最大应急供电量约为 60 kW·h，是普通 EV 的好几倍，从而可以较长时间供电（见图 34-11）。

MIRAI 还安装了 1 500 W 的交流电源，该技术已在 HV 和 PHV 中使用，既可

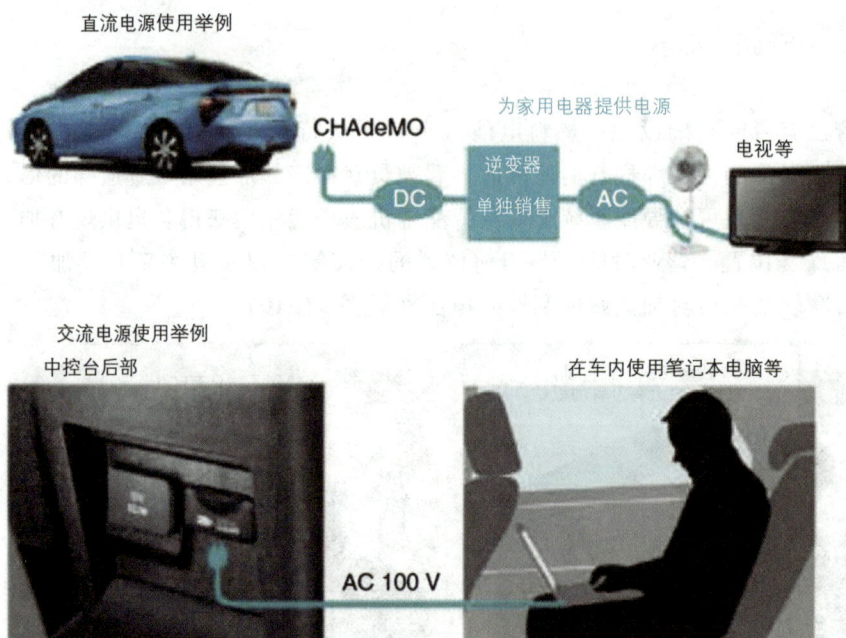

图 34-11 向外部供电的功能

作为供车内乘员使用的交流电源，也可在紧急情况下用作应急交流电源。

34.7 环保性能

34.7.1 生命周期评价（LCA）

FCV 的 LCA 受到氢过程中的 CO_2 排放的显著影响。图 34-12 展示了根据假设计算的四种车型的 LCA 对比，分别是汽油车、HV、当前的 FCV 以及未来的 FCV。当使用可再生能源制氢时，环境负担将大大降低。根据生命周期评价，FCV 有潜力实现零碳排放。

34.8 总结

该车型在全球的通用名称为"MIRAI"，在日语中是"未来"的意思。这反映了丰田汽车在未来车辆、未来地球和未来制造方面的投资。开发和制造 MIRAI 的团队希望这款车成为实现氢能社会的先锋产品，让人们在一百年后仍能享受到便捷

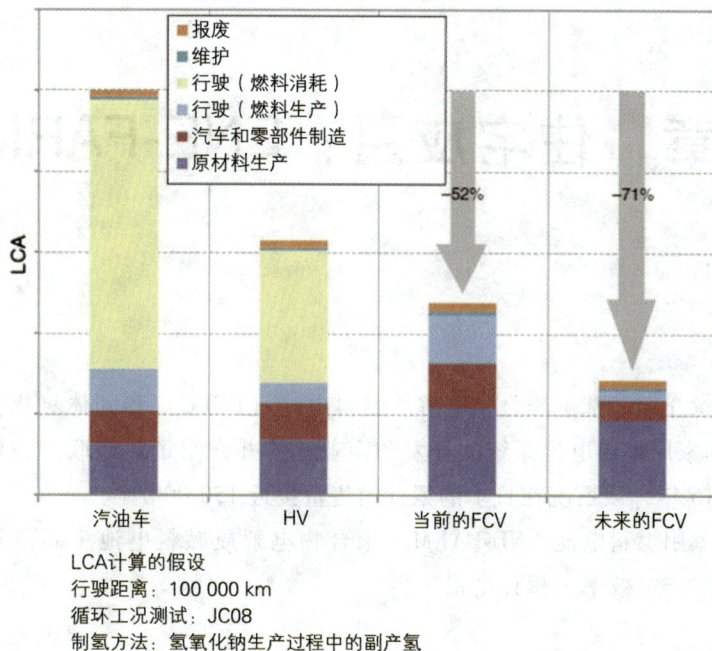

LCA计算的假设
行驶距离：100 000 km
循环工况测试：JC08
制氢方法：氢氧化钠生产过程中的副产氢

图 34-12　生命周期评价（LCA）

的交通工具。

　　我们为丰田公司生产出 MIRAI 而感到自豪，这是一款出色的汽车，兼具环保性能和驾驶乐趣。

　　普及氢燃料电池汽车可能需要很多年，当前还必须进一步降低成本、提高性能并继续致力于开发更好的汽车。与此同时，丰田希望 MIRAI 被视为迈向氢能社会的第一步。

参考文献

1. Tanaka Y, Inui F, Takeo H（2015）The Mirai FCV as the forerunner of the next century of vehicle development. TOYOTA Tech Rev 61

第 35 章　住宅应用：ENE-FARM

Yoshio Matsuzaki

摘要：本章介绍了基于聚合物电解质燃料电池（PEFC）和固体氧化物燃料电池（SOFC）的家用燃料电池系统的开发和商业化，并介绍了热电联产在住宅应用中的优点。2015 年，该系统在日本的累计销售量接近 150 000 套。

关键词：家用燃料电池 ENE-FARM·聚合物电解质燃料电池·固体氧化物燃料电池·热电联产·效率·累计销量

35.1　简介

2009 年，日本成为世界上第一个实现家用燃料电池系统商业化的国家，使用的是聚合物电解质燃料电池（PEFC）。在日本，所有基于燃料电池的家用热电联产（CHP）系统都被命名为"ENE-FARM"。第一个使用固体氧化物燃料电池（SOFC）的家用热电联产系统于 2011 年推出，其同样被命名为"ENE-FARM"，但添加了标志码"Type-S"。ENE-FARM 目前可以根据所使用的燃料电池类型分为 PEFC 型或 SOFC 型。"ENE-FARM PARTNERS"成立于 2013 年，是 ENE-FARM 相关行业的联盟，旨在推动 ENE-FARM 的发展。ENE-FARM 可在减少家庭能耗和

Y. Matsuzaki (✉)
Fundamental Technology Department, Tokyo Gas Co., Ltd.,
1-5-20 Kaigan, Minato-ku, Tokyo 105-8527, Japan
e-mail: matuzaki@tokyo-gas.co.jp

Y. Matsuzaki
Kyushu University, Fukuoka, Japan

© Springer Japan 2016
K. Sasaki et al. (eds.), *Hydrogen Energy Engineering*,
Green Energy and Technology, DOI 10.1007/978-4-431-56042-5_35

CO_2 排放方面做出卓越的贡献。

35.2 ENE-FARM 的特点和优点

图 35-1 展示了一个家用 CHP 系统的示意图。燃料电池系统（ENE-FARM）通过传输电、热和热水的三条线路连接到家庭能源系统。ENE-FARM 中电化学反应产生的电被用于电视机、照明设备和电冰箱等家用电器，从而减少了从电力公司购买的电量。除电能外，ENE-FARM 的余热还可用于满足家庭中浴室和厨房对热水的需求，以及房屋供暖系统的需求。

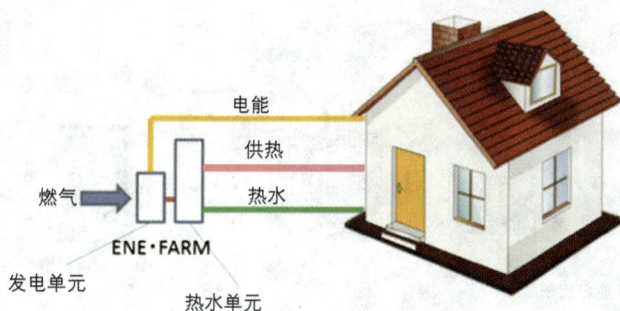

图 35-1 ENE-FARM 与家庭能源系统连接的示意图

图 35-2 显示了从一次能源到个人家庭消费的能量产生和传输过程中的能量损失和效率。图 35-2 解释了（a）大型发电系统和（b）ENE-FARM 的情况。

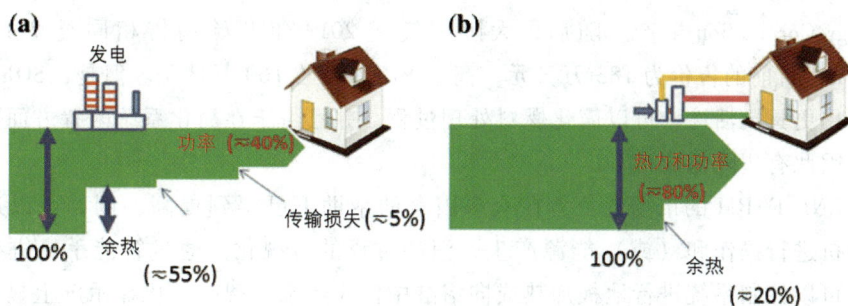

图 35-2 从一次能源到个人家庭消费的能量产生和传输过程中的能量损失和效率：
（a）大型发电系统，（b）ENE-FARM

大型发电系统中，火力发电站在发电过程中散失的热能会导致约为 55% 的能量损失，同时由于电厂到住户之间需要远距离的电力输送，因此输电线上还将产生大约 5% 的能量损失。综上，总的能量损失约为 60%，则能量使用效率约为 40%。

在使用 ENE-FARM 时，由于是现场发电，所以可以减少能量损失。该技术可以利用发电过程中产生的热能，还可以消除电力传输的损耗，从而将能量使用效率提高至 80% 以上。因此，推动 ENE-FARM 的使用可以节约能源并改善环境。

图 35-3 展示了 ENE-FARM 的外观。如前所述，ENE-FARM 可以根据燃料电池的类型（PEFC 或 SOFC）进行分类。东芝和松下是基于 PEFC 的 ENE-FARM 制造商的代表，而爱信是基于 SOFC 的 ENE-FARM 制造商的代表。SOFC 型热电联产系统的电效率约为 52%，远高于 PEFC 型约为 39% 的电效率。

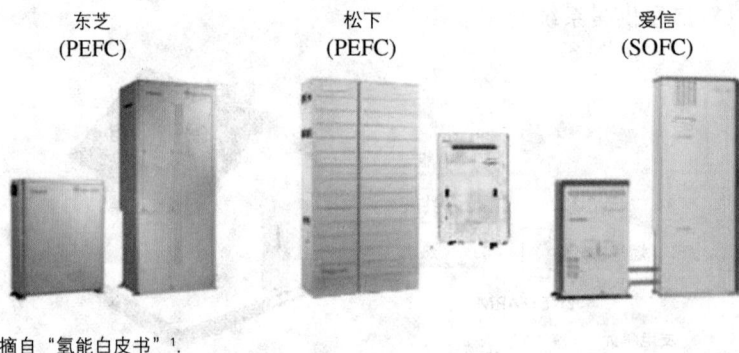

东芝　　　　　　松下　　　　　　爱信
(PEFC)　　　　　(PEFC)　　　　　(SOFC)

摘自"氢能白皮书"[1].

图 35-3　三种类型的 ENE-FARM 的外观

基于 PEFC 的 ENE-FARM 的市场价格在 2013 年成功降至 200 万日元以下，并在 2015 年进一步降至 160 万日元。但这仍远高于 50 万~60 万日元的目标价格。世界上第一个用于公寓的基于 PEFC 的 ENE-FARM 已于 2014 年研发完成并发布。世界上第一个基于 SOFC 的 ENE-FARM 商业化产品于 2011 年由 JX Nippon Oil & Energy Corporation 生产。随后，大阪燃气于 2013 年开始销售相同类型的 ENE-FARM，目前的售价为 183 万日元，高于 PEFC 型的 160 万日元。但是，SOFC 的燃料使用更具灵活性，可以简化燃料处理过程，并且由于在简化系统配置方面更有潜力，因此有望降低成本。

ENE-FARM 的市场竞争力在众多因素的帮助下已得到提高，例如可以通过智能手机进行操作和（或）能源产生、消耗过程的可视化。通过智能手机进行操作时，可以控制系统进行地板加热或向浴缸中供应热水。智能手机显示屏上显示的发电量和能耗量也使人们对节能有了更高的认识。

35.3   家用燃料电池热电联产系统的销售

图 35-4 展示了 ENE-FARM 的累计销量。ENE-FARM 的销售始于 2009 年，当年售出约 3 000 套。到 2010 年，累计销量突破 10 000 套。此后，累计销量逐年增加，2014 年 9 月突破了 100 000 套。2020 年和 2030 年的累计销量目标分别为 1 400 000 套和 5 300 000 套。

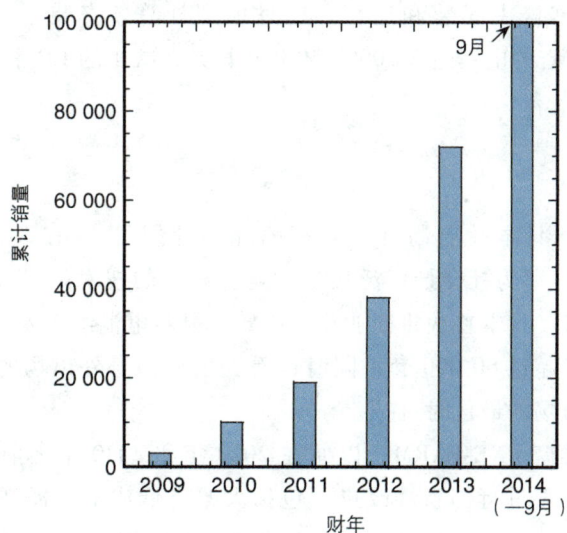

图 35-4   ENE-FARM 的累计销量

35.4   改进规格

35.4.1   电网停电时的离网运行

ENE-FARM 最初需要在有电网电源的情况下运行，因为启动需要电力。但是在发生灾难或紧急情况下，这将带来不便。因此，研发人员开发并发布了一个选装单元，该单元通过使用二次电池使得 ENE-FARM 不需要电网也可运行。此外，还开发并发布了另一种选择单元，它是用于连续发电的开关单元，通过该单元，即使在电网停电等紧急情况下，也可以提供 500 W 的电力，并维持多达 4 天（96 h）时间。

35.4.2 为适应公寓安装而进行的改进

2014 年 4 月，专门用于公寓的 ENE-FARM 开始销售。这种类型的 ENE-FARM 可以将所有单元（包括燃料电池、热水存储和备用锅炉）安装在公寓楼的管井中。当时，这种方案在世界上尚无先例。尽管与一幢一户情况相比，ENE-FARM 在共管公寓中的安装受到很大限制，但是通过增强系统的气密性，已经可以实现在管道竖井中安装。根据公寓的安装标准，系统还增加了对地震和强风的抵抗力，从而使其可以在高层公寓楼中安装和运行。通过模型计算，安装于共管公寓的 ENE-FARM 装置每年节省的电费达 30 000~40 000 日元，减少的 CO_2 排放量为 1t 左右。

35.5 小结

2014 年 4 月，日本政府制订"新战略能源计划"[1-3]。在该计划中，对 ENE-FARM 的描述如下："为社会最广泛接受的与氢相关的技术是 ENE-FARM。依靠燃料电池技术的优势，日本首次将商业化的固定式燃料电池组引入家庭，并已在房屋或其他地方安装了超过 60 000 套，同时也看到了开拓海外市场的可能性，因此当前是开拓国内外市场的最佳时机。"

为了进一步推广 ENE-FARM，以便在 2020 年和 2030 年之前完成累计销量目标，ENE-FARM 需要进行创新性改进，包括大幅降低成本、提高电效率并提高产品价值等。为了支持创新，基础技术和相关学术产业联盟应得到发展。

参考文献

1. Hydrogen White Paper 2014, Website by NEDO (2014) http：//www. nedo. go. jp/con-tent/ 100567362. pdf. Accessed 15 Dec 2015 (in Japanese)

2. Strategic Road Map for Hydrogen and Fuel Cells, Website by METI (2014) http：//www. meti. go. jp/press/2014/06/20140624004/20140624004-2. pdf (in Japanese). http：//www. meti. go. jp/ english/press/2014/0624_04. html (English summary). Accessed 15 Dec 2015

3. New Strategic Energy Plan, Website by METI (2014) http：//www. enecho. meti. go. jp/en/category/others/basic_plan/pdf/4th_strategic_energy_plan. pdf. Accessed 15 Dec 2015

第 36 章　分布式发电

Yoshinori Kobayashi

摘要：本章介绍了固定式燃料电池在分布式发电中的应用。在简要介绍了固定式燃料电池发电系统的发展历史后，总结了在工业燃料电池系统开发及示范过程中的经验。另外，本章还介绍了利用消化气发电以及同时供应电力、热能和氢气的三联产技术的发展前景。

关键词：工业燃料电池·电池开发·系统规格·耐久性·固体氧化物燃料电池·混合系统·消化气·三联产

36.1　简介

正如本书开头反复讨论的，为了同时解决全球变暖、能源危机和经济问题，我们有必要创建一个低碳社会，并提高能源使用效率。在这一背景下，为了实现提高能源使用效率这一目标，我们已经把重点放在了固定式发电厂的技术发展上。特别是在作为中央电源的大型发电系统中，天然气燃气轮机联合循环（GTCC）电厂、超临界燃煤（USC）电厂、煤气化联合循环（IGCC）电厂正在投入实际使用。另

Y. Kobayashi (✉)
Mitsubishi Hitachi Power Systems Ltd., Minatomirai 3-chome,
Nishi-ku, Yokohama 220-8401, Japan
e-mail: yoshinori_kobayashi@ mhps. com; yosikoba@ iis. u-tokyo. ac. jp

Present Address:
Y. Kobayashi
The Institute of Industrial Science (IIS), The University of Tokyo,
4-6-1 Komaba, Meguro-ku, Tokyo 153-8505, Japan

© Springer Japan 2016
K. Sasaki et al. (eds.), *Hydrogen Energy Engineering*,
Green Energy and Technology, DOI 10. 1007/978-4-431-56042-5_36

外，与常规的发电系统相比，ENE-FARM 系统具有更高的效率，是一种有前景的家用燃料电池系统。ENE-FARM 可利用发电产生的余热对水进行加热，从而实现热电联产以提高城市燃气的总能量利用率。人们认为，用于商业和工业用途的大规模分布式电源在效率方面仍有进一步提高的空间，部分原因是在实现热电联产的过程中会存在困难。

为了追求最佳的能源结构，当前提倡的"3E+S"政策是在保障安全的大前提下，实现能源安全、经济增长和环境保护。在保证核电站安全的前提下，提高能源自给能力、降低电力成本、提高世界领先的环境相容性是三个主要目标。为减少 CO_2 排放，将在现有的电力基础设施的基础上，基于高效的中央电源，根据地理位置和容量对分布式电源进行组合，同时以最经济合理的方式尽可能多地引入可再生能源等新能源。

除了要求分布式电源拥有独立、经济、稳定、灵活性高等优点，还要求其具有强大的业务持续性规划（BCP）功能。从这个意义上讲，分布式电源的防灾功能在日本福岛核事故后引起了人们的关注。传统的应急电源为了降低安装成本，发电效率普遍较低。此外，它们在日常使用中可能会对环境造成不利影响。因此，扩大分布式电源使用范围的关键是应用高效的发电系统，其中的重点是将燃料电池用于商业和工业应用。近年来，加速引入固体氧化物燃料电池（SOFCs），在固定式电站中提供最高的发电效率，已经成为一项重要的国家政策（见图36-1）。

36.2 用于分布式发电的燃料电池

燃料电池已作为分布式发电系统被引入。典型的使用 SOFC 的例子包括 Bloom Energy（US）商业化的 200 kW 系统，该系统借助美国联邦政府和州政府的补贴制度[1]，总销量已超过 150 MW；还有日本大阪府（Osaka）的 1.2 MW 系统，在强调电源安全的电力交易方案[2]中作为抗灾电源出售。美国燃料电池公司 Fuel Cell Energy 正在韩国建设一座 60 MW 的大型电站，利用的是韩国浦项钢铁公司（POSCO）[3]开发的熔融碳酸盐燃料电池（MCFC）技术。同时，韩国斗山集团（DOOSAN）收购美国 Clear Edge 公司，借助磷酸型燃料电池（PAFCs）[4]进入分布式发电市场。在韩国政府的大力支持下，这两家公司的产品销量正在迅速增加，并已联合宣布建设世界上最大的燃料电池工厂，装机容量为 360 MW。在日本，富士电机（Fuji Electric）是首批在国内引进和销售 PAFC 系统的公司之一，该公司还在积极开发包括德国在内的海外市场。它们还致力于通过使用富氮气体[6]来确保消防安全，以及使用消化气发电。

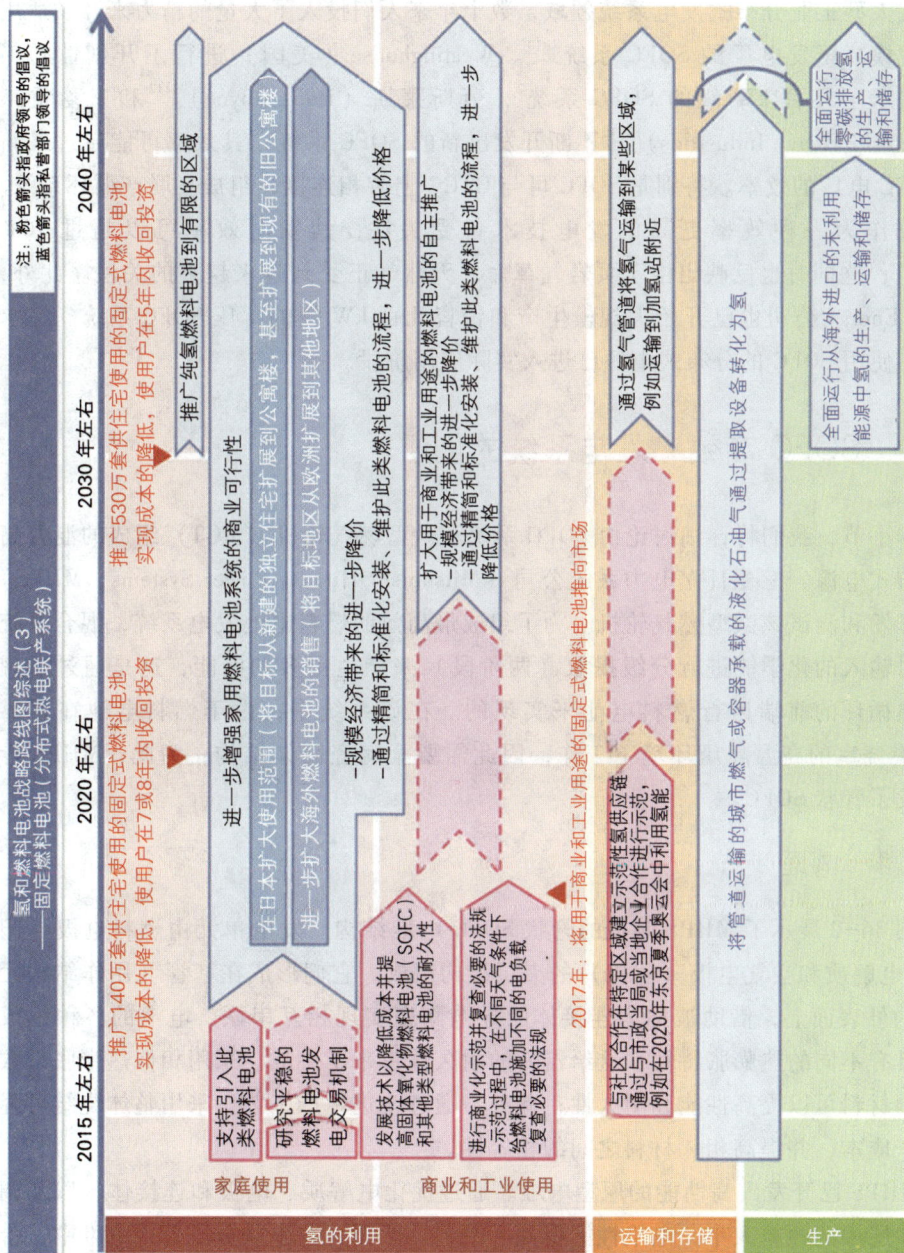

图 36-1 氢能和燃料电池战略路线图摘要

注: 粉色箭头指政府领导的倡议,
蓝色箭头指私营部门领导的倡议

氢和燃料电池战略路线图综述(3)
——固定式燃料电池(分布式热电联产系统)

	2015 年左右	2020 年左右	2030 年左右	2040 年左右

家庭使用

推广140万套供住宅使用的固定式燃料电池 实现成本的降低,使用户在7或8年内收回投资

支持引入此类燃料电池

研究平稳的燃料电池发电交易机制

发展技术以降低成本并提高固体氧化物燃料电池(SOFC)和其他类型燃料电池的耐久性

进一步增强家用燃料电池系统的商业可行性

在日本扩大使用范围(将目标从独立住宅扩展到住宅楼、甚至扩展到现有的旧公寓楼)

进一步扩大海外燃料电池的销售(将目标地区从欧洲扩展到其他地区)

推广530万套供住宅使用的固定式燃料电池 实现成本的降低,使用户在5年内收回投资

推广纯氢燃料电池到有限的区域

商业和工业使用

进行商业化示范并在复查必要条件下一示范过程中,在不同气象条件下给燃料电池施加不同的负载一复查必要的法规

进行商业化以降低成本的法规

规模经济带来的进一步降价
一通过简化和标准化安装、维护此类燃料电池的流程,进一步降低价格

扩大用于商业和工业用途的燃料电池的自主推广
一规模经济带来的进一步降价
一通过简化和标准化安装、维护此类燃料电池的流程,进一步降低价格

2017年:将用于商业和工业用途的固定式燃料电池推向市场

氢的利用

运输和存储

与社区合作在特定区域建立示范性氢气供应链,通过与市政当局或当地企业合作进行示范,例如在2020年东京夏季奥运会中利用氢能

将沿着运输的城市或燃气或气体容器系载的液化石油气通过提取设备转化为氢

通过氢气管道将氢气运输到某些区域,例如运输到加氢站附近

生产

全面运行从海外进口的未利用能源中氢的生产、运输和储存

全面运行零碳排放氢的生产、运输和储存

来源: 日本经济产业省资源能源厅氢能和燃料电池战略路线图(2014 年 6 月)。

在大型工业分布式发电系统领域，数十年来人们投入了大量的精力来开发适用于大规模高压发电厂的 SOFC 系统[7-10]。Westinghouse（美国）进行了开创性的工作，展示了几百 kW 级的 SOFC 系统[7]，劳斯莱斯（Rolls-Royce）[11,12]和三菱重工（Mitsubishi Heavy Industries）[13-15]不断开发出新的 SOFC 系统，其效率可能超过最新的 GTCC 电厂的效率。特别是 SOFC 可与 GTCC 上游相连接，组成三联产循环系统。该系统作为一种效率更高的发电技术备受关注，其发电效率可以超过 70%（LHV）；这同时也反映出由于页岩气革命，天然气正受到越来越多的关注。此外，Bloom Energy 公司也已开始大规模生产和销售几百 kW 级的常压 SOFC 系统。综上所述，使用 SOFC 的分布式电源已进入实际应用阶段。

36.3　SOFC 高效率发电系统的例子

本小节，我们将详细讨论由 SOFC 系统和微型燃气轮机（MGT）组成的混合高效分布式电源，三菱日立电力系统公司（Mitsubishi Hitachi Power Systems，MHPS）正在开发和测试该微型燃气轮机。为了组成最高效的燃料电池发电系统，混合系统通过对输入的化学能进行分级提取（两阶段）来产生更多的电能，这是通过在现有余热循环的前端运行燃料电池来实现的。在该系统中，由于燃料电池在紧靠 MGT 燃烧室的高温高压环境下工作，因此需要全陶瓷固体结构；为此，MHPS 专门开发了管状 SOFC。

36.3.1　电堆

图 36-2 展示了 MHPS 制造的管状 SOFC 电堆结构。发电单元由燃料电极（阳极）、电解质和空气电极（阴极）的夹层结构组成。它们形成在基管（用作结构元件）的外表面上，借助被称为连接体的导电陶瓷实现相互串联。电池的各种组成元件具有不同的热膨胀特性，这给器件的耐久性带来了挑战。采用相似热膨胀系数的本构材料可以提高性能和耐久性；此外，通过改进生产工艺，采用整体烧结可降低生产成本，并提高相邻材料之间的相容性。

MHPS 已开发出高性能的原型电堆。通过优化电解质、电极和连接体，以及调整活性层中的颗粒大小，电堆性能得到了改善。然而，在串联分段管式电堆中，带状电池（即所谓的发电单元）是通过纵向连接体串联起来的。它们形成在长管状电堆的外表面上，只需减小每个电池的宽度，并在每个电堆中放置尽可能多的电池单元，即可增加输出。例如，在使用"Model 10"电池的电堆中，若将电池数目增加到 85 个，则每个电堆的输出可提高 30%；此外，在采用"Model 15"电池的电

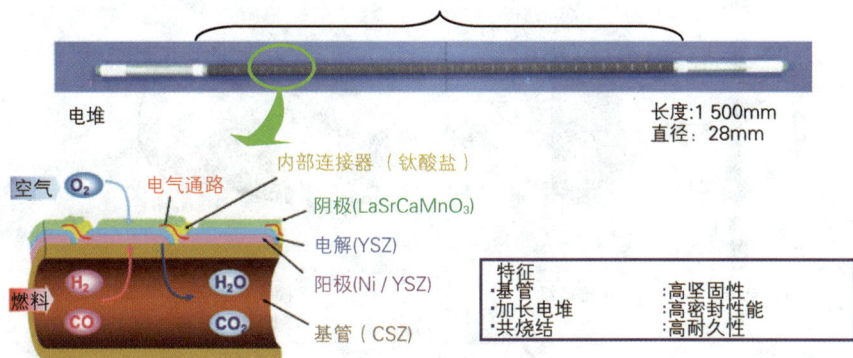

图 36-2　电堆的结构

堆中，通过优化电极和电解质之间的界面，输出功率密度可比采用 "Model 10" 电池的电堆高 50% （见图 36-3）。

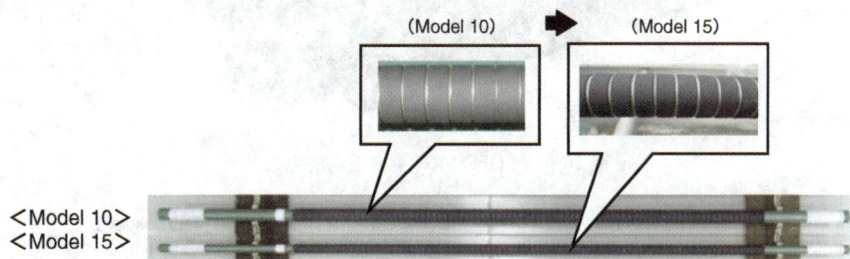

图 36-3　管状 SOFC 电堆

36.3.2　电堆模组

电堆捆在一起可形成功率达数十 kW 的电堆模组，然后将一批电堆模组装在压力容器中，便可构成具有所需容量的模组（见图 36-4）。考虑到安装和维护，这种类型的层结构旨在实现系统化。此外，我们可以通过调整电堆模组和模块的数量来满足所需的输出功率范围。

电堆模组的设计旨在提高单位体积的输出功率密度和紧凑性。虽然产热密度会随着堆积密度的增加而增加，但通过优化电堆模组的传热和冷却设计，可确保在发电部位以及位于发电部位上方和下方的热交换部位实现与常规水平相当的传热能力。在使用 "Model 15" 电池的电堆中，可以通过缩小直径或增加电堆的长度来增加单位体积的输出功率密度并缩小安装面积（见图 36-5）。

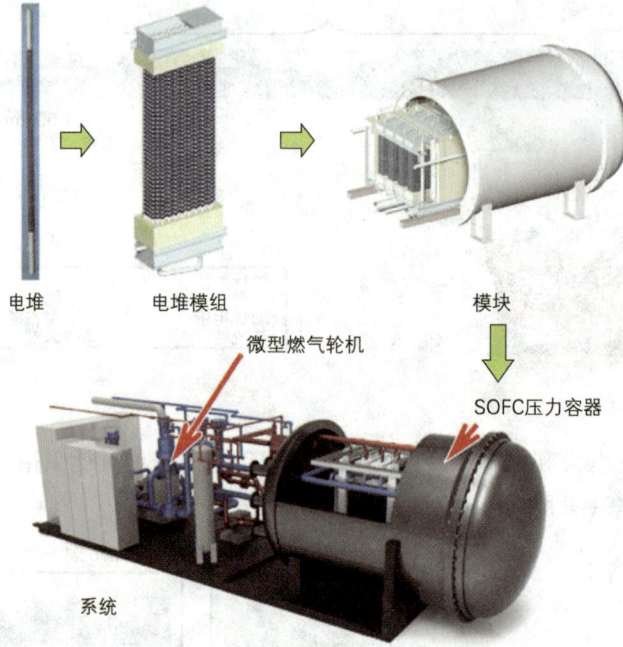

电堆　　　电堆模组　　　　　　　　模块

微型燃气轮机

SOFC压力容器

系统

图 36-4　SOFC-MGT 混合系统的组成

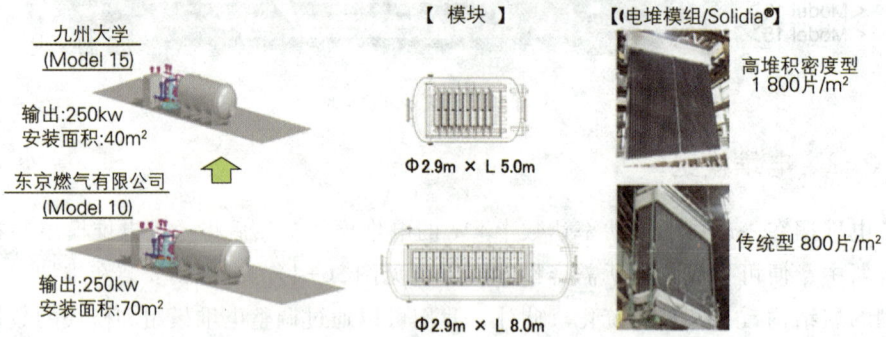

【模块】　　　【电堆模组/Solidia®】

九州大学
(Model 15)

输出:250kw
安装面积:40m²

东京燃气有限公司
(Model 10)

输出:250kw
安装面积:70m²

Φ2.9m × L 5.0m

Φ2.9m × L 8.0m

高堆积密度型
1 800片/m²

传统型 800片/m²

图 36-5　低成本批量生产的电堆/电堆模组的开发

36.3.3　混合系统

图 36-6 为混合发电系统的流程图，该系统利用 SOFC 和燃气轮机发电。SOFC 利用天然气（城市燃气）和被 GT 压缩的空气发电。由于 SOFC 的废气中包含一定量未使用的燃料并且仍保持高温，因此 SOFC 的废气可通过耦合 GT 产生更多的电力。与仅使用 SOFC 进行发电相比，这种有效的两阶段燃料利用可提高发电效率。

此外，来自 GT 的余热可用于供应蒸汽或热水。

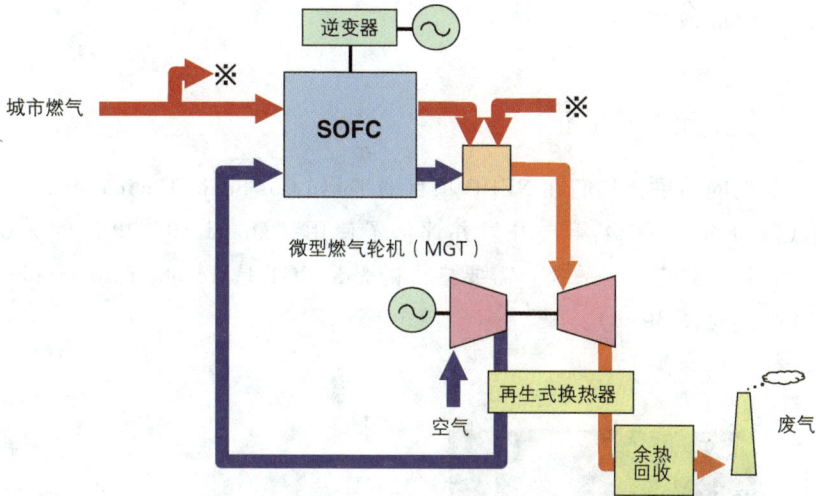

图 36-6　SOFC-MGT 混合系统

　　该系统使用来自 GT 的压缩空气。SOFC 系统的加压运行会使 SOFC 输出功率更高，如图 36-7[16、17]所示。

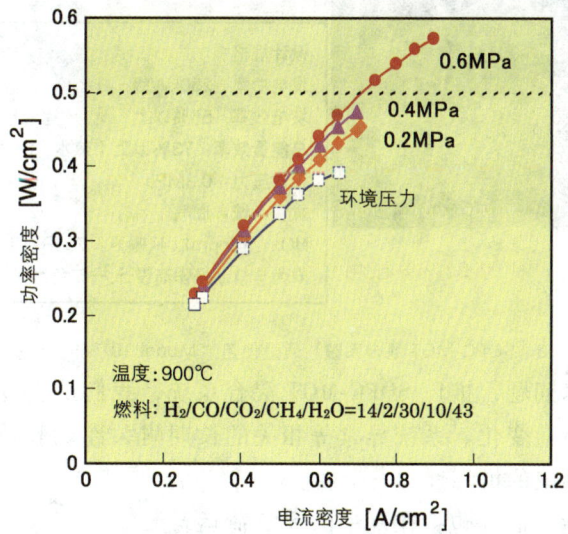

图 36-7　电池的加压特性。功率密度对工作压力的依赖性[16]

36.4 系统验证

36.4.1 长期耐久性验证

基于早期的结果，我们在 NEDO 项目的 Tokyo Gas Senju Techno Station 上，用 3 年时间（2011 年至 2014 年）开发并评估了使用"Model 10"电池的 250 kW 级 SOFC-MGT 混合发电示范系统。需要指出的是，MGT 是 Toyota Turbine and Systems 公司的产品（见图 36-8）。

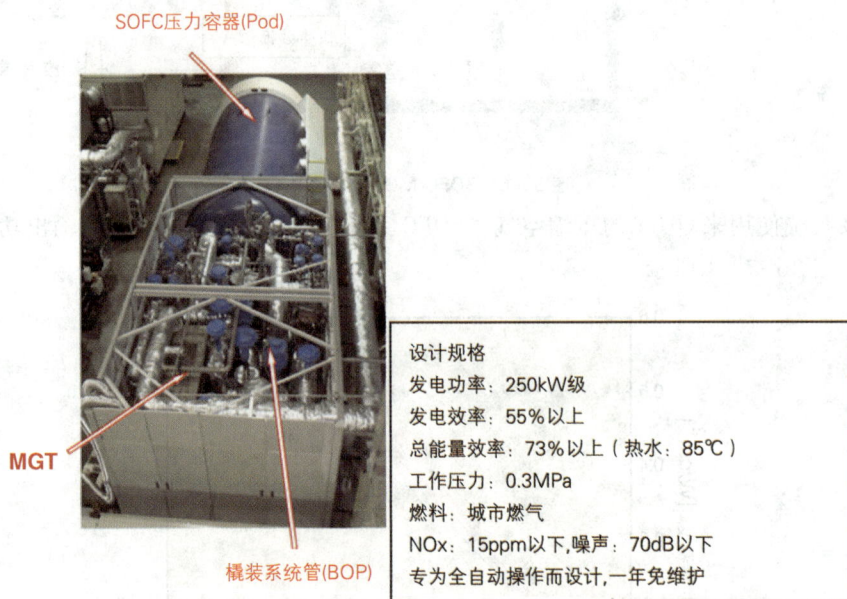

设计规格
发电功率：250kW级
发电效率：55%以上
总能量效率：73%以上（热水：85℃）
工作压力：0.3MPa
燃料：城市燃气
NOx：15ppm以下，噪声：70dB以下
专为全自动操作而设计，一年免维护

图 36-8 SOFC-MGT 混合系统，通过使用"Model 10"电池进行示范

为了分析技术问题，推广 SOFC-MGT 混合系统，我们从上述示范系统中获取了与启停操作、负荷变化、系统异常等相关的长期耐久性试验数据或应急响应数据，结果证明该系统的可靠性和安全性。

长期的耐久性评估（包括在夏季的大负荷运行）确保了系统的稳定运行。该系统连续运行超过 4 100 h，直至测试计划完成；系统在恒定的额定负载下没有出现与时间相关的退化，电压降低率为 0/1 000 h（见图 36-9）。

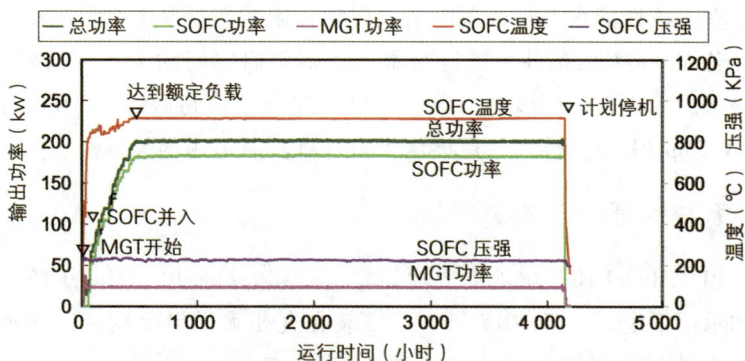

图 36-9 SOFC-MGT 混合系统的耐久性测试结果

36.4.2 系统启动特性

目前，该系统的改进和性能评估都是围绕启动特性来进行的。启动特性是分布式电源的一个关键特性。人们正在努力克服陶瓷拥有的巨大蓄热能力所带来的缺点。图 36-10 展示了从室温开始冷启动的过程。在 SOFC 的启动过程中，首先要提高压力容器内的压力；之后热空气流经与 MGT 压缩机出口相连的蓄热式换热器，进入 SOFC 空气系统，对压力容器内的管道和 SOFC 模组进行加热。来自 MGT 的热空气可将其加热到大约 400℃。其次，将燃料通入 SOFC 空气系统中进行燃烧，继续加热到 800℃左右。最后，将发电所需的燃料通入 SOFC，完成冷启动过程。

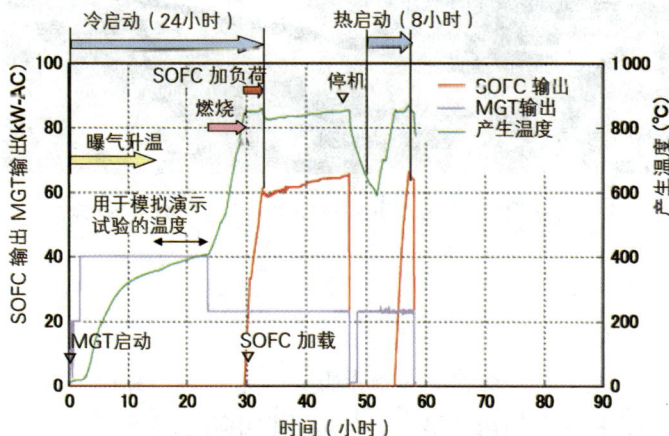

图 36-10 SOFC 混合系统的启动特性

验证试验的结果表明，该系统的冷启动时间约为 24h。而如果在加热初期使用燃烧式管道加热器等设备提前将 MGT 空气加热至 600℃以上，则冷启动时间可缩短至 12h 左右。该性能水平与大型电站中广泛使用的燃煤发电系统的冷启动性能相当。此外，若在 600℃的条件下进行热重启，则重启时间约为 8 h。因此利用设备停机期间的保温技术，还可以进一步缩短启动时间。换句话说，SOFC 有可能实现 Daily Start & Stop（DSS）模式，这被认为是基础负载电源的关键。

36.4.3 系统验证

基于使用"Model 10"电池的成功经验，研究人员使用"Model 15"电池设计了更先进的示范系统，并于 2015 年 3 月安装在九州大学伊藤校区。该示范系统还将用于九州大学下一代燃料电池研究中心（the Next-Generation Fuel Cell Research Center，NEXT-FC）的绿色亚洲福冈国际战略区智能燃料电池示范项目的验证研究。这是一项旨在提高 SOFC 性能、耐久性和可靠性的基础研究项目（见图 36-11）。九州大学建立 NEXT-FC 中心用于紧密的产学研合作，以加速实现 fuel cell-powered society 愿景。

图 36-11 使用"Model 15"电池进行示范的先进 SOFC-MGT 混合系统

36.5 未来发展

在可预见的未来，预计凭借高效热电联产、低噪声、环保等优势，城市燃气分布式电源将被引入医院、酒店、银行、各类数据中心和工商企业。表 36-1 中列出了 MHPS 公司计划销售的产品系统规格。该公司计划在 2015 年将原型机投放市场以进行评估，并计划于 2017 年开始全面销售。公司期望利用原型机所提供的功能和市场反馈结果来不断提高耐久性和便携性。在未来，公司将开发更具竞争力的规格和更低成本的产品系统。

表 36-1 系统规格

		250 kW SOFC-MGT 混合系统
外观		
额定输出	kW	250
净效率	%-LHV	55
总热效率	%-LHV	73（热水）65（蒸汽）
装置尺寸	m	12.0×3.2×3.2
操作		热电联产
		上述规格均为计划值

36.6 氢能社会之路

36.6.1 多能源站

SOFC 作为一种高效的分布式电源，通过在商业和工业部门的使用，可以为低碳社会做出贡献。同时还可以将其引入加氢站，这样便可利用 SOFC 的内部重整功能，向氢能社会迈进一步。这也是 SOFC 的另一个有益功能。SOFC 可利用内部蒸汽重整功能，将城市燃气转化成氢气和一氧化碳来发电和供热（见图36-12（a））。值得注意的是，我们可以直接取出内部蒸汽重整所产生的氢气，而不将其用于 SOFC 发电，由此可以实现同时提供电、热和氢气（见图 36-12（b））。此外，提供城市燃气（燃料）的 Quatrogen® 也可以实现。通过在加氢站使用该系统，我们不仅可以为 FCV 提供燃料，还可以为压缩天然气汽车（CNGV）等低碳汽车提供燃料，并为 EV 充电。在 FCV 推出的早期阶段，加氢站的盈利能力将是最大的问题，预计多能源站的应用将在盈利能力方面提供相当大的改善（见图 36-12（c））。

36.6.2 当地能源生产与消费（可再生能源的使用）

我们可以利用市区污水处理厂普遍能提供的消化气发电。由于消化气中含有约 60%的甲烷，因此可借助 CO_2 分离技术来获取高纯度甲烷作为燃料，从而建立以消化气为燃料来源的高效发电系统。利用前文提到的 Quatrogen®，可从消化气中得到

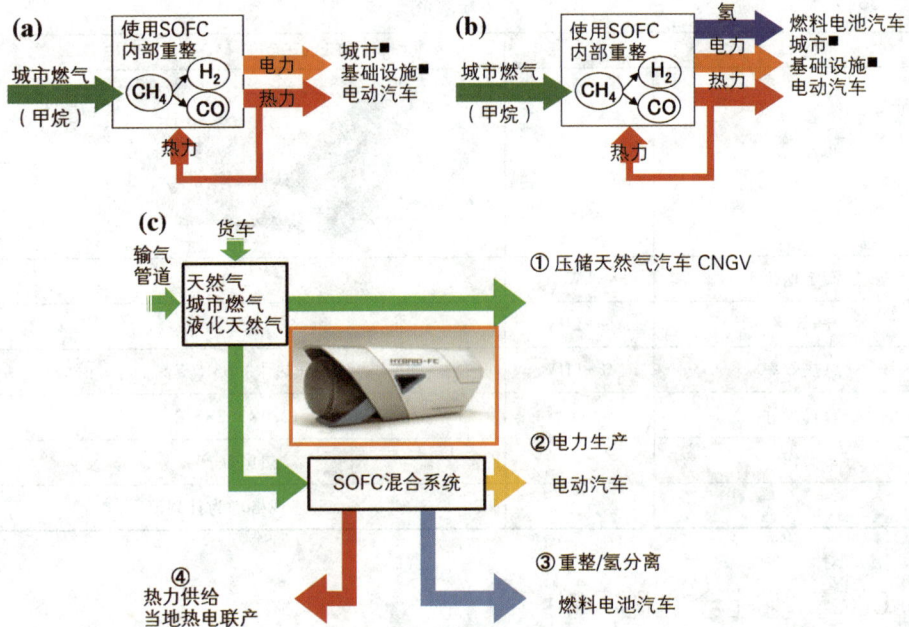

图 36-12 quatrogen 示意图

（a）传统上由 SOFC 提供的电和热；（b）通过内部重整形成氢气供应；（c）应用于加氢站

"urban-produced hydrogen"，实现 "市区本地生产能源供本地消费" 的理念（见图 36-13）。

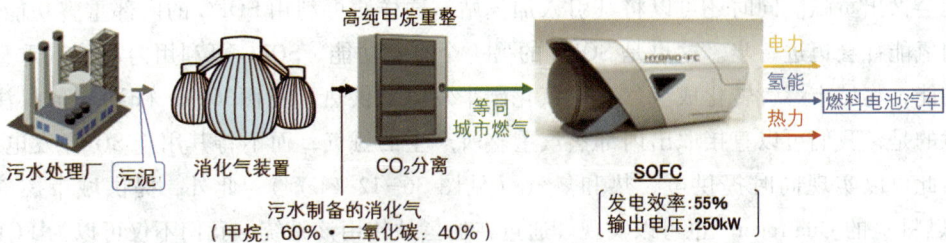

图 36-13 使用消化气的 SOFC 发电

基于 SOFC 的分布式电源系统可通过专注于利用消化气的混合系统来创造附加值，进而加速上述理念的实现。

36.7 总结

日本经济产业省（METI）于 2014 年 6 月制定了氢能和燃料电池的战略路线图，其中用于商业和工业部门的燃料电池预计将于 2017 年上市。利用 SOFC 的高

效发电系统将尽早作为分布式电源投入实际使用，为未来安全、可持续的低碳社会
建设做出重要贡献。

参考文献

1. Bloom Energy Homepage (2015) Press releases. April 21

2. Bloom Energy Japan Homepage (2015) News press releases, March 9

3. Fuel Cell Energy Homepage (2013) Press releases, October 24

4. Doosan Corporation Homepage (2014) Press Releases, July 21

5. Doosan Corporation Homepage (2014) IR Materials, 2014 Doosan's management performance in Q2

6. FUJI ELECTRIC CO. , LTD. (2011) Fuel cell system demonstration plant with low-oxygen-concentration air supply. Fuji Electric J 84 (1): 46 (in Japanese)

7. Singhal SC, Kendall K (2003) High-temperature solid oxide fuel cells: fundamentals, design and applications. Elsevier LTD, UK

8. Minh NQ, Takahashi T (1995) Science and technology of ceramic fuel cells. Elsevier Science, Amsterdam

9. Minh NQ (1993) Ceramic fuel cells. J Am Ceram Soc 76 (3): 563-588

10. Stolten D (2010) Hydrogen and fuel cells. Wiley-VCH, Weinheim

11. Gardner FJ, Day MJ, Brandon NP, Pashley MN, Cassidy M (2000) SOFC technology development at Rolls-Royce. J Power Sources86: 122-129

12. Haberman B, Baca CM, Ohrn T (2011) IP-SOFC performance measurement and prediction. ECS Trans 35 (1): 451-464

13. Hisatome N, Ikeda K, Takatsuka H, Mori Y, Iwamoto K (2000) Development of tubular type solid oxide fuel cells. Mitsubishi Heavy Ind Tech Rev 37 (1): 30-33

14. Nishiura M, Koga S, Kabata T, Hisatome N, Kosaka K, Ando Y, Kobayashi Y (2007) Development of SOFC-Micro gas turbine combined cycle system. ECS Trans 7 (1): 155-160

15. Kobayashi Y, Ando Y, Kabata T, Nishimura M, Tomida K, Matake N (2011) Extremely high-efficiency thermal power system-solid oxide fuel cell (SOFC) triple combined-cycle system. Mitsubishi Heavy Ind Tech Rev 48 (3): 9-15

16. Kobayashi Y, Ando Y, Kishizawa H, Tomida K, Matake N (2013) Recent progress of SOFC-GT combined system with tubular type cell stack at MHI. ECS Trans 51 (1): 79-86

17. Kobayashi Y, Nishimura M, Kishizawa H, Tomida K, Hiwatashi K, Takenobu H (2015) Development of next-generation large-scale SOFC toward realization of a hydrogen society. Mitsubishi Heavy Ind Tech Rev 52 (2): 111-116

第 37 章 三重联合循环发电

Yoshinori Kobayashi

摘要：本章介绍大型固定式燃料电池系统的高效发电。在总结了热效率不断提高的火力发电厂的发展历史后，介绍了燃气轮机-燃料电池联合循环（GTFC）和煤气化燃料电池联合循环（IGFC）的概念，并讨论了三重联合循环系统中的基础技术。

关键词：发电厂·发电效率·固体氧化物燃料电池·燃气轮机·蒸汽轮机·联合循环·三重联合循环

37.1 简介

本书在前一章（第 36 章）中详细讨论了固体氧化物燃料电池（SOFC）与微型燃气轮机（MGT）的混合系统。然而，从全球变暖和日本的国家能源安全角度来看，最迫切、最必要的需求是在大型集中式发电厂引入和推广超高效率的火力发电技术来有效利用化石燃料。

历史上，热能的使用始于燃烧木头的火炉。随后，木材被热量更大的煤炭所取

Y. Kobayashi (✉)
Mitsubishi Hitachi Power Systems Ltd. , 3-1, Minatomirai 3-chome, Nishi–ku,
Yokohama 220-8401, Japan
e-mail: yoshinori_kobayashi@ mhps. com; yosikoba@ iis. u-tokyo. ac. jp

Present Address:
Y. Kobayashi
Institute of Industrial Science (IIS), The University of Tokyo, 4-6-1 Komaba,
Meguro-ku, Tokyo 153-8505, Japan

© Springer Japan 2016
K. Sasaki et al. (eds.), *Hydrogen Energy Engineering*,
Green Energy and Technology, DOI 10. 1007/978-4-431-56042-5_37

代，进而发明了可方便机械化抽水的早期蒸汽机。在对引发第一次工业革命的实用蒸汽机进行改进之后，人们利用锅炉和蒸汽轮机（ST）建成了第一个兰金循环（Rankin-cycle）火力发电站。随着科技的进步，人们通过对蒸汽产生和工作条件的改善（如提高蒸汽温度和压力），不断提高第一代简单循环系统的发电效率，并最终在 20 世纪末建成了第一个效率超过 40% 的超超临界（USC）火电厂，其工作条件为：高压蒸汽轮机入口处压力为 25 MPa，温度为 600 ℃；低压蒸汽轮机入口处温度为 600 ℃。此外，先进超超临界（A-USC）火电厂目前正在积极开发中，并有望在开发出优异的耐热金属材料并完成可靠性评估后尽早投入使用。其预期工作条件为：高压和中压蒸汽轮机入口处压力为 35 MPa，温度为 700℃；主低压蒸汽轮机入口处温度为 720℃；二级低压蒸汽轮机入口处温度为 720℃。

通过采用布雷顿循环（Brayton-cycle）双混合系统，并将燃气轮机作为蒸汽发生器安装在锅炉上游，火电厂的效率得到了显著的提高。如今，通过改善燃气轮机进气条件（提高燃气燃烧温度和压力），电站的发电效率可高达 60%（燃气轮机进气温度：1 600℃），并且还正在朝着燃气轮机进气温度突破 1 700℃的目标改进，以实现第二代双混合系统。为了进一步提高效率，必须坚持开发和应用优良的耐热金属材料、陶瓷隔热材料以及高效冷却技术[1]。

根据卡诺定理（Nicolas Leonard Sadi Carnot，法国，1796—1832），热机的极限效率取决于两个热源之间的温差。由于高温热源的最高温度受材料耐热性的限制，因此传统燃烧式热机的最大效率受到卡诺定理的限制。

需要注意的是，在传统的热机中，燃料的化学能首先通过燃烧转化为热能，然后再转化为以蒸汽为工质汽轮机的动能，最后通过发电机或其他装置转化为电能。实际系统中的总效率比理论效率小，因为在每一个能量转换步骤中都会发生额外的能量损失。

为了突破传统热机的发电效率极限并进一步提高效率，可能需要组合使用能将燃料的化学能直接转换为电能的燃料电池，而不是热机。因此，特别需要"第三代"三联产循环系统，包括燃气轮机-燃料电池联合循环（GTFC）电厂和煤气化燃料电池联合循环（IGFC）电厂。其中，燃气轮机-燃料电池联合循环电厂中的 SOFC 可以在高温下使用多种燃料，并与天然气燃气轮机汽联合循环（GTCC）装置相结合；煤气化燃料电池联合循环电厂中的 SOFC 与煤气化联合循环（IGCC）电厂相结合（见图 37-1）。

日本经济产业省资源能源厅目前正在制定下一代发电技术的技术路线图，并正在讨论结合 SOFC 技术的下一代发电系统的实施方案（见图 37-2）。

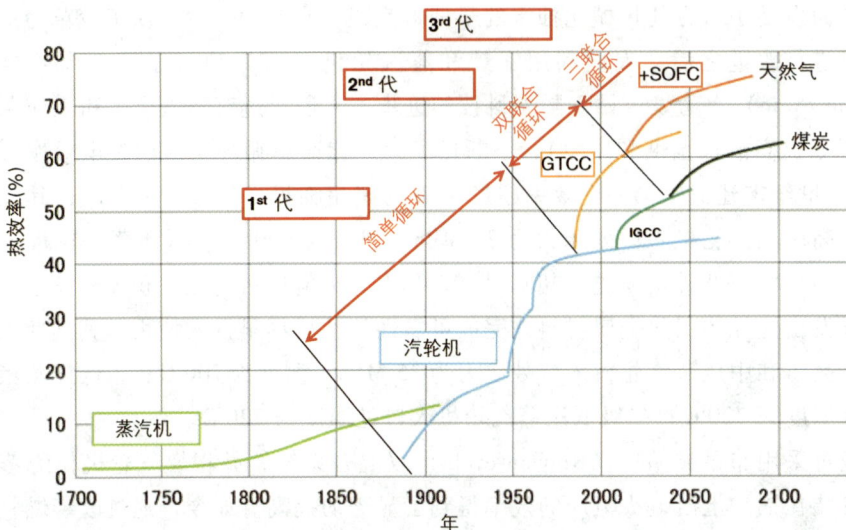

图 37-1 发电效率改善的历史（图中展示的是根据燃料低热值计算的发电效率）

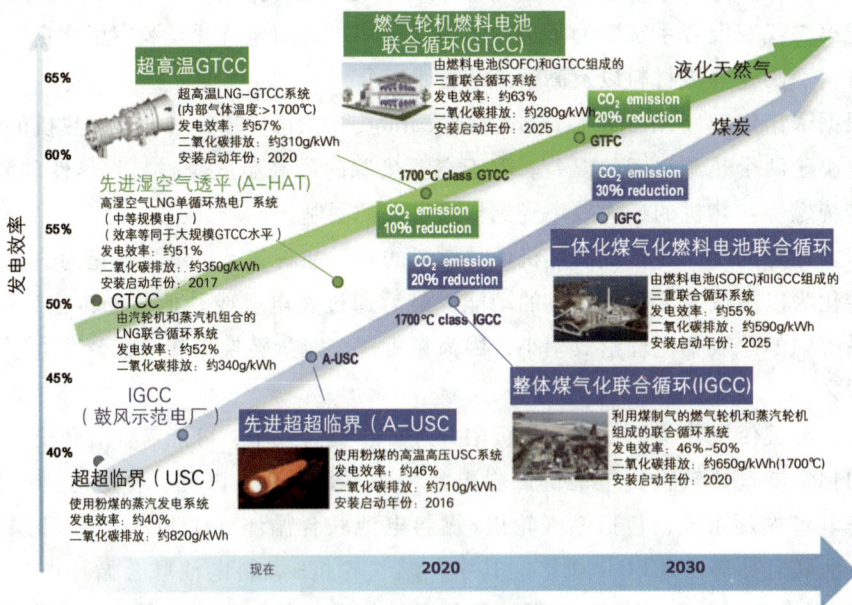

图 37-2 下一代火力发电技术路线图

（图片来自 2015 年 7 月 6 日第三次 METI 会议，该会议旨在尽早实现下一代火力发电系统。

图中展示的是根据燃料高热值计算的发电效率）

37.2　燃气轮机-燃料电池（GTFCs）

通过将 SOFC 的高温废热与 GTCC 结合使用，并在高温下运行，可以实现很高的发电效率。下面将详细讨论三菱日立电力系统公司（Mitsubishi Hitachi Power Systems）在开发三重联合循环系统 GTFC 时所采用的方案。

三重联合循环系统是一个统一的系统，其中 SOFC 被布置在 GTCC 的上游部分，这样化石燃料的能量就可以通过一个由 SOFC、GT 和 ST 组成的三级级联系统转化为电能（见图 37-3）。若使用天然气作为燃料，则可以实现极高的发电效率：在 100 MW 级别的系统中最高可达 70%（LHV），在 10 MW 级别的系统中最高可达 60%（LHV）[2]。

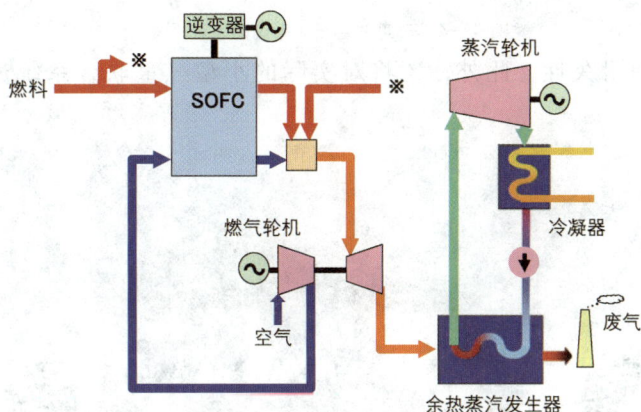

图 37-3　SOFC-GT-ST 三重联合循环系统

当安装在燃气轮机燃烧室上游的高压段时，SOFC 的最佳材料选择是采用圆柱形的固体陶瓷。图 37-4 展示了三重联合循环系统的典型能量平衡。当通过三级（SOFC，GT 和 ST）级联系统利用化石燃料的能量时（包括煤），在不限制热系统卡诺效率的情况下，可以实现 63% 的极高总发电效率。这是利用三重联合循环系统的原理达成的。GTCC 的发电效率为 53%，燃气轮机的进气温度低至 1 200℃，而 SOFC 的发电效率为 50%。与现有的热机相比，预计该系统的效率会有显著提高。

除了将来要实施超大型三重联合发电站外，该公司目前还在计划研制一个小型机组，作为在内陆地区安装的中、小型集中供电系统（见图 37-5）。该电厂的设计输出功率约为 100 000 kW（100 MW），净热效率至少为 60%（LHV）。由于其工作压力高达 1.5 MPa，因此需要进行开发和验证，以便充分论证电堆在相应高压下的

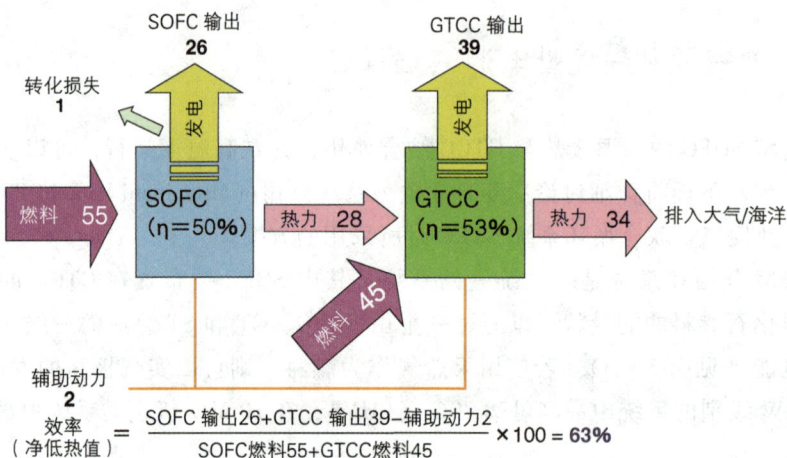

图 37-4　三重联合循环系统的能量平衡

发电特性和长期耐久性。此外，还将对实际的小型三重联合系统进行现场评估测试。

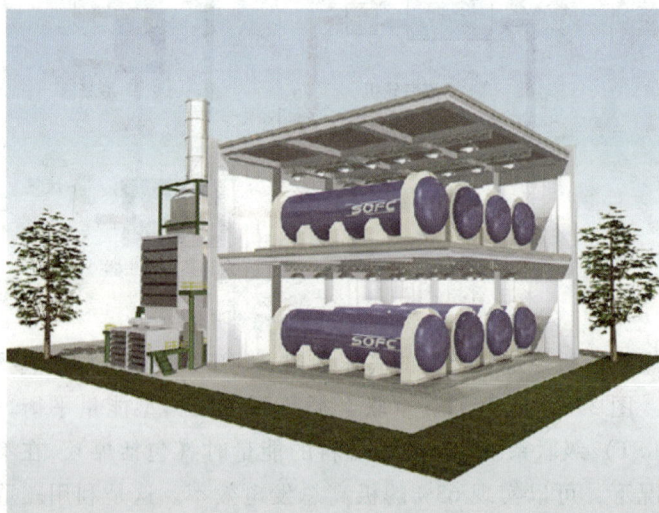

图 37-5　小规模三重联合循环系统

37.3　燃煤三重联合循环发电（IGFCs）

如前所述，在各种三重联合循环系统中，既清洁又易于实施的天然气燃烧系统很可能首先开发并落地。但是，考虑到 SOFC 可以将煤气化后产生的合成气用作燃

料，因此也可以开发由 IGCC 系统和 SOFC 系统组成的三重联合循环系统 IGFC，见
图 37-6。IGFC 系统的特殊优势在于其可在不损害煤炭经济优势的前提下克服目前
与燃煤电厂相关的环境问题。预计在 700 MW 级别的燃煤三重联合循环电厂
（IGFC）中，若不计算从废气中捕集二氧化碳的过程中所消耗的能量，则这种燃煤
发电系统的效率将达到 60%（净热效率，LHV）。通过对气化炉合成气净化系统的
优化，以及对以天然气为燃料的 SOFC 三重联合循环系统和 IGCC 系统产品技术的
提升，未来 IGFC 将很容易实现。

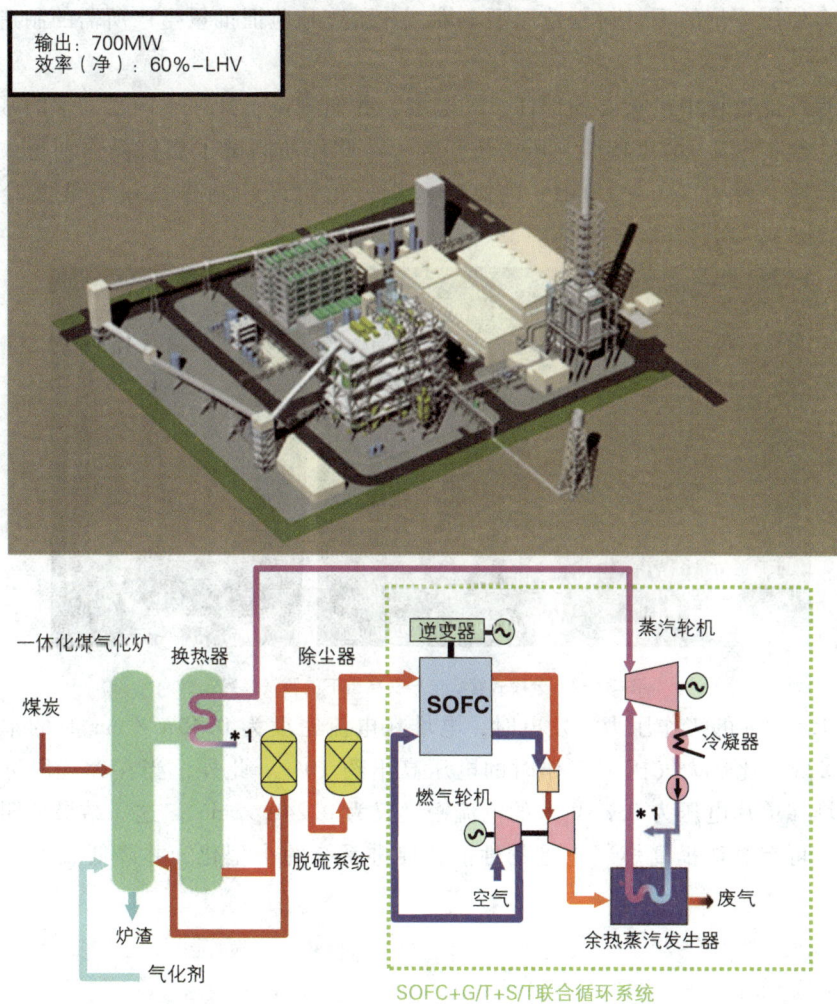

图 37-6　一体化煤气化炉煤气-燃气联合循环发电系统

37.4　三重联合循环系统的基础技术

关于三重联合循环系统的基础技术开发，我们正在进行新的研究以论证 SOFC
在 1~2MPa 工作压力下的发电特性和耐久性，从而开发 SOFC 和 GT 之间的互联技
术，合理设计 GT 并开发 GT 的低能燃烧器。此外，我们也正在研究适用于 SOFC
的低成本材料和批量生产技术，以确定 SOFC 生产的成本目标。更具体地说，我们
正在努力使用廉价的原材料制造原型电堆，并研究和验证批量生产所需的制造工艺
和设施。

作为发电过程中最重要的部件——电堆，我们测试了其在不同压力下的基本发
电特性，包括电流-电压特性和压力依赖性等。此外还测试了启停操作和耐久性等
可靠性问题。针对 1.0~2.0MPa 的高压范围，我们设计制作高压电堆试验设备
（见图 37-7），并将其用于评估。

图 37-7　分段式管状电堆在高压下的测试装置

在 1.5MPa 的工作压力下发电时，电堆在电流密度为 0.45A／cm^2 时的单片电
压为 0.82V，比在大气压下工作时的电压高出约 10%。此外，当在大气压下工作
时，电堆在单片电压为 0.85V 时的电流密度仅为 0.24A／cm^2。这一结果证明提高
工作压力可有效地提高燃料电池的性能，促进系统的小型化，并降低成本（见图
37-8）。

37.5　总结

日本经济产业省资源能源厅已经制定了下一代火力发电的技术路线图，其中概
述了 SOFC 三重联合循环和燃煤发电系统的重要性。此外，由于迫切需要开发既能

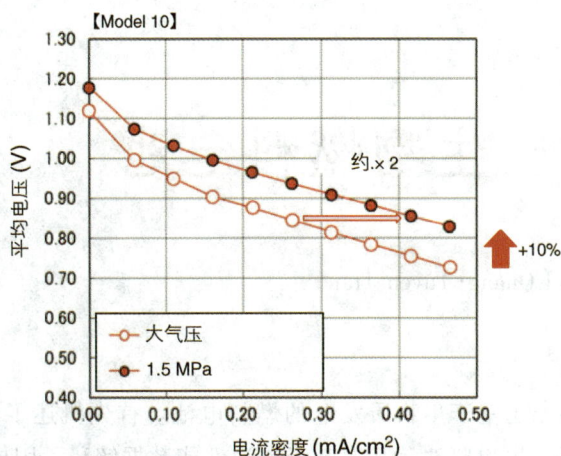

【Model 10】

约.× 2

+10%

大气压
1.5 MPa

平均电压 (V)

电流密度 (mA/cm²)

图 37-8　在大气压和 1.5 MPa 压力下电堆的伏安特性比较

减少 CO_2 排放又能确保电力稳定供应的可行技术，因此使用化石燃料的超高效发电系统的需求也越来越大。在这个背景下，人们日益期望 SOFC 三重联合循环发电系统能成为未来减少 CO_2 排放的关键技术，以促进 21 世纪生态和能源可持续社会的建设。

参考文献

1. Mori M，Liu Y，Hashimoto S（2009）Influence of pressurization on the properties of（$La_{1-x}Sr_x$）$_{1-z}$（$Co_{1-y}Fe_y$）$O_{3-\delta}$（x = 0.4；y = 0.8；z = 0 - 0.04）as cathode materials for IT-SOFCs. Electrochemistry 77（2）：140-142

2. Kobayashi Y，Ando Y，Kishizawa H，Tomida K，Matake N（2013）Recent progress of SOFC-GT combined system with tubular type cell stack at MHI. ECS Trans 51（1）：79-86

第38章　生物燃料电池

Yusuke Shiratori and Quang-Tuyen Tran

摘要：本章介绍了基于生物质发电的燃料电池。首先概述了现有的生物燃料，如沼气、生物乙醇、生物柴油；其次基于电池性能数据解释了固体氧化物燃料电池的制氢和发电；最后讨论了碳沉积和杂质中毒等工艺问题。

关键词：生物燃料·沼气·固体氧化物燃料电池·制氢·重整反应·耐久性·碳沉积

38.1　生物燃料

38.1.1　沼气

如第8章所述，沼气是通过有机废弃物（如农业残留物、牲畜粪便等）或市政废弃物（如垃圾、污水等）在密闭容器中被细菌厌氧发酵形成的。沼气的主要成分是甲烷（CH_4）和二氧化碳（CO_2），以及 H_2S 等痕量杂质（如表38–1）。沼气的生产率在很大程度上取决于原料的类型（例如，原料等 C／N 比）和反应器的

Y. Shiratori (✉)
Department of Mechanical Engineering, Faculty of Energineering, Kyushu University,
Fukuoka 819-0395, Japan
e-mail: y-shira@ mech. kyushu-u. ac. jp

Q. -T. Tran
International Research Center for Hydrogen Energy, Kyushu University,
Fukuoka 819-0395, Japan
e-mail: tran. tuyen. quang. 314@ m. kyushu-u. ac. jp

© Springer Japan 2016
K. Sasaki et al. (eds.), *Hydrogen Energy Engineering*,
Green Energy and Technology, DOI 10. 1007/978-4-431-56042-5_38

温度[1]。

表 38-1　　　　　　　　由有机废弃物经厌氧发酵后形成沼气的组成

组分	浓度	参考
CH_4	55~70 vol%	[2]
CO_2	30~45 vol%	[2]
H_2S	500~4 000 ppm（未加工的） <1.0 ppm（脱硫后）	[2, 3]
H_2O	<1.0 vol%	[2]

38.1.2　生物乙醇

如图 38-1 所示，可以通过不同的工艺过程将生物质资源转化为生物乙醇。一种简单、低成本、快速的生物乙醇生产方法是葡萄糖发酵，而甘蔗糖渣中包含葡萄糖。此外还可以通过使用糖化酶加工淀粉作物获得葡萄糖。对于木质纤维素生物质（木质生物质），需要对原料进行预处理以除去木质素，达到提高纤维素分解率的目的。随后，通过添加酵母，可使葡萄糖发酵转化为生物乙醇。当前，生物乙醇多用于汽油掺混，也可在运输领域用作替代燃料。将生物乙醇掺混入汽油中，可以增加燃料的辛烷值和氧气含量，改善燃料的燃烧特性，从而减少一氧化碳、碳氢化合物等污染物的排放[4]。目前，在巴西和美国，生物乙醇分别以 22%体积比（E22）和 10%体积比（E10）与汽油混合。

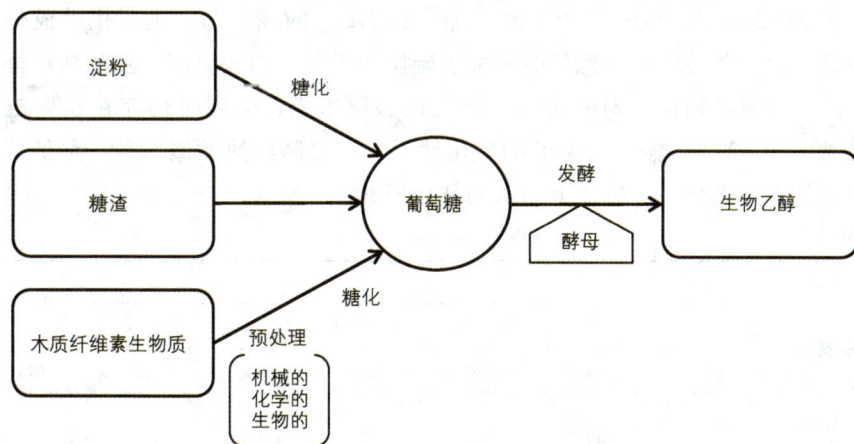

图 38-1　由不同的原料生产生物乙醇的过程

38.1.3　生物柴油

生物柴油（BDF）是一种无毒、可生物降解、可再生的燃料，它由动物脂肪、植物油和废食用油制成。BDF 通过在酸、碱或酶存在的条件下使长链脂肪油（甘油三酯）与醇反应来制备。大规模生产 BDF 的最常用技术是使用均相碱性催化剂（如甲醇钠、甲醇钾或氢氧化钾）催化的酯交换反应（见图 38-2）。酸和酶由于存在反应速度慢、成本高等劣势，所以尚未在工业上应用[5,6]。最近，出现了一种被称为超临界醇解法的新技术[7]，有望成为传统工艺的非催化替代技术。但是，此过程是在极端的反应条件（350~400℃，大于 80 倍大气压）和非常高的醇/油摩尔比（42：1）下进行的。

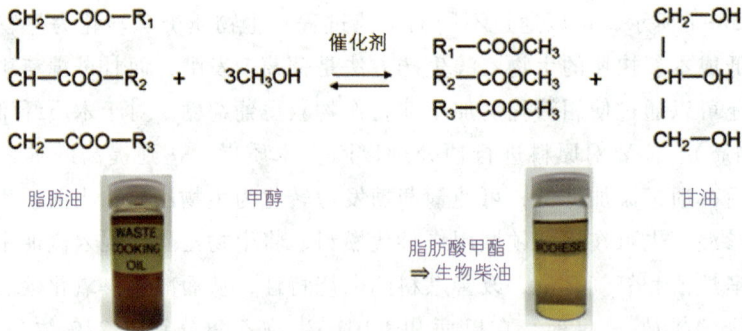

图 38-2　BDF 生产的酯交换反应

如表 38-2 所示，BDF 是脂肪酸甲酯（FAME）的混合物，主要化学成分为月桂酸甲酯、肉豆蔻酸甲酯、棕榈酸甲酯、硬脂酸甲酯、油酸甲酯、亚油酸甲酯和亚麻酸甲酯。与原油相比，BDF 主要由较短的碳链组成，但同时仍存在长碳链的组分（碳数在 14 至 20 之间）。BDF 的理化性质与石油制柴油类似，是一种低硫、高氢气含量的含氧燃料，有望作为制氢的替代原料[5,8]。

表 38-2　　　　　　　　　　　　　普通生物柴油的主要组分

浓度/wt%

主要组分	原料						
	油菜籽	椰子	麻风树	棕榈	菜籽	黄豆	向日葵
月桂酸甲酯（12：0）		47.7	0.1	0.3	0.1	0.1	0.1
肉豆蔻酸甲酯（14：0）		18.5	0.3	1.1		0.1	0.1

（续表）

主要组分	原料						
	油菜籽	椰子	麻风树	棕榈	菜籽	黄豆	向日葵
棕榈酸甲酯 （16：0）	4.2	9.1	14.9	42.5	4.2	11.6	6.4
硬脂酸甲酯 （18：0）	2.0	2.7	6.1	4.2	1.6	3.9	3.6
油酸甲酯 （18：1）	60.4	6.8	40.4	41.3	59.5	23.7	21.7
亚油酸甲酯 （18：2）	21.2	2.1	36.2	9.5	21.5	53.8	66.3
亚麻酸甲酯 （18：3）	9.6	0.1	0.3	0.3	8.4	5.9	1.5

38.1.4 生物油

生物油是通过快速的冷却和分离过程从生物质气化气中收集的液体燃料，它有助于我们实现碳中性能源的利用。图 38-3 阐述了上浮法，这是由 Maywa Co，Ltd.（Kanazawa，Japan）开发的一种利用木质生物质生产生物油的技术。表 38-3 总结了由木屑（在此为雪松屑）生产的生物油的成分和物理性质。它是焦油状物质，通过快速冷冻纤维素、半纤维素和木质素（木质结构的主要成分）热分解的中间产物获得。根据 GC-MS 分析，由雪松屑生产的生物油由 100 多种平均碳数在 8~10 之间的有机化合物组成，这些有机物包括饱和链状化合物、不饱和链状化合物、不饱和环状化合物和芳香族化合物[10]。该生物油被认定为一种乳液，其中木质素片段分散在碳水化合物分解产生的水中。

表 38-3　Maywa 公司提供的雪松屑生物油的组成和物理特性（Kanazawa，日本）

C/wt%	33.3
H/wt%	6.4
N/wt%	0.2
O/wt%	60.1
H_2Owt%	34.0
S/ppm	83
pH	2.45
比重/g ml^{-1}	1.19
热值/MJ kg^{-1}	20

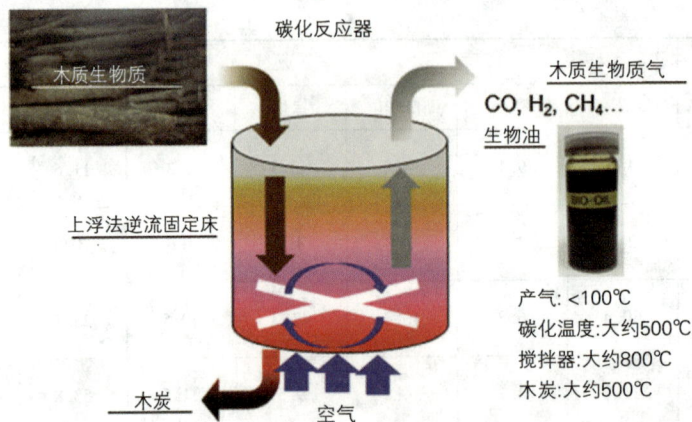

图 38-3　利用上浮法由木质生物质生产木炭、生物质气化气和生物油

38.2　生物燃料制氢

目前有超过95%的氢是由化石燃料蒸汽重整制得的。为了摆脱这种现状，必须促进替代燃料如生物燃料的利用，以增加可再生氢的份额。许多研究小组广泛研究了用于重整生物燃料（例如沼气[11,12]、生物乙醇[13,14]、生物油[15,16]和生物柴油燃料（BDFs）[17,18]）的催化剂材料，重点是提高材料抗硫中毒和抗结焦的能力。

从成本和性能角度来看，负载在氧化物上的镍是最受欢迎的生物燃料重整催化剂材料，有时也会选择 Pt、Ru、Pd、Rh、Ir 和 Co[12-18]。考虑表面酸度、强金属-载体相互作用（SMSI）、氧迁移率和储氧能力（OSC）等因素后选择的氧化物载体对获得理想的催化活性至关重要。

众所周知，氧化物如 γ-Al_2O_3 在表面具有大量酸位，会促进烃类原料生成焦炭[19]。为抑制积碳，可使用如 MgO、CaO、La_2O_3 和 $BaTiO_3$ 等碱性氧化物载体[16-18,20-24]。此外，掺杂具有高氧迁移率和强储氧能力的 CeO_2 有助于去除催化剂表面的碳杂质[25-28]。为了更好地分散金属催化剂，在含有金属催化剂的氧化物固溶体的晶体结构中形成金属颗粒是非常有效的方法。例如，通过（Ni、Mg）O 固溶体[20-22]和水滑石结构衍生的（Mg、Ni、Al）O 固溶体[29-31]的还原处理可以形成细小的 Ni 颗粒。

38.2.1　结构催化剂的实际应用

实际应用中，上述催化剂材料会被负载到诸如线[32]、泡沫[33]或蜂窝[34]形状的结构框架上，以形成结构催化剂（见图38-4）。例如，具有平行排列通道的蜂窝结构被广泛地用于三元催化转化器，以净化汽油发动机的尾气。然而，这些结构均具有一些缺点，例如泡沫结构的质量密度过高，蜂窝状结构中反应气体的径向混合受到限制[35]等。

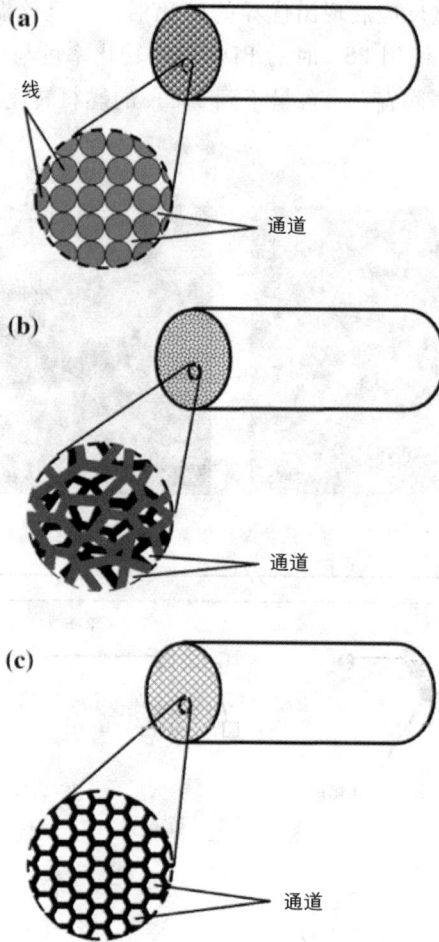

图38-4　结构催化剂的类型：（a）线状；（b）泡沫状；（c）蜂窝状

　　结构框架的设计对最大限度地发挥催化性能非常重要。研究人员开发了基于无机纤维网络的纸结构催化剂（PSC），并且已经证明了PSC的优势在于可以增强反应物和产物的3-D扩散，且该种结构催化剂还可用于醇重整[36,37]和氮氧化物的催化还原[38,39]。

　　最近，固体氧化物燃料电池（SOFC）被用于生物燃料重整（BDF的蒸汽重整或模拟沼气重整的甲烷干重整）。研究人员对应用于 SOFC 的 PSC 进行了研究[18,31,40]。为生物燃料重整而开发的 PSC 的结构见图 38-5[31]。该纤维网络可通过简单的造纸过程制备，并在该过程中分散水滑石（HT）颗粒，然后通过浸渍过程负载 Ni，由此得以在 HT 衍生的氧化物载体上形成细小的 Ni 颗粒。上述 PSC 在800℃下对 BDF 蒸汽重整反应展现出优异的催化活性，且该温度接近 SOFC 的工作温度。如图 38-6 所示，使用 PSC 时的 BDF 燃料转化率可与用于 SOFC 的典型阳极材料（多孔 Ni-ScSZ 金属陶瓷，镍含量不到 1%）的燃料转化率相比较。

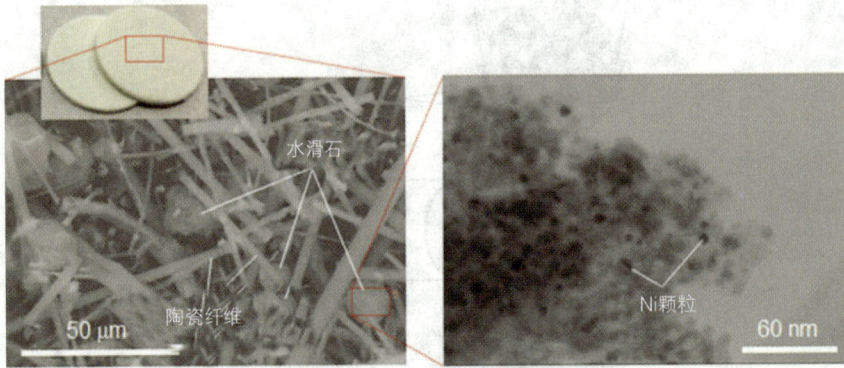

图 38-5　用于生物燃料重整的典型 PSC 结构

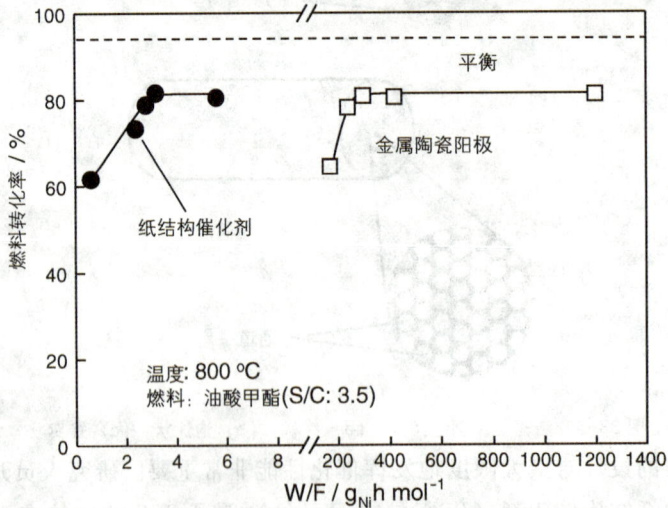

图 38-6　BDF 燃料转化率为接触时间 W/F 的函数（镍金属质量与燃料分子的流动速率之比）
图中展示了用于油酸甲酯（$C_{19}H_{38}O_2$）蒸汽重整的负载镍的 PSC 和多孔 Ni-ScSZ 金属陶瓷阳极之间
催 恂性的比较，油酸甲酯在 800℃和 S/C＝3.5 时是实际使用的 BDF 的主要组分

38.3 生物燃料在 SOFC 中的应用

在各种类型的燃料电池中，高温 SOFC 可以直接应用碳氢燃料（例如化石燃料、生物燃料）而无须进行预重整过程，这有助于提高系统效率[41]。直接内部重整 SOFC（DIR-SOFC）的反应过程见图 38-7。供应给 SOFC 的碳氢化合物在包含 Ni 的多孔阳极材料中进行重整，生成 H_2 和 CO，然后再进行电化学反应以产生电能和热量。需要指出的是，Ni 是最常见的重整催化剂。

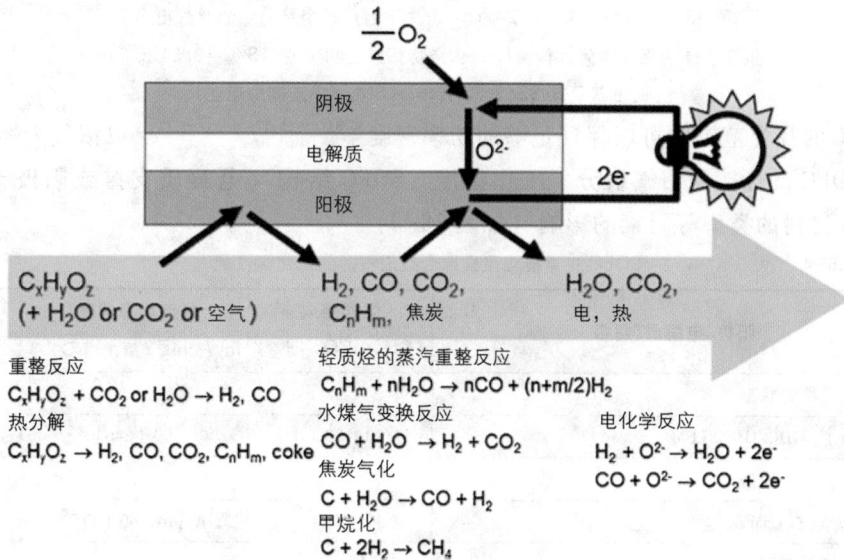

重整反应
$C_xH_yO_z + CO_2$ or $H_2O \rightarrow H_2$, CO
热分解
$C_xH_yO_z \rightarrow H_2$, CO, CO_2, C_nH_m, coke

轻质烃的蒸汽重整反应
$C_nH_m + nH_2O \rightarrow nCO + (n+m/2)H_2$
水煤气变换反应
$CO + H_2O \rightarrow H_2 + CO_2$
焦炭气化
$C + H_2O \rightarrow CO + H_2$
甲烷化
$C + 2H_2 \rightarrow CH_4$

电化学反应
$H_2 + O^{2-} \rightarrow H_2O + 2e^-$
$CO + O^{2-} \rightarrow CO_2 + 2e^-$

图 38-7 由生物燃料（$C_xH_yO_z$）供能的 DIR-SOFC 的简单示意图

DIR-SOFC 具有如下优点：（1）缩小燃料电池系统的尺寸；（2）降低成本；（3）减少能源消耗；（4）避免了由于过量空气供应而导致的过度散热现象[42]。目前，研究人员已经对直接应用天然气、石油燃料或原油的 DIR-SOFC 进行了系统研究[43-49]。至于使用 SOFC 进行生物燃料的直接转化技术，日本[50-52]、英国[53-56]、意大利[57,58]、希腊[59,60]和美国[61,62]的少数研究小组积极参与研发。如图 38-8 所示，Kyushu 大学的一个小组直接向 SOFC 供应实际使用的生物燃料（沼气、棕榈制 BDF 等），并成功实现了 DIR-SOFC 的稳定运行。

38.3.1 沼气

已经证明，当给 DIR-SOFC 供应模拟合成的或实际生成的沼气时，在 600℃ 至

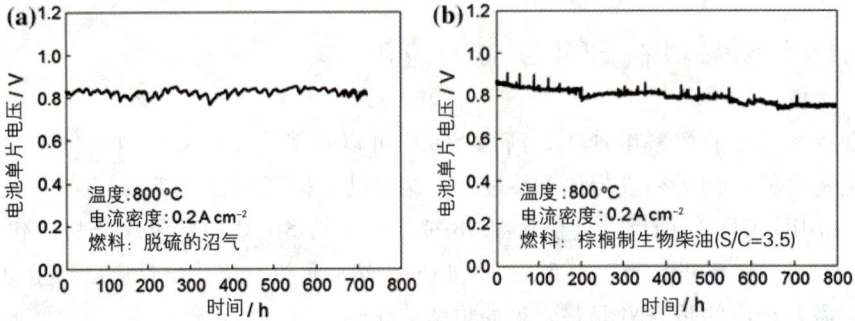

图 38-8　在 800℃，0.2A/cm² 条件下运行一个月的电池单片电压：

（a）供应脱硫的沼气作为燃料；（b）供应棕榈制生物柴油（S/C＝3.5）作为燃料[52]

（使用 NiO-ScSZ/ScSZ/ScSZ-LSM 阳极支撑型电池）

1 000℃ 的高温范围内可以保证足够的功率密度[50,51,53-55,57-61,63-69,72]。以沼气为燃料的 DIR-SOFC 的性能受沼气组分、工作温度、SOFC 结构（电解质支撑或阳极支撑）和阳极材料的类型等因素的影响（如表 38-4）。

表 38-4　　　　　　　　　　SOFC 在直接应用模拟合成沼气时的电化学性能

阳极/电解质/阴极	燃料组成 （CH₄∶CO₂∶N₂）	峰值功率密度/ mW cm²（温度（℃））	参考
电解质支撑管状型			
Ni（Au）-GDC/GDC/LSM	50∶50∶0	60（640）	[59]
电解质支撑平面型			
Ni-YSZ/YSZ/LSM	50∶50∶0	Approx. 80（875）	[60]
阳极支撑平面型			
Ni-YSZ/YSZ/LSM-YSZ	52.2∶46.3∶1.5	424（800）	[63]
Ni-SnO₂-YSZ/YSZ/LSM-YSZ	52.2∶46.3∶1.5	272（800）	[63]
Ni-Al₂O₃-YSZ/YSZ/LSM-YSZ	52.2∶46.3∶1.5	478（800）	[63]
带有附加催化剂层的阳极支撑平面型			
Ni-CeO₂-YSZ/YSZ/LSM-YSZ	50∶50	547（850） 411（800） 313（750）	[61]
Ni-YSZ（LiLaNi-Al₂O₃/Cu layer）/YSZ/LSM-YSZ	66.7∶33.3∶0	988（850）	[64]
Ni-YSZ（LiLaNi-Al₂O₃ layer）/YSZ/LSM-YSZ	66.7∶33.3∶0	1013（850）	[64]

(续表)

阳极/电解质/阴极	燃料组成 （$CH_4 : CO_2 : N_2$）	峰值功率密度/ $mW cm^2$（温度（℃））	参考
Ni-YSZ（Ru-Al_2O_3 layer）/ YSZ/LSM-YSZ	66.7 : 33.3 : 0	929（850） 705（800） 478（750） 282（700） 134（650）	[65]
Ni-YSZ（CuO-CeO_2 layer）/ YSZ/LSM-YSZ	60 : 40 : 0	Approx. 270（750）	[66]
Ni-YSZ（$Cu_{1.3}Mn_{1.7}O_4$ layer）/ YSZ/LSM-YSZ	60 : 40 : 0	Approx. 260（750）	[66]
Ni-YSZ（$Y_{0.08}Sr_{0.92}Ti_{0.8}Fe_{0.2}O_{3-\delta}$ layer >/YSZ/LSM-YSZ	60 : 40 : 0	Approx. 250（750）	[66]

Staniforth 等人[55]报道称沼气中甲烷的直接电化学氧化过程不会继续发电，但甲烷会通过干重整反应（$CH_4 + CO_2 \rightarrow 2H_2 + 2CO$）促进氢气和一氧化碳的形成，在三相界面（TPB）中被电化学氧化，从而产生电能和热量。当工作温度为 850℃ 时，阳极上甲烷的干重整速率在 CH_4 的摩尔比为 45% 时达到最大，此时 CH_4/CO_2 接近等摩尔比，可在管状电池中展现出最大的输出功率[55]。但是，富含甲烷的沼气（如表 38-1）会导致阳极表面积碳，从而覆盖电化学活性位点，导致阳极过电位大幅增加。

向沼气中添加蒸汽、空气或纯氧可以抑制积碳引起的性能退化[67,68]。但是，应考虑到向沼气中添加氧气或空气会引发直接燃烧，损失 CH_4 的化学能，导致 SOFC 的电效率降低。当工作温度较低时，水比二氧化碳在减轻积碳方面更有效；但在高温下，它们的作用相当[67]。从新材料开发的角度来看，据报道，掺杂镍的催化剂可抑制多孔金属陶瓷阳极中积碳的形成[63]。此外，为了增强阳极的催化活性，研究人员测试了在金属陶瓷阳极表面涂抹催化剂层[61,64-66]。但是，部分催化剂层会导致欧姆损失的增加，并可能降低气体扩散速率[71]。

DIR-SOFC 中最困难的问题之一是由强吸热重整反应导致的热应力问题。图 38-9 展示了当供应 CH_4 和 CO_2 的混合物（$CH_4/CO_2 = 1.5$）时，带有致密 ScSZ 电解质膜支撑的多孔 Ni-ScSZ 阳极（$5 \times 5 cm^2$）上的二维稳态温度分布。在该测试期间，由于产生了巨大的热应力，导致烧结在多孔阳极支撑体上的电解质薄膜遭到了破坏。掺入空气对抑制热应力问题非常有效。对典型的沼气组成（$CH_4/CO_2 = 1.5$），就重整效率而言，最佳的空气/沼气比为 0.7。但是，建议控制空气/沼气比率大于 1.0，以确保机械可靠性并避免积碳。

未经处理的沼气通常包含较多的 H_2S，其浓度范围在几百到几千个 ppm 之

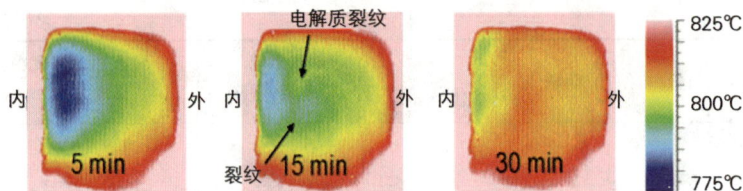

图 38-9　使用模拟合成的沼气（$CH_4/CO_2 = 1.5$）时，
多孔 Ni-ScSZ 阳极支撑电池的二维稳态温度分布。
该图表明了重整具有的强吸热性可能导致电解质出现裂纹[68]

间[2,3]。即使对高温 SOFC，也必须在将燃料供入阳极之前进行脱硫。目前已研究了沼气中痕量 H_2S 对 DIR-SOFC 性能的影响。对在 1 000℃ 下运行的直接应用模拟合成沼气进料的电解质支撑电池，添加 1 ppm H_2S 将导致约 9% 的电压降以及约 40% 的内部重整反应速率降低[72]；对在较低的 800℃ 下运行的阳极支撑电池，H_2S 的影响更加明显，电压降可达 20%，同时重整速率降低 80%[72]。这是由于 H_2S 生成的硫在电化学反应和重整反应的活性位点上的强化学吸附造成的。据报道，用碱性氧化物[70]或钙钛矿[73]改良的阳极可以通过降低化学势来减弱硫在 Ni 上的化学吸附。

38.3.2　生物柴油

已经证明，BDF 中的化学能可以通过 DIR-SOFC 直接转化为电能[52,56,62]。在图 38-10（a）中，比较了几种已报道的以 BDF 为燃料的 SOFC 的 I-V 曲线。为了克服积碳问题，需要高工作温度和高 S／C 比。McPhee 等人[62]报道了一种新型的使用液态锡作为阳极的 SOFC，它可以在 1 000℃ 下直接氧化 BDF。在图 38-10（b）中，对在 800℃ 下以各种 BDF（实际生成的或模拟合成的）为燃料的传统的 Ni-ScSZ 阳极支撑电池，BDF 饱和度对电池性能的影响极大。BDF 饱和度较低时倾向于在重整过程中产生大量的 C_2H_4，这会导致积碳，降低功率密度。在长期测试中，将实际使用的 BDF 直接送至镍基多孔阳极时会导致阳极材料积碳，同时生成 C_2H_4。工作温度较低时，上述现象会更加明显。因为阳极表面是 SOFC 运行期间 S／C 比率最低的地方，所以该处最容易积碳。阳极表面严重积碳会导致性能快速退化，因为反应物和产物的气体扩散被堵塞了，甚至阳极还可能会直接被积碳破坏[74-76]。因此，对以 BDF 为燃料的 DIR-SOFC 来说，抑制阳极表面的积碳是最为关键的问题。

如图 38-8（b）[52]所示，在 800℃、0.2 A/cm² 条件下评估了以棕榈制 BDF（S/C = 3.5）为燃料的 DIR-SOFC 的长期稳定性，记录到的性能退化速率为 15%／1 000h。与使用模拟合成的沼气（0.4%／1000 h）相比，这是非常高的[51]。如图 38-11 所示，在以棕榈制 BDF 为燃料进行长期运行后，阳极支撑体表面会发生

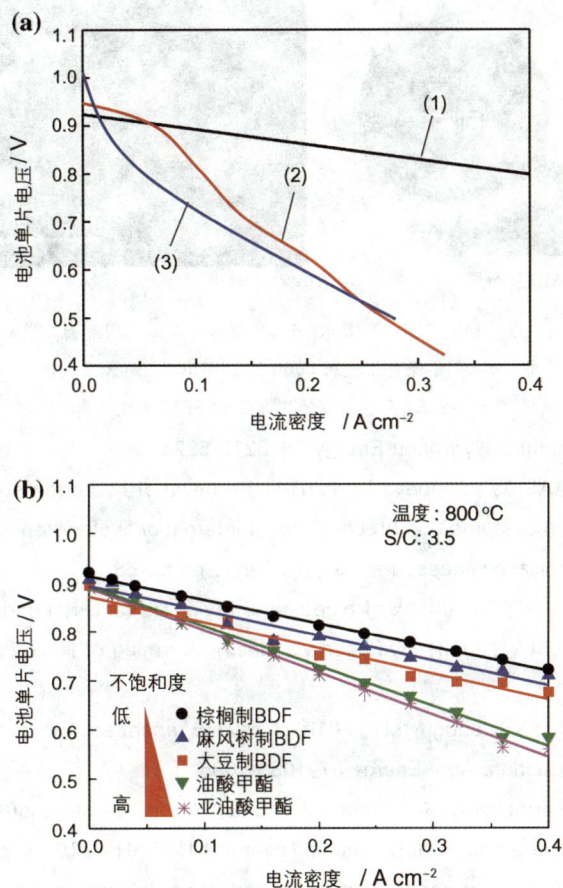

图 38-10 SOFCs 的电流-电压曲线：

（1）NiO-ScSZ/ ScSZ/ ScSZ-LSM 阳极支撑型电池在 800℃，S/C=3.5 的条件下直接应用棕榈制 BDF；

（2）NiO-YSZ/YSZ/YSZ-LSM 阳极支撑管状电池在 800℃下直接应用乳化的油菜籽制 BDF（20%BDF）；

（3）液态锡/YSZ/LSM 管状电池在 1 000℃，S/C=0 的条件下直接应用 BDF。

Ni-ScSZ 阳极支撑电池的电化学性能取决于 BDF 的饱和度[77]

严重结焦，从而导致集电器从阳极表面剥离。

参考文献

1. Divya D，Gopinath LR，Christy PM（2015）A review on current aspects and diverse prospects for enhancing biogas production in sustainble means. Renew Sustain Energy Rev42：690-699

2. Alves HJ（2013）Overview of hydrogen production technologies from biogas and the ap-

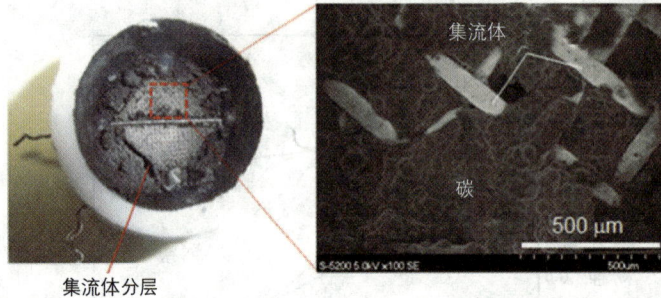

集流体分层

图 38-11　以棕榈制 BDF（S/C=3.5）为燃料，在电流密度为 0.2A/cm^2，
温度为 800℃的条件下进行 800h 的 DIR-SOFC 耐久性测试后，
Ni-ScSZ 阳极支撑体表面的 FESEM 图像[52]

plications in fuel cells. Int J Hydrogen Energy 38：5215-5225

3. Magomnang AASM，Villanueva EP（2014）Removal of hydrogen sulfide from biogas u-sing dry desulfurization systems. In：Proceedings of international conference on agricultural，en-vironmental and biological sciences，Phuket，Thailand，pp 65-68

4. Wyman CE（1996）Handbook of bioethanol. Taylor & Francis，London，pp 4-5

5. Nahar G，Dupont V（2012）Hydrogen via steam reforming of liquid biofeedstock. Biofuels 3：167-191

6. Leung DYC，Wu X，Leung MKH（2010）A review recent advancement in catalytic mate-rials for biodiesel production. Appl Energy 87：1083-1095

7. Karmakar A，Karmakar S，Mukherjee S（2010）Properties of various plants and animals feedstocks for biodiesel production. Bioresour Technol 101：7201-7210

8. Nahar GA（2010）Hydrogen rich gas production by the autothermal reforming of biodiesel（FAME）for utilization in the solid-oxide fuel cells：a thermodynamic analysis. Int J Hydrogen Energy 35：8891-8911

9. Hoekman SK，Broch A，Robbins C，Ceniceros E，Natarajan M（2012）Review of biodie-sel composition，properties，and specifications. Renew Sustain Energy Rev16：143-169

10. Miyachi K，Miyagawa M，Katagiri M，Kanda N，Norinaga K（2010）Identification of tar chemical species obtained from pyrolysis of grass biomass. Mitsui Zosen Tech Rev199：47-53

11. Effendi A，Hellgardt K，Zhang Z-G，Yoshida T（2005）OptimisingH_2 production from model biogas via combined steam reforming and CO shift reactions. Fuel 84：869-874

12. Muradov N，Smith F（2008）Thermocatalytic conversion of landfill gas and biogas to fuels. Energy Fuels 22：2053-2060

13. Zhang B，Tang X，Li Y，Cai Y，Xu Y，Shen W（2006）Steam reforming of bio-ethanol for the production of hydrogen over ceria-supported Co，Ir and Ni catalysts. Catal Commun 7：367-372

14. Mondal T, Pant KK, Dalai AK (2015) Catalytic oxidative steam reforming of bio-ethanol for hydrogen production over Rh promoted Ni/CeO$_2$-ZrO$_2$ catalyst. Int J Hydrogen Energy 40: 2529-2544

15. Basagiannis AC, Verykios XE (2007) Steam reforming of the aqueous fraction of bio-oil over structured Ru/MgO/Al$_2$O$_3$ catalysts. Catal Today 127:256-264

16. Vagia EC, Lemonidou AA (2008) Hydrogen production via steam reforming of bio-oil components over calcium aluminate supported nickel and noble metal catalysts. Appl Catal A Gen 351:111-121

17. Laosiripojana N, Kiatkittipong W, Charojrochkul S, Assabumrungrat S (2010) Effects of support and co-fed elements on steam reforming of palm fatty acid distillate (PFAD) over Rh-based catalysts. Appl Catal A Gen 383:50-57

18. Shiratori Y, Tran TQ, Umemura Y, Kitaoka T, Sasaki K (2013) Paper-structured catalyst for the steam reforming of biodiesel fuel. Int J Hydrogen Energy 38:11278-11287

19. Lercher JA, Bitter JH, Hally W, Niessen W, Seshan K (1996) Design of stable catalysts for methane-carbon dioxide reforming. Stud Surf Sci Catal 101:463-472

20. Nakayama T, Ichikuni N, Sato S, Nozaki F (1997) Ni/MgO catalyst prepared using citric acid for hydrogenation of carbon dioxide. Appl Catal A Gen 158:185-199

21. Tomishige K, Chen Y, Fujimoto K (1999) Studies on carbon deposition in CO$_2$ reforming of CH$_4$ over nickel-magnesia solid solution catalysts. J Catal 181:91-103

22. Hou Z, Yashima T (2004) Meso-porous Ni/Mg/Al catalysts for methane reforming with CO$_2$. Appl Catal A Gen 261:205-209

23. Sun J, Qiu XP, Wu F, Zhu WT (2005) H$_2$ from steam reforming of ethanol at low temperature over Ni/Y$_2$O$_3$, Ni/La$_2$O$_3$ and Ni/Al$_2$O$_3$ catalysts for fuel-cell application. Int J Hydrogen Energy 30:437-445

24. Urasaki K, Sekine Y, Kawabe S, Kikuchi E, Matsukata M (2005) Catalytic activities and coking resistance of Ni/perovskites in steam reforming of methane. Appl Catal A Gen 286: 23-29

25. Narula CK, Haack LP, Chun W, Jen HW, Graham GW (1999) Single-phase PrO$_y$-ZrO$_2$ materials and their oxygen storage capacity: a comparison with single-phase CeO$_2$-ZrO$_2$, PrO$_y$-CeO$_2$, and PrO$_y$-CeO$_2$-ZrO$_2$ materials. J Phys Chem B 103:3634-3639

26. Takeguchi T, Furukawa SN, Inoue M (2001) Hydrogen spillover from NiO to the large surface Area CeO$_2$-ZrO$_2$ solid solutions and activity of the NiO/CeO$_2$-ZrO$_2$ catalysts for partial oxidation of methane. J Catal 202:14-24

27. Srinivas D, Satyanarayana CVV, Potdar HS, Ratnasamy P (2003) Structural studies on NiO-CeO$_2$-ZrO$_2$ catalysts for steam reforming of ethanol. Appl Catal A Gen 246:323-334

28. Shotipruk A, Assabumrungrat S, Pavasant P, Laosiripojana N (2009) Reactivity of

CeO$_2$ and Ce-ZrO$_2$ toward steam reforming of palm fatty acid distilled (PFAD) with co-fed oxygen and hydrogen. Chem Eng Sci 64:459-466

29. Shishido T, Sukenobu M, Morioka H, Furukawa R, Shirahase H, Takehira K (2001) CO$_2$ reforming of CH$_4$ over Ni/Mg-Al oxide catalysts prepared by solid phase crystallization method from Mg-Al hydrotalcite-like precursors. Catal Lett 73:21-26

30. Li D, Wang L, Koike M, Nakagawa Y, Nakagawa Y, Tomishige K (2011) Steam reforming of tar from pyrolysis of biomass over Ni/Mg/Al catalysts prepared from hydrotalcite-like precursors. Appl Catal B Environ 102:528-538

31. Tran TQ, Kaida T, Sakamoto M, Sasaki K, Shiratori Y (2015) Effectiveness of paper-structured catalyst for the operation of biodiesel-fueled solid oxide fuel cell. J Power Sources 283:320-327

32. Horny C, Renken A, Kiwi-Minsker L (2007) Compact string reactor for autothermal hydrogen production. Catal Today 120:45-53

33. Twigg MV, Richadson JT (2007) Fundamentals and applications of structured ceramic foam catalysts. Ind Eng Chem Res 46:4166-4177

34. Nishihara H, Mukai SR, Yamashita D, Tamon H (2005) Ordered macroporous silica by ice templating. Chem Mater 17:683-689

35. Patcas FC, Garrido GI, Kraushaar-Czarnetzki B (2007) CO oxidation over structured carriers: a comparison of ceramic foams, honeycombs and beads. Chem Eng Sci 62:3984-3990

36. Fukahori S, Kitaoka T, Tomoda A, Suzuki R, Wariishi H (2006) Methanol steam reforming over paper-like composites of Cu/ZnO catalyst and ceramic fiber. Appl Catal A300:155-161

37. Fukahori S, Koga H, Kitaoka T, Nakamura M, Wariishi H (2008) Steam reforming behavior of methanol using paper-structured catalysts: experimental and computational fluid dynamic analysis. Int J Hydrogen Energy 33:1661-1670

38. Koga H, Umemura Y, Ishihara H, Kitaoka T, Tomoda A, Suzuki R, Wariishi H (2009) Paper-structured fiber composites impregnated with platinum nanoparticles synthesized on a carbon fiber matrix for catalytic reduction of nitrogen oxides. Appl Catal B Environ 90:699-704

39. Ishihara H, Koga H, Kitaoka T, Wariishi H, Tomoda A, Suzuki R (2010) Paper-structured catalyst for catalytic NOx removal from combustion exhaust gas. Chem Eng Sci65:208-213

40. Shiratori Y, Ogura T, Nakajima H, Sakamoto M, Takahashi Y, Wakita Y, Kitaoka T, Sasaki K (2013) Study on paper-structured catalyst for direct internal reforming SOFC fueled by the mixture of CH4 and CO$_2$. J Hydrogen Energy 38:10542-10551

41. Wachsman ED, Marlowe CA, Lee KT (2012) Role of solid oxide fuel cells in a bal-

anced energy strategy. Energy Environ Sci 5:5498-5509

42. Ge XM, Chan SH, Liu QL, Sun Q (2012) Solid oxide fuel cell anode materials for direct hydrogen carbon utilization. Adv Energy Mater 2:1156-1181

43. Liu J, Barnett SA (2003) Operation of anode-supported solid oxide fuel cells on methane and natural gas. Solid State Ionics 158(1-2):11-16

44. Liu J, Madsen BD, Ji Z, Barnett SA (2002) A fuel-flexible ceramic-based anode for solid oxide fuel cells. Electrochem Solid-State Lett 5:A122-A124

45. Iida T, Kawano M, Matsui T, Kikuchi R, Eguchi K (2007) Internal reforming of SOFCs: carbon deposition on fuel electrode and subsequent deterioration of cell. J Electrochem Soc 154(2):B234-B241

46. Kishimoto H, Yamaji K, Horita T, Xiong Y, Sakai N, Brito M, Yokokawa H (2007) Feasibility of liquid hydrocarbon fuels for SOFC with Ni-ScSZ anode. J Power Sources172:67-71

47. Kim H, Park S, Vohs JM, Gorte RJ (2001) Direct oxidation of liquid fuels in a solid oxide fuel cell. J Electrochem Soc 148(7):A693-A695

48. Hou X, Marin-Flores O, Kwon BW, Kim J, Norton MG, Ha S (2014) Gasoline-fueled solid oxide fuel cell with high power density. J Power Sources268:546-549

49. Zhou ZF, Gallo C, Pargue MB, Schobert H, Lvov SN (2004) Direct oxidation of jet fuels and Pennsylvania crude oil in a solid oxide fuel cell. J Power Sources133:181-187

50. Shiratori Y, Oshima T, Sasaki K (2008) Feasibility of direct-biogas SOFC. Int J Hydrogen Energy 33:6316-6321

51. Shiratori Y, Ijichi T, Oshima T, Sasaki K (2010) Internal reforming SOFC running on biogas. Int J Hydrogen Energy 35:7905-7912

52. Tran TQ, Shiratori Y, Sasaki K (2013) Feasibility of palm-biodiesel fuel for a direct internal reforming solid oxide fuel cell. Int J Energy Res 37:609-616

53. Staniforth J, Kendall K (1998) Biogas powering a small tubular solid oxide fuel cell. J Power Sources 71:275-277

54. Staniforth J, Kendall K (2000) Cannock landfill gas powering a small tubular solid oxide fuel cell—a case study. J Power Sources 86:401-403

55. Staniforth J, Ormerod RM (2003) Running solid oxide fuel cells on biogas. Ionics 9:336-341

56. Nahar G, Kendall K (2011) Biodiesel formulations as fuel for internally reforming solid oxide fuel cell. Fuel Process Technol 92:1345-1354

57. Lanzini A, Leone P (2010) Experimental investigation of direct internal reforming of biogas in solid oxide fuel cells. J Power Sources 35:2463-2476

58. Guerra C, Lanzini A, Leone P, Santarelli M, Beretta D (2013) Experimental study of dry reforming of biogas in a tubular anode-supported solid oxide fuel cell. Int J Hydrogen Energy

38:10559-10566

59. YentekakisIV (2006) Open-and closed-circuit study of an intermediate temperature SOFC directly fueled with simulated biogas mixtures. J Power Sources 160:422-425

60. Papadam T, Goula G, YentekakisIV (2012) Long-term operation stability tests of intermediate and high temperature Ni-based anodes' SOFCs directly fueled with simulated biogas mixtures. Int J Hydrogen Energy 37:16680-16685

61. Xu C, Zondlo JW, Gong M, Elizalde-Blancas F, Liu X, Celik IB (2010) Tolerance tests of H_2S-laden biogas fuel on solid oxide fuel cells. J Power Sources 195:4583-4592

62. McPhee WAG, Boucher M, Stuart J, Parnas RS, Koslowske M, Tao T, Wilhite BA (2009) Demonstration of a liquid-tin anode solid-oxide fuel cell (LTA-SOFC) operating from biodiesel fuel. Energy Fuels 23:5036-5041

63. Wang F, Wang W, Ran R, Tade MO, Shao Z (2014) Alumina oxide as a dual-functional modifier of Ni-based anodes of solid oxide fuel cells for operating on simulated biogas. J Power Sources 268:787-793

64. Wang W, Su C, Ran R, Park HJ, Kwak C, Shao Z (2011) Physically mixed LiLaNi-Al_2O_3 and copper as conductive anode catalysts in a solid oxide fuel cell for methane internal reforming and partial oxidation. Int J Hydrogen Energy 36:5632-5643

65. Wang W, Ran R, Shao Z (2011) Combustion-synthesized Ru-Al_2O_3 composites as anode catalyst layer of a solid oxide fuel cell operating on methane. Int J Hydrogen Energy 36:755-764

66. Szymcewska D, Karcrewski J, Bochentyn B, Chrzan A, Gazda M, Jasinski P (2015) Investigation of catalytic layer on anode solid oxide fuel cells operating with synthetic biogas. Solid State Ionics 271:109-115

67. Assabumrungrat S, Laosiripojana N, Piroonlerkgul P (2006) Determination of the boundary of carbon formation for dry reforming of methane in a solid oxide fuel cell. J Power Sources 159:1274-1284

68. Takahashi Y, Shiratori Y, Furuta S, Sasaki K (2012) Thermo-mechanical reliability and catalytic activity of Ni-zirconia anode supports in internal reforming SOFC running on biogas. Solid State Ionics 225:113-117

69. Smith TR, Wood A, BirssVI (2009) Effect of hydrogen sulfide on the direct internal reforming of methane in solid oxide fuel cells. Appl Catal A 354:1-7

70. Silva ALD, Heck NC (2015) Oxide incorporation into Ni-based solid oxide fuel cell anodes for enhanced sulfur tolerance during operation on hydrogen or biogas fuels: a comprehensive thermodynamic study. Int J Hydrogen Energy 40:2334-2353

71. Zhan Z, Barnett SA (2005) An octane-fueled solid oxide fuel cell. Science 308:844-847

72. Shiratori Y, Ijichi T, Oshima T, Sasaki K (2009) Generation of electricity from organic

bio-wastes using solid oxide fuel cell. ECS Trans 25:1051-1060

73. Liu JH, Fu XZ, Luo JL, Chuang KT, Sanger AR (2012) Application of BaTiO$_3$ as anode materials for H$_2$S-containing CH$_4$ fueled solid oxide fuel cells. J Power Sources 213:69-77

74. Kim H, Lu C, Worrell WL, Vohs JM, Gorte RJ (2002) Cu-Ni cermet anodes for direct oxidation of methane in solid-oxide fuel cells. J Electrochem Soc 149:A247-A250

75. Singh A, Hill JM (2012) Carbon tolerance, electrochemical performance and stability of solid oxide fuel cells with Ni/yttria stabilized zirconia anodes impregnated with Sn and operated with methane. J Power Sources 214:185-194

76. ShiratoriY Tran TQ, Sasaki K (2013) Performance enhancement of biodiesel fueled SOFC using paper-structured catalyst. Int J Hydrogen Energy 38:9856-9866

77. Shiratori Y, Tran TQ, Takahashi Y, Sasaki K (2011) Application of biofuels to solid oxide fuel cell. ECS Trans 35:2641-2651

第 39 章　便携式应用

Masaru Tsuchiya

摘要：本章介绍了燃料电池的便携式应用。首先讨论了燃料电池相对于电池的优势，其次根据便携式燃料电池使用的燃料类型综述了近年来的开发工作，最后本章还讨论了直接液体燃料电池、聚合物电解质膜燃料电池和固体氧化物燃料电池。

关键词：便携式设备·电池·功率密度·直接甲醇燃料电池·直接硼氢化物燃料电池·聚合物电解质膜燃料电池·固体氧化物燃料电池·薄膜技术·微管电池

39.1　简介

近年来，随着蜂窝网络电话、笔记本电脑等便携式电子设备的能量消耗激增，便携式燃料电池已经成为燃料电池的关键应用领域之一。燃料电池比电池具有更高的能量密度，因为它们可以利用燃料中存储的高密度的化学能。只要提供燃料，燃料电池就可以为电子设备提供电力。便携式燃料电池中常用燃料的能量密度见图39-1。

尽管常用燃料具有比电池更高的能量密度，但燃料电池系统的有效能量密度（E_{Net}）不同于燃料的能量密度。这可以用以下公式表示：

$$E_{Net} = e_F \times U_F \times \eta_{cell} \times \eta_{sys} \times V \ (\text{or } W)$$

M. Tsuchiya (✉)
SiEnergy Systems, LLC, 85 Bolton Street, Cambridge, MA 02140, USA
e-mail: tsuchiya@post.harvard.edu

M. Tsuchiya
Kyushu University, Fukuoka, Japan

© Springer Japan 2016
K. Sasaki et al. (eds.), *Hydrogen Energy Engineering*,
Green Energy and Technology, DOI 10.1007/978-4-431-56042-5_39

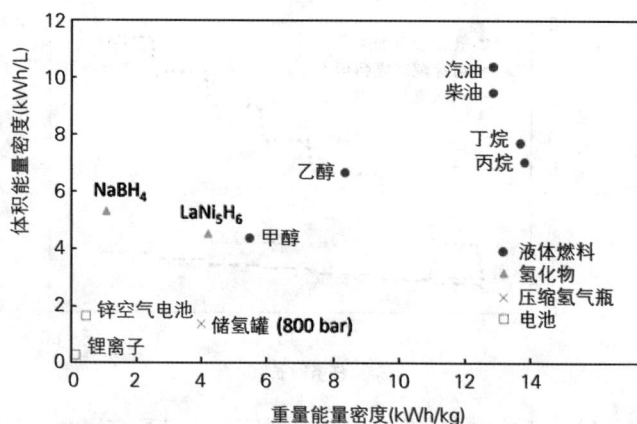

图 39-1 各种燃料和电池的能量密度

其中，e_F 是燃料的能量密度（见图 39-1），U_F 是燃料利用率，η_{cell} 是燃料电池效率，η_{sys} 是系统效率（即考虑寄生损耗后的效率），V 是燃料的体积分数，W 是燃料的重量分数。对于大多数系统，便携式燃料电池系统的净能量密度约为 300~600 Wh／L。美国陆军测试的燃料电池系统的实际能量和功率见图 39-2[1]。

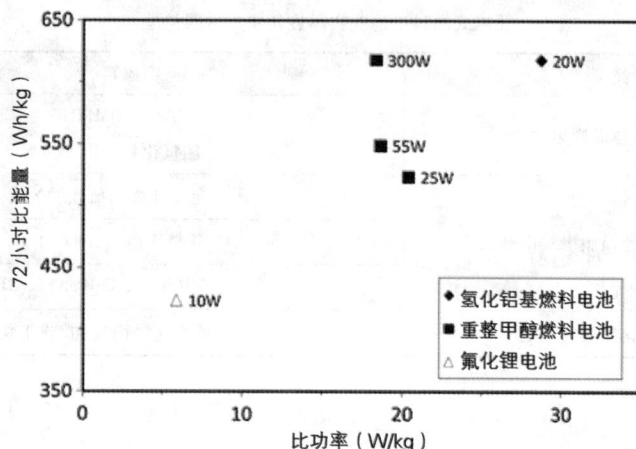

图 39-2 燃料电池系统的比功率和比能量[1]

图中给出了氟化锂电池（LiCF$_x$），重整甲醇燃料电池（RMFC）系统和氢化铝基

燃料电池（Chem. Hydride FC）系统的能量密度

（经 Elsevier 许可，转自参考文献[1]）

当用户需要离开电网工作数小时时，便携式燃料电池相对于一次电池和二次电池技术的优势将变得尤为重要。任务时间越长，燃料电池的优势越大。如图 39-3 所示，燃料电池是执行 8h 以上军事任务时最轻的电源。

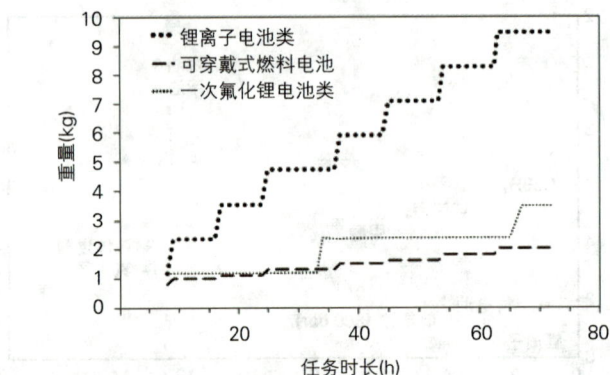

图 39-3　各种任务时长下所需的燃料电池（20W，AlH₃系统）或可充电电池（锂离子）的重量[1]

（经 Elsevier 许可，从参考文献[1]转载）

　　如表 39-1 所示，便携式燃料电池在实际应用中主要可分为 3 类。虽然之前已经提出并证明了其他方案的可行性，例如重整硼氢化物燃料电池、重整氨燃料电池和直接乙醇燃料电池，但由于它们的商业化实践很少，所以这些燃料电池未在本章中讨论。

表 39-1　　　　　　　　便携式燃料电池在实际应用中的主要类型

类型	燃料
直接液体燃料电池	甲醇（DMFC）
	硼氢化物（DBFC）
聚合物电解质膜燃料电池	氢气（金属氢化物）
	重整甲醇（RMFC）
	水+粉末（NaSi，CaH_2，或 AlH_3）
固体氧化物燃料电池	液化石油气（丙烷和/或丁烷）

39.2　应用领域

　　燃料电池的便携式电源主要包括以下 3 个应用领域：手持式移动充电器（约 1~10W）；可穿戴式电池充电器（约 10~50W）；便携式或小型固定式燃料电池（约 50~500W）。手持式移动充电器可用于手机充电。可穿戴式燃料电池充电器是一种背包大小的设备，可以为多个电子设备（例如笔记本电脑、收音机或 GPS 全球定位系统）供电。便携式或小型固定式燃料电池（50~500 W）可用作偏远地区的离网电源，以及无人飞行器（UAV）和水下无人潜航器（UUV）的电源。小型固定式燃料电池已应用于油气管道监控、边境保护、风塔管理等领域，并可作为帆船和休闲型车辆的辅助动力装置。便携式燃料电池的应用领域示例见图 39-4。

图 39-4　便携式燃料电池的应用领域示例

39.3　直接液体燃料电池

39.3.1　直接甲醇燃料电池（DMFC）

直接甲醇燃料电池（DMFC）是目前研究最活跃的便携式燃料电池之一。甲醇的直接氧化使燃料电池无须经过重整过程即可在接近室温的条件下运行。此外，该技术还可以在被动模式或主动模式下工作。被动模式指不使用消耗能量的附件，仅依靠压力/浓度梯度的驱动力将反应物供应至膜电极组件（MEA）；主动模式指使用鼓风机和泵将反应物输送至 MEAs[2]。对于 DMFC，电极反应和电池总反应如下。

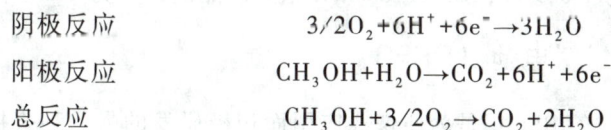

阴极反应　　　　　　　　　$3/2O_2+6H^++6e^-\rightarrow3H_2O$

阳极反应　　　　　　　$CH_3OH+H_2O\rightarrow CO_2+6H^++6e^-$

总反应　　　　　　　　$CH_3OH+3/2O_2\rightarrow CO_2+2H_2O$

DMFC 的热力学开路电压（OCV）为约 1.2V。但由于甲醇会渗透隔膜，故 DMFC 的实际 OCV 一般在 0.6~0.8 V 的范围内。氧化甲醇所需的大的过电势是该技术的另一个主要问题。另外，若要实现合理的功率密度（> 50 mW／cm^2），需要负载相对较多的贵金属（> 5 mg／cm^2）[3]。

自 21 世纪初以来，人们针对 DMFC 进行了大量的研究和开发工作。试图将 DMFC 进行商业化的公司包括东芝、索尼、MTI Micro Fuel Cells、LG Chem、三星、日立、NEC、松下和富士通[4]等。这些公司中，最初大多数研发工作都以将燃料电池集成到手机内部为目的。然而，由于各种技术问题，大部分公司已将研发方向转为电子产品外部的电池充电器。用于便携式应用的 DMFC 在开发过程中面临许多技术挑战，例如功率密度低、流体管理复杂和成本过高等。在移动式燃料电池市场（1~10 W）中，东芝是唯一成功推出产品（Dynario™）的公司。

由于工作温度和湿度范围非常有限（10~35℃，相对湿度：30%~90%），且价格过于昂贵（系统售价 29 800 日元，5 个燃料盒售价 3 150 日元[5]），因此即使是东芝 Dynario 在市场上也不成功（仅售出 3 000 台左右）。Dynario 系统的照片见图 39-5。

图 39-5　东芝公司 Dynario 燃料电池系统[5]

当今最成功的 DMFC 制造商是德国的 SFC Energy 公司。它们提供 45~110 W 的 DMFC 产品，分为 3 个系列：（1）EFOY Comfort 系列适合休闲应用，例如海上活动、露营等；（2）EFOY Pro 系列适合工业应用，例如作为石油、天然气、风力发电等行业中监控系统的离网电源；（3）EFOY defense 系列专门服务于军事应用。根据公司 2014 财年的年度报告，该公司在 2014 年中 EFOY Pro 系列和 EFOY defense 系列产品的总销量为 1 029 件，EFOY Comfort 系列产品的销量为 1 450 件[6]。

39.3.2　直接硼氢化物燃料电池（DBFC）

直接硼氢化物燃料电池（DBFC）是为便携式应用而积极研发的另一种直接液体燃料电池。DBFC 已成为便携式燃料电池的另一个有吸引力的选择，因为它不需要贵金属催化剂来进行燃料氧化，并且也不会产生有毒的副产物。此外，DBFC 的功率密度也相对较高，通常在 70~80℃ 的工作温度下可超过 150 mW/cm^2。DBFC 利用 OH$^-$ 在电极间传输离子，其电极反应和电池总反应如下：

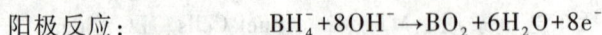

阴极反应：　　　　$O_2+2H_2O+4e^-→4OH^-$

阳极反应：　　　　$BH_4^-+8OH^-→BO_2^-+6H_2O+8e^-$

总反应：　　　　　$BH_4^-+2O_2→BO_2^-+2H_2O$

总反应的理论 OCV 高达 1.64 V，这对要求高能量密度的便携式燃料电池是有利的，实际中电池的 OCV 通常也可达到 1.2 V 左右。NaBH$_4$ 是便携式燃料电池中最常用的硼氢化物，这种类型的燃料电池可与阳离子或阴离子聚合物膜配合使用，见图 39-6。

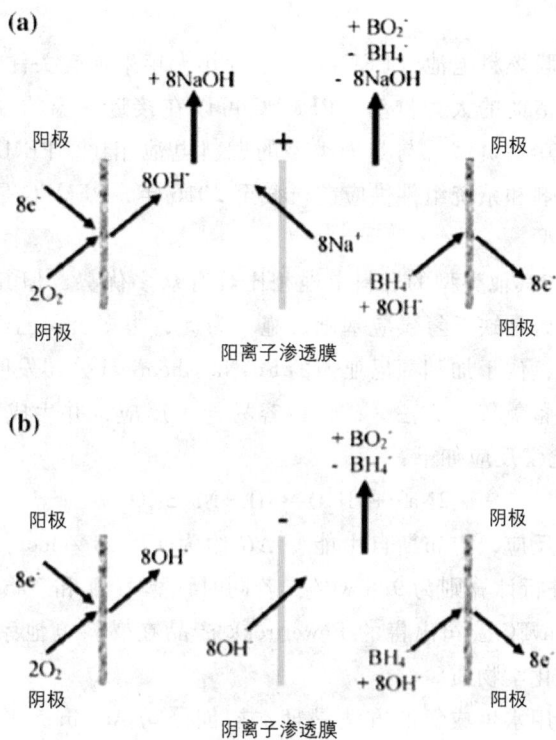

图 39-6　硼氢化物燃料电池：（a）使用阳离子渗透膜；（b）使用阴离子渗透膜[7]

（经 Elsevier 许可，转自参考文献[7]。）

以色列公司 Medis Technology 曾在纳斯达克（NASDAQ）上市，该公司投入了大量资源开发和销售上述 DBFC 技术。它获得了 UL（Underwriters Laboratories）认证，并于 2006 年末推出了 "Medis 24/7 Power Pack" 产品。一年后，它扩大了生产线规模，以支持每月 150 万件的生产量[6]。但是，它的销售预测过于乐观。到 2008 年底，公司累计赤字为 3.71 亿美元[8]，随后该公司从纳斯达克退市，并于 2009 年年底终止运营。尽管 Medis 的 DBFC 技术简单易用，非常适合便携式应用，但它们仍具有一些缺点，例如硼氢化钠具有腐蚀性和刺激性，且硼氢化钠在使用完后难以再进行补充。Medis 24/7 Power Pack 是一次性产品（即只能一次性使用），对大多数消费者而言，这不是一种经济的解决方案。

39.4 聚合物电解质膜燃料电池

聚合物电解质膜燃料电池（PEMFC）是近几十年来最受关注的化学燃料电池，尤其得益于汽车制造商的大力推动。PEMFC 可以在接近室温的温度下运行，并且可以快速响应动态功率负载。与其他类型的燃料电池相比，PEMFC 具有相对成熟的电解质膜、催化剂和系统组件供应链。截至 2016 年，PEMFC 是便携式燃料电池中使用最广泛的类型。

尽管 PEMFC 与其他类型的燃料电池相比具有众多优势，但其同样面临很多障碍，其中最大的障碍是缺乏氢供应基础设施。为此，很多公司已经探索了各种制备氢气的方法。例如，位于加利福尼亚州的 SiGNa Chemical 公司发明了一种利用硅化钠（NaSi）和水制备氢气的方法。硅化钠容易与水反应，并生成气态氢和硅酸钠。使用 NaSi 制氢的化学反应如下：

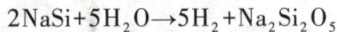

$$2NaSi+5H_2O \rightarrow 5H_2+Na_2Si_2O_5$$

该反应是放热反应，吉布斯自由能变 ΔG 约为 175 kJ／mol。该反应的储氢密度若按 NaSi 粉末进行计算则为 9.8 wt%；若同时计算 H_2O 和 NaSi 两者的重量，则为 4.0wt%。瑞典 myFC 公司出售的 Powertrekk 产品在燃料电池系统中也使用了上述这种产生氢气的化学物质。

另一种有趣的用水生成氢的方法是日本初创公司 Aquafairy 商业化的技术。它们使用氢化钙通过以下反应生成氢气：

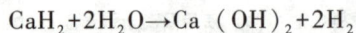

$$CaH_2+2H_2O \rightarrow Ca（OH）_2+2H_2$$

该反应的储氢密度若按 CaH_2 粉末进行计算则为 9.5 wt%；若同时计算 H_2O 和 CaH_2 两者的重量，则为 5.1wt%。myFC 和 Aquafairy 公司发布的便携式燃料电池系统的照片见图 39-7。

图 39-7 myFC PowerTrekk（左）和 Aquafairy AF-M3000（右）燃料电池充电器

Horizon Fuel Cells 公司和 Intelligent Energy 公司则选择使用金属氢化物储氢。氢化镧镍（$LaNi_5H_6$）是最常见的金属氢化物储氢材料，其可以在室温下可逆地存储氢。氢化物储氢的优点是系统简单，启停能力强。但是，$LaNi_5H_6$ 的储氢密度仅为 1wt%，这对一些需要大量燃料的应用场景来说是不切实际的。例如，Horizon 公司的 MiniPak 产品需要携带 105 g 的储氢罐才能产生 14 Wh 的能量[9]。Intelligent Energy 公司的 Upp 系统需要 385 g 的储氢罐才能产生 25 Wh 的能量[10]。另一个问题是缺乏氢基础设施。用户需要从制造商处购买电解制氢器或直接购买专用的储氢罐，补充氢气的成本仍然相对较高。Horizon 公司的燃料电池系统需要用户购买一个制氢器，价格在 160~250 美元 （由 Brunton 公司出售，截至 2016 年 6 月的数据）；而Upp 系统则需要更换储氢罐，价格为 49.95 英镑。Horizon 公司的 MiniPak 系统成本为 109.99 美元[11]，而 Intelligent Energy 公司的 Upp 系统则为 149.00 英镑[12]。

对于可穿戴和小型固定式燃料电池 （10W 及以上），经常使用重整甲醇制氢，因为甲醇的蒸汽重整过程可在相对较低的温度下 （200~300℃） 进行[13]。使用甲醇重整制氢的 PEMFC 系统 （也称为 RMFC 系统） 的典型案例包括 Ultracell 公司的 XX55 系统和 Blade 系统，以及 Protonex 公司的 M300-CX 系统。这些产品主要用于军事用途。

最近，美国陆军 CERDEC 探索了一种使用氢化铝的燃料电池系统 （Alane）[14]。这是一种有趣的方法，因为 Alane 可以存储高达 10wt% 的氢，其通过吸热反应释放氢气，如下所示：

$$2AlH_3 \rightarrow 2Al + 3H_2$$

根据 CERDEC 的评估，Alane 系统的比能量为 582 Wh／kg，能量密度为 667 Wh／L，高于现有的基于商业化 DMFC 和 RMFC 的可穿戴燃料电池系统。尽管上述技术在几个方面仍存在问题，例如适当的脱氢热控制、燃料利用率和安全问题，但对可穿戴电源，该技术似乎是非常有吸引力的选择[15]。

39.5　固体氧化物燃料电池

近年来，已开始研究将固体氧化物燃料电池 （SOFC） 作为一种便携式电源。SOFC 在 650℃ 以上的温度范围内运行，其在便携式应用中的主要优势是能够利用高能量密度的燃料，例如丁烷、丙烷等。由于 SOFC 具有实现高能量密度的潜力 （尤其是当将其集成到硅平台中时），因此自 2000 年以来，世界各地的许多机构开始针对微型 SOFC 进行积极研究，包括劳伦斯·利弗莫尔国家实验室[16]、麻省理工学院[17]、苏黎世联邦理工学院[18]、斯坦福大学[19]、哈佛大学[20,21] 和加泰罗尼亚能源研究所[22] 等。经过 10 多年的研究积累，科研人员已经证明，当使用超薄膜电解质时，微型 SOFC 在 500℃ 以下也可以具有高的功率密度 （> 1 W／cm²）[21,23]。图 39-8 展示了一个集成在硅平台上的基于薄膜的 SOFC。

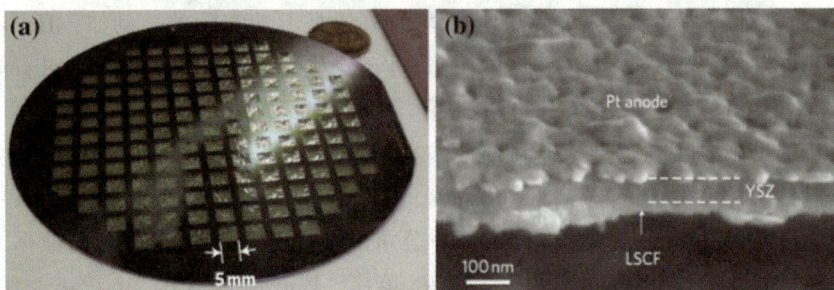

图 39-8　（a）集成在硅平台上的超薄膜 SOFC；（b）膜的横截面的电子显微照片[20]

截至目前，美国 Lilliputian Systems 公司的微型 SOFC 产品（见图 39-9）发展得最好。该公司筹集了超过 1.5 亿美元，用于开发基于 SOFC 的手机充电器[24]，并成功开发出一种基于小型燃料电池芯片的 SOFC，可产生 2~3W 的功率。燃料电池芯片被集成到手持式燃料电池系统中。Lilliputian 公司在 2013 年展示的 Nectar™燃料电池充电器原型机具有紧凑的系统（约 150 cc、约 200g）和可更换的丁烷燃料罐（约 50 cc、约 35 g）。每个丁烷罐设计用于提供 55 Wh 的电能，相当于约 1 kWh／L的能量密度以及 15%~20%的净能源效率。该公司不仅开发了紧凑型燃料电池芯片，还开发了紧凑型系统组件，例如质量流量传感器、氧气传感器、气泵、燃料阀和热管理系统等。

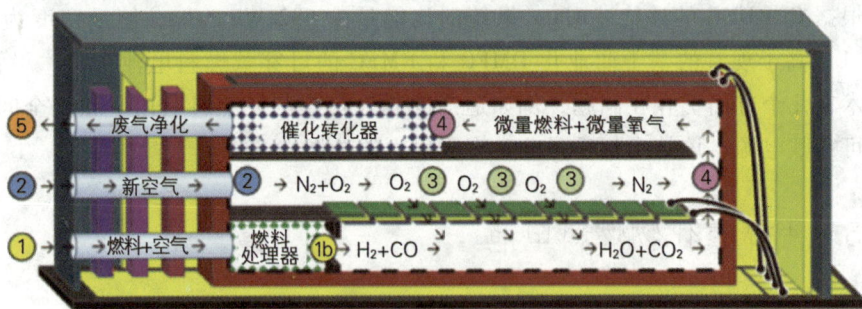

图 39-9　Lilliputian 公司的燃料电池芯片结构

底层是带有催化部分氧化室的阳极室。中间层是阴极室，顶层是包含催化转化器的废气室，用以净化废气。燃料电池芯片用玻璃密封件黏合，并且是真空包装的[25]。

Lilliputian 公司的燃料电池芯片具有多项首创设计，例如用于隔热的紧凑的真空包装、硅基热交换器、真空密封玻璃以及利用 Pt 铆钉进行平面组堆，如图39-10 所示。燃料电池芯片在 800℃下产生的功率密度超过 1 W／cm²[25]。尽管该技术的发展速度令人印象深刻，但由于与锂电池相比成本过于高昂，因此该技术仍无法进入市场。这是非常不幸的结局，因为 Lilliputian 公司的团队经过了 10 多年的技术开发已经成功展示了可工作的原型机。

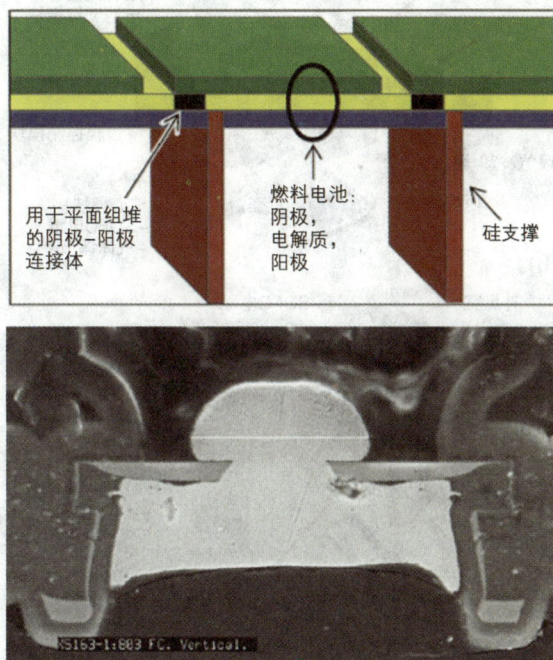

图 39-10　Lilliputian 公司用于平面组堆的铂铆钉[25]

　　Fraunhofer IKTS 是另一家积极研究基于平面 SOFC 的便携式电源的机构。Fraunhofer 开发了一种紧凑的 100 W 级的 Eneramic® 系统，该系统使用带有玻璃密封件的电解质支撑电池。它们使用催化部分氧化米裂解内烷，并开发出图 39-11 的紧凑系统。该系统的净效率为 20%～25%。除了使用平面 SOFC 进行上述开发工作，该研发团队还针对面向便携式应用的微管 SOFC 进行了实质性开发。与早期管状 SOFC 技术中使用的厘米级管相比，微管 SOFC 使用的毫米级管具有更高的功率密度[27,28]。管状 SOFC 设计的优点是可快速启动，并且耐受热循环的性能好。此外，管状设计不需要使用过多的密封件，避免了在平面 SOFC 中经常出现的由密封件引起的中毒问题。开发基于管状 SOFC 的便携式燃料电池系统的公司包括 Ultraelectronics AMI（正式名称为 Adaptive Materials）、Protonex（已收购 Mesoscopic Devices 公司）和 Watt Fuel Cells（由 NanoDynamics Energy 公司开发的燃料电池知识产权）。这些公司的主要客户是美国国防部（DoD）。美国国防部已将该技术应用于便携式和可穿戴式燃料电池、无人飞行器和无人潜航器[1]。

　　上述所有商业化系统都利用了丙烷燃料的催化部分氧化，并在相对较高的温度

(a)

(b)

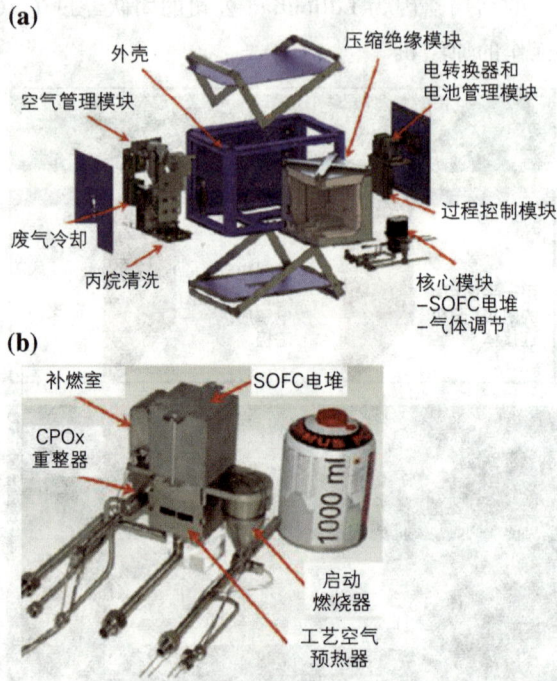

图 39-11　Fraunhofer IKTS 开发的 Eneramic® 燃料电池[26]

（＞700℃）下运行。尽管高工作温度有利于燃料重整，但也加速了燃料电池的性能退化。为了克服与温度相关的挑战，例如金属团聚和腐蚀，科研人员正在进行积极的研究以降低管状 SOFC 的工作温度。例如，日本国立先进工业科学技术研究院（AIST）展示了一种微管 SOFC，可通过优化阳极微结构，使其在 600℃时的功率密度超过 1 W／cm²[29]。它还报道了各种设计的管状电堆[30,31]，图 39-12 展示了一个示例。通过使用类似的管状设计，该团队最近还展示了借助二氧化铈功能层在小于 600℃的温度下可使用直接烃类燃料的燃料电池[32,33]。

39.6　小结

　　由于日益先进的便携式电子设备的能耗激增，便携式燃料电池已经成为燃料电池的重要应用领域。便携式燃料电池目前已经成功商业化，可以用作外部手机充电器、士兵的可穿戴电源、偏远地区的离网发电机以及无人驾驶车辆的主电源。紧随直接液体燃料电池（例如 DMFC 和 DBFC）的商业化，PEMFC 和 SOFC 进入了市场，以进一步增强燃料电池作为便携式电源的能力。PEMFC 和 SOFC 的进一步开

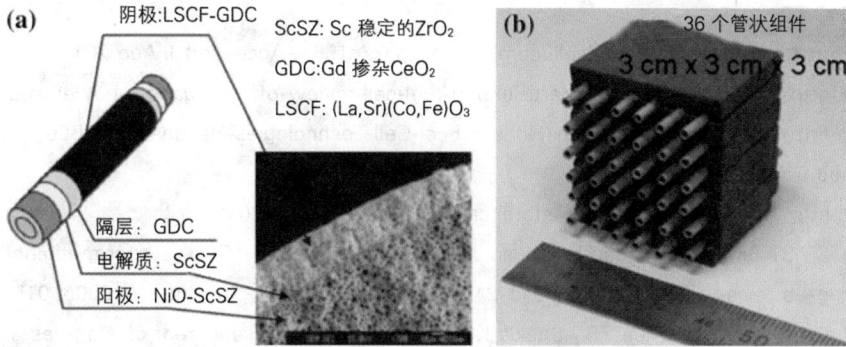

图 39-12 （a）AIST 开发的微管 SOFC 横截面的 SEM 图像；（b）管状电堆的示例[29,31]
（经 AAAS 和 Elsevier 许可，转自参考文献[29,31]）

发，特别是 PEMFC 在储氢材料方面的开发以及 SOFC 在低工作温度电堆方面的开发，有望在未来进一步扩大便携式燃料电池的应用领域。

参考文献

1. Thampan T, Shah D, Cook C, Novoa J, Shah S (2014) Development and evaluation of portable and wearable fuel cells for soldier use. J Power Sources 259：276-281. doi：10. 1016/ j. jpowsour. 2014. 02. 099

2. Aricò AS, Baglio V, Antonucci V (2009) Direct methanol fuel cells：history, status and perspectives. In：Electrocatalysis of direct methanol fuel cells. Wiley-VCH Verlag GmbH & Co KGaA, Weinheims, pp 1-78

3. Baglio V, Di Blasi A, Modica E, Cretì P, Antonucci V, Arico A (2006) Electrochemical analysis of direct methanol fuel cells for low temperature operation. Int J Electrochem Sci 1：71-79

4. Li X, Faghri A (2013) Review and advances of direct methanol fuel cells (DMFCs) part I：design, fabrication, and testing with high concentration methanol solutions. J Power Sources 226：223-240. doi：10. 1016/j. jpowsour. 2012. 10. 061

5. https：//www. toshiba. co. jp/about/press/2009_10/pr2201. htm （2009）. Accessed 1 Aug 2015

6. http：//www. sfc. com/investors/en/downloads/SFC_GB2014_E_24. 03. 2015_safe. pdf. Accessed 1 Aug 2015

7. de Leon CP, Walsh FC, Pletcher D, Browning DJ, Lakeman JB (2006) Direct borohydride fuel cells. J Power Sources 155(2)：172-181. doi：10. 1016/j. jpowsour. 2006. 01. 011

8. http：//www. wikinvest. com/stock/Medis_Technologies_（MDTL）/Filing/10-K/2009/

F5277113（2008）

9. http://www. horizonfuelcell. com/#! minipak/c156u. Accessed 1 Aug 2015

10. http://www. zdnet. com/article/upp-fuel-cell-review-off-grid-gadget-power-at-a-price/

11. http://www. amazon. com/Horizon-Fuel-Cell-Technologies-Handheld/dp/B009R13Y38. Accessed 9 Aug 2015

12. http://www. beupp. com/store/cart. Accessed 9 Aug 2015

13. Sá S, Silva H, Brandão L, Sousa JM, Mendes A（2010）Catalysts for methanol steam reforming—a review. Appl Catal B 99(1-2):43-57. doi:10. 1016/j. apcatb. 2010. 06. 015

14. Grew KN, Brownlee ZB, Shukla KC, Chu D（2012）Assessment of Alane as a hydrogen storage media for portable fuel cell power sources. J Power Sources 217:417-430. doi:10. 1016/j. jpowsour. 2012. 06. 007

15. Thampan T, Shah D, Cook C, Shah S, Atwater T（2015）Development and user evaluation of an AlH_3 wearable power system（WPS）. ECS Trans 65(1):205-217

16. Jankowski AF, Hayes JP, Graff RT, Morse JD（2002）Micro-fabricated thin-film fuel cells for portable power requirements. Mat Res Soc Symp Proc 730, V4. 2. 1

17. Baertsch CD, Jensen KF, Hertz JL, Tuller HL, Vengallatore ST, Spearing SM, Schmidt MA（2004）Fabrication and structural characterization of self-supporting electrolyte membranes for a micro solid-oxide fuel cell. J Mater Res 19(9):2604-2615

18. Evans A, Bieberle-Hutter A, Rupp JLM, Gauckler LJ（2009）Review on microfabricated micro-solid oxide fuel cell membranes. J Power Sources 194(1):119-129. doi:10. 1016/j. jpowsour. 2009. 03. 048

19. Huang H, Nakamura M, Su P, Fasching R, Saito Y, Prinz FB（2007）High-performance ultrathin solid oxide fuel cells for low-temperature operation. J Electrochem Soc 154(1):B20-B24

20. Tsuchiya M, Lai B-K, Ramanathan S（2011）Scalable nanostructured membranes for solid-oxide fuel cells. Nat Nano 6(5):282-286. http://www. nature. com/nnano/journal/v6/n5/ abs/nnano. 2011. 43. html#supplementary-information

21. Kerman K, Ramanathan S（2014）Complex oxide nanomembranes for energy conversion and storage: a review. J Mater Res 29(03):320-337

22. Garbayo I, Pla D, Morata A, Fonseca L, Sabate N, Tarancon A（2014）Full ceramic micro solid oxide fuel cells: towards more reliable MEMS power generators operating at high temperatures. Energy Environ Sci 7(11):3617-3629. doi:10. 1039/c4ee00748d

23. An J, Kim Y-B, Park J, Gür TM, Prinz FB（2013）Three-dimensional nanostructured bilayer solid oxide fuel cell with 1. 3 W/cm2 at 450 ℃. Nano Lett 13(9):4551-4555

24. http://www. betaboston. com/news/2014/07/31/lilliputian-systems-mit-spin-out-that-raised-150-million-runs-out-of-fuel/（2014）. Accessed 1 Aug 2015

25. Schaevitz SB (2012) Powering the wireless world with MEMS. In: Proceedings of SPIE 8248, micromachining and microfabrication process technology XVII, p 824802

26. Reuber S, Pönicke A, Wunderlich C, Michaelis A (2013) Eneramic power generator—a reliable and cycleable 100 W SOFC-system. ECS Trans 57(1):161-169

27. Howe KS, Thompso GJ, Kendall K (2011) Micro-tubular solid oxide fuel cells and stacks. J Power Sources 196(4):1677-1686

28. Kendall K (2010) Progress in microtubular solid oxide fuel cells. Int J Appl Ceram Technol 7 (1):1-9

29. Suzuki T, Hasan Z, Funahashi Y, Yamaguchi T, Fujishiro Y, Awano M (2009) Impact of anode microstructure on solid oxide fuel cells. Science 325(5942):852-855. doi:10. 1126/science. 1176404

30. Suzuki T, Funahashi Y, Yamaguchi T, Fujishiro Y, Awano M (2008) New stack design of micro-tubular SOFCs for portable power sources. Fuel Cells 8(6):381-384. doi:10. 1002/fuce. 200800047

31. Funahashi Y, Shimamori T, Suzuki T, Fujishiro Y, Awano M (2007) Fabrication and characterization of components for cube shaped micro tubular SOFC bundle. J Power Sources 163(2):731-736

32. Sumi H, Yamaguchi T, Hamamoto K, Suzuki T, Fujishiro Y (2013) Development of microtubular SOFCs for portable power sources. ECS Trans 57 (1): 133-140. doi: 10. 1149/ 05701. 0133ecst

33. Suzuki T, Yamaguchi T, Hamamoto K, Fujishiro Y, Awano M, Sammes N (2011) A functional layer for direct use of hydrocarbon fuel in low temperature solid-oxide fuel cells. Energy Environ Sci 4(3):940-943

第 40 章 氢基础设施

Hideyuki Dohi, Masahiro Kasai and Kiyoaki Onoue

摘要：本章介绍了面向氢能社会的氢基础设施。在描述了电力、城市燃气和汽油的能源供应链后，比较了氢气作为能源载体的优势和劣势，并对氢基础设施建设进行了技术层面和经济层面的分析。

关键词：电力·城市燃气·汽油·压缩氢气·液氢·甲基环己烷·氢运输·加氢站·经济性评估

40.1 能源基础设施

在能源领域，我们将用于生产、储存、运输和分配的设施定义为基础设施。它涵盖了从生产到消费的整个供应链，以及用于控制和管理它们的系统。表 40-1 列出了电力、城市燃气和汽油的能源供应链，它们是日本的基础能源。在日本，能源进口和储存设施是能源基础设施很重要的组成部分，因为日本大部分的一次能源供应都依赖进口。日本一次能源的储存能力为：煤炭 30 天、液化天然气 14 天、石油

H. Dohi (✉)
M. Kasai
International Research Center for Hydrogen Energy, Kyushu University, Fukuoka 819-0395, Japan
e-mail：dohi. hideyuki. 722@ m. kyushu-u. ac. jp

M. Kasai
e-mail：kasai. masahiro. 987@ m. kyushu-u. ac. jp

K. Onoue
Office for the Promotion of Safetyand Health, Kyushu University, Fukuoka 819-0395, Japan
e-mail：onoue. kiyoaki. 852@ m. kyushu-u. ac. jp

© Springer Japan 2016
K. Sasaki et al. （eds.）, *Hydrogen Energy Engineering*,
Green Energy and Technology, DOI 10. 1007/978-4-431-56042-5_40

170 天[1]，为了维护能源安全，日本拥有大量的石油储备，其石油供应严重依赖中东地区。

表 40-1   日本能源供应链

	库存	生产转化	储存	运输	分配
电力	以一次能源形式储存	发电站	泵水	电网	功率分配
城市燃气	液化天然气接收终端	汽化	气罐	高压管道	低压管道
汽油	原油罐	炼油厂	油罐	沿海油轮	油罐车、加油站

对于这些用于生产或转化电力、城市燃气和石油的设施，只有当设施成本和运营成本普遍降低，同时转化效率随着规模的扩大而提高时，才具有典型的规模经济效应。因此，从大型中央生产工厂到地方分配（消费）系统之间的运输设施和运输机制也是能源基础设施的重要组成部分。

此外，在生产与转化设施中，维持运行以保证产量在经济上是有利的。但是能源消费却不是恒定的，因为它依赖消费者。因此，存储就起着很重要的作用，它充当着弥补生产与消费之间时间差异的缓冲区，所以还需要建造如储存罐在内的储存设施。在石油方面，日本除了保有原油库存外，还有一个超过 30 天用量的产品库存用于生产和分配[2]。因此，在现有的能源基础设施中，优化的结构是经过经济性、便利性、安全性（包括能源安全性与事故安全性）等多角度考虑后才确定的。

40.2   氢能基础设施的特点

在室温常压下，氢气的体积能量密度为 0.013 MJ/L，这大约是汽油（液体燃料）的 1/3 000。因此，在常温常压下，储存并运输氢气存在着经济方面的困难，故对氢的转化（包括压缩、液化或转化为有机氢化物）是非常必要的，这一点不同于现有的其他能源基础设施。

表 40-2 列出了压缩氢气、液氢和有机氢化物储氢系统的典型特点。

表 40-2   氢的储存方式（A. P.：环境压力）

	转化过程	储存密度 $kg\text{-}H_2/m^3$	储存条件 （温度/压力）	对应的 FCV 燃料补充方式
压缩氢气	压缩	23	室温/35 MPa	压缩
液氢	冷冻液化	70	−253 ℃/A.P.	汽化、压缩
甲基环己烷	甲苯的加氢反应	47	R.T./A.P.	脱氢反应、压缩

压缩氢气的能量密度低于其他形式，因此不利于长距离运输和长期储存，但其

能源效率相对较高。液氢由于液化和保持低温储存过程中需要消耗大量能量，在这一点上是十分不利的，但从长途运输的角度看，液氢却由于高能量密度而占据优势。有机氢化物可以在室温和常压下运输和储存氢，从远距离运输和长期储存的角度看更优，但是载体的脱氢过程也将消耗一定的能量。

此外，针对氢气的储存和运输，研究人员还提出过包括氨储氢和储氢材料储氢等在内的其他技术。

40.3　储氢方法的特点

压缩氢气：压缩氢气法通过加压来增加氢气密度，最终形成高压氢气进行储运。该方法广泛应用于电子、化工等行业。此外，该方法正在被用于大规模氢气消耗的应用场景，如燃料电池汽车（FCV），但此时氢气压力需要进一步提高。图40-1是一辆用于运输氢气拖车的照片，260kg 的氢气被 24 个压力高达 45MPa 的高压气瓶储存。在 45MPa 下，压缩氢气的密度大约是大气压下的 340 倍（见图40-2）。

图 40-1　45MPa 拖车（JX Nippon Oil & Energy Corporation）

对于供燃料电池汽车使用的氢气，压缩氢气法的优势在于充分利用了压缩的能量，使得整体能量效率高于其他方法。表40-3列出了压缩氢气法的供应链和各个主要过程的能量效率。对于供应链的主要组成部分，即压缩机和高压容器，其不仅规模因子（见第40.6节）大于其他方法中的主要组成部分[3,4]，而且成本竞争力也没有随着规模的增大而明显提高。此外，该方法中储存容器的单位能量成本比其他方法大，并且随着运输距离和储存时间的增加而增加。综上所述，压缩氢气法的成

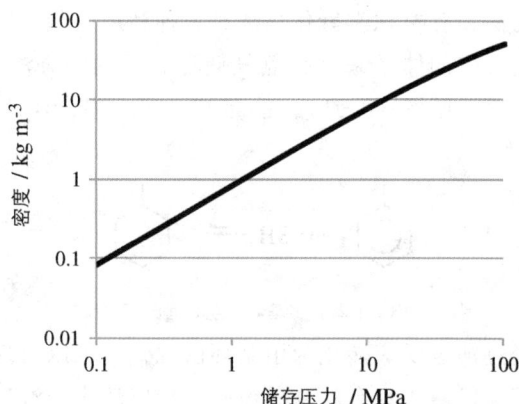

图 40-2　298K 温度下氢气的密度曲线

本相对更高，尤其是需要改进技术来降低压缩机和高压容器的成本。

表 40-3　　　　　　　　　　　压缩氢气的供应链[5]

	生产转化	储存	运输	分配
主要部件	压缩机	钢瓶集装格	拖车	压缩机、自动加注机
能量效率（%）	96.2	100	97.4	88.7

　　液氢法：液氢具有 70 kg/m³ 的高密度，是压缩氢气的 3 倍（在 35 MPa 下），是甲基环己烷的 1.5 倍。由于其密度大的优势，液氢法正越来越多地被应用于各种工业领域。

　　表 40-4 为面向燃料电池汽车应用的液氢供应链。目前，液化过程需要消耗的能量为 12kW·h/kg[6]，相当于 1kg 氢气所含能量的约 30%。因此，由于其能量消耗人，故液氢法的整体能量效率不如压缩氢气法。但是，考虑到氢气液化所需的能量理论上仅为 3.2 kW·h/kg，故还有较大的改善空间，因此，研究人员正在不断努力提高氢气液化过程中的转化效率。另外，若储运过程中的储存时间较长、运输距离较大，则蒸发带来的损失将不可忽视，因此，减少蒸发损失的方法也至关重要。

表 40-4　　　　　　　　　　　液氢供应链[5]

	生产转化	储存	运输	分配
主要部件	液化器	杜瓦瓶	拖车	蒸发器、压缩机和自动加注机
能量效率（%）	73	98.2	98（未考虑蒸发损失）	88.7

　　另一方面，随着规模的扩大，液氢法的设备成本会大大降低。据估算，液氢法中主要设备的规模因子如下：液化器为 0.57 ~ 0.65，储存容器约为 0.7[3,4]，因此该方法具有更好的规模经济性。

有机化学氢化物法：有机化学氢化物法是一种利用甲苯、甲基环己烷这类容易发生加氢反应和脱氢反应的体系来进行氢气储存和运输的方法。每 1mol 甲基环己烷中可储存 3mol 氢气（见图 40-3），能量密度为 47kg H_2/m^3，介于压缩氢气（35MPa）和液氢之间。

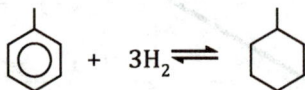

图 40-3　甲苯和甲基环己烷之间的可逆反应

一旦氢和甲苯经过加氢反应转化为甲基环己烷，就可以实现常温常压下的储存和运输。因此，我们可以使用现有的基础设施，如广泛用于汽油和化学产品供应的拖罐车，同时还享有操作简便的优点。表 40-5 展示了有机氢化物法的供应链。在利用氢气之前，甲基环己烷必须通过脱氢过程才能得到氢气。因为脱氢反应是吸热反应，每 1mol 氢气需要 68 kJ 的能量，所以有机氢化物法的整体能量效率要低于压缩氢气法。此后还需要将脱氢过程中产生的甲苯运回加氢反应现场以实现循环，这是与其他方法相比的另一个缺点。但是，该种方法比较适合长时间储存和长距离运输，因为其储存设备的成本非常小，而且储存过程中的损失可以忽略不计。

表 40-5　　　　　　　　　　　有机氢化物供应链[5]

	生产转化	储存	运输	分配
主要部件	加氢反应装置	化学品储罐	拖罐车	脱氢单元、压缩机和自动加注机
能量效率（%）	97.9	100	99.5	76.7

40.4　氢气供应的成本结构

研究人员已对燃料电池汽车的氢气供应成本进行了计算，成本结构体现出了氢气供应所特有的问题。2006 年，美国加州大学对压缩氢气、液氢和管道输送氢气进行了详细的分析，还针对运输距离、供应数量和市场渗透率进行了敏感性分析[4]。假设燃料电池汽车的市场渗透率为 16%，则氢气供应量为 500kg/日/站，在这种情况下，压缩氢气法是最经济的方法；当燃料电池汽车的市场渗透率为 100% 时，氢气供应量将达到 1 800kg/日/站，在这种情况下，液氢法和管道运输法是更经济的方法。在所有的分析案例中，加氢站成本都占据了成本结构中的最大部分，而液化过程中的电力成本、拖车与液化设施的设备成本紧随其后。需要说明的是，在这些计算数据中，储存成本的百分比都很低，这是因为在计算过程中假设了液氢法的储存时间只有 2 天，而压缩氢气法和管道运输法的储存时间只有 0.5 天。

2005 年，日本原子能研究所（the Japan Atomic Energy Research Institute）也进行了类似的计算，他们算得的加氢站成本所占比例甚至比加州大学的计算结果还要高（见表 40-6）。

表 40-6 氢能的成本明细

	压缩氢气 日元/kg	液氢 日元/kg
加氢站	661（60%）	648（55%）
运输	219（20%）	65（6%）
转化过程（压缩或液化）	55（5%）	296（25%）
产品化	159（15%）	159（14%）
合计	935（100%）	1 009（100%）

与传统能源成本结构中燃料占据最大比例份额不同，对于氢能，包括加氢站在内的基础设施建设费用所占比例最大。随着固定成本比率增加、运行率降低，成本绩效将迅速下降，导致经济效率较低，尤其在市场启动初期。因此，在开拓市场的过程中，需要重点开发可降低成本的技术，特别是降低加氢站的建设成本。

40.5　加氢站

日本从 2002 年就开始了加氢站的实地试验以积累技术经验、收集数据，并于 2014 年开始了加氢站的商业化运营。图 40-4 展示了日本建立的第一个汽油、氢气综合服务站。目前，专用的加氢站和移动加氢站已在运行或规划中。

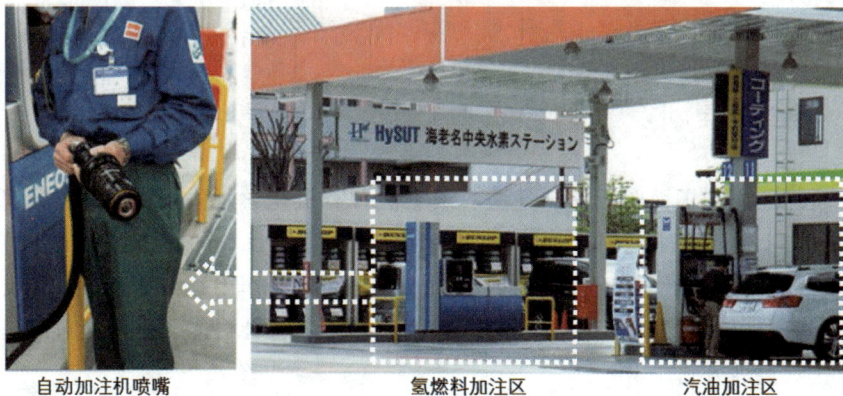

自动加注机喷嘴　　　　　氢燃料加注区　　　　　汽油加注区

图 40-4 集成了加氢功能的加油站（JX Nippon Oil & Energy Corporation）

增加加氢站的数量对于实现燃料电池汽车更高的普及率是必不可少的。然而，对于压缩氢气、液氢和有机化学氢化物法，加氢站的建设费用就占据了氢气供应成本中相当大的一部分（见表 40-6）。图 40-5 展示了在所有方法中都必须使用到的设备，图 40-6 为实际施工成本[8]。可以看到压缩机、高压气罐、预冷器和自动加注机就已经占据了 60% 的建设成本。此外，液氢法还需要一个蒸发器，有机化学氢化物法还需要一个脱氢反应装置。研究人员正在积极开发可以将液氢直接进行高压气化的泵，进而简化设备、提高能源效率[9]。由此可见，开发新技术仍是降低设备成本、提高效率的重要方法。

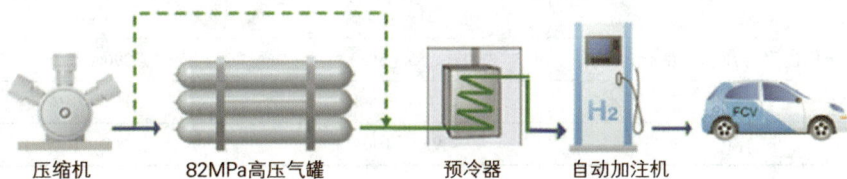

压缩机　　82MPa高压气罐　　预冷器　　自动加注机

图 40-5　某加氢站的系统组成示意图

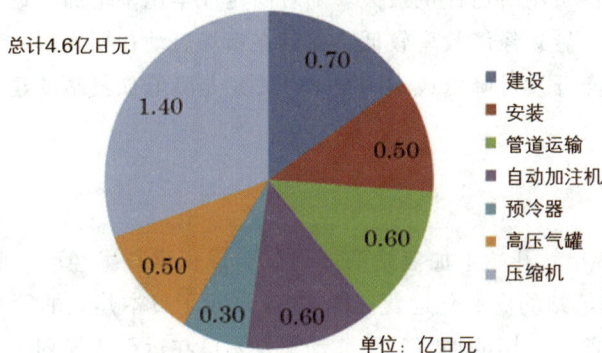

总计4.6亿日元

1.40　0.70　0.50　0.60　0.60　0.30　0.50

- 建设
- 安装
- 管道运输
- 自动加注机
- 预冷器
- 高压气罐
- 压缩机

单位：亿日元

图 40-6　加氢站的建设成本[8]

40.6　能源基础设施的经济性评估

前面已经研究了面向压缩氢气法、液氢法和有机化学氢化物法的氢能基础设施建设。比较上述这些方法时，经济性评估是一个重要方面。每种方法都有不同的设备成本、设备寿命、操作成本和维护成本。考虑到氢的作用是储存能量，因此，还有必要将其与电池等其他储能方式进行比较。本小节将针对能源基础设施经济性评价的一些观点展开讨论。

LCOE：为比较能源领域的成本，通常使用 LCOE（平准化能源成本）进行衡量，常见的单位是 $/kW·h（货币单位/能源单位）。如公式（40.1）所示，这是用寿命期间的总费用（即资本投资、运行维护费用、燃料费用和其他费用）除以寿命期间生产的总能量所得到的值。

$$\text{LCOE} = \frac{c_0 + \sum_{i=1}^{y} \dfrac{c_i}{(1+d)^i}}{\sum_{i=1}^{y} \dfrac{e_i}{(1+d)^i}} \tag{40.1}$$

式中 c_0 为初始投资, c_i 是每年的总成本, y 是寿命时长, d 是贴现率, e_i 是每年产生的能量值。

若 c_i 和 e_i 在数年之内都是常量,则公式(40.1)可简化为公式(40.2),该公式在进行初步估算时是十分有用的。这里 $d\left(1-(1+d)^{-y}\right)$ 被称为资本回收率。

$$\text{LCOE} = \left(\frac{d}{1-(1+d)^{-y}} c_0 + c_i \right) / e_i \tag{40.2}$$

例如,当我们使用 LCOE 审视初始投资(c_0)和设备寿命(y)之间的关系时,假设贴现率为 7%,那么对于 10 年和 20 年的设备寿命,资本回收率分别为 0.142 和 0.094。这意味着若将设备的使用寿命从 10 年提升至 20 年,则相当于减少了 34% 的初始投资。因此,通过利用 LCOE,仅需要考虑能源成本指数,就可以定量评估各种因素的影响。具体计算方法见参考文献[10]。

规模因子(功率指数):在公式(40.3)中,规模因子为 α,可用于近似表示设备规模与设备成本之间的关系:

$$c_B = c_A \left(s_B / s_A \right)^{\alpha} \tag{40.3}$$

其中 c_A 和 c_B 分别为设备 A 和 B 的成本, s_A 和 s_B 分别为设备 A 和 B 的尺寸或容量(规模)。

该关系式可用于通过其他规模设备的成本来粗略估算目标设备的成本。 α 应事先确定,或利用不同规模的若干套设备的成本数据,通过回归分析进行估计。 α 通常在 0.5 ~ 1.0 之间。设备的单位成本等于设备成本除以生产能力,因此,假设 $\alpha = 1$,则无论规模大小,设备的单位成本都应是常数。相反, α 的值越小,则单位成本越低。例如,假设 $\alpha = 0.6$,当设备尺寸增加 10 倍时,单位成本将降低 60%。

储存时间:一般来说,我们可以把储能设施分成两个部分,一部分进行能量转化,另一部分储存转化后的能量。例如,在压缩氢气法中,转化部分由压缩机组成,其规模 p 用单位时间的能量(氢气中所含能量)表达,如 $kg\text{-}H_2/h$;存储部分由高压容器组成,其容量 c 用能量(氢气中所含能量)表达,如 $kg\text{-}H_2$。假设存储时间为 t,则 $c = pt$。对于蓄电池而言,转化部分由一个逆变器和一个充放电控制器组成,存储部分则由电池单元组成,各部分的规模以 kW 和 kWh 为单位。故对于储能设施而言,其规模都是由功率和储存时间决定的。因此,可以考虑将储能设施的成本用 p 和 t 的函数进行表达,如公式(40.4)。类似的,若规模因子 α、 β 满足

$\alpha = \beta = 1$，则公式（40.4）简化为公式（40.5）。

$$c_S = c_p p^\alpha + c_e \ (pt)^\beta \tag{40.4}$$

$$c_S = \ (c_p + c_e t) \ p \tag{40.5}$$

式中，c_S 为系统总成本，c_p 为转化部分的单位成本，c_e 为存储部分的单位成本，p 是功率，t 是存储时长，α 和 β 是规模因子。

需要注意的是，在储能过程中，需要用功率和储能时间两个参数来表达设备的规模。但若将系统划分为转化部分和存储部分并分开考虑，则可以用不同存储时间来分别评估单价。几种储氢设施的转化部分和存储部分如表 40-7 所示。

表 40-7 储氢过程中的转化与存储部分

	转化部分		存储部分
	装载	释放	
压缩氢气	压缩机	—	高压氢气罐
液氢	液化器	蒸发器	杜瓦瓶
甲基环己烷	加氢反应	脱氢反应	化学品储罐

氢能社会所需的基础设施建设需要通过对燃料电池汽车（FCV）和固定式燃料电池（stationary fuel cells）等需求的拉动来完成。如今从供给侧来看，氢气大多通过化石燃料制取，或由化学工业副产氢，同时可再生能源制氢的比例也将逐渐增加。

另一方面，在可再生能源发电基础设施中，需要安装储能设施来稳定系统，比如稳定光伏或风力发电系统。目前，对储能设施的存储时长要求较短，因此蓄电池是实现该目的的主要选择。但是随着可再生能源的广泛应用，能源的供需调整将需要更长时间的储能，储能需求在规模和存储时长两个方面均迅速增长。考虑到未来的需求，研究人员正在推进各种储能技术的发展。可再生能源制氢就是一项很有前途的技术，它不仅可以在长期储能中发挥重要作用，而且制得的氢气具有纯度高的优点。

在未来建设氢基础设施或进行技术开发时，有必要提前对能源生产的整体前景进行考量。为此需要对各种技术和方案进行比较。本文介绍的模拟评议技术（即利用规模因子、LCOE 等指标进行评估）对于开展此类工作会非常有效。

参考文献

1. Advisory Committee for Natural Resources and Energy（2015）Subcommittee on long-term energy supply-demand outlook, 30 Mar 2015. http://www. enecho. meti. go. jp/commit-

tee/ council/basic_policy_subcommittee/mitoshi/005/pdf/005_05. pdf. Accessed 11 Dec 2015

2. Ministry of Economy Trade and Industry (METI) (2011) METI committee, 2 Dec 2011. http://www. meti. go. jp/committee/kenkyukai/energy/sekiyu_gas_antei_wg/003_06_ 00. pdf. Accessed 11 Dec 2015

3. National Renewable Energy Laboratory (NREL) (1999) Costs of storing and transporting hydrogen. NREL/TP-570-25106, http://www. osti. gov/bridge/servlets/purl/ 6574-OBMIES/ webviewable/. Accessed 11 Dec 2015

4. Yang C, Ogden J (2007) Determining the lowest-cost hydrogen delivery mode. Int J Hydrog Energy 32(2):268-286

5. Japan Automobile Research Institute (JARI) (2010) Analysis of total efficiency and greenhouse gas emission. http://www. jari. or. jp/Portals/0/jhfc/data/report/2010/pdf/result. pdf. Accessed 11 Dec 2015

6. New Energy and Industrial Technology Development Organization (NEDO) (2015) Hydrogen energy white paper. http://www. nedo. go. jp/content/100567362. pdf. Accessed 11 Dec 2015

7. Japan Atomic Energy Research Institute (2005) JAERI-Tech 2005-038. http://jolissrch-inter. tokai-sc. jaea. go. jp/search/servlet/search? 31773. Accessed 11 Dec 2015

8. Agency for Natural Resources and Energy (2014) Strategic road map for hydrogen and fuel cells. http://www. meti. go. jp/press/2014/06/20140624004/20140624004-2. pdf. Accessed 11 Dec 2015

9. NEDO Interim Report (2005) http://www. nedo. go. jp/content/100091321. pdf. Accessed 11 Dec 2015

10. IPCC Working Group III Contribution to AR5 (2014) Metrics and methodology. Clim Chang 2014 Mitig Clim Chang 1281-1328

第41章 氢能商业模式分析

Megumi Takata

摘要：本章分析了氢能行业的商业模式。从经济学角度来看，氢能企业是大型资本密集型企业，其经营需要有长远的眼光和政府的支持。同时，本章也介绍了一个面向 FCV 的氢基础设施的商业模式案例。

关键词：商业模式·商业模式图·客户细分·价值主张·面向 FCV 的氢基础设施

41.1 能源相关行业的特点

本节介绍了能源相关行业的特点。每个行业、领域都有自己的特色。例如，智能手机应用程序的准入门槛非常低，非专业人士开发的产品也可能在市场上产生巨大影响；相反，物流业需要大量的基础设施，如卡车、货运飞机、仓库、IT 系统和人力资源等，因此很难进入这个市场。那么，目标将氢能商业化的能源行业有哪些特点？一般来说，它们具有以下特点：

• 特点 1：大规模集约型资本

能源行业的企业往往提供的服务范围非常广，一旦企业成立，终止经营就变得不再简单。为了保证企业的安全稳定运行，需要进行大规模的基础设施建设、大范围购买设备并长期投入维护资金。这些都使得企业规模和投资规模越来越大，并创

M. Takata (✉)
Department of Business and Technology Management (Business School),
Faculty of Economics, Kyushu University, Fukuoka 812-8581, Japan
e-mail：mtakata@econ.kyushu-u.ac.jp

© Springer Japan 2016 K. Sasaki et al. (eds.), *Hydrogen Energy Engineering*,
Green Energy and Technology, DOI 10.1007/978-4-431-56042-5_41

造了宽范围的相关产业。在创业阶段，客户增长可能会很慢。但到了增长阶段，随着网络宣传增加，扩展速度显著加快，用户数量将可能飞速上升。氢能是市场上一种新兴的能源，因此，需要大规模的投资来建设新的氢气生产、运输等方面的基础设施。

● 特点 2：商品价格面向社会各个阶层

能源是大宗商品，因此必须在服务领域提供廉价且非歧视性的价格。无论使用何种能源，最终用户都可以很容易地比较能源（如电或热）的价格。因此，氢能供应商需要设定商品价格，用其他有利的业务来抵消较高的成本，或在早期启动阶段使用政府补贴。此外，在能源领域，一旦开始运行，就不可能突然停止。这与关闭某镇上的某家便利店完全不同，因为其他便利店很容易找到。在电力领域，通常还有可能用电网上的其他运营商来取代停止服务的运营商。然而，以燃料电池汽车（FCV）为例，一旦当地的加氢站关闭，寻找替代方案就是一个棘手的问题。

● 特点 3：发展周期长

由于商业规模的原因，与氢相关的新产业需要以长远的眼光来看待扩张和投资回收。技术发展和政府管制力度的不确定性是需要长远眼光的另一个原因。这就要求企业在创业、成长、成熟等不同阶段注意区分商业模式的差异。

● 特征 4：倾向于利用现有的供应链

能源行业的企业都必须建立一个统一的供应链体系，如采购、生产、交付、销售和维护，但这些都需要巨大的投资。因此，利用现有的供应链体系可降低投资规模，并帮助企业进入新的市场。例如，生产用于燃料电池的氢气，就希望利用现有的城市燃气基础设施，以降低在启动阶段和增长阶段的投资成本，并为逐步增加可再生能源的使用量创造条件，以用于后续阶段。

● 特点 5：政府起关键作用（政策、法规和补贴）

能源供应必须保证稳定性和安全性，因此能源领域存在大量的监管问题，企业的商业模式必须符合政府规定。特别是在供应氢气方面，金属件和高压氢气瓶的氢脆问题对材料的安全等级提出了更高要求，同时也会存在更严格的监管。与能源行业内的其他领域相比，这对商业模式的不确定性影响更大。尽管氢能行业需要大量的投资，但它应该为最终用户提供较低的商品价格。为此，政府首先必须向公民和企业展示一个清晰而长远的氢能社会愿景，且必须设计并提供各种激励政策，如对企业和最终用户进行补贴。总而言之，政府在能源行业可以发挥极其重要的作用。

41.2　商业模式是什么？

"商业模式"一词有多种含义，但基本上可以定义为：代表一个企业赚钱逻辑的概念模型——企业战略和流程之间的业务层。

因此，商业模式被用来向利益相关者（如高级管理层、员工、股东、商业合作伙伴和客户）解释和分享商业概念，并将公司的商业战略与实际执行联系起来。商业模式包含各种商业元素，需要仔细考虑，同时这些元素又会反过来影响外部商业环境，加剧了商业的复杂性和不确定性。这种复杂的情况可能会使利益相关者更难理解商业模式，甚至引起误解。为解决这个问题，Pigneur 和 Osterwalder 发明了"商业模式图"作为标准的商业工具[1,2]。该图简化了复杂的商业模式概念，因此适用于更广泛的受众。同时，该工具有助于减少利益相关者之间的误解，并以更恰当的方式将公司的商业战略与实际执行联系起来。

商业模式图由 9 个框组成（见图 41-1）：价值主张、客户细分、客户关系、渠道、收益流、关键活动、关键资源、关键合作伙伴和成本结构。这 9 个元素全面反映了商业模式的整体结构，并有助于利益相关者的理解。各元素的定义如下：

图 41-1　商业模式图

（1）客户细分

-商业模式为谁创造价值？

-谁是最重要的客户？

-包括大众市场、利基市场、细分市场等。

（2）价值主张

-商业模式为客户带来了什么价值？

-商业模式能解决客户的哪些问题？

-商业模式满足哪些客户需求？

-包括新颖性、性能、定制性、实用性、设计、价格、降低成本、降低风险、可达性和可用性等。

（3）渠道

-客户群体希望通过哪些渠道获得服务？

-现在如何联系他们？哪些渠道成本效益好？

-包括提高客户感知、评价、购买和交付价值等。

（4）客户关系

-细分客户希望建立和维持什么关系？

-它们如何与其他商业模式集成？它们成本如何？

-包括个人服务、自助服务、自动化服务、构建社区或共同创造价值等。

（5）收益流

-客户真正愿意支付的价值是多少？

-客户目前支付多少？他们现在是如何支付的？他们愿意如何支付？

（6）关键活动

-价值主张需要哪些关键活动来支撑？分销渠道？客户关系？收益流？

-包括生产、解决问题或提供平台/网络等。

（7）关键资源

-价值主张需要哪些关键资源来支撑？分销渠道？客户关系？收益流？

-这些资源包括物理资源、知识产权（品牌、专利、版权、数据等）、人力资源和财务资源。

（8）关键合作伙伴

-谁是关键合作伙伴？谁是关键供应商？商业模式从合作伙伴那里获得哪些关键资源？合作伙伴执行哪些关键活动？

-关键合作伙伴的合作动机来自优化和节约成本、降低风险和不确定性、获得特定资源/活动等。

（9）成本结构

-商业模式中最重要的固定成本是什么？

-哪些关键资源最昂贵？哪些关键活动最昂贵？成本驱动还是价值驱动？

-包括固定成本（工资、租金和水电费）、可变成本、规模经济、范围经济等。

41.3 能源相关领域的商业模式

在本节，我们将分析一张能源行业的商业模式图，对象是 FCV 的加氢站。之后讨论了能源行业的业务特点对商业模式的影响。

首先，商业模式图上最重要的内容是"客户细分"和"价值主张"。

（1）客户细分

目前，FCV 的初始市场正在启动中。主要用户是具有高度环保意识的人，以及出于示范目的的政府或公司。一个重要的因素是购买动机会在市场生命周期从引入阶段转向增长阶段的过程中发生变化。在引入阶段，购买 FCV 主要是为了政府或公司的示范，因此性价比不被视为主要的购买因素。然而，随着基础设施的普及，大规模生产有助于提供一个普通用户负担得起的价格，因此，用户的关注点将转向便利性、功能性和价格。在成长阶段必须考虑到这一点。

（2）价值主张

氢能最重要的价值主张是"减小环境压力"。与汽油车、混合动力车相比，FCV 是更加环保的汽车。假设汽油车的全生命周期二氧化碳排放为 1，则混合动力车的对应数值为 0.6，而对于使用天然气制得的氢气的 FCV，该值为 0.4。若使用可再生能源制氢，FCV 的全生命周期二氧化碳排放可低至 0.1。与汽油车相比，FCV 的劣势主要是便利性和价格。在市场生命周期的引入阶段，加氢站数量有限，用户加氢不便且成本较高。因此，氢燃料的价格应当与汽油接近。为了达到可比的水平，有必要通过政府补贴或企业内部拨款来补贴用户。

（3）渠道

将价值传递给客户的渠道。在该情况下，价值和客户之间的接触点是加氢站。

（4）客户关系

FCV 的用户必须经常到访加氢站。因此，加氢站与客户之间是一种相互熟悉的关系，故加氢站应选址在 FCV 用户方便到访的地方。在理想情况下，用户到加氢站的平均行程时间应为 7~8 分钟。在与客户建立和维持关系时，创建"安全可靠"的氢能形象也是一个重要的方面。

（5）收益流

收入来源于氢燃料的销售。汽车的燃料具有一定的可替代性（若氢气价格过高，用户将放弃氢燃料电池汽车），因此必须尽可能实现与普通汽油车可比的燃料加注价格。

（6）关键活动

向客户提供价值的关键活动是建立和运营加氢站。此外，为降低成本而进行的技术研发也是推广和普及加氢站的必要条件。

（7）关键资源

关键资源是加氢站的低成本和高安全性，以及实现上述目标所需的技术和资金。

（8）关键合作伙伴

最重要的合作伙伴是销售 FCV 的汽车公司，这个问题常常被比作"鸡和蛋"的关系。与加氢站相关的设备制造商和输送氢气的燃气公共事业公司也是重要的合作伙伴。政府是另一个关键合作伙伴，它阐明了氢能社会的愿景，并为实现这一愿景设计了激励政策和政府补贴。公民和非政府组织也是重要的合作伙伴，通过他们对氢气等新能源载体的理性认识，加氢站的社会认可度将得到提高。

（9）成本结构

绝大部分成本用于"加氢站建设与运行"和"技术开发"。

在图 41-2 所示的商业模式中，各要素之间会相互影响。换言之，一旦这 9 个要素经过适当的调整形成了一个商业模式，那么收益流和成本结构就必须平衡。然而，由于前述原因，能源相关业务很难在早期阶段使成本结构与收益流保持平衡。因此，在氢能领域，有必要考虑以下几点。

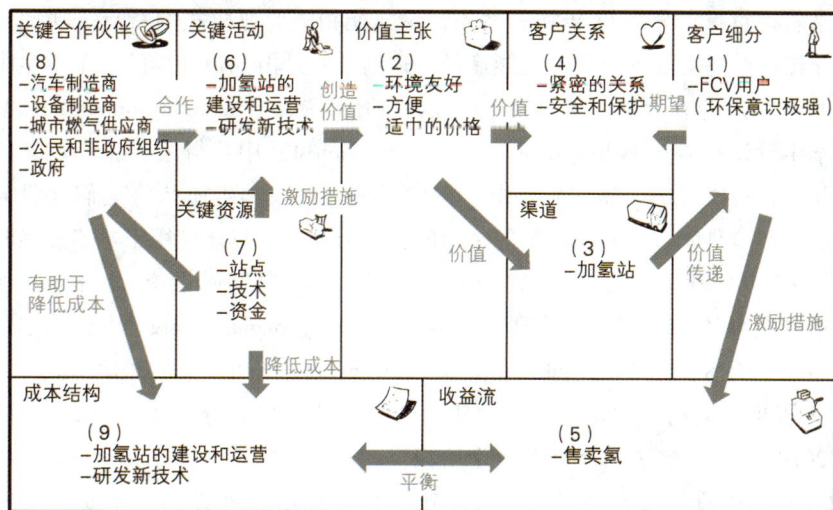

图 41-2　FCV 加氢站的商业模式图

首先，为方便 FCV 用户，在一个城市中需要一定数量、一定密度的加氢站，这使得初始投资规模较大。由于政府监管和较高的土地收购价格，美国的单站成本约为 120 万美元，日本的单站成本为 400 万至 500 万美元（特点 1：大规模集约型资本）。其次，因为燃料具有一定的可替代性（若氢气价格过高，用户将放弃氢燃料电池汽车），所以即使在引进阶段，也不可能以昂贵的价格向客户出售氢，这将成为加氢站的商业瓶颈（特点 2：商品价格面向社会各个阶层）。所以，需要努力增加燃料电池车的数量，使得加氢站凸显规模效应，同时政府放松管制并推动新技术的发展，以促进收益流与成本结构的平衡，这需要长期努力。同时，早期的亏损必须由企业其他方面业务的利润或政府补贴来填平（特点 3：发展周期长）。与关键合作伙伴的合作对于减少引入阶段所需的大规模长期投资至关重要。充分利用现有的城市燃气基础设施和加油站网络来建立加氢站是十分重要的。为了增加 FCV用户的数量，与汽车公司的合作也是至关重要的（特点 4：倾向于利用现有的供应链）。最重要的因素是政府的作用，以加强汽车公司和能源企业进入新市场，并扩大 FCV 用户的数量。政府必须明确阐述控制全球变暖、推动可再生能源发展等长期政治愿景，并为利益相关者设计创造新市场的激励措施，同时开展宣传活动，以使得全社会对氢能有更深入的了解（特点 5：政府起关键作用）。

41.4 案例研究

本节将通过重点分析 FCV 加氢站来讨论氢能相关商业模式的特点。在此，通过案例来介绍一个解决前述问题的可能途径。这项研究是由九州大学的一个学生小组进行的，并于 2013 年在由美国氢能教育基金会（Hydrogen Education Foundation，HEF）组织的学生设计竞赛（Hydrogen Student Design Contest）中获得大奖。该赛事自 2004年起每年举行一次[3,4]，参赛作品要求"多学科交叉的大学生团队将他们在设计、工程、经济、环境科学、商业和营销等领域的创造力和学术技能应用于氢能和燃料电池行业"。2013 年的赛事主题为"在美国东北部发展氢燃料基础设施"。赛事和参赛作品的详情可在 HEF 官方网站上找到：http：//www.hydrogontest.org。九州大学团队的参赛作品如下所述，详情请访问：http：//www.hydrogncontest.org/2013.asp。

（1）根据不同用户的特点，考虑建设加氢站的策略，分为 1 期（2015 年）、2期（2020 年）和 3 期（2025 年）3 个阶段。

（2）第一阶段的重点是纽约等大城市，少量现场制氢式加氢站成为制氢和供氢基地。该建议还包括在现有加油站内并行建立氢燃料加注机，以及使用模块化设备来降低加氢站的建设和运行成本。为了适应用户需求，该建议中还提出了一种移动式加氢站以降低市场引入阶段的初期投资。

（3）在第二阶段，现场制氢式加氢站成为制氢和供氢的基础，并被添加进商业模式。在人口稀少的郊区，用户需求还是通过移动式加氢站来满足的。

（4）根据客户细分市场的差异，以及各细分市场的价值主张不同，营销策略应该实现差异化。第一阶段应吸引纽约名流使用 FCV，并充分利用电影或电视节目等媒体进行宣传。第二阶段和第三阶段从名流用户逐渐转向普通大众用户，必须在使用便利性和价格方面与汽油车展开竞争。同时，在第二和第三阶段应强调氢能教育，以加深全民对氢能的认识，如邀请儿童参观加氢站等。从长远来看，制氢方式应从化石燃料（如天然气）制氢逐步向可再生能源制氢转变。

九州大学学生参赛作品的概念图如图 41-3（第一阶段）、图 41-4（第二阶段）和图 41-5（第三阶段）所示。商业模式图如图 41-6（第一阶段）和图 41-7（第二、第三阶段）所示。商业模式图使我们能够更直观地比较在不同阶段中商业模式的相同点和差异。

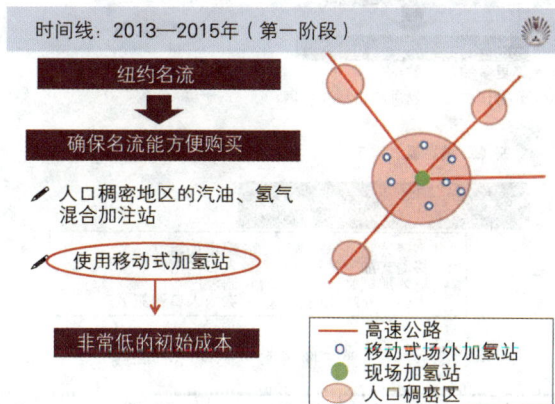

图 41-3　第一阶段加氢站建设时间线

41.5　结论

本章介绍了能源行业的特点（主要聚焦氢能）。当分析商业战略和商业元素时，作为标准工具使用的商业模式图可以通过简单而清晰的要点总结，使复杂的商业模式变得更易于理解。在氢能相关企业中，考虑了价格、规模和公众认知（PSP）的氢能社会愿景应以适当的方式在利益相关者之间得到分享和理解。这一目标正在稳步实现，并具有长远的前景。

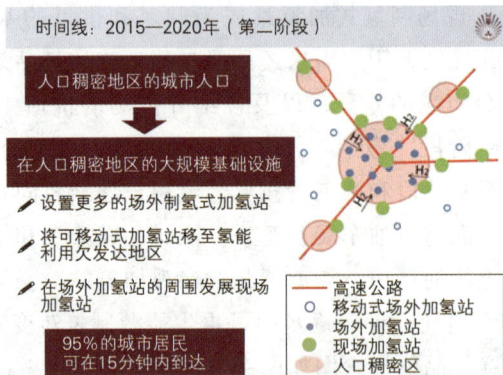

图 41-4　第二阶段加氢站建设时间线

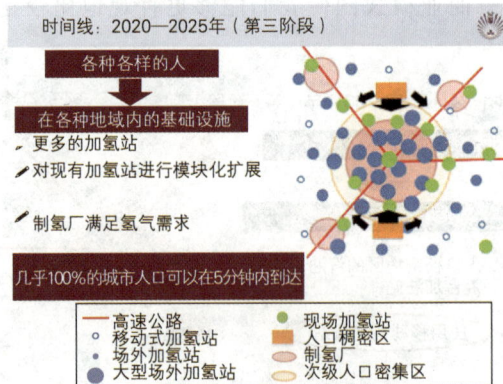

图 41-5　第三阶段加氢站建设时间线

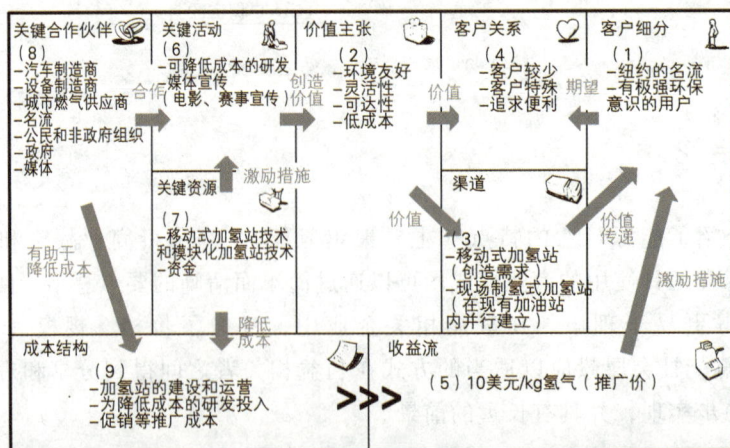

图 41-6　九州大学参赛作品商业模式图（第一阶段）

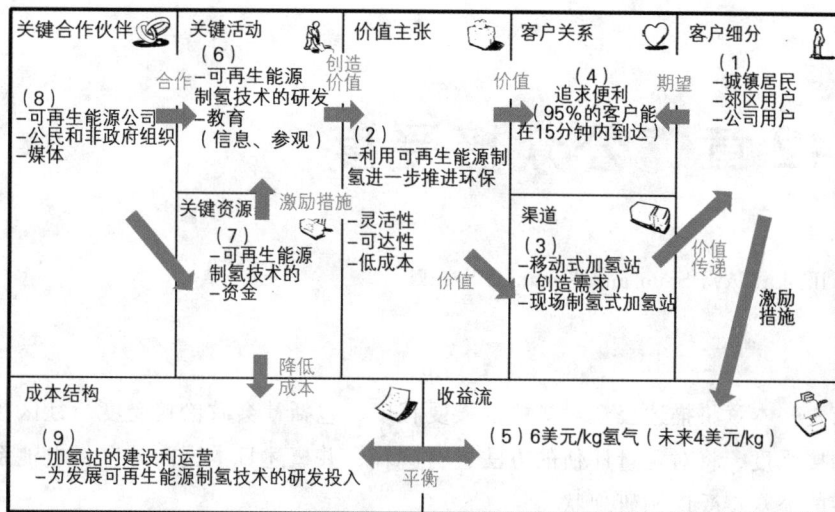

图 41-7　九州大学参赛作品商业模式图（第二、第三阶段）

参考文献

1. Osterwalder A（2004）The business model ontology—a proposition in a design science approach. Universite de Lausanne

2. Osterwalder A, Pigneur Y（2010）Business model generation：a handbook for visionaries, game changers, and challengers. John Wiley and Sons

3. Tsuda K, Kimura S, Takaki T, Toyofuku Y, Adaniya K, Shinto K, Miyoshi K, Hirata K, Christiani L, Takada M, Kobayashi N, Baba S, Nagamatsu Y, Takata M（2014）Design proposal for hydrogen refueling infrastructure deployment in the Northeastern United States. Int Associ Hydrog Energy 39（16）：7449-7459

4. Development of Hydrogen Fueling Infrastructure in the Northeastern U. S.（2013）Hydrogen Student Design Contest. http：//www. hydrogencontest. org/2013. asp. Accessed 10 Dec 2015

第 42 章 公众接受度

Kenshi Itaoka，Aya Saito and Kazunari Sasaki

摘要：本章将描述公众对氢能的接受程度，包括社会政治接受度、社区接受度和市场接受度，将对定量评估的方法进行解释，并概述日本国内外燃料电池系统和加氢站的公众接受度调研现状。

关键词：公众接受度·社会政治接受度·社区接受度·市场接受度·方法论·问卷调查·氢安全

42.1 引言：氢能社会与公众接受度

公众对氢能及其利用技术的认知和接受程度被认为是未来氢能观念向社会渗透的重要因素。由于这些都是新兴技术，公众接受度的现状仍然未知。应当指出，公众对技术的认知和接受可能受到当代趋势和事件的影响。与氢能有关的例子包括

K. Itaoka（✉）
International Institute for Carbon-Neutral Energy Research（I2CNER），
Kyushu University, Fukuoka, Japan
e-mail：k. itaoka@ i2cner. kyushu-u. ac. jp

A. Saito
Mizuho Information and Research Institute Inc.，Tokyo, Japan
e-mail：aya. saito@ mizuho-ir. co. jp

K. Sasaki
International Research Center for Hydrogen Energy，Kyushu University,
Fukuoka, Japan
e-mail：sasaki@ mech. kyushu-u. ac. jp

© Springer Japan 2016
K. Sasaki et al.（eds.），*Hydrogen Energy Engineering*,
Green Energy and Technology, DOI 10. 1007/978-4-431-56042-5_42

1937 年的兴登堡灾难（Hindenburg disaster）和 2011 年福岛第一核电站的氢能爆炸。本章首先探讨公众接受度的定义、理论背景以及评估公众接受度的标准和方法；然后讨论目前的公众意识、认知以及关于氢能和利用技术的看法；最后介绍氢能及其利用技术的公共推广的基本概念。

42.2 定义

社会接受度分为 3 个部分：社会政治接受度、社区接受度和市场接受度[1]，如图 42-1 所示。

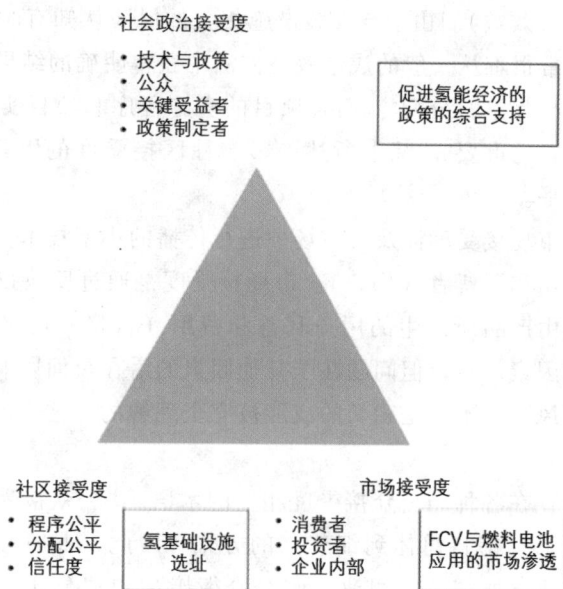

社会政治接受度
- 技术与政策
- 公众
- 关键受益者
- 政策制定者

促进氢能经济的政策的综合支持

社区接受度
- 程序公平
- 分配公平
- 信任度

氢基础设施选址

市场接受度
- 消费者
- 投资者
- 企业内部

FCV与燃料电池应用的市场渗透

图 42-1　社会接受度的三个方面。与氢能有关的公众接受度文本由作者补充[1]

社会政治接受度：社会政治接受度基于最普遍的层面，涵盖广泛的地理区域，通常在国家一级层面进行讨论，本章后面的案例研究也显示了这一点。社会政治接受度涉及两个目标群体：利益相关者和公众。这种分类的背后原因是基于对目标技术和策略的兴趣程度。利益相关者又被细分为直接利益相关者（其利益与目标技术/策略直接相关）和间接利益相关者。前者涉及目标技术的开发、利用和安装等相关业务，以及政府部门推广与这些技术相关的政策，而后者包括非政府组织和学术专家。如果一个非政府组织的活动与目标技术的推广直接相关，那么它可以被归类为直接利益相关。社会政治接受度最常用的指标是社会调查（问卷）的接受程度。然而对于什么类型的问卷才适合作为指标，研究人员还没有达成共识。

社区接受度：社区接受度会在某特定地点的区域性项目中有所体现。项目从最初列出潜在的项目地点到项目完成（设施的安装和运行）或项目中止之间经历的时间相比于一个政策的实施而言非常有限，因而，社区接受程度与社会政治接受度有所不同。当地居民对在他们附近所实施的项目持反对态度（可以称为邻避主义，not in my backyard）经常被引用为社会政治接受度与社区接受度差异的主要因素之一[1]。另一个因素则是经济学观点中的区域外部性（即一个人或一群人的行动和决策使另一个人或一群人受损或受益的情况）。这些因素被认为来源于居住或工作在目标地点附近的人对间接产生的环境影响的关切。如果在经济学的框架下进行成本效益分析，一般将区域环境影响和风险理解为消极的影响（即成本），而区域经济利润为积极的影响（效益）。由于与安装设施相关的风险认知有时取决于当地社区的特点，因此，通常很难从一般的成本效益方法中获得明确的结果。此外，基本上不考虑社区内成本与收益的分配[2]。而且项目的实施程序和项目实施者的信任度往往被认为比经济问题更重要[2]。综上所述，影响社区接受度的因素通常包括分配、分配公平和程序公平。

市场接受度：市场接受度涉及在市场中进行传播的小型技术。它涉及的群体包括制造商、分销公司和消费者（用户）。市场接受度是通过反映技术产品的吸引力来衡量。吸引力是由产品所产生的用户利益和费用（价格）的平衡组成。虽然价格是最具影响力的因素之一，但问题在于其他因素的潜在负面影响，如风险等。使用新技术的产品的风险并不总是确切的或能被完全理解的，这也可能成为干扰市场接受度的一个因素。

在学术文献中存在各种与公众接受度相关的术语。"公众接受度"这一术语通常暗指一种自上而下（即自总体到细节）的方式，因此，人们努力使用更多源自自下向上方式的术语，如"公众调动"、"公众衔接"和"公众宣传"。表 42-1 给出了文献中与社会接受度相关的一些术语的定义。

表 42-1　　　　　　　　　　　　公众接受度的相关术语

术语	解释
建立共识	"这不仅是一个选举的过程，而且还是认真听取每个人的意见，并对每个人后续行动中的判断力建立信任的过程"[2]
塑造自信	"它是解决并减少冲突的工具"[25]
公众接受	"一个国家或地区社会中的公司、设施或新技术得到了公众的接纳、理解与支持"[26] "社会接受是实用政策文献中常使用的一个术语，但却很少给出明确的定义"[1]
公众衔接	"它指专家倾听非专业人士的意见、拓展对非专业人士的理解并与他们互动的过程"[27]

（续表）

术语	解释
公共关系	"它指通过呈现一个特定的、有导向性的对外形象来影响他人对某件事、个人或机构的看法" 28
公众宣传	"它既包括信息的宣传过程，也包括衡量宣传成功与否的手段" 29
公众看法	"它是一类从民意调查中获取的信息" 30
公众决策参与	"它是一个让公众参与组织决策的过程，如在市政或公司中常发生" 31
公众调动	"它包括一系列旨在告知、咨询、带动公众的流程，以便那些可能受到某个政策决定影响的群体参与该决定" 32

42.3 理论背景

即便日本以外的地区，对氢能及其利用技术的社会接受度的研究也一直很活跃。这种研究的学术性方法主要分为两类：经济学方法和社会心理学方法。

经济学方法：经济学方法是以福利经济学为基础，从经济学角度对社会接受度进行研究。这主要是通过对产品的消费者调查来实现的，其重点主要是对燃料电池汽车等产品的"支付意愿"（WTP），以便向政策制定者或营销领域提供相关建议。WTP 是以货币的形式来表达商品的价值的，它被定义为一个人为获得一个产品或为避开不受欢迎的事物所愿意支付的最大金额。WTP 可采用偏好陈述方法（即通过问卷调查）或偏好表征方法（通过市场数据分析）。在陈述偏好法中，被调查者通过回答问卷或访谈中的问题来表达他们的 WTP。最流行的确定 WTP 的方法是条件估值和联合分析。在条件估值中，被调查者会被直接询问他们对产品的 WTP 值（通常是假设的产品场景）。假设问题中提供了产品的属性和与购买机会相关的条件。在联合分析中，WTP 可以与产品吸引程度的属性一起测量。被调查者可以从假设的选择中选择一种产品，以便向被调查者展示不同级别的属性，并对特定属性的相对重要性进行估算。例如，在销售一辆商用汽车时，可以同时测量影响购买决策的不同重要属性（如价格、功率、尺寸、燃油经济性等）的相对值。

社会心理学方法：社会心理学方法以社会心理学为基础，分析公众的认知和态度。态度是可接受性研究中一个特别重要的概念。它们被定义为"一种通过对一个特定实体（或可能态度的对象）进行某种程度的偏爱或排斥来表达的心理趋势" 3。最近社会接受度研究的趋势是在计划行为理论的基础上对态度与预期行为之间的关系进行分析 4。风险认知研究作为社会心理学研究的一部分经常被开展，因为与特定技术相关的风险认知被认为是技术接受的一个主要因素 5。此外，风险认知研究的结果也被理解为一种风险收益分析的概念，而风险收益分析常被用来解释人们的故意行为[6]。在风险收益分析中认知风险往往比实际风险更能够解释人们的行为。至于在社会心理学研究中，为了能够量化公众接受能力的倾向，公众调查主要是要确定受访者对一个问题（关于认知、态度、行为等）回答是/否的程度和所占的比例（即所占人口的百分比）。为了量化"是/否"答案的范围，需要在问题的答案中包含一个数值度量。对给定问题的一种常用度量方式是李克特量表。在量表中认为最小的数字（通常为1）为"no"，最大的数字（通常为5）为"yes"。受访者根据他们对自己回答是或否的强烈程度选择1到5之间的数字。这个量表假设被调查者的认知和态度可以用线性甚至是间隔程度来测量，尽管这个假设并不总是成立。使用这种量表可以让研究者进行各种统计分析，还能够使用语言量表来询问被调查者的回答是或否的程度。例如，使用"反对"、"比较反对"、"一般"、"比较同意"和"同意"。当问卷不使用李克特量表时，该问卷研究的统计分析就十分有限了，均值不能确定，而只能确定中位数或形式的结果。此时采用简单的描述性统计方法则可以避免统计处理过程中出现不必要的偏差和误差。进行社会心理学研究是为了评估国家层面的社会可接受性，以及对设施建设（如加氢站和氢管道）的态度与风险认知，以便为此类决定的沟通和讨论提供经济视角之外的建议。当在一项研究中同时使用上述两种方法时，通常社会心理学方法为主，而经济方法为辅。

42.4　方法学

评估公众在经济学和社会心理学方法中的可接受度时，有定量与定性两种选择[7]。前者主要来源于问卷调查，后者来源于典型群众和访谈。本节将介绍正确实行两种方法的要点。

42.4.1　定量评估

问卷调查方法与实施：问卷调查方法包括邮寄问卷（纸质问卷）、设点-访问法（纸质问卷）、面对面访谈（纸质问卷+访谈）、电话问卷（访谈）、网络问卷。面对面访谈是其中成本最为昂贵的，邮件调查相对来说成本较低，网络调查则是最便宜的。但是邮件和网络调查都很难实现高反馈率。此外，网络调查在确保随机性上存在问题（详情请参阅下面的章节）。

抽样和方法：确保抽样样本具有代表性是进行公众调查的一个重要因素。分析一个有代表性的样本，其结果可以体现主观人口的一些属性；但如果样本失去代表性，则结果只能体现该特定样本的一些属性。获得具有高度代表性的样本应该是抽样的首要任务，为此，必须满足下列条件：

（a）目标人群的随机抽样：如果调查的对象是"居住在现有加油站附近地区的日本一般群众"，则从目标人群中随机抽取样本是绝对条件。比如以在线调查方式对登记人进行抽样，即使对问卷结果进行随机抽取后分析，抽样也不等效于从目标人群中随机抽取的，因为登记人本身就已不是随机抽取的了。

（b）良好的反馈率：反馈率是问卷调查中确定代表性的重要指标。与官方政府统计数字有关的调查需要有 80% 或 90% 以上的反馈率以确保调查具有非常高的代表性。但是一般而言，由于预算限制，社会调查无法做到这一点。在反馈率低于30% 的调查中（最近许多在短时间内收集反馈的在线调查通常只有 10% ~ 20% 的反馈率），反馈偏差就成为一个问题。

（c）确保样本数目：一定数量的样本（如成百上千个样本）从样本数量上保证了代表性。样本量越大，反馈的标准误差越小，因此，在检验反馈差异时，样本量大是一个优势。

（d）减少基本属性偏差：受访者的基本属性如年龄、性别都可能会影响反馈结果。因此，受访者的属性应尽量反映目标人口的属性。在调查中不需要完美的属性抽取，因为在收集反馈时，可以通过给某个属性的组赋予一些权重来修改现有属性的信息。

42.4.2　定性评估

典型群众（focus group）的定义是"一组由研究人员挑选并组织起来的一群人，他们从个人经验出发对研究主题进行讨论和评论"[8]。典型群众是小组访谈的一种形式，但区分两者是很重要的。小组访谈包括在同一时间内对若干人进行访谈，重点在于研究人员和参与者之间的提问和回答。而典型群众更具有"群体动态性"，即组内的交互要基于研究者所提供的主题[9]。与公众调查相比典型群众的成本更低，准备也更容易。它经常被作为一种社会科学的探索过程来解释公众的认知和态度以及特定态度与观点背后的逻辑和推理。但是，需要注意的是，由于样本容量小而且数据收集的动态过程，典型群众不具备很好的代表性。

42.5　现状：认知、看法与意见

过去的 20 年里，欧洲、美国和日本对公众的认知与接受度进行了多次研究，在使用社会心理学方法的研究中也有一些共同的发现。使用氢燃料电池技术的商品

（如燃料电池汽车）的可接受度一般偏于积极，但这种积极的结果在关于加氢站位置的问题上却不再明显了。例如，在英国曾进行的一项定量调查中，25%的受访者对加氢站抱有积极态度，而59%的受访者要求更多的信息以进一步表态，9%的受访者持否定态度[2]。除此之外，定性研究也表现出了消极态度和积极态度并存的结果，没有强烈的反对意见[2,10]。研究发现，人们在一定程度上对加氢站的位置会表现得更加谨慎，原因是他们认为与加氢站有关的氢运输和储存存在风险[2]。因此，氢能利用的风险认知以及包括加氢站选址在内的基础设施相关的接受度逐渐成为公众接受度研究的主要焦点。与社会心理学方法相比，研究过程中较少采用经济学方法，这可能是因为商用 FCV 的可用性较低。接下来的段落将分别讨论日本、欧洲、美国 3 个地区最近的一项研究。为了便于理解，内容经过筛选，列出的结果也只重点介绍对氢能技术的认知、看法和接受度。

42.5.1 日本

关于日本社会对氢燃料电池的接受程度，已经进行了包括由日本经济产业省（NEDO）委托的瑞穗信息研究所（MHIR）在 2008 年[11]和 2009 年[12]的调查，以及由九州大学在 2015 年的调查在内的数项调查。这里将展示来自 MHIR（2008）和九州大学（2015）的部分调查数据，用于展示日本对氢燃料电池的了解和认知随时间的变化。表 42-2 简要概述了这两项调查。

表 42-2　由 NEDO 于九州大学开展社会调查的概览

	2008 年的调查	2015 年的调查
调查时期	2008 年 2 月	2015 年 3 月
调查地区	全日本	
调查方式	随机走访	网络调查
抽样方式	二阶层分层抽样	分层抽样
样本数量	1 188	3 133
响应率	50.9%	17.5%
平均年龄	49.0	45.4
调查对象女性比例	51.0 %	50.1 %
平均受教育年数	13.1	14.1

认知状况：与其他能源相比，氢能认知率并不高（见图 42-2）。在 2015 年仅约 32%的受访者听说过氢作为能源载体，这比核能、太阳能或风能表现的 80%要低得多。但是相比 2008 年了解氢能的受访者 20%的比例，2015 年也有 12 个百分点的提升。

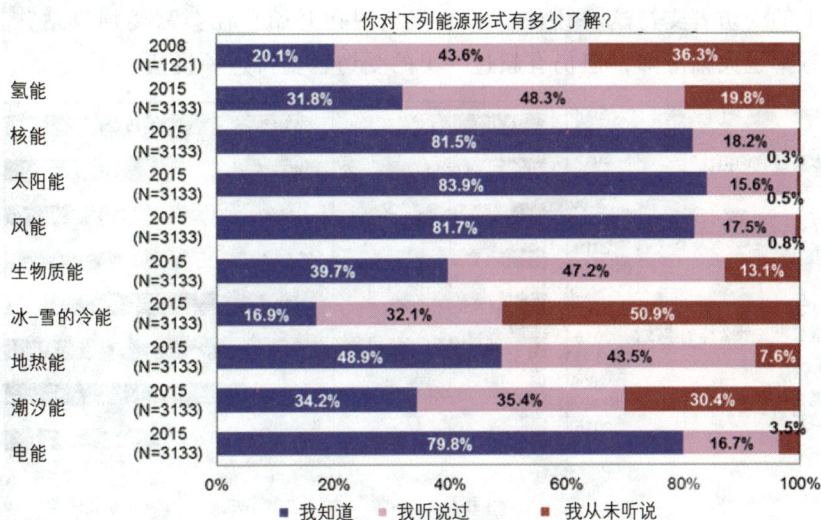

图 42-2　对可再生能源与二次能源的认知程度

从 2008 年到 2015 年，燃料电池技术的认知度显著提高，特别是对于燃料电池汽车（FCV）方面。超过 1/3 的受访者知道 FCVs，而 89% 的受访者听说过 FCVs（见图 42-3）。加氢站的认知度与民用燃料电池系统的认知度大致相当，尽管大多数受访者可能从未见过真正的加氢站，但是家用燃料电池系统自 2009 年以来就一直存在于市场上了。

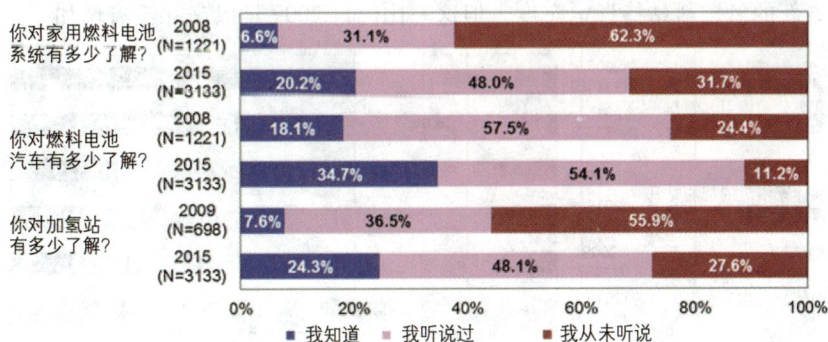

图 42-3　对家用燃料电池系统、FCV 以及加氢站的认知程度

看法：我们向受访者提出了有关加氢站的问题。这些问题是根据在 2009 年设计问卷之前从典型群众中收集的意见而提出的。对于"加氢站中的氢气本身让我们担忧"和"加氢站技术可靠性低"的看法，从 2009 年到 2015 年结果的变化趋势不大（见图 42-4），40% ~ 50% 的受访者对这些问题持中立态度。对于"我们不知道会发生什么样的事故"这一说法，强烈赞同比例有所下降，但 2015 年也有

超过一半的受访者支持这一说法。对于"从现在开始，社会需要加氢站"这一说法，同意率也大幅下降，但仍有超过一半的受访者支持这一说法。

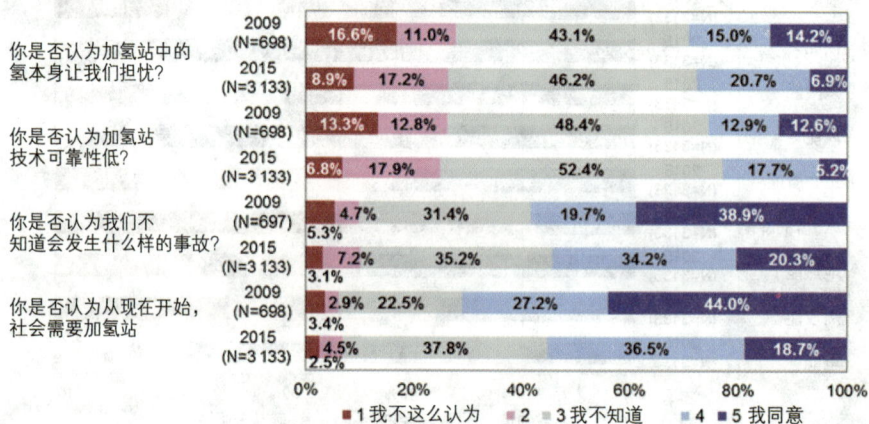

图 42-4 与加氢站相关的接受度

接受度：为了评估未来氢能基础设施的可接受度，我们对于 3 个假设案例询问了意见："如果你所在社区的一家公交车公司将引入燃料电池公交车"、"如果你家附近的加油站开始售卖氢燃料"和"如果你家附近将要建新的加氢站"。燃料电池公交车推出的接受率较 2008 年略有下降（见图 42-5）。对于后两者，在 2015 年调查中，52% 的受访者对在最近的加油站销售氢燃料持肯定态度，而 44% 的受访者对在他们家附近建立新的氢燃料站持肯定态度，但这一比例自 2009 年以来并没有增加。

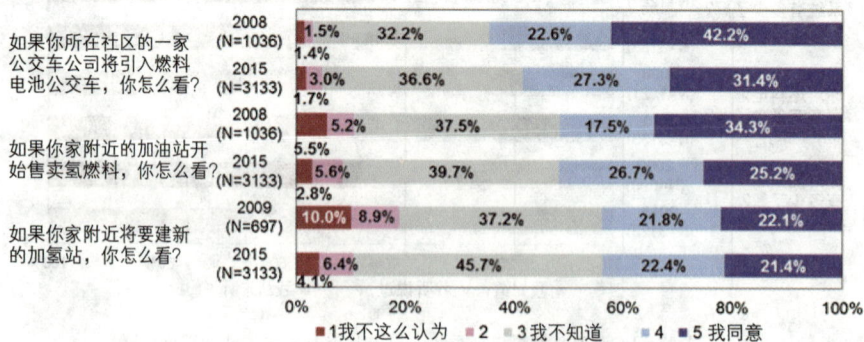

图 42-5 调查对象对居所附近推行加氢站与燃料电池公交车的潜在接受度

42.5.2 欧洲/德国

在欧洲，德国[13]、荷兰[14]、挪威[15]、瑞典和英国[16]均进行了关于氢技术的社会接受度研究。最近的研究趋势是利用如结构方程模型（SEM）[17]的复杂统计方法来找出决定因素。但是正由于此，公众接受氢能技术的明确情况往往模糊不清。德国的 HyTrust 项目进行过几次社会调查，调查重点关注对氢能技术的接受程度以及公众对技术驱动型参与者的信任程度，此批调查得出了相对清晰的结果[13]。HyTrust 项目由联邦交通部以及国家组织 Wasserstoff-und Brennstoffzellentechnologie（德文"应用氢与燃料电池技术"，组织简称 NOW）资助，于 2009 年 9 月至 2013 年 8 月进行，此项目中进行的计算机辅助电话访谈（CATI）的结果如下，居住在德国、年龄在 18 岁以上的受访者总数为 1 011 人。

认知状况：对于"你听说过氢能汽车吗？"，71% 的受访者回答"我听说过或读到过"，另有 15% 的受访者回答"我听说过，并且使用过氢能汽车"，如图 42-6 所示；而 14% 的受访者回答"没有，从来没有"。这些结果与日本对 FCV 的认知状况相似。

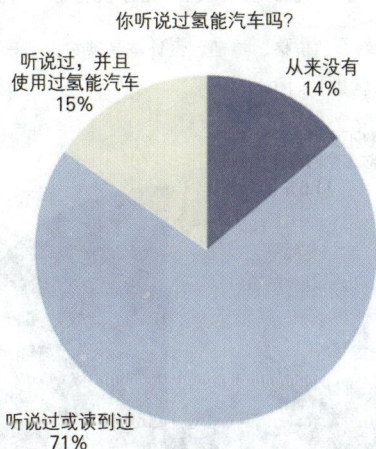

图 42-6　德国地区氢能汽车的认知程度[13]

看法/接受度：图 42-7 显示了受访者下次买车时，如果有可能，他们会选择氢能汽车还是传统汽车。在这个问题中，被调查者选择汽车的条件（如价格、功能、设计、品牌等）与其他类型的汽车相同。其中 63.3% 的受访者选择氢能汽车，23.7% 的受访者选择传统汽车，13.0% 的受访者没有给出意见。"考虑到你对氢能汽车的所有了解，或者只是听说过，那么你是支持还是反对引入氢能汽车？"，该回答中 79.3% 的受访者表示支持引入氢能汽车（见图 42-8）。

42.5.3　美国

在美国，在 20 世纪早期或中期进行的研究通常集中在氢作为汽车的替代燃料，以及燃料电池汽车上。在 20 世纪 10 年代进行的研究数量已经减少，可能是由于当

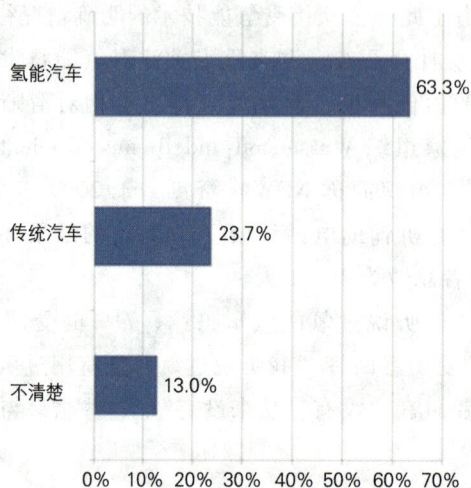

图 42-7　当传统汽车与氢能汽车的价格、特征、设计与品牌等因素一致时的购买偏好状况调查
（样本容量 n=1 011）[33]

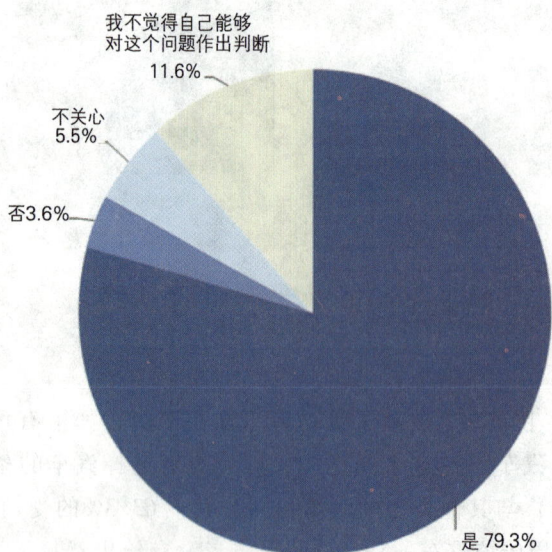

图 42-8　制氢方法相关的调查（样本容量 n=1 011）[33]

时政府对氢能技术研究和开发经费的大量削减，目前已无相关研究进行。美国能源部（DoE）进行的这项研究相对而言有些许过时，但它作为一项对公众接受度的研究仍然是全面的，该研究询问公众关于氢技术的认知和意见情况。美国能源部针对4类利益群体进行了社会调查：普通公众、学生、国家和地方政府官员，以及诸如工业或需要不间断电力供应的企业以及交通运输在内的潜在大规模用户。

认知状况：研究提出 11 个与氢和燃料电池相关的技术问题用来评估技术知识。图 42-9 的结果显示，公众和学生的正确答案的百分比较低（约 30%）。且每类群体中回答燃料电池问题的正确率都低于回答其他技术问题的正确率。

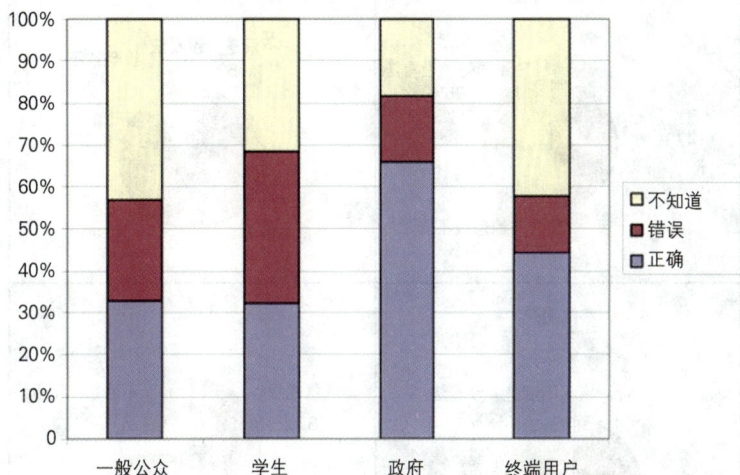

图 42-9　4 类群体对 11 个技术知识问题的回答中正确、错误与"不知道"的比例[23]

看法：图 42-10 为 4 类调查人群对氢能安全声明的赞同率，与州/地方政府官员和潜在的大规模氢用户相比，更多的普通公众和学生认为氢是危险的或不安全的。

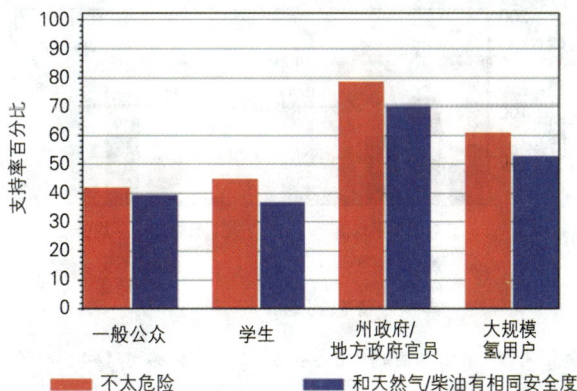

图 42-10　4 类调查群体对氢能日常使用安全问题反馈的分布情况[24]

接受度：就加氢站的接受度而言（见图 42-11），"满意或放心"在每类人群中都占主导地位，但在"一般公众和学生"中所占的比例要比其他人群少，对于氢能安全感方面也表现出类似的结果。如图 42-12 所示，技术理解似乎影响了对安全的看法。一般公众、学生和大规模氢用户的调查显示，在 11 个技术问题上得分高于平均水平的受访者更有可能对在当地加油站销售氢气持肯定意见（即"满意"或"放心"）。

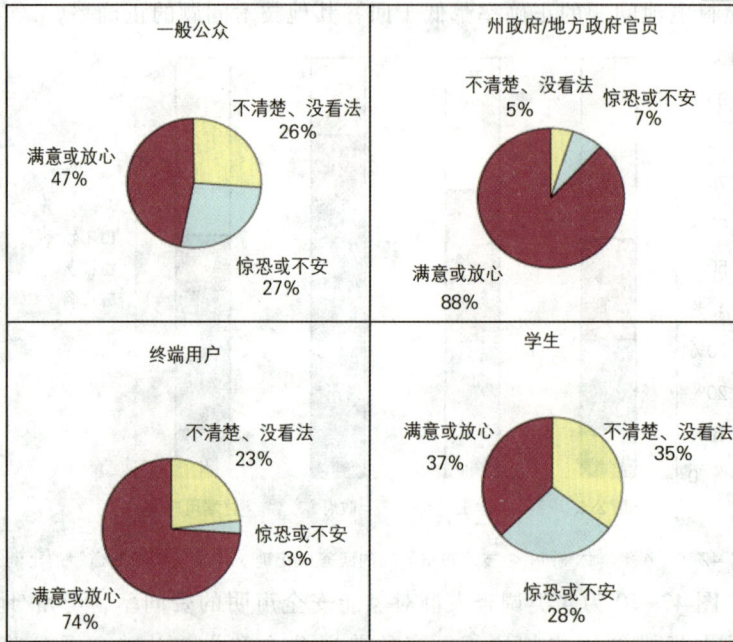

图 42-11　针对问题"当你所在地加油站也出售氢燃料时你有何感受？"4 类群体回答所占的百分比[23]

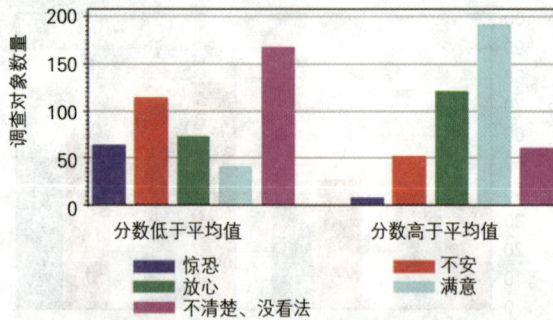

图 42-12　针对问题"当你所在地加油站也出售氢燃料时你有何感受？"4 类群体回答所占的百分比[24]

　　基于上述结果，美国能源部于 2005 年发布了《氢能教育教师指南》，为学生和学校教师普及有关信息。美国能源部还从 2006 年开始使用另一种面向公众的工具"提高你的氢能 IQ"，它包含相关的简报和视频。简报包含关于氢能和燃料电池汽车的技术、政策信息以及市场状况。

42.6 实践

为了提高公众对燃料电池汽车的接受程度，各国经常面向公众进行燃料电池汽车和氢能基础设施的体验式宣传活动。这类活动特别在日本得到大力宣传，如参观加氢站、大众传播媒介推广、公开 FCV 试驾以及学校的教育宣传活动等。收效一般通过定性评估方式评估[18]。加州也曾举办过 FCV 试驾活动，并对该类活动对氢能作为替代燃料和加氢站认知的影响进行定量评估[19]。在德国和意大利，燃料电池汽车的试驾和加氢站的使用也被视为是提供社会经济影响的示范性项目[20]。

相比之下，在加氢站的安装方面到目前为止还没有关于提高公众接受度的相关实践活动的报道，且商业加氢站的安装数量仍然有限。回到设施存在一定风险和收益这一公众接受度原则上，挑选设施建址程序的关键在于"公众参与"的概念[21]，因此我们介绍国际公众参与协会（IAP2）建议的公众参与的基本规则和实践[22]。表42-3 显示了 IAP2 的公众参与范围，其中包括了每一级公众参与的目标和承诺。从表 42-3 及其他调查中摘录的与公众沟通的基本概念如下：

表 42-3 调动公众参与的 IAP2 图谱[22]

	通知	商议	决策参与	合作	授权
带动公众参与的目的	向市民提供客观的资料，协助他们了解问题、选择方案、把握机遇或解决方法	就分析报告、可供选择的方案或决定取得公众意见	在整个过程中与市民直接合作，以确保市民的关注和期望得到持续的理解与考虑	在决策的各个方面与公众合作，包括制订替代方案和确定最佳解决方案	将最终决定权交给公众
公众承诺	我们将随时通知您	我们会向您提供最新消息，听取您的意见，了解您的期望和担忧，并就公众意见如何影响决策问题提供帮助	我们将与您合作，确保您的关注和期望会直接反映在得出的方案中，并就公众意见如何影响决策为您提供帮助	我们将寻求您的建议和创新想法来制订解决方案，并将您的建议和意见最大限度地纳入决策中	我们将实行您的选择
技巧举例	• 情况说明书 • 网站 • 开放参观日	• 公众评论 • 焦点小组 • 调查 • 公开会议	• 研讨会 • 协商民意调查	• 公民咨询委员会 • 建立共识 • 参与式决策	• 公民陪审团 • 纸质选票 • 委托决策

保持项目的开放性和透明度：如果不能提供项目的准确信息，外行人往往表现出对政府或项目开发人员的不信任。因此，开发人员在项目的所有阶段都应保持开

放和透明，并表现出向公众提供信息的意愿，这是非常重要的一点。

提供准确的项目信息：项目开发商必须向公众提供准确的项目信息，以及项目的背景或状况以防止误解。如有必要，包含不确定性的信息也需要提供。居住在加氢站附近的居民有必要了解加氢站的安全信息（如正常运行时的安全措施、可能发生事故的类型和应对措施、灾害应对措施等）[12]。

提供可靠来源的信息：信息不应该仅仅来自项目开发人员，还应该有其他独立可靠的信息来源。

与公众合作的态度：项目开发商必须使用最好的技术开发项目，并站在公众与项目中所有利益群体的立场上与公众合作推进氢能发展。

分享在国家能源政策背景下对氢能重要性的认知与看法：日本的国家调查显示，"未来社会需要氢"的认知对公众接受氢能及其利用技术有着积极的影响[12]。项目开发商和政府应在国家能源政策的背景下提供有关氢能重要性的信息，并与公众分享对未来社会氢能源需求的看法及其理由是十分重要的。

42.7 结论

公众对氢能及其利用技术的看法和接受程度被认为是氢能技术向未来社会渗透的重要因素。氢能利用是一项新兴的技术，它在风险和收益方面，特别是在氢能基础设施选址方面的公众接受度现状仍然是未知的。

社会接受度分为 3 个层次：社会政治接受度、社区接受度和市场接受度。社会政治接受度与利益相关者、公众对氢能及其利用技术的普遍认知和态度息息相关。社区接受度主要与氢能设施如加氢站的选址有关。而市场接受度则主要与 FCV 和氢燃料有关。

经济学方法和社会心理学方法是评估社会接受度的两种方法。社会心理学方法主要用于评估社会政治接受度和社区接受度，而经济学方法主要用于评估市场接受度。

就社会接受度的现状而言，对氢能的认知已有显著增加（在 2015 年大约有80% 的人听说过氢能源和 89% 的人听说过 FCV）。在日本，对于氢能源、氢基础设施和 FCV 相关知识的了解状况相比几年前也有小的改善。相比之下，日本人对氢能社会的风险和收益、公众对氢能基础设施的接受程度却几乎没有变化。而在德国氢能源的认知度很高（约 80% 的人在 2013 年听说过或读到过氢能汽车），而且大多数人表示如果其他条件（包括价格）相同，下一次购买汽车时会希望购买氢能汽车。至于美国，一般公众和学生群体对氢能技术安全的认知度和满意程度远低于地方政府和潜在大型氢能客户，但是关于公众接受程度的最新可靠数据还未能获取。

综上所述，为了评估公众对氢能和利用技术的接受程度，各地都已通过问卷调查反复评估了公众对氢能和利用技术的认知、看法和态度。而日本公众所表现的对氢能和燃料电池汽车的认知的很大提升可能是由于与燃料电池汽车相关的媒体宣传。同时在被调查者家附近选址建造新加氢站的认知和态度没有改变，但总体而言还是表现为积极或中立的。当下重要的还是要更好地了解社会对氢能和利用技术的接受程度。

参考文献

1. Wüstenhagena R, Wolsinkb M, Bürera MJ (2007) Social acceptance of renewable energy innovation: an introduction to the concept 35(5):2683-2691

2. Ricci M, Bellaby P, Flynn R (2008) What do we know about public perceptions and acceptance of hydrogen? A critical review and new case study evidence. Int J Hydrog Energy 33(21):5868-5880

3. Eagly AH, Chaiken S (1993) The psychology of attitudes. Harcourt Brace Jovanovich College Publishers

4. Ajzen I (1991) The theory of planned behavior. Organ Behav Hum Decis Process50:179-211

5. Gupta N, Fischer AR, Frewer LJ (2011) Socio-psychological determinants of public acceptance of technologies: a review. Public Underst Sci, 0963662510392485

6. O'Garra T, Mourato S, Pearson P (2007) Public acceptability of hydrogen fuel cell transport and associated refuelling infrastructures. In: Flynn R, Bellaby P (eds) Risk and the public acceptance of new technologies. Palgrave Macmillan, Basingstoke, pp 126-153

7. Roche MY, Mourato S, Fischedick M, Pietzner K, Viebahn P (2010) Public attitudes towards and demand for hydrogen and fuel cell vehicles: a review of the evidence and methodological implications. Energy Policy 38:5301-5310

8. Powell RA, Single HM (1996) Focus groups. Int J Qual Health Care 8(5):499-504

9. Morgan DL (1997) Focus groups as qualitative research, 2nd edn. Sage Publications, London

10. Xiong C, Li D, Jin L (2008) Draft consensus building in hall for workshop of meta-synthetic engineering. Wuhan Univ J Nat Sci 13(1):45-49

11. Mizuho Information and Research Institute (2008) Suiso shakaijuyousei ni kansuru chousa (Hydrogen's social acceptance research) (in Japanese)

12. Mizuho Information and Research Institute (2009) Nenryoudenchi, suiso ni kansuru shakaijuyouseichousa (PEFC, Hydrogen's social-acceptance research) (in Japanese)

13. Zimmer R (2011) Full steam ahead? Hydrogen Technology between Technological Vision and Public Acceptance

14. Huijts NMA, Van Wee B (2015) The evaluation of hydrogen fuel stations by citizens: the interrelated effects of sociodemographic, spatial and psychological variables. Int J Hydrog Energy 40(33):10367-10381

15. Tarigan AKM, Bayer SB, Langhelle O, Thesen G (2012) Estimating determinants of public acceptance of hydrogen vehicles and refuelling stations in greater Stavanger. Int J Hydrog Energy 37(7):6063-6673

16. O'Garra T, Mourato S, Pearson P (2008) Investigating attitudes to hydrogen refueling facilities and the social cost to local residents. Energy Policy 36(6):2074-2085

17. Huijts NMA, Molin EJE, Van Wee B (2014) Hydrogen fuel station acceptance: a structural equation model based on the technology acceptance framework. J Environ Psychol 38:153-166

18. Horii H, Okumura N, Kawakami A, Maeda S, Tezuka T (2014) Efforts on the public acceptance improvement of FCV and hydrogen stations (in Japanese). J Hydrog Energy Syst Soc Jpn 39(3):177-180

19. Martina E, Shaheena SA, Lipmanc TE, Lidicker JR (2009) Behavioral response to hydrogen fuel cell vehicles and refueling: results of California drive clinics. Int J Hydrog Energy 34 (20):8670-8680

20. Lienkamp H, Rasatogi A (2012) Achievements and lessons learnt in the EU Project Zero Regio, Procedia-Social and Behavioral Sciences, 48, PP2201-2210, Transport Research Arena, Europe

21. Rowe G, Frewer LJ (2000) Public participation methods: a framework for evaluation. Sci Technol Hum Values 25(1):3-29

22. IAP2 (International Association for Public Participation) (2014) IAP2's Public Participation Spectrum

23. Cooper C, Truett T, Schmoyer RL (2006) The U. S. department of energy hydrogen baseline survey: assessing knowledge and opinions about hydrogen technology. In: Abstracts of WHEC 16, Lyon, France, 13-16 June 2006

24. Schmoyer RL, Truett T, Cooper C (2006) Results of the 2004 knowledge and opinions surveys for the baseline knowledge assessment of the U. S. department of energy hydrogen program. In: Report prepared for the U. S. Department of Energy

25. Bzostek R, Rogers A (2014) Oslo +20: reassessing the role of confidence building measures. Soc Sci J 51(2):250-259

26. Shogakukan（2015）Degital daigisen. https：//kotobank. jp/word/%E7%A4%BE%E4%BC%9A %E7%9A%84%E5%8F%97%E5%AE%B9%E6%80%A7-681590. Date of access：28 Dec 2015

27. Higher Education Funding Council for England：Beacons for Public Engagement（2006）

28. Goodfellow EM（1980）Public relations and promotion：a few ideas for group practices. Gr Pract J 29(9)：5-7, 26

29. U. S. Department of Energy（2013）Best practice for：public outreach and education for carbon storage projects

30. Dowler E, Bauer MW, Green J, Gasperoni G（2006）Assessing public perceptions：issues and methods. In：Dora Carlos（ed）Health, hazard and public debate：lessons for risk communication from the BSE/CJD Saga. WHO, Geneva, pp 40-60

31. Väntänen A, Marttunen M（2005）Public involvement in multi-objective water level regulation development projects-evaluating the applicability of public involvement methods. Environ Impact Assess Rev 25(3)：281-304

32. Rowe G, Frewer LJ（2000）Public participation methods：a framework for evaluation. Sci Technol Human Values 25(1)：3-29

33. Zimmer R, Welke J（2012）Let's go green with hydrogen! The general public's perspective. Int J Hydrog Energy 37：17502-17508

第 43 章　加氢站优化布局的数值分析

Yuya Tachikawa, Teppei Sugiura, Motoaki Shiga, Ryusuke Chiyo and Kazunari Sasaki

　　摘要：本章首先介绍了用于优化加氢站布局的可能的数值分析，其次提出了一种模拟新建加氢站最佳地理分布的算法，最后以日本为例，依据交通流量、当地员工人数和每个地区的人口统计数据对可能的加氢站选址进行详细说明。

　　关键词：加氢站·燃料电池汽车·仿真算法·统计数据·人口·交通流量·优化选址

43.1　引言

　　日本经济产业省（METI）最近公布了氢燃料电池[1]战略路线图和能源战略部署[2]。他们强调，丰田公司于 2014 年 12 月推出的 MIRAI FCV 是实现氢能社会的关键技术。为了加快燃料电池汽车的商业化和普及，需要建立一个加氢站网络系统。然而，建造一个加氢站的初始成本是非常高的。因此，应当对加氢站的分布进行优

Y. Tachikawa (✉)
Center for Co-Evolutional Social Systems (CESS), Kyushu University, 744, Motooka, Nishi-ku, Fukuoka 819-0395, Japan
e-mail：tachikawa. yuya. 657@ m. kyushu-u. ac. jp

T. Sugiura · M. Shiga · R. Chiyo
Kozo Keikaku Engineering Inc. , 4-38-13 Honcho, Nakano-Ku, Tokyo 164-0012, Japan
e-mail：teppei-sugiura@ kke. co. jp

K. Sasaki
International Research Center for Hydrogen Energy, Kyushu University, 744, Motooka, Nishi-ku, Fukuoka 819-0395, Japan
e-mail：sasaki@ mech. kyushu-u. ac. jp

© Springer Japan 2016 K. Sasaki et al. （eds. ）, *Hydrogen Energy Engineering*, Green Energy and Technology, DOI 10. 1007/978-4-431-56042-5_43

化，用最低的初始投资资金满足 FCV 的燃料需求。这种优化方案已经用于加州[3]和西班牙[4]的氢能基础设施部署。为了评估日本加氢站的最优分布，已经开发了一种基于已有加氢站位置数据的数值模拟工具来模拟加氢站的潜在供应和需求情况。这些模型有助于从理论上确定新加氢站的最佳部署位置。这一章将会给出该模型的数值分析结果。

43.2 仿真算法

图 43-1 给出了加氢站位置模拟程序的基本框架。使用地理信息系统（GIS）数据库来计算燃料电池汽车加注氢的需求量，而 GIS 数据库中包含了每个地区的交通流量、当地员工人数、人口等统计数据。假设 FCVs 及其用户的统计数据是线性分布的，那么根据日本已建或计划建造的商业加氢站的加氢能力可以计算出潜在氢供应的分布情况，而根据 GIS 数据库则可以计算出燃料电池汽车加氢需求的分布情况。利用这两种分布情况，仿真可以自动计算出建造新加氢站的最佳位置，此外，还可以研究指定选址加氢站的影响。

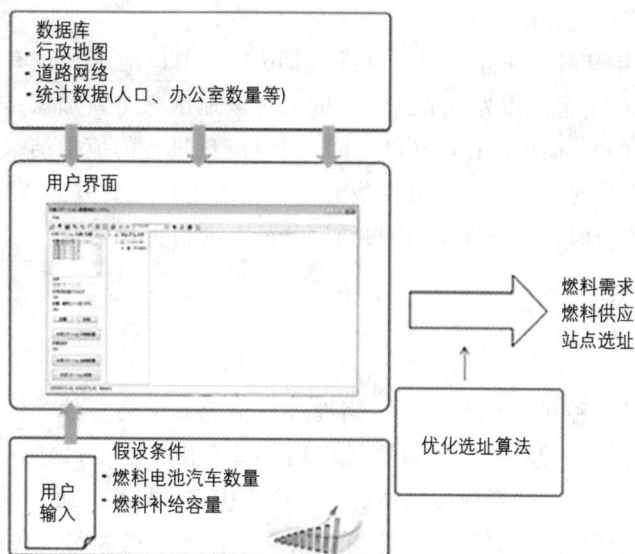

图 43-1 模拟新建加氢站最佳地理选址分布的流程示意图

新建加氢站的最佳部署位置需要通过寻找燃料需求最高的地方来选择。燃料需求（D_{ST}）依据 FCV 氢气需求进行计算，而加氢站氢气供应则依据公式 43.1 计算。

$$D_{ST} = N_{Car} \times F_{FCV} \times \frac{B_{ST}}{B_{Total}} \times D_{FCV} - S_{ST} \qquad (43.1)$$

其中 N_{Car} 是 FCV 的总量，F_{FCV} 是 FCV 在日本总车辆数中的占比，B_{ST} 是根据 GIS 数据库确定的加氢站附近区域的员工总数，B_{Total} 是日本在职员工的总人数，D_{FCV} 代表 FCV 所需的氢气量，S_{ST} 是加氢站的总供氢量。

43.3 加氢站优化选址

在模拟氢气站的最佳位置时，考虑了整个日本地区。截至 2015 年秋季，日本已建立或计划建立 81 个商业加氢站。加氢站的确切地址数据是从注释 5 获得的，在没有确切地址的情况下，我们假定地址为县首府。以加氢站分布为初始条件，模拟日本目前大约使用 1 000 辆燃料电池汽车的情况。考虑 3 种因素：（a）员工人数；（b）当地人口；（c）交通流量。在这 3 种情形下的氢需求都集中在城市大都市区，且 3 种情况下的氢需求分布基本相同。以（a）人口和（b）交通流量为输入条件时，氢需求分布在南关东地区。而以交通流量而不是当地人口作为输入时，氢气需求将更广泛地分配到郊区。

截至 2015 年 9 月，在九州和山口县（即九州-山口地区）现有和计划建设的商用加氢站共有 11 个。作为一个测试示例，对该地区 9 个新加氢站的部署情况进行模拟。基于（a）本地员工人数和（b）交通流量进行的模拟结果表明，当考虑该地区的员工人数时，新车站的最佳位置是在县首府附近，并且集中在九州北部，但当考虑交通流量时，整个九州-山口地区的分布变得更加均匀。

43.4 结论与展望

本章介绍了一种利用 FCV 分布、当地人口情况和交通条件等输入参数对加氢站最佳位置进行模拟的算法。该模型已应用于日本南关东地区、九州-山口地区，基于人口的模拟结果表明新建加氢站的分布应集中在大城市附近，而当模拟结果依据交通流量时，则得到了更为均匀的加氢站分布情况。这表明，在使用 FCV 的用户较少，且大多数 FCV 用作公务用车的早期，应该使用雇员/当地人口的数量来模拟最佳位置。一旦 FCV 得到推广，新加氢站的最佳位置就应该通过交通流量来确定。

参考文献

1. Agency for Natural Resources and Energy（2014）Ministry of economy. Trade and Industry, Strategic Road Map for Hydrogen and Fuel Cells, Japan. http：//www. meti. go. jp/english/press/ 2014/0624_ 04. html. Accessed 27 Sep 2015

2. Agency for Natural Resources and Energy（2014）Ministry of economy. Trade and Industry, Strategic Energy Plan, Japan. http：//www. enecho. meti. go. jp/en/category/others/basic_ plan/pdf/ 4th_ strategic_ energy_ plan. pdf. Accessed 27 Sept 2015

3. Stepheno-Romero SD, Brown TM, Kang JE, Recker WW, Samuelsen GS（2010）Systematic planning to optimize investments in hydrogen infrastructure deployment. Intl J Hydrog Energy 35：4652-4667

4. Brey JJ, Carazo AF, Brey R（2010）Using AHP and binary integer programming to optimize the initial distribution ofhydrogeninfrastructures inAndalusia. Intl J Hydrog Energy 37：5372-5384

5. Toyota Motor Corporation（2015）MIRAI homepage. https：//ssl. toyota. com/mirai/fcv. html. Accessed 27 Sep 2015

第 44 章　氢能教育

Kazunari Sasaki and Kohei Ito

摘要：最后一章讨论了氢能工程的教育活动，包括制氢、储氢、燃料电池的氢能利用、氢安全，同时还考虑了社会和工业方面的内容，如能源政策和公众接受度。九州大学工学院研究生院氢能系统系介绍了相关概念、经验和教育活动。在那里研究生可以清楚地了解氢能，并学习到相关的科学知识。

关键词：科学原理·制氢·储氢·氢能利用·燃料电池·氢安全·运营商发展途径

44.1　简介

氢能技术有望成为实现低碳社会的关键技术。在我们实现氢能的广泛使用之前，有必要解决一些技术问题并开发新的/可替代的技术。氢能是一项具有挑战性的研究领域，其研究结果可能成为彻底改变能源社会的技术突破。这也是学生和年轻研究人员可以为未来世界做出革命性贡献的领域。

K. Sasaki (✉)
International Research Center for Hydrogen Energy,
Kyushu University, Fukuoka 819-0395, Japan e-mail：sasaki@ mech. kyushu-u. ac. jp

K. Ito
Department of Mechanical Engineering, Faculty of Engineering,
Kyushu University, Fukuoka 819-0395, Japan e-mail：kohei@ mech. kyushu-u. ac. jp

© Springer Japan 2016
K. Sasaki et al. （eds.）, *Hydrogen Energy Engineering*,
Green Energy and Technology, DOI 10. 1007/978-4-431-56042-5_44

44.2 研究生教育

研究生阶段的教育对于培养该技术领域的未来领导者至关重要。以自身为例，介绍一下九州大学 10 年来在教育项目方面所积累的经验。自 2010 年 4 月起，九州大学工学研究生院开设了氢能系统课程。这是世界上第一门此类课程，它提供与氢能相关的科学技术方面的持续教育。为了实现低碳社会，这门新课程旨在培养掌握环保能源技术（包括氢能源技术）基本科学原理的研究人员和工程师。

图 44-1 简要总结了与氢能有关的学科。机械工程可以作为能源系统设计的基础。由于氢气是通过能源转化而产生和使用的，因此，了解化学反应的过程也很重要。同时还必须了解要在此类能源系统中使用的材料（如各种金属、聚合物和陶瓷）的设计。此外，还需要安全方面的知识以提高公众对氢技术在安全性方面的接受度。由于这些科学领域的研究在能源技术中很常见，因此，"氢能系统课程"采用跨学科方法来提供有关氢能的能源技术教育。相关的工业领域如图 44-2 所示。

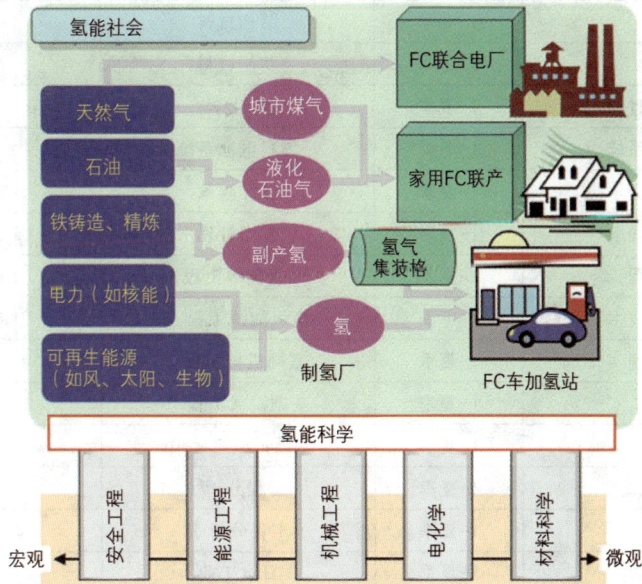

图 44-1 氢能科学学科

硕士学位课程提供普通和全球课程，博士学位课程提供高级全球课程。日语技能对于完成硕士和博士学位课程的研究生不是必要的。表 44-1 列出了氢能系统课程中的讲座。在图 44-3 所示的招生、课程设置和毕业政策下，本课程将为培养领

图 44-2　相关技术和工业领域

导氢能社会所需的人才提供一条清晰的路径。职业发展途径的概述在图 44-4 中示意性地进行了描述。

表 44-1　　　　　　　　　　　氢能系统课程中的主要课程

课程	年-学期	课程	年-学期
制氢	1-冬季	结构材料	1-夏季
储氢	1-冬季	功能材料	1-冬季
氢气利用过程	1-夏季	电化学	1-冬季
氢气利用系统	1-冬季	燃料电池系统	1-冬季
氢能社会	1-夏季	能源政策	1 或 2-夏季
安全管理	1-夏季	技术管理	1 或 2-夏季
氢能工程	1-夏季	高级能源工程 I	1 或 2-夏季
清洁能源技术	1-冬季	高级能源工程 II	1 或 2-夏季
疲劳强度	1-夏季	基础机械工程 I	
摩擦学	1-夏季	基础机械工程 II	
传热传质	1-夏季	基础机械工程 III	
活性气体动力学	1-夏季	工程分析 I	
机械振动与声学	1-夏季	工程分析 II	
计算力学	1-夏季	日本工业	

攻读博士学位的氢能系统课程的学生可以要求经济资助，以便使他们能够专注于自己的学习。此外，我们还与福冈氢能战略会议以及其他合作机构（如国际氢能研究中心和下一代燃料电池研究中心（NEXT-FC））一起帮助他们发展事业。入学考试后，学生可以从 4 月 1 日（春季学期开始）或 10 月 1 日（秋季学期开

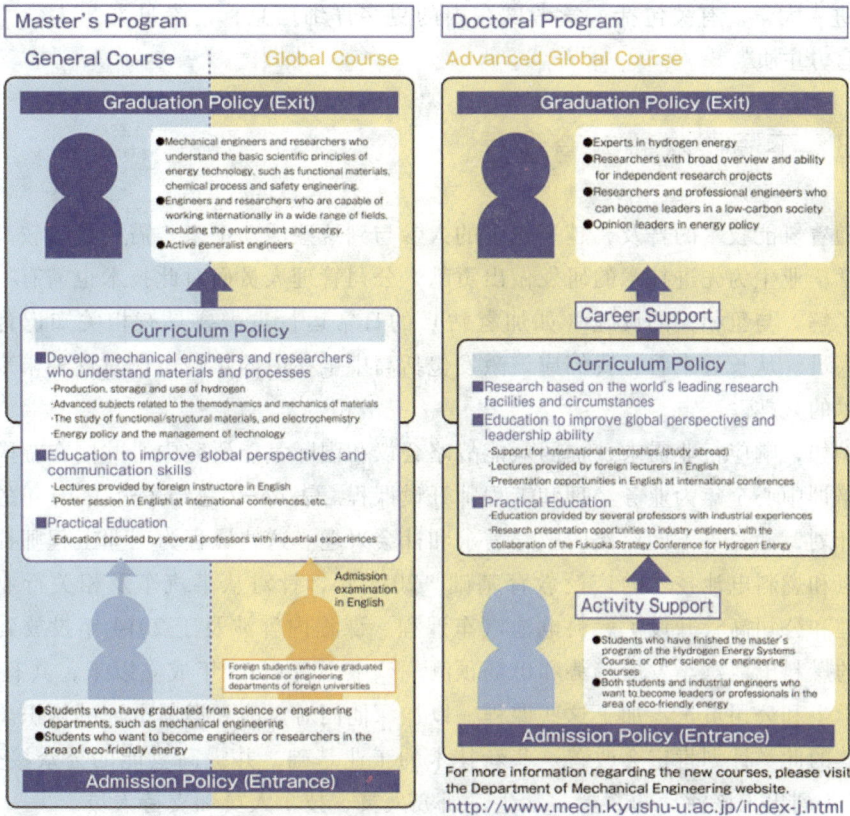

图 44-3　招生、课程设置和毕业政策

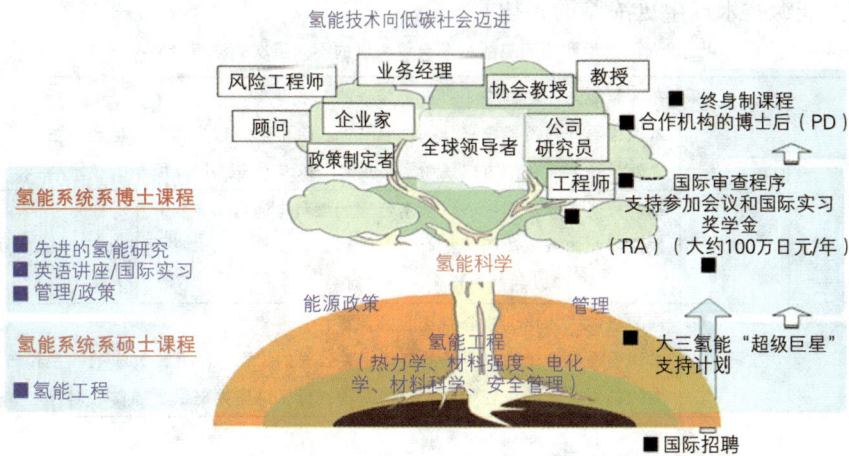

图 44-4　职业发展途径

始）进入大学。有关包括入学考试在内的更多详细信息，请参见九州大学工程学院的官方主页[1]。

44.3 不同层次的教育课程

随着氢能技术的普及，越来越多的人参与到这些活动中来。需要具有较高学历的大学毕业生为先进技术的研发做出贡献，公司管理人员面对此技术也需有一个全面的了解，与氢相关的设施（如加氢站）的日常运行也需要具有相关知识背景的技术人员。从长远来看，我们应该激发包括高中生在内的年轻一代对这种未来的能源技术的兴趣。

例如，响应行业需求，福冈氢能战略会议和国际氢能研究中心共同在福冈氢能人员培训中心全年为业务经理和工程师开设课程。表44-2总结了过去10年的综合教育计划，涵盖了不同层次的教育需求和社会兴趣。这些课程为工业工程师提供了有关氢和燃料电池技术的广泛教育基础。2011年，针对从事汽车及相关行业的业务经理和公司高管开设了燃料电池汽车课程。课程内容涉及于2014年投放到日本市场的燃料电池汽车发展趋势和市场预测。该中心自2005年成立以来，共有1 000多名学生和公司员工参加了这些课程，以加深他们对氢能和燃料电池的认识。向公众开放的此类计划肯定会改善这些新技术的工业基础，并提高氢能的公众接受度。图44-5列出了该活动的教授、学生、研究人员、技术人员和支持人员。

我们殷切希望，越来越多的年轻学生、工程师和研究人员将来对这种具有广阔前途的能源技术产生更浓厚的兴趣。

表44-2 以九州大学和福冈氢能战略会议为例的不同层次的教育计划

企业	经理	福冈氢能人才培训中心（业务经理的一般课程） 本课程面向对氢能感兴趣的企业高管。除了有关氢能和燃料电池特性的基本知识之外，还以简化的方式说明了市场趋势以及新进入市场所需的技术/要求
		福冈氢能人才培训中心（业务经理的燃料电池汽车课程） 本课程面向汽车或相关行业的企业高管。该课程提供燃料电池汽车的发展趋势，并为2015年以后的市场预测提供解释
	工程师	福冈氢能人才培训中心（工程师课程） 本课程面向希望进入市场的氢能相关公司的工程师。九州大学的教授和与氢能相关的领先公司的工程师就广泛的问题进行了讲座并提供了操作培训

（续表）

学生	博士课程	**氢能系统学院博士课程** 自 2010 年 4 月起开设国际博士学位课程。博士生可以使用先进的研究设备进行各种与燃料电池和氢能相关的研究。国际和工业合作以及对博士生的财政支持对本课程的未来也很重要
	硕士课程	**氢能系统学院硕士课程** 自 2010 年 4 月起，还将开设一门硕士课程。该国际硕士学位课程适用于许多以英语授课的外国学生。课程涵盖了广泛的能源技术基础课程，包括热力学、材料强度、电化学、功能材料、安全管理以及制氢、存储和利用技术
儿童/公众		**环境教育课程等** 为了提高人们对燃料电池和能源/环境问题的认识，针对九州大学的氢能利用技术的使用情况，向公众和当地的小学/初中学生举行了公开讲座。当地市政府在举办当地活动时会提供资助 环境教育课或其他活动

图 44-5 九州大学氢能研究教育团队成员，包括教授、学生、研究人员、技术人员和支持人员

参考文献

1. Home page of Department of Hydrogen Energy Systems (2015) Graduate School of Engineering，Kyushu University. http：//www. eng. kyushu-u. ac. jp/e/index. html. Accessed 10 Dec 2015